compendio Bildungsmedien

Recht und Steuern

Die Mehrwertsteuer

Eine praxisorientierte Darstellung mit zahlreichen Beispielen

Patrick Loosli, Beat Lüscher und Patrick Walker

Die Mehrwertsteuer
Eine praxisorientierte Darstellung mit zahlreichen Beispielen
Patrick Loosli, Beat Lüscher und Patrick Walker

Grafisches Konzept: dezember und juli, Wernetshausen
Satz und Layout, Korrektorat: Mediengestaltung, Compendio Bildungsmedien AG, Zürich
Druck: Edubook AG, Merenschwand

Redaktion und didaktische Bearbeitung: Rita-Maria Züger

Artikelnummer: 16684
ISBN: 978-3-7155-7889-7
Auflage: 13., überarbeitete Auflage 2019
Ausgabe: U1039
Sprache: DE
Code: XS 004

Artikelnummer E-Book: E-17158
ISBN E-Book: 978-3-7155-7972-6
Code E-Book: XSE 004

Die Printausgabe dieses Buchs ist klimaneutral in der Schweiz gedruckt worden. Die Druckerei Edubook AG hat sich einer Klimaprüfung unterzogen, die primär die Vermeidung und Reduzierung des CO_2-Ausstosses verfolgt. Verbleibende Emissionen kompensiert das Unternehmen durch den Erwerb von CO_2-Zertifikaten eines Schweizer Klimaschutzprojekts.
Mehr zum Umweltbekenntnis von Compendio Bildungsmedien finden Sie unter: www.compendio.ch/Umwelt

Das Zertifikat für Qualitätsmanagement nach ISO 9001:2015 ist für Kunden und Partner von Compendio Bildungsmedien ein unabhängiger Nachweis für Kompetenz und Leistungsfähigkeit des Unternehmens. Mehr dazu: www.compendio.ch/ISO

Inhaltsverzeichnis

Über die Reihe «Steuern»

Willkommen in unserer Reihe «Steuern».

An wen richtet sich die Reihe «Steuern»?

Die Reihe «Steuern» wendet sich an alle, die sich im Rahmen einer höheren Berufsprüfung oder eines Hochschul- bzw. Fachhochschulstudiums mit dem Steuerrecht auseinandersetzen, und hilft in der Praxis bei der täglichen Arbeit.

Woraus besteht die Reihe «Steuern»?

Die Reihe umfasst vier Titel:

- Das schweizerische Steuersystem: Ein Rundgang durch das schweizerische Steuersystem, veranschaulicht durch viele Praxisbeispiele.
- Die Direkte Bundessteuer: Eine umfassende und systematische Darstellung der direkten Bundessteuer, die entsprechend dem Gesetz aufgebaut ist.
- Die Verrechnungssteuer und die Stempelabgaben: Behandelt die beiden eidgenössischen Steuern Verrechnungssteuer und Stempelabgaben ausführlich und systematisch.
- Die Mehrwertsteuer: Alle Bereiche der Mehrwertsteuer werden ausführlich und systematisch besprochen.

Zürich, März 2019

Compendio Bildungsmedien AG

Vorwort zur 13. Auflage

Dieses Buch behandelt die schweizerische Mehrwertsteuer (MWST) aufgrund der aktuellen gesetzlichen Grundlagen und der dazu erlassenen Ausführungsbestimmungen. Sämtliche Bereiche der MWST werden systematisch erklärt und anhand von zahlreichen Beispielen und Fallstudien veranschaulicht. Repetitionsfragen mit kommentierten Antworten, Abbildungen der wichtigsten MWST-Formulare und ein ausführliches Glossar vertiefen das Verständnis.

Durch das Zusammenwirken der Autoren Patrick Loosli, Beat Lüscher und Patrick Walker, die ihr grosses Fachwissen aus ihrer beruflichen und ihrer Dozententätigkeit einbringen, und der Redaktion von Compendio Bildungsmedien, die für eine lesernahe Vermittlung der komplexen Zusammenhänge sorgt, vermittelt dieses Buch gleichzeitig fundierte Theorie und Handlungskompetenz im Berufsalltag.

Die Veröffentlichung eignet sich als Fachbuch und Nachschlagewerk für Praktiker und als Lehrmittel für alle, die sich mit der MWST im Rahmen einer höheren Berufsprüfung, eines Hochschul- oder Fachhochschulstudiums vertieft befassen müssen.

Inhalt und Aufbau des Lehrmittels

Dieses Lehrmittel behandelt die Bestimmungen des seit dem 1. Januar 2010 geltenden Bundesgesetzes über die Mehrwertsteuer (MWSTG):

- Das Steuerobjekt, die von der Steuer ausgenommenen und von der Steuer befreiten Leistungen sowie die Nichtentgelte
- Die Bezugsteuer und die Steuer auf Einfuhren
- Das Steuersubjekt, die Befreiung von der Steuerpflicht, Beginn und Ende der Steuerpflicht
- Die Bemessungsgrundlage, die geltenden Steuersätze und der Vorsteuerabzug
- Die Tatbestände des Eigenverbrauchs, der gemischten Verwendung und der Nutzungsänderungen
- Die Abrechnung nach Saldosteuersätzen, das Meldeverfahren bei der MWST, die Anforderungen an die Rechnungsstellung und die Verbuchung sowie die Entstehung, Fälligkeit und Verjährung von Steuerforderungen
- Die Verfahrens- und die Strafbestimmungen bei der MWST

Zur aktuellen Auflage

In dieser Auflage haben wir alle Aktualisierungen berücksichtigt, die bis zum Zeitpunkt des Erscheinens bekannt waren. Diese betreffen insbesondere die Versandhandelsregelung, die Leistungen an Lohnausweisempfänger betreffend Aus-/Weiterbildung sowie das Vorgehen bei der Finalisierung.

Ausserdem haben wir die in den Korrigenda zur 12., überarbeiteten Auflage 2018 aufgeführten Tipp- und Berechnungsfehler in Beispielen und Repetitionsfragen behoben sowie einige Beispiele und Repetitionsfragen ergänzt und / oder präzisiert.

In eigener Sache

Haben Sie Fragen oder Anregungen zu diesem Lehrmittel? Sind Ihnen Tipp- oder Druckfehler aufgefallen? Über unsere E-Mail-Adresse postfach@compendio.ch können Sie uns diese gerne mitteilen.

Wir wünschen Ihnen viel Spass und Erfolg beim Studium dieses Buchs!

Zürich / Bern, im März 2019

Patrick Loosli, Beat Lüscher und Patrick Walker, Autoren
Rita-Maria Züger, Redaktorin

1 Einleitung

Lernziele

Nach der Bearbeitung dieses Kapitels können Sie ...

- die rechtlichen Grundlagen der Mehrwertsteuer nennen.
- erklären, welche Verbrauchssteuern Kantone und Gemeinden erheben können.
- das Prinzip der Netto-Allphasensteuer mit Vorsteuerabzug erklären.

Schlüsselbegriffe

allgemeine Verbrauchssteuer, besondere Verbrauchssteuer, EFD, ESTV, Mehrwertsteuergesetz (MWSTG), Mehrwertsteuerverordnung (MWSTV), Netto-Allphasensteuer, rechtliche Grundlagen, Steuerforderung, Steuerhoheit, Steuerschuld, Umsatzsteuer, Vorsteuerabzug

Bevor wir näher auf die Details der Mehrwertsteuer (MWST) eingehen, stellen wir zuerst die **rechtlichen Grundlagen** und die **technischen Grundzüge** dieser Steuer dar.

Die MWST wird durch den **Bund** erhoben. Er verfügt über die **Steuerhoheit,** d. h. die öffentlich-rechtliche Befugnis, Steuern zu erheben. Der Bund darf nur dann Steuern erheben, wenn er durch die Bundesverfassung (BV) ausdrücklich dazu ermächtigt ist. Unsere Verfassung enthält deshalb eine **Kompetenznorm,** die dem Bund das **Recht zur Erhebung der MWST** verleiht.

In der Volksabstimmung vom 28. November 1993 entschieden sich Volk und Stände für die Annahme des Bundesbeschlusses über die Finanzordnung vom 18. Juni 1993. Dieser Bundesbeschluss sah eine Änderung von BV 41ter Abs. 1 und 3 sowie von BV 8 der **Übergangsbestimmungen** der Bundesverfassung (ÜB-BVa) vor.

Dadurch erhielt der Bund (unter anderem) das Recht zur Erhebung einer **Umsatzsteuer mit Vorsteuerabzug** auf

- den Lieferungen von Gegenständen,
- dem Erbringen von Dienstleistungen,
- dem Eigenverbrauch,
- der Einfuhr von Gegenständen und
- dem Bezug von Leistungen von Unternehmen mit Sitz im Ausland.

Diese Kompetenz war zeitlich bis zum Ende des Jahres 2006 begrenzt.

Grundsätzlich werden in der Schweiz Bundesgesetze durch die Bundesversammlung (Parlament) erlassen (BVa 85 Ziff. 2). BVa 41ter Abs. 6 hielt ausdrücklich fest, dass die Ausführungsbestimmungen zur MWST Sache der Bundesgesetzgebung sind.

Das bedeutete, dass zur Erhebung der MWST eine gesetzliche Grundlage durch die Eidgenössischen Räte (Parlamentarier) geschaffen werden musste. Da aber die Kompetenz zur Erhebung der bis dahin geltenden Warenumsatzsteuer (WUST) verfassungsmässig bis zum 31. Dezember 1994 beschränkt war, reichte die Zeit für den Erlass eines Gesetzes auf dem Weg des ordentlichen Gesetzgebungsverfahrens nicht mehr aus.

Aus diesem Grund räumte ÜB-BVa 8 Abs. 1 dem Bundesrat die Kompetenz zum Erlass der Ausführungsbestimmungen zur MWST bis zum Inkrafttreten eines durch die Bundesversammlung zu erlassenden Ausführungsgesetzes ein.

Diesem Auftrag kam der Bundesrat mit der **Verordnung über die Mehrwertsteuer (MWSTV)** nach. Diese Verordnung vom 22. Juni 1994 bildete die rechtliche Grundlage der Umsatzbesteuerung in der Schweiz in den Jahren 1995 bis 2000.

Bereits kurz nach der Volksabstimmung vom 28. November 1993 wurde im Nationalrat eine parlamentarische Initiative eingereicht, die vom Nationalrat die Ausarbeitung eines Mehrwertsteuergesetzes verlangte. Dabei sollte das Mehrwertsteuergesetz (MWSTG) nur in jenen Punkten von der MWSTV abweichen, in denen das materiell als unerlässlich angesehen wurde. Obwohl somit das MWSTG im Wesentlichen aus der MWSTV hervorgegangen ist, sind in Einzelfragen doch entscheidende Änderungen vorgenommen worden.

Das ab 1. Januar 2001 geltende **Bundesgesetz über die Mehrwertsteuer (MWSTG)** vom 2. September 1999 gründet auf dieser parlamentarischen Initiative.

Durch die Annahme der neuen Bundesverfassung (BV) vom 18. April 1999 sind die verfassungsrechtlichen Grundlagen zur Erhebung der MWST neu in BV 130 und in BV 196 Ziff. 14 verankert. Die Befugnis zur Erhebung der MWST war verfassungsrechtlich nach wie vor bis Ende 2006 befristet. Mit dem Bundesbeschluss über eine neue Finanzordnung vom 19. März 2004 wurde die Befugnis zur Erhebung bis Ende 2020 verlängert.

Am 12. Juni 2009 wurde das **neue MWSTG** (nMWSTG) durch National- und Ständerat verabschiedet, das am 1. Januar 2010 in Kraft getreten ist. Am grundsätzlichen Besteuerungsziel und an der Systematik der Steuer wurde jedoch festgehalten. Das nMWSTG brachte zahlreiche **Änderungen und Neuerungen:**

- Durch Volk und Stände ist am 27. September 2009 die Vorlage über die **Zusatzfinanzierung der Invalidenversicherung (IV)** angenommen worden, die eine zeitlich befristete Anhebung der Mehrwertsteuersätze nach sich zieht. Gemäss Parlamentsbeschluss vom 12. Juni 2009 ist diese Steuersatzerhöhung per 1. Januar 2011 in Kraft getreten.
- Der Schweizerische Bundesrat hat zudem am 27. November 2009 zum neuen Mehrwertsteuergesetz eine «Mehrwertsteuerverordnung» erlassen, die ausgewählte Fragen der **Umsatzbesteuerung** in verschiedensten Bereichen regelt.
- Weitere **Verordnungen** des **Eidgenössischen Finanzdepartements (EFD)** und der **Eidgenössischen Steuerverwaltung (ESTV)** regeln Fragen im Zusammenhang mit
  - der steuerbefreiten Einfuhr von Gegenständen mit geringem Wert,
  - der Ausfuhr von Gegenständen im Reisenden- und Grenzverkehr,
  - den Verzugs- und Vergütungszinssätzen sowie
  - der Höhe der Saldosteuersätze.

Die wesentlichsten **rechtlichen Grundlagen** der MWST sind:

- Bundesverfassung (BV 130 und 196)
- Mehrwertsteuergesetz vom 12. Juni 2009 (MWSTG)
- Mehrwertsteuerverordnung vom 27. November 2009 (MWSTV)
- Verordnungen des Eidgenössischen Finanzdepartements (EFD)
- Verordnungen der Eidgenössischen Steuerverwaltung (ESTV)
- Rechtsprechung

Von den rechtlichen Grundlagen sind die **Verwaltungsverordnungen,** d. h. die Praxisfestlegungen der ESTV, zu unterscheiden, die nicht Gesetzescharakter haben: MWST-Infos, MWST-Branchen-Infos und MWST-Praxis-Infos. Sie finden die Dokumente im MWST-Info-Archiv unter www.estv.admin.ch.

1.1 Verhältnis zum kantonalen Recht

Was die Bundesverfassung als **Gegenstand der MWST** bezeichnet oder als **steuerfrei** erklärt, darf gemäss BV 134 weder von Kantonen noch von Gemeinden mit gleichartigen Steuern erfasst werden.

Diese Norm verbietet den Kantonen und Gemeinden aber nicht generell die Erhebung von Verbrauchssteuern. Das Bundesgericht hat dazu entschieden, dass es den Kantonen und Gemeinden nicht verwehrt werden kann, **besondere Verbrauchssteuern,** etwa Billettsteuern und Handänderungssteuern, zu erheben. Solange es sich um besondere Verbrauchssteuern handelt, die nur ganz bestimmte Dienstleistungen erfassen, liegt keine allgemeine Verbrauchssteuer vor, die mit der MWST konkurriert.

Diese Rechtsprechung wurde bei der Formulierung von MWSTG 2 berücksichtigt, indem ausdrücklich Billettsteuern und Handänderungssteuern als nicht gleichartige Steuern bezeichnet werden.

Die Gleichartigkeit wäre also nur dann gegeben, wenn Kantone oder Gemeinden allgemeine Verbrauchssteuern erheben würden, die einzig die Wertschöpfungsquote (Vorsteuerabzug) erfassen und grundsätzlich vom Konsumenten zu tragen wären.

Dient der **Umsatz** als **Bemessungsgrundlage** einer speziellen Verbrauchssteuer oder einer Abgabe, so ist sie mit MWSTG 2 vereinbar. MWSTG 2 Abs. 2 schreibt jedoch vor, dass sie die MWST nicht in ihre Bemessungsgrundlage einbeziehen darf.

1.2 Prinzip der Netto-Allphasensteuer mit Vorsteuerabzug

Die im MWSTG verankerte Umsatzsteuer ist als Netto-Allphasensteuer mit Vorsteuerabzug gestaltet. Das bedeutet:

- Die Steuer wird für **jede Phase des Wertschöpfungsprozesses** erhoben.
- Die Steuer ist auf dem **Nettobetrag der Leistung** geschuldet; die Steuer selbst gehört damit nicht zur Bemessungsgrundlage der Steuer – darf also nicht angerechnet werden.
- Jeder Steuerpflichtige kann die MWST, die er seinen Lieferanten oder Auftragnehmern bezahlt, als **Vorsteuer** von seiner eigenen Steuerschuld gegenüber der ESTV in Abzug bringen.

Folgendes Beispiel verdeutlicht dieses Prinzip:

Beispiel

Ein Kleidergrosshändler mit Sitz in der Schweiz bezieht Kleider von einem ausländischen Produzenten und liefert diese von seinem Zentrallager aus an verschiedene Modehäuser in der Schweiz.

Die Steuererhebung nach dem System der MWST funktioniert wie folgt:

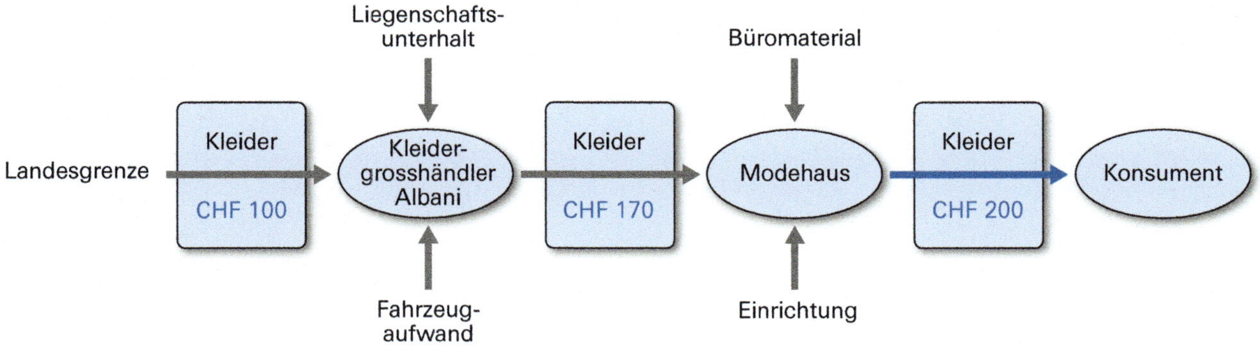

Steuerbare Lieferung mit Anspruch auf Vorsteuerabzug
Steuerbare Lieferung ohne Anspruch auf Vorsteuerabzug

1. Import der Kleider

Die Eidgenössische Zollverwaltung belastet den Kleiderimport im Wert von CHF 100.00 bei der Einfuhr mit 7.7% MWST (Einfuhrsteuer), d. h. mit CHF 7.70.

2. Inlandlieferung der Kleider: Rechnung des Grosshändlers an das Modehaus

Zusätzlich zum Warenwert der Inlandlieferung von CHF 170.00 müssen 7.7% MWST (CHF 13.09) in Rechnung gestellt werden. Da der Grosshändler die Ware bereits MWST-belastet bezogen hat, kann er einen Vorsteuerabzug von CHF 7.70 beanspruchen. Seine Zahlung an die ESTV beläuft sich auf CHF 5.39.

3. Verkauf der Kleider: Rechnung des Modehauses an den Kunden

Auf dem Nettoverkaufspreis von CHF 200.00 (Preis ohne MWST) sind 7.7% MWST (Inlandsteuer) geschuldet (CHF 15.40), die das Modehaus dem Kunden verrechnet. Die vom Kleidergrosshändler belastete MWST von CHF 13.09 kann es als Vorsteuer abziehen. Das Modehaus schuldet der ESTV nur die Nettosteuer von CHF 2.31.

Berechnung der Steuerlast:

MWST	Import	Grosshändler	Modehaus	Total
Nettobetrag Leistung	100.00	170.00	200.00	
Einfuhrsteuer (7.7%)	7.70	–	–	
Inlandsteuer (7.7%)	–	13.09	15.40	
Vorsteuerabzug	–	–7.70	–13.09	
Steuerlast	**7.70**	**5.39**	**2.31**	**15.40**

Die MWST-Last ergibt total CHF 15.40 auf dem gesamten Konsum (Warenwert des Endverbrauchs).

Zusammenfassung

Das Ziel der MWST besteht darin, den **gesamten Konsum** in der Schweiz zu besteuern. Gleichzeitig soll sichergestellt werden, dass systematisch nur der Mehrwert in einer Wertschöpfungskette steuerlich erfasst wird.

Die **rechtlichen Grundlagen** sind:

- Bundesverfassung (BV 130 und 196)
- Bundesgesetz über die Mehrwertsteuer (Mehrwertsteuergesetz, MWSTG)
- Verordnung zum Mehrwertsteuergesetz (MWSTV)
- Diverse Verordnungen
- Rechtsprechung

Kantone und **Gemeinden** dürfen laut BV 134 keine allgemeine Verbrauchssteuer erheben. Sie können aber **besondere Verbrauchssteuern** wie z. B. die Vergnügungssteuer erheben.

Die MWST ist eine **Netto-Allphasensteuer mit Vorsteuerabzug.** Das bedeutet, dass für jede Phase des Wertschöpfungsprozesses Steuern erhoben werden. Die Steuer wird auf dem **Nettobetrag der Leistung** erhoben – also ohne die MWST selbst – und jeder Steuerpflichtige kann die in der **vorangehenden Phase bezahlte MWST** von seiner eigenen Steuerschuld in Abzug bringen.

Repetitionsfragen

1 Die Eisenwarenhandlung Huber & Söhne ist MWST-pflichtig und hat Anspruch auf die Vornahme des vollen Vorsteuerabzugs.

Im ersten Quartal wurden die folgenden, mehrwertsteuerlich relevanten Umsätze getätigt (alle Zahlen verstehen sich inkl. 7.7% MWST).

Umsätze	CHF
Warenverkäufe	215 400
Wareneinkauf	134 000
Einkauf Büromaterial	8 000
Anschaffung Mobiliar	12 000
Anwaltshonorar	7 550

Wie hoch ist die von Huber & Söhne zu bezahlende Steuerforderung oder Steuerschuld?

2 Nennen Sie die wesentlichen rechtlichen Grundlagen, mit denen die Erhebung der MWST geregelt wird.

3 Ein Inneneinrichtungsgeschäft in der Stadt Luzern verkauft ein italienisches Designsofa für CHF 4 500 (exkl. MWST) an eine Privatkundin in Meggen LU. Dieses Sofa bezog das Inneneinrichtungsgeschäft für CHF 2 800 (exkl. MWST) bei einem Schweizer Möbelgrosshändler, der es aus Italien zum Netto-Einkaufspreis von CHF 2 000 in die Schweiz importiert hatte.

A] Wie hoch ist die MWST-Belastung für die Privatkundin aus Meggen?

B] Welche Steuerforderung müssen der Möbelgrosshändler und das Inneneinrichtungsgeschäft an die ESTV abliefern?

2 Steuerobjekt allgemein

Lernziele

Nach der Bearbeitung dieses Kapitels können Sie …

- den Gegenstand der Besteuerung beschreiben.
- erklären, was das Gesetz unter dem Begriff Inland versteht.
- zwischen einer Lieferung von Gegenständen und einer Dienstleistung unterscheiden.
- die Grundprinzipien zur Bestimmung des Orts der Dienstleistung nennen.

Schlüsselbegriffe

Abhollieferungen, Agenturvertrag, Auktionen, Ausland, Bestimmungsortsprinzip, Betriebsstätte, Bezugsteuer, Billettverkäufer, Dienstleistungen, Empfängerortsprinzip, Erbringerortsprinzip, Gegenstand, Grundstück, Hauptleistung, Inland, Inlandsteuer, Kombinationsregel, Lieferung, Nebenleistung, Ort der Dienstleistung, Ort der Lieferung, Reihengeschäft, Rückgabe, Stellvertretung, Vertrag, Vermittlung, Vermietung, Verpachtung, Versandhandelsregelung, wirtschaftliche Verfügungsmacht

Jedes Steuergesetz muss das **Steuerobjekt** – den Gegenstand der Besteuerung – beschreiben. Oder anders ausgedrückt: Es muss beschreiben, was oder welche Vorgänge die Steuer auslösen.

Laut MWSTG 1 Abs. 2 unterliegen

- gegen Entgelt im Inland erbrachte Lieferungen von Gegenständen und
- gegen Entgelt im Inland erbrachte Dienstleistungen der **Inlandsteuer** sowie
- der Bezug von Leistungen von Unternehmen mit Sitz im Ausland durch Empfänger im Inland der **Bezugsteuer.**

Damit all diese Leistungen besteuert werden können, müssen sie von einem Steuerpflichtigen **ausgeführt** bzw. durch einen Steuerpflichtigen **bezogen** werden.

Als weiteres Steuerobjekt nennt das MWSTG die **Einfuhr** von Gegenständen ins Inland (Einfuhrsteuer s. Kap. 18, S. 256).

Wir folgen nun dem Aufbau des MWSTG und besprechen zuerst die Inlandsteuer.

2.1 Inland

Gegenstand der MWST können nur Umsätze in jenem Gebiet sein, auf das sich die **Hoheitsgewalt der Schweizerischen Eidgenossenschaft** erstreckt. Daneben gelten aber auch ausländische Gebiete als Inland, wenn entsprechende staatsvertragliche Vereinbarungen bestehen.

MWSTG 3 lit. a bestimmt den örtlichen Geltungsbereich der MWST. Als **Inland** im Sinne des MWSTG gilt:

- Das **Gebiet der Schweiz:** Es handelt sich dabei um das Gebiet innerhalb der politischen Landesgrenzen der Schweizerischen Eidgenossenschaft (inkl. z. B. Zollfreilagern, offene Zolllager, Zollfreiläden auf Flughäfen).
- Die **deutsche Gemeinde Büsingen** und das **Fürstentum Liechtenstein** (FL) gelten gemäss staatsvertraglichen Vereinbarungen als schweizerisches Zollgebiet. Somit findet das MWSTG auch in diesen Gebieten Anwendung.
- Mit **Campione d'Italia** ist eine staatsvertragliche Regelung immer noch ausstehend. Es ist grundsätzlich als Inland zu betrachten, doch bestehen gewisse Sonderregelungen.

- Eine weitere, teilweise Ausnahme vom allgemeinen Inlandsbegriff besteht in Bezug auf die beiden Talschaften **Samnaun** und **Sampuoir.** Diese beiden Talschaften gelten nur für Dienstleistungen (inkl. Leistungen des Hotel- und Gastgewerbes) als Inland. Bezüglich der Lieferung von Gegenständen gelten Samnaun und Sampuoir immer als Ausland.
- Als Inland gelten auch Teile des **Flughafens Basel-Mülhausen-Freiburg EuroAirport.** Auch hier gelten Sonderbestimmungen.

Als **Ausland** gelten alle übrigen Gebiete, die vorgängig nicht genannt werden.

2.2 Lieferung von Gegenständen

Bei einer Lieferung im Sinne des MWSTG muss es sich nicht notwendigerweise um eine steuerbare Lieferung handeln. Damit eine **steuerbare Lieferung** eines Gegenstands vorliegt,

- muss die Lieferung im Inland gegen Entgelt durch einen Steuerpflichtigen ausgeführt werden und
- darf die Lieferung nicht aufgrund einer gesetzlichen Bestimmung von der Steuer ausgenommen sein.

2.2.1 Wann liegt eine Lieferung eines Gegenstands vor?

MWSTG 3 lit. d hält fest, was unter dem Begriff «Lieferung eines Gegenstands» zu verstehen ist. Es werden die folgenden **drei Tatbestände** unter diesem Begriff zusammengefasst:

1. Das Verschaffen oder das Übertragen der Befähigung, in eigenem Namen über einen Gegenstand **wirtschaftlich verfügen** zu können.
2. Die Ablieferung eines Gegenstands, an dem **Arbeiten** gemacht wurden, auch wenn dieser Gegenstand dadurch nicht verändert, sondern nur geprüft, geeicht, reguliert, in der Funktion kontrolliert oder in anderer Weise behandelt worden ist.
3. Die Überlassung von beweglichen und unbeweglichen Gegenständen im Rahmen von **Miet-, Pacht-** oder **Leasingverträgen.**

Im Folgenden werden unter dem Begriff **Gegenstand** sowohl bewegliche Gegenstände als auch unbewegliche Gegenstände verstanden:

- **Bewegliche Sachen** sind Gegenstände im Sinne von
  - Fahrnis (OR 187) und
  - Energie (Elektrizität, Gas, Wärme, Druck usw.).
- **Unbewegliche Sachen** sind
  - Liegenschaften, Grundstücke, Stockwerkeigentum,
  - im Grundbuch eingetragene selbstständige und dauernde Rechte, Bergwerke, Kiesgruben usw. (ZGB 655 Abs. 2).
- Das **Liefern von EDV-Software** gilt als Lieferung eines Gegenstands, wenn der Verkäufer die Software dabei auf einem Datenträger (CD, USB-Speicherstick o. Ä.) an den Käufer übergibt. Dass dabei der Wert der eigentlichen Software den Warenwert des Datenträgers in der Regel um das x-Fache übersteigen kann, spielt für die Qualifikation dieses Vorgangs als Lieferung eines Gegenstands keine Rolle.
  Anders verhält es sich, wenn die Software über eine **Datenfernleitung** auf den Rechner des Käufers übertragen wird. In diesem Fall handelt es sich beim Verkauf der Software um eine Dienstleistung.

A] Wirtschaftliche Verfügungsmacht

Eine Lieferung im Sinne des MWSTG setzt voraus, dass die Befähigung übertragen wird, in eigenem Namen über einen Gegenstand wirtschaftlich zu verfügen. Dies ist in aller Regel der Fall, wenn das **Eigentum an einem Gegenstand übertragen** wird: Der Eigentümer einer Sache kann im Rahmen der Rechtsordnung beliebig über diese Sache verfügen, d. h., er kann sie verkaufen, verschenken oder vernichten, ganz wie es ihm beliebt.

Vom Eigentum zu unterscheiden ist der **Besitz.** Laut ZGB 930 darf ein Dritter vom Besitzer eines Gegenstands annehmen, dass dieser der Eigentümer der Sache ist. Obwohl der Besitzer rechtlich nicht in die Lage versetzt wird, in eigenem Namen über den Gegenstand zu verfügen (rechtliche Verfügungsmacht), ist er dennoch wirtschaftlich in der Lage dazu (wirtschaftliche Verfügungsmacht). Auch ein Eigentumsvorbehalt (mit Registereintrag) ändert daran nichts. Für die Belange der MWST heisst das, dass bereits die Übertragung des Besitzes an einem Gegenstand genügen kann, um den Empfänger des Gegenstands in die Lage zu versetzen, über diesen wirtschaftlich in eigenem Namen verfügen zu können. Damit gilt unter gewissen Bedingungen bereits die **Besitzübertragung** als Lieferung im Sinne des MWSTG.

Man muss also die wirtschaftliche Verfügungsmacht von der rechtlichen Verfügungsmacht unterscheiden. Die **Übertragung der wirtschaftlichen Verfügungsmacht** reicht aus, damit von einer **Lieferung im Sinne des MWSTG** gesprochen werden kann. Auch wenn das der Lieferung zugrunde liegende Rechtsgeschäft rechtswidrig, nichtig oder ungültig ist (z. B. bei Hehlerei), gilt die Übertragung der Verfügungsmacht am Gegenstand dennoch als steuerbare Lieferung.

Damit eine Übertragung der wirtschaftlichen Verfügungsmacht vorliegt, ist selbst die Übertragung des Besitzes kein Wesensmerkmal einer steuerbaren Lieferung. Das zeigt die steuerliche Behandlung des **Reihengeschäfts** gemäss Abb. 2-1.

Abb. [2-1] **Reihengeschäft**

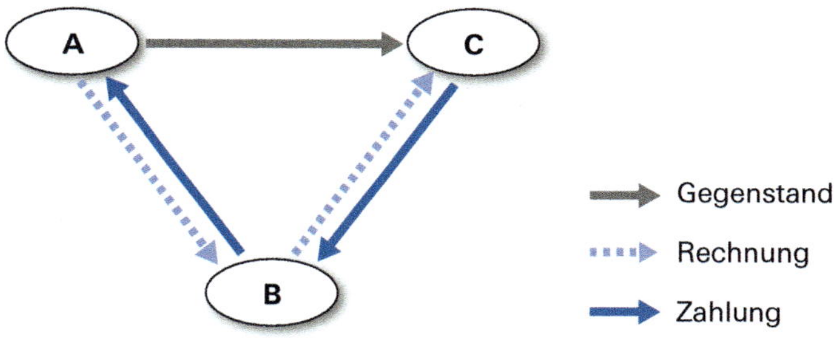

Bei einem Reihengeschäft schliessen A und B einen Vertrag über die Lieferung eines Gegenstands ab. Ein weiterer Vertrag wird zwischen B und C über die Lieferung desselben Gegenstands abgeschlossen. A liefert nun in der Folge direkt an C, stellt für diese Lieferung aber B Rechnung. B seinerseits fakturiert die Leistung nun an C. Vom Standpunkt der MWST aus liegen zwei steuerbare Lieferungen vor. Einmal die Lieferung von A an B und einmal die Lieferung von B an C. Bei einem Reihengeschäft muss der Zwischenhändler B nicht notwendigerweise im Besitz des Gegenstands sein, um über diesen in eigenem Namen verfügen zu können.

Bei **Eigentumsübertragungen von Grundstücken** knüpft das Zivilrecht in den allermeisten Fällen an den Eintrag im Grundbuch an. Aus diesem Grund stellt sich das Problem der Abgrenzung der wirtschaftlichen von der rechtlichen Verfügungsmacht in erster Linie bei der Lieferung von beweglichen Gegenständen.

Ein notwendiges Element, damit eine mehrwertsteuerlich relevante Lieferung vorliegt, ist der **Lieferwille** des Lieferers. Dabei unterliegen aber auch Lieferungen und Dienstleistungen der Steuer, die aufgrund eines Gesetzes oder einer behördlichen Anordnung und somit nicht freiwillig erfolgen. Hingegen sind alle nicht freiwilligen Lieferungen, die nicht aufgrund eines Gesetzes oder aufgrund behördlicher Anordnung erfolgen, keine Lieferungen im Sinne des MWSTG.

Nicht freiwillige Leistungen können sein: Schadenersatz, Diebstahl, Verlust, Verpfändung oder Verzugszins.

Beispiel

Fall 1

In seiner Freizeit fährt der Angestellte Pedro Meier das ihm von seinem Arbeitgeber, der Pillon AG, zur Verfügung gestellte Fahrzeug zu Schrott. Das Fahrzeug hatte noch einen Restwert von CHF 7 000, den Pedro Meier der Pillon AG vergüten muss. Obwohl die Lieferung des Fahrzeugs von der Pillon AG an Pedro Meier entgeltlich erfolgt ist, handelt es sich nicht um eine MWST-relevante Lieferung, sondern um einen Schadenersatz, der nicht Gegenstand der MWST ist. Es war nie die Absicht der Pillon AG, Pedro Meier das Fahrzeug zu übereignen. Somit fehlt der Lieferwille.

Könnte Pedro Meier den Schaden am Fahrzeug selbst reparieren, würde er gegenüber der Pillon AG ebenfalls keine Lieferung ausführen. Obwohl argumentiert werden könnte, dass der Verzicht auf den Anspruch auf Schadenersatz seitens der Pillon AG Entgelt für die Lieferung (Reparatur) von Pedro Meier ist, fehlt es auch in diesem Fall am Lieferwillen von Pedro Meier. Er muss ja den Schaden ersetzen. Die Reparatur erfolgt somit nicht freiwillig. Auch wenn Pedro Meier MWST-pflichtig wäre, hätte er diese Lieferung nicht zu versteuern.

Fall 2

Karel Karlo stiehlt Pedro Meier eine goldene Uhr und verkauft diese auf dem Flohmarkt.

Obwohl die Verfügungsmacht an der Uhr von Pedro Meier auf Karel Karlo übergegangen ist, stellt diese Lieferung der Uhr von Pedro Meier an Karel Karlo keine MWST-relevante Lieferung dar. Hingegen stellt der Verkauf der Uhr auf dem Flohmarkt eine Lieferung im Sinn des MWSTG dar, unabhängig davon, ob Karel Karlo der rechtmässige Besitzer ist oder nicht. In dieser Situation ist der Lieferwille von Karel Karlo gegeben.

Fall 3

Cuno Fischer verliert auf der Strasse seine Brieftasche. Karel Karlo findet die Brieftasche und beschliesst, sie zu behalten.

Obwohl auch hier die Verfügungsmacht über einen Gegenstand übertragen wurde, fehlt es am Lieferwillen von Cuno Fischer. Daher liegt keine Lieferung vor.

Fall 4

Karel Karlo hat eine goldene Uhr von Pedro Meier gekauft. Zahlungsziel ist 30 Tage netto. Karel Karlo ist aber erst nach 62 Tagen in der Lage, den geschuldeten Kaufpreis zu begleichen. Pedro Meier stellt ihm für die 32 Tage Verzugszinsen in Rechnung. Diese Verzugszinsen stellen Nichtentgelt für die verspätete Zahlung und nicht etwa ein Entgelt für die Lieferung der Uhr dar.

Im Gegensatz zum Leasinggeschäft oder zum Ratenzahlungsgeschäft (bei denen die Finanzierungskosten zur Bemessungsgrundlage gehören) bezieht sich der Lieferwille von Pedro Meier auf die Übergabe der Uhr an Karel Karlo gegen Zahlung des Preises innerhalb von 30 Tagen. Der Lieferwille erschöpft sich nach Ablauf der Zahlungsfrist von 30 Tagen. Anschliessend gilt der Verzugszins als Schadenersatz.

Fall 5

Der steuerpflichtige Christoph Huber hat von seinem Nachbarn ein Darlehen von CHF 5 000 erhalten. Als Sicherheit hat er seinem Nachbarn als Pfand eine Golduhr überlassen.

Dieser Vorgang ist kein mehrwertsteuerlich relevanter Vorgang. Erst wenn Christoph Huber das Darlehen nicht mehr zurückzahlen könnte und es zur Verwertung der Uhr käme, wäre eine Lieferung zu besteuern.

Bei diesen Beispielen stand nur die Frage im Zentrum, ob eine **Lieferung im Sinne des MWSTG** vorliegt oder nicht. Nicht aber, ob in diesen Fällen eine steuerbare Lieferung vorliegt.

B] Rückgabe eines bearbeiteten Gegenstands

MWSTG 3 lit. d Ziff. 2 definiert, dass die **Ablieferung eines Gegenstands,** an dem **Arbeiten ausgeführt** wurden, ebenfalls als **Lieferung** gilt. Als Bearbeitung gelten alle Arbeiten an Gegenständen, auch wenn diese dadurch nicht verändert, sondern nur geprüft, geeicht, reguliert, in der Funktion kontrolliert oder in anderer Weise behandelt werden. Für die Qualifikation als Lieferung von Gegenständen ist nicht notwendig, dass Material aufgewendet wird.

Die Übergabe eines Gegenstands nach Vornahme folgender Arbeiten gilt u. a. als **Lieferung eines Gegenstands:** Gebäudereinigung, Schneeräumung, Kiesabbau, Erntearbeiten, Ölbrennerservice, Eichen von Waagen, Bilderrestauration, Änderungsschneiderei, Abgaskontrolle und Reparatur eines Gegenstands.

Die Abgrenzung zwischen der Rückgabe eines **bearbeiteten Gegenstands** (Lieferung) und der **reinen Begutachtung** eines Gegenstands (Dienstleistung) ist hinsichtlich des Orts der Lieferung (MWSTG 7) bzw. des Orts der Dienstleistung (MWSTG 8) von Bedeutung:

- Steht die **Nutzung,** die **Prüfung** oder der **Erhalt der Funktionsfähigkeit** eines Gegenstands im Vordergrund, handelt es sich um ein Bearbeiten eines Gegenstands und demnach um eine Lieferung.
- Steht aber die **Begutachtung** hinsichtlich Qualität, Wert oder Echtheit eines Gegenstands im Mittelpunkt des Auftrags, so handelt es sich um eine **Dienstleistung.**

Beispiel

Urs Besmer wurde beauftragt, ein Bild des Malers Edward Hopper auf seine Echtheit hin zu prüfen. Um die Echtheit der Farben und das Alter der Leinwand prüfen zu können, entfernt Urs Besmer u. a. den Rahmen des Bilds und unterzieht eine kleine Ecke der Leinwand einer chemischen Analyse. In seiner Expertise kommt Urs Besmer zum Schluss, dass es sich beim entsprechenden Bild tatsächlich um einen echten Hopper handelt. Urs Besmer händigt dem Besitzer das Bild zusammen mit der schriftlichen Expertise aus.

Die Expertise gilt als Dienstleistung und nicht als Lieferung eines Gegenstands. Die von Urs Besmer vorgenommenen mechanischen Arbeiten am Bild (Rahmen entfernen, chemische Analyse der Leinwand usw.) bezweckten nicht, das Bild in seiner Funktion zu erhalten oder zu verbessern. Der Inhalt der Arbeit von Urs Besmer war die Prüfung der Echtheit des Bilds.

C] Vermietung und Verpachtung

Auch die Übergabe eines beweglichen oder eines unbeweglichen Gegenstands zum Gebrauch oder zur Nutzung in Form von **Miete, Pacht** oder **Leasing** gilt als Lieferung im Sinne des MWSTG. Es spielt dabei keine Rolle, wie der Vertrag im Einzelnen bezeichnet wird und ob am Ende der Vertragsdauer das Eigentum am beweglichen oder unbeweglichen Gegenstand übertragen wird.

Der **Sale-and-lease-back-Vertrag** (MWSTV 2 Abs. 3) ist nicht als Vermietung, sondern als **Finanzierungsgeschäft** zu beurteilen. Der Käufer erwirbt dabei einen Gegenstand, überträgt das Eigentum gegen Entrichtung seines ursprünglichen Kaufpreises an die Leasinggesellschaft und nutzt anschliessend den Gegenstand gegen Bezahlung der Leasingraten. Diese beiden Vorgänge,

- Übertragen des Gegenstands vom Käufer auf die Leasinggesellschaft und
- Rückübertragen des Gegenstands von der Leasinggesellschaft auf den Leasingnehmer,

sind Finanzierungsgeschäfte, die gemäss MWSTG 21 Abs. 2 Ziff. 19 **von der Steuer ausgenommen** sind. Voraussetzung für die Qualifikation als Finanzierungsgeschäft ist aber, dass der Gegenstand nach Ablauf der Vertragsdauer oder bei vorzeitiger Auflösung des Vertrags zwingend **in das Eigentum des Leasingnehmers übergehen** muss. Wird dem Leasingnehmer dagegen lediglich bei vorzeitiger Auflösung oder bei Beendigung des Leasingverhältnisses ein Vorkaufsrecht eingeräumt, kann dieses Vorkaufsrecht nicht die geforderte zwingende Eigentumsübertragung ersetzen.

Beispiel

Die Quinto AG kauft von der Bau AG eine Gewerbeliegenschaft. Der Kaufpreis beträgt CHF 15 Mio. Die Quinto AG verkauft die Liegenschaft in der Folge an die Leasing AG. Gleichzeitig schliesst die Quinto AG mit der Leasing AG einen Leasingvertrag über diese Liegenschaft ab. Gegen Zahlung von monatlichen Leasingraten von CHF 120 000 erwirbt die Quinto AG das Nutzungsrecht an der Liegenschaft und kann diese nach Ablauf von 8 Jahren zu einem Preis von CHF 7.5 Mio. von der Leasing AG zurückkaufen. Die Ausübung dieses Kaufrechts ist auf 3 Monate nach Ablauf der 8-Jahres-Frist begrenzt.

Bei dieser Vertragsgestaltung liegen eine Lieferung von der Bau AG an die Quinto AG, eine Lieferung von der Quinto AG an die Leasing AG und eine weitere Lieferung von der Leasing AG an die Quinto AG vor. Es handelt sich nicht um ein Finanzierungsgeschäft, da das Eigentum an der Liegenschaft nach Ablauf der Vertragsdauer nicht zwingend von der Quinto AG erworben werden muss.

2.2.2 Indirekte Stellvertretung und Vermittlung

Eine Leistung gilt als von derjenigen Person erbracht, die nach aussen – d. h. insbesondere gegenüber dem Leistungsempfänger – als Leistungserbringer auftritt. Sind an einem Leistungsaustausch (Lieferung oder Dienstleistung) mehr als zwei Parteien beteiligt, muss deshalb gemäss MWSTG 20 unterschieden werden zwischen indirekter Stellvertretung inkl. Kommissionsgeschäften und Vermittlung (direkte Stellvertretung).

A] Indirekte Stellvertretung

Der Stellvertreter tritt an die Stelle des Stellvertretenen. Er rechnet die Leistung, die er **im Auftrag des Stellvertretenen** erwirbt oder verkauft, **in eigenem Namen** mit dem Dritten ab. Bei der Stellvertretung werden der Leistungsaustausch zwischen dem Dritten und dem Stellvertreter und der Leistungsaustausch zwischen dem Stellvertreter und dem Stellvertretenen mehrwertsteuerlich erfasst.

Die indirekte Stellvertretung tritt im Wirtschaftsleben häufig als **Ober-/Unterakkordantenverhältnis** oder als **Kommissionsgeschäft** in Erscheinung.

Abb. [2-2] **Indirekte Stellvertretung**

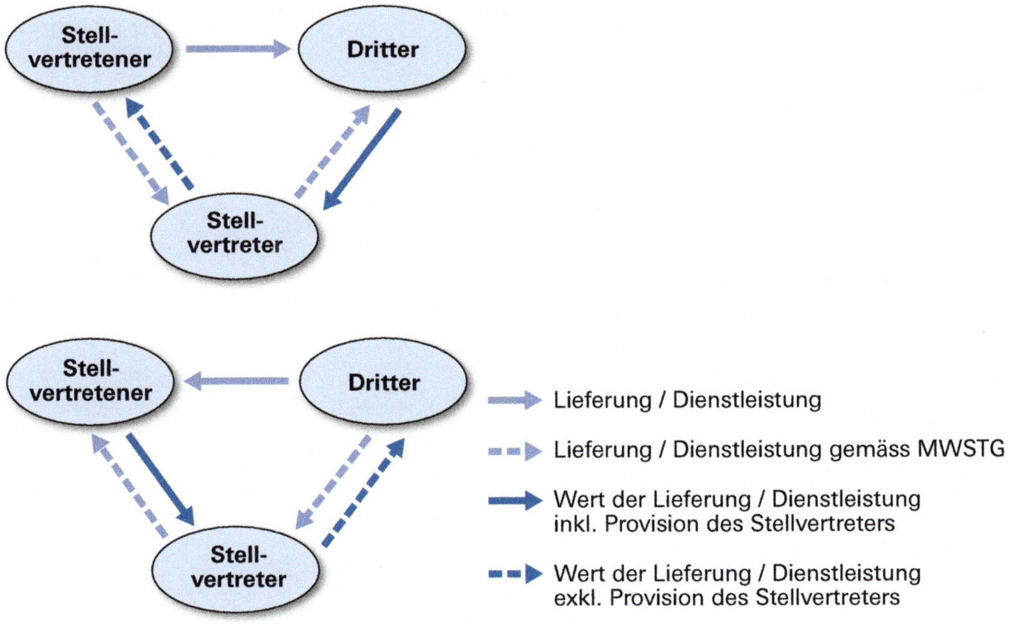

B] Vermittlung

Der Vermittler bewirkt einen Leistungsaustausch zwischen seinem Auftraggeber und einem Dritten. Er ermöglicht lediglich das **Zustandekommen eines Vertrags** zwischen Käufer und Verkäufer. Er tritt gegenüber dem Dritten **im Namen und für Rechnung seines Auftraggebers** auf. Damit eine Vermittlung im Sinne der MWST vorliegt, muss

- die Vermittlerin (Vertreterin) nachweisen können, dass sie als Stellvertreterin handelt und die vertretene Person eindeutig identifizieren kann,
- das Bestehen eines Stellvertretungsverhältnisses dem Leistungsempfänger ausdrücklich bekannt gegeben worden sein oder sich dieses zumindest aus den Umständen ergeben.

Bei der Vermittlung wird der Leistungsaustausch zwischen dem Dritten und dem Auftraggeber des Vermittlers mehrwertsteuerlich erfasst. Die Vermittlung selbst gilt als **eigenständige Dienstleistung** zwischen dem Vermittler und seinem Auftraggeber.

Abb. [2-3] **Vermittlung**

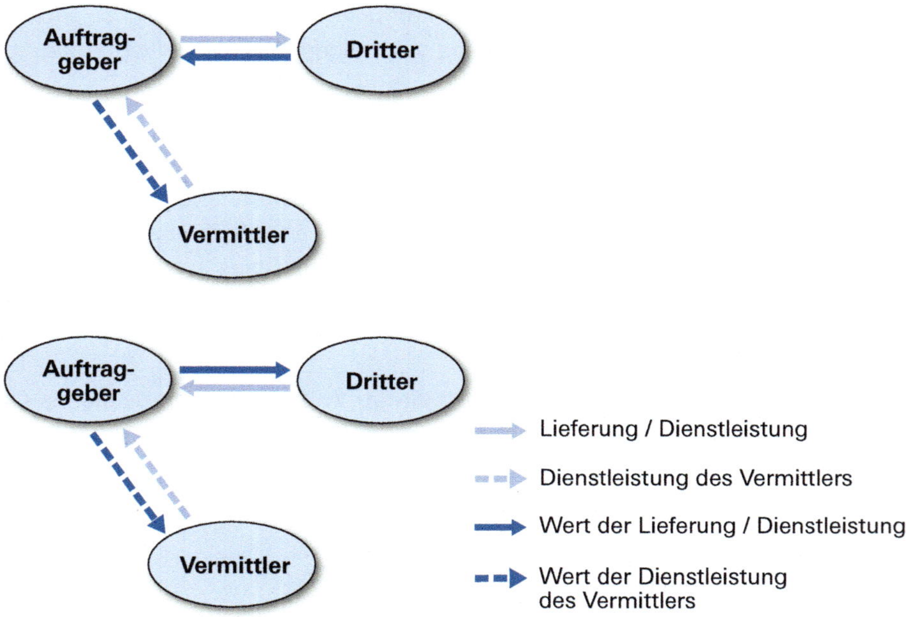

Der Vermittler kann im Wirtschaftsleben auftreten als direkter Stellvertreter, Agent, Auktionator, Billettverkäufer o. Ä.

Direkte Stellvertretung

Wenn der Vermittler ausdrücklich **im Namen und für Rechnung** seines Auftraggebers agiert, wird eine Vermittlungsleistung (Dienstleistung) zwischen dem Vermittler und seinem Auftraggeber angenommen. In diesen Fällen spricht man auch von einer **direkten Stellvertretung.**

Auch bei einem Vermittlungsgeschäft kann, muss aber nicht, eine Besitzübertragung an einem Gegenstand zwischen dem Dritten und dem Vermittler vorliegen, ohne dass deshalb mehrwertsteuerlich von einer Lieferung gesprochen werden kann.

Agenturvertrag

Es liegt auch eine Vermittlung vor, wenn zwischen dem Vermittler und seinem Auftraggeber ein auf blosse Vermittlung lautender Agenturvertrag besteht. Durch den Agenturvertrag verpflichtet sich der Agent, für einen (oder mehrere) Auftraggeber **dauernd Geschäfte zu vermitteln** oder in seinem Namen und auf seine Rechnung Geschäfte abzuschliessen.

Auktionen

Für die Lieferungen von Gegenständen, die im Rahmen von Auktionen erfolgen, muss der Auktionator hinsichtlich seiner Qualifikation als Vermittler (direkter Stellvertreter) spezielle Formerfordernisse erfüllen:

- Der Auktionator muss vor Beginn der Auktion einen **schriftlichen Auftrag** (Auktionsvertrag) für das Veräussern der einzeln aufgeführten Gegenstände oder der Gattung nach bestimmten Gegenständen im Namen und für Rechnung eines Dritten (des Einlieferers) erhalten.
- Der Auktionator muss gegenüber den Kaufinteressenten schriftlich bekannt geben, dass er die betreffenden Gegenstände **in fremdem Namen und für fremde Rechnung** anbietet.

Sind diese Bedingungen nicht **kumulativ** erfüllt, muss der Auktionator die Lieferung versteuern.

Objekte, die von **Lieferanten mit Sitz im Ausland** stammen, sind vom Auktionator wie Lieferungen in eigenem Namen zu behandeln und zu versteuern. Wird vom Auktionator geltend gemacht, dass es sich um ein Vermittlungsgeschäft handelt, muss er der EZV eine entsprechende Mitteilung machen. In der Folge wird die **Einfuhrsteuer** auf dem an der Auktion erzielten Wert erhoben. Der Auktionator darf aber auf der Einfuhr in diesem Fall keinen Vorsteuerabzug geltend machen, da er als Vermittler nicht frei über die Gegenstände verfügen kann.

Billettverkäufer o. Ä.

Beim Verkauf von Billetten, Eintrittskarten u. Ä. gelten die Voraussetzungen betreffend Handeln **im Namen und für Rechnung einer anderen Person** üblicherweise als erfüllt. Das trifft z. B. in folgenden Bereichen zu:

- Flugtickets im Linienflugbetrieb, sofern der Vermittler von der Fluggesellschaft auf Basis einer Umsatzprovision oder einer fixen Entschädigung entlohnt wird
- Bahnbillette, Mehrfahrtenkarten, Abonnemente
- Billette für Berg- und Sportbahnen
- Konzert- und Theaterkarten
- Tickets für Sportveranstaltungen
- Autobahn- und Velovignetten
- Lotteriescheine aller Art

Damit der Vermittler in diesen Fällen nur die von ihm vereinnahmte Verkaufsprovision zu versteuern hat, muss auf dem Billett der eigentliche Leistungserbringer (z. B. SBB) deutlich in Erscheinung treten.

Beispiel

Fall 1

Pia Huber beauftragt Monika Feller mit dem Verkauf von Kaffee. Monika Feller wendet sich an die Caf-Einkaufsgenossenschaft, die bei ihr 20 Säcke Kaffee bestellt.

Für die Beurteilung, ob eine Vermittlung oder eine indirekte Stellvertretung vorliegt, ist nicht entscheidend, ob die Kaffee-Säcke zuerst physisch an Monika Feller geliefert oder direkt von Pia Huber an die Caf-Einkaufsgenossenschaft ausgeliefert werden. Entscheidend ist nur die Frage, wie Monika Feller gegenüber der Caf-Einkaufsgenossenschaft auftritt.

Da bei der Vermittlung (direkte Stellvertretung) in Bezug auf die vermittelte Leistung kein Leistungsaustausch zwischen dem Vermittler und seinem Auftraggeber bzw. zwischen dem Vermittler und dem Dritten besteuert wird, hat der **Vermittler** auch **nie einen Anspruch auf Vornahme des Vorsteuerabzugs,** der aus dem Leistungsaustausch zwischen seinem Auftraggeber und dem Dritten resultiert.

Beispiel

Fall 2

Die Petrus Versicherungs AG befindet sich in denselben Räumlichkeiten wie ihre Tochtergesellschaft, die Gabriel Versicherungsberatung AG. Die Petrus Versicherungs AG ist im Gegensatz zu ihrer Tochtergesellschaft nicht im MWST-Register eingetragen.

Das Büromaterial für beide Gesellschaften wird zentral über die Petrus Versicherungs AG eingekauft. Die Rechnungen des Lieferanten lauten immer auf die Petrus Versicherungs AG. Quartalsweise werden der Gabriel Versicherungsberatung AG ihre Büromaterialbezüge von der Petrus Versicherungs AG zu Einstandspreisen mit einem Zuschlag von 10% in Rechnung gestellt.

Die Petrus Versicherungs AG handelt nicht als direkter Vermittler. Sie hat die Materialbezüge der Gabriel Versicherungsberatung AG als eigene Lieferungen zu behandeln. Übersteigt der Umsatz mit Büromaterial CHF 100 000, so wird die Petrus Versicherungs AG aufgrund dieser Umsätze MWST-pflichtig. Sie hat in der Folge diese Weiterverrechnungen mit der MWST abzurechnen. Dafür kann sie dann für die Rechnungen des Büromateriallieferanten anteilsmässig den Vorsteuerabzug beanspruchen.

Wird die Petrus Versicherungs AG aufgrund dieser Umsätze nicht MWST-pflichtig, hat sie die Weiterverrechnungen an ihre Tochtergesellschaft nicht zu versteuern, darf dann aber für die Rechnungen des Büromateriallieferanten keine Vorsteuern beanspruchen.

In diesem Fall könnte die MWST-Belastung optimiert werden, wenn der Büromaterialeinkauf über die Gabriel Versicherungsberatung AG vorgenommen wird, da diese als steuerpflichtiges Unternehmen über ein Anrecht auf Vorsteuerabzug verfügt.

2.2.3 Ort der Lieferung

Nach der Frage, **wann** die Lieferung eines Gegenstands vorliegt, muss geklärt werden, **wo** die Lieferung ausgeführt wird. Der Ort der Lieferung ist hauptsächlich wegen des Geltungsbereichs der MWST bedeutsam. Eine Lieferung ist nämlich nur dann Gegenstand der schweizerischen MWST, wenn sie im Inland ausgeführt wird (s. Kap. 2.1, S. 14). Es können nur **Lieferungen im Inland** von der Steuer erfasst werden.

Für die Bestimmung des Lieferorts sind die Lieferungsarten auseinanderzuhalten.

A] Abhollieferungen

Der Lieferant übergibt dem Käufer den Gegenstand, ohne diesen physisch zum Abnehmer hin zu bewegen. In diesen Fällen gilt als Lieferort jener Ort, an dem sich der Gegenstand **zum Zeitpunkt der Verschaffung der wirtschaftlichen Verfügungsmacht** befindet. In aller Regel dürfte dies der Fall sein, wenn der Käufer den Gegenstand beim Verkäufer abholt. Es kann aber auch der Fall sein, dass der Käufer einen Dritten (Spediteur usw.) mit dieser Aufgabe betraut.

Für Lieferungen im Zusammenhang mit **Grundstücken** lässt sich aus obigem Grundsatz der Schluss ziehen, dass die Vermietung, die Verpachtung oder der Verkauf von Grundstücken immer am **Ort der gelegenen Sache** erfolgt.

Bei der Überlassung von Gegenständen aufgrund von Miet-, Pacht- oder Leasingverträgen gilt als Ort der Lieferung jener Ort, an dem sich der Gegenstand zum **Zeitpunkt der Überlassung** zum Gebrauch oder zur Nutzung befindet.

Beispiel

Die Kiosk AG in Bern verkauft dem Kunden Max Möri an der Verkaufsstelle Bahnhof Münchenbuchsee eine Tageszeitung. Da Max Möri die Zeitung bei der Verkaufsstelle Bahnhof Münchenbuchsee abholt, befindet sich dort auch der Ort der Lieferung.

B] Beförderungs- oder Versandlieferungen

Der Lieferant bewegt den Gegenstand physisch zum Käufer. Das ist regelmässig dann der Fall, wenn der Gegenstand durch den Lieferanten zum Käufer befördert wird:

- Als Beförderung gilt der **Transport** des Gegenstands durch den Lieferanten selbst.
- Bei einer Versandlieferung beauftragt der Lieferant einen **Dritten** mit dem Transport des Gegenstands.

In diesen Fällen ist der Lieferort dort, wo sich der Gegenstand bei **Beginn der Beförderung bzw. des Versands** befindet.

Beispiel

Die Export GmbH in Zug verschickt ab Lager in Baar eine Maschine an den Kunden Produktion GmbH in Berlin (DE). Da die Beförderung des Gegenstands in Baar beginnt, befindet sich dort auch der Ort der Lieferung.

C] Elektrizität und Erdgas in Leitungen

Eine Spezialregelung besteht gemäss MWSTG 7 Abs. 2 bei der Lieferung von Elektrizität und Erdgas in Leitungen. Bei diesen Lieferungen gilt als Ort der Lieferung im Sinne der MWST der Ort, an dem der **Leistungsempfänger** den Sitz der wirtschaftlichen Tätigkeit, eine Betriebsstätte oder in Ermangelung eines solchen Sitzes den Wohnsitz hat, für den die Lieferung erbracht wird.

Beispiel

Die Erdgas AG St. Gallen bezieht vom russischen Lieferanten über eine Erdgasleitung laufend Erdgas. Der Ort der Lieferung, die durch den russischen Lieferanten erbracht wird, ist St. Gallen, da sich dort der Sitz des Empfängers Erdgas AG befindet.

D] Versandhandelsregelung

Laut MWSTG 53 Abs. 1 lit. a sind «Gegenstände in kleinen Mengen, von unbedeutendem Wert oder mit geringfügigem Steuerbetrag» bei der Einfuhr steuerbefreit. Gestützt darauf dürfen gemäss Verordnung des EFD solche steuerbefreiten Gegenstände einen **maximalen Steuerbetrag von CHF 5** pro Veranlagungsverfügung aufweisen. Daraus ergibt sich ein **maximaler Warenwert** von

- **CHF 65** bei Gegenständen, die dem Normalsatz von **7.7%** unterliegen, bzw. von
- **CHF 200** bei Gegenständen, die dem reduzierten Steuersatz von **2.5%** unterliegen (z. B. bei Büchern).

Die Versandhandelsregelung gemäss MWSTG 7 Abs. 3 lit. b ist seit 01.01.2019 in Kraft. Es handelt sich dabei um eine **Spezialregelung:** Bei der Lieferung eines Gegenstands vom Ausland ins Inland gilt der Ort der Lieferung als im **Inland** gelegen, sofern der Leistungserbringer einen **jährlichen Umsatz von mindestens CHF 100 000** mit Gegenständen erzielt, die aufgrund eines geringfügigen Steuerbetrags **von der Einfuhrsteuer befreit** sind. Ausländische Leistungsanbieter (insbesondere Onlinehändler), die bis anhin gegenüber den inländischen Händlern bevorteilt waren, werden dadurch in der Schweiz steuerpflichtig. Die ESTV publiziert auf ihrer Website eine Liste der im MWST-Register eingetragenen steuerpflichtigen Versandhändler.

Als Konsequenz der **MWST-Pflicht** von **ausländischen Versandhändlern** werden aber nicht nur die Kleinsendungen zu Inlandlieferungen. Auch alle übrigen Sendungen der betroffenen ausländischen Versandhändler in die Schweiz, deren Warenwert die Einfuhrsteuerlimite von CHF 5 überschreitet, unterliegen dann der Inlandsteuer.

Der ausländische Versandhändler gilt als Importeur und kann somit die Einfuhrsteuer als Vorsteuer geltend machen. Somit erhält sein Schweizer Kunde lediglich eine Rechnung inkl. MWST (Inlandsteuer).

Abb. 2-4 zeigt die Versandhandelsregelung am Beispiel eines MWST-pflichtigen ausländischen Versandhändlers mit einem jährlichen Umsatz von über CHF 100 000 für Kleinsendungen in die Schweiz.

Abb. [2-4] **Versandhandelsregelung**

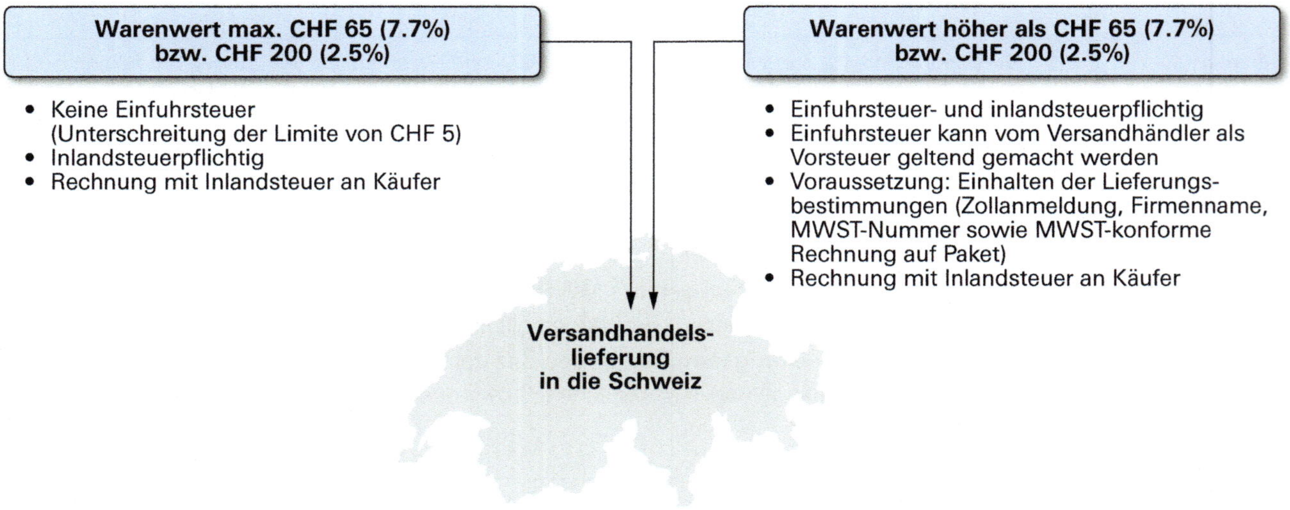

Gefahr der doppelten Besteuerung

Durch die Versandhandelsregelung stellt der MWST-pflichtige ausländische Versandhändler die **Inlandsteuer** seinem Käufer **in Rechnung.** Damit der Käufer nicht zusätzlich mit der Einfuhrsteuer belastet wird bei Lieferungen, die über der Einfuhrsteuerlimite von CHF 5 liegen, muss der ausländische Versandhändler dem Zollanmelder (z. B. Spediteur oder Post) alle für die **Zollanmeldung** nötigen Informationen zukommen lassen, die Pakete klar und eindeutig auf der Adressetikette **kennzeichnen** (Firmenname und MWST-Nummer) sowie eine **MWST-konforme Rechnung inkl.** der ausgewiesenen Inlandsteuer auf dem Paket anbringen.

Falls dem Käufer aufgrund einer anderen Versandabwicklung sowohl die Inland- als auch die Einfuhrsteuer in Rechnung gestellt werden, erstattet weder die ESTV noch die EZV die Steuer zurück, da die Inland- und die Einfuhrsteuer geschuldet sind.

2.3 Dienstleistungen

Im Folgenden geht es nur darum, zu bestimmen, ob eine Dienstleistung im Sinn des MWSTG vorliegt oder nicht. Ob die Dienstleistung auch steuerbar ist, hängt von weiteren Faktoren (Steuerpflicht, Entgelt, Inland usw.) ab.

2.3.1 Was sind Dienstleistungen?

Auch die Dienstleistungen unterliegen der MWST. In MWSTG 3 lit. e wird festgehalten, was als Dienstleistung gilt: Eine Dienstleistung ist jede Leistung, die **keine Lieferung** ist. Eine Dienstleistung liegt auch vor, wenn

- immaterielle Werte und Rechte überlassen werden,
- eine Handlung unterlassen oder eine Handlung bzw. ein Zustand geduldet wird.

Dadurch, dass jede Leistung, die keine Lieferung eines Gegenstands zum Inhalt hat, zur Dienstleistung erklärt wird, wird erreicht, dass jeder Umsatz steuerbar ist, der nicht ausdrücklich von der Steuer ausgenommen ist.

Hinweis

Die sog. Negativliste laut MWSTG 21 enthält alle von der Steuer ausgenommenen Umsätze oder Leistungen, s. Kapitel 3, S. 36.

Damit gilt als einer der wichtigsten Grundsätze der MWST:

Jeder entgeltliche, im Inland ausgeführte Leistungsaustausch ist steuerbar, ausser er ist ausdrücklich im Gesetz von der Steuer ausgenommen.

Dass in diesem Sinne auch Leistungen, die nach allgemeinem Sprachgebrauch nicht als Dienstleistungen bezeichnet werden, Gegenstand der MWST sind, geht aus dem Gesetz selbst hervor. MWSTG 3 lit. e bezeichnet ausdrücklich (exemplarisch, nicht abschliessend) das Überlassen von Immaterialgütern (Werte, Rechte, Patente, Marken usw.) und den Verzicht auf ein Recht (Handlung unterlassen, Handlung dulden) als Dienstleistung.

2.3.2 Ort der Dienstleistung

Wie für die Lieferung von Gegenständen ist es auch für das Erbringen von Dienstleistungen wichtig zu wissen, wo diese als erbracht gelten. Nur Dienstleistungen, die im Inland als erbracht gelten, unterliegen dem MWSTG. Es muss also der Ort der Leistungserbringung von Dienstleistungen bestimmt werden.

MWSTG 8 verwendet **fünf Grundprinzipien** für die Bestimmung des Orts einer Dienstleistung:

1. Empfängerortsprinzip
2. Erbringerortsprinzip
3. Ort der Tätigkeit
4. Ort des Grundstücks (Belegenheitsort)
5. Bestimmungsortsprinzip

Die Ortsbestimmung nach dem **Empfängerortsprinzip** greift immer dann, wenn keines der anderen vier Prinzipien zur Anwendung kommt. Die Abweichungen vom Empfängerortsprinzip sind im MWSTG abschliessend aufgezählt.

Abb. 2-5 zeigt den Entscheidungsprozess laut MWSTG 8.

Abb. [2-5] **Entscheidungsprozess laut MWSTG 8**

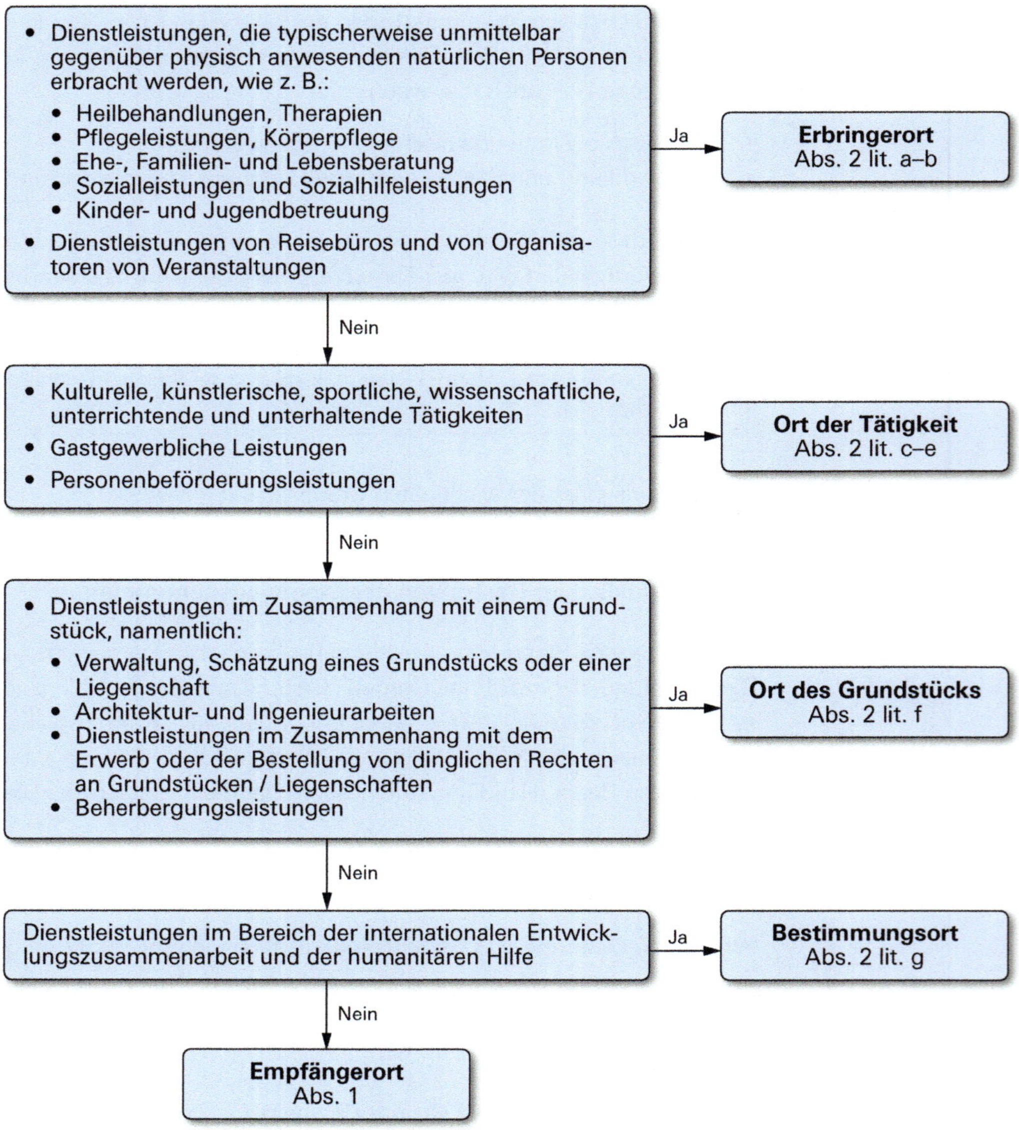

Obwohl dem Wohnsitz / Sitz in vielen Fällen für die Ortsbestimmung entscheidende Bedeutung zukommt, sind diese Begriffe nur ein Indiz dafür, wo das leistende Unternehmen den Sitz seiner wirtschaftlichen Tätigkeit hat oder wo sich der Ort der tatsächlichen Leistung des Unternehmens befindet. Der **Ort der tatsächlichen Leistung** ist an jenem Ort, von dem aus das Unternehmen seine Tätigkeit anbietet, Aufträge entgegennimmt, Verträge unterzeichnet, die Auftragsausführung vorbereitet und die Zahlungen für die Aufträge vereinnahmt.

Bei **natürlichen Personen** bestimmt sich der **Wohnsitz** nach ZGB 23 (Absicht des dauernden Verbleibens). Bei **Unternehmen** (natürliche und juristische Personen), die ins Handelsregister eingetragen werden müssen, ergibt sich der **Sitz** in der Regel aus dem Handelsregistereintrag oder aus analogen ausländischen Registern.

Als **Betriebsstätte** gilt eine **feste Geschäftseinrichtung,** in der die Geschäftstätigkeit eines Unternehmens durch unselbstständig erwerbstätige Personen ganz oder teilweise ausgeübt wird. Die ausgeübte Geschäftstätigkeit in der festen Geschäftseinrichtung muss aber einen qualitativ oder quantitativ wesentlichen Teil der Geschäftstätigkeit des Unternehmens ausmachen, damit eine Betriebsstätte begründet wird. Betriebsstätten sind insbesondere Zweigniederlassungen, Fabrikationsstätten, Ferienwohnungen, ständige Vertretungen usw.

Nicht als Betriebsstätten gelten feste Geschäftseinrichtungen, in denen Tätigkeiten ausschliesslich für das **ausländische Unternehmen** ausgeübt werden, die nur vorbereitender Art sind oder blosse Hilfstätigkeiten darstellen (z. B. reine Auslieferungslager und Forschungsstätten). **Bau- und Montagestellen ausländischer Unternehmen** gelten nicht als Betriebsstätte, solange diese Bau- und Montagearbeiten nicht länger als 12 Monate im Inland ausgeübt werden.

A] Empfängerortsprinzip

Der Ort der Dienstleistung befindet sich dort, wo der Empfänger der Dienstleistung den Sitz seiner wirtschaftlichen Tätigkeit, eine Betriebsstätte oder seinen Wohnsitz hat.

Das Empfängerortsprinzip bestimmt, dass die Dienstleistung am Ort des Empfängers der Dienstleistung erbracht wird. In den meisten Fällen dürfte der Ort des Empfängers mit der **Rechnungsadresse** identisch sein.

Das Empfängerortsprinzip gilt für die **folgenden Dienstleistungen:**

- Kauf und Verkauf von Marken, Rechten, Patenten, Lizenzen (Immaterialgüter) und ähnlichen Rechten.
- Werbeleistungen (Inserate, Marktforschung, TV-Spots usw.).
- Beratungsleistungen von Treuhändern, Buchprüfern, Steuerberatern, Notaren, Vermögensverwaltern, Anwälten, Managementdienstleistungen, Analyseleistungen und ähnliche Leistungen.
- Telekommunikationsdienstleistungen: Unter Telekommunikationsdienstleistung wird der rein technische Vorgang der Ausstrahlung, Übertragung oder des Empfangs von Signalen, Schrift, Bild und Ton oder Informationen jeglicher Art (Daten) über Draht, Funk, optische oder sonstige elektromagnetische Medien verstanden. Auch das Bereitstellen von Datenübertragungskapazitäten und das Verschaffen von Zugangsberechtigungen gehören zu diesen Dienstleistungen.
- Verzicht auf die Ausübung einer beruflichen oder gewerblichen Tätigkeit.
- Personalverleih.
- Datenverarbeitung, Überlassen von Informationen und ähnliche Dienstleistungen.
- Versicherungsumsätze.
- Bank- und Finanzdienstleistungen (allerdings mit Einschränkungen wie z. B. Miete von Tresorfächern).
- Aircraft-Management-Leistungen und ähnliche Leistungen.
- Beförderung von Gegenständen.
- Nebenleistungen des Transportgewerbes. Als Nebenleistungen des Transportgewerbes gelten Tätigkeiten wie Verpacken, Beladen, Entladen, Wägen, Lagern usw. Das gilt in jenen Fällen, bei denen diese Tätigkeiten als selbstständige Leistungen erbracht werden. Werden solche Leistungen vom Transporteur selbst ausgeführt, ist zu prüfen, ob es sich in diesen Fällen um eine Nebenleistung zur Hauptleistung handelt (s. auch Kap. 2.5, S. 29).
- Entsorgungsleistungen.

B] Erbringerortsprinzip

Bei Dienstleistungen, die typischerweise unmittelbar gegenüber **physisch anwesenden natürlichen Personen** erbracht werden, gilt die Dienstleistung als dort erbracht, wo der **Dienstleistungserbringer** den Sitz der wirtschaftlichen Tätigkeit hat (Wohnsitz, statutarischer Sitz oder Ort der tatsächlichen Leistung bzw. Betriebsstätte) oder von wo aus er die Leistung erbringt. Dies ist auch dann der Fall, wenn diese Dienstleistung ausnahmsweise aus der Ferne erbracht wird.

Darunter fallen namentlich:

- Heilbehandlungen
- Therapien, Pflegeleistungen, Körperpflege
- Ehe-, Familien- und Lebensberatung
- Sozialleistungen und Sozialhilfeleistungen
- Kinder- und Jugendbetreuung

Die Dienstleistungen von **Reisebüros** und **Organisatoren von Veranstaltungen** unterliegen ebenfalls dem Erbringerortsprinzip.

C] Ort der Tätigkeit (Ort der tatsächlichen Leistungserbringung)

Die folgenden Dienstleistungen gelten an jenem Ort als erbracht, an dem sie zum wesentlichsten Teil auch **tatsächlich ausgeübt** werden. Dazu gehören:

- Gastgewerbliche Leistungen (u. a. Partyservice)
- Künstlerische, wissenschaftliche, unterrichtende, sportliche, unterhaltende oder ähnliche Leistungen einschliesslich der Leistungen der jeweiligen Veranstalter

Beispiel

Der Rockstar Johnny aus Paris (FR) gibt ein Konzert am Open Air in Frauenfeld. Der Ort der erbrachten Dienstleistung befindet sich in Frauenfeld.

D] Ort der zurückgelegten Strecke

Als Ort der Dienstleistung gilt bei **Personenbeförderungsleistungen** der Ort, an dem die Beförderung tatsächlich stattfindet.

Beispiel

Das Carunternehmen Roundtours AG veranstaltet eine Rundreise durchs Burgund (FR). Im eigenen Car startet die Reise von Zürich, führt über Genf ins Burgund und wieder zurück.

Der Ort der Leistung befindet sich im Land der zurückgelegten Strecke, somit teils im Inland, teils im Ausland. Der Inlandanteil unterliegt der schweizerischen MWST und muss grundsätzlich versteuert werden. Sofern jedoch die Strecke überwiegend über ausländisches Gebiet führt, erfolgt eine Steuerbefreiung des Inlandanteils (s. Kap. 4.5.3, S. 66).

E] Ort des Grundstücks (Belegenheitsort bzw. Ort der gelegenen Sache)

Dienstleistungen im Zusammenhang mit Grundstücken gelten als an dem Ort erbracht, an dem das **Grundstück gelegen** ist. Dazu zählen abschliessend folgende Leistungen:

- Verwaltung, Begutachtung oder Schätzung des Grundstücks
- Dienstleistungen im Zusammenhang mit dem Erwerb (inkl. echter Vermittlung von Liegenschaften) oder der Bestellung von dinglichen Rechten am Grundstück
- Dienstleistungen im Zusammenhang mit der Vorbereitung oder Koordinierung von Bauleistungen wie Architektur- oder Ingenieurarbeiten
- Überwachung von Grundstücken und Gebäuden
- Beherbergungsleistungen

Beispiel

Die Privatperson Max Brand aus Zürich beauftragt den Architekten Johann Steiger aus Glarus, einen Spezialisten für Minergiehäuser, mit der Planung seines neuen Einfamilienhauses in Rorschach.

Die Architekturleistung gilt an dem Ort als erbracht, an dem das Grundstück sich befindet. Als Ort der Leistung gilt somit Rorschach.

F] Bestimmungsortsprinzip

Dienstleistungen im Bereich der **internationalen Entwicklungszusammenarbeit** und der **humanitären Hilfe** gelten als an dem Ort erbracht, für den die Dienstleistungen bestimmt sind.

2.4 Abgrenzung Lieferungen / Dienstleistungen

2.4.1 Abgrenzung im internationalen Verhältnis

Um Doppelbesteuerungen, Nichtbesteuerungen oder Wettbewerbsverzerrungen zu vermeiden, räumt MWSTG 9 dem **Bundesrat** die Kompetenz ein, die Abgrenzung Lieferung / Dienstleistung für einzelne Leistungen **selbstständig zu regeln,** also unabhängig von MWSTG 3.

Das MWSTG nimmt die Qualifikation Lieferung / Dienstleistung nicht in allen Fällen analog der EU-Richtlinie vor, z. B. bei der Bearbeitung von Gegenständen oder bei der Vermietung. Demgemäss kann die Ortsbestimmung einer Leistung nach schweizerischem MWSTG unter Umständen anders als nach ausländischem MWST-Recht vorgenommen werden. Somit kann es im internationalen Verhältnis tatsächlich zu **Doppelbesteuerungen oder Nichtbesteuerungen** und somit zu Wettbewerbsverzerrungen kommen.

Sinn der Bestimmung ist es, dem Bundesrat das Recht einzuräumen, über die Abgrenzung zwischen Lieferung und Dienstleistung zu unterscheiden, um damit direkt Einfluss auf die Ortsbestimmung einer Leistung nehmen zu können.

2.4.2 Abweichung bei der Bestimmung des Orts der Leistung

Da das MWSTG aber nicht nur hinsichtlich der Abgrenzung Lieferungen / Dienstleistungen gegenüber ausländischem MWST-Recht unterschiedliche Bestimmungen enthält, wird in MWSTG 9 dem **Bundesrat die Kompetenz** eingeräumt, für bestimmte Lieferungen und Dienstleistungen den Ort **abweichend von MWSTG 7 und 8 festzulegen.**

Auch diese Bestimmung hat den Zweck, Doppelbesteuerungen, Nichtbesteuerungen oder Wettbewerbsverzerrungen zu vermeiden.

2.5 Einheit und Mehrheit von Leistungen

Für die Bestimmung, wann eine Leistung als eigenständige **Hauptleistung** und wann sie als untergeordnete **Nebenleistung** gilt, gibt es im MWSTG keine allgemeingültige Definition. MWSTG 19 Abs. 3 bestimmt jedoch, dass Leistungen als ein **einheitlicher wirtschaftlicher Vorgang** gelten und steuerlich nach dem Charakter der Gesamtleistung zu behandeln sind, wenn sie wirtschaftlich eng zusammengehören und so ineinandergreifen, dass sie als unteilbares Ganzes anzusehen sind. Es liegt also eine Einheit vor, die **zum Normalsatz steuerbar** ist, **soweit das Gesetz nichts anderes bestimmt.**

Beispiel

Der Bildhauer Eduard Eder stellt eine Kunstfigur her, die in ihren Händen ein echtes antikes Buch hält. Der gesamte Kunstgegenstand inkl. des Buchs stellt eine Einheit dar.

Beim Verkauf durch den Bildhauer Eder handelt es sich um eine von der Steuer ausgenommene Lieferung eines Gegenstands durch den Urheber gemäss MWSTG 21 Abs. 2 Ziff. 16. Das Buch ist Bestandteil des Kunstgegenstands und ist nicht separat zu behandeln.

Liegt die Einheitlichkeit der Leistung nicht vor, ist zwischen Haupt- und Nebenleistungen zu unterscheiden:

- **Hauptleistungen** sind das, was der Leistungserbringer seinen Kunden anbietet und weswegen der Empfänger in der Regel auch den Vertrag eingeht.
- **Nebenleistungen** sind mehrwertsteuerrechtlich unselbstständig. Eine Nebenleistung setzt voraus, dass sie
  - im Vergleich zur Hauptleistung nebensächlich ist,
  - die Hauptleistung wirtschaftlich ergänzt, verbessert oder abrundet, dadurch mit ihr zusammenhängt und
  - üblicherweise mit der Hauptleistung vorkommt.

Nebenleistungen werden **steuerlich wie die Hauptleistung behandelt.** Das gilt für sämtliche Aspekte der steuerlichen Behandlung: für die Qualifikation als Lieferung oder Dienstleistung, für den Ort der Leistungserbringung, für die Steuerbarkeit der Leistung sowie für den anzuwendenden Steuersatz.

Beispiel

Nebenleistungen zur Hauptleistung

Fall 1

Die Leasinggesellschaft stellt dem Leasingnehmer eines Fahrzeugs die Leasingrate in Rechnung. Die Rechnung weist die Amortisationsquote und die Finanzierungsquote separat aus. Die Finanzierung des Kaufpreises gilt als Nebenleistung. Die Kosten für die Finanzierung (Zins) gelten als Nebenleistung zur Hauptleistung und sind ebenfalls steuerbar.

Fall 2

An die Teilnehmer eines Kurses werden Lehrmittel im Rahmen einer von der Steuer ausgenommenen Schulung abgegeben. Die Lehrmittel sind eine Nebenleistung zur Hauptleistung Schulung und sind somit ebenfalls von der Steuer ausgenommen. Die Aufwendungen für den Kauf der Lehrmittel berechtigen somit nicht zum Vorsteuerabzug.

Wenn die Voraussetzungen für eine Nebenleistung nicht gegeben sind, liegt eine **Mehrheit von Hauptleistungen** vor. Wird eine Mehrheit von Hauptleistungen, die steuerlich nicht alle gleich zu behandeln sind, gemeinsam fakturiert, sollte grundsätzlich jede Hauptleistung in der Rechnung betragsmässig separat ausgewiesen werden. Jede Hauptleistung ist in solchen Fällen steuerlich separat zu behandeln.

Wenn die **vorherrschende Hauptleistung mindestens 70% ausmacht** und ein Pauschalbetrag fakturiert wird, ist die **Kombinationsregel** anwendbar: Es können alle Leistungen wie die vorherrschende Hauptleistung versteuert werden.

Kombinationen können sich auf die Bestimmung des Leistungsorts und des Steuersatzes auswirken.

Beispiel

Bestimmung des Leistungsorts

Wenn bei einer Leistungskombination mindestens 70% der Leistungen wertmässig im Ausland erbracht werden, gelten bei Anwendung der 70/30%-Regel auch die im Inland erbrachten Leistungen als im Ausland erbracht.

Bestimmung des Steuersatzes

Fall 1

Wenn eine von der Steuer ausgenommene Schulungsleistung wertmässig mehr als 70% des Gesamtentgelts ausmacht, kann die ganze Leistungskombination als von der Steuer ausgenommen behandelt werden.

Fall 2

Wenn eine Pflanzenlieferung zum reduzierten Satz wertmässig mehr als 70% des Gesamtentgelts ausmacht, kann die ganze Leistungskombination zum reduzierten Satz fakturiert werden, obwohl einzelne Komponenten dem Normalsatz unterliegen würden.

2.6 Bezugsteuer

MWSTG 45 unterstellt den **Bezug von Leistungen** unter gewissen Voraussetzungen der MWST. Der Sinn dieser Bestimmung ist, den ausländischen Leistungsanbieter mehrwertsteuerlich seinem inländischen Konkurrenten gleichzustellen. Die Bestimmungen über die Bezugsteuer in MWSTG 45 knüpfen teilweise an die Bestimmungen über den Ort der Leistung an.

Nachfolgend werden die **Leistungen** behandelt, die der Bezugsteuer unterliegen bzw. explizit davon ausgenommen sind. Damit effektiv eine Besteuerung resultiert, müssen zudem beim Bezüger die Voraussetzungen der **Steuerpflicht** erfüllt sein (vgl. Kap. 6.2.2, S. 83).

2.6.1 Empfängerortsprinzip

Alle Dienstleistungen, die nach dem Empfängerortsprinzip von MWSTG 8 Abs. 1 als im Inland erbracht gelten, sind grundsätzlich vom **Empfänger der Dienstleistung** zu versteuern, wenn er sie **von einem ausländischen Unternehmen bezieht,** das in der Schweiz nicht MWST-pflichtig ist. Davon ausgenommen sind die Telekommunikations- oder elektronischen Dienstleistungen an nicht steuerpflichtige Empfänger.

Bei Dienstleistungen, die unter das Empfängerortsprinzip fallen, müssen somit folgende Voraussetzungen **kumulativ** erfüllt sein, damit ein steuerbarer Dienstleistungsbezug gemäss MWSTG 45 vorliegt:

- Ort der Dienstleistung im Inland (inländischer Empfänger)
- Ausländischer Dienstleistungserbringer, der im Inland nicht als Steuerpflichtiger registriert ist
- Steuerpflichtiger Empfänger

Beispiel

Die steuerpflichtige Maschinen AG in Zürich bezieht eine Beratungsleistung vom deutschen Unternehmensberater Jens Netzer, der in der Schweiz nicht im Register der Steuerpflichtigen registriert ist. Da es sich dabei um eine dem Empfängerortsprinzip unterliegende Dienstleistung nach MWSTG 8 Abs. 1 handelt, muss die Maschinen AG die Bezugsteuer abrechnen.

2.6.2 Einfuhr von Datenträgern ohne Marktwert

Die Einfuhr von Datenträgern ohne Marktwert mit den darin enthaltenen Dienstleistungen und Rechten unterliegt auch der Bezugsteuer, da auf diesen Datenträgern **keine Einfuhrsteuer geschuldet** ist. Darunter fällt unabhängig vom Trägermaterial oder von der Art der Datenspeicherung jeder Träger von Daten, der in der Art und Beschaffenheit, wie er eingeführt wird,

- nicht gegen Entrichtung eines im Zeitpunkt der Einfuhr feststehenden Entgelts erworben werden kann und
- nicht gegen Entrichtung einer einmaligen, im Zeitpunkt der Einfuhr feststehenden Lizenzgebühr vertragsmässig genutzt werden kann.

2.6.3 Lieferungen von unbeweglichen Gegenständen

Als zusätzliche Leistungsart unterliegen der Bezugsteuer im Inland auch Lieferungen von unbeweglichen Gegenständen – mit Ausnahme des Überlassens solcher Gegenstände zum Gebrauch oder zur Nutzung – **durch Unternehmen mit Sitz im Ausland,** die nicht als steuerpflichtige Personen eingetragen sind.

Die Bezugsteuer ist jedoch nur dann geschuldet, wenn die Lieferung **nicht der Einfuhrsteuer unterliegt** (s. Kap. 6.2.2, S. 83).

2.6.4 Lieferungen von Elektrizität, Gas und Fernwärme

Der Bezugsteuer unterliegt auch die Lieferung von Elektrizität in Leitungen, von Gas über das Erdgasverteilnetz und von Fernwärme **durch Unternehmen mit Sitz im Ausland** an steuerpflichtige Personen im Inland.

2.6.5 Sonderregelungen

Da auch für Leistungen nach MWSTG 21 Abs. 2 (Liste der Steuerausnahmen) und für Leistungen nach MWSTG 23 (Liste der Steuerbefreiungen) eine Ortsbestimmung gemäss MWSTG 7 und 8 möglich ist, würde das dazu führen, dass auch von der Steuer ausgenommene oder befreite Leistungen der Bezugsteuer unterliegen, wenn sie von Unternehmen mit Sitz im Ausland bezogen werden. Das kann nicht Sinn des Gesetzes sein.

MWSTG 45a hält deshalb fest, dass Leistungen, die **von der Steuer ausgenommen oder befreit** sind, nicht der Bezugsteuer unterliegen.

Beispiel

Die Transport AG mit Sitz in Zug beauftragt die LKW GmbH mit Sitz in München (DE), eine Maschine von München nach Berlin zu transportieren.

Obwohl es sich dabei um eine Dienstleistung gemäss dem Empfängerortsprinzip nach MWSTG 8 Abs. 1 handelt, ist keine Bezugsteuer durch die Transport AG geschuldet, weil es sich um eine nach MWSTG 23 Abs. 2 Ziff. 7 steuerbefreite Dienstleistung handelt.

Zusammenfassung

Der Mehrwertsteuer unterliegen folgende **Vorgänge:**

1. **Inlandsteuer:** gegen Entgelt im Inland erbrachte Lieferungen von Gegenständen
2. **Inlandsteuer:** gegen Entgelt im Inland erbrachte Dienstleistungen
3. **Bezugsteuer:** Bezug von Leistungen von Unternehmen mit Sitz im Ausland gegen Entgelt
4. **Einfuhrsteuer:** Import von Gegenständen ins Inland

Eine **Lieferung von Gegenständen** liegt vor, wenn folgende Tatbestände erfüllt sind:

- Das Verschaffen oder das Übertragen der **wirtschaftlichen Verfügungsmacht** über einen Gegenstand
- Das Abliefern eines Gegenstands, der zu Prüf-, Reparatur-, Regulierungs- oder sonstigen **Bearbeitungsleistungen** überlassen wurde
- Das Überlassen von beweglichen und unbeweglichen Gegenständen im Rahmen von **Miet-, Pacht- oder Leasingverträgen**

Bei einem **Leistungsaustausch** unter mehr als zwei Parteien muss man zwischen der indirekten Stellvertretung und der Vermittlung (direkte Stellvertretung) unterscheiden:

- Bei der **indirekten Stellvertretung** tritt der selbstständige Stellvertreter an die Stelle des Stellvertretenen. Der Leistungsaustausch zwischen dem Dritten und dem Stellvertreter und zwischen dem Stellvertreter und dem Stellvertretenen wird mehrwertsteuerlich erfasst.
- Bei der **Vermittlung** (direkten Stellvertretung) findet ein Leistungsaustausch zwischen dem Auftraggeber und einem Dritten statt. Der Leistungsaustausch zwischen dem Dritten und dem Auftraggeber wird mehrwertsteuerlich erfasst.

Der **Ort der Lieferung** ist wichtig, weil der Geltungsbereich der MWST auf das Inland beschränkt ist. Es gibt zwei Lieferarten:

1. Bei **Abhollieferungen** ist der Ort der Lieferort, an dem sich der Gegenstand bei der Verschaffung der wirtschaftlichen Verfügungsmacht befindet.
2. Bei **Beförderungs- und Versandlieferungen** ist der Lieferort dort, wo sich der Gegenstand bei Beginn der Beförderung bzw. des Versands befindet.

Neben den Lieferungen von Gegenständen unterliegen auch die Dienstleistungen der MWST. Zur Bestimmung des **Orts der Dienstleistung** nennt das MWSTG **fünf Grundprinzipien:**

1. Empfängerortsprinzip
2. Erbringerortsprinzip
3. Ort der Tätigkeit (Ort der tatsächlichen Leistungserbringung)
4. Ort des Grundstücks (Belegenheitsort bzw. Ort der gelegenen Sache)
5. Bestimmungsortsprinzip

Bezüge von Unternehmen mit Sitz im Ausland unterliegen unter bestimmten Voraussetzungen der MWST. Bestimmt sich der Ort einer Dienstleistung nach dem Empfängerortsprinzip und ist der ausländische Dienstleistungserbringer nicht im Register der steuerpflichtigen Personen eingetragen, so hat der inländische Dienstleistungsempfänger diese Dienstleistungen zu versteuern.

Ebenfalls der **Bezugsteuer** unterliegen die Einfuhr von Datenträgern ohne Marktwert und der Bezug gewisser Inlandlieferungen von ausländischen Unternehmen, die nicht im MWST-Register eingetragen sind.

Repetitionsfragen

4 Liegt in den folgenden Fällen eine Inlandlieferung vor?

A] Tino Vanzetti, Kuchenbäcker in Locarno, liefert seine Panettoni nach Vaduz (FL).

B] Die Treuhandgesellschaft Fidall AG mit Sitz in Chur berät das Restaurant Kreuz in Samnaun.

C] Zorban Markoff, Teppichhändler in Basel, hat ein Teppichlager in Deutschland. Er lässt einen Teppich durch einen Spediteur ab dem Lager in Deutschland direkt zum inländischen Kunden schicken.

D] Zorban Markoff, Teppichhändler in Basel, hat zusätzlich ein Teppichlager in Basel. Er lässt einen Teppich durch einen Spediteur ab dem Lager in Basel direkt zu einem Kunden in Deutschland schicken.

5 Liegt in den folgenden Fällen eine Lieferung von Gegenständen vor? Begründen Sie Ihre Einschätzung.

A] In der Nacht wird das Firmenfahrzeug der Exonec AG gestohlen. Der Dieb verkauft das Fahrzeug an den Garagisten Willy Wanner. Willy Wanner verkauft das gestohlene Fahrzeug als Occasionswagen an einen Kunden weiter.

B] Paul Moser, Inhaber eines Spielzeugwarengeschäfts, schenkt seinem Freund Arthur Basler eine Spielzeugeisenbahn. Zum Dank lädt Arthur Basler ihn zum Nachtessen ein.

C] Die Insurance Co. zahlt CHF 25 000 für den Totalschaden am Fahrzeug ihres Versicherungsnehmers Simon Leu. Der Schrottwagen wird anschliessend von der Insurance Co. an den Schrotthändler Beppo Kroll für CHF 500 weiterveräussert.

D] Roland Müller kauft in Rotterdam (NL) 250 Tonnen Roheisen, das er direkt an seinen Abnehmer in Hamburg (DE) verschiffen lässt.

E] Der steuerpflichtige Antiquitätenhändler Viktor Mosimann überlässt Franz Gämperle eine wertvolle Antiquität. Sie dient Franz Gämperle als Sicherheit für den Geschäftskredit von CHF 100 000, den er Viktor Mosimann eingeräumt hat.

6 Welches sind mehrwertsteuerlich relevante Lieferungen in den folgenden Fällen?

A] Mauro Mastroiani kauft von Otto Zuber 4 Tonnen Rohstahl. Die Lieferung erfolgt direkt von der Von Roll AG an Mauro Mastroiani. Von Roll AG fakturiert an Otto Zuber, Otto Zuber an Mauro Mastroiani.

B] Beat Winter ist selbstständiger Handelsvertreter und vertritt die Interessen des Haushaltsgeräteherstellers Geier GmbH, München (DE), in der Schweiz. Beat Winter verkauft an Ruth Feller ein Gerät, das die Geier GmbH zusammen mit der Rechnung direkt an Ruth Feller schickt. Die Geier GmbH schreibt Beat Winter eine Provision von 10% gut.

C] Wie ist der Fall B] zu beurteilen, wenn Beat Winter den Kaufvertrag in eigenem Namen unterschreibt?

D] Stefan Kunz ist Generalbauunternehmer. Im Auftrag des Bauherrn erstellt er eine Überbauung. Stefan Kunz beauftragt Chris Fischer mit den Maurerarbeiten.

7 Wo befindet sich der Lieferort?

A] Das TV-Geschäft Hauser AG in Thun liefert Kurt Kohlund aus Köln (DE) ein TV-Gerät nach Gstaad. Den Transport von Thun nach Gstaad übernimmt eine Speditionsfirma. Die Rechnung für das TV-Gerät sendet die Hauser AG direkt an Kurt Kohlund in Köln.

B] Karl Herbert kauft 25 Tonnen Rohstahl in Hamburg (DE) und lässt diesen direkt an seinen Abnehmer in Oslo (NO) verschiffen.

8 Liegt in den folgenden Fällen eine Dienstleistung vor?

A] Die Friktora AG bezahlt an die Molidus AG Lizenzen für die Überlassung des Know-hows betreffend die Produktion von bestimmten Chemikalien.

B] Balz Balthasar berät die Geier GmbH, München (DE), in Steuerfragen.

C] Gerold Mittelhuber verkauft das Spielzeug der Martin Klar AG in eigenem Namen als Kommissionär.

D] Tobias Moser kann Arnold Egger die Liegenschaft von Pia Sager vermitteln.

E] Hugo Hiller erhält von der Macfus AG CHF 10 000 dafür, dass er darauf verzichtet, Scheren in der Region Rapperswil zu verkaufen.

9 Claudia Muggli verkauft für Samuel Hürlimann einen Computer an Tina Meier.

Welche Voraussetzungen müssen gegeben sein, damit von einem Vermittlungsgeschäft im Sinne der MWST gesprochen werden kann?

10 Wird in folgenden Fällen eine Dienstleistung erbracht und falls ja, wo?

A] Die Zollinger Treuhand, Basel, führt die Buchhaltung für die Kinnfuss GmbH in Mainz (DE). Einmal pro Jahr liefert die Zollinger Treuhand ihrem Kunden drei Ordner an Belegen ab.

B] Die Hillary AG, Glarus, erbringt Managementleistungen an ihre Schwestergesellschaften in ganz Europa.

C] Die Mallacopa Ltd., Nassau (PAN), überlässt der Villmerger AG, Wollerau, entgeltlich die Lizenz zur Herstellung von Gummibärchen.

D] Rolf Huber in Zürich wird von der Erpel GmbH, Dortmund (DE), damit beauftragt, die Erpel-Erkennungsmaschine zu überprüfen.

E] Heino Hüsler, Architekt in Zürich, wird mit der Planung einer Überbauung in Koblenz (DE) beauftragt.

F] Die Geier GmbH, München (DE), beauftragt die Wander Transporte AG, Zürich, mit dem Transport von 40 Haushaltgeräten von München nach Zürich.

---

11 Die Ceral AG, Basel, beauftragt ein deutsches Marktforschungsinstitut mit der Abklärung der Marktchancen von Getreideflocken in Deutschland.

Wie ist diese Marktforschungsleistung zu versteuern?

---

12 Liegt in den folgenden Fällen ein der Bezugsteuer unterliegender Leistungseinkauf vor?

A] Wilma Wasmer aus Basel will sich weiterbilden und bestellt bei einem deutschen Anbieter einen interaktiven Fernkurs «Business English».

B] Markus Meister, wohnhaft in München (DE), besitzt in Zuoz ein Ferienhaus. Er beauftragt den Innenarchitekten Bob Büchner in München (DE) mit der Inneneinrichtung des Ferienhauses. Bob Büchner arbeitet aufgrund des Grundrisses; es werden keine baulichen Veränderungen vorgenommen.

C] Die Philag AG in Zürich kauft und verkauft Briefmarken und Münzen (Sammelstücke) im In- und Ausland. In der letzten Ausgabe der deutschen Zeitung «Die Zeit» erschien ein Inserat der Philag AG, in dem sie ein «Basler Dybli» zum Verkauf anbot.

---

13 John Brown aus New York (US) verbringt seine Ferien in Europa. Er fliegt von New York direkt nach Zürich. Nach seiner Ankunft steht bei der Pneumonia AG in Kloten ein Mietwagen für ihn bereit. John Brown hat diesen Wagen bei der amerikanischen Zweigniederlassung der Pneumonia AG reservieren lassen. Mit diesem Fahrzeug fährt John Brown von Kloten aus nach Venedig (IT), Paris (FR), Hamburg (DE) und nach München (DE), um dann vor seinem Rückflug den Wagen in Kloten wieder zurückzugeben.

Wie hat die Pneumonia AG den Mietumsatz zu versteuern?

---

3 Von der Steuer ausgenommene Leistungen

Lernziele

Nach der Bearbeitung dieses Kapitels können Sie …

- die Leistungen nennen, die von der Steuer ausgenommen sind.
- die Möglichkeiten der Option darstellen.

Schlüsselbegriffe

Alters-/Pflegeheim, Basar, Bekanntmachungsleistung, Beratungsleistung, Bildungs-/Erziehungsleistung, Bildungs-/Forschungskooperation, Briefmarken, Diagnostik, Finanzdienstleistung, Flohmarkt, Forstwirtschaft, Gärtnerei, gebrauchte Gegenstände, Gemeinwesen, Glücksspiel, Grundstück, Haushilfe, Heilbehandlung, Invalidentransport, Kinder-/Jugendbetreuung, Krankentransport, kulturelle Dienstleistungen, Künstler, Landwirtschaft, Liegenschaft, Lotterie, menschliches Blut und Organ, Mitgliederbeiträge, Option, Personalverleih, Pflegeleistung, Postverkehr, Praxisgemeinschaft, Prüfungsgebühren, Referententätigkeit, Rückversicherung, Schattensteuer, Schiedsgericht, Sozialfürsorge, Sozialhilfe, Sozialversicherungen, Spital, Sportanlass, Unterhaltung, Urproduzent, Verletztentransport, Versicherung, Viehhändler, Wertzeichen, Wette

3.1 Liste der Steuerausnahmen

MWSTG 3 lit. d und e unterstellen alle beruflich oder gewerblich ausgeführten Leistungen der MWST (Generalklausel). Leistungen, die nicht versteuert werden sollen, bedürfen folglich einer **Ausnahme-** bzw. **Befreiungsregelung** im MWSTG.

Die Leistungen, die nicht von der Steuer erfasst werden sollen, sind hauptsächlich in MWSTG 21 und 23 aufgelistet. Unterschieden werden dabei:

- Die **von der Steuer ausgenommenen Leistungen** sind nicht Gegenstand der MWST und werden für sämtliche Belange der MWST nicht berücksichtigt (obligatorische Steuerpflicht, Recht auf Vorsteuerabzug usw.). Sie sind in MWSTG 21 Abs. 2 abschliessend aufgezählt.
- Die **von der Steuer befreiten Leistungen** sind zwar nicht zu versteuern, berechtigen aber zum Vorsteuerabzug. Sie sind in MWSTG 23 geregelt (s. Kap. 4, S. 63).

Abb. [3-1] **Steuerbare, von der Steuer befreite und von der Steuer ausgenommene Umsätze**

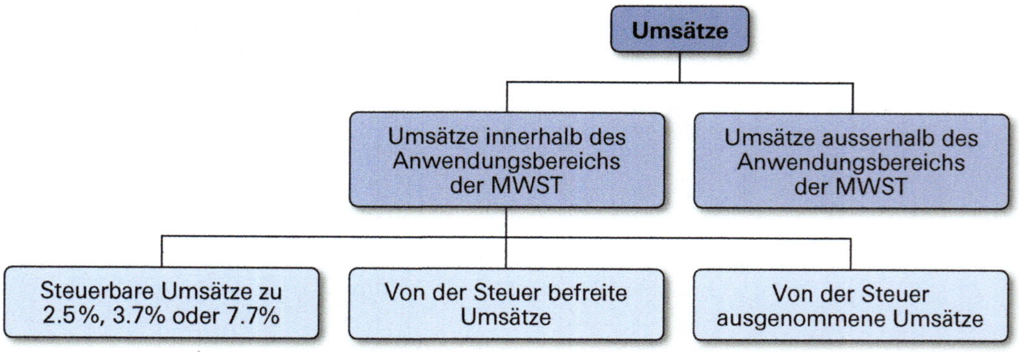

Die wichtigste Auswirkung der von der Steuer ausgenommenen Leistungen ist, dass zwar auf der einen Seite auf diesen Leistungen keine MWST abzurechnen ist, dass aber auch **kein Anspruch auf Vorsteuerabzug** für steuerbelasteten Aufwand und Investitionen des leistenden Unternehmens geltend gemacht werden kann.

Durch die Besteuerung der Vorleistungen dieser Unternehmen und den Ausschluss des Vorsteuerabzugs für die von der Steuer ausgenommenen Leistungen entsteht eine **Schattensteuer (taxe occulte)**. Als Kostenfaktor des leistenden Unternehmens wird die nicht rückforderbare MWST auf den Vorleistungen im Preis für die von der Steuer ausgenommenen Leistungen weiterverrechnet.

Nachfolgend werden die von der Steuer ausgenommenen Tätigkeiten in der Reihenfolge der Ziffern in MWSTG 21 Abs. 2 erörtert.

3.1.1 Befördern von Gegenständen im Postverkehr

Das Entgelt für die Beförderung von adressierten **Briefpostsendungen** ist von der Steuer ausgenommen. Unter Briefpost versteht man offene und verschlossene Briefe, Karten und verschlossene Sendungen aller Art bis zu einem Gewicht von 50 Gramm. Die Ausnahmebestimmung beschränkt sich auf die **reservierten Dienste im Sinne des Postgesetzes.** Ob die Leistung durch die Post oder durch konzessionierte, private Anbieter erbracht wird, spielt keine Rolle.

Die Beförderung von Schnellpostsendungen und die Beförderung von abgehenden Briefpostsendungen ins Ausland sind von diesen reservierten Diensten ausgenommen und damit MWST-pflichtig. Die Paketpost ist ebenfalls MWST-pflichtig.

3.1.2 Spitalbehandlung und ärztliche Heilbehandlung in Spitälern

Die Spitalbehandlung und die ärztliche Heilbehandlung in Spitälern sind von der Steuer ausgenommen, wenn folgende **Voraussetzungen kumulativ** erfüllt sind:

- Es muss sich um eine **Heilbehandlung** handeln (objektive Voraussetzung).
- Die Behandlung muss durch eine dazu **befähigte Person** durchgeführt werden (subjektive Voraussetzung).
- Die Heilbehandlung muss in einem **Spital** erfolgen.

A] Objektive Voraussetzung

Zweck einer Heilbehandlung muss die **Prophylaxe,** die **Diagnose** (Feststellung), die **Behandlung** oder die Linderung von Krankheiten, Verletzungen und anderen Störungen der körperlichen oder geistigen Gesundheit des Menschen sein. Auch Leistungen im Zusammenhang mit der **Mutterschaft** oder deren Verhinderung (Geburtsvorbereitung, Stillberatung, Schwangerschaftsabbruch u. Ä.) gehören zu den Heilbehandlungen.

Keine eigentliche Heilbehandlung, aber dennoch von der Steuer ausgenommen, ist das Erstellen von **Gutachten** oder Berichten des Arztes oder Zahnarztes zur Abklärung von sozialversicherungsrechtlichen Ansprüchen (IV, SUVA, Pensionskassen oder Lebensversicherungen).

Die Heilbehandlung muss von Leistungen abgegrenzt werden, die lediglich der **physischen oder psychischen Leistungssteigerung** dienen oder das allgemeine **Wohlergehen** verbessern. So gelten die psychologische Lebensberatung, die Ernährungsberatung oder die Sportmassage nicht als Heilbehandlung. Allerdings können unter Umständen auch solche Leistungen medizinisch angezeigt sein, um den Heilungsprozess zu fördern, so z. B. die Ernährungsberatung bei chronischer Fettleibigkeit. In diesen Fällen muss die Untersuchung, Beratung oder Behandlung **medizinisch notwendig** sein und somit von einem Arzt oder Zahnarzt verordnet werden, der im Inland über die notwendige Berufsausübungsbewilligung verfügt.

B] Subjektive Voraussetzung

Eine Heilbehandlung kann nur von einer Person ausgeführt werden, die nach **kantonalem Recht** zur **Ausübung** ihres **Berufs zugelassen** ist. Als Heil- und Pflegeberufe gelten namentlich:

- Ärzte
- Zahnärzte
- Dentalhygieniker
- Zahnprothetiker
- Psychotherapeuten
- Chiropraktiker
- Physiotherapeuten
- Ergotherapeuten
- Naturärzte, Heilpraktiker, Naturheiler
- Hebammen
- Pflegefachleute
- Medizinische Masseure
- Logopäden
- Ernährungsberater
- Podologen

C] Ort der Heilbehandlung

Damit eine Heilbehandlung nach MWSTG 21 Abs. 2 Ziff. 2 als von der Steuer ausgenommen gilt, muss die Leistung in einem **Spital** oder in einem **Zentrum für ärztliche Heilbehandlung** erbracht werden. Somit sind das Spital und das Zentrum für ärztliche Heilbehandlung von anderen Einrichtungen mit ähnlichen Zwecken (z. B. Pflegeheime, Behindertenheime, Kurhäuser u. Ä.) abzugrenzen.

Spitäler nehmen – ausser bei Notfällen – Personen grundsätzlich nur aufgrund einer **ärztlichen Einweisung** und **vorübergehend** zur medizinischen Heilbehandlung auf. Vorübergehend heisst, dass die Patienten aus dem Spital entlassen werden, sobald die Heilbehandlung abgeschlossen ist oder keine Besserung des Gesundheitszustands mehr erreicht werden kann. Im Vordergrund steht die ärztliche Leistung.

Ein wichtiges Indiz für die **Abgrenzung Spital / Pflegeheim** ist die Häufigkeit des **Wechsels der Bettenbelegung.** Während die Aufenthaltsdauer eines Patienten im Spital in der Regel nur einige Tage dauert, erstreckt sich der Aufenthalt in einem Pflegeheim in der Regel über Monate und Jahre. Somit ist die Anzahl der Spitalbetten um ein Vielfaches kleiner als die jährlichen Ein- und Austritte von Spitalpatienten.

Als **Zentren für ärztliche Heilbehandlung** gelten Rehabilitationszentren, Sanatorien und Ähnliches. Diese müssen u. a. folgende **Bedingungen kumulativ** erfüllen:

- **Ärztliches Einweisungszeugnis** vom behandelnden Arzt / Spital (nicht vom Arzt des Zentrums) für den Kuraufenthalt, aus dem hervorgeht, welche Therapien vorzunehmen sind.
- Das Zentrum muss entsprechend **medizinisch-therapeutisches Personal** beschäftigen, mit der nötigen Infrastruktur und für die Betreuung rund um die Uhr ausgerüstet sein.
- Das Zentrum muss im Besitz einer **kantonalen Betriebsbewilligung** zur Führung eines solchen Zentrums sein.
- Es muss sich um ein **ärztlich geleitetes Zentrum** handeln.

MWSTG 21 Abs. 2 Ziff. 2 nimmt aber nicht nur die Heilbehandlung in Spitälern und Zentren der ärztlichen Heilbehandlung von der Steuer aus, sondern erstreckt sich auch auf die **mit der Heilbehandlung eng verbundenen Leistungen** von Spitälern und Zentren für ärztliche Heilbehandlung.

Als eng mit der Heilbehandlung verbundene Leistungen werden auch Umsätze von der Steuer ausgenommen, die ansonsten steuerbar sind, wenn sie nicht in engem Zusammenhang mit der Spitalbehandlung stehen.

Neben der Pflege und Heilbehandlung sind auch die **Abgabe von Medikamenten** am Krankenbett, die Kosten für **Kost und Logis** des Patienten, die Kosten für die Nutzung von **Radio,**

Fernseher und Telefon (auch Gesprächstaxen) im Zimmer und die Kosten für Kost und Logis einer Begleitperson (z. B. Mutter eines Kindes) von der Steuer ausgenommen, wenn diese Leistungen im Zusammenhang mit dem Spitalaufenthalt eines Patienten erbracht werden. Es ist dabei nicht von Bedeutung, ob diese Kosten im Tagespauschalansatz enthalten sind oder separat fakturiert werden.

Steuerbar sind hingegen die Verpflegung von Patienten, Begleitpersonen oder Gästen in der Cafeteria, die Taxen für in Telefonkabinen geführte Gespräche, das separat in Rechnung gestellte Reinigen oder Flicken von Patientenwäsche, der Verkauf von Gegenständen an einem Kiosk oder in einem Blumenladen usw. Die Abgabe von Prothesen und orthopädischen Apparaten ist auch steuerbar, wenn diese vom Patienten selbstständig angebracht oder eingesetzt werden können, sowie die Abgabe von Medikamenten für die Mitnahme nach Hause (z. B. eine verschlossene Schachtel Tabletten).

Ebenfalls als im engen Zusammenhang mit der Heilbehandlung stehend, werden die Leistungen von Zentren für Diagnostik von der Steuer ausgenommen. Als solche **Zentren für Diagnostik** gelten:

- Röntgeninstitute mit kantonaler Praxisbewilligung
- Praxislaboratorien von Ärzten und Spitallaboratorien
- Sonstige Laboratorien mit kantonaler Praxisbewilligung

In solchen Röntgeninstituten ist das Erstellen von Röntgenbildern, Schirmbildern, Computertomografien usw. und das Stellen einer darauf basierenden Diagnose von der Steuer ausgenommen. Auch in solchen Röntgeninstituten ausgeführte Radiotherapien sind von der Steuer ausgenommen.

In den Laboratorien sind **die im Auftrag eines Arztes, Spitals oder sonstigen Zentrums für ärztliche Heilbehandlung ausgeführten Laborleistungen** im Bereich der Humanmedizin von der Steuer ausgenommen. Alle anderen Laborleistungen (auch im Forschungsbereich) sind hingegen steuerbar.

3.1.3 Heilbehandlung

Unter diesen Begriff fallen die Behandlung von **Ärzten, Zahnärzten, Zahnprothetikern, Psychotherapeuten, Chiropraktikern, Physiotherapeuten, Naturärzten, Hebammen, Pflegefachleute und Angehörigen ähnlicher Heil- und Pflegeberufe.**

Heilbehandlungen, die von Personen ausgeführt werden, die über die notwendige, **kantonale Berufsausübungsbewilligung** verfügen, unterliegen ebenfalls nicht der MWST, auch wenn diese Heilbehandlungen nicht in Spitälern angeboten werden. Der Hauptunterschied zu MWSTG 21 Abs. 2 Ziff. 2 besteht darin, dass die Leistung nicht in einem Spital erbracht werden muss und dass die eng mit dieser Heilbehandlung verbundenen Leistungen nicht mehr direkt von der Steuer ausgenommen werden.

Hinweis

Die in Kapitel 3.1.2, S. 37 beschriebenen objektiven und subjektiven Voraussetzungen gelten auch für diese Gruppe der von der Steuer ausgenommenen Umsätze.

A] Von der Steuer ausgenommen sind u. a.

- Das **Untersuchen** eines Patienten, das Stellen einer **Diagnose** und die **Heilbehandlung.** Unter die zahnärztliche Heilbehandlung fallen auch die Lieferungen von fest sitzendem Ersatz (z. B. Brücken) und kieferorthopädischen Apparaturen (z. B. Zahnspangen).
- Das Verabreichen von **Medikamenten** und **medizinischen Hilfsmitteln** im Rahmen einer Heilbehandlung.
- Erstellen von **Gutachten** für Zwecke der **Sozialversicherungsanstalten.**

B] Steuerbar sind u. a.

- Das Untersuchen einer Person lediglich zwecks **Erstellung eines Gutachtens** zuhanden von Versicherungen, Gerichten usw. (gilt nicht für Sozialversicherungen). Wird jedoch ein ärztliches Zeugnis im Zusammenhang mit einer Behandlung ausgestellt (z. B. zuhanden des Arbeitgebers), handelt es sich um eine von der Steuer ausgenommene Heilbehandlung.
- Die Lieferung von **Medikamenten** in verschlossenen Packungen bzw. ungebraucht zur eigenen **Anwendung zu Hause.** Wird für diese Umsätze kein separates Ertragskonto geführt, gelten 95% des Medikamentenumsatzes als steuerbarer Umsatz. Bei den restlichen 5% nimmt man an, dass es sich um direkt verabreichte Medikamente handelt. Diese sind von der Steuer ausgenommen und es ist kein Vorsteuerabzug möglich.
- Die Abgabe von **medizinischen Hilfsmitteln** zur eigenen Anwendung zu Hause. Der Verkauf und die Vermietung von medizinischen Hilfsmitteln in Form von Geräten (z. B. von Rollstühlen oder Gehstöcken) sind immer steuerbar.
- Das Liefern, Bearbeiten und Prüfen von **Zahnprothesen** (von der Steuer ausgenommen sind lediglich die Abdrucknahme und das Einpassen).

3.1.4 Haushilfe und Pflegeleistungen

Öffentlich-rechtliche und privatrechtliche Einrichtungen, die Leistungen der **Krankenpflege** sowie Leistungen der **Grundpflege** zu Hause (Spitex) erbringen, führen von der Steuer ausgenommene Umsätze aus. Von der Steuer ausgenommen sind Untersuchungen, Behandlungen, Pflegemassnahmen, Leistungen der Grundpflege, der Geburtsvorbereitung und die Stillberatung.

Die **Betreuung von Kindern und Jugendlichen** kann im Rahmen von MWSTG 21 Abs. 2 Ziff. 9 von der Steuer ausgenommen sein, s. Kapitel 3.1.9, S. 42.

Ist die Leistungserbringerin eine **gemeinnützige Organisation,** sind zusätzlich aufgrund von MWSTG 21 Abs. 2 Ziff. 8 auch hauswirtschaftliche Leistungen von der Steuer ausgenommen. Die Voraussetzungen, die erfüllt werden müssen, damit es sich um eine gemeinnützige Organisation handelt, besprechen wir in Kapitel 3.1.8, S. 41.

Steuerbar sind die Abgabe von Medikamenten und anderen Produkten zur eigenen Anwendung durch die Patienten sowie der Verkauf und die Vermietung von Sanitätsmaterial (z. B. Gehhilfen). Ferner sind hauswirtschaftliche Leistungen dann zu versteuern, wenn sie durch nicht gemeinnützige Organisationen erbracht werden.

3.1.5 Lieferung von menschlichen Organen und menschlichem Blut

Die Lieferungen durch Spitäler oder andere medizinisch anerkannte Institutionen, z. B. durch regionale Blutspendezentren SRK und Spitalblutspendedienste, müssen mit der erforderlichen **Bewilligung** erfolgen.

Nur die Lieferung von **menschlichem Vollblut** ist von der Steuer ausgenommen. Blutprodukte, die aufgrund physikalischer, chemischer oder biologischer Behandlung aus menschlichem Vollblut gewonnen werden (Blutderivate und Blutkomponenten), gelten als Medikamente und sind zum reduzierten Steuersatz steuerbar.

Spenderbluttests für Dritte gegen Entgelt stehen in keinem Zusammenhang mit einer ärztlichen Behandlung und sind zum Normalsatz steuerbar.

3.1.6 Leistungen von Praxisgemeinschaften an die Mitglieder dieser Gemeinschaften

Von der Steuer ausgenommen sind die Dienstleistungen von Gemeinschaften (einfache Gesellschaften), deren Mitglieder Angehörige der in Kapitel 3.1.3, S. 39 aufgeführten Berufskategorien sind. Bedingung ist, dass diese Dienstleistungen anteilsmässig **zu Selbstkosten** an die Mitglieder **verrechnet** und für die unmittelbare Ausübung ihrer Tätigkeit erbracht werden. Es müssen dabei folgende **Bedingungen kumulativ** erfüllt sein:

- Bei der Gemeinschaft muss es sich um eine **einfache Gesellschaft** handeln.
- Die Gemeinschaft ist ausschliesslich zum Zweck der Beschaffung der erforderlichen **Infrastruktur** sowie des damit verbundenen **Betriebs** gebildet worden.
- Sämtliche Mitglieder der Gemeinschaft müssen **natürliche Personen** und Angehörige der von der ESTV anerkannten **Heilberufe** sein.
- Es muss ein **Gesellschaftsvertrag** in schriftlicher Form vorliegen.

Beispiel Eine Laboreinrichtung wurde von einer Arztgemeinschaft angeschafft. Alle Ärzte dieser Arztgemeinschaft können diese jeweils zu Selbstkosten benutzen.

3.1.7 Kranken-, Verletzten- und Invalidentransporte

Damit eine von der Steuer ausgenommene Leistung vorliegt, muss die Beförderung in einem **Transportmittel** erfolgen, das eigens **für diesen Zweck ausgerüstet** ist und **eingesetzt** wird, (z. B. Ambulanzen, Rettungshelikopter, Rettungsschlitten, Invalidentaxis oder Invalidenbusse).

Die Beförderung von kranken, verletzten oder invaliden Personen in anderen Transportmitteln (z. B. Taxis oder öffentliche Verkehrsmittel) ist – selbst in Notfällen – zu versteuern. Steuerbar ist auch die Beförderung von Leichen.

3.1.8 Leistungen im Bereich der Sozialfürsorge und der Sozialhilfe

Mit dieser Ausnahmebestimmung werden folgende Leistungen von der Steuer ausgenommen:

- Alters- und Pflegeheime
- Notschlafstellen
- Behindertenheime
- Entwöhnungsanstalten für Alkohol- und Drogensüchtige
- Frauenhäuser für die Umsätze aus der Beherbergung von Frauen und ihren Kindern in Notsituationen
- Strafanstalten für den Umsatz aus der Unterbringung von Häftlingen. Steuerbar sind aber Umsätze aus anderen Bereichen, soweit diese nicht aufgrund von anderen Bestimmungen von der Steuer ausgenommen sind (z. B. Landwirtschaft und Gärtnerei)

Leistungen der vorgenannten Art sind auch dann von der Steuer ausgenommen, wenn der Leistungserbringer sie nicht unmittelbar gegenüber den unterstützten oder betreuten Personen erbringt, sondern eine ebenfalls mit der Sozialfürsorge, der Sozialhilfe oder der sozialen Sicherheit betraute Institution damit beauftragt und diese dem Leistungserbringer dafür Rechnung stellt.

Die **Leistungen von Alters- und Pflegeheimen** sind von der Steuer ausgenommen. Es muss sich nicht um eine gemeinnützige Einrichtung handeln. So führt auch eine Aktiengesellschaft, die eine Luxus-Altersresidenz betreibt, von der Steuer ausgenommene Umsätze aus. Von der Steuer ausgenommen ist in diesem Fall aber nur das Entgelt für die Miete und Pflege.

Der **gemeinnützige Mahlzeitendienst** durch Altersheime, Spitäler, Hilfsorganisationen wie Pro Senectute, Heilsarmee usw., die die Leistungen direkt an Betagte, Behinderte und Kranke erbringen, ist von der Steuer ausgenommen. Das gilt auch dann, wenn nicht die beauftragte Einrichtung selbst die Leistung erbringt, sondern eine dritte, auch mit der Sozialfürsorge beauftragte Einrichtung, die Leistungen ausführt.

Als **gemeinnützig** gelten grundsätzlich **Organisationen,** die folgende **Bedingungen kumulativ** erfüllen:

- Es muss sich um eine **juristische Person** handeln, wobei auf die Ausschüttung von Reinertrag usw. statutarisch verzichtet werden muss.
- Die Mittel müssen unwiderruflich **für steuerbefreite Zwecke** im Sinne der direkten Bundessteuer eingesetzt werden.
- Die Organisation muss im **Allgemeininteresse** handeln; der Kreis der Destinatäre muss grundsätzlich offen sein.
- Es ist **Uneigennützigkeit** erforderlich, d. h., es dürfen keine eigenen Interessen verfolgt werden. Uneigennützigkeit liegt z. B. nicht vor, wenn aufgrund der Lohnstrukturen eine verdeckte Gewinnausschüttung zu vermuten ist. Von den Mitarbeitenden wird ein gewisser Opferwille verlangt.

Die MWST stellt zudem auf die Voraussetzungen für die gemeinnützigen Organisationen gemäss DBG 56 lit. g ab.

Wenn die oben aufgeführten Einrichtungen der Sozialfürsorge, der Sozialhilfe oder der sozialen Sicherheit Umsätze aus der Veranstaltung von **Flohmärkten, Basaren** usw. oder aus dem Betreiben einer **Brockenstube** erzielen, so sind auch diese Umsätze von der Steuer ausgenommen, sofern diese Leistungen ausschliesslich der entsprechenden Einrichtung zugute kommen (s. Kap. 3.1.17, S. 48). Werden die erzielten Einnahmen aber zur Finanzierung von steuerbaren Tätigkeiten verwendet, so sind diese Umsätze steuerbar.

3.1.9 Kinder- und Jugendbetreuung

Von der Steuer ausgenommen sind grundsätzlich die Betreuung, die Beherbergung und die Verpflegung von Kindern und Jugendlichen, die das **18. Altersjahr noch nicht vollendet** haben, durch dafür eingerichtete Institutionen. Das gilt sowohl für Institutionen der öffentlichen Hand als auch für solche mit privater Trägerschaft u. a.:

- Waisenhäuser
- Kinderkrippen und Kinderhorte
- Tagesheime

Leistungen der vorgenannten Art sind auch dann von der Steuer ausgenommen, wenn der Leistungserbringer sie nicht unmittelbar gegenüber den unterstützten oder betreuten Personen erbringt, sondern eine ebenfalls mit der Kinder- und Jugendbetreuung betraute Institution damit beauftragt und diese dem Leistungserbringer dafür Rechnung stellt.

3.1.10 Leistungen gemeinnütziger Jugendaustauschorganisationen

Die eng mit der Kultur- und Bildungsförderung verbundenen Leistungen von gemeinnützigen Jugendaustauschorganisationen sind von der Steuer ausgenommen. Als Jugendliche gelten in diesem Zusammenhang Personen **bis zum vollendeten 25. Altersjahr.**

Beispiel

Die Reisekosten im Zusammenhang mit einem Austauschjahr (Sprachaufenthalt), die einem Jugendlichen von der gemeinnützigen Einrichtung in Rechnung gestellt werden.

3.1.11 Leistungen im Bereich der Erziehung und Bildung

Umsätze im Bereich der Erziehung von Kindern und Jugendlichen sowie im Bereich der Bildung sind von der Steuer ausgenommen. Der Begriff der Bildung erstreckt sich auf eigentliche **Bildungsleistungen** (Volksschule, Privatschulen, Internate, Sprachschulen usw.) und auf die **Fertigungsvermittlung** (Fahrschule, Tanzschule, Skischule usw.).

Zu versteuern sind aber die in diesem Zusammenhang erbrachten gastgewerblichen und Beherbergungsleistungen.

A] Von der Steuer ausgenommene Erziehungs- und Bildungsleistungen, Referententätigkeit, Prüfungen und Organisationsdienstleistungen

Als **Erziehungsleistungen** gelten Leistungen für Kinder und Jugendliche bis zum vollendeten 18. Altersjahr, die darauf abzielen, den Kindern und Jugendlichen die Grundlagen zu vermitteln, um sich sozial sinnvoll bewegen zu können. Bis zum Ende des Jahres, in dem der Jugendliche 18-jährig wird, gilt er als unter 18-jährig.

Als **Bildungsleistungen** gelten Leistungen im Bereich des Unterrichts, der Ausbildung, Fortbildung und der beruflichen Umschulung einschliesslich des von Privatlehrern oder Privatschulen erteilten Unterrichts, aus Kursen, Vorträgen und anderen Veranstaltungen wissenschaftlicher oder bildender Art.

Bildenden Charakter haben Leistungen, die in erster Linie die Vermittlung von Wissen bezwecken, indem Personen auf einem bestimmten Gebiet in der Erreichung eines bestimmten Lernziels durch regelmässige, fachliche Instruktion, Betreuung und Kontrolle der erzielten Fortschritte gefördert werden.

Beispiel

- Unterricht an öffentlichen und privaten Schulen (Primar-, Berufs-, Handelsschule, Universität usw.)
- Sprachkurse und Weiterbildungskurse
- Musikschule, Fahrschule, Kochkurse, Reitunterricht
- Kurse für Arbeitslose
- Seminare und Vorträge

Als **Referententätigkeit** gilt die mündliche Abhandlung eines bestimmten Themas bei einer Veranstaltung. Das Entgelt für die Referententätigkeit ist von der Steuer ausgenommen, unabhängig davon, auf welcher Stufe vor dem Konsum es anfällt und ob es dem Referenten oder seinem Arbeitgeber zukommt.

Neben **Prüfungsgebühren** ist auch die **Tätigkeit von Prüfungsexperten** von der Steuer ausgenommen. Steuerbar ist aber das Erarbeiten von Aufgaben sowie nicht im Zusammenhang mit einer Prüfung stehende Korrekturarbeiten. Zu beachten ist, dass Prüfungsgebühren für eidgenössisch oder kantonal anerkannte Prüfungen nicht von der Steuer ausgenommen sind. Diese Prüfungsgebühren sind aber trotzdem nicht steuerbar, weil sie als hoheitlich gelten (s. Kap. 5, S. 71).

Von der Steuer ausgenommen sind unter gewissen Umständen **Organisationsdienstleistungen im Zusammenhang mit Schulungsleistungen.** Organisationsdienstleistungen an die Trägerin einer Prüfung oder sonstigen Ausbildungsleistung sind einerseits von der Steuer ausgenommen, sofern der Leistungserbringer Mitglied dieser Einrichtung ist und die Leistungen unmittelbar zur Erzielung von der Steuer ausgenommenen Leistungen im Bereich der Bildung bestimmt sind. Andererseits sind in direktem Zusammenhang mit Bildungsleistungen erbrachte Organisationsdienstleistungen dann von der Steuer ausgenommen, wenn sie für die öffentliche Hand erbracht werden, die Bildungsleistungen anbietet.

Beispiel Ein Verband, der Mitglied der Trägerschaft einer Prüfung ist, stellt an diese Trägerschaft Rechnung für die Ausarbeitung der Prüfung. Diese Leistung ist als Organisationsdienstleistung von der Steuer ausgenommen.

B] Abgrenzung Bildungsleistung / Beratungsleistung

Beratungsleistungen sind steuerbare Dienstleistungen. Auch im Rahmen von Beratungen wird Wissen vermittelt, das in erster Linie verfolgte Ziel ist jedoch die Lösung eines konkreten Problems. Als Beratungsleistungen gelten z. B. Berufs-, Studien- oder Karriereberatung.

Eine Beratungsleistung setzt voraus, dass

- die Leistung **individuell** auf den Auftraggeber zugeschnitten ist und
- auf einer **vorgängigen Analyse** der entsprechenden Situation beruht und
- **Problemlösungsvorschläge** ausgearbeitet und evtl. umgesetzt werden.

Beispiel Die Volano GmbH ist im Telefonverkauf tätig. Die Geschäftsleitung möchte die Durchlaufzeiten für die Abwicklung eines Auftrags reduzieren. Sie beauftragt die Marketing AG mit der Analyse der Geschäftsabläufe. Die Marketing AG stellt fest, dass die Mitarbeitenden der Volano GmbH über ungenügende Softwarekenntnisse verfügen, was zu einer Verzögerung bei der Auftragsabwicklung führt. Die Marketing AG übernimmt die Schulung des Personals in diesem Bereich.

In diesem Fall ist die Schulungsleistung der Marketing AG nicht von der Steuer ausgenommen. Die Bildungsleistung der Marketing AG erfolgt aufgrund einer vorgängigen Situationsanalyse und wird Bestandteil der Beratungsleistung.

C] Abgrenzung Bildungsleistung / Unterhaltungsleistung

Anlässe im Bereich Unterhaltung, Vergnügung, lose Freizeitbeschäftigung, Geselligkeit usw. können ebenfalls bildende Elemente beinhalten. Da die Wissensvermittlung bei solchen Aktivitäten nicht im Vordergrund steht, sondern die Erfahrung eines **Erlebnisses** und / oder **Abenteuers,** gelten diese nicht als Bildungsleistungen.

Beispiel Riverrafting, Aktivferien, Bergtouren, Fallschirmsprünge usw.

Zum Normalsatz steuerbar sind auch die Einnahmen aus Kursen, die in erster Linie der **Fitness,** der **sportlichen Ertüchtigung** oder der **Sportanimation** dienen.

Beispiel Gymnastik, Aerobic, Nordic Walking, Aquafit, Krafttraining usw.

D] Mehrere selbstständige Leistungen oder Einheitlichkeit der Leistung

Eine Bildungsleistung wird oft zusammen mit weiteren Leistungen erbracht. Dabei gilt es immer zu entscheiden, ob **mehrere Hauptleistungen oder eine Hauptleistung mit Nebenleistungen** vorliegt. Gelten beide Leistungen als Hauptleistungen, kann geprüft werden, ob die **Kombinationsregelung** (s. Kap. 9.3, S. 150 ff.) angewandt werden kann.

Im Zusammenhang mit der Lieferung von Gegenständen kann eine Bildungsleistung steuerbar sein. Wird die Schulung **im Zusammenhang mit der Lieferung eines Gegenstands** erbracht, gilt die Lieferung als Hauptleistung und die Schulung als Nebenleistung und ist gleich wie die Lieferung steuerbar, wenn die Bildungsleistung nur im Zusammenhang mit der Lieferung angeboten wird oder wenn der Käufer den Kauf des Gegenstands von der Erbringung der Bildungsleistung abhängig macht.

Das kommt z. B. vor, wenn Hard- und / oder Software geliefert wird und der Käufer den Kauf des Gegenstands von der Ausbildung seiner Mitarbeitenden im Umgang mit der Hard- und / oder der Software abhängig macht.

Beispiel

Die Compudata AG bietet Mitarbeiter-Anwenderschulungen für Standardprogramme (Office usw.) für Unternehmen an. Diese Dienstleistung ist als Bildungsleistung von der Steuer ausgenommen, da sie den Mitarbeitenden allgemeine, nicht unternehmensspezifische Fähigkeiten im Umgang mit der Software liefert.

Würde diese Bildungsleistung aber im Zusammenhang mit der Lieferung der Software erbracht (steuerbare Hauptleistung), würde diese Leistung das steuerliche Schicksal der Hauptleistung teilen, sofern die Compudata AG entweder die Bildungsleistung immer nur im Zusammenhang mit der Lieferung der Software anbietet oder wenn das Unternehmen den Kauf der Software vom Erbringen der Bildungsleistung abhängig gemacht hat.

Ob für diese Leistungen zwei Verträge zwischen der Compudata AG und dem Käufer abgeschlossen oder ob die Leistungen separat fakturiert werden, spielt für die steuerliche Qualifikation keine Rolle.

E] Bildungsleistungen und sonstige Leistungen

Sind im pauschalen Kursgeld bei von der Steuer ausgenommenen Bildungsleistungen auch **sonstige Leistungen** (z. B. Kursunterlagen, Schreibblock und Kugelschreiber) enthalten, gelten diese als Kostenfaktor der Bildungsleistung und sind somit auch von der Steuer ausgenommen. Es handelt sich dabei um eine **Nebenleistung.**

Eine spezielle Regelung gilt teilweise für die **Beherbergungsleistungen.** Internate, Konvikte, Lehrlings- und Studentenheime usw. bieten in der Regel Beherbergungs- und Verpflegungsleistungen und evtl. auch Schulungsleistungen an. Bei dieser Gruppe von Anbietern liegt keine steuerbare Beherbergung, sondern eine von der Steuer ausgenommene Zimmervermietung vor, wenn folgende **Bedingungen kumulativ** erfüllt sind:

- Der Lehrgang muss mindestens ein Jahr (zwei Semester) dauern.
- Der Auszubildende wohnt während der Ausbildungszeit ununterbrochen in dieser Institution.
- Über 18 Jahre alte Auszubildende müssen am Sitz der Ausbildungsstätte Wohnsitz nehmen oder sich als Wochenaufenthalter anmelden.
- Die Leistungen (Schulung, Beherbergung und Verpflegung) müssen separat fakturiert werden.

Sind diese Bedingungen erfüllt, ist von den eingangs genannten Leistungsgruppen nur die Verpflegung steuerbar.

3.1.12 Personalverleih durch gemeinnützige Organisationen

Grundsätzlich stellt das Verleihen von Personal steuerpflichtigen Umsatz dar. Nicht steuerbar ist aber das Zurverfügungstellen von Personal durch religiöse oder weltanschauliche, nicht gewinnstrebige Einrichtungen für Zwecke der **Krankenbehandlung,** der **Sozialfürsorge** und der **sozialen Sicherheit,** der **Kinder- und Jugendbetreuung**, der **Erziehung** und **Bildung** sowie für **kirchliche, karitative und gemeinnützige Zwecke.**

Dabei müssen die Voraussetzungen sowohl in Hinsicht auf das Steuersubjekt als auch in Hinsicht auf das Steuerobjekt erfüllt sein. Die Voraussetzungen gelten in jedem Fall als nicht erfüllt, wenn es sich um einen gewerbsmässigen Arbeitsvermittler handelt, der eine entsprechende Betriebsbewilligung benötigt.

Nur wenn das Zurverfügungstellen durch eines der nachgenannten **Steuersubjekte** erfolgt, kann die Leistung von der Steuer ausgenommen sein:

- Nicht gewinnstrebige, religiöse Einrichtungen (z. B. Ordensgemeinschaften und Diakonissenhäuser)
- Nicht gewinnstrebige Schulorden
- Nicht gewinnstrebige, andere Einrichtungen, die von der direkten Bundessteuer befreit sind (z. B. Hilfswerke und Spitex-Organisationen)
- Vereine mit einem nicht gewinnorientierten Zweck laut Statuten (z. B. Frauenvereine)
- Nicht gewinnstrebige Einrichtungen der öffentlichen Hand (z. B. Spitäler, Altersheime, Schulen und Universitäten). Die gewerblichen Betriebe wie die SBB, die Post oder Rüstungsbetriebe zählen aber nicht dazu.

Die Leistung ist nur von der Steuer ausgenommen, wenn das Zurverfügungstellen durch eines der vorgenannten Steuersubjekte für einen der nachgenannten **Zwecke** erfolgt:

- Heilbehandlungen
- Tätigkeiten im Sozialbereich
- Tätigkeiten im Zusammenhang mit Kinder- und Jugendbetreuung
- Schulung
- Kirchliche Zwecke (z. B. Seelsorge)
- Karitative oder gemeinnützige Zwecke (z. B. Hausbesuche und Mithilfe bei Kleidersammlungen)

Wird von der Steuer ausgenommenes Zurverfügungstellen von Personal geltend gemacht, verlangt die ESTV zum Nachweis einen **schriftlichen Vertrag.** In diesem muss u. a. auch die berufliche Qualifikation des Arbeitnehmers und die Art der Arbeit aufgeführt sein. In der Rechnung muss auf diesen Vertrag hingewiesen werden.

Der Einsatz von Personal für administrative Zwecke, Beratungszwecke und hauswirtschaftliche Leistungen ist immer zum Normalsatz steuerbar.

3.1.13 Mitgliederbeiträge nicht gewinnstrebiger Vereine und Genossenschaften

Statutarisch festgesetzte Mitgliederbeiträge an nicht gewinnstrebige Vereine und Genossenschaften sind von der Steuer ausgenommen. Es muss sich dabei um eine nicht gewinnstrebige Einrichtung mit **politischer, gewerkschaftlicher, wirtschaftlicher, religiöser, patriotischer, weltanschaulicher, philanthropischer, ökologischer, sportlicher, kultureller, wissenschaftlicher** oder **staatsbürgerlicher Zielsetzung** handeln.

Der **Mitgliederbeitrag** muss für alle Mitglieder einer Mitgliederkategorie **gleich hoch** sein. Voraussetzung ist zudem, dass alle Mitglieder derselben Kategorie grundsätzlich die gleichen Leistungen in gleichem Umfang in Anspruch nehmen können.

Hinweis

MWST-Behandlung von Passivmitgliedern s. Kapitel 5.2.1, S. 72.

Von der Steuer ausgenommen ist auch die statutarisch festgelegte **Eintrittsgebühr in einen Verein** (z. B. Tennisklub). Richtet sich der Beitrag nach der Höhe der effektiv bezogenen Leistungen oder muss für die Inanspruchnahme einer durch die Einrichtung erbrachten Leistung ein zusätzlicher Betrag bezahlt werden, erfolgt die steuerliche Beurteilung nach der erbrachten Leistung.

Beispiel

Der Touring Club Schweiz (TCS) muss die Mitgliedsbeiträge nicht versteuern.

Zusätzliche Leistungen, die gegen ein Entgelt erbracht werden, wie z. B. Verkäufe von Strassenkarten, müssen versteuert werden.

3.1.14 Kulturelle Dienstleistungen

Die folgenden kulturellen Dienstleistungen sind von der Steuer ausgenommen:

- Theater, Konzerte, Opern, Operetten, Ballett, Musical
- Zirkus
- Jahrmarkt (Karussell, Geisterbahnen usw.)
- Kinos
- Museen, Denkmäler, historische Stätten
- Galerien
- Botanische und zoologische Gärten
- Bibliotheken, Archive, Dokumentationsstellen

Der Veranstalter eines solchen kulturellen Anlasses führt eine von der Steuer ausgenommene Dienstleistung aus.

Von der Steuer ausgenommen sind **aber nur die unmittelbar für die kulturelle Veranstaltung vereinnahmten Entgelte.** Alle übrigen Leistungen (Kinowerbung, Tierfutter im Zoo usw.), die von solchen kulturellen Institutionen angeboten werden, sind steuerlich separat zu beurteilen.

Die kulturellen Leistungen der **darbietenden Künstler** (Schauspieler, Tänzer, Musiker, Artisten oder Schausteller inkl. deren Geschicklichkeitsspiele) sind nur in jenen Fällen von der Steuer ausgenommen, in denen die Leistung **unmittelbar dem Publikum erbracht** wird. Unmittelbar bedeutet, dass der Künstler vor Publikum auftritt.

Nicht nur darbietende Künstler erbringen von der Steuer ausgenommene Leistungen. Auch **Bühnenbildner, Maskenbildner, Regisseure** usw. gehören zu den Künstlern im Sinne von MWSTG 21 Abs. 2 Ziff. 14. Diese Leistungen sind von der Steuer ausgenommen, wenn sie vom Publikum unmittelbar wahrgenommen werden können.

Die vom Künstler in einem **Tonstudio** (z. B. Aufnahmen für ein Musikalbum) oder in einem **Radio- oder Fernsehstudio** (z. B. Fernsehaufzeichnung zwecks späterer Ausstrahlung) erbrachten, künstlerischen Leistungen gelten als **nicht unmittelbar für das Publikum erbracht.** Erhält der Künstler für diese Tätigkeit eine Gage, unterliegt diese der MWST. Wird während eines Konzerts oder einer Fernsehaufzeichnung ein Livemitschnitt erstellt (Publikum ist im Konzertsaal oder im Fernsehstudio anwesend), so gilt die Leistung des Künstlers ebenfalls als direkt für das Publikum erbracht und ist von der Steuer ausgenommen.

Wird der Künstler von einem **Agenten** vermittelt, unterliegt die **Vermittlungsprovision** des Agenten immer der MWST, unabhängig davon, ob sie vom Veranstalter oder vom Künstler zu bezahlen ist.

Die **Gage des Künstlers** bleibt aber von der Steuer ausgenommen, wenn die künstlerische Leistung **unmittelbar für das Publikum erbracht** wird, unabhängig davon, ob der Veranstalter dem Agenten die Gage bezahlt oder direkt dem Künstler. Wird die Gage dem Agenten vom Veranstalter bezahlt, tritt also der Agent als Generalunternehmer auf, der seinerseits den Künstler unter Vertrag hat, so ist sowohl das Entgelt an den Agenten als auch das Entgelt an den Künstler von der Steuer ausgenommen.

Von der Steuer ausgenommen sind auch die **Dienstleistungen von Bibliotheken, Videotheken, Archiven und Dokumentationsstellen,** d. h. die Gebühr für die Benützung in den Räumlichkeiten. Die Vermietung von Büchern und Videos (Lieferung) oder auch das Erteilen von Auskünften als Ergebnis von Recherchen in Datenbanken ist aber steuerbar. Ist in der Gebühr für die Benutzung der Räumlichkeiten die Ausleihung von Büchern usw. inbegriffen oder Voraussetzung für die Ausleihung, unterliegt die Gebühr der Steuer.

3.1.15 Entgelt für sportliche Anlässe, inkl. Startgeldern

Neben den eigentlichen **Eintrittsgeldern** von Sportveranstaltungen (Zuschauereintritt für ein Fussballmatch o. Ä.) sind von der Steuer ausgenommen auch die Startgelder, die der Sportler für die **Teilnahme an einem Sportanlass** zu bezahlen hat («Engadiner», Waffenlauf usw.). Ebenfalls von der Steuer ausgenommen sind die mit diesen Startgeldern abgegoltenen Nebenleistungen (Getränke, Transport oder Medaille).

Wenn hingegen der Veranstalter dem Sportler ein Startgeld für seine Teilnahme bezahlt, handelt es sich um eine steuerbare Gage des Sportlers.

Sofern der Veranstalter eines sportlichen Wettkampfs (Turnier, Meisterschaft o. Ä.) einem Verband eine **Entschädigung für die Durchführung** bezahlt (Durchführungsrecht), so ist diese Entschädigung nicht von der Steuer ausgenommen. Der Ort der Dienstleistung richtet sich bei solchen Entschädigungen nach dem **Empfängerortsprinzip.**

3.1.16 Kulturelle Dienstleistungen und Lieferungen von bestimmten Kulturschaffenden

Die Leistungen von **Schriftstellern** und **Komponisten** und die Leistungen von deren Verwertungsgesellschaften sind auch von der Steuer ausgenommen, sofern es sich um kulturelle Dienstleistungen handelt. Steuerbar sind demnach u. a. die Leistungen von Architekten, Übersetzern, Werbetextern, Pressefotografen usw.

Die Leistungen von **Kunstmalern** und **Bildhauern** sind nur in jenen Fällen von der Steuer ausgenommen, bei denen der Künstler Umsätze mit von ihm **persönlich hergestellten Kunstwerken** erzielt. Werden die Kunstwerke nicht vom Künstler selbst, sondern durch Galerien verkauft, unterliegt das Entgelt für das Kunstwerk dem Normalsatz. Allerdings ist in diesen Fällen zu prüfen, ob die Voraussetzungen für eine direkte Stellvertretung des Künstlers durch den Galeristen gegeben sind (s. Kap. 2.2.2, S. 19).

Die Ausnahme greift nur, wenn es sich um **zweckfreie Kunstgegenstände** handelt. Diese Regelung steht im Gegensatz zu derjenigen bei der angewandten Kunst (Kunsthandwerk).

Beispiel

Bildhauer Albin Vogel hat den von der Gemeinde Büren a. d. Aare ausgeschriebenen Wettbewerb für die Neugestaltung des Dorfbrunnens gewonnen. Für den neuen Brunnen bezahlt die Gemeinde Albin Vogel CHF 15 000. Dieses Kunstwerk ist nicht zweckfrei, deshalb ist das erhaltene Entgelt steuerbar.

3.1.17 Flohmärkte und Basare

Umsätze, die Organisationen aus der Durchführung von Basaren, Flohmärkten und ähnlichen Veranstaltungen erzielen, sind von der Steuer ausgenommen, wenn die im Folgenden aufgeführten **Voraussetzungen kumulativ** erfüllt sind.

- Es muss sich um eine Organisation handeln, die **Tätigkeiten in den folgenden Bereichen** ausübt:
  - Krankenbehandlung
  - Sozialfürsorge, Sozialhilfe, soziale Sicherheit
  - Kinder- und Jugendbetreuung
  - Gemeinnützige Krankenpflege
  - Betreiben von Alters-, Wohn- und Pflegeheimen
  - Nicht gewinnstrebiger Sport
- Die durch die Veranstaltung vereinnahmten Mittel dürfen ausschliesslich **zur Ausübung der oben erwähnten Tätigkeiten** verwendet werden.
- Diese Veranstaltungen müssen **vorübergehender Natur** sein (Gelegenheitscharakter).

Betreiben Organisationen, die sich der Sozialfürsorge, der Sozialhilfe oder der sozialen Sicherheit widmen, ganzjährig **Brockenhäuser,** so sind die Umsätze aus dem Verkauf von gebrauchten oder unentgeltlich erhaltenen neuen Gegenständen von der Steuer ausgenommen, wenn der Erlös aus diesen Verkaufseinrichtungen wieder für eine Tätigkeit der Sozialfürsorge, der Sozialhilfe oder der sozialen Sicherheit verwendet wird. Der Verkauf von neuen Gegenständen, die gegen Entgelt eingekauft wurden, muss aber immer versteuert werden.

3.1.18 Leistungen im Versicherungsbereich

Von der Steuer ausgenommen sind die Versicherungs- und Rückversicherungsumsätze, also die in Rechnung gestellten **Prämien sämtlicher Versicherungsarten.**

Im Weiteren unterliegen auch die berufstypischen **Dienstleistungen** von **Versicherungsvertretern** und **Versicherungsmaklern** nicht der Steuer (Betreuung der Versicherungsnehmer in Versicherungsangelegenheiten, Ermittlung und Beschaffung des geeigneten Versicherungsschutzes, die Vertretung ihrer Interessen in Schadensfällen sowie das Inkasso).

Als Faustregel gilt: Eine Leistung des Versicherungsvermittlers ist von der Steuer ausgenommen, wenn der Versicherungsvermittler von der Versicherungsgesellschaft dafür abgegolten wird (Abschlussprovision, Provision auf der Jahresprämie o. Ä.). Mit anderen Worten muss die Leistung des Vermittlers immer in einem **direkten Zusammenhang** mit dem **Abschluss eines Versicherungsvertrags** stehen.

Wird ein Versicherungsvermittler von einem Versicherungsnehmer im Schadenfall mit der Wahrung seiner Interessen gegenüber einer Versicherungsgesellschaft beauftragt, ohne dass der Versicherungsvermittler den Abschluss der entsprechenden Police ermöglicht hat, so liegt eine **steuerbare Beratungsleistung** vom Versicherungsvermittler an den Versicherungsnehmer vor.

Die Tätigkeit des Versicherungsvermittlers muss sich immer auf den Abschluss eines konkreten Versicherungsabschlusses beziehen. Das alleinige Zuführen von potenziellen Kunden gilt als **Werbeleistung** (finder's fee) und ist steuerbar.

Steuerbar sind im Weiteren u. a. die folgenden, nicht branchentypischen Leistungen:

- Expertisen / Analysen / Gutachten und Schadenbearbeitungen für Drittgesellschaften
- Separat fakturierte Risikoanalysekosten
- Vermögensverwaltung für Dritte (z. B. Pensionskasse)
- Personalvermittlung
- Beratungen verschiedener Art
- Verkauf von Gegenständen aus Schadenregulierung (z. B. Unfallauto)
- Gastgewerbliche Leistungen (z. B. Kantine)

Zusätzlich von der Steuer ausgenommen sind **Sozialversicherungsleistungen** sowie im Bereich der Sozialversicherungen und der Prävention die Leistungen von Sozialversicherungen untereinander, die Leistungen von Durchführungsorganen aufgrund gesetzlich vorgeschriebener Präventionsaufgaben sowie Leistungen, die der beruflichen Aus- und Weiterbildung dienen.

Damit sind u. a. die Hauptleistungen der **AHV-Ausgleichskassen** (Rentenzahlungen, Kapitalleistungen usw.) aufgrund von MWSTG 21 Abs. 2 Ziff. 18 von der Steuer ausgenommen.

Zusätzlich sind die Sozialversicherungen aber auch über ihr Kerngeschäft hinaus tätig. Von der Steuer ausgenommen sind aufgrund von MWSTG 21 Abs. 2 Ziff. 18 auch die **Leistungen, die Sozialversicherungen untereinander** erzielen. Damit diese Umsätze von der Steuer ausgenommen sind, muss es sich sowohl beim Leistungserbringer als auch beim Leistungsempfänger um eine Sozialversicherung handeln. Übernimmt also z. B. eine Sozialversicherung im

Auftragsverhältnis die **Geschäftsführung** oder die **Verwaltung** einer anderen Sozialversicherung, so ist diese Tätigkeit von der Steuer ausgenommen.

Ebenfalls von der Steuer ausgenommen sind gewisse Umsätze, die den Sozialversicherungen oder anderen Organen aufgrund des anwendbaren Rechts übertragen werden. Diese Tätigkeiten sind von der Steuer ausgenommen, wenn sie zur Sozialversicherung gehören oder der **beruflichen und sozialen Vorsorge** sowie der **beruflichen Aus- und Weiterbildung** dienen (Führen einer Pensionskasse, Kontrolle der Arbeitgeber für einen Unfallversicherer usw.).

3.1.19 Finanzdienstleistungen

Von der Steuer ausgenommen sind Umsätze aus folgenden Tätigkeiten:

- Die Gewährung und Vermittlung von **Krediten** und die Verwaltung von Krediten durch die Kreditgeber
- Die Vermittlung und die Übernahme von **Verbindlichkeiten, Bürgschaften** und anderen **Sicherheiten** und **Garantien** sowie die Verwaltung von Kreditsicherheiten durch die Kreditgeber
- Die Umsätze mit Einschluss der Vermittlung, im **Einlagengeschäft** und **Kontokorrentverkehr,** im **Zahlungs- und Überweisungsverkehr,** im Geschäft mit **Geldforderungen, Checks** und anderen **Handelspapieren**
- Die Umsätze mit Einschluss der Vermittlung, die sich auf **gesetzliche Zahlungsmittel** beziehen
- Die Umsätze mit Einschluss der Vermittlung von **Wertpapieren, Wertrechten** und **Derivaten** sowie von **Anteilen** an Gesellschaften und anderen Vereinigungen
- Umsätze aus dem Vertrieb von Anteilen an und die Verwaltung von **kollektiven Kapitalanlagen** gemäss Bundesgesetz über die kollektiven Kapitalanlagen durch Personen, die diese verwalten oder aufbewahren, durch die Fondsleitung, die Depotbanken und deren Beauftragte
- Die Verwaltung von kollektiven Kapitalanlagen und anderen Sondervermögen durch **Fondsleitungen, Depotbanken** und deren Beauftragte

Diese Aufzählung der von der Steuer ausgenommenen Umsätze im Bereich des Geld- und Kapitalverkehrs ist abschliessend. **Steuerbar** sind demnach die folgenden Leistungen:

- Anlageberatung / Vermögensverwaltung
- Depotgeschäft
- Treuhandanlagen
- Inkassogeschäft (unechtes Factoring, kein Delkredere-Risiko des Beauftragten)
- Vermieten von Tresorfächern
- Treuhandgeschäfte
- Verwalten von Krediten, ohne selbst Kreditgeber zu sein

Eine besondere Problematik bezüglich der von der Steuer ausgenommenen Umsätze im Bereich des Geld- und Kapitalverkehrs ist die **Vermittlungstätigkeit.** Diese Problematik betrifft nicht nur Banken, sondern auch Vermögensverwalter, Treuhänder usw.

Die Vermittlungstätigkeit ist eine steuerbare Leistung, wenn sie nicht ausdrücklich von der Steuer ausgenommen ist. Aus der vorerwähnten Aufzählung der von der Steuer ausgenommenen Umsätze im Bereich des Geld- und Kapitalverkehrs ist ersichtlich, dass hier grundsätzlich auch die Vermittlungen von der Steuer ausgenommen sind. Als Vermittlung im Sinne des MWSTG gilt insbesondere das **Abschliessen von Verträgen im Namen und für Rechnung von Dritten (direkte Stellvertretung),** d. h. das Bewirken von Umsätzen in fremdem Namen und für fremde Rechnung.

Die **Vermittlung einer Kundenbeziehung,** d. h. das Gewinnen oder das Zuführen von Kunden, fällt nicht unter den Begriff der Vermittlung im Sinne des MWSTG. Sie gilt als Dienstleistung im Bereich der **Werbung** oder des Überlassens von Informationen. Die Entschädigung für das Gewinnen oder das Finden von Kunden (finder's fee) ist deshalb mehrwertsteuerlich gleich zu behandeln wie das Entgelt für andere im Bereich der Werbung erbrachte Dienstleistungen; sie unterliegen der MWST zum Normalsatz.

Es spielt dabei keine Rolle, in welcher Form die **Entschädigung** berechnet wird, z. B. auf der Basis des Werts eines verwalteten Vermögens, als Fixbetrag pro «vermittelte» Kundenbeziehung oder als Retrozession. Darunter versteht man einen prozentualen Anteil, den der Vermittler der Kundenbeziehung von allen Kommissionen und Erträgen erhält, die in der Folge in Geschäften mit dem betreffenden Kunden erzielt werden.

3.1.20 Bestellung und Übertragung von dinglichen Rechten an Grundstücken

Die Begründung oder der Verkauf von Grundstücken sind von der Steuer ausgenommen. Das gilt auch, wenn nur Teile an Grundstücken veräussert werden.

Als **Liegenschaften** gelten im **Grundbuch eingetragene, selbstständige und dauernde Rechte.** Diese Rechte können sein: Baurechte, Quellenrechte, Nutzungsrechte an Kiesgruben, Bergwerke und Miteigentumsanteile an Grundstücken usw.

Die Bestellung von dinglichen Rechten umfasst ebenfalls z. B. das entgeltliche Einräumen eines Kaufs- oder Vorkaufsrechts.

Beträge, die eine **Stockwerkeigentümergemeinschaft** von ihren Mitgliedern aus ihnen erbrachten und weiter belasteten Leistungen vereinnahmt, z. B. Beiträge der Mitglieder an die Kosten der Verwaltungstätigkeit, an den Erneuerungsfonds und an die Kosten aus der Benutzung der gemeinschaftlichen Räume und Einrichtungen, sind von der Steuer ausgenommen. Die Steuerausnahme gilt jedoch nicht für die Leistungen zwischen Dritten und der Stockwerkeigentümergemeinschaft.

3.1.21 Vermietung / Verpachtung von Liegenschaften und Grundstücken

Die Vermietung und die Verpachtung von Liegenschaften und Grundstücken gelten grundsätzlich als Umsatz, der von der Steuer ausgenommen ist. Im Einzelnen handelt es sich dabei nur um die folgenden Vorgänge:

- Die Vermietung und Verpachtung von **Liegenschaften, Gebäuden** oder **Gebäudeteilen**
- Das Vermieten von **im Gemeingebrauch stehenden Parkplätzen.** Diese Vermietungen sind unabhängig von der Mietdauer von der Steuer ausgenommen.
- Die Vermietung und Verpachtung von **Sportanlagen** (z. B. Tennisplätze oder Schwimmbäder). Hier ist allerdings anzumerken, dass diese Umsätze von der Steuer ausgenommen sind, wenn der **Mieter** der Anlage während der Mietdauer das **alleinige Nutzungsrecht** an der Anlage hat. Nur die Miete einer Sportanlage ist von der Steuer ausgenommen, nicht der Eintritt zu einer Sportanlage.

Beispiel

Der Eissport AG gehört die Kunsteisbahn «Hochwacht», die vom Publikum während der Woche gegen einen Eintrittspreis von CHF 4.50 genutzt werden kann. Schlittschuhe können von der Kunsteisbahn «Hochwacht» für CHF 10.00 gemietet werden. Jeweils am Dienstag und am Samstag trainiert der Eishockeyklub Löweneis auf der Kunsteisbahn «Hochwacht». Dafür wird ein Drittel des Eisfelds für den Klub mit mobilen Banden abgetrennt. Der Klub kann auch die separaten Eishockeygarderoben mit Dusche usw. benutzen. Er bezahlt der Eissport AG pro Training CHF 500.00.

Der Eintrittspreis für das Publikum gilt als steuerbare Dienstleistung und ist zum Normalsatz zu versteuern. Das Vermieten von Schlittschuhen gilt als zum Normalsatz steuerbare Lieferung.

Hat der Benutzer der Sportanlage das alleinige Recht, sie zu benutzen, handelt es sich um eine von der Steuer ausgenommene Vermietung einer Immobilie. Diese Voraussetzung (alleinige, exklusive Nutzung) ist bei der Miete eines Drittels der Eisbahn durch den Eishockeyklub Löweneis gegeben. Die Nutzung der Garderobe und der Duscheinrichtung gilt als untergeordnete Nebenleistung und somit als Teil der von der Steuer ausgenommenen Leistung.

Steuerbar sind hingegen die folgenden Umsätze:

- Die Vermietung von **Wohn- und Schlafräumen** zur Beherbergung von Gästen (Hotellerie, Parahotellerie, Konferenz- und Schulungsräume im Gastgewerbe)
- Die Vermietung von **Campingplätzen**
- Die Vermietung und Verpachtung von fest eingebauten Vorrichtungen und Maschinen, die zu einer **Betriebsanlage** gehören (z. B. Tiefkühlanlagen, Schaufenster, Standplätze in Messehallen, Bojen oder Bootsanlegestellen)
- Die Vermietung von **Schliessfächern, Tresoren und Schrankfächern**
- Das Vermieten von **Parkplätzen** in privaten Parkhäusern oder auf privatem Grund. Diese Umsätze sind allerdings nur dann steuerbar, wenn sie nicht als Nebenleistungen zu einem, von der Steuer ausgenommenen Mietumsatz qualifizieren.

Beispiel

Fall 1

Die ETH Zürich vermietet in ihrem Parkhaus am Hönggerberg Parkplätze. Diese Parkplätze werden sowohl an Dauermieter wie auch an Laufkundschaft vermietet. Diese Umsätze sind steuerbar.

Fall 2

Die Stadt Zürich hat im Kreis 2 Parkplätze als «der blauen Zone» zugehörig markiert. Die Quartierbewohner können sich eine Dauerparkerlaubnis für CHF 300 pro Jahr kaufen. Dieser Umsatz der Stadt Zürich ist nicht steuerbar, da es sich um im Gemeingebrauch befindliche Parkplätze handelt.

Fall 3

Oskar Meier ist Eigentümer der Überbauung «Binsackerweg». Peter Caviezel mietet dort eine 4-Zimmer-Wohnung sowie zwei Parkplätze für seine Fahrzeuge. Das Vermieten dieser Parkplätze gilt als Nebenleistung zum Vermieten der Wohnung und ist von der Steuer ausgenommen.

Fall 4

Oskar Meier vermietet der Quali AG an der benachbarten Schwärzstrasse vier Parkplätze für das Personal. Dieser Umsatz ist steuerbar, da es sich nicht um eine Nebenleistung zu einem von der Steuer ausgenommenen Umsatz (Vermietung) handelt.

Einnahmen aus der **Vermietung von Gebäuden** sind grundsätzlich von der Steuer ausgenommen. **Ferienwohnungen** zählen jedoch zur Parahotellerie und ihre **Vermietung** ist zum **Sondersatz** steuerbar.

Grundsätzlich von der Steuer ausgenommen ist auch das **Untervermieten von Büros oder Zimmern.** Werden aber nicht ganze, in sich geschlossene Räume weitervermietet, handelt es sich nicht mehr um eine von der Steuer ausgenommene Untermiete, sondern um eine steuerbare Dienstleistung (Mitbenutzungsrecht von Räumlichkeiten).

Beispiel

Die Pablo Holding AG als Muttergesellschaft der Pablo AG übt keine eigentliche Tätigkeit aus und wird durch Personal und in den Räumen der Pablo AG verwaltet. Die Pablo AG stellt der Pablo Holding AG jährlich CHF 15 000 für die Mitbenützung der Büroräumlichkeiten in Rechnung.

Da der Pablo Holding AG kein in sich geschlossener Büroraum vermietet wird, handelt es sich bei diesem Umsatz um steuerbaren Kostenersatz und nicht um von der Steuer ausgenommene Vermietungsleistungen.

3.1.22 Umsätze mit gültigen Briefmarken und anderen amtlichen Wertzeichen

Von der Steuer ausgenommen sind die Lieferungen von inländischen Briefmarken, Postkarten mit aufgedruckten Wertzeichen, Frankaturmarken und anderen amtlichen Wertzeichen höchstens zum aufgedruckten Wert. Als aufgedruckter Wert gilt grundsätzlich der **Frankaturwert,** bei Sondermarken gilt dieser Wert zuzüglich des auf den Briefmarken selbst aufgedruckten Zuschlags. Wird ein höherer Wert verlangt, ist das gesamte Entgelt steuerbar.

Steuerbar sind u. a.:

- Frankaturgültige, inländische Briefmarken, die zu einem höheren Preis als dem aufgedruckten Wert abgegeben werden
- Ungestempelte, aber nicht mehr frankaturgültige, inländische Briefmarken
- Gestempelte Briefmarken
- Ungestempelte und gestempelte Dienstmarken des Fürstentums Liechtenstein und der internationalen Organisationen
- Sammlungen, auch wenn darin frankaturgültige Briefmarken enthalten sind

3.1.23 Umsätze bei Wetten, Lotterien und Glücksspielen

Von der Steuer ausgenommen sind Umsätze bei Veranstaltungen, an denen nur nach Erbringung eines Einsatzes oder Abschluss eines Rechtsgeschäfts teilgenommen werden kann und bei denen der Erwerb oder die Höhe der ausgesetzten Gewinne nur vom **Zufall oder von Umständen abhängt, die der Teilnehmer nicht kennt.** Darunter fallen z. B. Zahlenlotto, Sport-Toto, Toto-X, SEVA-Lotterie, Lotto, Bingo, Tombola und Spielbanken. Damit diese Umsätze nicht der MWST unterliegen, müssen sie zwingend einer **Sondersteuer oder sonstigen Abgabe** unterliegen.

Steuerbar sind hingegen folgende Leistungen:

- Einnahmen aus Geschicklichkeitsspielen, wie z. B. Kegeln, Bowling, Darts, Billard, Flipper und Computerspielen (Geschicklichkeitsspiele von Schaustellern s. Kap. 3.1.14, S. 47).
- Einnahmen aus Geldspielautomaten in Restaurants oder Spielsalons. Solche Umsätze sind nur von der Steuer ausgenommen, wenn sie in konzessionierten Spielbanken angeboten werden.
- Provisionen, die die Vermittler von der Steuer ausgenommenen Glücksspielen erhalten (z. B. Lotto-Abgabestellen und Losverkäufer).
- Standmietgeld, das z. B. Restaurants von den Betreibern von Spielautomaten oder Geschicklichkeitsspielen dafür erhalten, dass diese im Restaurant einen Spielautomaten aufstellen dürfen.

3.1.24 Lieferung bestimmter gebrauchter Gegenstände

Der **Verkauf von gebrauchten Gegenständen** ist nur dann von der Steuer ausgenommen, wenn die gebrauchten Gegenstände ausschliesslich **für eine von der Steuer ausgenommene Tätigkeit** verwendet wurden. Im Normalfall ist somit beim Verkauf von gebrauchten Gegenständen der gesamte Verkaufserlös zu versteuern.

Von der Steuer ausgenommen ist aufgrund von MWSTG 21 Abs. 2 Ziff. 24 immer nur der Verkauf von Betriebsmitteln. Diese Regelung gilt z. B. nicht für Handelswaren.

Beispiel

Die Cäsar AG kauft im Frühling ein Occasionsfahrzeug von einer Privatperson und verwendet es ausschliesslich für Sprachkurse, eine von der Steuer ausgenommene Bildungstätigkeit. Daher kann die Cäsar AG auf dem Kauf keinen Abzug fiktiver Vorsteuer geltend machen.

Nach drei Monaten stellt die Cäsar AG fest, dass dieses Fahrzeug für den Transport des Schulungsmaterials zu klein ist, und verkauft es weiter. Am Fahrzeug hat die Cäsar AG keine Unterhaltsarbeiten vorgenommen.

Der Verkauf dieses Fahrzeugs ist von der Steuer ausgenommen, weil auf dem Einkauf kein Vorsteuerabzug möglich war.

3.1.25 Umsätze von Ausgleichskassen

Diese Ausnahmebestimmung wurde per 01.01.2018 aufgehoben bzw. in MWSTG 21 Abs. 2 Ziff. 18 integriert (s. Kap. 3.1.8, S. 41).

3.1.26 Urproduzenten

Von der Steuer ausgenommen ist zudem die Veräusserung von im eigenen Betrieb gewonnenen Erzeugnissen der **Landwirtschaft,** der **Forstwirtschaft** sowie der **Gärtnerei** durch die Landwirte, Forstwirte und Gärtner. Zudem ist auch der Verkauf von Vieh (als Vieh gelten Pferde, Esel, Maultiere, Rindvieh, Schafe, Ziegen und Schweine) durch **Viehhändler** und der Verkauf von Milch durch **Milchsammelstellen** an milchverarbeitende Betriebe von der Steuer ausgenommen.

Für die Unternehmen des primären Wirtschaftssektors beschränkt sich die Steuerausnahme nur auf Umsätze aus Lieferungen der **im eigenen Betrieb gewonnenen Urprodukte.** Als Urprodukte in diesem Sinn gelten sämtliche Gegenstände, die nicht durch einen zusätzlichen Arbeitsgang wesentlich veredelt werden.

Diesen Betrieben gleichgestellt und in den weiteren Ausführungen als gleichwertig zu betrachten sind u. a.:

- Champignons- und Bienenzüchter
- Blumengärtner und Baumschulen
- Eierproduzenten und Hors-sol-Betriebe
- Züchter von Tieren, die für die menschliche Ernährung bestimmt sind, wie z. B. von Geflügel, Wild, Kaninchen oder Speisefischen. (Die Züchter von Zierfischen, Hunden und Katzen fallen nicht darunter.)
- Rebbauern, die im eigenen Betrieb gewonnene Trauben oder die daraus hergestellten unvergorenen Traubenmoste liefern. (Die selbst kelternden Weinbauern sind aber bei Überschreiten der Umsatzgrenzen für die Umsätze aus selbst oder durch Dritte gekeltertem Wein obligatorisch steuerpflichtig.)

«Im eigenen Betrieb gewonnene Erzeugnisse» bedeutet, dass ein Landwirt z. B. dann steuerbare Leistungen erbringt, wenn er auf dem Wochenmarkt zusätzlich zu seinen eigenen Produkten auch diverse Produkte seines Nachbarn verkauft.

Beispiel

Im eigenen Betrieb gewonnene Erzeugnisse:

- Selbst gezogene Gemüse, Salate und Früchte
- Selbst gezogene Pflanzen und Blumen
- Eigene Trauben und eigenes Obst sowie daraus hergestellte unvergorene Moste
- Milch aus eigener Produktion wird zu Käse verarbeitet

Nicht im eigenen Betrieb gewonnene (zugekaufte) Erzeugnisse:

- Zugekauftes Gemüse als Ergänzung zu eigenem Gemüse
- Zugekaufte Blumen, die mit eigenen Blumen zu Sträussen gebunden werden
- Zugekaufter Most, der mit eigenem Traubenmost vermischt wird
- Herstellung von Käse aus zugekaufter Milch

Neben den im eigenen Betrieb gewonnenen und den zugekauften Erzeugnissen kann ein Urproduzent unter Umständen auch Umsätze aus **anderen steuerbaren Tätigkeiten** erzielen. Derartige Leistungen unterliegen auch bei einem Urproduzenten der Steuer, womit auch bei ihm die subjektive Steuerpflicht gegeben sein kann. Die Steuerpflicht erstreckt sich nur auf die steuerbaren Tätigkeiten. Der Bereich der eigenen Erzeugnisse bleibt von der Steuer ausgenommen. Allenfalls empfiehlt es sich nicht zuletzt aus Vereinfachungsgründen, für die Versteuerung der von der Steuer ausgenommenen Umsätze zu optieren (s. Kap. 3.2.5, S. 61).

Beispiel

- Bodenbearbeitungs-, Spritz- oder Erntearbeiten auf Rechnung Dritter durch einen Landwirt mit seinen eigenen Maschinen
- Landschaftsgärtnerarbeiten für Dritte, etwa Gartenbau und Gartenpflege
- Kieslieferungen aus eigener Kiesgrube
- Betrieb einer Gastwirtschaft
- Handel mit Gartenartikeln durch eine Gärtnerei
- Pferdepension (Entgelt, das Pferdebesitzer bezahlen, damit sie ihr Pferd bei Bauern oder in einem Reitstall in Pension geben können)
- Betrieb einer Metzgerei oder einer Molkerei durch einen Viehhändler

3.1.27 Bekanntmachungsleistungen

Bekanntmachungsleistungen, die **gemeinnützige Organisationen** zugunsten Dritter oder Dritte zugunsten gemeinnütziger Organisationen erbringen, sind von der Steuer ausgenommen, wenn nur die **Zuwendung** bekannt gemacht wird.

Sobald **Werbeleistungen** mit der Veröffentlichung verbunden sind (z. B. für ein Produkt des Zuwenders), handelt es sich hingegen um eine steuerbare Leistung. Der Zuwender verfolgt damit Marketing- und Kommunikationsziele.

Beispiel

Die regionale Tageszeitung platziert das Stelleninserat einer gemeinnützigen Organisation. Diese Leistung ist durch die regionale Tageszeitung zu versteuern, da es sich nicht um eine Bekanntmachungsleistung handelt.

3.1.28 Leistungen im Bereich von Gemeinwesen

Generell von der Steuer ausgenommen sind die Leistungen **innerhalb des gleichen Gemeinwesens.** Es spielt somit keine Rolle, ob solche Leistungen grundsätzlich von der Steuer ausgenommen oder steuerbar sind. Darunter fallen die Leistungen zwischen den Organisationseinheiten (insbesondere Dienststellen) einer Gemeinde, eines Kantons oder des Bundes.

Beispiel

Die steuerpflichtige Dienststelle «Wasser» der Gemeinde Xavern liefert Wasser an die Dienststelle «Verwaltung» der Gemeinde Xavern, die nicht steuerpflichtig ist.

Diese Lieferung ist als Leistung innerhalb des gleichen Gemeinwesens von der Steuer ausgenommen, obwohl es sich beim Verkauf von Wasser grundsätzlich um eine steuerbare Leistung handelt.

Zusätzlich von der Steuer ausgenommen sind Leistungen

- zwischen privat- und öffentlich-rechtlichen Gesellschaften, an denen ausschliesslich Gemeinwesen beteiligt sind, und den an der Gesellschaft beteiligten Gemeinwesen und deren Organisationseinheiten;
- zwischen Anstalten und Stiftungen, die ausschliesslich von Gemeinwesen gegründet wurden, und den an der Gründung beteiligten Gemeinwesen und deren Organisationseinheiten.

Nicht unter diese Ausnahmeregelung fallen z. B. **Leistungen zwischen zwei verschiedenen Gemeinden,** da es sich dabei nicht um eine Leistung innerhalb des gleichen Gemeinwesens handelt. Dasselbe gilt u. a. auch bei Leistungen zwischen zwei Kantonen oder zwischen einem Kanton und einer Gemeinde innerhalb dieses Kantons.

Eine Ausnahme dazu bildet das **Zurverfügungstellen von Personal** durch Gemeinwesen an andere Gemeinwesen. Diese Leistungen sind gemäss MWSTG 21 Abs. 2 Ziff. 28bis ebenfalls von der Steuer ausgenommen.

Hinweis

Im Bereich der Gemeinwesen ist auch die Steuerpflicht speziell geregelt, s. Kapitel 6.5.2, S. 97.

3.1.29 Funktionen der Schiedsgerichtsbarkeit

Die Ausübung von Funktionen der Schiedsgerichtsbarkeit ist von der Steuer ausgenommen. Beim Schiedsgericht handelt es sich um ein **privates Gericht,** das mit Zustimmung der jeweiligen Streitparteien zusammentritt, eine Streitsache beurteilt und ein Urteil (sog. Schiedsspruch) fällt.

Von der Steuer ausgenommen ist dabei das **Entgelt** derjenigen Personen, die die entsprechenden Funktionen des Schiedsgerichts ausüben. Die Ausnahmebestimmung hat keinen Einfluss auf die steuerliche Beurteilung einer allfälligen Leistung zwischen den Streitparteien.

Beispiel

Die Parteien Aldo Anker und Berta Breu streiten sich über die Höhe eines Entgelts für eine ausgeübte Bauleistung. Zur Vermeidung von grossen Streitkosten wird ein Schiedsgericht eingesetzt, das nach Durchführung von Verhandlungen einen Schiedsspruch fällt und das zu bezahlende Entgelt festlegt.

Das Entgelt für die Bauleistung bleibt steuerbares Entgelt, auch wenn dessen Höhe durch einen Schiedsspruch festgelegt wird.

3.1.30 Bildungs- und Forschungsinstitutionen

Von der Steuer ausgenommen sind Leistungen zwischen Bildungs- und Forschungsinstitutionen, die an einer **Bildungs- und Forschungskooperation** beteiligt sind, sofern sie im Rahmen der Kooperation erfolgen. Dies unabhängig davon, ob die Bildungs- und Forschungskooperation als MWST-Subjekt auftritt.

3.2 Option für die Versteuerung der von der Steuer ausgenommenen Leistungen

Die steuerpflichtige Person kann durch **offenen Ausweis der Steuer** oder durch **Deklaration in den periodischen MWST-Abrechnungen** grundsätzlich für jede von der Steuer ausgenommene Leistung optieren. Dies bedeutet, dass er diese Leistungen **freiwillig versteuern** kann.

Für eine **Option** gilt grundsätzlich Folgendes:

- Es ist keine Bewilligung der ESTV für die Option notwendig; der offene Ausweis der Steuer bei der Rechnungsstellung oder die Deklaration in der MWST-Abrechnung genügt.
- Nicht von Bedeutung ist, ob der Leistungsempfänger steuerpflichtig ist oder nicht.
- Es gibt keine Mindestdauer der Option. Die steuerpflichtige Person kann bei jeder einzelnen Leistung entscheiden, ob optiert werden soll oder nicht.
- Der Steuerpflichtige, der optiert hat, kann in seinen MWST-Abrechnungen die Vorsteuerbeträge in Abzug bringen, die auf den bezogenen Leistungen lasten und für die optierten Umsätze verwendet werden.
- Wenn nicht durch offenen Ausweis der Steuer oder durch Deklaration in der MWST-Abrechnung optiert werden kann (z. B. weil noch keine Leistungen erbracht werden, aber für die vorgesehenen Leistungen schon vorsteuerbelastete Aufwendungen anfallen), kann man der ESTV die Ausübung der Option auf andere Weise bekannt geben (z. B. mit einem Schreiben und allfälligen Unterlagen).
- Die optierten Leistungen sind zusätzlich in Ziffer 205 der MWST-Abrechnung zu deklarieren.

Für die Besteuerung der von der Steuer ausgenommenen Leistungen können insbesondere optieren:

- **Steuerpflichtige,** unabhängig von der Höhe des von der Steuer ausgenommenen Jahresumsatzes, den sie der Steuer unterstellen wollen.
- **Nicht Steuerpflichtige,** die eine unternehmerische Tätigkeit ausüben und damit gleichzeitig auch auf die Befreiung von der Steuerpflicht verzichten (s. Kap. 6.6.1, S. 103).

Beispiel

Das steuerpflichtige Unternehmen Bit AG aus dem EDV-Bereich, das auch einige Immobilien besitzt, erzielt folgende Arten von Umsätzen:

- Verkauf von Hard- und Software
- Schulungsveranstaltungen für Firmen
- Schulungskurse für Private
- Vermietung von Büros an ein steuerpflichtiges Treuhandbüro
- Vermietung von Räumen an einen nicht steuerpflichtigen Arzt
- Vermietung von Wohnungen an Privatpersonen

Mit Ausnahme der Verkäufe von Hard- und Software handelt es sich um von der Steuer ausgenommene Umsätze. Eine Option durch die Bit AG ist für jeden einzelnen Umsatz aus dem Schulungsbereich möglich, unabhängig vom Leistungsempfänger.

Will sie aber für die Immobilienvermietung optieren, ist das nur beim steuerpflichtigen Treuhandbüro und beim nicht steuerpflichtigen Arzt möglich, da für die Vermietung von Wohnungen für Wohnzwecke eine Option nicht möglich ist (s. Kap. 3.2.4, S. 60). Die Bit AG kann bei jedem einzelnen Mieter – mit Ausnahme der Privatpersonen – prüfen, ob sie für die Versteuerung der Mieteinnahmen optieren will oder nicht.

Zudem ist zu beachten, dass eine Option nur für diejenigen Leistungen möglich ist, die sich im **Inland** befinden. Die Option für die Versteuerung von der Steuer ausgenommenen Umsätzen, die als im Ausland erbracht gelten, ist nicht zulässig.

Im Zusammenhang mit der Option können die von der Steuer ausgenommenen Umsätze gemäss Abb. 3-2 aufgeteilt werden.

Abb. [3-2] **Steuerbarkeit von Optionen**

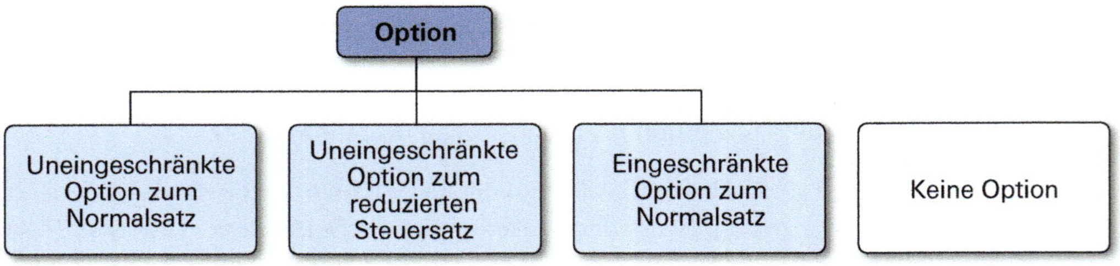

3.2.1 Uneingeschränkte Option zum Normalsatz

Für die nachfolgend aufgeführten Umsätze ist die Option **unabhängig vom Abnehmerkreis** möglich:

- Bestimmte Postbeförderungen
- Kranken- und Behindertenbeförderungen
- Umsätze der Sozialfürsorge, -hilfe und der sozialen Sicherheit sowie von Spitex-Organisationen und Alters-, Wohn- und Pflegeheimen
- Leistungen im Rahmen der Kinder- und Jugendbetreuung
- Ausbildungsleistungen
- Bestimmte Personalverleihe
- Leistungen von Vereinen und Genossenschaften an ihre Mitglieder
- Lieferungen von gültigen Postwertzeichen und sonstigen, amtlichen Wertzeichen
- Spitalbehandlung u. Ä.
- Heilbehandlungen und Pflegeleistungen
- Lieferungen von menschlichen Organen und menschlichem Vollblut
- Leistungen von Praxisgemeinschaften

Bei Option kommt für diese Umsätze der **Normalsatz** zur Anwendung.

Speziell zu beachten ist der **massgebende Steuersatz** bei von der Steuer ausgenommenen Leistungen innerhalb des **gleichen Gemeinwesens** (s. Kap. 3.1.28, S. 55) sowie bei der Veräusserung von im eigenen Betrieb gewonnenen Erzeugnissen der **Landwirtschaft** usw. (s. Kap. 3.1.26, S. 54). Diese Leistungen unterliegen demjenigen Steuersatz, der zur Anwendung gekommen wäre, wenn nicht aufgrund der Ausnahmebestimmung wegen eines bestimmten Leistungserbringers eine von der Steuer ausgenommene Leistung angenommen wird.

Beispiel

Der steuerpflichtige Gärtner Johann Baum optiert für die Versteuerung der im eigenen Betrieb gewonnenen Pflanzen, damit die Erstellung der periodischen MWST-Abrechnung vereinfacht werden kann.

Da es sich bei der Lieferung von Pflanzen um eine Leistung handelt, die dem reduzierten Steuersatz unterliegt (s. Kap. 8.1.12, S. 136), unterliegen auch die optierten Pflanzenverkäufe von Johann Baum dem reduzierten Steuersatz.

3.2.2 Uneingeschränkte Option zum reduzierten Steuersatz

Auch für die nachfolgenden von der Steuer ausgenommenen Umsätze ist die Option unabhängig vom Abnehmerkreis möglich, wobei aber der **reduzierte Steuersatz** angewandt wird (s. Kap. 8.1.11, S. 135):

- Gewisse Leistungen im Bereich der **Kultur** (MWSTG 21 Abs. 2 Ziff. 14 und 16)
- **Sportanlässe** und Teilnahmegebühren an Sportanlässen (MWSTG 21 Abs. 2 Ziff. 15)

Da bei der freiwilligen Versteuerung der erzielten Umsätze aus diesen Tätigkeiten der reduzierte Steuersatz zur Anwendung kommt, kann die Option auch ohne zusätzliche Überwälzung der dadurch geschuldeten Umsatzsteuer vorteilhaft für den Steuerpflichtigen sein, weil sich auch der Vorsteueranspruch entsprechend erhöht.

Beispiel

Der steuerpflichtige Sportverein Inter St. Gallen hat im letzten Kalenderjahr nachfolgende Umsätze erzielt. Zudem sind in dieser Steuerperiode Vorsteuern in der Höhe von CHF 15 400 angefallen.

Umsätze	CHF
Steuerbare Werbeeinnahmen (exkl. 7.7% MWST)	130 000
Steuerbare gastgewerbliche Leistungen (exkl. 7.7% MWST)	114 500
Mitgliederbeiträge (Aktivmitglieder)	40 000
Zuschauereintritte	123 000

Steuerfolgen ohne Option

Wenn der Sportverein nicht für die Versteuerung der von der Steuer ausgenommenen Umsätze optiert hat, ergibt sich folgende Steuerforderung für das gesamte Kalenderjahr (Vorsteuerkorrektur bei gemischter Verwendung s. Kap. 12, S. 191):

Berechnung Steuerforderung	Grundlage	%	CHF
Steuerbare Einnahmen und Leistungen	244 500	60.0	
Nicht zum Vorsteuerabzug berechtigt	163 000	40.0	
Massgebende Einnahmen für die Vorsteuerkorrektur	407 500	100.0	
MWST-Berechnung	244 500	7.7	18 826.50
– Vorsteuerabzug	15 400	60.0	– 9 240.00
Steuerforderung ohne Option			**9 586.50**

Steuerfolgen bei teilweiser Option

Der Sportverein hätte auch die Möglichkeit gehabt, für die Versteuerung der von der Steuer ausgenommenen Umsätze aus den Zuschauereintritten zu optieren. Dadurch hätte sich folgende Steuerforderung ergeben:

Berechnung Steuerforderung	Grundlage	%	CHF
Steuerbare Einnahmen und Leistungen	244 500		
Steuerbare Einnahmen aus Zuschauereintritten: CHF 123 000 ÷ 102.5% · 100%	120 000		
Total zum Vorsteuerabzug berechtigt	364 500	90.1	
Mitgliederbeiträge	40 000	9.9	
Massgebende Einnahmen für die Vorsteuerkorrektur	404 500	100.0	
MWST-Berechnung Normalsatz	244 500	7.7	18 826.50
MWST-Berechnung reduzierter Satz	120 000	2.5	3 000.00
– Vorsteuerabzug	15 400	90.1	– 13 875.40
Steuerforderung bei teilweiser Option			**7 951.10**

Der Sportverein kann sich durch die freiwillige Versteuerung von Umsätzen einen legalen Steuervorteil erarbeiten. In diesem Beispiel ergibt sich eine um CHF 1 635.40 tiefere Steuerforderung, ohne dass dem Leistungsempfänger die geschuldete Steuer auf dem optierten Umsatz überwälzt werden musste.

Steuerfolgen bei vollständiger Option

Es wäre auch möglich gewesen, für die Versteuerung sämtlicher von der Steuer ausgenommenen Umsätze zu optieren. Daraus hätte sich folgende Steuerforderung für die Steuerperiode ergeben:

	Grundlage	%	CHF
Steuerbare Einnahmen und Leistungen	244 500.00		
Steuerbare Einnahmen aus Mitgliederbeiträgen: CHF 40 000 ÷ 107.7% · 100%	37 140.20		
Steuerbare Einnahmen aus Zuschauereintritten: CHF 123 000 ÷ 102.5% · 100%	120 000.00		
Massgebende Einnahmen für die Vorsteuerkorrektur	401 640.20	100.0	
MWST-Berechnung Normalsatz	281 640.20	7.7	21 686.30
MWST-Berechnung reduzierter Satz	120 000.00	2.5	3 000.00
– Vorsteuerabzug	15 400.00	100.0	– 15 400.00
Steuerforderung bei vollständiger Option			**9 286.30**

Wenn die Steuer auf dem optierten Umsatz zum Normalsatz zu berechnen ist, erzielt der Sportverein in der Regel durch die Option keinen Vorteil.

Falls er aber die zusätzlich geschuldete Umsatzsteuer auf seine Empfänger überwälzen kann, führt auch die freiwillige Versteuerung von Umsätzen zum Normalsatz zu einem Vorteil für den Steuerpflichtigen. Diese Situation ist insbesondere dann von Nutzen und deshalb auch in der Praxis umsetzbar, wenn alle Leistungsempfänger zur Vornahme des vollen Vorsteuerabzugs berechtigt sind.

3.2.3 Eingeschränkte Option zum Normalsatz

Für folgende Umsätze ist die **Option ausgeschlossen,** wenn die bezogene Leistung durch den Leistungsempfänger ausschliesslich für **Wohnzwecke** genutzt wird:

- **Übertragung** und Bestellung von dinglichen Rechten an Grundstücken sowie die Leistungen von **Stockwerkeigentümergemeinschaften** an ihre Mitglieder (Ziff. 20)
- Überlassung von Gebäuden und Gebäudeteilen zum **Gebrauch oder zur Nutzung** (Ziff. 21)

Muss man davon ausgehen, dass der Empfänger (z. B. der Mieter) die Leistungen ausschliesslich für Wohnzwecke verwendet, ist eine **freiwillige Versteuerung ausgeschlossen.**

Das nachfolgende Beispiel veranschaulicht, dass nicht etwa für ganze Liegenschaften optiert wird bzw. optiert werden kann, sondern **für jedes einzelne Leistungsverhältnis.**

Beispiel

Die Alpha Immobilien AG vermietet eine Liegenschaft in Basel. Im Parterre ist ein Hi-Fi-Geschäft eingemietet, die oberen Stockwerke werden als Wohnungen an Alleinstehende und Familien vermietet. Die Alpha Immobilien AG kann für die freiwillige Versteuerung der Mieteinnahmen aus dem Mietvertrag mit dem Hi-Fi-Geschäft optieren.

Für die Mietumsätze der oberen Stockwerke besteht kein Wahlrecht, da die Wohnungen für Wohnzwecke vermietet werden.

3.2.4 Keine Option möglich

Für die folgenden von der Steuer ausgenommenen Umsätze ist gar keine Option möglich:

- Die **Versicherungs- und Rückversicherungsumsätze** einschliesslich der Umsätze aus der Tätigkeit als Versicherungsvertreter oder Versicherungsmakler (Ziff. 18)
- Gewisse Umsätze im Bereich des **Geld- und Kapitalverkehrs** (z. B. die Gewährung und Vermittlung von Krediten, die Umsätze von Wertpapieren oder die Verwaltung von kollektiven Kapitalanlagen; Ziff. 19)
- Leistungen bei **Wetten, Lotterien und sonstigen Glücksspielen** (Ziff. 23)

3.2.5 Option bei Saldo- bzw. Pauschalsteuersätzen

Grundsätzlich ist bei Anwendung der vereinfachten Abrechnungsmethoden mittels Pauschal- bzw. Saldosteuersätzen (s. Kap. 14, S. 220 ff.) eine Option für die freiwillige Versteuerung der von der Steuer ausgenommenen Leistungen nicht möglich.

Dabei sind aber die zwei folgenden **Ausnahmebestimmungen** zu beachten:

- Steuerpflichtige, die mit der **Saldosteuersatzmethode** abrechnen, können für die Versteuerung der Erzeugnisse aus der eigenen Urproduktion (s. Kap. 3.1.26, S. 54) optieren, d. h. diese freiwillig versteuern und zum massgebenden Saldosteuersatz abrechnen.
- Steuerpflichtige, die mit der **Pauschalsteuersatzmethode** abrechnen, können zusätzlich für die Versteuerung der nach MWSTG 21 Abs. 2 Ziff. 28 von der Steuer ausgenommenen Leistungen optieren (s. Kap. 3.1.27, S. 55).

Zusammenfassung

MWSTG 21 Abs. 2 listet abschliessend alle **Umsätze** auf, die **von der Steuer ausgenommen** sind. Diese berechtigen nicht zur Vornahme des Vorsteuerabzugs.

1. Befördern von Gegenständen im Postverkehr
2. Spitalbehandlung und ärztliche Heilbehandlung in Spitälern
3. Heilbehandlung von Ärzten, Zahnärzten, Psychotherapeuten, Chiropraktikern, Physiotherapeuten, Naturärzten, Hebammen, Krankenschwestern und Angehörigen ähnlicher Heil- und Pflegeberufe
4. Haushilfe und Pflegeleistungen
5. Lieferung von menschlichen Organen und menschlichem Blut
6. Leistungen von Praxisgemeinschaften an die Mitglieder dieser Gemeinschaft, wenn zu Selbstkosten fakturiert
7. Kranken-, Verletzten- und Invalidentransporte
8. Leistungen im Bereich der Sozialfürsorge und der Sozialhilfe
9. Umsätze im Zusammenhang mit Kinder- und Jugendbetreuung
10. Leistungen gemeinnütziger Jugendaustauschorganisationen
11. Leistungen im Bereich der Erziehung und Bildung
12. Personalverleih durch gemeinnützige Organisationen
13. Mitgliederbeiträge
14. Kulturelle Dienstleistungen
15. Entgelt für sportliche Anlässe, inkl. Startgeldern
16. Kulturelle Lieferungen und Dienstleistungen von bestimmten Kulturschaffenden
17. Flohmärkte, Basare
18. Leistungen im Versicherungsbereich
19. Finanzdienstleistungen
20. Bestellung und Übertragung von dinglichen Rechten an Grundstücken
21. Vermietung und Verpachtung von Grundstücken
22. Umsätze mit gültigen Briefmarken und anderen amtlichen Wertzeichen
23. Umsätze bei Wetten, Lotterien und Glücksspielen
24. Lieferung bestimmter, gebrauchter Gegenstände
25. (aufgehoben)
26. Eigene Erzeugnisse von Urproduzenten
27. Bekanntmachungsleistungen
28. Leistungen im Bereich von Gemeinwesen
29. Funktionen der Schiedsgerichtsbarkeit
30. Leistungen zwischen Bildungs- und Forschungsinstitutionen

Unter bestimmten Voraussetzungen können von der Steuer ausgenommene Tätigkeiten freiwillig versteuert (optiert) werden. **Optieren** können:

- Steuerpflichtige unabhängig von der Höhe der von der Steuer ausgenommenen Umsätze
- Bisher nicht Steuerpflichtige, die eine unternehmerische Tätigkeit ausüben und damit gleichzeitig auch auf die Befreiung von der Steuerpflicht verzichten

Es gibt drei Kategorien von **Optionsmöglichkeiten:**

1. Uneingeschränkte Option zum Normalsatz
2. Uneingeschränkte Option zum reduzierten Steuersatz
3. Eingeschränkte Option zum Normalsatz

Durch die Option kann der Leistungserbringer den **Vorsteuerabzug** beanspruchen.

Repetitionsfragen

14 Welche Wirkung haben die von der Steuer ausgenommenen Leistungen hinsichtlich Steuerpflicht und Vorsteuerabzug?

15 Die Sanitemp AG vermittelt dem Spital Pratteln temporär eine Krankenpflegerin.

Welches sind die MWST-Folgen für die Sanitemp AG und für das Spital?

16 Der Cousin von Gabriele Gehrig muss sich im Spital einer Knieoperation unterziehen. Gabriele Gehrig besucht ihn dort eine Woche nach der Operation und sie trinken Kaffee in der Cafeteria des Spitals. Der Cousin bezahlt dafür an der Kasse der Cafeteria CHF 15.40. Die Cafeteria wird durch das Spital selbst betrieben.

Muss das Spital diesen Umsatz mit der ESTV als MWST-pflichtigen Umsatz abrechnen?

17 Die TV AG offeriert ihren Kunden beim Kauf eines TV-Geräts die Möglichkeit, die Garantie um ein Jahr zu verlängern. Die Prämie für diese Garantieverlängerung betrachtet die TV AG als Versicherungsumsatz und rechnet diesen nicht ab.

Kann diese Vorgehensweise beanstandet werden?

18 Der Verein der eidg. dipl. Warenhändler führt ein eintägiges Seminar zur MWST durch, an dem Referenten aus der Privatwirtschaft und aus der ESTV auftreten. Im Seminarpreis von CHF 650 ist auch das Mittagessen inbegriffen. Das Mittagessen ist auf der Rechnung separat ausgewiesen.

Wie ist dieser Umsatz des Vereins bei der MWST zu beurteilen?

19 Die ALBA AG bietet nebst steuerbaren Leistungen auch von der Steuer ausgenommene Schulungsleistungen an: zum einen verschiedene Steuerseminare, an denen hauptsächlich steuerpflichtige Personen teilnehmen, zum andern Vorbereitungskurse auf Berufsprüfungen im Fach Steuern, an denen hauptsächlich Privatpersonen teilnehmen.

Die ALBA AG hat für die Versteuerung der Seminare durch Ausweis der Steuer auf den Rechnungen optiert. Die Umsätze aus den Seminaren werden versteuert, die Umsätze aus den Prüfungsvorbereitungskursen werden weiterhin als von der Steuer ausgenommen behandelt, weil hier eine Überwälzung der Steuer auf die Privatkunden nicht möglich ist.

Ist es zulässig, dass die ALBA AG nur die Umsätze aus den Steuerseminaren versteuert hat, nicht jedoch diejenigen aus den Prüfungsvorbereitungskursen?

4 Steuerbefreite Leistungen

Lernziele

Nach der Bearbeitung dieses Kapitels können Sie ...

- die steuerbefreiten Leistungen aufzählen.

Schlüsselbegriffe

Ausfuhr, Ausfuhrnachweis, Beförderungsleistungen, Busverkehr, diplomatische Dienste, Eisenbahnverkehr, Energie, Güterbeförderung, Inlandlieferung, Luftverkehr, Motorfahrzeuge, Organisatoren von Veranstaltungen, Personenbeförderung, Reihengeschäft, Reisebüros, Reisendenverkehr, Transitware, Verleasen / Vermieten von Gegenständen, Vermittlungsleistungen, Vorsteuerabzug, Zollüberwachung

Damit Umsätze oder Leistungen durch das MWSTG von der Steuer befreit werden können, müssen sie steuerbar sein. Das bedeutet, dass diese Umsätze bei der Ermittlung der Umsatzgrenze zur Befreiung von der Steuerpflicht mitberücksichtigt werden (s. Kap. 6.4, S. 89).

Da es sich zudem um Leistungen aufgrund einer **unternehmerischen Tätigkeit** handelt, berechtigen diese Umsätze zum **Vorsteuerabzug,** obwohl sie steuerbefreit sind.

Die wichtigste Gruppe der von der Steuer befreiten Umsätze bilden die **Lieferungen von Gegenständen,** die **direkt ins Ausland** befördert oder versendet werden. Es gibt aber noch viele weitere von der Steuer befreite Leistungen, die in MWSTG 23 definiert werden und auf die wir im Folgenden eingehen.

4.1 Ausfuhr von Gegenständen (Exportlieferung)

Eine steuerbefreite Ausfuhr von Gegenständen liegt in all jenen Fällen vor, bei denen ein Gegenstand vom Steuerpflichtigen selbst oder von seinem nicht steuerpflichtigen Abnehmer aus dem Inland **direkt ins Ausland befördert oder versendet wird,** ohne dass der Steuerpflichtige oder sein Abnehmer den Gegenstand vorher im Inland in Gebrauch genommen oder im Inland im Rahmen eines Lieferungsgeschäfts einem Dritten übergeben hat. Es ist aber zulässig, dass der Gegenstand der Lieferung vor der Ausfuhr durch Beauftragte des nicht steuerpflichtigen Abnehmers bearbeitet oder verarbeitet wird.

Der Ort der Lieferung ist dort, wo die Beförderung oder Versendung des Gegenstands zum Abnehmer beginnt. Damit eine steuerbefreite Exportlieferung vorliegen kann, muss sich dieser **Abgangsort** im **Inland** befinden. Nur wenn nachweisbar ein Gegenstand vom In- ins Ausland geliefert wird, liegt eine Exportlieferung vor.

4.1.1 Ausfuhrnachweis

Im Zusammenhang mit der Steuerbefreiung bei der Ausfuhr ist es von grosser Bedeutung, ob es sich im Einzelfall um eine Lieferung oder um eine Dienstleistung handelt. Der Nachweis der Ausfuhr wird nämlich bei der Dienstleistung und bei der Lieferung von Gegenständen auf unterschiedliche Weise erbracht:

- Bei **Dienstleistungen** erfolgt der Nachweis, dass es sich um steuerbefreite oder um im Ausland erbrachte Dienstleistungen handelt, **buch- und belegmässig.**
- Bei **Lieferungen** von Gegenständen liegt eine Steuerbefreiung zweifelsfrei dann vor, wenn die Ausfuhr mit einem **Dokument der Eidgenössischen Zollverwaltung (EZV)** nachgewiesen ist. Als Ausfuhrnachweis gelten z. B. die Veranlagungsverfügung Ausfuhr oder das von der EZV gestempelte Exemplar Nr. 3 des Einheitsdokuments. Es gilt jedoch der

Grundsatz der **freien Beweiswürdigung.** Liegt kein entsprechendes Dokument der EZV vor, ist es auch möglich, den Nachweis für eine Steuerbefreiung auf andere Art und Weise zu erbringen.

4.1.2 Sonderregelungen und Ausnahmen

Beim Export von Gegenständen gibt es verschiedene Sonderregelungen und Ausnahmen:

- Im **Ladengeschäft** getätigte Verkäufe an Personen mit **Wohnsitz im Ausland** im Reisendenverkehr. Diese sind unter folgenden kumulativ zu erfüllenden Bedingungen steuerbefreit:
  - Der Lieferpreis muss mindestens CHF 300 (inkl. MWST) betragen.
  - Der Abnehmer darf nicht im Inland Wohnsitz haben, darf aber Schweizer Bürger sein. Der Gegenstand muss für seinen privaten Gebrauch oder für Geschenkzwecke bestimmt sein.
  - Der Gegenstand muss vom Abnehmer innert 30 Tagen nach der Übergabe ins Ausland ausgeführt werden.
- Inlandlieferungen von **Motorfahrzeugen zwecks Ausfuhr** sowie Reparaturarbeiten an im Ausland immatrikulierten Motorfahrzeugen. Grundsätzlich unterliegen diese Leistungen der MWST. Eine Steuerbefreiung kann hingegen eintreten, wenn mittels Veranlagungsverfügung der EZV nachgewiesen werden kann, dass das Motorfahrzeug innert 48 Stunden nach der Lieferung das Inland definitiv verlassen hat.
- Bei einem **Reihengeschäft im Zusammenhang mit der Ausfuhr** wird ein Gegenstand von A im Inland direkt an C ins Ausland geliefert, die Rechnungsstellung erfolgt jedoch von A an B und von B an C. Es ist nicht von Bedeutung, ob A, B und C In- oder Ausländer sind. Alle beteiligten Lieferanten können von der Steuerbefreiung profitieren, sofern die Ausfuhr nachgewiesen werden kann. Wenn mehrere Lieferanten an einer Ausfuhr beteiligt sind, reicht es aus, wenn sie jeweils über eine Kopie der Veranlagungsverfügung der EZV verfügen.
- **Energie** gilt auch als Gegenstand. Die EZV erfasst die Ein-, Aus- und Durchfuhr von elektronischem Strom zollamtlich nicht. Die Import und Export tätigen Unternehmen sind verpflichtet, dem Bundesamt für Energie (BFE) die Mengen der Ein- und Ausfuhren zu melden. Diese Meldungen gelten auch für die ESTV als Ausfuhrnachweis.

4.2 Vermieten und Verleasen von Gegenständen

Das Vermieten und Verleasen von Gegenständen gilt als **Lieferung.** Der Ort dieser Lieferung ist dort, wo das Mietobjekt durch den Mieter abgeholt bzw. an ihn übergeben wird, unabhängig davon, wo der Gegenstand anschliessend genutzt wird.

Sofern einwandfrei nachgewiesen werden kann, dass der überlassene Gegenstand durch den Empfänger **überwiegend im Ausland genutzt** wird, wird diese Inlandlieferung von der Steuer befreit. Massgebend für die überwiegende Nutzung ist dabei grundsätzlich die Nutzungsdauer. Bei Beförderungsmitteln kann ebenfalls die Kilometerleistung berücksichtigt werden.

4.3 Inlandlieferung von unter Zollüberwachung stehenden Gegenständen

Lieferungen von Gegenständen im Inland, die nachweislich unter Zollüberwachung stehen, sind ebenfalls von der Steuer befreit. Darunter fallen insbesondere folgende Lieferarten:

- Lieferungen im Rahmen eines Transitverfahrens
- Lieferungen im Zolllagerverfahren
- Lieferungen im Rahmen des Zollverfahrens der vorübergehenden Verwendung oder der aktiven Veredelung
- Lieferungen ab einem Zollfreilager

Der Sinn dieser Bestimmung ist, dass Gegenstände aus dem Ausland nicht mit MWST belastet werden sollen, wenn sie **nur vorübergehend in der Schweiz** sind und anschliessend wieder ausgeführt werden.

4.4 Verbringen von Gegenständen ins Ausland

Das Verbringen von Gegenständen ins Ausland ist keine Lieferung im Sinne des MWSTG. Bei einem Verbringen wird die **Verfügungsmacht** an einem Gegenstand **nicht auf einen Dritten übertragen** und es erfolgt immer **unentgeltlich.**

Um ein Verbringen handelt es sich z. B., wenn ein Unternehmen Gegenstände, deren **Abnehmer noch unbekannt** sind, in ein ausländisches Auslieferungslager bringt. Keine Lieferung ist auch das Verbringen von Werkzeugen oder Maschinen ins Ausland, um dort damit Arbeiten auszuführen.

Das Verbringen von Gegenständen ins Ausland muss **zollamtlich nachgewiesen** werden. Werden von Dritten Beförderungsleistungen oder Nebenleistungen des Transportgewerbes erbracht, die im Zusammenhang mit einem solchen Verbringen von Gegenständen ins Ausland stehen, so sind diese Beförderungsleistungen von der Steuer befreit.

4.5 Beförderungsleistungen

4.5.1 Beförderungsleistungen und Export

Der **Ort der Dienstleistung** ist entscheidend dafür, ob eine Beförderungsleistung steuerbar ist, von der Steuer befreit werden kann oder als im Ausland erbracht gilt. Befindet sich dieser **im Ausland,** unterliegt die Leistung nicht der Steuer. Dabei ist zwischen Personen- und Güterbeförderungen zu unterscheiden:

- Der Ort der Dienstleistung liegt bei **Personenbeförderungen** in dem Land, in dem die zurückgelegte Strecke liegt (betreffend Steuerbefreiungsmöglichkeiten s. Kap. 4.7, S. 68).
- Bei **Güterbeförderungen** befindet sich der Ort der Leistung am Sitz des Leistungsempfängers. Somit unterliegen **Güterbeförderungen für ausländische Kunden** nicht der schweizerischen MWST, und zwar unabhängig davon, wo die Beförderungsleistung ausgeführt wird (d. h. unabhängig davon, wo die zurückgelegte Strecke liegt). **Güterbeförderungen für inländische Kunden** unterliegen der schweizerischen MWST, sind aber von der Steuer befreit, wenn sich der beförderte Gegenstand zu Beginn und / oder am Ende des Transports im Ausland befindet.

Nebentätigkeiten des Transportgewerbes sind steuerlich gleich zu behandeln wie Güterbeförderungsleistungen. Der Ort der Dienstleistung liegt bei Nebentätigkeiten des Transportgewerbes – etwa dem Beladen, Entladen, Umschlagen, Lagern, Absacken usw. – an dem Ort, an dem der **Dienstleistungsempfänger** seinen Sitz hat. Bei inländischen Empfängern sind diese Nebentätigkeiten von der Steuer befreit, wenn sie im Zusammenhang mit der Einfuhr oder Ausfuhr von Gegenständen stehen oder wenn sie im Ausland erbracht werden.

Die Steuerbefreiung besteht im Zusammenhang mit Exportleistungen bzw. im Ausland erbrachten Leistungen aus folgenden Gründen: Beim Export von Gegenständen werden die Beförderungsleistungen und die damit zusammenhängenden Nebenleistungen direkt oder indirekt dem **ausländischen Kunden** (d.h. Erwerber des Gegenstandes) belastet. Solche Dienstleistungen stehen somit im Zusammenhang mit dem steuerbefreiten Export von Gegenständen. Daher sind sie selbst auch von der Steuer befreit.

4.5.2 Beförderungsleistungen und Transitware

Die Beförderung von Gegenständen im Inland und alle damit zusammenhängenden Leistungen sind steuerbefreit, wenn diese Gegenstände als unverzollte Transitware unter **Zollüberwachung** stehen und **zur Ausfuhr bestimmt** sind (s. auch Kap. 4.3, S. 65).

4.5.3 Luft-, Eisenbahn- und Busverkehr

Personenbeförderungsleistungen unterliegen grundsätzlich für jene Strecke der MWST, die über **schweizerisches Hoheitsgebiet** führt.

Der Bundesrat hat aber eine weitere Ausnahme von diesem Grundsatz festgeschrieben: Der **Personentransport** im internationalen Luft-, Eisenbahn- und Busverkehr ist von der Steuer befreit. Das setzt jedoch voraus, dass je nach Verkehrsmittel unterschiedliche Voraussetzungen erfüllt sind, die nachfolgend beschrieben werden.

A] Luftverkehr

Bei Beförderungen im Luftverkehr entsteht eine Steuerbefreiung, wenn **entweder der Abgangs- oder der Ankunftsort im Inland** liegt. Auch Beförderungen im Luftverkehr von einem ausländischen Flughafen zu einem anderen ausländischen Flughafen über inländisches Gebiet sind von der Steuer befreit.

Bei **Flugreisen** gilt die Steuerbefreiung auch dann, wenn der Flug im Inland zwecks **Umsteigens oder Zusteigens** weiterer Passagiere unterbrochen wird.

Beispiel

Der Flug Zürich–Genf–London ist in seiner Gesamtheit von der Steuer befreit, auch wenn es sich beim Flug Zürich–Genf um einen Inlandflug handelt.

Für jene Passagiere, die nur den Flug Zürich–Genf gebucht haben, handelt es sich um einen steuerbaren Inlandflug.

Erzielt ein **Luftverkehrsunternehmen** hauptsächlich, also zu **mehr als 50%,** seine Umsätze aus Flügen im **internationalen Verkehr,** so sind in diesem Bereich weitere Lieferungen und Leistungen von der Steuer befreit.

Leistungen wie **Unterhalts- und Reparaturleistungen** (Lieferung, Umbauten oder Wartung) an Luftfahrzeugen oder an Gegenständen, die in diesen Flugzeugen eingebaut sind (Bordküche o. Ä.), können diesen Fluggesellschaften steuerbefreit in Rechnung gestellt werden.

Dasselbe gilt auch für Gegenstände, die für den Betrieb dieser Flugzeuge notwendig sind (Betankungsanlage, Fingerdock usw.). Allerdings sind die Leistungen nur dann von der Steuer befreit, wenn sie für den **unmittelbaren Bedarf des Luftfahrzeugs** bestimmt sind.

B] Eisenbahnverkehr

Beförderungen im **grenzüberschreitenden Eisenbahnverkehr** sind grundsätzlich von der Steuer befreit, soweit es sich um eine Strecke handelt, für die ein **internationaler Fahrausweis** benötigt wird. Darunter fallen vor allem Strecken, bei denen entweder der Abgangs- oder der Ankunftsbahnhof im Inland liegt oder inländische Strecken, die im Transit benutzt werden, um im Ausland liegende Bahnhöfe zu verbinden.

Bei **Bahnreisen** muss neben dem Erfordernis des ausländischen Abgangs- oder Ankunftsbahnhofs auch der **Fahrpreisanteil,** der auf die **ausländische Strecke** entfällt, **grösser** sein **als der MWST-Betrag,** der auf den **inländischen Teil der Reise** entfallen würde, damit der inländische Teil steuerbefreit wird und das gesamte Entgelt nicht versteuert werden muss.

Beispiel

Die Bahnreise von Zürich nach Bregenz (AT) kostet CHF 40.00 (exkl. 7.7% MWST). Die in der Schweiz zurückgelegte Strecke beträgt 90% der Gesamtdistanz. Somit unterliegen grundsätzlich CHF 36.00 der MWST, was einem Steuerbetrag von CHF 2.77 entspricht.

Der auf die ausländische Strecke entfallende Anteil des Fahrpreises beträgt CHF 4.00. Da dieser Fahrpreisanteil, der auf die ausländische Strecke entfällt, höher ist als die MWST auf dem inländischen Fahrpreisanteil, ist der gesamte Fahrpreis nicht zu versteuern.

C] Busverkehr

Bei Beförderungen von Personen mit Autobussen tritt die Steuerbefreiung dann ein, wenn die Strecke **überwiegend über ausländisches Gebiet** führt oder die inländische Strecke nur im **Transit** benutzt wird, um im Ausland liegende Orte zu verbinden.

Beispiel

Die Autobus AG befördert einen Kunden von Lausanne nach München. Der Inlandanteil an der Gesamtstrecke beträgt 200 km, der Auslandanteil 300 km.

Der Ort der Leistung befindet sich somit überwiegend im Ausland, weshalb der Inlandstreckenanteil steuerbefreit wird und damit auf dem gesamten Fahrpreis keine MWST bezahlt werden muss.

4.6 Vermittlungsleistungen

Die Dienstleistungen von ausdrücklich in fremdem Namen und für fremde Rechnung handelnden Vermittlern sind von der Steuer befreit, wenn der vermittelte **Umsatz** entweder selbst **steuerbefreit** ist oder **ausschliesslich im Ausland erzielt** wird. Wird der vermittelte Umsatz sowohl im Inland als auch im Ausland bewirkt, so ist nur der Teil der Vermittlung von der Steuer befreit, der auf den steuerbefreiten Inlandumsatz sowie auf den Umsatz im Ausland entfällt.

Die Umsätze des Vermittlers sind also von der Steuer befreit, wenn

- der vermittelte Gegenstand nachweislich direkt ins Ausland befördert oder versendet wird,
- der vermittelte Gegenstand im Ausland bleibt,
- sich der Gegenstand im Zeitpunkt der Vermittlung im Ausland befindet und erst anschliessend in die Schweiz importiert wird oder
- die vermittelte Dienstleistung im Ausland bewirkt wird.

4.7 Reisebüros und Organisatoren von Veranstaltungen

Die Dienstleistungen der Reisebüros bestehen im Verkauf von Reisearrangements oder von einzelnen Teilen einer Reise. Sie können dies als **Tour Operator** (Organisator von Reisen) oder als **Retailer** (Wiederverkäufer von Pauschalarrangements) machen.

Abb. 4-1 zeigt die drei möglichen Verkaufsarten und deren Besteuerung.

Abb. [4-1] **Verkaufsarten von Reisebüros**

Verkaufsart	Besteuerung	Beispiel
Inlandreisen	Müssen versteuert werden	Das Reisebüro verkauft Skiferien in Arosa.
Auslandreisen	In eigenem Namen erbrachte Leistungen sind von der Steuer befreit, wenn die Reisebüros Lieferungen und Dienstleistungen Dritter in Anspruch nehmen, die diese im Ausland erbringen.	Ein Tour-Operator verkauft Badeferien am Roten Meer ab dem Flughafen Genf. Das gesamte Entgelt ist von der Steuer befreit.
Reisen im In- und Ausland	Nur der Teil ist von der Steuer befreit, der auf die Umsätze im Ausland entfällt.	Ein Tour-Operator verkauft Ferien am Gardasee (IT) ab Andermatt. Das auf die Strecke Andermatt–Chiasso entfallende Entgelt muss versteuert werden, der Rest wird von der Steuer befreit.

Die Reiseveranstalter und die Retailer handeln grundsätzlich – ausser bei der Vermittlung von Flugtickets – in eigenem Namen. Daher gilt als Entgelt immer der **dem Reisenden in Rechnung gestellte Betrag** und nicht nur die Kommission, die der Retailer vom Tour-Operator erhält. Die Steuerbefreiung wird auch dann angewandt, wenn der Retailer die Dienstleistung im Ausland nicht direkt, sondern indirekt über den inländischen Reiseveranstalter bezieht.

Separat in Rechnung gestellte **Buchungs- und Bearbeitungsgebühren** (Nebenkosten) gelten als Kostenfaktor der Gesamtrechnung. Sie sind steuerbar, wenn es sich um eine im Inland erbrachte Leistung handelt. Das Entgelt für eine **Leistung im Ausland** ist aber von der Steuer befreit. Handelt es sich um Leistungen im Inland und im Ausland, müssen die Kosten anteilsmässig versteuert werden.

Visumgebühren gehören nicht zum steuerbaren Umsatz, wenn sie separat und ohne Zuschlag in Rechnung gestellt werden (als sog. Durchlaufposten).

Die Dienstleistungen von **Organisatoren von Veranstaltungen** werden analog wie diejenigen von Reisebüros behandelt.

4.8 Diplomatische Dienste

Die folgenden Einrichtungen und Personen haben Anspruch auf eine Entlastung von der MWST an der Quelle:

- **Institutionelle Begünstigte** sind diplomatische Missionen, ständige Missionen, konsularische Posten und internationale Organisationen. Für die Steuerbefreiung müssen die institutionellen Begünstigten auf bestimmten, amtlichen Formularen bescheinigen, dass die bezogenen Leistungen zum **amtlichen Gebrauch** bestimmt sind.
- Zu den **begünstigten Personen** zählen Personen bestimmter Kategorien wie diplomatische Vertreter, Konsularbeamte und hohe Beamte internationaler Organisationen. Für die Steuerbefreiung müssen institutionelle Begünstigte, denen die begünstigte Person angehört, auf bestimmten, amtlichen Formularen für jede Lieferung oder Dienstleistung bescheinigen, dass die bezogenen Leistungen **ausschliesslich für den persönlichen Gebrauch** der begünstigten Person bestimmt sind.

4.9 Steuerrückerstattung an Leistungsempfänger

Es handelt sich hier nicht um eine Steuerbefreiung beim Leistungserbringer, sondern um eine **Steuerrückerstattung,** die dem **Leistungsempfänger** gewährt wird. Wir wollen dieses Thema aber dennoch in diesem Abschnitt abhandeln, da es in einem engen Zusammenhang mit dem Export steht.

Empfängern von im Inland ausgeführten Lieferungen und Dienstleistungen mit **Wohn- und Geschäftssitz im Ausland** wird die MWST gemäss MWSTG 107 Abs. 1 lit. b und MWSTV 151–156 unter folgenden **Voraussetzungen** zurückerstattet:

- Das Unternehmen darf in der Schweiz keine Lieferungen oder Dienstleistungen ausführen.
- Das Unternehmen muss in seinem Herkunftsland Unternehmereigenschaft besitzen.
- Der Staat des Wohn- und Geschäftssitzes muss Gegenrecht gewähren.
- Die rückzahlbare Steuer muss pro Kalenderjahr mindestens CHF 500 betragen.
- Der Leistungsbezüger muss über jeweilige MWST-konforme Rechnungen verfügen.

Die MWST wird nur zurückerstattet, wenn das Unternehmen die Lieferungen und Dienstleistungen seinerseits dazu benutzt hat, um Umsätze zu tätigen, die zum **Vorsteuerabzug** berechtigen. Wenn das Unternehmen Dienstleistungen an Inländer ausführt, bei denen der Ort der Dienstleistung nach dem **Empfängerortsprinzip** im Inland ist, wird das Rückerstattungsrecht grundsätzlich nicht aberkannt.

Ist aber die **Steuerbefreiung** aufgrund von MWSTG 23 möglich, kann die MWST dem Empfänger im Ausland nicht zurückerstattet werden.

Beispiel

Ein inländischer Steuerpflichtiger liefert einem Bijoutier in München (DE) Schmuck im Wert von CHF 5 000. Der Einfachheit halber gibt er diesen Schmuck einem Bekannten mit, der ihn in München abliefert. Irrtümlicherweise hat der Bekannte diesen Schmuck beim Zoll nicht deklariert. Darum ist kein Ausfuhrnachweis vorhanden.

Die Steuerbefreiung bei der Ausfuhr von Gegenständen bedingt einen Ausfuhrnachweis. Da ein solcher nicht vorliegt, muss der inländische Steuerpflichtige die CHF 5 000 zu 7.7% versteuern.

Eine Rückerstattung der Steuer an den Münchner Bijoutier aufgrund von MWSTG 107 Abs. 1 lit. b i. V. mit MWSTV 151 ff. ist nicht möglich, weil die Steuerbefreiung bei korrektem Vorgehen aufgrund von MWSTG 23 Abs. 2 Ziff. 1 möglich gewesen wäre.

Zusammenfassung

Steuerbefreite Leistungen berechtigen zum **Vorsteuerabzug** auf bezogenen Leistungen. MWSTG 23 Abs. 2 u. a. i. V. mit MWSTV 40–44 erwähnt folgende **steuerbefreite Leistungen:**

1. Ausfuhr von Gegenständen mit entsprechenden Ausfuhrnachweisen
2. Vermieten und Verleasen von Gegenständen, sofern diese überwiegend im Ausland genutzt werden
3. Inlandlieferungen von unter Zollüberwachung stehenden Gegenständen
4. Verbringen von Gegenständen ins Ausland
5. Beförderungsleistungen
6. Beförderung von im Inland unverzollter Transitware und aller damit zusammenhängenden Leistungen
7. Leistungen im Luft-, Eisenbahn- und Busverkehr
8. Vermittlungsleistungen im Zusammenhang mit von der Steuer befreiten Umsätzen oder Auslandumsätzen
9. Dienstleistungen von Reisebüros und Organisatoren von Veranstaltungen, die im Ausland bewirkt werden

Leistungen an **diplomatische Dienste** können auch steuerbefreit werden bzw. es besteht Anspruch auf Entlastung von der MWST an der Quelle.

Unter bestimmten Voraussetzungen wird die MWST von im Inland ausgeführten Leistungen an Empfänger (d. h. Unternehmen) **zurückerstattet,** die ihren Wohn- oder Geschäftssitz im Ausland haben.

Repetitionsfragen

20 Welche Auswirkungen haben die von der Steuer befreiten Leistungen hinsichtlich Steuerpflicht und Vorsteuerabzug?

21 Die Motoren AG in Olten gibt der Transport AG in Solothurn den Auftrag, Waren in Wien (AT) abzuholen und diese in ihr Lager nach Olten zu bringen. Die Transport AG stellt dafür Rechnung über CHF 2 000, wovon CHF 1 600 auf den Transport in Österreich und CHF 400 auf den Transport in der Schweiz entfallen.

Wie hat die Transport AG diese CHF 2 000 bezüglich MWST zu behandeln?

22 Mina Meier aus Thun hat ein Patenkind, das in Amsterdam (NL) wohnt. Dieses feiert in wenigen Tagen seinen 20. Geburtstag. Mina Meier geht in ein Uhrengeschäft in Thun und bestellt dort eine Uhr im Wert von CHF 300. Sie beauftragt das Uhrengeschäft, diese Uhr direkt an das Patenkind in Amsterdam zu versenden. Das Uhrengeschäft lässt diesen Versand durch die Post vornehmen und stellt nun Rechnung an Mina Meier in Thun für die Uhr und die Beförderungsleistung.

Ist auf dieser Rechnung MWST geschuldet?

5 Nichtentgelte

Lernziele

Nach der Bearbeitung dieses Kapitels können Sie ...

- bestimmen, welche Mittelflüsse als Nichtentgelte gelten.
- erläutern, wann eine Spende, eine Subvention oder ein Schadenersatz vorliegt.

Schlüsselbegriffe

Dividenden, Einlagen in Unternehmen, Entgeltsminderung, Genugtuung, Gewinnanteile, Kur- und Verkehrsvereine, Genugtuung, hoheitliche Tätigkeit, Konventionalstrafe, Kostenausgleichszahlungen, Lieferungen ins Ausland, Pfandgelder, Reuegeld, Sanierung, Schadenersatz, Spenden, Sold, Stiftungsrat, Subventionen, Terminbusse, Verwaltungsrat

5.1 Abgrenzung zum Leistungsverhältnis

Als ein Nichtentgelt versteht man Mittelflüsse, bei denen der Zuwender **keine Gegenleistung** erwartet. MWSTG 18 Abs. 2 zeigt Beispiele von Mittelflüssen, die mangels Leistung keine Entgelte im mehrwertsteuerlichen Sinn darstellen:

a. Subventionen und andere Beiträge der öffentlichen Hand
b. Gelder für Kur- und Verkehrsvereine
c. Beiträge aus kantonalen Wasser-, Abwasser- oder Abfallfonds an Entsorgungsanstalten oder Wasserwerke
d. Spenden
e. Einlagen in Unternehmen, insbesondere zinslose Darlehen, Sanierungsleistungen und Forderungsverzichte
f. Dividenden und andere Gewinnanteile
g. Vertraglich oder gesetzlich geregelte Kostenausgleichszahlungen, die durch eine Organisationseinheit, namentlich durch einen Fonds, an Akteure innerhalb einer Branche geleistet werden
h. Pfandgelder, namentlich Umschliessungen und dergleichen.
i. Zahlungen für Schadenersatz, Genugtuung und dergleichen.
j. Entschädigungen für unselbstständig ausgeübte Tätigkeiten wie Verwaltungsratshonorare usw.
k. Erstattungen, Beiträge und Beihilfen bei Lieferungen ins Ausland, die von der Steuer befreit sind
l. Gebühren, Beiträge oder sonstige Zahlungen, die für hoheitliche Tätigkeiten empfangen werden

Das **Weiterleiten** von Nichtentgelten (z. B. innerhalb von Bildungs- und Forschungskooperationen) unterliegt ebenfalls nicht der MWST (MWSTV 30 Abs. 1).

Hinweis

Erhält eine steuerpflichtige Person Mittel gemäss lit. a–c, hat sie ihren Vorsteuerabzug verhältnismässig zu kürzen (s. Kap. 12.7, S. 206). Die Auswirkung der weiteren Nichtentgelte auf den Vorsteuerabzug werden in Kapitel 10.1.2, S. 161 beschrieben.

5.2 Nichtentgelte nach MWSTG 18 Abs. 2

Nachstehend gehen wir auf die einzelnen Nichtentgelte näher ein.

5.2.1 Subventionen und andere Beiträge der öffentlichen Hand

Subventionen und andere öffentlich-rechtliche Beiträge gelten **nie als Entgelte,** selbst wenn sie gestützt auf einen Leistungsauftrag oder eine Programmvereinbarung ausgerichtet werden.

Eine Subvention liegt vor, wenn die Zahlung aufgrund einer **gesetzlichen Grundlage** und durch die öffentliche Hand ausgerichtet wird und wenn der Zahler vom Begünstigten **keine konkrete Gegenleistung** erhält. Als Subventionen gelten von einem **Gemeinwesen** ausgerichtete

- Finanzhilfen und Abgeltungen gemäss Subventionsgesetz (SubG 3 Abs. 1 und 2a),
- Forschungsbeiträge, sofern das Gemeinwesen kein Exklusivrecht auf die Forschungsresultate hat,
- vergleichbare Mittelflüsse gestützt auf kantonales oder kommunales Recht.

5.2.2 Gelder für Kur- und Verkehrsvereine

Unter den folgenden Voraussetzungen gelten Zahlungen an Kur- und Verkehrsvereine aus Tourismusabgaben (z. B. Kur-, Sport-, Wirtschaftsförderungs- und Geschäftstaxen) nicht als Entgelte:

- Der Kur- und Verkehrsverein bzw. die Tourismusorganisation ist mit der Verwendung der Abgaben **nach Gesetz beauftragt** und
- die erhaltenen Abgaben werden nach dem **im Gesetz umschriebenen Zweck** verwendet.

5.2.3 Beiträge aus kantonalen Entsorgungs- und Versorgungsfonds

Die Beiträge aus den kantonalen Entsorgungs- und Versorgungsfonds (Wasser-, Abwasser- oder Abfallfonds) an die entsprechenden Entsorgungsanstalten oder Wasserwerke stellen **Spezialfälle von Subventionen** dar und sind diesen grundsätzlich gleichgestellt (s. Kap. 5.2.1, S. 72). Lediglich der Rechtssicherheit und Klarheit halber sind diese Zahlungen im MWSTG ausdrücklich erwähnt.

5.2.4 Spenden

Auch Spenden sind keine Entgelte, da der Spender vom Empfänger keine Leistung erwartet bzw. erhält. Wenn folgende Kriterien erfüllt sind, liegt eine Spende im mehrwertsteuerlichen Sinn vor:

- Die Zuwendung erfolgt **freiwillig** (keine rechtliche Verpflichtung, keine gesetzliche Grundlage).
- Die Zuwendung erfolgt in der Absicht, den **Empfänger zu bereichern.**
- Der Zuwender erwartet **keine Gegenleistung.** Eine neutrale Erwähnung des Spenders in einer Publikation gilt nicht als Gegenleistung, selbst wenn dabei die Firma oder das Logo des Spenders verwendet wird.
- Beim Zuwender handelt es sich **nicht** um ein **Gemeinwesen.** Ist der Zuwender ein Gemeinwesen, handelt es sich um eine Subvention und nicht um eine Spende.

Als Spenden gelten beispielsweise auch **Wirtschafts- und Förderpreise,** die von Privaten und losgelöst von einer Leistung ausgerichtet werden. Werden die Preise hingegen von der öffentlichen Hand ausgerichtet, gelten sie als Subvention.

Beiträge von **Passivmitgliedern** und **Gönnern** an **Vereine** oder **gemeinnützige Organisationen** sind den Spenden gleichgestellt. Die Beiträge von Gönnern an gemeinnützige Organisationen gelten selbst dann als Spende, wenn die Organisation ihren Gönnern freiwillig Vorteile im Rahmen des statutarischen Zwecks gewährt, sofern den Gönnern mitgeteilt wurde, dass kein Anspruch auf die Vorteile besteht.

Beispiel

Fall 1

Ein Altersheim in Naters betreibt nebenbei noch ein Restaurant, das auch von aussenstehenden Personen besucht werden kann. Das Altersheim ist aufgrund des Restaurationsbetriebs im Register der steuerpflichtigen Personen eingetragen. Die ortsansässige Gastrowaren AG stiftet dem Altersheim für das Restaurant Waren im Wert von CHF 10 000. Im Jahresbericht des Heims wird der Name und das Logo der Gastrowaren AG unter den Spendern aufgeführt.

In diesem Fall handelt es sich um eine Spende. Die Erwähnung im Jahresbericht gilt nicht als Gegenleistung, da diese nicht mit Werbeslogans versehen ist. Das Heim muss die Spende nicht versteuern und muss auch keine Vorsteuerkürzung vornehmen.

Fall 2

Zum 50-Jahr-Jubiläum des Altersheims spendet die Gastrowaren AG zusätzlich noch einen Betrag von CHF 25 000 für den Umbau des Restaurants. Das Heim erklärt sich bereit, dafür während drei Monaten an der Hausfassade einen Banner mit dem Aufdruck «Die Gastrowaren AG – alles, was ein Restaurant braucht» aufzuhängen.

Die Gastrowaren AG erhält für ihre Zuwendung eine Gegenleistung in Form einer Werbeleistung. Somit gilt die Zuwendung nicht mehr als Spende, sondern als steuerbares Entgelt für eine Werbeleistung.

5.2.5 Einlagen in Unternehmen

Einlagen in Unternehmen – wie zinslose Darlehen, Sanierungsleistungen und Forderungsverzichte – sind keine Entgelte, solange der Einlagengeber vom Unternehmen **keine Leistung erhält.** Solche Einlagen können sein:

- Kapitaleinlagen (Einlagen in Einzelfirmen, einfache Gesellschaften, Personengesellschaften, Kapitalgesellschaften und Genossenschaften durch deren Eigentümer, Gesellschafter oder Genossenschafter)
- Aufgelder
- Zuschüsse
- Forderungsverzichte auf Darlehen gegenüber einer überschuldeten Gesellschaft
- Zinsverzichte und Zinsreduktionen auf gewährten Darlehen
- Einräumung von Baurechten ohne oder mit reduziertem Baurechtszins

Erfolgt die Einlage durch einen **Dritten,** der **nicht am Unternehmen beteiligt** ist, handelt es sich nicht um eine Einlage im vorangegangenen Sinne, sondern um eine Spende oder um eine Subvention bzw. um einen anderen öffentlich-rechtlichen Beitrag.

5.2.6 Dividenden und andere Gewinnanteile

Dividenden und andere Gewinnanteile werden ohne eine direkte Gegenleistung ausbezahlt, weshalb sie als Nichtentgelte anzusehen sind. Dabei spielt es keine Rolle, ob die Dividenden aufgrund einer massgeblichen **Beteiligung** (10% oder mehr) oder aufgrund gehaltener **Wertschriften** ausgerichtet werden.

5.2.7 Vertraglich oder gesetzlich geregelte Kostenausgleichszahlungen

Mangels Leistungsverhältnis fallen Kostenausgleichszahlungen **innerhalb einer Branche** nicht in den Anwendungsbereich der MWST. Solche Zahlungen spielen insbesondere im Bereich der **Land- und der Elektrizitätswirtschaft** eine Rolle. Sie bezwecken nicht die Vergünstigung der entsprechenden Leistungen, sondern sollen bestimmten inländischen Anbietern einen besseren Marktzugang ermöglichen, ein bestimmtes Verhalten fördern oder belohnen.

5.2.8 Pfandgelder

Pfandgelder – namentlich auf Umschliessungen und Gebinden wie z. B. Flaschen, Harassen, Paloxen und Gasflaschen im Zirkulationsverkehr – sind keine Entgelte. Sie werden nicht für eine Leistung ausgerichtet und unterliegen der MWST nicht, sofern

- das Pfandgeld **separat in Rechnung gestellt** wird und
- das Pfandgeld bei Rückgabe der Umschliessung oder des Gebindes **zurückvergütet** wird.

Aus mehrwertsteuerlicher Sicht ist nicht relevant, ob das Pfandgeld bei der Rückgabe abgerechnet wird oder lediglich periodisch aufgrund einer Gebindekontrolle.

5.2.9 Schadenersatz, Genugtuung und dergleichen

Eine Geldleistung aus Schadenersatz steht **nicht im Zusammenhang mit einem Leistungsaustausch.** Sie wird erbracht, weil der Schädiger nach Gesetz oder Vertrag für den von ihm verursachten Schaden und dessen Folgen einzustehen hat und nicht, weil der Zahlende eine Lieferung oder Dienstleistung erhalten hat. Die Schadenersatzzahlung zählt nicht zum Entgelt und ist vom Empfänger daher nicht zu versteuern.

Dem Schadenersatz gleichgestellt ist die **Genugtuung** (Schmerzensgeld).

Hinweis

Einfachheitshalber wird nachstehend nur noch Schadenersatz genannt, dasselbe gilt aber auch für die Genugtuung.

Schadenersatz im Sinne des MWSTG entsteht dadurch, dass der Leistungserbringer **seine Leistung nicht gehörig erbringt,** etwa durch Liefer- oder Zahlungsverzug, Nichterbringen einer Leistung. Aus diesem Grund wird er schadenersatzpflichtig. So gilt z. B. der **Verzugszins** infolge Zahlungsverzug als typische Form von Schadenersatz.

Auch von Schadenersatz wird in jenen Fällen ausgegangen, in denen

- der Vertragspartner **vom Vertrag zurücktritt** und ein entsprechendes **Reuegeld** zahlen muss oder
- eine Leistung nicht oder nicht gehörig erfüllt wird und eine **Konventionalstrafe** zu zahlen ist oder
- die Pflicht zur Zahlung des Schadenersatzes auf eine **unerlaubte Handlung** (OR 41 ff.) zurückzuführen ist (z. B. auf Beschädigen eines fremden Fahrzeugs).

Hingegen ist der bei einer **Schlechterfüllung** eines Vertrags (z. B. Lieferung einer mangelhaften Maschine) gewährte **Preisnachlass** nicht Schadenersatz, sondern **Entgeltsminderung.**

Schadenersatz liegt nur vor, wenn der Leistungsempfänger infolge der Schlechterfüllung einen Schaden erleidet (z. B. Produktionsausfall als Folge einer mangelhaften Maschine oder von Umbauarbeiten) und der Leistungserbringer diesen Schaden zu ersetzen hat.

Eine **Entgeltsminderung** liegt ebenfalls vor, wenn der Leistungserbringer eine Konventionalstrafe (Terminbusse) wegen **Überschreitens der Lieferfrist** zahlen muss oder sich damit von der gehörigen **Erfüllung** der vertraglichen Leistung **entbindet.**

Ausserdem liegt **kein Schadenersatz** vor, wenn ein Vertrag **kein Rücktrittsrecht** vorsieht und sich ein Vertragspartner nachträglich dazu bereit erklärt, die Gegenseite durch Zahlung des bisher Geleisteten **aus den vertraglichen Verpflichtungen zu entlassen.** Dabei handelt es sich um eine steuerbare Leistung.

Beispiel

Fall 1

Ein Hotelgast muss dem Hotelier Reto Kunz eine Entschädigung für die Beschädigung eines Spiegels bezahlen. Es handelt sich um Schadenersatz, der vom steuerpflichtigen Hotelier nicht zu versteuern ist. Auf den Kosten für die Behebung des Schadens (z. B. auf dem Kauf eine neuen Spiegels) kann Reto Kunz den Vorsteuerabzug im Rahmen seiner zum Vorsteuerabzug berechtigenden unternehmerischen Tätigkeit geltend machen.

Fall 2

Markus Beck lässt seine Liegenschaft renovieren, in der sich ein Schuhgeschäft befindet. Dieses muss während der Renovationsarbeiten seinen Betrieb vorübergehend einstellen. Dafür bezahlt ihm der Eigentümer Markus Beck den entgangenen Umsatz. Dabei handelt es sich um Schadenersatz.

Fall 3

Franz Meier hat bei einer Garage ein Fahrzeug bestellt, das aus den USA importiert werden muss. Da Franz Meier vom Vertrag zurücktritt, muss er der Garage das vereinbarte Reuegeld zahlen. Die Garage muss diese Entschädigung als Schadenersatz nicht versteuern.

Fall 4

Die Druckerei Häfeli bestellt bei einem Handelsunternehmen eine Druckerstrasse. Mit einer Konventionalstrafe wird sichergestellt, dass die Druckerstrasse funktionsfähig und termingerecht geliefert wird. Bei deren Installation tritt jedoch ein gravierender Fehler auf, sodass die Druckerstrasse am vereinbarten Termin nicht einsatzfähig ist. Erst nach einer Nachbesserung durch den Lieferanten kann sie mit mehrtägiger Verspätung in Betrieb genommen werden.

Das Handelsunternehmen bezahlt die vereinbarte Konventionalstrafe. Es handelt sich dabei um eine Terminbusse (Nichteinhalten der Erfüllungszeit). Das Handelsunternehmen kann sie als Entgeltsminderung abziehen, während die Druckerei Häfeli ihren Vorsteuerabzug entsprechend korrigieren muss.

5.2.10 Unselbstständig ausgeübte Tätigkeiten

Eine wichtige Voraussetzung für die Steuerpflicht ist, dass eine berufliche oder gewerbliche Tätigkeit selbstständig ausgeübt wird (MWSTG 10 Abs. 1 lit. a). Demzufolge sind Entschädigungen für unselbstständig ausgeübte Tätigkeiten nicht steuerpflichtig. Sie berechtigen dementsprechend auch nicht zum Vorsteuerabzug (s. Kap. 12.4.4, S. 201).

Typische Entschädigungen für unselbstständig ausgeübte Tätigkeiten sind:

- **Verwaltungsrats-** und **Stiftungsratshonorare**
- **Behördenentschädigungen**
- **Sold**

Wird die Entschädigung jedoch nicht an den unselbstständigen Leistungserbringer selbst, sondern an seinen **Arbeitgeber** ausgerichtet, handelt es sich um **Entgelt** für eine steuerbare Leistung.

Beispiel

Hermann Helfer ist Mehrheitsaktionär und Geschäftsführer der Helfer Unternehmensberatung AG, die im MWST-Register eingetragen ist. Nebenbei ist er auch noch Stiftungsratspräsident der Stiftung «Helfer für Kinder». Für diese Tätigkeit erhält Hermann Helfer jährlich eine Entschädigung über CHF 15 000.

Da es sich bei der Stiftungsratstätigkeit um eine unselbstständig ausgeübte Tätigkeit handelt, muss Hermann Helfer bzw. die Aktiengesellschaft das Stiftungsratshonorar nicht mit der MWST abrechnen. Benutzt Hermann Helfer für die Ausübung dieses Amtes die Infrastruktur der Aktiengesellschaft, so muss in der Aktiengesellschaft eine entsprechende Vorsteuerkorrektur für die gemischte Verwendung der Verwaltungsinfrastruktur erfolgen.

5.2.11 Erstattungen, Beiträge und Beihilfen bei Lieferungen ins Ausland, die von der Steuer befreit sind

Ebenfalls nicht um Entgelt handelt es sich bei Erstattungen, Beiträgen und Beihilfen für Lieferungen von Gegenständen, die direkt ins Ausland befördert oder versendet werden, sofern die Lieferungen gemäss MWSTG 23 Abs. 2 Ziff. 1 von der Steuer befreit sind.

5.2.12 Gebühren, Beiträge oder sonstige Zahlungen für hoheitliche Tätigkeiten

Hoheitliche Tätigkeiten gelten als **nicht unternehmerische Tätigkeiten** und liegen deshalb ausserhalb des Anwendungsbereichs der MWST. Somit können die in diesem Zusammenhang vereinnahmten Gebühren, Beiträge oder sonstigen Zahlungen kein Entgelt im Sinne der MWST sein.

Hoheitliche Leistungen können in der Regel gegenüber Dritten auch gegen deren Willen mit einer **Verfügung** durchgesetzt werden. Angefallene Vorsteuern im Bereich der hoheitlichen Tätigkeiten dürfen nicht geltend gemacht werden bzw. müssen korrigiert werden (s. Kap. 12.4.5, S. 202).

5.3 Deklaration der Nichtentgelte

Obwohl die in diesem Kapitel genannten Mittelflüsse mangels Leistung keine Entgelte darstellen, müssen sie **in der MWST-Abrechnung deklariert** werden. Dafür sind die Nichtentgelte in zwei Gruppen zu unterteilen:

1. Die Nichtentgelte gemäss den Kapiteln 5.2.1 bis 5.2.3 (Subventionen u. dgl.) sind in der Abrechnung unter der **Ziff. 900** zu deklarieren. In der Regel führt diese Deklaration zu einem Eintrag in der Ziff. 420 Vorsteuerkürzungen, s. Kapitel 12.7, S. 206.
2. Die übrigen Nichtentgelte sind in der **Ziff. 910** der Abrechnung aufzuführen. Betreffend Vorsteuerabzug im Zusammenhang mit diesen Nichtentgelten verweisen wir auf Kapitel 10.1.2, S. 161.

Zusammenfassung

Nichtentgelte sind nicht abschliessend in MWSTG 18 Abs. 2 aufgezählt. Dazu gehören:

- Subventionen (von Gemeinwesen aufgrund einer gesetzlichen Grundlage ausgerichtet)
- Gelder für Kur- und Verkehrsvereine (Kur-, Sport-, Wirtschaftsförderungstaxen usw.)
- Beiträge aus kantonalen Wasser-, Abwasser- und Abfallfonds an Entsorgungsanstalten oder Wasserwerke
- Spenden (freiwillige Zuwendung, für die der Zuwender keine Gegenleistung erwartet)
- Einlagen in Unternehmen (Sanierung)
- Dividenden und andere Gewinnanteile (auf Wertschriften, Beteiligungen)
- Kostenausgleichszahlungen (v. a. Land-/Elektrizitätswirtschaft)
- Pfandgelder (auf Umschliessungen und Gebinden)
- Zahlungen für Schadenersatz
- Entschädigungen für unselbstständig ausgeübte Tätigkeiten (VR-Honorare usw.)
- Erstattungen und Beihilfen bei Lieferungen ins Ausland
- Zahlungen für hoheitliche Tätigkeiten (Gebühren, Beiträge)

Nichtentgelte müssen in der **MWST-Abrechnung deklariert** werden (Subventionen unter Ziff. 900, übrige Nichtentgelte unter Ziff. 910).

Repetitionsfragen

23

Die Transport AG benutzt einen Lastwagen ausschliesslich für steuerbare Zwecke. Von einem Dritten wird dieser Lastwagen beschädigt. Die Transport AG lässt den Lastwagen von der Truck GmbH reparieren. Die Truck GmbH stellt Rechnung über CHF 5 385 (inkl. 7.7% MWST). Die Versicherung des Dritten überweist der Transport AG den Betrag von CHF 5 000.

Unterliegt der Betrag von CHF 5 000 bei der Transport AG der MWST?

24

Patrick Leu, ein ehemaliger Angestellter der Anwaltskanzlei Bleibtreu, hat in der Nähe eine eigene Anwaltskanzlei eröffnet und hat somit das Konkurrenzverbot verletzt.

A] Eine Konventionalstrafe wurde nicht vereinbart. Patrick Leu hatte seinem ehemaligen Arbeitgeber seine Absichten bereits vorgängig mitgeteilt. Die Anwaltskanzlei Bleibtreu erklärte sich gegen Entrichtung von CHF 20 000 mit der Eröffnung der neuen Kanzlei einverstanden.

B] Der Inhaber der Anwaltskanzlei Bleibtreu hat erst nachträglich von der Eröffnung der neuen Kanzlei erfahren und der ehemalige Angestellte Patrick Leu musste die vertraglich vereinbarte Konventionalstrafe von CHF 20 000 bezahlen.

Handelt es sich bei den oben genannten Zahlungen um einen Schadenersatz, der nicht der MWST unterliegt?

6 Steuersubjekt / Steuerpflicht

Lernziele

Nach der Bearbeitung dieses Kapitels können Sie ...

- die Voraussetzungen für die Steuerpflicht und für die Befreiung von der Steuerpflicht beschreiben.
- Beginn und Ende der Steuerpflicht erläutern.
- die Spezialbestimmungen über die Gruppenbesteuerung, das Gemeinwesen und die Veranstalter von Anlässen nennen.
- eine unternehmerische Tätigkeit gemäss MWST definieren.

Schlüsselbegriffe

Aussenumsatz, Beteiligungen, Bezugsteuer, elektronische Dienstleistungen, Festanlässe, gemeinnützige Institutionen, Gemeinwesen, Geschäftserweiterung, Gruppenbesteuerung, Gruppen-Innenumsatz, Gruppenvertreter, hoheitliche Tätigkeit, Holdinggesellschaft, Kleinunternehmen, Kulturverein, Liegenschaft, Liquidation, Mithaftung, MWST-Register, Nichtentgelt, nicht unternehmerische Tätigkeit, Organisationseinheiten des gleichen Gemeinwesens, Publikumsanlässe, Rechtsform, Selbstständigkeit, Sportverein, Steuernachfolge, Steuerpflicht, Steuersubstitution, Steuervertretung, Subventionen, Telekommunikation, Umsatzlimite, Unkostengesellschaft, Unternehmen mit Sitz im Ausland, Veranstalter, Wertlimite

Wer der Steuerpflicht unterstellt ist, muss die MWST mit der ESTV abrechnen. Die Steuerpflicht ist im MWSTG 10–17, MWSTG 45–49 (Bezugsteuer), MWSTG 66 (An- und Abmeldung) sowie in der MWSTV 7–25 und MWSTV 111 (Bezugsteuer) geregelt.

6.1 Grundsätzliches zur Steuerpflicht

Steuerpflichtig ist gemäss MWSTG 10 Abs. 1 und 1bis,

1. wer unabhängig von Rechtsform, Zweck und Gewinnabsicht ein **Unternehmen** betreibt und
   a. mit diesem Unternehmen Leistungen **im Inland** erbringt oder
   b. **Sitz, Wohnsitz** oder eine **Betriebsstätte im Inland** hat.

   Ein Unternehmen betreibt, wer eine auf die **nachhaltige Erzielung von Einnahmen** aus Leistungen ausgerichtete, berufliche oder gewerbliche Tätigkeit selbstständig ausübt und **unter eigenem Namen** nach aussen auftritt. Die Höhe der Zuflüsse aus Nichtentgelten (MWSTG 18 Abs. 2) spielt dabei keine Rolle.

2. jeder Empfänger von Leistungen, die der **Bezugsteuer** unterliegen (Bezüge von Leistungen von Unternehmen mit Sitz im Ausland), wenn diese Bezüge **mehr als CHF 10 000 pro Kalenderjahr** betragen.

MWSTG 10 Abs. 2 bestimmt, welche Unternehmen **von der Steuerpflicht befreit** sind. Es sind dabei drei verschiedene Kategorien der von der Steuerpflicht befreiten Unternehmen zu unterscheiden:

- **Kleinunternehmen,** die im In- und Ausland **weniger als CHF 100 000 Umsatz** innerhalb eines Jahres aus Leistungen erzielen, die nicht nach MWSTG 21 Abs. 2 von der MWST ausgenommen sind
- **Unternehmen mit Sitz im Ausland,** die im Inland ausschliesslich **steuerbefreite Leistungen** oder der **Bezugsteuer** unterliegende Leistungen nach dem Empfängerortsprinzip erbringen (Ausnahme: Telekommunikation und elektronische Dienstleistungen an nicht steuerpflichtige Empfänger) oder die ausschliesslich Lieferungen von **Elektrizität** in

Leitungen, **Gas** über das Erdgasverteilnetz und **Fernwärme** an steuerpflichtige Personen im Inland erbringen
- **Nicht gewinnstrebige, ehrenamtlich geführte Sport- und Kulturvereine** und **gemeinnützige Institutionen,** die im In- und Ausland **weniger als CHF 150 000 Umsatz** innerhalb eines Jahres aus Leistungen erzielen, die nicht nach MWSTG 21 Abs. 2 von der MWST ausgenommen sind

6.2 Voraussetzungen für die Steuerpflicht

Nachfolgend werden die einzelnen Voraussetzungen für die Steuerpflicht und die Sonderfälle näher beschrieben.

6.2.1 Betreiben eines Unternehmens

A] Rechtsform

Als Steuerpflichtige können sowohl **natürliche** als auch **juristische Personen** erfasst werden, wenn die Voraussetzungen der Steuerpflicht gegeben sind (s. Kap. 6.1, S. 78). In welcher Rechtsform ein Unternehmen betrieben wird, spielt für die Festlegung der Steuerpflicht keine Rolle. Folgende Personen, Personengesamtheiten und Einrichtungen können beispielsweise ein Unternehmen betreiben:

- Natürliche Personen (z. B. Inhaber einer oder mehrerer Einzelunternehmen)
- Juristische Personen des privaten und des öffentlichen Rechts (z. B. AG, GmbH, Genossenschaft, öffentlich-rechtliche Körperschaft)
- Personengesellschaften (z. B. Kollektiv- und Kommanditgesellschaften)
- Einfache Gesellschaften (OR 530 ff.), die gegen aussen unter gemeinsamem Namen auftreten (z. B. ARGE Baustelle XY oder Coiffeursalon YZ)
- Alle Betriebsstätten von Unternehmen mit Sitz im Ausland
- Unselbstständige öffentliche Anstalten
- Verbände und Vereine (ZGB 60 ff.)
- Veranstalter von Publikums- und Festanlässen
- Gemeinnützige Institutionen (gemeinnützig; vgl. DBG 56 lit. g)
- Betriebe, Ämter und andere Dienststellen der öffentlichen Hand (s. Kap. 6.4.3, S. 91)

Dabei spielt es keine Rolle, ob es sich um in- oder ausländische Unternehmen handelt. **Ausländische Unternehmen** werden ab dem ersten Umsatzfranken in der Schweiz MWST-pflichtig, wenn sie **weltweit einen Jahresumsatz von mehr als CHF 100 000** erzielen.

Beispiel

Fall 1

Die beiden Coiffeusen Selma Tomasic und Linda Weller erzielen mit ihrem eigenen Kundenstamm einen Jahresumsatz von je CHF 70 000. Sie betreiben einen Coiffeursalon in einer gemeinsam gemieteten Lokalität und mit einer gemeinsamen Homepage.

Wären Selma Tomasic und Linda Weller allein selbstständig erwerbend, wären sie eigentlich von der MWST-Pflicht befreit, da sie die Umsatzlimite von CHF 100 000 nicht erreichen (MWSTG 10 Abs. 2 lit. a). Da sie aber zusammen ein Unternehmen betreiben und gemeinsam am Markt auftreten, wird der Coiffeursalon mit einem Jahresumsatz von CHF 140 000 obligatorisch MWST-pflichtig. Als einfache Gesellschaft, falls Selma Tomasic und Linda Weller keine andere Rechtsform gewählt haben.

Fall 2

Der Architekt Lukas Moser und das Bauunternehmen Huber AG schliessen sich zur ARGE MoHu (Arbeitsgemeinschaft in Form einer einfachen Gesellschaft) zusammen. Es ist die Erstellung eines Einkaufszentrums geplant. Auftraggeber ist ein grosser nationaler Lebensmittelverteiler.

Die ARGE MoHu führt steuerbare Lieferungen an den Auftraggeber aus. Es kann davon ausgegangen werden, dass die übrigen Voraussetzungen erfüllt sind, die eine Steuerpflicht begründen. Deshalb wird die ARGE MoHu als selbstständiges Steuersubjekt im MWST-Register eingetragen.

Die ARGE MoHu stellt dem Auftraggeber auf ihren Leistungen die MWST in Rechnung und rechnet diese quartalsweise mit der ESTV ab. Sie kann für diese Leistungen den Vorsteuerabzug beanspruchen, da die Leistungen von Lukas Moser und der Huber AG ebenfalls inkl. MWST an sie in Rechnung gestellt werden.

Falls nach Abschluss aller Arbeiten ein Gewinn in der ARGE MoHu bleibt und dieser an die beiden Gesellschafter ausgeschüttet wird, handelt es sich bei der Ausschüttung dieser Gewinne um ein Nichtentgelt.

Nähere Einzelheiten zu den Nichtentgelten und zum Vorsteuerabzug finden Sie in den Kapiteln 5, S. 71 und 10.1.2, S. 161.

Im Sinne einer **Vereinfachung** kann bei **Praxisgemeinschaften** (z. B. bei Anwälten oder Ärzten) eine **Unkostengesellschaft** auch beim Erreichen der Umsatzlimite von CHF 100 000 pro Jahr **als nicht steuerpflichtige Vorgesellschaft** (in Form einer einfachen Gesellschaft) gebildet werden. Diese Vereinfachung gilt jedoch nur, wenn folgende drei **Voraussetzungen kumulativ** erfüllt sind:

1. Alle Mitglieder der Unkostengesellschaft sind im **MWST-Register eingetragen.**
2. Die Weiterfakturierung der Kostenanteile erfolgt **ohne Zuschlag** (d. h. ohne Gemeinkosten- und / oder Gewinnzuschlag) und ohne Hinweis auf die Steuer.
3. Die Unkostengesellschaft erbringt nur **Leistungen an die eigenen Mitglieder** (d. h. nicht auch an andere Dritte).

B] Berufliche oder gewerbliche Tätigkeit, nachhaltige Erzielung von Einnahmen, Selbstständigkeit, unter eigenem Namen, fehlende Ausrichtung auf Erzielung von Einnahmen aus Leistungen

Eine **berufliche oder gewerbliche Tätigkeit** liegt vor, wenn Güter produziert oder gehandelt oder Dienstleistungen erbracht werden und diese Güter oder Dienstleistungen für den **Austausch auf dem Markt** oder für den **privaten Konsum** Dritter bestimmt sind.

Nicht als berufliche oder gewerbliche Tätigkeiten gilt die **Pflege eines Hobbys** oder einer **Liebhaberei** (z. B. das Sammeln von Uhren oder Oldtimern). Diese Anforderung soll Privatpersonen von der Steuerpflicht ausnehmen, die Gelegenheitsumsätze mit ihrem Hobby oder ihrer Liebhaberei tätigen.

Eine **nachhaltige Erzielung von Einnahmen** setzt ein auf eine **gewisse Dauer** angelegtes, planmässiges Vorgehen des Unternehmens voraus. Auch eine kurze Dauer genügt, wenn die Tätigkeit in dieser Zeit **intensiv ausgeübt** wird (z. B. das Betreiben eines Schwing-, Turn- oder Musikfests über einige Tage).

Die Ausrichtung auf Erzielung von Einnahmen aus Leistungen ist erfüllt, wenn diese ein primär verfolgtes **Ziel der Tätigkeit** darstellt. Eine tatsächliche und beabsichtigte Gewinnerzielung ist nicht erforderlich. Werden dagegen Entgelte für erbrachte Leistungen gar nicht oder nur in deutlich untergeordneter Weise vereinnahmt (z. B. nur solche mit symbolischem oder Bagatell-Charakter), fehlt es an der erforderlichen Ausrichtung auf Erzielung von Einnahmen aus Leistungen (s. Kap. 6.3, S. 87, nicht gewinnstrebige Rechtsformen und deren Tätigkeitsbereiche bzw. nicht unternehmerische Tätigkeiten).

Beispiel

Der Privatier X möchte seine Oldtimersammlung der Öffentlichkeit zugänglich machen. Er eröffnet in einem grossen Gebäude ein Museum, das für jedermann zugänglich ist. Der Eintritt ist frei.

Privatier X ist nicht darauf ausgerichtet, Einnahmen aus Leistungen zu erzielen. Er kann daher nicht steuerpflichtig werden (auch nicht freiwillig).

Selbstständigkeit bedeutet das Erbringen von Leistungen unter **eigenem Namen,** auf **eigenes wirtschaftliches und unternehmerisches Risiko** sowie in **betriebswirtschaftlicher und arbeitsorganisatorischer Unabhängigkeit.**

Ob eine natürliche Person selbstständig im Sinne der MWST ist oder nicht, beurteilt sich grundsätzlich nach ähnlichen Massstäben wie im Sozialversicherungs- und Einkommenssteuerrecht. Deshalb sind die z. B. von der Ausgleichskasse vorgenommenen Qualifikationen ein Indiz für die mehrwertsteuerliche Beurteilung.

Auch bei **Akkordanten** mit eigenem Fahrzeug, Werkzeug usw. ist eine Selbstständigkeit anzunehmen. Die Tätigkeiten von Verwaltungs- und Stiftungsräten oder ähnlichen Funktionsträgern gelten hingegen in der Regel als unselbstständige Erwerbstätigkeiten.

Beispiel

Unternehmen

Fall 1

Ein Turnverein organisiert einmal jährlich ein Fest. Er verlangt dafür u. a. Eintrittsgelder und erbringt auch gastgewerbliche Leistungen.

Fall 2

Wer regelmässig und systematisch Käufe und Verkäufe von Gegenständen über eine Auktionsplattform tätigt.

Fall 3

Eine Künstlerin erstellt Kunstwerke gegen Entgelt. Obwohl solche Umsätze von der MWST ausgenommen sind und die Steuerpflicht nicht auslösen, wird durch diese nachhaltige berufliche Tätigkeit ein Unternehmen betrieben.

Fall 4

Die Forschungs AG wurde im Jahr n1 gegründet und ins Handelsregister eingetragen. Die Geschäftstätigkeiten der Forschungs AG umfassen die Erforschung von neuen Medikamenten und deren Entwicklung bis zur Marktreife. Sie erzielt in den Jahren n1–n3 keine Umsätze und ab dem Jahr n4 einen jährlichen Umsatz von nur CHF 50 000. – Ist die Forschungs AG unternehmerisch tätig, kann sie sich im MWST-Register bei Aufnahme der Geschäftstätigkeit eintragen lassen und somit den Vorsteuerabzug auf den Aufwendungen und Investitionen geltend machen?

Ja, die Forschungs AG ist unternehmerisch tätig. Zwar erzielt sie weniger als CHF 100 000 Umsatz, doch kann sie der ESTV einen Verzicht auf die Befreiung von der Steuerpflicht gemäss MWSTG 11 bekannt geben. Den Vorsteuerabzug kann sie somit im Rahmen der zum Vorsteuerabzug berechtigenden unternehmerischen Tätigkeit geltend machen.

Es ist davon auszugehen, dass die Forschungs AG in den Jahren n1–n3 nur Verluste erzielt. Die Gewinnabsicht ist keine Voraussetzung für die unternehmerische Tätigkeit bzw. für die Eintragung im MWST-Register.

Fall 5

Die Immohaus AG erstellt eine Liegenschaft und vermietet die einzelnen Räume an steuerpflichtige und nicht steuerpflichtige Personen. Die Mieter nutzen diese Räume für geschäftliche Zwecke.

Die Immohaus AG ist ab Erstellung der Liegenschaft unternehmerisch tätig und kann allenfalls die Vorsteuern auf den Aufwendungen geltend machen, wenn sie für die Versteuerung der von der Steuer ausgenommenen Vermietungen optiert (MWSTG 21 Abs. 2 Ziff. 21), d. h. diese freiwillig versteuert. Falls die Immohaus AG noch nicht steuerpflichtig ist, kann sie sich bei Aufnahme der Geschäftstätigkeit bzw. beim Beginn der Bauarbeiten der Liegenschaft freiwillig ins MWST-Register eintragen lassen.

Kein Unternehmen

Eine Privatperson veräussert einmalig drei Autos aus ihrer Sammlung oder den Hausrat ihres eigenen Haushalts.

C] Erwerben, Halten und Veräussern von Beteiligungen

Das Erwerben, Halten und Veräussern von Beteiligungen stellt gemäss MWSTG 10 Abs. 1ter eine unternehmerische Tätigkeit dar. Dies trifft insbesondere bei **Holdinggesellschaften** zu. Somit können sich Unternehmen, die (nur) Beteiligungen halten – ohne dass sie weitere Einnahmen aus Leistungen erzielen – freiwillig der Steuerpflicht (Verzicht auf die Befreiung von der Steuerpflicht) unterstellen.

Diese Unternehmen oder auch die Holdinggesellschaften erzielen in vielen Fällen nur Erträge in Form von **Dividenden** (Nichtentgelte gemäss MWSTG 18 Abs. 2) und gegebenenfalls aus Wertschriften- bzw. Beteiligungsverkäufen.

Hinweis

Welche Bedingungen erfüllt sein müssen und was eine Beteiligung im Sinne der MWST ist, finden Sie in Kapitel 12.6, S. 204.

D] Vermietung von Ferienwohnungen, Liegenschaften und / oder Räumlichkeiten durch eine «Privatperson»

Auch wenn bei einer natürlichen Person aus Sicht der direkten Steuern keine Selbstständigkeit gegeben ist, kann sie bzw. eine Privatperson mit Wohnsitz im In- oder Ausland ein Unternehmen im Sinne der MWST betreiben.

Aus Sicht der direkten Steuern handelt es sich dabei um Einkünfte aus Grundstücken, die im Privatvermögen gehalten werden, oder um sog. «Erträge aus Liegenschaften bzw. unbeweglichem Vermögen».

Beispiel

Fall 1

Wolfgang Mahler mit Wohnsitz in Zernez ist Eigentümer von mehreren Ferienwohnungen in Samnaun. Aus der Vermietung dieser Ferienwohnungen erzielt er jährliche Einnahmen von CHF 105 000.

Die Vermietung der Ferienwohnungen stellt aus der Sicht der MWST eine steuerbare Beherbergungsleistung (Ort der Dienstleistung; MWSTG 8 Abs. 2 lit. f) dar, die zum Sondersatz zu versteuern ist. Aufgrund der erzielten Umsätze besteht eine obligatorische Steuerpflicht gemäss MWSTG 10, auch wenn es sich bei Wolfgang Mahler um eine Privatperson handelt. Er ist gemäss OR 957 ff. nicht buchführungspflichtig, muss aber die erzielten Umsätze und die geltend zu machenden Vorsteuern buch- und belegmässig nachweisen.

Fall 2

Beat Tanner betreibt seit Jahren ein Einzelunternehmen in Form einer Zimmerei mit 2 Angestellten und ist im MWST-Register eingetragen (effektive Abrechnungsmethode). Er betreibt die Zimmerei im Erdgeschoss und im Keller der Geschäftsliegenschaft, die vor rund 15 Jahren erbaut wurde. Im Obergeschoss befindet sich die 5.5-Zimmer-Wohnung von Beat Tanner, die er und seine Familie privat nutzen. Die gesamten Baukosten der Liegenschaft beliefen sich vor 15 Jahren auf rund CHF 2 Mio. zuzüglich MWST von CHF 120 000 (davon für den geschäftlichen Bereich 50%).

Per 31.12.n12 übergibt Beat Tanner die Zimmerei seiner Mitarbeiterin Alice Rüegsegger. Sie übernimmt sämtliche Aktiven (Wert CHF 300 000) mit Ausnahme der Liegenschaft und der darauf lastenden Hypothek und gründet die Rüegsegger Zimmerei GmbH. Die Übernahme der Aktiven (und Passiven) erfolgt aus der Sicht der MWST im Meldeverfahren.

Die Geschäftsliegenschaft überführt Beat Tanner in sein Privatvermögen und vermietet das Erdgeschoss und den Keller an die Rüegsegger Zimmerei GmbH für eine Monatsmiete von CHF 5 000 (inkl. Nebenkosten).

Mit der Geschäftsaufgabe von Beat Tanner erlischt auch die MWST-Pflicht. Die Geschäftsliegenschaft wird ins Privatvermögen überführt. Daher liegt aus der Sicht der MWST eine Vorsteuerkorrektur infolge Eigenverbrauch vor (Nutzungsänderung; MWSTG 31 Abs. 2 lit. a und Abs. 3). Die anderen Aktiven werden im Meldeverfahren (s. Kap. 15, S. 234) an die Käuferin veräussert.

Die eingangs erwähnte Vorsteuerkorrektur im Eigenverbrauch könnte Beat Tanner vermeiden, wenn er die Räumlichkeiten im Erdgeschoss und im Keller an die Rüegsegger Zimmerei GmbH optiert vermietet (MWSTG 22). Die Option für die Vermietung wäre in diesem Fall sinnvoll. Gemäss Praxis der ESTV wird Beat Tanner als Unternehmer akzeptiert, da er gewerblich genutzte Räume vermietet.

Als Privatperson bestünde für ihn fortan keine Buchführungspflicht im Sinne von OR 957 ff. Infolge seiner freiwilligen MWST-Pflicht muss er jedoch für die Erträge aus der Vermietung von unbeweglichen Vermögen und für die Aufwendungen, die zum Vorsteuerabzug berechtigen, eine «vereinfachte Buchführung» gewährleisten unter Berücksichtigung der Auflagen von MWSTV 128.

6.2.2 Bezugsteuer

Wie in Kapitel 2.6, S. 31 erwähnt, kann auch der Bezug von Leistungen von **Unternehmen mit Sitz im Ausland** die subjektive Steuerpflicht auslösen. Im Gegensatz zu allen übrigen die Steuerpflicht auslösenden Tatbeständen wird in diesem Fall der **Empfänger der Leistung** der Steuerpflicht unterstellt. Es besteht **keine Anforderung hinsichtlich der Unternehmereigenschaft** des Empfängers. Auch derjenige, der Leistungen von Unternehmen mit Sitz im Ausland für den ausschliesslich privaten Bedarf bezieht, hat diese Bezüge unter gewissen Voraussetzungen abzurechnen.

Die **Voraussetzungen,** die erfüllt sein müssen, damit der Empfänger von Leistungen von Unternehmen mit Sitz im Ausland für diese Bezüge steuerpflichtig wird, sind gemäss MWSTG 45 ff. i. V. mit MWSTG 10:

- Es handelt sich um bestimmte Arten von **steuerbaren Leistungen.**
- Der **Wert der Bezüge** ist **grösser als CHF 10000** pro Kalenderjahr. Wenn der inländische Empfänger bereits MWST-pflichtig ist, besteht keine Limite.

Nachfolgend betrachten wir diese beiden Voraussetzungen etwas genauer.

A] Art der Leistungen

Folgende Leistungen (Dienstleistungen oder Lieferungen) unterliegen der Bezugsteuer:

- Dienstleistungen von **Unternehmen mit Sitz im Ausland** gemäss MWSTG 8 Abs. 1 (Empfängerortsprinzip; z. B. Werbeleistungen, Einräumung von Rechten, Leistungen von Beratern, Datenverarbeitung oder Personalverleih): Die Bezugsteuer ist nur zu entrichten, wenn das Unternehmen mit Sitz im Ausland nicht im Schweizer MWST-Register eingetragen ist. Telekommunikations- und elektronische Dienstleistungen an nicht steuerpflichtige Empfänger unterliegen jedoch nicht der Bezugsteuer.
- Die Einfuhr von **Datenträgern ohne Marktwert** mit den darin enthaltenen Dienstleistungen und Rechten gemäss MWSTV 111.
- Lieferungen von **unbeweglichen Gegenständen** (z. B. Reparatur, Bearbeitung und Reinigung von Liegenschaften) im Inland durch Unternehmen mit Sitz im Ausland, die nicht im MWST-Register eingetragen sind, sofern diese Lieferungen **nicht der Einfuhrsteuer unterliegen.** Von der Bezugsteuer ausgenommen ist jedoch das Überlassen von unbeweglichen Gegenständen zum Gebrauch oder zur Nutzung.
- Lieferung von **Elektrizität** in Leitungen, **Gas** über das Erdgasverteilnetz und **Fernwärme** durch Unternehmen mit Sitz im Ausland an steuerpflichtige Personen im Inland, unabhängig davon, ob die Unternehmen im MWST-Register eingetragen sind oder nicht.

Beispiel

Ein steuerpflichtiger Pharmabetrieb in Basel beauftragt ein Marktforschungsinstitut in Berlin (DE) mit Marktabklärungen für ein bestimmtes Produkt.

Es handelt sich um einen Bezug von Dienstleistungen von einem Unternehmen mit Sitz im Ausland, den der steuerpflichtige Pharmabetrieb in seiner MWST-Abrechnung deklarieren und zum Normalsatz versteuern muss. Er kann die Vorsteuer für diesen Dienstleistungsbezug im Rahmen seiner zum Vorsteuerabzug berechtigenden unternehmerischen Tätigkeit abziehen.

Was heisst «im Rahmen seiner zum Vorsteuerabzug berechtigenden unternehmerischen Tätigkeit»? Wenn der Pharmabetrieb steuerbare wie auch von der Steuer ausgenommene Leistungen erzielt und den Dienstleistungsbezug gemischt nutzt, kann er als Vorsteuer nur jenen Anteil abziehen, den er für die Erzielung der steuerbaren Umsätze nutzt.

Dienstleistungen von Unternehmen mit Sitz im Ausland gemäss MWSTG 8 Abs. 1

Wird von einem Unternehmen mit Sitz im Ausland eine Dienstleistung bezogen, die entweder **von der Steuer ausgenommen** oder **von der Steuer befreit ist,** ist **keine Bezugsteuer** zu entrichten (MWSTG 45a). Darunter fallen insbesondere:

- Grenzüberschreitende Gütertransportdienstleistungen
- Gütertransportdienstleistungen über ausländisches Territorium
- Logistikleistungen (z. B. Beladen und Entladen, Lagern Umschlagen) auf ausländischem Territorium, in Zollfreilagern oder offenen Zolllagern
- Versicherungsdienstleistungen
- Leistungen des Geld- und Kapitalverkehrs

Hinweis

Betreffend Deklaration der Bezugsteuer für Telekommunikationsdienstleistungen und für elektronische Dienstleistungen von Unternehmen mit Sitz im Ausland s. Kapitel 6.4.3, S. 91.

Lieferungen von unbeweglichen Gegenständen im Inland durch Unternehmen mit Sitz im Ausland, die nicht im MWST-Register eingetragen sind

Bei der Einfuhr von Gegenständen erhebt die EZV die **Einfuhrsteuer** auf dem **Warenwert** einschliesslich der damit verbundenen **werkvertraglichen Arbeiten.** In diesem Fall ist keine Bezugsteuer zu entrichten.

Beispiel

Ein im Inland nicht im MWST-Register eingetragenes Unternehmen mit Sitz im Ausland führt Material zu Reparaturzwecken ein. Bei der Einfuhr wird die MWST auch auf dem Wert der Reparaturarbeit erhoben.

Bringt jedoch das Unternehmen mit Sitz im Ausland **keine Gegenstände über die Grenze,** wird der Wert der Reparaturarbeit nicht mit der Einfuhrsteuer erfasst. In diesen Fällen muss die **Bezugsteuer** auf dem **Wert der Lieferung** (z. B. auf dem Wert der Reparaturarbeit) entrichtet werden.

Beispiel

Der ausländische und nicht im MWST-Register eingetragene Küchenbauer Pocher führt Reparatur- und Anpassungsarbeiten in der Küche des steuerpflichtigen Restaurants zur Mühle mit Sitz in Zürich aus. Das dafür benötigte Material liefert der Eigentümer des Restaurants. Der Küchenbauer Pocher stellt für seine Arbeiten CHF 8 000 in Rechnung.

Da kein Material eingeführt wird, muss das Restaurant zur Mühle die Bezugsteuer von CHF 616 (CHF 8 000 · 7.7%) auf den Reparatur- und Anpassungsarbeiten abrechnen. Die Wertlimite von CHF 10 000 gilt in diesem Fall nicht, da das Restaurant bereits steuerpflichtig ist.

Es ist davon auszugehen, dass ein Vorsteuerabzugsrecht von 100% besteht und das Restaurant zur Mühle die Bezugsteuer von CHF 616 wiederum als Vorsteuer geltend machen kann.

B] Steuerpflicht und Deklaration der Leistungen, die der Bezugsteuer unterliegen, bzw. Wertlimite von über CHF 10 000 pro Kalenderjahr

Wenn der inländische Leistungsempfänger bereits im **MWST-Register** eingetragen ist, müssen **alle Leistungen,** die der **Bezugsteuer** unterliegen, in der MWST-Abrechnung deklariert werden.

Falls der Leistungsempfänger **nicht MWST-pflichtig** ist, besteht für Leistungen, die der Bezugsteuer unterliegen, eine **Wertlimite von CHF 10 000 pro Kalenderjahr.** Er muss sich unaufgefordert innerhalb von 60 Tagen nach Ablauf des Kalenderjahres bei der ESTV melden und der Bezugsteuer nachkommen.

Die Wertlimite von CHF 10 000 gilt **nicht als Freigrenze.** Wird dieser Betrag überschritten, ist für sämtliche Bezüge von Leistungen von Unternehmen mit Sitz im Ausland die Steuer geschuldet und nicht nur für denjenigen Teil der Leistungen, der die Wertlimite von CHF 10 000 übersteigt.

Beispiel

Der Privatmann Gerd Moser, Basel, will ein Unternehmen mit Sitz in Spanien bewerten lassen, das ihm ein Freund zum Kauf angeboten hat. Ihn interessieren sowohl Bewertungsfragen wie auch die steuer- und handelsrechtlichen Rahmenbedingungen. Gerd Moser beauftragt deshalb den spanischen Anwalt Mario Sanchez mit der Abklärung der entsprechenden Fragen.

Mario Sanchez verlangt dafür eine Anzahlung von EUR 5 000. Im Dezember n10 liefert er die Unternehmensbewertung (Wert EUR 4 000) ab. Die steuer- und handelsrechtlichen Abklärungen benötigen etwas mehr Zeit und im Februar n11 beantwortet Marco Sanchez diese noch offenen Fragen. Dafür stellt er Gerd Moser EUR 10 000 in Rechnung, die Gerd Moser unter Anrechnung der Vorauszahlung im n11 bezahlt.

Die Umrechnungskurse für EUR 1 betrugen im Dezember n10 CHF 1.20, im Februar n11 CHF 1.15 und im März n11 CHF 1.18.

Bezüge von Unternehmen mit Sitz im Ausland durch Private sind am Ende des entsprechenden Kalenderjahres der ESTV zu melden und die MWST ist zu entrichten, wenn der Wert dieser Bezüge CHF 10 000 pro Jahr übersteigt. Es spielt dabei keine Rolle, ob diese Dienstleistungen von einem oder von mehreren ausländischen Leistungserbringern erbracht und in Rechnung gestellt wurden. Der Wert sämtlicher während eines Kalenderjahres bezogenen Dienstleistungen von Unternehmen mit Sitz im Ausland wird zusammengerechnet.

Der Bezug der Dienstleistung gilt zum Zeitpunkt der Rechnungsstellung als erfolgt. Gerd Moser hätte demzufolge im Jahr n11 den Dienstleistungsbezug mit der ESTV abzurechnen. Kann aber der Wert der im Jahr n10 bezogenen Leistungen zweifelsfrei nachgewiesen werden (Zeitangaben auf der Rechnungsstellung o. Ä.), sind die Dienstleistungsbezüge entsprechend auf beide Jahre zu verteilen. Dadurch lässt sich möglicherweise eine Besteuerung vermeiden.

Ein weiteres Problem ist die Frage des anzuwendenden Umrechnungskurses. Grundsätzlich ist der Kurs am Tag der Rechnungsstellung massgebend (s. Kap. 7.3.3, S. 118).

Soweit der Bezüger von Leistungen von Unternehmen mit Sitz im Ausland nicht bereits aufgrund einer steuerbaren Tätigkeit steuerpflichtig ist, beschränkt sich die Steuerpflicht auf diese Bezüge.

Für bereits steuerpflichtige Personen gilt die Wertlimite von CHF 10 000 nicht, sie müssen jeden Bezug in ihrer Abrechnung deklarieren. Das gilt auch für Steuerpflichtige, die mit der Abrechnungsmethode «Saldosteuersatz» abrechnen (s. Kap. 14, S. 220).

Sind die bezogenen Leistungen **für steuerbare Zwecke bestimmt,** hat das steuerpflichtige Unternehmen Anrecht auf einen entsprechenden **Vorsteuerabzug.** Sind die bezogenen Leistungen hingegen für der Steuer nicht unterstellte Zwecke bestimmt, kann kein Vorsteuerabzug vorgenommen werden.

Beispiel

Fall 1: steuerpflichtiges Unternehmen

Die steuerpflichtige Zobrist AG, die ausschliesslich im Inland steuerbare Tätigkeiten ausübt, hat im vierten Quartal des Kalenderjahres n11 folgende Dienstleistungen von Unternehmen mit Sitz im Ausland bezogen:

- Werbeleistungen für Inserate in Deutschland: CHF 5 000
- Referent für ein Kundenseminar: CHF 7 000

Da nur die steuerbaren Dienstleistungen zu deklarieren sind (MWSTG 45a), muss die Zobrist AG nur die Werbedienstleistungen für Inserate in Deutschland von CHF 5 000 als Bezug einer Dienstleistung von einem Unternehmen mit Sitz im Ausland in ihrer MWST-Abrechnung deklarieren. Sie kann im Rahmen der zum Vorsteuerabzug berechtigenden, unternehmerischen Tätigkeit einen Vorsteuerabzug vornehmen.

Die Zobrist AG muss somit in Ziff. 381 eine Leistung von CHF 5 000 und eine Steuer von CHF 385 deklarieren. Im Gegenzug kann sie einen Vorsteuerabzug in Ziff. 405 der MWST-Abrechnung im Betrag von CHF 385 geltend machen.

Fall 2: nicht steuerpflichtige (Privat)person

Der nicht steuerpflichtige Hans Müller mit Wohnsitz in Altstätten SG beauftragt im Lauf des Jahres n11 den österreichischen Gärtnermeister Walter Hanausek mit Sitz in Bregenz (AT), Garten- und Umgebungsarbeiten an seiner privaten Liegenschaft auszuführen. Dafür stellt ihm Gärtnermeister Hanausek eine Rechnung im Betrag von CHF 15 000.

Hans Müller deklariert diese Liegenschaftsunterhaltsarbeiten in seiner persönlichen Steuererklärung des Jahres n11. Mit der Steuerveranlagung im Jahr n12 teilt die zuständige kantonale Steuerbehörde der ESTV diesen Sachverhalt mit.

Hans Müller ist im Kalenderjahr n11 für die Leistung von einem ausländischen nicht im MWST-Register eingetragenen Unternehmen bezugsteuerpflichtig (MWSTG 45 Abs. 1 lit. c). Die Wertlimite von CHF 10 000 ist überschritten. Zudem hätte Hans Müller innert 60 Tagen nach Ablauf des Kalenderjahres n11 seiner Bezugsteuerpflicht nachkommen müssen (Anmeldung und Deklaration gemäss MWSTG 66 Abs. 3).

Abb. 6-1 fasst zusammen, was beim Bezug von Leistungen von Unternehmen mit Sitz im Ausland zu beachten ist.

Abb. [6-1] **Steuerpflicht beim Bezug von Leistungen von Unternehmen mit Sitz im Ausland**

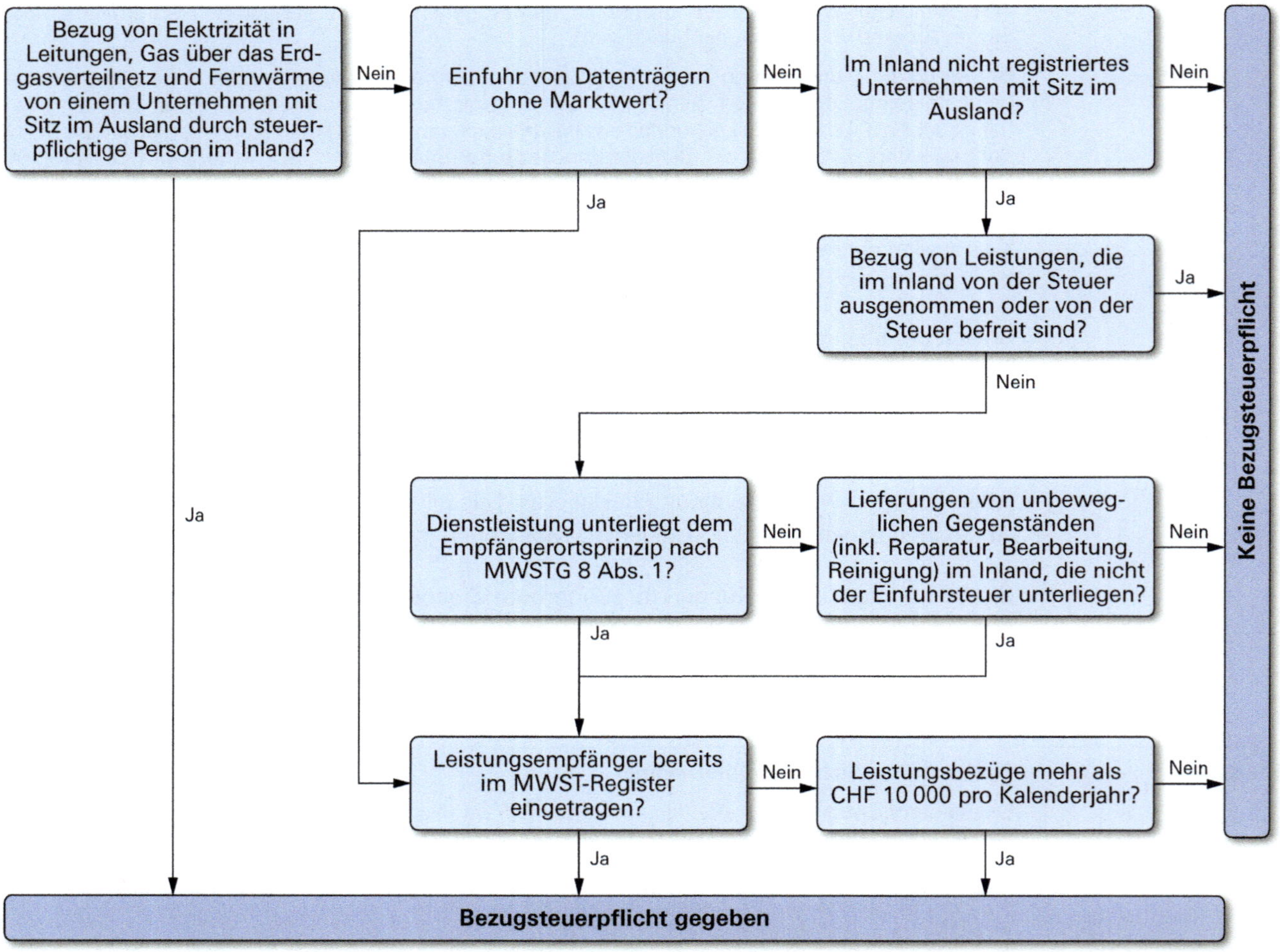

Hinweis: Ohne den Spezialfall Telekommunikationsdienstleistungen / elektronische Dienstleistungen.

6.3 Fehlende Ausrichtung auf Erzielung von Einnahmen aus Leistungen

6.3.1 Nicht unternehmerische Tätigkeiten

Wie in Kapitel 6.2.1, S. 79 behandelt, muss eine unternehmerische Tätigkeit gegeben sein, damit die obligatorische Steuerpflicht besteht.

Bei einer **freiwilligen Steuerpflicht** werden entweder **noch keine Umsätze** erwirtschaftet oder das Unternehmen erzielt einen **jährlichen Umsatz von unter CHF 100 000** (Befreiung von der Steuerpflicht; s. Kap. 6.4, S. 89). Auch in diesem Fall muss die **unternehmerische Tätigkeit** im Sinne der MWST gegeben sein, damit ein Verzicht auf die Befreiung von der Steuerpflicht beantragt werden kann.

Nicht unternehmerische Tätigkeiten sind beispielsweise:

- **Hobby** oder **Liebhaberei,** z. B. das Sammeln von Briefmarken, Modellautos, Münzen, Uhren oder Oldtimern.
- Eine Privatperson verkauft **einmalig** oder **gelegentlich** einzelne Möbel oder andere Gegenstände aus dem eigenen Hausrat oder ein Auto aus ihrer Oldtimersammlung.
- Eine Privatperson will ihre Oldtimersammlung in einem **Museum** der Öffentlichkeit frei zugänglich machen. Es handelt sich dabei um eine Tätigkeit, die nicht auf die nachhaltige Erzielung von Einnahmen aus Leistungen ausgerichtet ist bzw. dies nicht als primäres Ziel verfolgt (s. Kap. 6.2.1, S. 79).
- **Unselbstständig ausgeübte Tätigkeiten** wie z. B. Verwaltungs- und / oder Stiftungsratsmandate, Ausüben von öffentlichen Ämtern oder Erfüllung der Militär- oder Zivildienstpflicht (s. Kap. 5.2.10, S. 75).
- Tätigkeiten in Ausübung **hoheitlicher Gewalt** (s. Kap. 5.2.12, S. 76).

Die im Zusammenhang mit nicht unternehmerischen Tätigkeiten erzielten Einnahmen oder Einkünfte **zählen nicht zur Umsatzlimite** von CHF 100 000, die für die Steuerpflicht massgebend ist (s. Kap. 6.4, S. 89). Bei bestehender Steuerpflicht sind Einnahmen aus den nicht unternehmerischen Tätigkeiten somit nicht zu versteuern und die damit zusammenhängenden Aufwendungen berechtigen nicht zum Vorsteuerabzug.

6.3.2 Ausrichtung auf die nachhaltige Erzielung von Einnahmen aus Leistungen und Tätigkeitsbereiche

Bei gewinnstrebigen Rechtsträgern und Personengesellschaften ist die Ausrichtung auf die (nachhaltige) Erzielung von Einnahmen aus Leistungen grundsätzlich gegeben, dies u. a. auch im Sanierungsfall oder bei letztendlich erfolgloser unternehmerischer Tätigkeit.

Hingegen ist bei nicht gewinnstrebigen Rechtsträgern und Personengesellschaften – insbesondere bei **gemeinnützig tätigen Personen und Institutionen** – im Einzelfall zu prüfen, ob eine Ausrichtung auf die (nachhaltige) Erzielung von Einnahmen aus Leistungen gegeben ist. Die Gewinnerzielung beurteilt sich dabei nach den tatsächlichen Verhältnissen und nicht nur nach formalen Kriterien wie Statuten, Handelsregistereintrag oder Rechtsform. Die Gewinnerzielung ist nicht Voraussetzung der unternehmerischen Tätigkeit und damit der Steuerpflicht (s. Kap. 6.2.1, S. 79).

Unternehmen, die sich **ausschliesslich aus / mit Nichtentgelten** (s. Kap. 5, S. 71) finanzieren und die für die Leistungen kein eigentliches Entgelt im Sinne der MWST vereinnahmen, sind **nicht unternehmerisch** tätig. In diesem Fall ist die **freiwillige Steuerpflicht ausgeschlossen.**

Wenn ein Unternehmen **Einnahmen** aus Leistungen erzielt, dies jedoch in **deutlich untergeordnetem Ausmass** (z. B. mit symbolischem oder Bagatell-Charakter), liegt aus der Sicht der MWST keine Ausrichtung auf die nachhaltige Erzielung von Einnahmen von Leistungen vor.

Ein Rechtsträger kann sowohl unternehmerische als auch nicht unternehmerische Tätigkeitsbereiche haben. Die **Steuerpflicht** umfasst aber nur die **unternehmerischen Tätigkeiten.**

Beispiel

Eine gemeinnützige Stiftung betreibt eine Suppenküche und verkauft daneben auch selbst hergestellte Kerzen und Holzartikel. Aus diesen Artikeln resultieren regelmässig Gewinne, die für den Betrieb der Suppenküche verwendet werden (Quersubventionen bzw. Deckung des Verlust bei der Sparte Suppenküche).

Die Steuerpflicht der Stiftung umfasst lediglich die Umsätze und Aufwendungen aus den selbst hergestellten Kerzen und Holzartikeln. Die Erfolgsrechnung der Stiftung sollte gemäss den Tätigkeitsbereichen «unternehmerisch» und «nicht unternehmerisch» gegliedert sein.

Ein **Tätigkeitsbereich** ist eine **nach aussen auftretende, in sich geschlossene wirtschaftliche Einheit.** Eine wirtschaftliche Einheit liegt vor, wenn eine bestimmte Tätigkeit sachlich, räumlich und zeitlich autonom existieren könnte.

Nachfolgend betrachten wir die unternehmerische und nicht unternehmerische Tätigkeit.

A] Unternehmerische Tätigkeit

Die für die unternehmerische Tätigkeit erforderliche Ausrichtung auf die nachhaltige Erzielung von Einnahmen aus Leistungen kann grundsätzlich als gegeben erachtet werden, wenn Leistungen erbracht werden und hierfür ein Entgelt verlangt wird. Dabei genügt bereits die **Absicht,** in Zukunft **Leistungen gegen Entgelt** zu erbringen (vgl. Kap. 6.2.1, S. 79).

Eine unternehmerische Tätigkeit besteht auch bei einem **Start-up-Unternehmen,** das in den ersten Geschäftsjahren keine oder nur geringfügige Entgelte aus Leistungen erzielt. Es kann sich im Zeitpunkt der Gründung der **freiwilligen MWST-Pflicht** unterstellen.

Immer noch um eine unternehmerische Tätigkeit handelt es sich ebenfalls, wenn ein **sanierungsbedürftiges Unternehmen** infolge Herabsetzung und Aufstockung des Aktienkapitals, durch À-fonds-perdu-Zahlungen und / oder durch Zuschüsse von Aktionären saniert wird. Die Aufwendungen für die Sanierung berechtigen im Rahmen der unternehmerischen Tätigkeit zum Vorsteuerabzug.

Beispiel

Zwei bestehende Pharmaunternehmen mit Sitz in der Schweiz und im Ausland gründen ein gemeinsames Unternehmen in Form von einer Aktiengesellschaft mit dem Ziel, einen neuen Impfstoff gegen Heuschnupfen innerhalb der nächsten 3 Jahre zu entwickeln, diesen marktreif zu machen und in Lizenz produzieren zu lassen. Das neue Unternehmen hat seinen Sitz in Zug.

In den nächsten 3 Jahren werden insgesamt Investitionen von CHF 300 Mio. getätigt, doch müssen die beiden Pharmaunternehmen erkennen, dass der Impfstoff die Marktreife nicht erlangen wird. In der Folge wird die Gesellschaft liquidiert, ohne dass sie je Leistungen gegen Entgelt erbracht hat.

Die Gesellschaft wurde mit der Absicht gegründet, in der Zukunft Leistungen gegen Entgelt zu erbringen. Sie ist seit Aufnahme der Tätigkeit unternehmerisch tätig und kann sich auf den Zeitpunkt der Gründung (freiwillig) ins MWST-Register eintragen lassen. Auf allen Forschungsaufwendungen für den neuen Impfstoff und auch für die Liquidation des Unternehmens verfügt die Gesellschaft über das Vorsteuerabzugsrecht (vgl. dazu Kap. 6.6.2, S. 105).

B] Nicht unternehmerische Tätigkeit

Nicht mehr von einer unternehmerischen Tätigkeit kann dagegen ausgegangen werden, wenn feststeht, dass mit der fraglichen Tätigkeit **gar keine Leistungsentgelte** oder nur solche in **eindeutig untergeordneter Weise** erzielt werden.

Abb. 6-2 fasst die Merkmale des unternehmerischen und des nicht unternehmerischen Bereichs zusammen.

Abb. [6-2] **Unternehmensträger**

Unternehmerischer Bereich	Unternehmerische Tätigkeiten eines steuerpflichtigen Unternehmensträgers sind aus Sicht der MWST als **Einheit** zu betrachten. Werden Leistungen **gegen Entgelt** erbracht oder besteht die Absicht, dereinst Leistungen gegen Entgelt zu erbringen, wird die unternehmerische Tätigkeit als gegeben betrachtet (MWSTG 28, Vorsteuerabzugsrecht).
Nicht unternehmerischer Bereich	• **Privater Bereich** (bei Einzelunternehmen): z. B. Hobby, Liebhaberei, privater Konsum • **Unselbstständiger Bereich** (bei natürlichen Personen): z. B. Angestelltenverhältnis, VR-Mandate • **Bereich** mit Tätigkeiten, die **nicht auf eine nachhaltige Erzielung von Einnahmen aus Leistungen ausgerichtet** sind: z. B. Bereich ausschliesslich durch Spenden finanziert • Bereich mit **Ausübung hoheitlicher Tätigkeiten:** z. B. Polizeidienststelle einer Gemeinde Für nicht unternehmerische Bereiche allein kann ein Unternehmensträger **nicht steuerpflichtig** werden (auch nicht freiwillig). Diese Tätigkeiten berechtigen zudem **nicht** zum **Vorsteuerabzug.**

6.4 Befreiung von der Steuerpflicht

Nachfolgend werden die einzelnen Voraussetzungen für die Befreiung von der Steuerpflicht (s. Kap. 6.1, S. 78) und die Unternehmen, die unter diese Ausnahmebestimmungen fallen, näher beschrieben.

6.4.1 Massgebender Umsatz

Nur wer eine Umsatzlimite von **CHF 100 000 oder mehr pro Kalenderjahr** überschreitet, wird **obligatorisch MWST-pflichtig.** Es stellt sich die Frage, welche Umsätze dafür zu berücksichtigen sind. Die Umsatzlimite bemisst sich nach **vereinbarten Entgelten ohne Steuer** (MWSTG 10 Abs. 2bis).

Grundsätzlich wird der **gesamte Umsatz im In- und Ausland** berücksichtigt, jedoch nicht die von der Steuer ausgenommenen Leistungen und die Nichtentgelte.

Folgende Leistungen oder Entgelte sind für die **Ermittlung der Umsatzlimite** massgebend:

- **Steuerbare Lieferungen im Inland** (Ort der Lieferung ist im Inland; MWSTG 7), auch wenn die Gegenstände exportiert werden (MWSTG 23)
- **Steuerbare Dienstleistungen im Inland** (Ort der Dienstleistung ist im Inland; MWSTG 8)
- **Lieferungen** und **Dienstleistungen im Ausland,** sofern diese steuerbar wären, wenn sie im Inland erbracht würden
- **Steuerbefreite Lieferungen im Inland** (Münz- und Feingold nach MWSTV 44)

Somit werden folgende Leistungen oder Entgelte für die Ermittlung der Umsatzlimite **nicht berücksichtigt:**

- Entgelte für **von der Steuer ausgenommene Leistungen** (MWSTG 21 Abs. 2) inkl. der grundsätzlich steuerbaren Leistungen, die infolge der **Kombinationsregel** (MWSTG 19 Abs. 2) als von der Steuer ausgenommen behandelt werden
- Entgelte für **Leistungen im Ausland,** die von der Steuer ausgenommen wären, wenn sie im Inland erbracht würden
- **Nichtentgelte** gemäss MWSTG 18 Abs. 2 (z. B. Subventionen, Schadenersatz, Spenden)
- In **nicht unternehmerischen Tätigkeitsbereichen** erzielte Einnahmen

Beispiel

Fall 1

Die Meier AG erbringt jährlich:

	CHF
Allgemeine Dienstleistungen an Kunden mit Sitz im Inland	60 000
Übrige Beratungsleistungen an Kunden mit Sitz im Ausland	50 000
Von der Steuer ausgenommene Bildungsleistungen im Inland	20 000

Massgebend für die obligatorische Steuerpflicht sind die erbrachten Dienstleistungen an Kunden mit Sitz im Inland von CHF 60 000 und die nicht der schweizerischen MWST unterliegenden Leistungen von CHF 50 000, die steuerbar wären, wenn sie im Inland erbracht würden. Der massgebende Umsatz für die Steuerpflicht beträgt somit CHF 110 000 und die Meier AG wird im Register als Steuerpflichtige eingetragen. Die Bildungsleistungen sind von der Steuer ausgenommen und daher für die Umsatzlimite nicht massgebend.

6.4.2 Kleinunternehmen

Kleinunternehmen, die innerhalb eines Jahres einen massgebenden Umsatz von **weniger als CHF 100 000** erzielen, sind **von der Steuerpflicht befreit.** Diese Umsatzgrenze verfolgt den Zweck, kleinere Unternehmen von der administrativen Belastung der MWST zu befreien und aufseiten der Verwaltung (ESTV) die Erhebungswirtschaftlichkeit zu verbessern.

Für die Eintragung im Handelsregister wird ebenfalls eine Limite von CHF 100 000 (Erzielung von Umsätzen) angewandt. Diese Limiten sind aber nicht gleichzusetzen.

Massgebend für die Bemessung der Umsatzgrenze von CHF 100 000 sind die für inländische steuerbare Leistungen in Rechnung gestellten Entgelte ohne die darauf erhobene MWST. Bei Unternehmen mit ausschliesslich Bargeschäften kann auch auf die vereinnahmten Entgelte abgestellt werden, z. B. bei einem Lebensmittelgeschäft, in dem die Kunden ihre Einkäufe mehrheitlich bar bezahlen.

Für **Einzelunternehmen** und **Personengesellschaften** mit **weniger als CHF 500 000 Umsatzerlös** besteht zudem **keine Buchführungspflicht** im Sinne von OR 957 Abs. 1. Sie müssen aber über ihre Einnahmen und Ausgaben sowie über die Vermögenslage eine sog. «Milchbüchleinrechnung» oder eine eingeschränkte bzw. vereinfachte Buchführung erstellen. In Bezug auf Unternehmen, die die vereinfachte Buchführung anwenden können, sind auch die Ausführungen in MWSTV 128 Abs. 1 lit. b zu beachten (s. Kap. 17.2, S. 249).

Wir stellen im Folgenden zwei Beispiele zur Steuerpflicht dar:

Beispiel

Fall 1: Landwirt

Der Landwirt Hans Berger hat im abgelaufenen Kalenderjahr folgende Umsätze erzielt:

	CHF
Verkauf von im eigenen Betrieb gewonnenen Erzeugnissen	150 000
Handel mit zugekauften Landwirtschaftsprodukten	130 000
Durchgeführte Transporte für Dritte	70 000

Hans Berger ist steuerpflichtig, da er steuerbare Umsätze aus zugekauften Produkten und aus Transporten für Dritte von CHF 200 000 erzielt. Die Umsätze aus dem Verkauf von im eigenen Betrieb gewonnenen Erzeugnissen sind von der Steuer ausgenommen (MWSTG 21 Abs. 2 Ziff. 26) und bei der Abklärung der Steuerpflicht nicht zu berücksichtigen.

Aufgrund der nun gegebenen Steuerpflicht liegt eine gemischte Verwendung der Infrastruktur (z. B. Landmaschinen) vor und Hans Berger muss eine anteilsmässige Vorsteuerkorrektur vornehmen, wenn er nicht für die von der Steuer ausgenommenen eigenen Erzeugnisse optiert.

Fall 2: Gärtnermeister

Der Gärtnermeister Rudolf Blum erzielt mit seinem Familienbetrieb folgende Umsätze:

	CHF
Verkauf von eigenen Blumen	90 000
Handelsumsatz mit Gartenwerkzeugen	50 000
Verkauf von zugekauften Blumen, die zusammen mit eigenen Blumen zu Sträussen gebunden wurden	20 000

Da Rudolf Blum aus zugekauften Blumen und aus dem Handel mit Gartenwerkzeugen weniger als CHF 100 000 erzielt, ist er von der Steuerpflicht befreit. Die Umsätze von im eigenen Betrieb gewonnenen Erzeugnissen (Urprodukte, u. a. auch Blumen aus Gärtnereien) sind gemäss MWSTG 21 Abs. 2 Ziff. 26 von der MWST ausgenommen und daher nicht in die Umsatzlimite einzubeziehen.

Rudolf Blum könnte aber auf die Befreiung von der Steuerpflicht verzichten und für den Verkauf von eigenen Blumen optieren (reduzierter Steuersatz). Dann müsste er aber auch den Restumsatz von CHF 70 000 mit der MWST abrechnen und könnte auf allen Aufwendungen den Vorsteuerabzug vornehmen.

6.4.3 Unternehmen mit Sitz im Ausland

Erbringen Unternehmen mit Sitz im Ausland in der Schweiz Leistungen, werden sie ab der erstmaligen Leistung MWST-pflichtig, sofern sie einen weltweiten Umsatz von über CHF 100 000 pro Jahr ausweisen.

Mit der Steuerpflicht und dem Eintrag ins MWST-Register verbunden ist, dass ein ausländisches Unternehmen, das in der Schweiz **nicht im Handelsregister eingetragen** ist, nach MWSTG 67 eine ansässige **Fiskalvertretung** zu bestimmen hat. Erforderlich ist auch eine **Sicherheitsleistung** als Barzahlung oder als Bankgarantie. In räumlicher Hinsicht werden ein Unternehmenssitz im Inland sowie alle inländischen Betriebsstätten zu einem Steuersubjekt zusammengefasst.

In grenzüberschreitenden Verhältnissen gilt demnach das sog. **«Dual-Entity-Prinzip».** Danach bilden alle **inländischen Betriebsstätten** eines ausländischen Unternehmens zusammen ein eigenes Steuersubjekt (MWSTG 10 Abs. 3 und MWSTV 7). Demzufolge sind sowohl der im Ausland ansässige Hauptsitz als auch die im Inland ansässigen Betriebsstätten Steuersubjekt der MWST und müssen sich bei gegebenen Voraussetzungen **einzeln ins MWST-Register eintragen** lassen.

Beispiel

Fall 1

Der italienische Gipsereibetrieb Pronto SA weist einen jährlichen Umsatz von EUR 3 Mio. in Italien aus. Als Subunternehmer eines Tessiner Gipsereibetriebs kann er im Tessin erstmalig eine Gipser-Equipe für EUR 5 000 für baugewerbliche Lohnarbeiten einsetzen (reine Lohnarbeit, ohne Materialimport).

Die Pronto SA muss sich für diese Leistung im MWST-Register der Schweiz eintragen lassen, einen Fiskalvertreter bestimmen und eine Sicherheitsleistung hinterlegen. Die Pronto SA erreicht weltweit einen Umsatz von über CHF 100 000 und wird somit ab der erstmaligen Leistung in der Schweiz MWST-pflichtig (MWSTG 10).

Fall 2

Der seit Kurzem selbstständig erwerbende Küchenbauer Leo Sander hat seinen Geschäfts- und Wohnsitz in Deutschland. Seine Umsätze in den ersten drei Monaten der Erwerbstätigkeit in Deutschland belaufen sich auf rund EUR 10 000. Er übernimmt einen Auftrag für Montagearbeiten (d. h. ohne Material, das der Schweizer Kunde selbst besorgt hat) an einer Liegenschaft im Kanton Aargau und stellt dafür EUR 12 000 in Rechnung.

Sofern Leo Sander in den nächsten 12 Monaten die Umsatzlimite von CHF 100 000 (weltweit) voraussichtlich nicht überschreitet, wird er für seine erstmaligen Leistungen in der Schweiz nicht obligatorisch MWST-pflichtig. Die Steuerschuld dieser Lieferung (Montagearbeit) geht dann jedoch auf den Leistungsempfänger in der Schweiz über, d. h., der Schweizer Kunde von Leo Sander muss die EUR 12 000 nach MWSTG 45 als Bezugsteuer versteuern.

Von der Steuerpflicht **grundsätzlich befreit** sind Unternehmen mit **Sitz im Ausland,** die im Inland ausschliesslich folgende Leistungen erbringen (MWSTG 10 Abs. 2 lit. b):

1. Von der Steuer befreite Leistungen
2. Dienstleistungen, deren Ort sich nach MWSTG 8 Abs. 1 beim Empfänger im Inland befindet (siehe jedoch Präzisierungen in «Ausnahme: Unternehmen mit Sitz im Ausland erbringen Telekommunikations- und / oder elektronische Dienstleistungen in der Schweiz»)
3. Lieferung von Elektrizität in Leitungen, Gas über das Erdgasverteilnetz und Fernwärme an steuerpflichtige Personen im Inland

Nachfolgend gehen wir auf die Präzisierungen für Ziff. 2. ein.

A] Ausnahme: Unternehmen mit Sitz im Ausland erbringen Telekommunikations- und / oder elektronische Dienstleistungen in der Schweiz

Diese Ausnahme ist explizit im MWSTG 10 Abs. 2 lit. b erwähnt und kann wie folgt umschrieben werden: Unternehmen (oder auch Anbieter) mit Sitz im Ausland, die in der Schweiz **ausschliesslich** Telekommunikations- und / oder elektronische Dienstleistungen **an steuerpflichtige Empfänger** erbringen, sind von der Steuerpflicht befreit. Erbringt ein solches Unternehmen diese und andere nicht in MWSTG 10 Abs. 2 lit. b genannte Leistungen an **nicht steuerpflichtige Empfänger** (z. B. Privatpersonen oder nicht steuerpflichtige Unternehmen) in der Schweiz, wird es **steuerpflichtig,** sofern es die **Umsatzgrenze von CHF 100 000** innerhalb eines Jahres erreicht. Bis zu dieser Umsatzgrenze ist es von der Steuerpflicht befreit, kann aber auf die Befreiung von der Steuerpflicht gemäss MWSTG 11 verzichten.

Als Telekommunikations- und / oder elektronische Dienstleistungen (MWSTV 10) gelten beispielsweise:

- Sprachübertragungen (u. a. Telefondienste), Schriftübertragungen (z. B. E-Mail-Dienste), Bild-, Ton- oder andere Übertragungen
- Übertragungsleistungen
- Zugang zum Internet
- Abonnementsgebühren für den Zugang zu Netzwerken
- Bereitstellung von Websites, Webhostings oder Datenbanken, Fernwartung von Programmen und Ausrüstungen
- Cloud-Computing
- Downloads von Musik, Filmen, Podcasts, Programmen, Spielen, Grafiken, Texten und Informationen

Bei einer Prüfung der Steuerpflicht muss der ausländische Anbieter die gegenüber Kunden mit Sitz in der Schweiz erbrachten Leistungen in seiner **Buchhaltung** nach den Kategorien **«steuerpflichtige Schweizer Kunden»** und **«nicht steuerpflichtige Schweizer Kunden»** aufteilen.

Falls die Umsatzgrenze überschritten und somit die **Steuerpflicht** gegeben ist, sind folgende Sachverhalte zu berücksichtigen:

- Ist die Steuerpflicht des ausländischen Anbieters gegeben, muss er die **gesamten** in der **Schweiz** erbrachten **steuerbaren Leistungen** zum entsprechenden Steuersatz versteuern. Dies umfasst auch die an steuerpflichtige Personen (im MWST-Register eingetragene Personen) erbrachten Telekommunikations- und / oder elektronischen Dienstleistungen, das Erteilen von Informationen oder anderen Leistungen.
- Das steuerpflichtige, im Ausland ansässige Unternehmen muss für die Erfüllung der Verfahrenspflichten gegenüber der MWST einen **Steuervertreter** bestimmen (MWSTG 67 Abs. 2), der seinen Sitz in der Schweiz hat.
- Der ausländische Anbieter sollte auch die gegenüber Kunden mit Sitz in der Schweiz erbrachten **Leistungen aufteilen,** d. h. eine Unterscheidung der Lieferungen an steuerpflichtige und nicht steuerpflichtige Kunden vornehmen.

B] Ausländische Versandhändler

Liefert ein ausländischer Versandhändler **Kleinsendungen für mehr als CHF 100 000** in die Schweiz, die aufgrund eines geringfügigen Steuerbetrags von der Einfuhrsteuer befreit sind, muss er sich im **MWST-Register** der Schweiz eintragen lassen (detaillierte Ausführungen s. Kap. 2.2.3 D, S. 23).

6.4.4 Sport- und Kulturvereine oder gemeinnützige Institutionen

Nicht gewinnstrebige, ehrenamtlich geführte Sport- und Kulturvereine oder gemeinnützige Institutionen mit einem massgebenden Jahresumsatz von weniger als CHF 150 000 im In- und Ausland sind von der Steuerpflicht befreit.

Damit die höhere **Umsatzlimite von CHF 150 000** bei einem Sport- und Kulturverein angewandt wird, müssen folgende **Voraussetzungen kumulativ** erfüllt sein:

- Es muss sich um eine juristische Person in Form eines **Vereins** (ZGB 60 ff.) handeln. Demzufolge können Aktiengesellschaften, Genossenschaften usw. nicht unter diese Ausnahmebestimmung fallen.
- Die **Vereinsleitung** obliegt Personen, die weder vom Verein angestellt sind noch für ihre Tätigkeit entschädigt werden. Nicht als finanzielle Entschädigung gilt die Abgeltung von Auslagen im Rahmen der Erfüllung von Vereinsaufgaben.
- Der Verein handelt **nicht gewinnorientiert.** Wird dennoch ein Gewinn erzielt, ist dieser zur Finanzierung anderer Vereinstätigkeiten zu verwenden. Demzufolge dürfen die Statuten keine Verteilung des Reingewinns an die Mitglieder vorsehen.

Die **gemeinnützigen Institutionen** (Organisationen) müssen die **Voraussetzungen** für die **direkte Bundessteuer** gemäss DBG 56 lit. g erfüllen, damit die Umsatzgrenze von weltweit CHF 150 000 zur Anwendung kommt:

- Befreiung der Steuerpflicht bei der direkten Bundessteuer (Bestätigung muss vorliegen).
- Es handelt sich um eine juristische Person (z. B. Verein, AG oder GmbH), die öffentliche und gemeinnützige Zwecke verfolgt.
- Die Mittel oder auch der Gewinn werden unwiderruflich und ausschliesslich den öffentlichen und gemeinnützigen Zwecken gewidmet.

Zu den gemeinnützigen Organisationen bzw. Bekanntmachungsleistungen gilt es noch die Ausführungen in Kapitel 3.1.27, S. 55 zu beachten.

In Bezug auf die Buchführungspflicht von Vereinen gelten die Bestimmungen in OR 957 ff.

Beispiel

Der ehrenamtlich geführte Sportverein Forza Ticino hat im abgelaufenen Kalenderjahr folgende Umsätze erzielt:

	CHF
Mitgliederbeiträge	90 000
Werbeleistungen	120 000
Zuschauereintritte	40 000
Verkauf Fanartikel	20 000
Total Umsätze	**270 000**

Obwohl der Sportverein Forza Ticino Umsätze von total CHF 270 000 erzielt hat, ist er nicht obligatorisch steuerpflichtig. Dies einerseits, weil es sich bei den Mitgliederbeiträgen und den Zuschauereintritten um von der Steuer ausgenommene Leistungen handelt, die bei der Abklärung der obligatorischen Steuerpflicht nicht zu berücksichtigen sind, andererseits, weil die steuerbaren Umsätze aus Werbeleistungen und Fanartikelverkäufen weniger als CHF 150 000 betragen.

In diesem Beispiel ist davon auszugehen, dass es sich bei den Mitgliederbeiträgen um Zahlungen von Aktivmitgliedern handelt. Falls noch Passivmitgliederbeiträge bestehen, so handelt es sich dabei um Spenden gemäss MWSTG 18 Abs. 2 lit. d. Nähere Einzelheiten dazu in Kapitel 5, S. 71.

Abb. 6-3 fasst die Prüfungsschritte bei der Steuerpflicht von Unternehmen zusammen.

Abb. [6-3] **Steuerpflicht von Unternehmen**

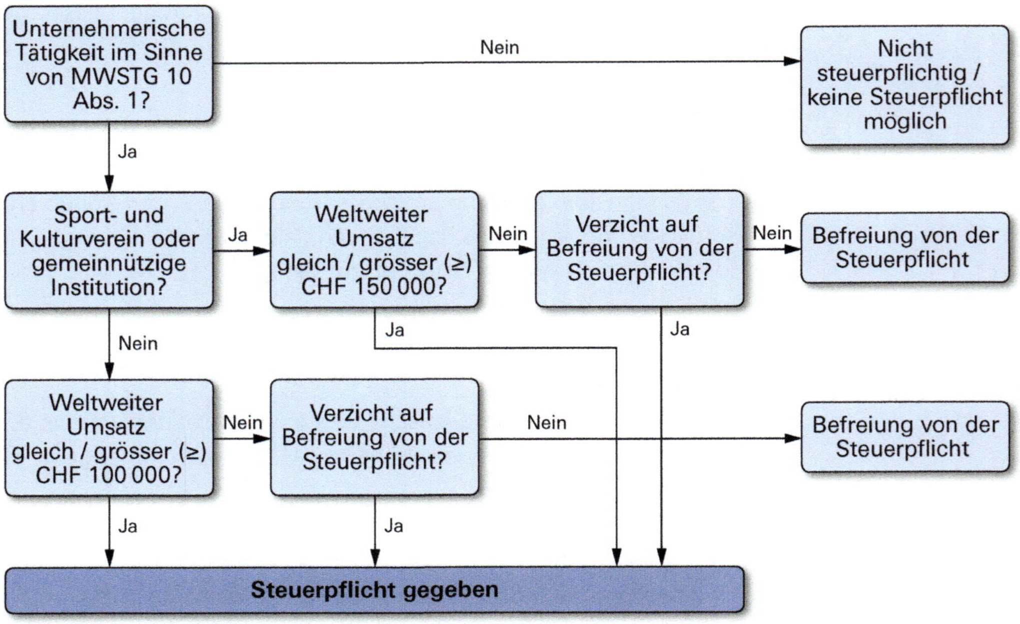

6.5 Spezialbestimmungen zur Steuerpflicht

Neben den vorgehend behandelten Befreiungen von der Steuerpflicht gibt es noch verschiedene spezielle Bestimmungen, die im Zusammenhang mit der Steuerpflicht zu beachten sind. Im Einzelnen handelt es sich dabei um die **Gruppenbesteuerung,** das **Gemeinwesen** (d. h. die öffentliche Hand) und die **Veranstalter von Anlässen.**

6.5.1 Gruppenbesteuerung

MWSTG 13 und MWSTV 15–22 sehen eine spezielle Regelung für die Steuerpflicht von Unternehmensgruppen vor. Nachfolgend erfahren Sie, wer sich der Gruppenbesteuerung unterstellen kann und welche Auswirkungen sich dadurch für die betroffenen Unternehmen ergeben.

Hinweis Weitere Informationen zum Vorsteuerabzug bei der Gruppenbesteuerung s. Kapitel 12.5, S. 202.

A] Grundsätzliches zur Gruppenbesteuerung

Die Gruppenbesteuerung ist einmalig in der schweizerischen Steuerlandschaft: Bei der Bestimmung der subjektiven Steuerpflicht werden wirtschaftlich verbundene Unternehmen als Ganzes, als ein **einziges Steuersubjekt,** erfasst.

Der wichtigste Vorteil der Gruppenbesteuerung besteht darin, dass der **Gruppeninnenumsatz** – der Leistungsaustausch zwischen den einzelnen Gruppenmitgliedern – **nicht als steuerbarer Umsatz erfasst** wird. Er kommt besonders dann zum Tragen, wenn Gesellschaften zur Gruppe gehören, die keinen oder nicht den vollen Vorsteuerabzug beanspruchen können.

Unter **Aussenumsatz** versteht man den **mit Dritten erzielten Umsatz,** die kein Mitglied der Gruppe sind.

Beispiel

Die Holding AG (HAG) hat Dritten Kapital zur Verfügung gestellt, dessen Zinserträge verbucht werden. Sie erzielt keine Dividendenerträge.

Die Management AG (MAG) hat der HAG im letzten Quartal Beratungsleistungen erbracht und einen PC geliefert. Diese Leistungen wurden der MAG zu Preisen wie für Dritte abgegolten. Die Tochtergesellschaft 1 (TG 1) hat Handelswaren eingekauft und an die Verkaufsgesellschaft TG 2 geliefert, die diese an Dritte weiterverkauft hat.

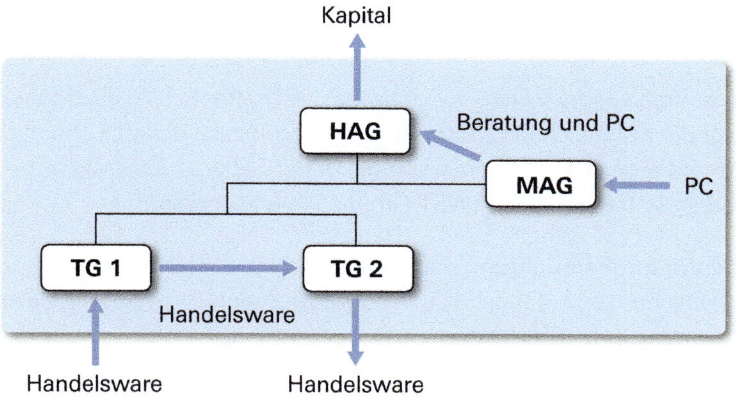

Steuerfolgen ohne Gruppenbesteuerung

Jeder Leistungsaustausch zwischen den einzelnen Konzerngesellschaften sowie zwischen Konzerngesellschaften und Dritten ist steuerpflichtig. Dies spielt keine Rolle, solange die Gesellschaften alle voll vorsteuerabzugsberechtigt sind.

Gehen wir davon aus, dass im obigen Beispiel TG 1 und TG 2 nur steuerbare Umsätze tätigen. Verrechnet TG 1 an TG 2 die Lieferung von Waren, so nimmt die Steuerschuld von TG 1 gegenüber der ESTV zu. Gleichzeitig entsteht aber bei TG 2 ein Anspruch auf Vorsteuerabzug in gleicher Höhe. Konsolidiert betrachtet ist dieser Vorgang für den Konzern ein Nullsummenspiel.

Die Beratungsleistungen und der Verkauf des PCs von der MAG an die HAG müssen der HAG inkl. MWST in Rechnung gestellt werden. Der Finanzertrag der HAG ist von der Steuer ausgenommen und die HAG kann somit auch keinen Vorsteuerabzug beanspruchen. Hingegen kann die MAG auf dem Einkauf des PC Vorsteuern geltend machen, denn sie führt mit diesem PC ihrerseits einen steuerbaren Umsatz aus.

Steuerfolgen mit Gruppenbesteuerung

Sämtliche Leistungen zwischen den einzelnen Konzerngesellschaften sind nicht steuerpflichtig. Da dem Konzern aus den Lieferungen der TG 1 an die TG 2 gesamthaft kein Mittelabfluss erwächst, bringt die Gruppenbesteuerung für diese Umsätze keine wesentlichen Vorteile.

Anders sieht es hingegen bei den Leistungen der MAG an die HAG aus. Die Beratungsleistungen und der PC-Verkauf müssen nicht mit der MWST abgerechnet werden. Die Gruppe darf aber den Vorsteuerabzug für den Einkauf des PC nicht geltend machen, denn der PC wird bei der HAG dazu verwendet, mit Dritten von der Steuer ausgenommene Leistungen zu erzielen.

Zusammenfassend besteht der wichtigste Vorteil der Gruppenbesteuerung darin, dass eine Besteuerung der Wertschöpfungsquote verhindert wird, die eine steuerpflichtige Konzerngesellschaft einer anderen, nicht oder nicht zum vollen Vorsteuerabzug berechtigten Konzerngesellschaft fakturiert.

B] Gruppenbildung oder -kreise

Damit Unternehmen auf Antrag gemeinsam eine Gruppe bilden können, muss es sich um **juristische Personen, Personengesellschaften oder natürliche Personen** mit Sitz oder Betriebsstätte in der Schweiz handeln, die **eng** miteinander **verbunden** sind. Die enge Verbindung liegt vor, wenn nach dem Gesamtbild der tatsächlichen Verhältnisse eine natürliche Person, eine Personengesellschaft oder eine juristische Person durch Stimmenmehrheit oder auf andere Weise eine oder mehrere juristische oder natürliche Personen oder Personengesellschaften unter **einheitlicher Leitung** zusammenfassen.

Auch eine in der Schweiz gelegene **Betriebsstätte eines ausländischen Unternehmens** kann grundsätzlich in die Gruppe aufgenommen werden, und zwar unabhängig davon, ob sie im schweizerischen Handelsregister eingetragen ist oder nicht. Der Kreis der Gruppenbesteuerung umfasst dann jedoch alle Schweizer Betriebsstätten des ausländischen Rechtsträgers.

Der Kreis der Gruppenmitglieder in einer MWST-Gruppe ist innerhalb der zur Teilnahme an der Gruppenbesteuerung Berechtigten frei wählbar. Die **Bildung mehrerer Teilgruppen** ist zulässig.

Demzufolge können keine weiteren Gesellschafter freiwillig aufgenommen werden, die nicht unter der einheitlichen Leitung stehen. Ist beispielsweise das übergeordnete Unternehmen im Ausland ansässig, so können nur die in der Schweiz ansässigen Gruppenunternehmen und Betriebsstätten als eine MWST-Gruppe behandelt werden.

Eine **Vorsorgeeinrichtung nach BVG** kann nur dann Mitglied einer Gruppe sein, wenn sie die einheitliche Leitung innehat oder unter der einheitlichen Leitung einer anderen Vorsorgeeinrichtung nach BVG steht.

Beispiel

Der Sitz der Zentrale eines Mischkonzerns befindet sich in Brüssel (BE).

Kann der Konzern die Gruppenbesteuerung in der Schweiz beantragen und welche Gesellschaften können gegebenenfalls in die Gruppe miteinbezogen werden?

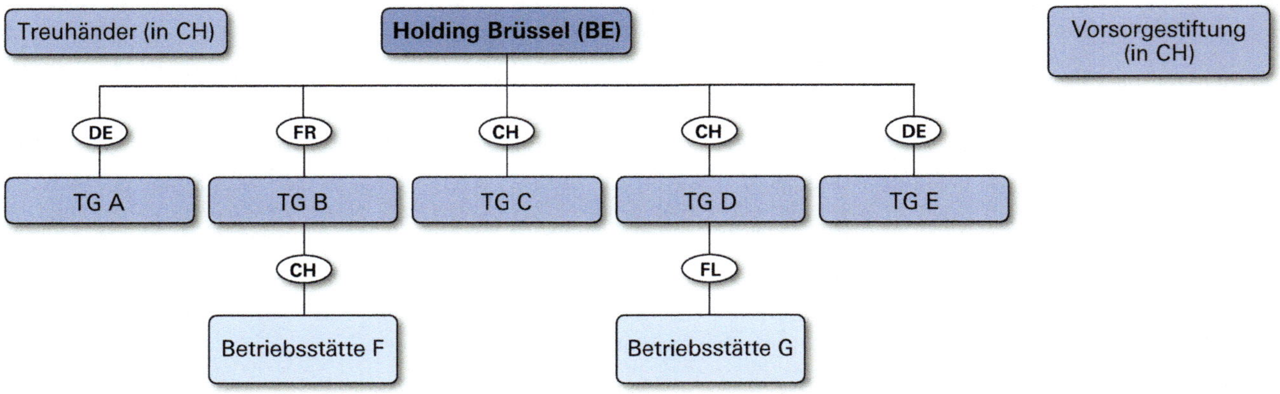

Der Antrag auf Gruppenbesteuerung wird bewilligt, obwohl sich der Sitz des Konzerns im Ausland, d. h. in Brüssel (BE), befindet.

Als Gruppenmitglieder werden die Gesellschaften bzw. Unternehmen C und D sowie die Betriebsstätte F und G in die MWST-Gruppe miteinbezogen. Es könnten aber auch nur die Unternehmen C und D in die MWST-Gruppe miteinbezogen werden. Im Weiteren könnten die Gesellschaft C oder D oder eine unabhängige aussenstehende Treuhandgesellschaft als Gruppenvertreter (Ansprechpartner gegenüber ESTV) verantwortlich sein.

Ein weiterer Vorteil der Gruppenbesteuerung besteht darin, dass zum Gruppenkreis auch diejenigen unter der einheitlichen Leitung stehenden Personen gezählt werden, die für sich allein gesehen gar nicht steuerpflichtig wären. Dadurch kann ein **zusätzliches Anrecht auf einen Vorsteuerabzug** entstehen.

C] Voraussetzungen und Auswirkungen der Gruppenbesteuerung

Damit die Gruppenbesteuerung überhaupt bewilligt werden kann, ist vorab ein **schriftlicher Antrag** einzureichen. Dem Antrag ist u. a. ein Organigramm, Handelsregisterauszüge usw. sowie die von allen Gruppenmitgliedern unterzeichnete **Einverständniserklärung** (Gruppenmitgliedschaft und Haftung) beizulegen.

Sämtliche an der Gruppenbesteuerung beteiligten Gesellschaften und Personen gelten zusammen als **ein Steuerpflichtiger.** Der **Gruppenvertreter** ist für administrative Belange der MWST-Gruppe gegenüber der ESTV zuständig. Dieser kann frei gewählt werden, d. h., er kann entweder ein Mitglied der Gruppe sein oder eine natürliche oder juristische Person mit Sitz in der Schweiz, die nicht Mitglied der MWST-Gruppe ist (z. B. eine aussenstehende Treuhandgesellschaft). Wenn der Gruppenvertreter nicht Mitglied der MWST-Gruppe ist, muss eine Vollmacht erstellt werden. Für Inkassomassnahmen muss dann aber ein zusätzliches Gruppenmitglied bestimmt werden.

Sämtliche Mitglieder der MWST-Gruppe treten gegen aussen mit der **von der ESTV zugeteilten MWST-Nr.** auf. Jedes Gruppenmitglied erstellt eine (interne) MWST-Abrechnung. Die Gruppenvertretung erstellt dann **eine einzige MWST-Abrechnung,** indem sie die Umsätze und Vorsteuern der einzelnen MWST-Abrechnungen zusammenfasst. Der ESTV wird nur diese einzige MWST-Abrechnung eingereicht. Die Deklaration der Gruppeninnenumsätze in der MWST-Abrechnung ist nicht notwendig.

Belege über **gruppeninterne Transaktionen** sind gemäss den handelsrechtlichen Vorschriften zu erstellen und tragen keinen Hinweis auf die MWST, insbesondere keinen Ausweis eines Steuersatzes. Die gruppeninternen Transaktionen (Aufwand und Ertrag) sind in den Geschäftsbüchern gesondert darzustellen, etwa mit der Erfassung auf gesonderten Konten oder mit einem separaten Steuercode.

Alle Gruppenmitglieder müssen den **gleichen Bilanzstichtag** haben (Ausnahme für Holdinggesellschaften möglich) und nach der **gleichen Abrechnungsart,** also entweder nach vereinbartem oder nach vereinnahmtem Entgelt, ihre Deklaration erstellen.

Die Anwendung von Saldo- bzw. Pauschalsteuersätzen ist nicht möglich. Jedes Gruppenmitglied (oder der Gruppenvertreter) hat mindestens **einmal jährlich eine Umsatz- und eine Vorsteuerabstimmung** (sog. Finalisierung, MWSTG 72, s. Kap. 17.3, S. 251) vorzunehmen.

Jedes Mitglied der MWST-Gruppe anerkennt schriftlich, dass es mit der Gruppenbesteuerung einverstanden ist, und **haftet solidarisch** – mit Ausnahme allfälliger Vorsorgeeinrichtungen – für das von der gesamten Gruppe (d. h. von allen Gruppenmitgliedern) geschuldete Total aller Steuerschulden (Steuer, Zins- und Kostenforderungen), nicht aber für Bussen. Bezüglich Haftung siehe auch weitere Ausführungen in Kapitel 6.7, S. 107.

Änderungen im Bestand der Gruppengesellschaften sind der ESTV schriftlich zu melden. Dabei handelt es sich vor allem um Kauf und Verkauf von Gesellschaften sowie Liquidationen, Konkurse und Unternehmenszusammenschlüsse.

Die Gruppenbesteuerung muss **mindestens während einer Steuerperiode** beibehalten und kann anschliessend nur auf Ende einer Steuerperiode beendet werden.

6.5.2 Gemeinwesen

Die Steuerpflicht im Bereich des Gemeinwesens ist in MWSTG 12 geregelt. Demnach werden die autonomen Dienststellen von Bund, Kantonen und Gemeinden sowie die übrigen Einrichtungen des öffentlichen Rechts und die mit öffentlich-rechtlichen Aufgaben betrauten Personen und Organisationen (inkl. Gemeinde- und Zweckverbänden) bei Überschreiten der allgemeingültigen Betragsgrenzen für ihre gewerblichen Leistungen bzw. unternehmerischen Tätigkeiten steuerpflichtig.

Ein Steuersubjekt eines Gemeinwesens ist von der Steuerpflicht befreit, solange **nicht mehr als CHF 100 000 Umsatz** pro Jahr aus **steuerbaren Leistungen an Nichtgemeinwesen** stammen. Der Umsatz bemisst sich nach den **vereinbarten Entgelten ohne die Steuer** (MWSTG 12 Abs. 3). Von der Steuer befreit sind ausserdem Spitäler, Alters- und Pflegeheime, Sozialdienste, Kinder- und Jugendheime, Schulen, Museen sowie Theater, die Teil eines Gemeinwesens sind, wenn sie weniger als CHF 150 000 Umsatz pro Jahr aus Leistungen erzielen, die nicht nach MWSTG 21 Abs. 2 von der Steuer ausgenommen sind.

Speziell zu beachten ist, dass **Leistungen innerhalb des gleichen Gemeinwesens** und der ausschliesslich von ihnen gehaltenen oder gegründeten Organisationen **von der Steuer ausgenommen sind** (s. Kap. 3.1.28, S. 55). Das MWSTG verwendet den Begriff der sog. «Organisationseinheiten des gleichen Gemeinwesens», deren Leistungen untereinander von der MWST ausgenommen sind (MWSTG 21 Abs. 6 i. V. mit MWSTG 21 Abs. 2 Ziff. 28 lit. a).

Als **Organisationseinheiten des gleichen Gemeinwesens** gelten dessen:

- Dienststellen.
- Privat- und öffentlich-rechtliche Gesellschaften, sofern weder andere Gemeinwesen noch Nichtgemeinwesen daran beteiligt sind.
- Anstalten und Stiftungen, sofern das Gemeinwesen sie ohne Beteiligung anderer Gemeinwesen oder Nichtgemeinwesen gegründet hat.

Nachfolgend behandeln wir die verschiedenen Arten von Steuersubjekten und Leistungsarten im Bereich des Gemeinwesens und die massgebenden Umsätze für die Abklärung der Steuerpflicht.

A] Steuersubjekte im Gemeinwesen

Indem man bei der Festlegung des Steuersubjekts in erster Linie auf die **autonome Dienststelle** abstellt, wird dem Umstand Rechnung getragen, dass es sich bei Gemeinwesen in der Regel um komplexe Gebilde handelt. Dadurch werden aber autonome Bereiche des Gemeinwesens auch dann subjektiv steuerpflichtig, wenn sie rechtlich gar nicht selbstständig sind.

Was eine autonome Dienststelle ist, wird im Gesetz nicht weiter umschrieben. Die Unterteilung eines Gemeinwesens in Dienststellen richtet sich nach der **Gliederung des finanziellen Rechnungswesens** (Finanzbuchhaltung), soweit dieses den organisatorischen und funktionalen Aufgaben des Gemeinwesens entspricht. Dabei kann auf die funktionale, die institutionelle oder eine andere Gliederung abgestellt werden.

B] Steuerpflicht im Gemeinwesen

Autonome Dienststellen von Bund, Kanton, Gemeinden, die übrigen Einrichtungen des öffentlichen Rechts und mit öffentlich-rechtlichen Aufgaben betraute Personen und Organisationen werden für viele Leistungen nicht steuerpflichtig, nämlich dann, wenn sie Leistungen in Ausübung von **hoheitlicher Gewalt** erbringen. Als hoheitlich gilt eine Leistung in der Regel dann, wenn sie **nicht unternehmerischer Natur,** namentlich **nicht marktfähig** ist und **nicht im Wettbewerb** mit Tätigkeiten **privater Anbieter** steht. Dies trifft auch dann zu, wenn dafür Gebühren, Beiträge oder sonstige Abgaben erhoben werden.

Als nicht unternehmerisch und damit hoheitlich gilt eine Leistung in der Regel dann, wenn sie gegenüber Dritten – selbst gegen deren Willen – mit einer **Verfügung** durchgesetzt werden kann.

Die nachfolgend aufgelisteten **Tätigkeiten** sind immer **unternehmerisch** und können die Steuerpflicht eines Gemeinwesens auslösen. Die Aufzählung in MWSTV 14 ist nicht abschliessend:

- Leistungen von Radio und Fernsehen, Telekommunikations- und elektronische Dienstleistungen
- Lieferungen von Wasser, Gas, Elektrizität, thermischer Energie und ähnlichen Gegenständen
- Beförderungen von Gegenständen und Personen
- Dienstleistungen in Häfen und auf Flughäfen
- Lieferungen von zum Verkauf bestimmten neuen Fertigwaren
- Veranstaltungen von Messen und Ausstellungen mit gewerblichem Charakter

- Betrieb von Sportanstalten wie Badeanstalten und Kunsteisbahnen
- Lagerhaltung
- Tätigkeiten gewerblicher Werbebüros
- Tätigkeiten der Reisebüros
- Umsätze von betrieblichen Kantinen, Personalrestaurants, Verkaufsstellen und ähnlichen Einrichtungen
- Tätigkeiten von Amtsnotaren
- Tätigkeiten von Vermessungsbüros
- Tätigkeiten auf dem Gebiet der Entsorgung
- Tätigkeiten, die durch vorgezogene Entsorgungsgebühren finanziert werden
- Tätigkeiten im Rahmen der Erstellung von Verkehrsanlagen
- Rauchgaskontrollen
- Werbeleistungen

Bei der Abklärung der obligatorischen Steuerpflicht zählen auch hier die Mittelflüsse aus **hoheitlichen** und **von der Steuer ausgenommenen Tätigkeiten** sowie **Subventionen** nicht zum massgebenden Umsatz.

Bei der Beurteilung, ob eine Dienststelle mit ihren Leistungen steuerpflichtig wird, sind folgende **Leistungsempfänger** zu unterscheiden:

- Leistungen für Organisationseinheiten des gleichen Gemeinwesens
- Leistungen für privat- oder öffentlich-rechtliche Gesellschaften, die ausschliesslich im Besitz von Gemeinwesen sind und an denen das leistende Gemeinwesen beteiligt ist
- Leistungen für Stiftungen oder Anstalten, die ausschliesslich von Gemeinwesen gegründet wurden und an deren Gründung das leistende Gemeinwesen beteiligt war
- Leistungen für Dienststellen von anderen Gemeinwesen
- Leistungen an Nichtgemeinwesen (Dritte)

C] Massgebende Umsätze

Einzig die **Leistungen an Nichtgemeinwesen** sind für die Umsatzlimite der Steuerpflicht massgebend. Mit anderen Worten: Leistungen an andere Gemeinwesen, obwohl steuerbar, werden für die Abklärung der massgebenden Umsätze der Steuerpflicht nicht berücksichtigt, ebenso wie die von der Steuer ausgenommenen Umsätze innerhalb des gleichen Gemeinwesens oder innerhalb der Organisationseinheiten des gleichen Gemeinwesens. Auch die folgenden Nichtentgelte sind für die Steuerpflicht nicht massgebend:

- Hoheitliche Tätigkeiten gemäss MWSTG 18 Abs. 2 lit. l
- Subventionen gemäss MWSTG 18 Abs. 2 lit. a

Die nachfolgenden Beispiele veranschaulichen die Steuerpflicht und die massgebenden Umsätze im Gemeinwesen.

Beispiel

Fall 1

Die steuerpflichtige Dienststelle Wasser der Gemeinde Zdorf liefert der nicht steuerpflichtigen Dienststelle Werkhof, die ebenfalls der Gemeinde Zdorf angehört, jeweils 140 m^3 Wasser pro Jahr:

- Die Steuerpflicht der Dienststelle Wasser der Gemeinde Zdorf besteht bereits.
- Die Wasserlieferung innerhalb der Gemeinde Zdorf ist von der Steuer ausgenommen (MWSTG 21 Abs. 2 Ziff. 28 lit. a.).
- Die Dienststelle Wasser darf keinen Vorsteuerabzug auf den direkten Aufwendungen vornehmen und muss zudem auf den gemischt verwenden Aufwendungen, Betriebsmitteln usw. eine sachgerechte Vorsteuerkorrektur vornehmen (MWSTG 29f).
- Die freiwillige Versteuerung des von der Steuer ausgenommenen Umsatzes ist durch die Dienststelle Wasser zu prüfen. Bei einer Option nach MWSTG 22 ist die Wasserlieferung zum reduzierten Steuersatz von 2.5% abzurechnen. Die Dienststelle Werkhof als Rechnungsempfängerin kann jedoch keinen Vorsteuerabzug geltend machen (taxe occulte), da sie nicht steuerpflichtig ist.

Fall 2

Das (noch nicht steuerpflichtige) Elektrizitätswerk (Dienststelle) der Gemeinde Zdorf erbringt Stromlieferungen für CHF 110 000 an Nichtgemeinwesen. Zusätzlich liefert das Elektrizitätswerk Strom für CHF 50 000 an Dienststellen der gleichen Gemeinde und für CHF 70 000 an andere Gemeinwesen:

- Mit Leistungen von CHF 110 000 an Nichtgemeinwesen ist die Umsatzlimite zur Befreiung der Steuerpflicht überschritten (MWSTG 12 Abs. 3).
- Die Dienststelle Elektrizitätswerk ist somit steuerpflichtig und muss mit der MWST einen Umsatz von CHF 180 000 abrechnen (CHF 110 000 an Nichtgemeinwesen + CHF 70 000 an andere Gemeinwesen).
- Die Stromlieferungen innerhalb der gleichen Gemeinde sind von der Steuer ausgenommen (MWSTG 21 Abs. 2 Ziff. 28 lit. a).
- Mögliche Konsequenzen in Bezug auf den Vorsteuerabzug, Vorsteuerkorrekturen oder Option (aber zum Normalsatz steuerbar) können dem vorangegangenen Fall 1 entnommen werden.

Fall 3

Der (noch nicht steuerpflichtige) Werkhof der Gemeinde Zdorf erbringt Schneeräumungsarbeiten für CHF 200 000 an Dienststellen des eigenen Gemeinwesens sowie für CHF 120 000 an die umliegenden Gemeinden. Zusätzlich verrechnet der Werkhof für jährlich CHF 20 000 Schneeräumungsarbeiten an Private.

Die Umsatzlimite von CHF 100 000 für Leistungen an Nichtgemeinwesen ist nicht erreicht. Es spielt keine Rolle, dass steuerbare Leistungen an andere Gemeinwesen erbracht werden (in diesem Fall von CHF 120 000). Für den Werkhof besteht keine obligatorische Steuerpflicht.

Wie komplex der Leistungsaustausch unter MWST-pflichtigen Gemeinwesen sein kann, zeigt das Beispiel der beiden Gemeinden Xdorf und Ydorf.

Beispiel

Leistungsaustausch unter MWST-pflichtigen Gemeinwesen

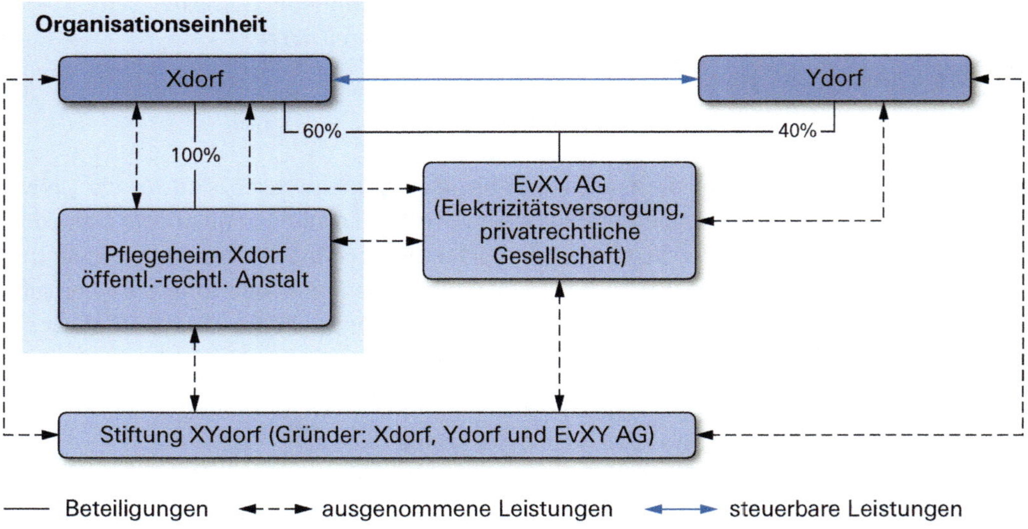

- Die Gemeinde Xdorf gründet das Pflegeheim Xdorf als öffentlich-rechtliche Anstalt. Dadurch bilden die Gemeinde und das Pflegeheim eine «Organisationseinheit des gleichen Gemeinwesens» nach MWSTG 21 Abs. 6, wodurch die Leistungen untereinander von der MWST ausgenommen sind (MWSTG 21 Abs. 2 Ziff. 28 lit. a).
- Die beiden Gemeinden Xdorf und Ydorf sind zu 60% bzw. 40% beteiligt an der privatrechtlichen Elektrizitätsversorgung EvXY AG. Die Leistungen zwischen den Gemeinden, ihren Organisationseinheiten und der Elektrizitätsversorgung EvWXY AG sind gemäss MWSTG 21 Abs. 2 Ziff. 28 lit. b von der MWST ausgenommen, da an dieser AG nur Gemeinwesen beteiligt sind.
- Die beiden Gemeinden Xdorf und Ydorf sowie die Elektrizitätsversorgung EvXY AG gründen die Stiftung XYdorf. Die Leistungen zwischen den Gemeinden, ihren Organisationseinheiten, der Elektrizitätsversorgung EvWXY AG und der Stiftung XYdorf sind gemäss MWSTG 21 Abs. 2 Ziff. c i. V. mit MWSTV 38 Abs. 2 von der MWST ausgenommen.
- Als steuerbare Umsätze verbleiben lediglich die Leistungen zwischen den Gemeinden Xdorf und Ydorf.

In vielen Fällen wenden die Steuersubjekte im Gemeinwesen die vereinfachende **Pauschalsteuersatzmethode (PSS)** an (s. Kap. 14, S. 220).

Die Abklärung der Steuerpflicht des Gemeinwesens lässt sich mithilfe von Abb. 6-4 prüfen.

Abb. [6-4] **Ablauf der Abklärung der Steuerpflicht des Gemeinwesens**

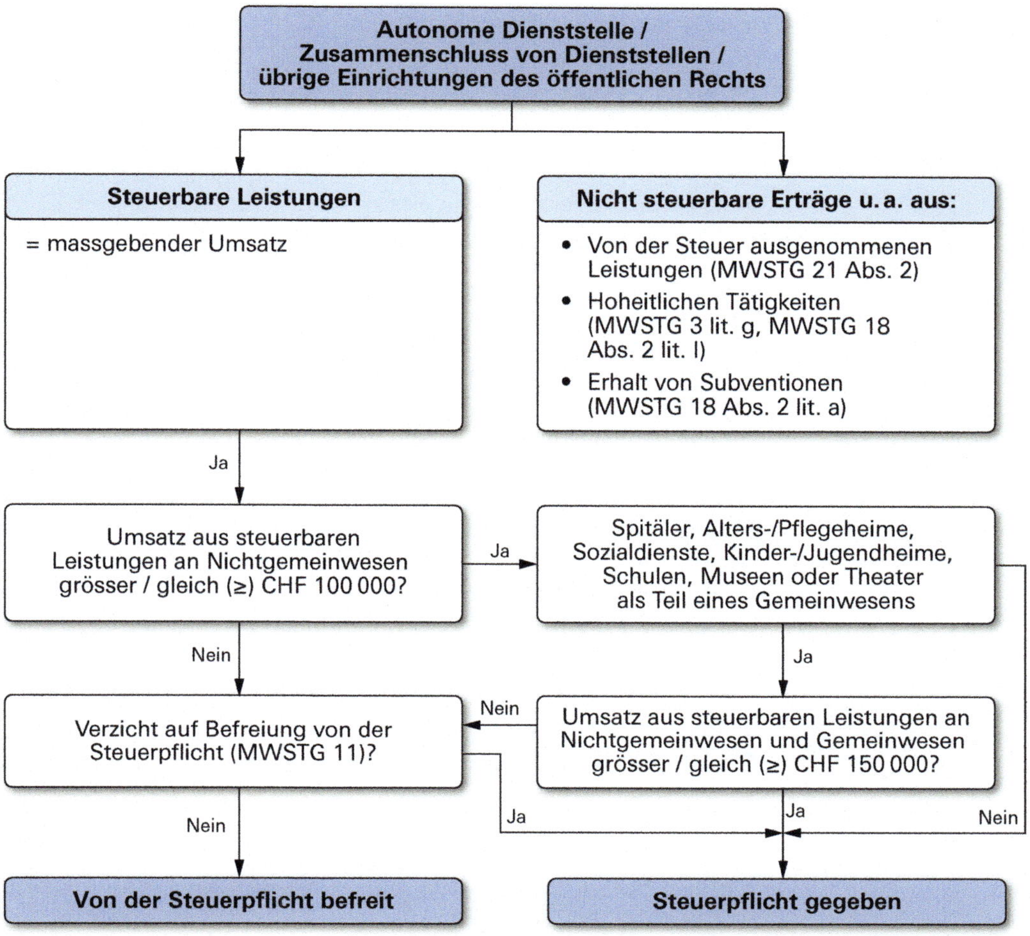

6.5.3 Publikums- und Festanlässe

Eine weitere Sonderregelung im Zusammenhang mit der Steuerpflicht betrifft die **Veranstalter von Anlässen** aller Art (z. B. Seenachtsfest, Jodlerfest, Schützenfest, Musiktage, Konzerte oder Volksläufe). Es ist dabei zu unterscheiden zwischen den Veranstaltern, die ansonsten nicht steuerpflichtig sind, und denjenigen, bei denen die Steuerpflicht bereits aufgrund anderer Tätigkeiten (z. B. Sportverein mit Werbeeinnahmen) gegeben ist.

A] Bisher nicht steuerpflichtige Veranstalter

Der Anlass kann durch ein bereits bestehendes Rechtsgebilde durchgeführt werden oder durch eines, das speziell für die Durchführung des Anlasses gegründet wurde.

Neues Rechtsgebilde als Veranstalter

In vielen Fällen wird ein Anlass durch ein neues, selbstständiges Rechtsgebilde (z. B. einfache Gesellschaft) durchgeführt. Solche Veranstalter werden steuerpflichtig, wenn der massgebende **Gesamtumsatz** des Anlasses die **Umsatzlimite von CHF 100 000** (bzw. CHF 150 000 bei ehrenamtlich geführten Sport- und Kulturvereinen oder gemeinnützigen Institutionen) erreicht oder übersteigt. Ob alle Umsätze im gleichen Kalenderjahr oder über zwei Jahre verteilt anfallen, spielt dabei keine Rolle.

Beispiel

Der örtliche Jodlerklub und der Turnverein organisieren zum Jahresende gemeinsam einen grossen Neujahrsball. Zu diesem Zweck schliessen sich die beiden Vereine zu einer einfachen Gesellschaft in Form eines Organisationskomitees zusammen. Als steuerbare Leistungen fallen diverse Werbeleistungen (z. B. Inserate oder Plakate) im Jahr n11 im Betrag von CHF 50 000 (bezahlt im Vorjahr) sowie gastgewerbliche Leistungen für diesen Anlass in der Höhe von CHF 70 000 an.

Obwohl die massgebende Umsatzgrenze von CHF 100 000 in den einzelnen Kalenderjahren, d. h. n10 und n11, nicht überschritten wird, ist die Steuerpflicht des Veranstalters gegeben, weil der steuerbare Gesamtumsatz aus diesem Anlass in der Höhe von CHF 120 000 berücksichtigt werden muss. Die Anmeldung für die Steuerpflicht muss innerhalb von 30 Tagen nach Beginn der Steuerpflicht erfolgen. Nach Beendigung des Anlasses muss die Abmeldung der Steuerpflicht geprüft werden. Falls der Anlass wiederkehrend ist, muss geprüft werden, ob in den kommenden Jahren die Umsatzgrenze von CHF 100 000 erreicht wird. Ist dies der Fall, muss nichts unternommen werden und die Steuerpflicht bleibt bestehen.

Bereits bestehendes Rechtsgebilde als Veranstalter

Wird ein Anlass durch ein bestehendes Rechtsgebilde (z. B. Verein) durchgeführt, sind die Umsätze aus dem Anlass dieser Organisation zuzuordnen. Ist diese nicht bereits wegen anderer Tätigkeiten steuerpflichtig, so ist für die Prüfung der subjektiven Steuerpflicht bei der Durchführung eines **einmaligen Anlasses** nur der **steuerbare Umsatz** aus diesem **Anlass** zu berücksichtigen. Handelt es sich jedoch um eine **periodische Veranstaltung,** ist der **Gesamtumsatz des Vereins** für die Beurteilung und Prüfung der Steuerpflicht **massgebend.**

Beispiel

Der bisher nicht als steuerpflichtig registrierte, ehrenamtlich geführte Musikverein Lago-Blue hat laufend Probleme mit den flüssigen Mitteln in der Vereinskasse. Um die Liquiditätsengpässe zu beseitigen, wird die Durchführung eines Anlasses beschlossen. Der Musikverein Lago-Blue erzielt folgende steuerbaren Umsätze:

- Jährlich wiederkehrende Umsätze aus der Vereinstätigkeit: CHF 90 000
- Umsätze aufgrund des zusätzlichen Anlasses: CHF 80 000

Handelt es sich beim zusätzlichen Anlass um eine einmalige Angelegenheit, ist die Steuerpflicht des Musikvereins Lago-Blue nicht gegeben, da die beiden Umsätze für die Prüfung der Steuerpflicht separat betrachtet werden. Wird der neue Anlass jedoch jährlich durchgeführt, ist der Gesamtumsatz massgebend. Dadurch ist die Steuerpflicht auf Beginn des Kalenderjahres gegeben, in dem der zusätzliche Anlass zum ersten Mal durchgeführt und somit durch die Erweiterung der Geschäftstätigkeit die massgebende Umsatzgrenze von CHF 150 000 erreicht bzw. überschritten wird.

B] Bisher steuerpflichtige Veranstalter

Führt ein aufgrund anderer, unternehmerischer Tätigkeiten bisher steuerpflichtiger Veranstalter (z. B. ein Schützenverein) einen Anlass durch, so sind die Umsätze aus dem Anlass dem Verein zuzuordnen. Der Verein muss diese mit der **ESTV abrechnen.** Es spielt dabei **keine Rolle, wie hoch der Umsatz** aus dem **Anlass** ist und ob **dieser einmalig oder wiederkehrend** durchgeführt wird.

Abb. 6-5 fasst die Voraussetzungen für die Steuerpflicht von Veranstaltern zusammen.

Abb. [6-5] Steuerpflicht von Veranstaltern

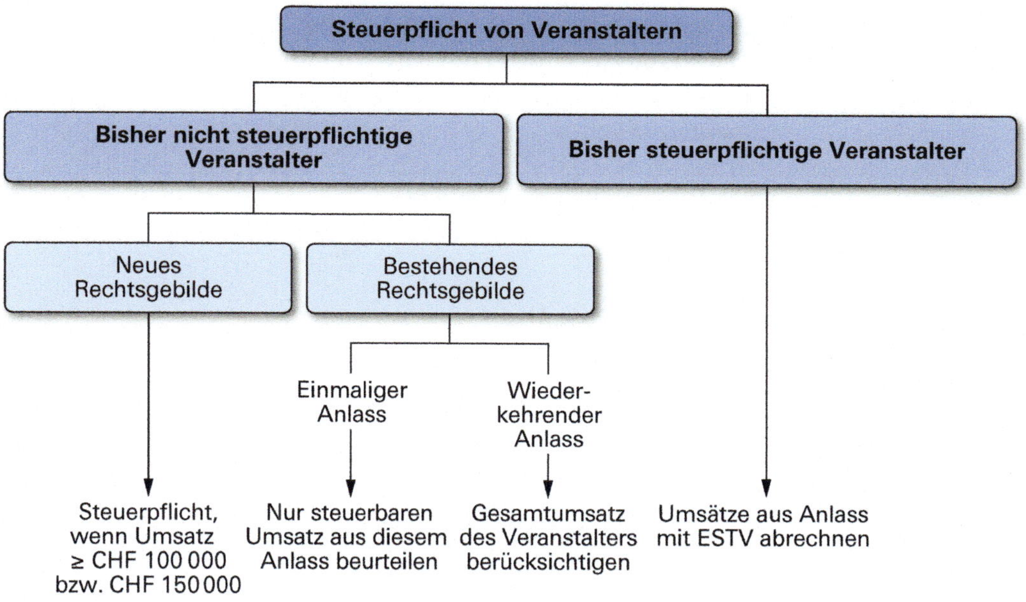

6.6 Beginn und Ende der Steuerpflicht

Beginn und Ende der Steuerpflicht sind in MWSTG 14 und MWSTV 11 sowie in MWSTG 66 (An- und Abmeldung als steuerpflichtige Person) geregelt. Es werden für verschiedene Tatbestände unterschiedliche Zeitpunkte bezüglich Beginn und Ende der Steuerpflicht festgelegt.

6.6.1 Beginn der Steuerpflicht

Das steuerpflichtige Unternehmen hat sich unaufgefordert **innerhalb von 30 Tagen** nach Beginn seiner Steuerpflicht bei der ESTV schriftlich anzumelden und im Register der Steuerpflichtigen eintragen zu lassen.

Die ESTV teilt der steuerpflichtigen Person eine **nicht übertragbare MWST-Nummer** (z. B. CHE-123.456.789 MWST) zu, die registriert wird. Die MWST-Nummer kann u. a. auch unter www.uid.admin.ch eingesehen werden.

Die ESTV hat für die Abklärung und / oder Anmeldung der Steuerpflicht den elektronisch auszufüllenden «Fragebogen zur Abklärung der Mehrwertsteuerpflicht» auf ihrer Website hinterlegt.

Bei ausländischen Unternehmen ohne Sitz oder Betriebsstätte in der Schweiz beginnt die Steuerpflicht mit dem **erstmaligen Erbringen einer Leistung im Inland** (s. Kap. 6.4.3, S. 91).

Für Unternehmen mit Sitz, Wohnsitz oder Betriebsstätte in der Schweiz beginnt die Steuerpflicht mit der **Aufnahme der unternehmerischen Tätigkeit.**

Bei der Bestimmung des **Zeitpunkts** des Beginns der Steuerpflicht können grundsätzlich folgende **vier Sachverhalte** unterschieden werden:

- Aufnahme einer unternehmerischen Tätigkeit
- Erweiterung einer Geschäftstätigkeit (inkl. Geschäftsübernahme)
- Überschreiten der Mindestumsatzgrenzen
- Verzicht auf die Befreiung von der Steuerpflicht

A] Aufnahme einer unternehmerischen Tätigkeit

Die Befreiung von der Steuerpflicht endet, sobald absehbar ist, dass die **Umsatzgrenze** von CHF 100 000 (und mehr) bzw. CHF 150 000 sowie die Umsatzgrenzen für das Gemeinwesen **innerhalb von 12 Monaten** nach der Aufnahme der unternehmerischen Tätigkeit **überschritten** werden.

Hinweis

Aus Gründen der Lesbarkeit werden in Kapitel 6.6, S. 103 nur noch die Begriffe «Umsatz- oder Betragsgrenze(n)» für die eingangs erwähnten drei Umsatzgrenzen verwendet.

Als Indizien dafür, dass die Umsatzgrenzen bei Aufnahme einer unternehmerischen Tätigkeit überschritten werden, gelten beispielsweise:

- Übernahme oder Weiterführung eines bereits bestehenden Betriebs
- Anzahl Mitarbeitende
- Vorhandene Infrastruktur
- Umfang der bereits erhaltenen Aufträge

Wenn nicht im Voraus angenommen werden kann, dass die eingangs erwähnten Grenzen überschritten werden, muss **spätestens nach Ablauf von drei Monaten** der seit Beginn der Tätigkeit erzielte Umsatz **auf ein volles Jahr umgerechnet** werden. Wird dabei die massgebende Betragsgrenze überschritten, muss **innert 30 Tagen** eine **Anmeldung** an die ESTV erfolgen.

Die neu steuerpflichtige Person kann wählen, ob sie **rückwirkend** mit der **Aufnahme der Geschäftstätigkeit** oder spätestens **ab Beginn des vierten Monats** steuerpflichtig werden will. Wählt sie den Eintrag auf den vierten Monat, kann sie die in den ersten drei Monaten angefallenen Vorsteuern auf Aufwendungen ohne Zeitwert nicht mehr geltend machen.

Falls sich die steuerpflichtige Person für eine **rückwirkende Eintragung** auf den Zeitpunkt der Aufnahme der Geschäftstätigkeit entscheidet, muss für die Berechnung der Einlageentsteuerung keine Abschreibung vorgenommen werden. Die Steuer ist ab dem Zeitpunkt der Aufnahme abzurechnen. Die mögliche nachträgliche Überwälzung der MWST an die Kunden (Leistungsempfänger) ist zu prüfen.

B] Erweiterung einer Geschäftstätigkeit (inkl. Geschäftsübernahme)

Die Befreiung von der Steuerpflicht beginnt mit der Erweiterung oder Ausweitung der Geschäftstätigkeit sowie Geschäftsübernahme, wenn zu erwarten ist, dass der Umsatz aus der gesamten Tätigkeit in den **folgenden zwölf Monaten** die **Umsatzgrenzen übersteigt.** Dabei gelten die gleichen Indizien wie bei der Aufnahme einer unternehmerischen Tätigkeit.

Unter einer **Geschäftserweiterung** ist eine **Geschäftsübernahme** oder die **Eröffnung eines neuen Betriebszweigs** zu verstehen. Die blosse Umsatzsteigerung als Folge eines grösseren Auftragsvolumens oder durch den Übergang von einer Neben- zu einer Haupterwerbstätigkeit gilt nicht als Geschäftserweiterung.

C] Überschreiten der Mindestumsatzgrenzen

Die Befreiung von der Steuerpflicht endet nach Ablauf des Geschäftsjahres, in dem die Umsatzgrenzen erreicht worden sind. Wurde die für die Steuerpflicht massgebende Tätigkeit **nicht während eines ganzen Jahres** ausgeübt, so ist der Umsatz auf **ein volles Jahr** (d. h. auf 12 Monate) **umzurechnen.**

Die steuerpflichtige Person muss sich wiederum unaufgefordert **innert 30 Tagen** nach Ende des Geschäftsjahres (in dem die Umsatzgrenzen überschritten sind) bei der ESTV als steuerpflichtige Person schriftlich anmelden. Die Steuerpflicht ist auf Beginn der neuen Steuerperiode gegeben.

D] Verzicht auf die Befreiung von der Steuerpflicht

Wer ein Unternehmen betreibt und aufgrund von MWSTG 10 Abs. 2 (unter der Umsatzgrenze von jährlich weniger als CHF 100 000 bzw. CHF 150 000) oder MWSTG 12 Abs. 3 (unter den Umsatzgrenzen für das Gemeinwesen) von der Steuerpflicht befreit ist, hat das Recht, auf die Befreiung von der Steuerpflicht zu verzichten.

Der Verzicht auf die Befreiung kann frühestens **auf den Beginn der laufenden Steuerperiode** erklärt werden und gilt für **mindestens eine Steuerperiode.** Als **Steuerperiode** gilt, solange MWSTG 34 Abs. 3 nicht in Kraft ist, das **Kalenderjahr.** Auf die Befreiung von der Steuerpflicht können somit auch Unternehmen verzichten, die noch gar keine Umsätze erzielt haben.

Beispiel

Fall 1

Die Immo AG erstellt ein Geschäfts- und Wohnhaus und beabsichtigt, nach der Fertigstellung die Räumlichkeiten an Privatpersonen (für die Vermietung von Wohnungen) und an steuerpflichtige Personen (mit Option gemäss MWSTG 22 i. V. mit MWSTG 21 Abs. 2 Ziff. 21) zu vermieten.

Vor Baubeginn unterstellt sich die Immo AG «freiwillig» der Steuerpflicht. Da eine Option für die Vermietung während der Bauphase nicht möglich ist (keine Mieteinnahmen, für die «durch offenen Ausweis der Steuer» optiert werden kann), nimmt die Immo AG auf den Baukosten einen anteilsmässigen Vorsteuerabzug (nur für die geplanten Vermietungen mit Option) vor.

Fall 2

Die Tätigkeiten der Future GmbH beschränken sich vorerst auf die Vorbereitungshandlungen wie Marktanalysen, Werbung, Akquisition, Entwicklungs-, Projektierungs- oder Forschungsarbeiten und in den ersten zwei Geschäftsjahren wird ein Umsatz von nur jeweils CHF 10 000 erwirtschaftet.

Bei Aufnahme der unternehmerischen Tätigkeit kann sich die Future GmbH der Steuerpflicht unterstellen, obwohl sie noch keine Umsätze erzielt. Dadurch kann sie auf allen Aufwendungen, die für die Erzielung von steuerbaren Tätigkeiten verwendet werden, einen (anteilsmässigen) Vorsteuerabzug geltend machen.

Fall 3

Die Frei Holding AG mit Sitz in Basel verfügt seit langer Zeit über das kantonale Holdingprivileg und vereinnahmt nur Dividendenerträge aus den einzelnen Beteiligungen (Beteiligungsquote zwischen 50 und 100%) und geringfügige Zinserträge. Der Finanzchef der Frei Holding AG überlegt sich Anfang Dezember n12, ob eine freiwillige MWST-Pflicht per 01.01.n12 möglich bzw. sinnvoll ist.

Ein Verzicht auf die Befreiung von der Steuerpflicht, d. h. die freiwillige Steuerpflicht rückwirkend auf den Beginn der Steuerperiode n12, ist möglich und würde sich lohnen.

Die Frei Holding AG kann für die ganze Steuerperiode n12 die gesamten Vorsteuern rückwirkend geltend machen. Die Dividendenerträge stellen Nichtentgelte dar und haben keine Vorsteuerkorrektur zur Folge. Die Zinserträge stellen von der Steuer ausgenommene Umsätze dar und haben allenfalls eine Vorsteuerkorrektur für die gemischte Verwendung der Verwaltungsinfrastruktur zur Folge. Diese Vorsteuerkorrektur ist aber geringfügig.

6.6.2 Ende der Steuerpflicht

MWSTG 14 Abs. 2 i. V. mit MWSTG 66 Abs. 2 verlangt vom Steuerpflichtigen, dass die Beendigung der unternehmerischen Tätigkeit, die Vermögensliquidation (mit Abschluss des Liquidationsverfahrens) und das Unterschreiten der relevanten Umsatzgrenzen **unverzüglich (innert 30 Tagen) der ESTV schriftlich mitgeteilt werden** müssen.

Wird diese Mitteilung an die ESTV unterlassen, gilt dies als **Verzicht auf die Befreiung von der Steuerpflicht** und das Unternehmen ist weiterhin steuerpflichtig (MWSTG 11). Der Verzicht gilt ab Beginn der folgenden Steuerperiode und muss **während mindestens einer Steuerperiode** angewandt werden. Unterlässt das Unternehmen die Mitteilung, kann die ESTV das Löschungsdatum allenfalls rückwirkend festsetzen.

Bei der Beendung der Steuerpflicht ist eine **Schlussabrechnung** zu erstellen. Dabei ist u. a. eine Vorsteuerkorrektur im Eigenverbrauch infolge Nutzungsänderung zu prüfen und die angefangenen Arbeiten sowie offenen Debitoren sind mit der ESTV abzurechnen. Bei Beendung der Steuerpflicht wird die Schlussabrechnung automatisch dem noch steuerpflichtigen Unternehmen zugestellt.

Die folgenden Ereignisse können zur Beendung oder Befreiung von der Steuerpflicht führen:

- Aufgabe der unternehmerischen Tätigkeit mit Überführung ins Privatvermögen
- Aufgabe der unternehmerischen Tätigkeit bei Vermögensliquidation
- Unterschreitung der massgebenden Betragsgrenzen

A] Aufgabe der unternehmerischen Tätigkeit mit Überführung ins Privatvermögen

Grundsätzlich endet die Steuerpflicht mit dem Ende bzw. der Aufgabe der unternehmerischen Tätigkeit. Dabei ist eine allfällige Vorsteuerkorrektur im Eigenverbrauch geschuldet.

Die **Abmeldung** für die Beendung der Steuerpflicht hat gegenüber der ESTV schriftlich und **innert 30 Tagen** zu erfolgen.

Beispiel

Markus Walder ist Inhaber des Einzelunternehmens M. Walder, Schreinerei, in Aarau. Er ist 70 Jahre alt und will die Schreinerei per 31. August n12 aufgeben. Er ist im Register der steuerpflichtigen Personen eingetragen und rechnet nach der effektiven Abrechnungsmethode und nach vereinnahmten Entgelten ab. Seine Steuerpflicht endet also mit diesem Datum.

Markus Walder muss sich innert 30 Tagen, d. h. bis zum 30. September, bei der ESTV schriftlich abmelden. Am einfachsten macht er dies über den entsprechenden Link auf der Website der ESTV (Abmeldung als steuerpflichtige Person = Löschung).

Markus Walder muss in seiner Schlussabrechnung auf sämtlichen Vermögensgegenständen eine allfällige Vorsteuerkorrektur im Eigenverbrauch abrechnen, z. B. auf Warenvorräten (keine Abschreibung) oder auf beweglichen Betriebsmitteln (Fahrzeug, Mobiliar, Maschinen, EDV usw., bei denen eine Abschreibung von 20% pro Jahr vorzunehmen ist). Die angefangenen Arbeiten und der Debitorenbestand per 31. August muss er als Umsatz mit der Umsatzsteuer abrechnen. Für mögliche offene Kreditorenrechnungen wird ihm der Vorsteuerabzug angerechnet, der ihm im Rahmen seiner unternehmerischen, zum Vorsteuerabzug berechtigenden Tätigkeit zusteht.

Mögliche weitere Korrekturen (z. B. Privatanteile bzw. Eigenverbrauch oder gemischte Verwendung) bei Ende der Steuerpflicht muss Markus Walder ebenfalls prüfen.

B] Aufgabe der unternehmerischen Tätigkeit bei Vermögensliquidation

Die Steuerpflicht endet erst mit **Abschluss des Liquidationsverfahrens,** wenn bei der Aufgabe der unternehmerischen Tätigkeit keine Vorsteuerkorrektur im Eigenverbrauch oder Lieferungssteuer erhoben werden kann, weil das Geschäftsvermögen anlässlich einer **freiwilligen oder konkursamtlichen Liquidation** (oder Nachlassvertrag mit Liquidationsvergleich u. a.) verkauft wird.

Erfolgt die Liquidation im Rahmen eines **Zwangsvollstreckungsverfahrens,** stellen die veräusserten Gegenstände oder Dienstleistungen nicht Umsatz der Betreibungs- bzw. Konkursämter, sondern Umsatz des Schuldners dar. War der Schuldner steuerpflichtig, unterliegt der Erlös aus dem Zwangsvollstreckungsverfahren der MWST. Diese Steuern sind Verwertungskosten, die vor der Verteilung durch das Betreibungs- bzw. das Konkursamt im Namen des Schuldners der ESTV einzuzahlen sind.

C] Unterschreitung der massgebenden Betragsgrenzen

Die Steuerpflicht endet mit dem Ende der Steuerperiode, in der die massgebenden Betragsgrenzen nicht mehr überschritten wurden, sofern anzunehmen ist, dass diese Betragsgrenzen auch in der nachfolgenden Steuerperiode nicht mehr überschritten werden. Die **Abmeldung** ist **frühestens auf Ende der Steuerperiode** möglich, in der der massgebende Umsatz erstmals nicht mehr erreicht worden ist.

Eine **Nichtabmeldung** gilt als **Verzicht auf die Befreiung** von der Steuerpflicht. Der Verzicht gilt ab Beginn der folgenden Steuerperiode und dauert mindestens eine Steuerperiode.

Hinweise, dass die Betragsgrenzen auch in Zukunft nicht mehr überschritten werden, sind:

- Verkauf eines Betriebsteils
- Reduzierung der unternehmerischen Tätigkeit aus Altersgründen
- Wechsel von Haupterwerbs- zur Nebenerwerbstätigkeit

6.7 Mithaftung, Steuernachfolge und Steuervertretung (Steuersubstitution)

In MWSTG 15 ist die (solidarische) **Mithaftung** geregelt. Dabei handelt es sich um eine rein finanzielle Verpflichtung. Im Gegensatz zum Steuernachfolger kann vom Mithaftenden nicht verlangt werden, dass er anderweitige steuerliche Obliegenheiten des Steuerpflichtigen (z. B. Erstellen der Abrechnung) erfüllt. In MWSTG 15 Abs. 4 sowie in MWSTV 23–25 werden die Haftungsvoraussetzungen in Bezug auf die Abtretung (Zession) von Forderungen bzw. der MWST erläutert, die die abgetretenen Forderungen beinhalten.

Im Zusammenhang mit der Haftung ist auch die **Gruppenbesteuerung** zu erwähnen. Jedes in eine MWST-Gruppe einbezogene Mitglied – mit Ausnahme von Vorsorgeeinrichtungen – haftet **solidarisch** für die **während seiner Mitgliedschaft entstandenen Steuerschulden** (inkl. Zinsen und Kosten) der MWST-Gruppe gegenüber der ESTV. Allfällige Bussen der MWST-Gruppe sind nicht Bestandteil der Mithaftung.

Nach dem **Austritt aus der MWST-Gruppe** haftet das ausgetretene Gruppenmitglied nur noch für die **eigenen Steuerforderungen,** die sich aus seiner unternehmerischen Tätigkeit während der Gruppenzugehörigkeit ergeben haben. Bei einem **Eintritt** in eine MWST-Gruppe übernimmt das neue Mitglied **keine (solidarischen) Altlasten** der alten, bestehenden Gruppenmitglieder. Falls gegen eine MWST-Gruppe beispielsweise eine Betreibung oder eine Steuernachforderung mittels Einschätzungsmitteilung eingeleitet wird, können sich die Gruppenmitglieder nicht durch Austritt aus der Gruppe der Haftung einziehen.

Die **Steuernachfolge** ist in MWSTG 16 geregelt. Darunter ist der **Eintritt eines Rechtsnachfolgers** in die Rechte und Pflichten eines anderen zu verstehen. Vom Steuernachfolger kann somit nicht nur die Bezahlung einer allfällig **geschuldeten Steuer** verlangt werden. Er hat auch das Erstellen von **MWST-Abrechnungen** zu besorgen und die dafür notwendigen, buchhalterischen Aufzeichnungen zu führen. Zudem hat er auch **Auskünfte** zu erteilen, die über die Erhebung der Steuer Aufschluss geben können. Der Steuernachfolger kann aber auch die **Rechte** wahrnehmen, die dem ehemaligen Steuerpflichtigen zugestanden wären, beispielsweise das Geltendmachen von Vorsteuerabzügen oder die Ergreifung von Rechtsmitteln.

Stirbt eine steuerpflichtige Person, so treten ihre **Erben** in die **Rechte** und **Pflichten** ein. Sie **haften solidarisch** für die vom Erblasser geschuldeten Steuern bis zur Höhe ihrer Erbteile, mit Einschluss der Vorempfänge.

Wer ein Unternehmen mit Aktiven und Passiven übernimmt, tritt ebenfalls in die steuerlichen Rechte und Pflichten des übernommenen Unternehmens ein. Der bisherige Steuerschuldner **haftet** aber mit dem neuen Steuerschuldner noch während drei Jahren seit der Mitteilung oder Ankündigung der Übernahme **solidarisch** für die Steuerschulden, die vor der Übernahme entstanden sind.

Im Gegensatz zur Steuernachfolge, die unter Umständen den Eintritt eines Rechtssubjekts in sämtliche steuerlichen Rechte und Pflichten eines anderen bewirkt, kann der **Steuervertreter** zusätzlich zu dem noch belangbaren Steuerpflichtigen zur Erfüllung der diesem obliegenden, steuerlichen Pflichten herangezogen werden. Diese Möglichkeit ist jedoch gemäss MWSTG 17 nur für die **unbeschränkt haftenden Teilhaber ausländischer Handelsgesellschaften und ausländischer Personengesamtheiten** ohne juristische Persönlichkeit vorgesehen. Das kann beispielsweise die Durchsetzung von Sicherstellungsverfügungen oder Betreibungen erleichtern.

Diese **Steuersubstitution** soll nicht mit der Steuervertretung gemäss MWSTG 67 verwechselt werden. Dieser Artikel regelt die Bestellung eines Steuervertreters für Verfahrenspflichten und dieser muss seinen Wohn- oder Geschäftssitz zwingend im Inland haben.

Zusammenfassung

Juristische und / oder natürliche Personen wie Aktiengesellschaft, GmbH, Einzelunternehmen, Kollektivgesellschaft, Vereine, einfache Gesellschaften, Stiftungen usw. werden als Steuersubjekte im **MWST-Register** eingetragen.

Die **unternehmerische Tätigkeit** umfasst steuerbare wie auch von der Steuer ausgenommene Leistungen. Die Bestimmung der massgebenden Umsätze sowie der Ort der Leistung sind für die Steuerpflicht sehr wichtig. Beispielsweise gehören steuerbefreite Exportlieferungen zum massgebenden Umsatz, dagegen werden steuerausgenommene Leistungen im Ausland für die Bestimmung der Steuerpflicht nicht berücksichtigt.

Die unternehmerische Tätigkeit muss beruflich, gewerblich, selbstständig sowie auf Dauer (nachhaltige Erzielung von Einnahmen) ausgerichtet sein. Die Gewinnabsicht ist hingegen keine Bedingung. Das Erwerben, Halten und Verwalten von Beteiligungen (z. B. bei einer Holding) ist im Sinne der MWST ebenfalls eine unternehmerische Tätigkeit.

Die möglichen **nicht unternehmerischen Tätigkeiten** umfassen:

- Pflege eines Hobbys oder Liebhaberei.
- Privatperson, die einmalig Autos und / oder gelegentlich Gegenstände aus dem eigenen Hausrat verkauft.
- Tätigkeiten, welche nicht auf die nachhaltige Erzielung von Einnahmen aus Leistungen ausgerichtet sind.
- Unselbstständig ausgeübte Tätigkeiten Ausüben von öffentlichen Ämtern oder Erfüllung von Militär oder Zivildienstpflicht sowie Tätigkeiten in Ausübung hoheitlicher Gewalt.

Bei bestehender Steuerpflicht sind die Einnahmen aus den nicht unternehmerischen Tätigkeiten nicht zu versteuern. Die Aufwendungen, die den nicht unternehmerischen Tätigkeiten zugeordnet werden, berechtigen somit auch nicht zum Vorsteuerabzug.

Es gibt drei Arten von **Unternehmen, die von der Steuerpflicht befreit sind:**

- **Kleinunternehmen,** deren massgebender Jahresumsatz weniger als CHF 100 000 beträgt.
- Unternehmen mit **Sitz im Ausland,** die im Inland ausschliesslich Leistungen bestimmter Arten erbringen.
- Nicht gewinnstrebige, **ehrenamtlich geführte Sport- und Kulturvereine oder gemeinnützige Institutionen** mit einem Jahresumsatz von weniger als CHF 150 000.

Bei der **Gruppenbesteuerung** wird der Leistungsaustausch zwischen den einzelnen Gruppengesellschaften – der **Innenumsatz** – nicht besteuert. Der **Aussenumsatz** mit Dritten, die der Gruppe nicht angehören, ist massgebend für die Vorsteuerabzugsberechtigung. Durch die Gruppenbesteuerung wird die Besteuerung der konzerninternen Wertschöpfung vermieden und die gesamthaft abzuliefernde MWST kann niedriger ausfallen.

Die Gruppenbesteuerung kann von **juristischen Personen, Personengesellschaften und natürlichen Personen** angewandt werden. Alle an der Gruppenbesteuerung beteiligten Gesellschaften und Personen **gelten zusammen als ein Steuerpflichtiger** und **haften solidarisch** für die von der Gruppe geschuldete MWST. Die Gruppe wird nach aussen von einem **Gruppenvertreter** vertreten.

Änderungen im Bestand der Gruppenbesteuerung müssen der ESTV schriftlich gemeldet werden. Die Gruppenbesteuerung muss mindestens ein Jahr lang beibehalten und kann nur auf das Ende einer Steuerperiode beendigt werden.

Die autonomen Dienststellen von **Bund, Kantonen und Gemeinden** sowie die übrigen Einrichtungen des öffentlichen Rechts und die mit öffentlich-rechtlichen Aufgaben betrauten Personen und Organisationen sind für ihre gewerblichen Leistungen steuerpflichtig, wenn der Umsatz aus **steuerbaren Leistungen an Nichtgemeinwesen mehr als CHF 100 000** beträgt.

Bei **Veranstaltern von Anlässen** ergeben sich keine Probleme, wenn der Veranstalter bereits steuerpflichtig ist. In diesem Fall sind die Umsätze aus dem Anlass immer abzurechnen. Wird für den Anlass ein neues, selbstständiges Rechtsgebilde gegründet, ist dieses steuerpflichtig, wenn die massgebenden Umsatzgrenzen erreicht werden.

Wird der Anlass durch ein bereits bestehendes, bisher nicht steuerpflichtiges Rechtsgebilde durchgeführt, kommen die bekannten Bestimmungen zur Anwendung, wenn es sich um einen **regelmässigen Anlass** handelt. Bei einem **einmaligen Anlass** sind für die Abklärung der Steuerpflicht nur die Umsätze aus diesem Anlass zu berücksichtigen.

Die **Steuerpflicht beginnt** bei Neuaufnahme einer Geschäftstätigkeit oder bei **Eröffnung bzw. Übernahme eines neuen Betriebszweigs** zum Zeitpunkt der Neuaufnahme, Eröffnung oder Übernahme, wenn zu erwarten ist, dass der massgebende Umsatz der nächsten 12 Monate CHF 100 000 bzw. CHF 150 000 übersteigt.

Bei **bestehenden Geschäftsbetrieben** beginnt die Steuerpflicht nach Ablauf des Kalenderjahres, in dem der massgebende Umsatz CHF 100 000 bzw. CHF 150 000 überstiegen hat.

Privatpersonen und nicht steuerpflichtige Unternehmen werden für ihre **Leistungsbezüge von Unternehmen mit Sitz im Ausland** steuerpflichtig (sog. Bezugsteuer), wenn der Wert dieser Bezüge pro Kalenderjahr gesamthaft mehr als CHF 10 000 beträgt.

Folgende Ereignisse können das **Ende der Steuerpflicht** bewirken:

- Aufgabe der unternehmerischen Tätigkeit mit Überführung ins Privatvermögen
- Aufgabe der unternehmerischen Tätigkeit bei Vermögensliquidation
- Unterschreitung der massgebenden Betragsgrenzen

Die **Steuernachfolge** ist die Rechtsnachfolge in die Rechte und Pflichten eines anderen. Beim **Tod eines Steuerpflichtigen** treten die Erben in die Rechte und Pflichten ein und haften solidarisch für die vom Erblasser geschuldeten Steuern bis zur Höhe ihrer Erbteile. Wer ein **Unternehmen übernimmt,** tritt in die Rechte und Pflichten des übernommenen Unternehmens ein. Der bisherige Steuerschuldner haftet aber noch drei Jahre lang solidarisch mit dem neuen Steuerschuldner für die Steuerschulden, die vor der Übernahme entstanden sind.

Repetitionsfragen

25 Die ausländischen Unternehmen (nicht im MWST-Register eingetragen) erbringen die nachstehenden Leistungen.

Muss der inländische steuerpflichtige Leistungsempfänger die Bezugsteuer abrechnen? Begründen Sie Ihre Antworten mit den entsprechenden Gesetzesartikeln.

Leistungen	Ja / Nein	Gesetzesartikel
Abfallentsorgung auf einer Deponie in St. Gallen		
Referat an der Uni Bern		
Partyservice an einem Anlass in Genf		
Gütertransport von Berlin (DE) nach Bern		
Verkauf von Videoclips via Internet (Download)		
Publikation eines Inserats in der Zeitung «St. Galler Tagblatt» für eine Bank		
Werbeinserat auf einer Website für eine gemeinnützige Stiftung		
Lagerung von Waren in einem Speditionslager in St. Margrethen		
Verwaltung einer in der Schweiz befindlichen Liegenschaft		
Import und Montage eines Gartenhäuschens in Chur		
Winterschnitt von Obstbäumen in Basel (es werden nur Betriebsmittel wie Baumscheren usw. eingeführt)		
Verkauf eines in Lörrach (DE) gelegenen Grundstücks		
Verkauf von Teppichen ab Zollfreilager Zürich-Flughafen		
Verpachten einer Gaststätte in Rorschach		
Verleasen einer Maschine ab Standort Bern		
Installation von Software bei einer Bank in St. Gallen durch einen Programmierer (Software wird ab Internet heruntergeladen)		
Schleifen von Klingen (unter Verwendung einer mobilen Schleifmaschine)		

26 Der Gemüseproduzent Linus Stoller führt neu auch diverse Arbeiten für Dritte aus. Im abgelaufenen Kalenderjahr hat er folgende Umsätze erzielt:

Umsätze	CHF
Erlös aus landwirtschaftlicher Eigenproduktion	100 000
Reine Transportleistungen für Dritte	40 000
Reine Feldarbeiten für Dritte	50 000
Erzielter Gesamtumsatz	190 000

Wird Linus Stoller steuerpflichtig und welche Umsätze hat er gegebenenfalls mit der ESTV abzurechnen?

27 Die nicht steuerpflichtige Holdinggesellschaft Xeno AG mit Sitz in Appenzell hat diverse Beteiligungen zwischen 50% und 100%. Die jährlichen Beteiligungserträge (Dividenden) belaufen sich auf CHF 3 Mio. Zudem werden noch Finanzerträge im Betrag von CHF 140 000 erzielt. Die Holdinggesellschaft Xeno AG verfügt über das kantonale Holdingprivileg.

Kann sich die Holdinggesellschaft im MWST-Register eintragen lassen?

28 Gerhard Meisterhans ist mehrfacher Millionär und besitzt mehrere Aktiengesellschaften zu 100%. Er ist aber selbst nicht als Einzelunternehmer tätig. Da seine Firmen untereinander Leistungen erbringen, will er die sich aus der Gruppenbesteuerung ergebenden Vorteile nutzen und stellt der ESTV einen dementsprechenden Antrag.

A] Wird diesem Antrag stattgegeben?

B] Wenn ja, welches wären die wesentlichen Vor- und Nachteile für Gerhard Meisterhans?

29 Die Dienststelle «Drucksachen und Material» einer grossen bernischen Gemeinde beliefert verschiedene Abnehmer mit Büromaterial aller Art. Daraus erzielt sie folgende Umsätze:

Umsätze	CHF
Mit Dienststellen des gleichen Gemeinwesens	300 000
Mit Dienststellen anderer Gemeinwesen	100 000
Mit Dritten (Nichtgemeinwesen)	150 000

Ist die Dienststelle «Drucksachen und Material» steuerpflichtig und welche Umsätze sind gegebenenfalls abzurechnen?

30 Für die Durchführung eines Skiwettkampfs Anfang Januar n11 wird ein Organisationskomitee in Form einer einfachen Gesellschaft gegründet. Es werden folgende Umsätze erzielt:

Jahr	Umsätze	CHF
n10	Vorverkauf von Eintrittsbilletten	100 000
	Verkauf von Werbeleistungen	50 000
n11	Verkauf Eintrittsbillette am Anlass	200 000
	Souvenirverkäufe	10 000
	Verkauf von Tombolalosen	50 000
	Gastgewerbliche Leistungen	50 000

Ist die einfache Gesellschaft steuerpflichtig und welche Umsätze sind gegebenenfalls mit der ESTV abzurechnen?

31 Anton Huwyler eröffnet am 1. Juli n11 eine Zimmerei in Sarnen. Er geht davon aus, dass er einen Umsatz von weniger als CHF 100 000 erzielen wird und meldet sich deshalb bei der ESTV nicht an. Ende Jahr sind folgende Zahlen bekannt:

	CHF
Einnahmen 3. Quartal (1. Juli bis 30. September)	20 000
Ausstehende Rechnungen (offene Debitoren) per 30. September	4 000
Noch nicht fakturierte angefangene Arbeiten per 30. September	3 000
Einnahmen 4. Quartal (1. Oktober bis 31. Dezember)	40 000
Ausstehende Rechnungen (offene Debitoren) per 31. Dezember	6 000
Noch nicht fakturierte angefangene Arbeiten per 31. Dezember	5 000

Ab wann ist Anton Huwyler MWST-pflichtig?

32 Das Reinigungsinstitut Italian Clean SA mit Sitz in Como (IT) erzielt einen Jahresumsatz von EUR 3 Mio. weltweit. Von einer italienischen Grossbank erhält es einen Reinigungsauftrag für deren Schweizer Bankfilialen in Chiasso. Diese Reinigungsleistungen in Chiasso werden pro Jahr mit CHF 12 000 an die Schweizer Betriebsstätte der Grossbank fakturiert.

Welche MWST-Konsequenzen ergeben sich für die Italian Clean SA?

33 Die Grasso AG erzielt aus der Vermittlung von Versicherungen und Versicherungsberatungen die folgenden Umsätze:

Jahr	Beratung CHF	Vermittlung CHF
n09	65 000	105 000
n10	90 000	180 000
n11	100 000	250 000
n12	110 000	240 000

Ab wann muss sich die Grasso AG im MWST-Register eintragen lassen?

7 Bemessungsgrundlage

Lernziele

Nach der Bearbeitung dieses Kapitels können Sie …

- erklären, was zur Bemessungsgrundlage zählt.
- die Unterschiede zwischen Nichtentgelten und Nichtbemessungsgrundlage bestimmen.
- das Entgelt bei Leistungen an eng verbundene Personen und an das Personal bestimmen.
- erklären, in welchen Fällen und wie die Margenbesteuerung anzuwenden ist.

Schlüsselbegriffe

Abtretung der Entgeltsforderung, Betreibung, Check, Devisen-Tageskurs, eng verbundene Personen, Entgelt, Entgeltsminderung, Ersatz aller Kosten, Fremdwährung, Inkasso, Konzernumrechnungskurs, Kreditkartenkommission, Mahngebühren, Margenbesteuerung, Monatsmittelkurs, Nichtentgelt, Personal, Rabatt, Rückgängigmachung der Leistung, Sammlerstücke, Skonto, Umsatzbonus, tauschähnliche Geschäfte, Verrechnungsgeschäfte, Verzugszins, Wechsel, Wertschriften, WIR-Geld

Die Bemessung der Steuer erfolgt grundsätzlich auf der Basis des **bezahlten Entgelts für eine Leistung.** Nur wenn das Entgelt nicht die wirklichen wirtschaftlichen Verhältnisse widerspiegelt oder wenn gar kein Entgelt ausgerichtet wird, weicht das MWSTG auf andere Bemessungsgrundlagen aus.

Hinweis

In diesem Kapitel wird die Bemessungsgrundlage für den Eigenverbrauch (Vorsteuerkorrektur oder geschuldete Lieferungssteuer), beim Meldeverfahren und bei der Einfuhrsteuer nicht behandelt.

Es sind somit auch die Ausführungen zur Bemessungsgrundlage in Kapitel 11, S. 168 (insbesondere bei den Privatanteilen), in Kapitel 15, S. 234 und in Kapitel 18, S. 256 zu beachten.

Die gesetzlichen Grundlagen zur Bemessungsgrundlage und zum Entgelt finden Sie vor allem in MWSTG 24, aber auch in MWSTG 3, 18 und 46 sowie in MWSTV 26–28 und 45–48.

7.1 Entgelt

MWSTG 3 lit. f definiert das Entgelt **aus der Sicht des Leistungsempfängers** als: «**Vermögenswert,** den der Empfänger oder die Empfängerin oder an seiner oder ihrer Stelle eine Drittperson für den Erhalt einer Leistung aufwendet».

Das Entgelt wird in MWSTG 24 Abs. 1 **aus der Sicht des Leistungserbringers** wie folgt umschrieben: «Die Steuer wird vom **tatsächlich empfangenen Entgelt** berechnet».

Wichtig für die Bemessungsgrundlage ist aber auch MWSTG 18, der den Steuerobjekt-Grundsatz betrifft. Im Absatz 1 steht Folgendes: «Der **Inlandsteuer** unterliegen die im **Inland** durch **steuerpflichtige Personen gegen Entgelt erbrachten Leistungen;** sie sind steuerbar, soweit dieses Gesetz keine Ausnahme vorsieht.»

Die Begriffe wie Inland oder Leistung sind ebenfalls in MWSTG 3 umschrieben.

Gemessen wird also, welchen **Leistungsabfluss** die **Lieferung oder Dienstleistung beim Empfänger** auslöst, und nicht, wie dieser Leistungsabfluss beim Lieferanten oder Dienstleistenden eingeht bzw. verbucht wird.

7.1.1 Ersatz aller Kosten

In MWSTG 24 Abs. 1 wird weiter ausgeführt: «Zum Entgelt gehören namentlich auch der **Ersatz aller Kosten,** selbst wenn diese gesondert in Rechnung gestellt werden, sowie die von der steuerpflichtigen Person geschuldeten öffentlich-rechtlichen Abgaben».

Mit dem Begriff «Ersatz aller Kosten» wird klargestellt, dass das **Weiterverrechnen** von Kosten ebenfalls **in die Bemessungsgrundlage miteinzubeziehen** ist.

Es spielt dabei keine Rolle, ob einzelne weiterverrechnete Kostenelemente von der Steuer ausgenommen sind oder nicht. Wenn die Hauptleistung steuerbar ist, unterliegt das gesamte Entgelt der MWST. Die MWST selbst wird aber nicht in die Bemessungsgrundlage eingerechnet.

Beispiel

Der Musikladen Müller & Co. liefert einem Kunden per Post eine CD-Sammlung der Werke von Mozart. Die Rechnung des Musikladens präsentiert sich wie folgt:

Rechnungsposition	CHF
CD-Sammlung Mozart	110.00
Porto und Verpackung	14.00
Total inkl. 7.7% MWST	**124.00**

Für die CD-Sammlung wendet der Kunde gesamthaft CHF 124.00 auf. Daher muss der Musikladen auf den gesamten CHF 124.00 (107.7%) die MWST mit CHF 8.85 abrechnen. Es spielt dabei keine Rolle, ob in der Rechnung Positionen aufgeführt sind, die für sich allein betrachtet von der Steuer ausgenommen sind (z. B. Briefmarken).

Weitere Bestandteile des **Ersatzes aller Kosten** sind:

- Beschaffungskosten (Transportkosten, Zölle, LSVA, CO_2-Abgabe, Treibstoffzollzuschlag, Entsorgungsgebühren, Porto und Verpackung)
- Auslagen für Reisen, Verpflegung, Unterkunft usw., selbst wenn diese im Ausland angefallen sind
- Kleinmengenzuschlag
- Provisionen
- Mahngebühren und vertragliche vereinbarte Teilzahlungszuschläge (vereinbarte Vertragszinsen)
- Trinkgelder, sofern sie dem Leistungserbringer und nicht dem Personal zustehen.

7.1.2 Leistungen an eng verbundene Personen

Bei einer Leistung an eine eng verbundene Person – z. B. an eine Person, die mindestens 20% am Stammkapital einer GmbH hält – gilt als Entgelt der Wert, der **unter unabhängigen Dritten vereinbart** würde. Falls dies nicht der Fall ist, wird auf ein **fiktives Entgelt** abgestellt und dieses besteuert. Aufgerechnet wird dabei die Differenz zwischen dem Entgelt, das bezahlt wurde, und dem Entgelt, das unter unabhängigen Dritten vereinbart würde.

Hinweis

In Kapitel 11.1.2, S. 169 wird detailliert beschrieben, wann es sich um eine eng verbundene Person oder um eine der eng verbundenen Person nahestehende Person handelt und wann eine eng verbundene Person als Mitarbeiterin oder Mitarbeiter angesehen wird und somit zum Personal gehört.

Kapitel 11.1.3, S. 171 enthält weitere Ausführungen zu den Leistungen an das Personal, u. a., welche Leistungen nicht im Lohnausweis zu deklarieren sind.

7.1.3 Leistungen an das Personal

Wenn Leistungen gegenüber **Lohnausweisempfängern,** d. h., gegenüber dem Personal, erbracht werden, sind die Ausführungen in MWSTG 24 Abs. 3 (Marktwert) i.V. mit MWSTV 47 zu beachten.

Es ist zu unterscheiden, ob eine Leistung gegenüber dem Personal **entgeltlich** oder **unentgeltlich** erbracht wird:

- Leistungen des Arbeitgebers an das Personal, die **im Lohnausweis zu deklarieren** sind, gelten als entgeltlich erbracht. Die Steuer ist von dem Betrag zu berechnen, der für die direkten Steuern massgebend ist.
- Leistungen, die **im Lohnausweis nicht zu deklarieren** sind, gelten als unentgeltlich erbracht. Es wird vermutet, dass ein unternehmerischer Grund für die Erbringung der Leistung besteht.

Soweit **Pauschalen** für die Ermittlung von Lohnanteilen bei den direkten Steuern zulässig sind, können diese – falls dienlich – ebenfalls für die MWST angewandt werden.

Anhand eines Beispiels wollen wir die Leistung an eine eng verbundene Person und an das Personal näher betrachten.

Beispiel

Leistungen an das Personal und an einen Hauptaktionär (eng verbundene Person)

Die Technik AG verkauft ihren Mitarbeitenden und an den Hauptaktionär eine Kamera wie folgt:

Rechnungsposition	CHF
Bruttoverkaufspreis	3 000
– 15% Rabatt	– 450
Preis gegenüber Dritten (Kunden)	2 550
Einstandspreis dieses Produkts	1 500
Wert für das Personal	2 200

Welcher Wert oder welche Bemessungsgrundlage kommt für den Verkauf der Kamera an das Personal und an den Hauptaktionär für diesen Sachverhalt zur Anwendung?

Wert gegenüber dem Personal

Es ist von einem Naturallohn auszugehen. Massgebende Bemessungsgrundlage ist damit grundsätzlich der Marktwert der Kamera von CHF 2 550. In Anbetracht des MWSTV 47 kann aber – soweit es sich hier um einen branchenüblichen Rabatt handelt – davon ausgegangen werden, dass der Vorzugspreis für das Personal von CHF 2 200 bzw. das tatsächlich empfangene Entgelt zu versteuern ist. Die branchenüblichen Rabatte sind auf dem Lohnausweis der Mitarbeitenden durch die Technik AG nicht zu deklarieren.

Wert gegenüber einer eng verbundenen Person

Bei Leistungen an eine eng verbundene Person gilt als Entgelt der Wert, der unter unabhängigen Dritten vereinbart würde (MWSTG 24 Abs. 2). Somit ist der Wert gegenüber Dritten von CHF 2 550 zu versteuern.

Falls aber nun die eng verbundene Person (d. h. der Hauptaktionär) in der Technik AG mitarbeitet, wird gestützt auf MWSTV 47 Abs. 5 der Wert gegenüber dem Personal angewandt. Leistungen des Arbeitgebers an das Personal, die im Lohnausweis zu deklarieren sind, gelten gemäss MWSTV 47 als entgeltlich erbracht. Der Hauptaktionär ist nun aus der Sicht der MWST ein Mitarbeiter der Technik AG. Es handelt sich wieder um einen branchenüblichen Rabatt, der nicht auf dem Lohnausweis deklariert werden muss.

7.1.4 Nichtentgelte

Diverse **Mittelflüsse** zählen zu den **Nichtentgelten** (s. Kap. 5, S. 71) und sind in MWSTG 18 Abs. 2 nicht abschliessend aufgezählt.

Bei der **Bemessungsgrundlage** ist es wichtig, zwischen steuerbarem Entgelt und Nichtentgelten zu unterscheiden. Die Unterscheidung hat u. a. auch einen Einfluss auf die Deklaration in der MWST-Abrechnung. Bestimmte Nichtentgelte können entweder eine Vorsteuerkürzung (MWSTG 33 Abs. 2) oder allenfalls eine Vorsteuerkorrektur zur Folge haben (z. B. bei hoheitlichen Einnahmen als nicht unternehmerische Leistungen).

7.2 Abzüge vom Entgelt

Die MWST selbst ist nicht in die Bemessungsgrundlage einzubeziehen.

Als **Entgeltsminderungen** zu betrachten sind:

- **Rabatte** und **Skonti,** die vom Leistungsempfänger abgezogen werden.
- **Umsatzboni** und **Rabattrückvergütungen,** die den Kunden nachträglich gewährt werden.
- Die **Rückgängigmachung der Leistung.** Diese kann bei Rücknahme der gelieferten Gegenstände wegen Nichtigkeit des Vertrags, bei der Aufhebung des Vertrags wegen Willensmängeln oder Sachgewährleistung beim Kauf- bzw. Werkvertrag angenommen werden. Die Rückgängigmachung kann sich auch nur auf einen Teil der Leistung beziehen. Bei der Rückgabe von Gegenständen innert 30 Tagen seit der Lieferung wird immer Rückgängigmachung angenommen, wenn der volle Preis angerechnet wird.
- **Debitorenverluste** sind in derjenigen Steuerperiode abzugsberechtigt, in der die Forderungen als uneinbringlich ausgebucht werden. Die Ausbuchung als Debitorenverlust ist buch- und belegmässig zu erbringen. Falls im Nachhinein dennoch eine Abschlags- oder Schlusszahlung erfolgt, so sind diese Zahlungen mit der MWST zu versteuern.

7.3 Andere geldwerte Leistungen

Die Gegenleistung des Abnehmers oder Bezügers erfolgt nicht immer in Form einer Geldzahlung in Schweizer Franken. Auch jede andere geldwerte Leistung ist Entgelt. Nachfolgend wird die Bemessungsgrundlage solcher Fälle vorgestellt.

7.3.1 Tauschähnliche Geschäfte

Bei der **Entgegennahme von Gegenständen an Zahlungs statt (Eintauschgeschäften)** gilt als Entgelt der Betrag, der durch die Entgegennahme ausgeglichen wird. Dieser Teil des Gesamtentgelts bestimmt sich grundsätzlich nach dem **Verkehrswert der eingetauschten Leistung.** Steuerbar ist aber mindestens der Betrag, der in der **Rechnung** und im Liefervertrag für den Gegenstand angerechnet wird. Dieser Betrag ist auch dann für die Steuerberechnung massgebend, wenn der eingetauschte Gegenstand später zu einem niedrigeren Preis oder gar nicht verkauft wird.

Wird nur der **Aufpreis** ausgewiesen, so ist der **Katalogpreis** steuerbares Entgelt. Der bei Eintauschgeschäften gewährte Rabatt darf nicht höher sein als der Rabatt, der einem Dritten bei einem Verkauf eines gleichen Gegenstands ohne Eintausch gewährt würde.

Beispiel

Die Garage Adler AG erstellt folgende Rechnung:

Rechnungspositionen	CHF
Neuwagen (Katalogpreis)	40 000
– 10% Rabatt	– 4 000
Nettopreis	36 000
– Eintauschwagen (75 000 km)	– 16 000
Aufpreis (inkl. 7.7% MWST)	**20 000**

Bei Neuwagenverkäufen ohne Eintauschgeschäft gewährt die Garage Adler AG üblicherweise einen Rabatt von 10%.

Sie muss als Umsatz einen Betrag von CHF 36 000 (107.7%) deklarieren, kann aber einen Abzug fiktiver Vorsteuer auf dem Eintauschwagen vornehmen, wenn die Bedingungen gemäss MWSTG 28a eingehalten sind.

Diese Regelung gilt allerdings nicht für **Austauschreparaturen.** Um eine Austauschreparatur handelt es sich, wenn dem Besteller anstelle eines defekten Gegenstands (z. B. Alternator im Auto) ein gleichartiger revidierter Gegenstand übergeben wird. Sofern in solchen Fällen nur der **Werklohn** für die Bearbeitung verrechnet wird, gilt nur dieser als Bemessungsgrundlage.

7.3.2 Verrechnungsgeschäfte

Wenn Lieferungen oder Dienstleistungen in Verrechnung **mit Gegenleistungen abgegolten** werden, haben beide Vertragspartner den **vollen Wert** der eigenen Lieferung oder Dienstleistung und den vollen Wert der Gegenleistung **zu verbuchen.** Die blosse Verbuchung des Differenzbetrags ist nicht zulässig.

Beispiel

Das Baugeschäft Pfäuti AG erstellt für das Treuhandbüro Locher AG ein Bürogebäude für deren Geschäftstätigkeit. Die Pfäuti AG stellt wie folgt Rechnung:

Rechnungspositionen	CHF
Bauarbeiten	800 000.00
– 3% Rabatt (v. CHF 800 000)	– 24 000.00
– 2% Skonto (v. CHF 776 000)	– 15 520.00
Bauarbeiten netto	760 480.00
– 0.5% Baureinigung, Baustrom	– 3 802.40
– Baureklame pauschal	– 800.00
Bruttobetrag exkl. 7.7% MWST	755 877.60
7.7% MWST v. Bruttobetrag	58 202.60
Bruttobetrag inkl. 7.7% MWST	814 080.20
– Ihre Buchhaltungsarbeiten (Gegenleistung)	– 12 000.00
Nettobetrag inkl. 7.7% MWST	**802 080.20**

Die Rechnung der Pfäuti AG ist korrekt. Sie hat CHF 755 877.60 (exkl. MWST) als Ertrag zu verbuchen und zu versteuern.

Obwohl es sich bei der Baureinigung, dem Baustrom und der Baureklame eigentlich um Verrechnungen handelt, werden diese von der ESTV als Entgeltsminderungen zugelassen und sind somit auch abzugsberechtigt. Damit die Pfäuti AG auf den Buchhaltungsarbeiten einen Vorsteuerabzug vornehmen kann, benötigt sie vom Treuhandbüro Locher AG eine korrekte Rechnung im Sinne von MWSTG 26.

Das Treuhandbüro Locher AG verwendet das Bürogebäude für unternehmerische zum Vorsteuerabzug berechtigende Tätigkeiten (Eigennutzung sowie für die Vermietung von Büroräumlichkeiten mit Option) und kann den Betrag von CHF 58 202.60 als Vorsteuer in Abzug bringen. Den in Abzug gebrachten Betrag von CHF 12 000.00 (107.7%) hat das Treuhandbüro Locher AG als Umsatz (brutto) zu versteuern.

7.3.3 Entgelte in ausländischer Währung (Fremdwährung)

Entgelte in ausländischer Währung sind zur Berechnung der MWST im Zeitpunkt der Entstehung der Steuerforderung in **Schweizer Franken umzurechnen.** Der massgebende Zeitpunkt für die Umrechnung ist:

- Bei Abrechnung **nach vereinbarten Entgelten** der Kurs im Zeitpunkt der **Rechnungsstellung;** bei Gutschriften oder Nachbelastungen wegen Preiskorrekturen, Warenrücksendungen usw. das Datum der **Gutschrift** oder der **Nachbelastung**
- Bei Abrechnung **nach vereinnahmten Entgelten** der Kurs im Zeitpunkt des **Zahlungseingangs**

Die Umrechnung hat aufgrund der von der ESTV bekannt gegebenen **Monatsmittelkurse** oder aufgrund des geltenden **Devisen-Tageskurses** (Verkauf) zu erfolgen. Die ESTV gibt die Monatsmittelkurse auf ihrer Homepage jeweils am 25. des Monats für den nachfolgenden Monat bekannt. Dort sind auch die Devisen-Tageskurse abrufbar, die von der EZV täglich aktualisiert werden.

Steuerpflichtige Personen, die Teil eines Konzerns sind, können für die Umrechnung gegenüber Konzerngesellschaften oder auch gegenüber Dritten ihren **Konzernumrechnungskurs** anwenden. Für die Berechnung der MWST dürfen keine anderen Kurse verwendet werden.

Das einmal gewählte **Vorgehen** für die Umrechnung ist **während mindestens einer Steuerperiode beizubehalten** und sowohl für die Berechnung der Umsatzsteuer, der Bezugsteuer als auch für den Vorsteuerabzug anzuwenden.

Der **Beleg** ist das Kriterium bei der Entscheidung, ob die Regeln für Landes- oder für ausländische Währung angewandt werden müssen. Die Regeln für ausländische Währung gelten, wenn auf dem Beleg nur die ausländische Währung aufgeführt ist oder wenn auf dem Beleg die einzelnen Leistungen und das Rechnungstotal in der ausländischen Währung ausgewiesen werden.

7.3.4 Zahlungen mit Wechseln, Checks, Anweisungen, Kreditkarten oder WIR-Geld

Wird das Entgelt nicht bar bezahlt, ist der beim Leistungserbringer eingehende Betrag oft niedriger als derjenige Betrag, der vom Leistungsempfänger bezahlt wird. So werden bei der Entgegennahme von Wechseln, Checks oder Anweisungen von der Bank ein **Diskont, Wechselspesen, Einlösungsspesen** usw. belastet. Beim Kreditkartensystem ziehen die Kreditkartenorganisationen eine **Kommission** ab. WIR-Geld wird unter Umständen mit Verlust gegen Währungsgeld veräussert oder es entstehen Einbussen beim Wareneinkauf.

Der **Vorsteuerabzug** ist auf dem Betrag zulässig, den der Leistungsempfänger bezahlt. Somit muss dieser Betrag vom Leistungserbringer auch versteuert werden. **Kommissionen** der Kreditkartenorganisationen, **Gebühren** beim Einlösen von Checks oder Verluste aus den Verkäufen von WIR-Geld gegen Währungsgeld **gelten nicht als Entgeltsminderungen.**

Dabei spielt es keine Rolle, ob der Leistungsempfänger Steuerpflichtiger ist oder nicht. Die Gebühren, Verluste bei WIR-Geld, Spesen oder Kommissionen sind in der **Buchhaltung** des Leistungserbringers **separat als Aufwand zu erfassen.**

Beispiel

Die steuerpflichtige Baumann AG zahlt dem Hotel Eiger für eine aus betrieblichen Gründen notwendige Hotelübernachtung CHF 220.00 (inkl. 3.7% MWST). Diesen Betrag begleicht sie mit der Kreditkarte und bringt zu Recht CHF 7.85 als Vorsteuer in Abzug.

Dem Hotel Eiger werden von der Kreditkartenorganisation 3% Kommission in Abzug gebracht, d.h., es erhält nur den Betrag von CHF 213.40 gutgeschrieben. Das Hotel Eiger muss jedoch CHF 212.15

als Ertrag und CHF 7.85 als Umsatzsteuer verbuchen und versteuern. Die Kreditkartenkommission von CHF 6.60 ist vom Hotel Eiger als Aufwand zu verbuchen.

Für die Kreditkartenorganisation ist die Kommission Entgelt für eine Leistung im Bereich des Geld- und Kapitalverkehrs und somit von der Steuer ausgenommen. Das Hotel Eiger kann auf dieser Leistung keinen Vorsteuerabzug geltend machen.

7.3.5 Entgegennahme von Wertschriften

Bei der Entgegennahme von Wertschriften gilt als Entgelt der dadurch ausgeglichene **Rechnungsbetrag.** Der Nominal- oder Kurswert und allfällige spätere Gewinne oder Verluste bei der Veräusserung sind nicht zu berücksichtigen.

7.3.6 Weitere Entgelte bzw. geldwerte Leistungen

Als Entgelt bzw. geldwerte Leistungen gelten auch REKA-Checks, Gutscheine usw. Diese sind aber erst bei der **Einlösung** durch den Leistungserbringer zum entsprechenden Steuersatz zu versteuern (s. Kap. 16.1, S. 241 bzw. Kap. 16.2, S. 243).

7.3.7 Inkassoauftrag

Beim Inkassoauftrag beauftragt ein Leistungserbringer **einen Dritten** (z. B. Inkassobüro) mit dem **Inkasso seiner Forderung.** Das Inkassobüro rechnet jede **einzelne Zahlung** des Kunden mit dem Leistungserbringer ab und übernimmt kein Delkredere-Risiko. Das bedeutet, dass das Verlustrisiko einer Nichtbezahlung der Forderung beim Leistungserbringer bleibt.

Der Leistungserbringer muss den Betrag versteuern, den der **Kunde dem Inkassobüro bezahlt** hat. Das Entgelt für das Inkassobüro wird in der Regel mit der einkassierten Forderung verrechnet. Das Inkassobüro muss das **Entgelt für die Inkassoleistung** versteuern (MWSTG 21 Abs. 2 Ziff. 19 lit. c, letzter Teilsatz) und der Leistungserbringer ist dafür zum Vorsteuerabzug berechtigt.

Beispiel

Ein steuerpflichtiges Inkassobüro treibt für das Unternehmen X eine Forderung über CHF 80 000 für steuerbare Leistungen ein. Der Schuldner zieht davon noch 2% Skonto ab und überweist dem Inkassobüro CHF 78 400. Das Inkassobüro überweist dem Unternehmen X CHF 78 000 nach Abzug der Inkassogebühr von CHF 400:

- Das Inkassobüro hat als steuerbaren Umsatz CHF 400 zu versteuern.
- Das Unternehmen X hat als steuerbaren Umsatz CHF 78 400 zu verbuchen und zu versteuern. Die CHF 400 Inkassogebühr müssen als Aufwand verbucht werden. Wenn ein formal korrekter Beleg vorhanden ist, kann X auf dieser Gebühr den Vorsteuerabzug vornehmen.

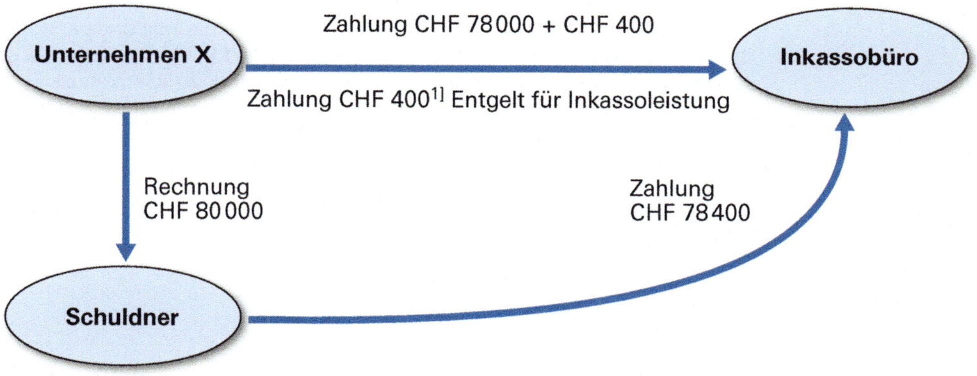

[1] CHF 400 werden verrechnet.

7.3.8 Feste Abtretung der Entgeltsforderung

Wie beim Inkassoauftrag beauftragt auch hier der Leistungserbringer einen Dritten – z. B. ein Factoring-Unternehmen, eine Zentralregulierungsstelle usw. – mit der Einforderung der Entgeltsforderungen. Die Inkassostelle vereinnahmt das Entgelt **auf eigene Rechnung** und übernimmt das **Delkredere-Risiko.**

Bei der festen Abtretung der Entgeltsforderung hat der Leistungserbringer das **volle Entgelt zu versteuern,** das er dem Kunden in Rechnung gestellt hat. Die Beträge, die von der Inkassostelle abgezogen werden, gelten nicht als Entgeltsminderung. Diese Beträge gelten bei der Inkassostelle als von der Steuer ausgenommene Leistungen (MWSTG 21 Abs. 2 Ziff. 19 lit. c), wenn sie das Delkredere-Risiko übernimmt.

Ein **Abzug als Entgeltsminderung** ist beim Leistungserbringer nur in Ausnahmefällen möglich, wenn der Dritte die definitive **Zahlungsunfähigkeit** (Liquidation des Schuldners, Verjährung der Forderung) des Kunden schriftlich nachweisen kann.

Nimmt der Kunde bei der Zahlung an den Dritten einen **Abzug wegen Mängelrüge** vor und zediert der Dritte den entsprechenden Betrag zurück, ist für den Leistungserbringer ein Abzug als Entgeltsminderung nur zulässig, wenn er dem Kunden eine auf dessen Namen lautende **Gutschrift** zustellt.

Skontoabzüge, die der Kunde bei fest abgetretenen Forderungen vornimmt, kann der Leistungserbringer als **Entgeltsminderungen** behandeln, wenn der Vertrag mit dem Dritten eine Rückbelastung der vorgenommenen Skontoabzüge vorsieht und die Skontoabzüge vom Dritten dem Leistungserbringer schriftlich gemeldet werden.

Bei der **Inkassostelle** liegt bezüglich der ihr abgetretenen Forderungen ein Umsatz im Bereich des Geld- und Kapitalverkehrs vor, der ohne Anspruch auf Vorsteuerabzug **von der Steuer ausgenommen** ist. Als Umsatz gilt dabei die **Differenz** zwischen der vom Leistungsempfänger erhaltenen **Zahlung** und dem **Forderungskaufpreis.**

Beispiel

Das Unternehmen X hat mit einem Finanzierungsinstitut folgendes Abkommen: Die Rechnungen werden dem Finanzierungsinstitut abgetreten. Dieses zahlt dem Unternehmen X innert 30 Tagen 95% der abgetretenen Forderungen. 5% werden für Delkredere-Risiko (3%) und Skonto (2%) abgezogen. Die Kunden des Unternehmens X haben dem Finanzierungsinstitut entweder innert 30 Tagen 97.7% der Forderung zu überweisen (2% Skonto) oder innert 60 Tagen 100%.

Unter anderem tritt das Unternehmen X die Forderungen des Kunden A und des Kunden B an das Finanzierungsinstitut ab. Die Forderungen lauten über je CHF 1 Mio.

Das Finanzierungsinstitut überweist dem Unternehmen X innert 30 Tagen CHF 1.9 Mio. (5% Abzug).

Kunde A zahlt dem Finanzierungsinstitut innert 30 Tagen CHF 980 000 (2% Skonto), Kunde B zahlt erst nach 60 Tagen CHF 1 Mio. Beide machen auf diesen Beträgen den Vorsteuerabzug geltend.

Das Unternehmen X muss als Entgelt CHF 2 Mio. verbuchen und versteuern. Die vom Finanzierungsinstitut abgezogenen CHF 100 000 sind als Aufwand (ohne Vorsteuerabzugsrecht) zu verbuchen. Der vom Kunden A abgezogene Skontoabzug kann grundsätzlich nicht als Entgeltsminderung abgezogen werden. Ein Abzug ist nur möglich, wenn der Vertrag mit dem Finanzierungsinstitut eine Rückbelastung vorsieht und das Finanzierungsinstitut dem Unternehmen X die Skontoabzüge schriftlich meldet. Das ist hier nicht der Fall.

Für das Finanzierungsinstitut gelten CHF 0.08 Mio. (Zahlungen von Kunde A und B abzüglich Forderungskaufpreis von CHF 1.9 Mio.) als ein von der Steuer ausgenommener Umsatz, der für eine allfällige Berechnung der Vorsteuerkorrektur massgebend ist.

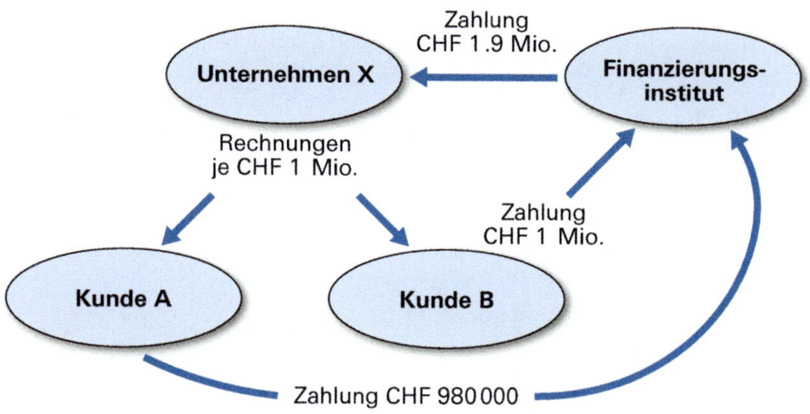

Steuerbar sind: CHF 2 Mio. beim Unternehmen X. Da Kunde A aber nur CHF 980 000 bezahlt, kann er nur auf diesen den Vorsteuerabzug geltend machen. Kunde B steht der Vorsteuerabzug auf CHF 1 Mio. zu.

Nicht steuerbar sind: CHF 0.08 Mio. beim Finanzierungsinstitut, diese stellen für dieses einen von der Steuer ausgenommenen Umsatz dar.

7.4 Nichtbemessungsgrundlage des Entgelts

Nichtbemessungsgrundlage des Entgelts und somit nicht zu versteuern sind:

a. **Billettsteuern, Handänderungssteuern** sowie die auf der Leistung geschuldete MWST selbst.
b. **Durchlaufposten,** d. h. Beträge, die die steuerpflichtige Person von der die Leistung empfangenden Person als Erstattung von in deren Namen und für deren Rechnung getätigte Auslagen erhält, sofern diese gesondert und ohne Zuschlag ausgewiesen werden. Beispiele dafür sind Kurtaxen oder Debouren[1] bei einem Hotel, Betreibungskosten, Gebühren des Strassenverkehrsamts für die periodische amtliche Prüfung von Fahrzeugen und Gebühren für den Fahrzeugausweis oder Bewilligungs- und Baupolizeigebühren.
c. Der Anteil des Entgelts, der bei der Veräusserung eines unbeweglichen Gegenstands auf den **Wert des Bodens** entfällt.
d. Die im Preis für Entsorgungs- und Versorgungsleistungen eingeschlossenen kantonalen **Abgaben an Wasser-, Abwasser- oder Abfallfonds,** soweit diese Fonds daraus an Entsorgungsanstalten oder Wasserwerke Beiträge ausrichten.

Einige Sachverhalte der Nichtbemessungsgrundlage wollen wir anhand von drei Beispielen näher betrachten.

Beispiel

Fall 1: Billettsteuer

Der steuerpflichtige Verein Multikultur organisiert im Sommer jeweils das dreitägige Open Air «Multikultur». Die Eintrittpreise für einen Dreitagespass belaufen sich auf CHF 150 zuzüglich Billettsteuer von CHF 15. Der Verein Multikultur überlegt sich, für die Versteuerung der von der Steuer ausgenommenen Eintritte zu optieren. Bei einer allfälligen Option müssten die Eintritte zum Steuersatz von 2.5% versteuert werden.

Wenn der Verein Multikultur die Billettsteuer auf ihren Billetten gesondert ausweist, unterliegt die Billettsteuer gemäss MWSTG 24 Abs. 6 lit. a nicht der Steuer.

Falls aber auf den Billetten nur der Betrag von CHF 165 mit dem Vermerk «inkl. 2.5% MWST» steht, so stellt der Betrag der Billettsteuer von CHF 15 steuerbares Entgelt dar und muss versteuert werden.

[1] Debouren sind Auslagen, die der Gastwirt für seine Gäste tätigt und ihnen dann separat wieder belastet, wie z. B. Blumen, Geschenke oder Taxispesen.

Fall 2: Betreibung

Die steuerpflichtige Zumstax AG hat einen Kunden betrieben und erhält vom Betreibungsamt Gaiserwil die folgende detaillierte Schlussabrechnung mit gleichzeitiger Zahlung per 30.11.n1:

Schlussabrechnung	CHF
Ihre Rechnung vom 05.01.n1	1 000
Mahngebühren	20
Aufgelaufene Verzugszinsen bis 30.11.n1	45
Rückerstattung Ihrer Auslagen für die Betreibungskosten	60
Unsere Überweisung per 30.11.n1	**1 125**

Der Umsatz aus der Rechnung vom 05.01.n1 und die Mahngebühren sind bei der Zumstax AG steuerbares Entgelt. Die aufgelaufenen Verzugszinsen stellen Schadenersatz und somit Nichtentgelt dar und die Rückerstattung der Betreibungskosten gelten als Nichtbemessungsgrundlage nach MWSTG 24 Abs. 6 lit. b.

Dieses Beispiel veranschaulicht, dass bei der Bemessungsgrundlage auch Nichtentgelte zu berücksichtigen sind.

Fall 3

Die steuerpflichtige Kerber AG mit Hauptsitz in Chur verkauft ihre Betriebsliegenschaft an die steuerpflichtige Weibel AG. Die Liegenschaft wurde vollumfänglich für steuerbare Zwecke verwendet. Auch die Weibel AG wird die Betriebsliegenschaft in Zukunft vollumfänglich für steuerbare Zwecke verwenden.

Als Verkaufspreis wurden CHF 3.1 Mio. vereinbart. Der anteilige Wert des Bodens beträgt CHF 800 000. Die Weibel AG übernimmt zudem eine Hypothek von CHF 2 Mio. und bezahlt den Restbetrag von CHF 1.1 Mio. per Bankcheck. Gemäss Kaufvertrag wird die Veräusserung bzw. der Verkauf der Betriebsliegenschaft im freiwilligen Meldeverfahren (vgl. Kap. 15, S. 234) durchgeführt.

Die Deklaration des Verkaufs der Betriebsliegenschaft von CHF 3.1 Mio. (inkl. Wert des Bodens) muss durch die Kerber AG erfolgen. Unter der Ziff. 200 des Abrechnungsformulars ist der gesamte Verkaufspreis aufzuführen. Unter der Ziff. 225 ist der anteilige Wert des Gebäudes von CHF 2.3 Mio. aufzuführen. Der Wert des Bodens (Nichtbemessungsgrundlage im Sinne von MWSTG 24 Abs. 6 lit. c) von CHF 0.8 Mio. ist unter der Ziff. 280 zu deklarieren.

Mit der MWST-Abrechnung sind zusätzlich das Formular Nr. 764 (Meldeverfahren) durch die Kerber AG und Weibel AG zu unterzeichnen und weitere Unterlagen durch die Kerber AG einzureichen.

Die Kerber AG und die Weibel AG haben ein Vorsteuerabzugsrecht auf den Aufwendungen für den Verkauf bzw. Kauf der Betriebsliegenschaft, auch wenn im Verkaufspreis von CHF 3.1 Mio. eine Nichtbemessungsgrundlage (d. h. in diesem Fall der Wert des Bodens) vorhanden ist.

Die Bestimmung des korrekten (Verkehrs)werts des Bodens ist wichtig. Falls die Kerber AG für den Verkauf der Betriebsliegenschaft nicht das Meldeverfahren, sondern die freiwillige Versteuerung wählt, so unterliegt nur der reine Verkaufspreis für das Gebäude der Lieferungssteuer, d. h., CHF 2.3 Mio. Der Wert des Bodens von CHF 0.8 Mio. stellt auch in diesem Fall eine Nichtbemessungsgrundlage dar und kann auch nicht «freiwillig» zu 7.7% versteuert werden.

7.5 Margenbesteuerung

Beim Verkauf von Sammlerstücken kann die Steuer mittels Margenbesteuerung ermittelt werden.

Sammlerstücke sind gemäss MWSTV 48a bis 48c u. a.:

- Von Künstlern persönlich geschaffene Kunstgegenstände, wie:
  - Bildwerke (z. B. Ölgemälde, Aquarelle, Zeichnungen und Collagen)
  - Originalstiche, Originalschnitte und Originalsteindrucke
  - Bildhauerkunstwerke und Skulpturen
  - Originalwerke aus Keramik oder Werke der Emaillekunst
- Antiquitäten (bewegliche Gegenstände, die mehr als 100 Jahre alt sind)
- Briefmarken, Oldtimerfahrzeuge (mit erster Inverkehrsetzung vor mehr als 30 Jahren vor Ankauf), individualisierbare Weine oder Alkoholika sowie Edelmetalle, Edelsteine, Münzen, Schmuck und Uhren mit einem Sammlerwert

Bemessungsgrundlage für die Margenbesteuerung ist die **Differenz** zwischen dem **Ankaufs-** und dem **Verkaufspreis.** Darauf wird die Steuer erhoben. Die Differenz gilt rechnerisch als **inkl. MWST,** obwohl die MWST nicht offen überwälzt wird. Übersteigt der Ankaufspreis den Verkaufspreis, so kann der Verlust verrechnet bzw. die Differenz von den übrigen steuerbaren Umsätzen abgezogen werden.

Hat eine steuerpflichtige Person ein Sammlerstück bezogen, kann sie gestützt auf MWSTG 24a auf dem Verkauf den Ankaufspreis abziehen, sofern sie **keine Vorsteuern auf dem Ankaufspreis** abgezogen hat (z. B. bei einem Erwerb von einer nicht MWST-pflichtigen Privatperson) und sofern sie **keine MWST auf der Verkaufsrechnung** ausweist.

Damit eine steuerpflichtige Person die Margenbesteuerung für Sammlerstücke anwenden darf, müssen folgende **Bedingungen** erfüllt sein:

- Beim **Ankauf** der Sammlerstücke wurden **keine (auch keine fiktiven) Vorsteuern abgezogen.** Bei Ankauf von Sammlerstücken aus dem Ausland und Bezahlung der Einfuhrsteuer kann der Wiederverkäufer die Einfuhrsteuer dem Ankaufspreis hinzurechnen (jedoch im Fall der Margenbesteuerung nicht als Vorsteuer geltend machen).
- Auf der Rechnung beim Wiederverkauf wird die **MWST nicht offen überwälzt.** Falls diese Bedingung missachtet wird, ist die offen ausgewiesene und überwälzte Steuer geschuldet. Die Margenbesteuerung und der Abzug fiktiver Vorsteuer können in diesem Fall nicht vorgenommen werden (MWSTV 48c).
- Die steuerpflichtige Person muss eine **separate Bezugs- und Verkaufskontrolle** über die Sammlerstücke führen (MWSTV 48d). Aufzeichnungen sind auch beim Erwerb von mehreren, zu einem Gesamtpreis erworbenen Sammlerstücken zu führen.

Beispiel

Fall 1

Das steuerpflichtige Antiquitätengeschäft Koller erwirbt im Jahr 20_1 von der nicht steuerpflichtigen Erbengemeinschaft Thoma einen antiken Schreibtisch aus dem Jahr 1750 zum Ankaufspreis von CHF 2 000. Es nimmt keinen Vorsteuerabzug vor. Im 2. Quartal Jahr 20_2 verkauft es diesen Tisch für CHF 5 000 an die steuerpflichtige Unternehmensberaterin Sarah Weber. Auf der Verkaufsrechnung gibt es keinen Hinweis auf die MWST.

Das Antiquitätengeschäft Koller rechnet im 2. Quartal 20_2 die Umsatzsteuer nach der Margenbesteuerung wie folgt ab:

	CHF
Verkaufspreis (deklariert als Entgelt, Ziff. 200 Abrechnungsformular)	5 000.00
– Ankaufpreis (deklariert als diverser Abzug, Ziff. 280 Abrechnungsformular)	– 2 000.00
Steuerbarer Umsatz (deklariert / versteuert zum Normalsatz, CHF 3 000 = 107.7%)	3 000.00
Umsatzsteuer	214.50

Sarah Weber als Käuferin kann keine Vorsteuer abziehen, obwohl sie fortan den Tisch im Rahmen ihrer unternehmerischen Tätigkeit einsetzt. Sie besitzt keine Rechnung, auf der die MWST offen überwälzt wurde, und kann somit eine Zahlung von Vorsteuern nicht nachweisen (MWSTG 28 Abs. 3). Zudem ist der Abzug fiktiver Vorsteuer bei Sammlerstücken, die der Margenbesteuerung unterliegen, gemäss MWSTG 28a Abs. 3 nicht möglich.

Fall 2

Eine steuerpflichtige Kunstgalerie kauft von einer Privatperson für CHF 8 000 ein Ölgemälde aus dem 19. Jahrhundert und verkauft es erst nach zwei Jahren für lediglich CHF 5 000 weiter.

Die Margenbesteuerung kann auch bei einem Verlustgeschäft angewandt werden (MWSTG 24a). Die Kunstgalerie deklariert im MWST-Abrechnungsformular beim Verkauf die CHF 5 000 als vereinnahmtes Entgelt (Ziff. 200) und den Ankaufspreis von CHF 8 000 bei den Abzügen (Ziff. 280). Die Kunstgalerie kann demnach ihren Verlust von CHF 3 000 bei den übrigen steuerbaren Umsätzen anrechnen bzw. dort den Verlust in Abzug bringen.

Fall 3

Eine steuerpflichtige Kleiderboutique kauft von einer befreundeten nicht steuerpflichtigen Künstlerin ein Gemälde für CHF 1 000 zur Verschönerung der Verkaufsräume. Es erfolgt kein Vorsteuerabzug. Einige Jahre später bietet eine Kundin der Boutique CHF 20 000 für dieses Gemälde.

Die Margenbesteuerung auf einem Sammlerstück kann auch dann angewandt werden, wenn es ursprünglich nicht für den Wiederverkauf bestimmt war, denn die Bedingungen für die Margenbesteuerung nach MWSTG 24a sind auch bei einem Weiterverkauf von Betriebsmitteln möglich.

Die Bemessungsgrundlage beim Verkauf des Gemäldes, sofern es ohne offen überwälzte MWST verkauft wird, ist CHF 19 000 (vereinnahmtes Entgelt von CHF 20 000 abzüglich Ankaufspreis von CHF 1 000). Daraus resultiert eine MWST von CHF 1 358.40 (CHF 19 000 = 107.7%).

Zusammenfassung

Grundsätzlich bildet das **Entgelt** die Bemessungsgrundlage der MWST. Es umfasst alles, was der Empfänger als Gegenleistung für die Lieferung oder Dienstleistung aufwendet (**Ersatz aller Kosten** mit Ausnahme der MWST selbst).

Leistungen an eine **eng verbundene Person** (u. a. Aktionär bei einer Aktiengesellschaft oder Gesellschafter bei der GmbH mit mindestens 20% der Anteile) sind zum Wert zu versteuern, der **unter unabhängigen Dritten** vereinbart würde.

Eng verbundene Personen können auch zum Personal gehören. In diesem Fall sind die ihnen erbrachten Leistungen als **Leistungen an das Personal** zum **tatsächlichen Entgelt** zu versteuern (MWSTV 47 Abs. 5).

Nichtentgelte werden in MWSTG 18 Abs. 2 aufgezählt, allerdings nicht abschliessend.

Rabatte, Skonti, Umsatzboni, Rabattrückvergütungen und die **Rückgängigmachung von Leistungen** dürfen als Entgeltsminderung in Abzug gebracht werden. **Debitorenverluste** sind in der Periode abzugsberechtigt, in der sie als uneinbringlich ausgebucht werden.

Werden im **Eintauschgeschäft** Gegenstände an Zahlungs statt entgegengenommen, gilt der Betrag als Entgelt, der durch die Entgegennahme ausgeglichen wird. Er bestimmt sich aus dem Betrag, der in der Rechnung und im Liefervertrag für den Gegenstand angerechnet wird. Bei **Austauschreparaturen** gilt nur das Entgelt für die Arbeit als Bemessungsgrundlage.

Werden Lieferungen oder Dienstleistungen von zwei Vertragspartnern **miteinander verrechnet**, müssen beide Partner den **vollen Wert** der eigenen Leistung und den der Gegenleistung verbuchen und versteuern.

Entgelte in **ausländischer Währung** sind zur Berechnung der MWST im Zeitpunkt der Entstehung der Steuerforderung in Schweizer Franken umzurechnen. Dabei gibt es für die Umrechnung drei Möglichkeiten: **Monatsmittelkurs, Devisen-Tageskurse** (Verkauf) und **Konzernumrechnungskurs** bei Konzerngesellschaften.

Ist der beim Leistungserbringer eingehende Betrag niedriger als der Betrag, der vom Leistungsempfänger bezahlt wurde, weil beispielsweise Gebühren beim Einlösen von **Checks, Kommissionen bei Kreditkartenzahlungen oder Verluste aus WIR-Geld-Verkäufen** entrichtet wurden, muss der vom Leistungsempfänger bezahlte Betrag versteuert werden.

Beim **Inkassoauftrag** beauftragt ein Leistungserbringer eine Inkassostelle mit dem Inkasso seiner Forderung. Die Inkassostelle übernimmt kein Delkredere-Risiko und rechnet jede Zahlung mit dem Leistungserbringer ab. Der Leistungserbringer muss den Betrag versteuern, den der Kunde bezahlt hat. Die Inkassostelle muss das Entgelt für das Inkasso versteuern und der Leistungserbringer kann dafür einen Vorsteuerabzug machen.

Bei der **festen Abtretung der Entgeltsforderung** rechnet die Inkassostelle nicht über jede einzelne Zahlung des Kunden ab. Sie vereinnahmt das Entgelt auf eigene Rechnung. Der Leistungserbringer muss das volle Entgelt, das er dem Kunden in Rechnung gestellt hat, versteuern. Die abgetretene Forderung gilt für die Inkassostelle als ein von der Steuer ausgenommener Umsatz.

Die **Nichtbemessungsgrundlage des Entgelts** muss nicht versteuert werden. Dazu gehören u. a. **Billett- und Handänderungssteuern** sowie die MWST selbst, **Durchlaufposten,** der Anteil des **Werts des Bodens** bei unbeweglichen Gegenständen und die im Preis für Entsorgungs- und Versorgungsleistungen eingeschlossenen kantonalen **Abgaben** an Wasserfonds usw.

Bei **Sammlerstücken** kann die Bemessungsgrundlage der **Margenbesteuerung** angewandt werden. Dabei wird die Steuer lediglich auf der Differenz zwischen dem Ankaufs- und dem Verkaufspreis erhoben. Dies ist jedoch nur möglich, wenn beim Ankauf der Sammlerstücke kein Vorsteuerabzug geltend gemacht und auf der Verkaufsrechnung keine MWST offen überwälzt wurde.

Repetitionsfragen

34 Die Autogarage Häfeli stellt ihrem Kunden Toni Füglister folgende Rechnung aus:

Reparaturarbeiten am BMW 325 X3	**CHF**
Periodische amtliche Prüfung inkl. kantonaler Prüfgebühr	800
Miete für ein Ersatzfahrzeug für 3 Tage	150
Finanzierungskosten für das Ersatzfahrzeug	50
Total Kosten, zahlbar innert 30 Tagen	**1 000**

Die kantonale Prüfgebühr von CHF 100 ist in der ersten Rechnungsposition enthalten, für den Kunden aber nicht ersichtlich.

Toni Füglister zahlt diese Rechnung nicht und wird daher von der Autogarage Häfeli betrieben. Die Zahlung durch Toni Füglister beträgt schliesslich CHF 1 170 (inkl. CHF 100 Betreibungskosten, CHF 50 Verzugszins und CHF 20 Mahnspesen).

Welchen Betrag hat die Autogarage Häfeli zu versteuern?

35 Das TV-Fachgeschäft Baumann AG verkauft Daniel Schweizer einen Fernseher zum Katalogpreis von CHF 1 000. Zwei Wochen nach der Lieferung findet Daniel Schweizer den Fernseher zu klein, bringt ihn zurück und kauft stattdessen ein grösseres Modell für CHF 2 000. Das TV-Fachgeschäft gewährt aus Kulanz den Umtausch. Daniel Schweizer muss nur einen Aufpreis von CHF 1 000 bezahlen.

Welche Umsätze hat das TV-Fachgeschäft Baumann AG zu versteuern?

36 Die Sieber AG stellt am 20. Januar 20_1 eine Rechnung über EUR 100 000 (inkl. 7.7% MWST) an die Burkhalter GmbH. Die Burkhalter GmbH zahlt diese am 25. Februar 20_1.

Die Sieber AG rechnet nach vereinbarten Entgelten ab, die Burkhalter GmbH nach vereinnahmten Entgelten. Beide benutzen für die Umrechnung die Monatsmittelkurse. Die ESTV publiziert folgende Eurokurse: Januar 20_1: CHF 1.1412, Februar 20_1: CHF 1.1209.

Welchen Betrag hat die Sieber AG zu versteuern und welchen Betrag kann die Burkhalter GmbH als Vorsteuer in Abzug bringen?

37 Die Garage Matrovini GmbH führt für ihre Tochtergesellschaft Matrovini F & D AG die Reparaturarbeiten an den Fahrschulfahrzeugen aus. Folgende Informationen sind aus der Buchhaltung und aus der Kalkulation vorhanden:

Reparaturarbeiten an den Fahrschulfahrzeugen	CHF
Materialkosten (exkl. 7.7% MWST)	6 000
Lohnkosten (zu Selbstkosten)	4 000
Gemeinkosten (exkl. 7.7% MWST)	2 000
Dem Kontokorrent der Matrovini F & D AG belasteter Betrag	12 000
Wert wie für einen unabhängigen Dritten (exkl. MWST)	20 000

A] Wie viel MWST muss die Garage Matrovini GmbH versteuern?

B] Welcher Vorsteuerabzug steht der Matrovini F & D AG zu?

38 Der steuerpflichtige Malermeister Hans Oberli erbringt Malerarbeiten am Privathaus des steuerpflichtigen Garagisten Oktay Ylmaz und stellt dafür Rechnung über CHF 6 000. Oktay Ylmaz liefert ihm kurze Zeit später ein Fahrzeug im Wert von CHF 18 000 für seine Tochter Sabine Oberli. Die beiden Forderungen werden verrechnet und Hans Oberli zahlt CHF 12 000 an Oktay Ylmaz.

Was haben Hans Oberli und Oktay Ylmaz bezüglich der MWST zu beachten?

39 Die Contexia GmbH rechnet nach vereinnahmten Entgelten ab.

Welche Steuerbeträge hat sie bei den folgenden Einnahmen zu deklarieren?

A] CHF 11 988 für Checkeinlösung (CHF 12 000 abzüglich Spesen von CHF 12)

B] CHF 14 700 für Rechnung an Kunde X (CHF 15 000 abzüglich 2% Skonto)

C] CHF 6 300 für Einlösung WIR-Geld (Kunde Y begleicht Rechnung von CHF 9 000 mit WIR-Geld, das die Contexia GmbH nur noch zum Gegenwert von 70% einlösen kann)

D] CHF 19 400 für Kreditkartenumsatz (CHF 20 000 abzüglich 3% Kommission der Kreditkartenorganisation)

40 Die Schuhproduzentin Koala AG beliefert verschiedene Detailhandelsgeschäfte. Diese bezahlen die Rechnung aber nicht direkt der Koala AG, sondern der gemeinsamen Einkaufsgenossenschaft. Die Koala AG sendet der Einkaufsgenossenschaft alle 10 Tage eine Liste der ausgestellten Fakturen. Die Einkaufsgenossenschaft hat den entsprechenden Betrag innert 30 Tagen zu bezahlen, wobei sie 5% für das Delkredere-Risiko abziehen kann.

A] Liegt ein Inkassoauftrag oder eine feste Abtretung der Entgeltsforderung vor?

B] Sind die 5% Delkredere-Risiko für die Koala AG als Entgeltsminderung abzugsberechtigt?

41 Beim steuerpflichtigen Autohändler Beat Blaser liegen für den Occasionswagen VW Golf GTI eine Einkaufs- und eine Verkaufsrechnung vor.

Welchen Steuerbetrag muss Beat Blaser beim Verkauf mit der MWST abrechnen?

Einkaufsrechnung vom 18.7.2018:

Verkäuferin: Hanna Lauri, 4500 Solothurn
VW Golf GTI (geliefert am 18. Juli n17)

Käufer: Beat Blaser, 4600 Olten
CHF 5 000

Verkaufsrechnung vom 22.7.2018:

Verkäufer: Beat Blaser, 4600 Olten
VW Golf GTI (geliefert am 22. Juli n17)

Käufer: Peter Fuchs, 5200 Brugg
CHF 4 500 (inkl. 7.7% MWST)

42 Die steuerpflichtige Briefmarkenhändlerin Konrad AG kauft von einer Privatperson eine wertvolle Sammlung von 50 historischen Briefmarken zum Gesamtpreis von CHF 30 000 und verkauft diese Sammlung zum Preis von CHF 40 000 an eine steuerpflichtige Briefmarkenbörse weiter.

Welches Entgelt muss die Konrad AG versteuern und wie hoch ist der abzuliefernde Steuerbetrag?

8 Steuersätze

Lernziele

Nach der Bearbeitung dieses Kapitels können Sie ...

- die aktuell geltenden Steuersätze nennen.
- typische zum reduzierten Steuersatz steuerbare Leistungen nennen.
- erläutern, wie die Umsätze auf die verschiedenen Steuersätze verteilt werden.
- die gültigen Steuersätze für gastgewerbliche Leistungen, den Verkauf und die Lieferung von Lebensmitteln bestimmen.

Schlüsselbegriffe

Abwasser, alkoholische Getränke, Blumen, Bücher, Coupon, Dünger, Entsorgung, Fische, Futtermittel, Gartenbau, Gärtner, Gastgewerbe, Geflügel, Getreide, gewogener Bruttogewinnzuschlag, Hauslieferung, Haustiere, Hotellerie, Kassensystem, Konsumvorrichtung, kulturelle Leistungen, Landwirtschaft, Lebensmittel, Medikamente, Normalsatz, organisatorische Massnahmen, Pauschale, Pflanzen, Radio- und Fernsehgesellschaften, reduzierter Steuersatz, Reklamecharakter, Saldosteuersatz, Sämereien, Silagesäuren, Sondersatz, Spezialwerkzeug, sportliche Anlässe, Streumittel, Tabakwaren, Take-away, tierärztliche Behandlung, Verkauf über die Gasse, Verpflegungsautomaten, Vieh, Wasser, Werbemittel, Zeitschriften, Zeitungen, Zusatzstoffe

Für sämtliche steuerbaren Lieferungen und Dienstleistungen gilt grundsätzlich der **Normalsatz.** Aus sozialpolitischen Überlegungen heraus ist für bestimmte Umsätze gemäss MWSTG 25 Abs. 2 und 3 ein **reduzierter Steuersatz** vorgesehen. Auch die Vorsteuerkorrektur im Eigenverbrauch dieser Leistungen unterliegt dem reduzierten Steuersatz. Ausserdem sind Beherbergungsleistungen zu einem **Sondersatz** zu versteuern.

Die gesetzlichen Grundlagen für die Steuersätze finden Sie im MWSTG 25, 46 und 55 sowie in der MWSTV 46–56.

Abb. [8-1] **Entwicklung der Steuersätze ab Einführung der MWST:**

Jahre (von / bis)	Normalsatz	Reduzierter Steuersatz	Sondersatz für Beherbergung
Ab 01.01.2018	**7.7%**	**2.5%**	**3.7%**
01.01.2011–31.12.2017	8.0%	2.5%	3.8%
01.01.2001–31.12.2010	7.6%	2.4%	3.6%
01.01.1999–31.12.2000	7.5%	2.3%	3.5%
01.10.1996–31.12.1998	6.5%	2.0%	3.0%
01.01.1995–30.09.1996	6.5%	2.0%	–

Abb. 8-2 zeigt die Multiplikatoren der Steuersätze seit 2001 bis aktuell.

Abb. [8-2] **Multiplikatoren der Steuersätze ab 2001**

Jahre (von / bis)	Normalsatz	Reduzierter Steuersatz	Sondersatz für Beherbergung
Ab 01.01.2018	**7.1495%**	**2.4390%**	**3.5680%**
01.01.2011–31.12.2017	7.4074%	2.4390%	3.6609%
01.01.2001–31.12.2010	7.0632%	2.3438%	3.4749%

8.1 Zum reduzierten Steuersatz steuerbare Leistungen

Bei den zum reduzierten Steuersatz steuerbaren Leistungen gehen wir besonders auf die Abgrenzungsprobleme ein, die sich bei einzelnen Leistungen ergeben.

8.1.1 Wasser in Leitungen

Wasser in Leitungen ist zum reduzierten Steuersatz steuerbar.

Die Entsorgung von **Abwasser** ist jedoch eine zum **Normalsatz** steuerbare Leistung.

8.1.2 Lebensmittel

MWSTG 25 verweist auf das **Lebensmittelgesetz (LMG)** vom 20. Juni 2014. In MWSTG 25 Abs. 2 lit. a Ziff. 2 werden die darin definierten Begriffe «Lebensmittel» (als Ersatz für Ess- und Trinkwaren) und «Zusatzstoffe» verwendet. Zum besseren Verständnis werden nachfolgend trotzdem auch die Begriffe «Esswaren», «(alkoholfreie) Trinkwaren» oder «Lebensmittel» verwendet.

Im LMG werden Lebensmittel als **Stoffe** oder **Erzeugnisse** bezeichnet, die dazu bestimmt sind, **vom Menschen aufgenommen** zu werden. Nicht als Lebensmittel im Sinne des LMG gelten Arzneimittel, Tabakerzeugnisse oder Betäubungsmittel. **Zutaten** sind auch Lebensmittel, wenn sie anderen Lebensmitteln zugesetzt werden oder aus ihnen ein Lebensmittel zusammengesetzt ist. **Zusatzstoffe** sind Stoffe, die bei der Herstellung von Lebensmitteln zur Erzielung **bestimmter Eigenschaften oder Wirkungen** verwendet werden.

Hinweis

Nachfolgend wird nicht näher auf MWSTG 25 Abs. 5 eingegangen: «Der Bundesrat bestimmt die in Absatz 2 bezeichneten Gegenstände und Dienstleistungen näher, dabei betrachtet er das Gebot der Wettbewerbsneutralität.»

Dem **reduzierten Steuersatz** unterliegen sämtliche **Lebensmittel** (Ess- und alkoholfreie Trinkwaren). Es ist unerheblich, ob es sich dabei um Werkstoffe, Zwischenerzeugnisse, Halberzeugnisse, Fertigprodukte oder Zutaten handelt. Ebenso spielt es keine Rolle, wenn sie einer Behandlung unterzogen wurden, sofern sie den Richtlinien der Eidgenössischen Lebensmittelverordnung entsprechen.

Dem reduzierten Steuersatz unterliegen auch Ess- und Trinkwaren, die zur Herstellung von zum Normalsatz steuerbaren Erzeugnissen verwendet werden, beispielsweise in der **chemischen, pharmazeutischen** und **kosmetischen Industrie** verwendete Produkte.

Dem reduzierten Steuersatz unterliegen auch

- **Zusatzstoffe,** die Bestandteile von Esswaren und alkoholfreien Getränken werden, z. B. Farbstoffe, Konservierungsmittel, sowie
- bei der Herstellung von Esswaren und Getränken aus technischen Gründen verwendete **Substanzen,** z. B. Backtrennmittel für Confiserien, Kohlensäurepatronen, Rahmbläserpatronen.

Bedingung ist jedoch, dass diese Zusatzstoffe und Substanzen von der **Eidgenössischen Lebensmittelkontrolle** zugelassen sind und auf der Verpackung oder in der Rechnung klar darauf hingewiesen wird, dass es sich um ein Produkt handelt, das für Nahrungszwecke verwendet wird. Im Zweifelsfall ist der Normalsatz anzuwenden.

Zum **Normalsatz** steuerbar sind **alkoholische Getränke,** deren Volumenprozent 0.5% übersteigt, und **Lebensmittel,** die im Rahmen von **gastgewerblichen Leistungen** abgegeben werden (gastgewerbliche Leistungen s. Kap. 8.2, S. 137).

8.1.3 Vieh, Geflügel und Fische

Die Lieferungen von Vieh, Geflügel und Fisch (Speisefisch) sind zum reduzierten Steuersatz steuerbar. Auch das Ausleihen von Vieh, Geflügel und Fisch gilt als Lieferung und unterliegt dem reduzierten Steuersatz:

- Als **Vieh** gelten Pferde, Esel, Maultiere, Rindvieh, Schafe, Ziegen und Schweine.
- Als **Geflügel** gelten Hühner, Enten, Gänse, Truthähne und Perlhühner.
- Bei **Fischen** unterliegen nur diejenigen dem reduzierten Steuersatz, die für Speisezwecke bestimmt sind. Zierfische sind zum Normalsatz zu versteuern.

Beispiel

Der Pferdezüchter Hans von Hofstetter verleiht sein Reitpferd Money Price an einen befreundeten Züchter für CHF 30 000.

Er hat dieses Entgelt zum reduzierten Steuersatz zu versteuern, da es sich bei der Ausleihung um eine Lieferung handelt und Pferde unabhängig vom Verwendungszweck als Vieh gelten und deshalb dem reduzierten Steuersatz unterliegen.

Die **tierärztliche Behandlung** durch Tierärzte, Spitäler, Pfleger usw. und die Besamung von Tieren stellt ausdrücklich eine Lieferung dar und ist **gleich zu versteuern wie das Tier selbst.**

Die **Entsorgung von eingeschläferten Tieren** gilt hingegen als Dienstleistung und unterliegt dem Normalsatz, ebenso wie der **Verkauf** und die **Behandlung** von **Haustieren** (z. B. Katze, Hund, Wellensittich oder Maus).

Medikamente sind grundsätzlich zum reduzierten Steuersatz steuerbar. Im Zusammenhang mit **tierärztlichen Behandlungen** erfolgt die Abgabe von Medikamenten zum reduzierten Steuersatz, wenn

- der Tierarzt dem Tierhalter das Medikament gibt, damit dieser es dem Tier verabreicht (es liegt eine zum reduzierten Satz steuerbare Medikamentenlieferung vor), oder
- der Tierarzt dem Vieh, Geflügel oder Fisch das Medikament während der Behandlung verabreicht. In diesem Fall handelt es sich um einen Teil der Behandlung, bei dem der gleiche Steuersatz angewandt wird wie bei der Behandlung selbst.

8.1.4 Getreide

Der Umsatz mit Getreide (Weizen, Korn, Roggen, Mais, Gerste usw.) unterliegt dem reduzierten Steuersatz. Dieser ist auch anwendbar, wenn Getreide für die Herstellung von zum Normalsatz steuerbaren Produkten verwendet wird, etwa in der chemischen, pharmazeutischen oder kosmetischen Industrie.

8.1.5 Lebende Pflanzen, Blumen und Sämereien

Dem reduzierten Steuersatz unterliegen Sämereien, Setzknollen und -zwiebeln, lebende Pflanzen, Stecklinge, Pfropfreiser sowie Schnittblumen und Zweige, auch wenn sie zu Arrangements, Sträussen, Kränzen und dergleichen veredelt werden.

Hinweis

Veredelungen werden häufig in Kombination mit zum Normalsatz steuerbaren Leistungen verkauft. Die Aufteilung auf die verschiedenen Steuersätze wird in Kapitel 8.3, S. 141 behandelt (Leistungskombinationen oder Mehrheit von Leistungen).

In diesem Zusammenhang ist eine **Besonderheit** für die **Gartenbaubranche** zu erwähnen. Gartenbauer führen einerseits **zum Normalsatz steuerbare Gartenbauarbeiten** aus, andererseits setzen sie dabei auch Pflanzen, Blumen usw. ein. Solche Leistungen sind grundsätzlich als Einheit zu betrachten und gesamthaft zum Normalsatz steuerbar.

Damit die Gartenbauer nicht schlechter gestellt sind als **Gärtner,** die Pflanzen, Blumen usw. separat liefern und somit zum reduzierten Steuersatz versteuern können, wurde folgende Bestimmung ins Gesetz aufgenommen: «Gesonderte Rechnungsstellung vorausgesetzt, unterliegt die Lieferung dieser Gegenstände (Pflanzen, Blumen usw.) auch dann dem reduzierten Steuersatz, wenn sie in Kombination mit einer zum Normalsatz steuerbaren Leistung erbracht wird.»

Beispiel

Der Gartenbauer Walo Windlinger erstellt für Caroline Gasser einen Garten (Planierung, Wege, Ansaat, Bepflanzung usw.). Die Lieferung der Pflanzen und des Saatguts ist bei gesonderter Fakturierung zum reduzierten Steuersatz, die übrigen Leistungen (einschliesslich Pflanzlohn) sind zum Normalsatz zu versteuern.

Erfolgt keine gesonderte Fakturierung, ist das gesamte Entgelt zum Normalsatz steuerbar.

8.1.6 Futtermittel, Silagesäuren und Streumittel für Tiere

Als zum reduzierten Steuersatz steuerbare **Futtermittel** gelten:

- Esswaren, Getränke und Fertigprodukte, die für die Verfütterung an Tiere (z. B. Kühe, Pferde, Hunde oder Katzen) bestimmt sind, sowie
- Werkstoffe, Zwischenerzeugnisse, Ergänzungs- und Zusatzstoffe, sofern auf der Verpackung oder in der Rechnung klar darauf hingewiesen wird, dass es sich um ein Produkt handelt, das für die Herstellung von Futtermitteln verwendet wird.

Zum Normalsatz zu versteuern sind dagegen z. B. Köder, Insektenpuder, Spielzeuge und Deodorants für Tiere.

Silagesäuren sind Gärmittel, die zur Herstellung von Gärfutter verwendet werden.

Streumittel wie z. B. **Stroh,** Sägemehl für Stallungen, Katzenstreu oder Vogelsand sind auch dann zum reduzierten Steuersatz zu versteuern, wenn sie **für Haus- und Nutztiere** verwendet werden.

Beispiel

Wird Sägemehl für ein Schwingfest geliefert, liegt eine zum Normalsatz steuerbare Lieferung vor.

8.1.7 Dünger, Pflanzenschutzmittel, Mulch und anderes pflanzliches Abdeckmaterial

Dem reduzierten Steuersatz unterliegen Dünger und Mittel für den Schutz von Pflanzen sowie nur pflanzliches Material wie Grünabfälle oder Holzschnitzel, das als Abdeckmaterial (Mulch) eingesetzt wird.

Zum **Normalsatz** besteuert werden dagegen:

- Ungezieferbekämpfungsmittel, die z. B. in Häusern oder auf Wegen eingesetzt werden
- Künstliches Abdeckmaterial (z. B. Plastikfolien)
- Dünger, Pflanzenschutzmittel oder Mulch im Zusammenhang mit Arbeiten an mit Grund und Boden verbundenen Gegenständen oder für die Bodenbearbeitung, auch bei gesonderter Rechnungsstellung

Beispiel

Der Gartenbauer Stefan Weibel unterhält den Garten der Familie Meyer und bringt dabei auch Dünger für die 100 Rosenstöcke aus.

Auch wenn der Dünger gesondert in Rechnung gestellt wird, unterliegt er dem Normalsatz, da er im Zuge der Gartenunterhaltsarbeiten ausgebracht wurde.

8.1.8 Medikamente

Medikamente unterliegen dem reduzierten Steuersatz. In MWSTG 25 Abs. 2 lit. a Ziff. 8 wird nur der Begriff «Medikamente» erwähnt, in MWSTV 49 aber genauer umschrieben. Im Wesentlichen handelt es sich dabei um die Medikamente, die im **Artikel 9 des Heilmittelgesetzes** aufgelistet sind. Unter den Begriff der Medikamente können auch **Tierheilmittel** fallen.

Die von den Apotheken bei der Abgabe von Medikamenten erhobene **Apothekertaxe** und die **Patiententaxe** (LOA; Leistungsorientierte Abgeltung) gelten als Nebenleistungen zur Hauptleistung des Medikamentenverkaufs. Diese werden steuerlich wie die Hauptleistung behandelt. Dasselbe gilt auch für Notfall- und Nachtzuschläge.

Wird zusammen mit dem Medikament auch ein Gegenstand abgegeben, der für die **Verabreichung des Medikaments** nötig ist, z. B. ein Tropfenzähler, ist dieser steuerlich wie das Medikament zu behandeln.

Neben den Medikamenten sind in MWSTV 49 z. B. auch **Blutprodukte** und **Diagnostica** aufgeführt. Hier ist zu beachten, dass diese nur dann dem reduzierten Steuersatz unterliegen, wenn sie für die **direkte Anwendung am Menschen oder am Tier** bestimmt sind (in vivo). Bei anderen Verwendungen (in vitro), z. B. bei Laboranwendungen, kommt der Normalsatz zur Anwendung (s. Kap. 3.1.5, S. 40).

Als Teil der Heilbehandlung angesehen werden und **von der Steuer ausgenommen** sind Medikamente und medizinische Hilfsmittel, die durch Angehörige der **Heilberufe** im Rahmen der **Behandlung** an den Patienten abgegeben werden. Werden sie dem Patienten aber nach Hause mitgegeben, handelt es sich um selbstständige Lieferungen, die versteuert werden müssen, falls die Angehörigen der Heilberufe steuerpflichtig sind oder werden (s. Kap. 3.1.2, S. 37).

8.1.9 Druck- und elektronische Erzeugnisse

Der reduzierte Steuersatz gilt für **Zeitungen, Zeitschriften, Bücher** und andere Druck- oder elektronische Erzeugnisse **ohne Reklamecharakter** (MWSTV 50–52).

Was **Reklamecharakter** hat, ist in MWSTV 52 festgehalten: Druck- und elektronische Erzeugnisse dienen **Werbezwecken** und sind somit zum **Normalsatz** zu versteuern, wenn ihr Inhalt dazu bestimmt ist, eine geschäftliche Tätigkeit des Herausgebers oder der hinter ihm stehenden Dritten direkt anzupreisen, z. B. als Inserate, Musterbücher, Kursprogramme, Verkaufskataloge, oder indirekt, z. B. als Publireportagen oder -mitteilungen.

Der Normalsatz muss zudem angewandt werden, wenn der Hauptzweck im Kopieren, Projizieren, Aufhängen oder Ausschneiden besteht.

A] Gedruckte und elektronische Bücher

Für **gedruckte Bücher** gelten die folgenden Voraussetzungen:

- Der Inhalt ist religiöser, literarischer, künstlerischer, unterhaltender, erzieherischer, belehrender, informierender, technischer oder wissenschaftlicher Art; er darf jedoch nicht Werbezwecken dienen.
- In Buch-, Broschüren- oder Loseblattform.
- Umfang von mindestens 16 Seiten, mit Ausnahme von Kinderbüchern, gedruckten Musikalien und Teilen (Nachträgen) von Loseblattwerken.

Beispiel

Zum reduzierten Satz zu versteuernde Bücher: elektronische Bücher, Lexika, Schulbücher, Publikationen von Hoheitsträgern oder internationalen Organisationen, Gebrauchsanweisungen, Studienpläne von Lehranstalten, Kalender in Buchform, Statuten, Reglemente, Weisungen, Fest- und Jubiläumsschriften, Ortsführer, Telefonbücher und Jahresberichte.

Zum Normalsatz zu versteuernde Artikel: Foto- und Briefmarkenalben, Kreuzworträtsel- und Sudokubücher, Agenden, Kataloge von Warenhäusern, Preislisten, handschriftliche Bücher, Druck-Erzeugnisse in Karteiform, Landkarten, Stadtpläne, Abreisskalender und gefalzte Karten.

Elektronische Bücher müssen im Wesentlichen dieselbe Funktion wie gedruckte Bücher erfüllen und dürfen zudem **nicht interaktiv** sein, damit sie zum reduzierten Satz steuerbar sind. **Hörbücher,** die inhaltlich mehrheitlich dem Originalwerk entsprechen, gelten als zum reduzierten Satz steuerbare elektronische Bücher. Eingefügte Verlinkungen zu weiterführenden Websites sowie die Integration von Mediadateien sind gestattet, soweit der Gehalt und die Funktion der Erzeugnisse überwiegend text- oder bildbasiert bleiben.

Als interaktiv und somit zum **Normalsatz** steuerbar gelten z. B. Sprachlehrgänge mit Übungen zum Ausfüllen.

Beispiel

Fall 1

Ein als E-Book verkaufter Roman ist zum reduzierten Satz steuerbar, auch wenn das E-Book eine Videodatei (Trailer zur Romanverfilmung) enthält. Die Hauptfunktion des elektronischen Buchs ist die Übermittlung des literarischen Werks (analog zum gedruckten Buch).

Fall 2

Auf einer DVD wird ein interaktives Videospiel verkauft, das auf einem Science-Fiction-Roman basiert. Der überwiegende Gehalt des Produkts ist das Videospiel, das zum Normalsatz steuerbar ist, auch wenn diese DVD beispielsweise Hörbuchsequenzen enthält.

B] Gedruckte und elektronische Zeitungen und Zeitschriften

Zeitungen und Zeitschriften müssen **mindestens zweimal pro Jahr erscheinen,** einen gleichbleibenden Titel tragen, eine fortlaufende Nummerierung sowie die Angabe des Erscheinungsdatums und der Erscheinungsweise enthalten und dem Interesse der Leser an einer laufenden Orientierung über Wissenswertes oder an Unterhaltung dienen. Sie können als Druck-Erzeugnisse oder auf elektronischem Weg angeboten werden.

Zeitungen und Zeitschriften müssen **äusserlich als solche aufgemacht** sein. Im Unterschied zu den Büchern spielt die Seitenzahl keine Rolle. Hingegen dürfen Zeitungen und Zeitschriften nicht vorwiegend Verzeichnisse und / oder Flächen zur Aufnahme von Eintragungen aufweisen, wie dies z. B. bei Rätselheften der Fall ist.

Beispiel

Zum reduzierten Satz zu versteuernde Zeitungen und Zeitschriften: Tages- und Wochenzeitungen, Zeitschriften, Magazine, Radio- und Fernsehprogramme, Gratisanzeiger (wenn sie dem Leser periodisch Auskünfte und Hinweise vermitteln sollen, wie man sie auch im Anzeigenteil von entgeltlich gelieferten Nachrichtenblättern findet), Haus- und Personalzeitschriften für Betriebsangehörige, Programmzeitschriften zu Veranstaltungen, Hörzeitungen und -zeitschriften.

Zum Normalsatz zu versteuernde Artikel: Münz- und Briefmarkenzeitungen von Händlern oder Kataloge von Warenhäusern (enthalten Informationen zu den Produkten oder Dienstleistungen), Rätselhefte, Kundenzeitschriften von Erwerbsunternehmen.

Elektronische Zeitschriften und Zeitungen müssen im Wesentlichen dieselbe Funktion erfüllen wie gedruckte Zeitschriften und Zeitungen, damit sie zum reduzierten Satz steuerbar sind. Elektronische Zusatzfunktionen (z. B. Verlinkung, Indexierung, Integration einzelner Ton- und Videodateien) sind gestattet, solange die Angebote überwiegend den gedruckten Originalwerken entsprechen.

Im Gegensatz zur Lieferung einer gedruckten Zeitung stellt der **Zugang zu einer elektronischen Zeitschrift oder Zeitung** jedoch eine **elektronische Dienstleistung** dar. Dementsprechend ist der Ort der Leistung anders zu qualifizieren: Bei elektronischen Dienstleistungen kommt das **Empfängerortsprinzip** zum Tragen, bei gedruckten Zeitschriften der Ort der Lieferung.

C] Eingelegte, beigelegte oder eingeheftete Beifügungen

Das Entgelt für das blosse Beifügen (Einlegen, Beilegen oder Einheften) von **Werbematerial** und dergleichen ist stets zum **Normalsatz** steuerbar.

Stellt eine Druckerei sowohl ein Druck-Erzeugnis zum reduzierten Steuersatz als auch den Druck einer Werbebeilage in Rechnung, ist das gesamte Entgelt grundsätzlich zum Normalsatz zu versteuern, wenn die Werbebeilage gesondert fakturiert wird. Das Beifügen der Beilage ist selbst dann zum Normalsatz zu versteuern, wenn der Auftraggeber diese Beilage der Druckerei übergibt. Erfolgt aber das Beifügen einer Werbebeilage **im gleichen Arbeitsgang** wie das Ausrüsten oder das Zurichten des zum reduzierten Steuersatz steuerbaren Druck-Erzeugnisses und fakturiert daher der Drucker dem Kunden das Beifügen nicht separat, kann er die Kosten für das Ausrüsten samt Beifügen zum **reduzierten Steuersatz** versteuern.

D] Binde- und Heftarbeiten

Diese sind zum reduzierten Steuersatz abzurechnen, wenn das vom **Buchbinder** abgelieferte Druck-Erzeugnis zum reduzierten Steuersatz steuerbar ist. Dasselbe gilt für das Binden von mehreren zum reduzierten Steuersatz steuerbaren Druck-Erzeugnissen zu einem Band.

E] Spezialwerkzeuge

Darunter fallen **Betriebsmittel** wie z. B. Klischees, Fotolithos, Satz-, Stanz- und Ziehwerkzeuge, die der Steuerpflichtige eigens für die Ausführung eines Fabrikationsauftrags zukauft, anfertigen lässt oder selbst anfertigt.

Die dem Abnehmer gesondert in Rechnung gestellten oder in den Preis der Erzeugnisse eingerechneten **Werkzeugkosten oder -anteile** sind steuerlich gleich zu behandeln wie das übrige Entgelt für den gelieferten Gegenstand. Die Spezialwerkzeuge werden in MWSTV 31 behandelt, wo Beispiele von Spezialwerkzeugen in Abs. 2 aufgezählt werden.

Werden die Gegenstände exportiert und gilt diese **Exportleistung** als von der Steuer befreit, so gilt diese Steuerbefreiung auch für das Spezialwerkzeug. Es spielt dabei keine Rolle, ob das Spezialwerkzeug ebenfalls physisch exportiert wird oder ob nur die Kosten verrechnet werden. Die Ausfuhrzollanmeldung muss dann aber neben dem Preis für den exportierten Gegenstand auch den Preis für das Spezialwerkzeug enthalten (Steuerbefreiung s. Kap. 4.5, S. 65).

Sofern Spezialwerkzeuge von einem **ausländischen Unternehmen kostenlos zur Verfügung gestellt** werden, darf der steuerpflichtige Produzent die MWST auf der **Einfuhr** aufgrund der Veranlagungsverfügung der Eidgenössischen Zollverwaltung (EZV) als **Vorsteuer** geltend machen. Voraussetzung ist aber, dass die mit diesen Spezialwerkzeugen hergestellten Gegenstände **für den Export bestimmt** sind und dass die Spezialwerkzeuge ebenfalls wieder ins Ausland ausgeführt werden. Bleiben die Spezialwerkzeuge im Inland, ist der vorgenommene Vorsteuerabzug rückgängig zu machen, wenn der Produzent nicht einwandfrei belegen kann, dass die Spezialwerkzeuge vernichtet wurden.

8.1.10 Dienstleistungen der Radio- und Fernsehgesellschaften

Zum reduzierten Steuersatz vorgesehen sind nebst den Lieferungen von bestimmten Gegenständen auch die Dienstleistungen der Radio- und Fernsehgesellschaften.

Davon zu unterscheiden sind das **Inkasso der Radio-/Fernsehgebühren,** die infolge von fehlendem Leistungsverhältnis nicht der MWST unterliegen, oder andere gewerbliche Angebote von Radio-/Fernsehgesellschaften (z. B. Werbeleistungen zum Normalsatz).

Die Leistungen der **Kabelnetzbetreiber** gelten nicht als Leistungen von Radio- und Fernsehgesellschaften, sondern als Telekommunikationsdienstleistungen und unterliegen dem Normalsatz.

8.1.11 Zum reduzierten Steuersatz steuerbare kulturelle und sportliche Leistungen, sofern für deren Versteuerung optiert wurde

In Kapitel 3.1, S. 36 haben wir die gemäss MWSTG 21 Abs. 2 Ziff. 14–16 von der Steuer ausgenommenen Leistungen behandelt. Wird die Möglichkeit zur **Option** gewählt, unterliegen diese drei Arten von Leistungen dem reduzierten Steuersatz:

- Dem Publikum unmittelbar erbrachte **kulturelle Dienstleistungen** der in MWSTG 21 Abs. 2 Ziff. 14 aufgeführten Arten, sofern dafür ein besonderes Entgelt verlangt wird
- **Entgelte für sportliche Anlässe** einschliesslich derjenigen für die Zulassung zur Teilnahme an solchen Anlässen (z. B. Startgelder) samt den darin eingeschlossenen Nebenleistungen (MWSTG 21 Abs. 2 Ziff. 15)
- **Kulturelle Dienstleistungen** und Lieferungen von Werken (Gegenstände), durch deren Urheber wie Schriftsteller, Komponisten, Filmschaffende, Kunstmaler, Bildhauer sowie von den Verlegern und den Verwertungsgesellschaften zur Verbreitung dieser Werke erbrachte Dienstleistungen (MWSTG 21 Abs. 2 Ziff. 16)

Beispiel

Der Kanton Graubünden führt eine Kantonsausstellung durch. Dazu wird ein Verein gegründet.

Es werden folgende Einnahmen budgetiert: Eintritte CHF 5 Mio., Werbung CHF 3 Mio., Subvention durch den Kanton Graubünden CHF 2 Mio. (Betriebsdefizitdeckung). Dem gegenüber stehen budgetierte Aufwendungen mit MWST von CHF 8 Mio. (7.7%) und Aufwendungen ohne MWST von CHF 2 Mio. Sämtliche Beträge sind exkl. MWST; die Vorsteuer beträgt also CHF 616 000.

Wird für die Versteuerung der Eintritte nicht optiert, unterliegt nur die Werbung der Steuer. Der Steuerbetrag beträgt somit CHF 231 000. Demgegenüber darf die Vorsteuer nur auf 30% der Aufwendungen abgezogen werden, also CHF 184 800. Somit beträgt die an die ESTV abzuliefernde Steuerforderung CHF 46 200.

Wird für die Versteuerung der Eintritte optiert, unterliegen neben der Werbung (CHF 231 000) auch die Eintritte der MWST, jedoch nur zu 2.5%, was einen Steuerbetrag von CHF 125 000 ergibt. Die Steuer auf dem Umsatz beträgt somit CHF 356 000. Demgegenüber dürfen aber jetzt 80% der Vorsteuern abgezogen werden, also CHF 512 000. Somit entsteht gegenüber der ESTV ein Guthaben von CHF 156 000.

Die Option lohnt sich somit, auch wenn unter Umständen die Steuer auf den Eintritten nicht auf die Kunden (Ausstellungsbesucher) überwälzt werden kann.

8.1.12 Steuerbare Leistungen der Landwirtschaft

MWSTG 25 Abs. 2 lit. d bestimmt, dass folgende Leistungen dem **reduzierten Steuersatz** unterliegen:

- die **Bodenbearbeitung** in der Landwirtschaft, die unmittelbar der Erzeugung von zum reduzierten Steuersatz steuerbaren **Urprodukten** vorausgeht (Feldarbeiten: z. B. Pflügen, Eggen, Säen, Düngen oder Spritzen von Obstbäumen), und
- die Bearbeitung solcher **noch mit dem Boden verbundenen Erzeugnisse** (Erntearbeiten: z. B. von Getreide, Gemüse, Trauben, Gras und Heu).

Dem **Normalsatz** unterliegen hingegen

- Arbeiten, die **keinen unmittelbaren Zusammenhang mit der Gewinnung von Nahrungs-, Futter- oder Streumitteln** stehen, wie z. B. Forstarbeiten, Arbeiten an Blumenfeldern einschliesslich der Pflege der Blumen (Düngen / Spritzen) und Hochbauarbeiten (Erstellen von Treibhäusern).
- Arbeiten an **Grund und Boden ausserhalb der Landwirtschaft,** wie z. B. Landschaftsgärtnerei und Gartenbauarbeiten, das Schneiden von Obstbäumen und Sträuchern in privaten Gärten.

In diesem Zusammenhang ist zu erwähnen, dass **Arbeiten an beweglichen Gegenständen** (z. B. Getreide, Futtermittel oder Vieh), die nicht im Zusammenhang mit der Bebauung des Bodens stehen, gleich zu versteuern sind wie der Gegenstand selbst.

Somit unterliegen z. B. folgende Arbeiten dem **reduzierten Steuersatz:**

- Trocknen von Gras oder Getreide sowie Pressen von Strohballen oder Obst
- Trocknen, Reinigen, Mischen und Mahlen von Getreide
- Giessen, Spritzen oder Schneiden von Pflanzen in frei stehenden mobilen Gefässen
- Dressieren oder Bereiten von Pferden
- Hufbeschlag von Pferden

Dem Normalsatz unterliegt das Entgelt für Aufträge, die nicht das Bearbeiten und Liefern von veränderten Gegenständen beinhaltet, so z. B. die Analyse von Milch, die Entsorgung oder das Häckseln von Gartenabfällen.

8.1.13 Verpflegungsautomaten

Als Automat gilt der direkte Verkauf der Ware durch Geldeinwurf oder Abbuchen von einem bargeldlosen Zahlungsmittel (Schlüssel, Kreditkarte usw.) und ohne jegliche Handlung des Verkäufers. Es ist nicht von Belang, ob es neben dem Automaten eine Konsumvorrichtung gibt oder nicht:

- Zum **reduzierten Steuersatz** steuerbar ist der Verkauf von **Lebensmitteln** (Esswaren und alkoholfreie Getränke) aus Verpflegungsautomaten.
- Zum **Normalsatz** steuerbar ist der Verkauf von **alkoholischen Getränken, Tabakwaren** sowie von **Non-Food-Artikeln.**

8.2 Gastgewerbe und Hotellerie

Im Zusammenhang mit den verschiedenen Steuersätzen entstehen im Gastgewerbe und in der Hotellerie besondere Abgrenzungsprobleme:

- Lebensmittel unterliegen bekanntlich nur dann dem reduzierten Steuersatz, wenn es sich nicht um gastgewerbliche Leistungen handelt (s. Kap. 8.2.2, S. 138).
- Beherbergungsleistungen werden mit dem Sondersatz von 3.7% besteuert (s. Kap. 9, S. 148).

Nachfolgend gehen wir auf die entsprechenden Abgrenzungsprobleme näher ein.

8.2.1 Abgrenzung zwischen gastgewerblichen Leistungen und Lieferungen von Lebensmitteln

Unter einer **gastgewerblichen Leistung** versteht man die **Abgabe von Lebensmitteln,** wenn die steuerpflichtige Person an Ort und Stelle besondere **Konsumvorrichtungen** bereithält oder wenn die steuerpflichtige Person diese **beim Kunden zubereitet** und / oder **serviert.**

Unter einer **Konsumvorrichtung** (MWSTV 54) versteht man besondere Einrichtungen zur Konsumation der Lebensmittel. Als solche gelten z. B. Tische, Stehtische, Theken und andere für den Konsum zur Verfügung stehende Abstellflächen oder entsprechende Vorrichtungen in Zügen und Reisecars.

Ob die Ein- oder Vorrichtung der steuerpflichtigen Person oder einem Dritten gehört und ob der Kunde sie tatsächlich benützt, ist nicht von Bedeutung. Auch nicht, ob diese Ein- oder Vorrichtung ausreicht, um sämtlichen Kunden den Konsum an Ort und Stelle zu ermöglichen.

Nicht als Konsumvorrichtung gelten:

- Blosse Sitzgelegenheiten ohne dazugehörende Tische, die den Kunden in erster Linie als Ausruhmöglichkeiten dienen (z. B. in Lebensmittelgeschäften oder Supermärkten, im Foyer eines Kinos oder Theaters)
- Bei Kiosken oder Restaurants auf Campingplätzen: Zelte und Wohnwagen der Campinggäste mit den selbst mitgebrachten Konsumvorrichtungen
- Zuschauerplätze in einem Kino, Theater, Zirkus, Sportstadion, bei Konzertanlässen usw.
- Abstellflächen für die Warenausgabe bei Verkaufsstellen (z. B. Ablagebrett bei mobilen Verkaufsstellen oder Schnellimbissständen)

Gibt es keine Konsumvorrichtung, gilt die Abgabe von Lebensmitteln als Lieferung und ist zum reduzierten Steuersatz steuerbar.

Beispiel

Der steuerpflichtige Einzelunternehmer Heinz Riis betreibt an einer belebten Strassenkreuzung einen Lebensmittelstand, an dem er hauptsächlich Grillwürste, Sandwiches, Salate und Getränke verkauft. Für die Kunden hat er neben dem Stand zwei Holztische mit Bänken aufgestellt. Speziell in der Mittagspause konsumiert nur ein kleiner Teil seiner Kundschaft die bezogenen Lebensmittel an Ort und Stelle. Die meisten Kunden nehmen sie mit und essen diese am Arbeitsplatz.

Es genügt ein Tisch, damit eine zu 7.7% steuerbare gastgewerbliche Leistung vorliegt. Da bei diesem Imbissstand aber weniger als 20 Sitz- oder Stehplätze zur Verfügung stehen, kann Heinz Riis von einer Pauschalregelung Gebrauch machen. Er versteuert bei dieser Pauschale vorweg die zum Normalsatz steuerbaren Umsätze aus dem Verkauf von alkoholischen Getränken, Tabakwaren und Ähnlichem zum Normalsatz. Vom verbleibenden Umsatz können pauschal 50% zum reduzierten Steuersatz und 50% zum Normalsatz deklariert werden.

8.2.2 Hauslieferungen und Verkäufe über die Gasse

Bei den Hauslieferungen und den Verkäufen über die Gasse ergeben sich Probleme bei der Prüfung, ob es sich um eine Lieferung zum reduzierten Steuersatz oder um eine gastgewerbliche Leistung zum Normalsatz handelt.

Nicht als gastgewerbliche Leistungen zählen Lebensmittel,

- die **zum Mitnehmen** bestimmt sind. Der Kunde konsumiert die Lebensmittel nicht im Betrieb der steuerpflichtigen Person.
- die **zur Auslieferung** bestimmt sind. Die Lebensmittel werden dem Kunden an seinem Domizil oder an einem anderen von ihm bezeichneten Ort ohne jegliche weitere Zubereitung oder Servierleistung übergeben.

Diese Leistungen sind zum reduzierten Steuersatz steuerbar, wenn geeignete organisatorische Massnahmen eingehalten werden, die eine klare Abgrenzung der verschiedenen Leistungen ermöglichen. Andernfalls gilt der Normalsatz.

A] Hauslieferungen

Als Hauslieferungen (MWSTV 55) gelten Lieferungen von Lebensmitteln, die dem Kunden (z. B. einer Privatperson, einer Kantine oder einem Spital) an dessen Domizil oder einem anderen von ihm bezeichneten Ort **ohne weitere Zubereitung oder Servierleistung** übergeben werden. Diese Lieferungen – mit Ausnahme jener von alkoholischen Getränken – unterliegen dem reduzierten Steuersatz, wenn die notwendigen organisatorischen Massnahmen erfüllt sind.

Als organisatorische Massnahme (MWSTV 56) muss der Leistungserbringer **Belege** (z. B. Lieferscheine, Rechnungen oder Quittungen) erstellen, aus denen klar hervorgeht, ob er eine Hauslieferung oder eine gastgewerbliche Leistungen erbracht hat. Zudem sind die **Entgelte** aus Hauslieferungen und gastgewerblichen Umsätzen **getrennt zu ermitteln** und in den Geschäftsbüchern separat zu verbuchen. Damit die ESTV das Einhalten der gesetzlichen Voraussetzungen überprüfen kann, müssen diese Belege zusätzlich noch Angaben über die Art und den Umfang (mit oder ohne Zubereitung und Service) sowie über den Zustellort der Leistung enthalten.

B] Verkauf von Lebensmitteln zum Mitnehmen (über die Gasse)

Als **Verkauf über die Gasse** oder auch **Take-away** gilt die Abgabe von Lebensmitteln, die der Kunde mitnimmt und **nicht im gastgewerblichen Betrieb konsumiert.** Zusätzlich muss der gastgewerbliche Betrieb zur Unterscheidung geeignete Massnahmen (z. B. Verpackung, Preisunterschied) treffen. In Betrieben ohne jegliche Einrichtungen oder Vorrichtungen für die Konsumation an Ort und Stelle gilt die Abgabe von Lebensmitteln als Verkauf über die Gasse (z. B. bei Drive-in-Schaltern).

Leistungserbringer mit **Konsumationseinrichtung** dürfen Lebensmittel (ohne alkoholische Getränke) über die Gasse nur dann zum reduzierten Steuersatz verkaufen, wenn der Verkauf durch **geeignete organisatorische Massnahmen** belegt oder nachweisbar ist. Eine solche Massnahme liegt vor, wenn über die allgemeine oder über eine separate Registrierkasse ein **Kassenzettel / Coupon** mit folgenden Angaben ausgedruckt und dem Kunden abgegeben wird:

- Name und Adresse sowie MWST-Nr. des Leistungserbringers
- Datum des Verkaufs von Lebensmitteln über die Gasse
- Artikel oder mindestens Warengruppe (z. B. Mineralwasser) und deren Preis
- Steuersatz für jeden Artikel bzw. jede Warengruppe

Beispiel

Fall 1

Das Restaurant Krone in Samnaun verkauft neben den gastgewerblichen Leistungen auch Samnauner Würste zum Mitnehmen. Der Verkauf dieser Würste erfolgt über eine separate Kasse, auf der Coupons ordnungsgemäss ausgedruckt werden können. Diese Coupons werden den Kunden abgegeben.

Da geeignete organisatorische Massnahmen vorliegen, handelt es sich bei den Wurstverkäufen nicht um gastgewerbliche Leistungen, sondern um grundsätzlich zum reduzierten Steuersatz steuerbare Lieferungen von Lebensmitteln. Da diese Lieferungen aber in Samnaun erfolgen (für Lieferungen ist Samnaun Ausland), unterliegen diese nicht der Steuer. Dies bedingt aber, dass der Steuersatz auf den Coupons mit 0% ausgewiesen wird.

Gäbe es im Restaurant Krone keine geeigneten organisatorischen Massnahmen, würde es sich bei den Wurstverkäufen um gastgewerbliche Leistungen handeln, die auch in Samnaun zum Normalsatz steuerbar sind.

Fall 2

Roman Meister betreibt in Gerlafingen eine Bäckerei / Konditorei mit einem Tearoom im gleichen Raum. Die Umsätze aus den beiden verschiedenen Bereichen werden grundsätzlich über separate Registrierkassen verbucht. Auf den Coupons ist jedoch der Steuersatz nicht ersichtlich. Die Kunden aus dem Tearoom können Tortenstücke usw. in der Bäckerei / Konditorei selbst holen, wobei diese Umsätze über die Registrierkasse der Bäckerei erfasst werden.

Die Verkäufe aus der Bäckerei / Konditorei erfolgen in einem Raum mit Konsumationseinrichtung. Es gibt hier keine genügende organisatorische Trennung, weshalb die Umsätze des Gesamtbetriebs grundsätzlich als gastgewerbliche Leistungen zum Normalsatz steuerbar sind.

Damit Roman Meister die Verkäufe aus der Bäckerei / Konditorei, die nicht im Tearoom konsumiert werden, zum reduzierten Steuersatz abrechnen kann, bestehen zwei Möglichkeiten:

1. Dem Tearoom-Gast können Bezugschecks für die aus der Bäckerei mitgegebenen Lebensmittel zur Konsumation im Tearoom abgegeben werden. Er bezahlt diese Lebensmittel beim Servicepersonal anschliessend aufgrund der Bezugschecks. Roman Meister bewahrt eine fortlaufend vornummerierte Kopie dieser Bezugschecks auf, addiert täglich die entsprechenden Einnahmen und verbucht deren Total als gastgewerblichen Umsatz (zum Normalsatz steuerbar).
2. Die Registrierkassen werden so programmiert, dass die Coupons den formellen Anforderungen genügen. Auch in diesem Fall ist zu beachten, dass die Verkäufe aus der Bäckerei / Konditorei für Kunden des Tearooms zum Normalsatz erfasst werden.

Ist in einem **Kino** oder **Theater** keine Konsumationsmöglichkeit vorhanden, handelt es sich beim Verkauf von Glace, Schokolade, Mineralwasser usw. um einen zum reduzierten Steuersatz steuerbaren Verkauf von Lebensmitteln. Stehen jedoch speziell für die Konsumation Tische oder eine Stehbar bereit, führt das Kino oder Theater eine gastgewerbliche Leistung aus. In solchen Fällen sind alle Verkäufe zum Normalsatz zu versteuern, auch die Abgabe von Getränken im Vorführraum. Es besteht jedoch die Möglichkeit einer vereinfachten Abrechnung.

8.2.3 Vereinfachte Abrechnung (Pauschalen) beim Verkauf über die Gasse (Take-away)

Die ESTV gewährt eine vereinfachte Abrechnung mittels Pauschalen an kleine Betriebe, die über **höchstens 20 Sitz- oder Stehplätze** je Filiale, Verkaufsstation usw. verfügen.

A] Gemischte Betriebe

Als gemischte Betriebe gelten z. B. Bäckereien, Metzgereien oder Tankstellenshops, bei denen der eigentliche Ladenumsatz im Vergleich zum Take-away-Umsatz überwiegt. Das ist dann der Fall, wenn der **Ladenumsatz mehr als 50% des Gesamtumsatzes** ausmacht.

Solche gemischten Betriebe können die zum Normalsatz steuerbaren Umsätze aus gastgewerblichen Leistungen mit einer **Pauschale von CHF 60 (inkl. MWST) pro Tag und pro Platz** berechnen. Dafür sind nur die Tage, an denen geöffnet ist, zu berücksichtigen.

B] Imbissbars/-stände

Als solche gelten z. B. Wurst-, Kebab-, Pizza- oder Pouletstände (inkl. Getränkeverkauf) sowie Imbissbars oder -stände in Bädern oder auf Campingplätzen, bei denen der **Take-away-Umsatz mehr als 50% des Gesamtumsatzes** beträgt.

In einem ersten Schritt werden die **zum Normalsatz zu versteuernden Umsätze** aus dem Verkauf von Genussmitteln (alkoholische Getränke und Tabakwaren) und Non-Food-Artikeln aufgrund einer Zuschlagskalkulation ermittelt und versteuert. Separate Warenaufwandkonten müssen dafür vorhanden sein. Die so ermittelten Umsätze werden in einem zweiten Schritt vom Gesamtumsatz abgezogen. Der **verbleibende Rest** kann **zu 50% zum reduzierten Steuersatz** und **zu 50% zum Normalsatz** versteuert werden.

C] Verpflegungsautomaten (Getränke-/Lebensmittelautomaten)

Die Umsätze aus Getränke- und / oder Lebensmittelautomaten müssen **zum reduzierten Steuersatz** versteuert werden (s. Kap. 8.1.13, S. 136).

D] Anlässe

Als Anlässe gelten **Veranstaltungen** aller Art, bei denen sich die Besucher während einer kurzen, vorbestimmten Zeit – in der Regel in der **Pause** – verpflegen können.

Beispiel

Film-, Theater- und Zirkusvorführungen, Konzerte und Sonderveranstaltungen wie Fussballspiele mit einem zeitlich festgelegten programmmässigen Ablauf (Beginn, Pause, Ende).

Die Berechnung der vereinfachten Abrechnung erfolgt analog der Berechnung für die Imbissbars/-stände. Aber der **verbleibende Rest** kann **zu 80% zum reduzierten Steuersatz** und **zu 20% zum Normalsatz** versteuert werden. Es ist aber zu beachten: Anlässe, bei denen sich die Besucher über eine längere Dauer – meist während des ganzen Anlasses – verpflegen können (z. B. bei Sportturnieren, Film- oder Musikfestivals), dürfen diese Pauschale nicht anwenden.

Das Schema in Abb. 8-3 hilft bei der Abklärung, ob die freiwillige Pauschalregelung im Zusammenhang mit Lebensmittelverkäufen zum Mitnehmen (Verkauf über die Gasse / Take-away) angewandt werden kann.

Abb. [8-3] **Pauschalregelung bei Verkauf über die Gasse / Take-away**

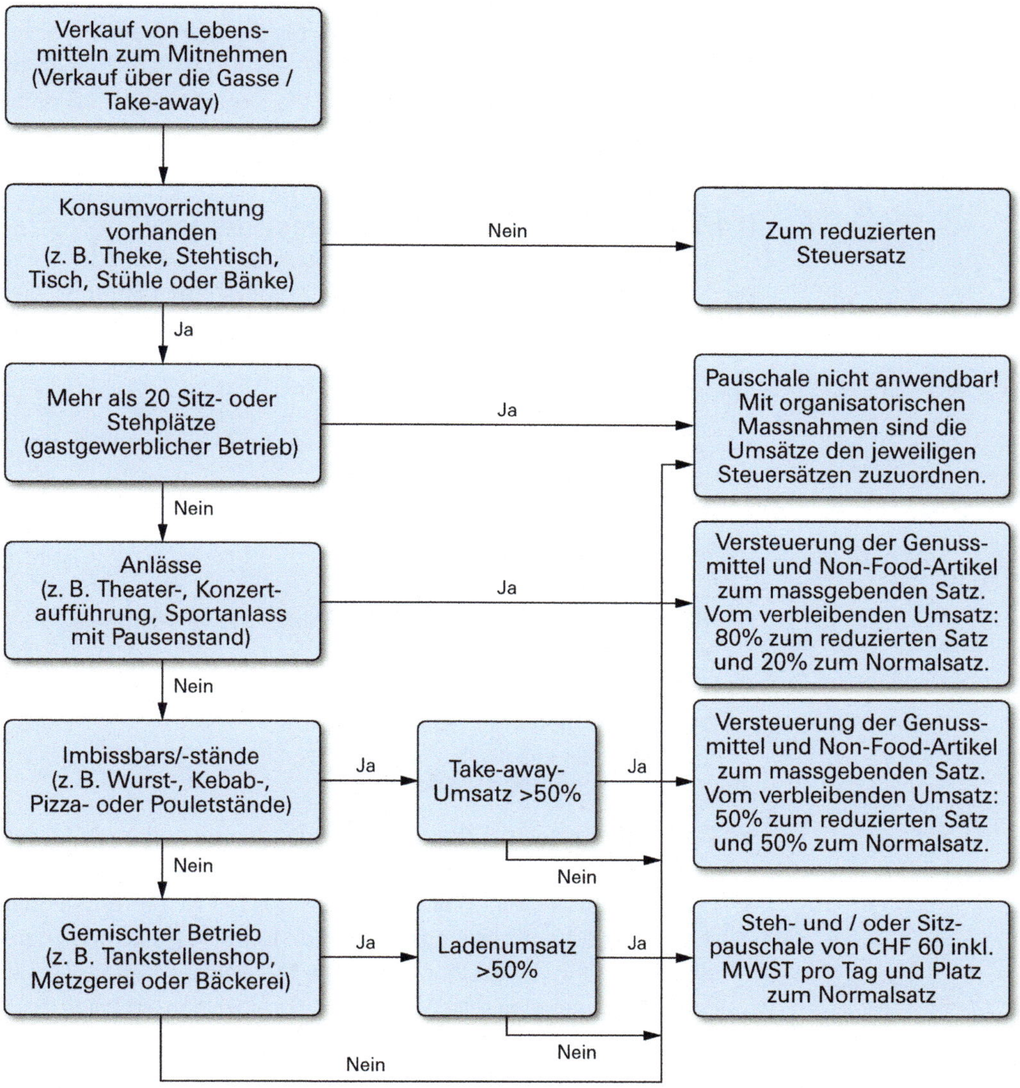

8.3 Leistungskombinationen oder Mehrheit von Leistungen

Für die Unterscheidung zwischen einer Neben- und einer Hauptleistung, der Einheitlichkeit der Leistung sowie der Frage, in welchen Fällen die 70/30%-Regel (Leistungskombination oder Kombinationsregel[ung]) angewandt werden kann, sind die Ausführungen in den Kapiteln 2.5, S. 29 ff. und 9.3, S. 150 zu beachten.

8.4 Aufteilung der Umsätze auf die Steuersätze

Bei der Frage, wie die Umsätze auf die verschiedenen Steuersätze aufzuteilen sind, ergibt sich kein Problem, wenn die entsprechenden Rechnungen vorliegen. Sie sind für die Aufteilung massgebend.

Probleme ergeben sich aber, wenn **Barverkäufe** erfolgen, die **zu unterschiedlichen Steuersätzen** steuerbar sind. Dies kommt besonders im **Detailhandel** vor.

8.4.1 Anwendung des Saldosteuersatzes

Detailhändler, die einen **Jahresumsatz bis zu CHF 5.005 Mio.** und im gleichen Zeitraum eine **Steuerschuld von höchstens CHF 103 000** haben, können mit dem **Saldosteuersatz von 0.6%** abrechnen. Dadurch entfällt die Aufteilung der Umsätze auf die verschiedenen Steuersatzkategorien.

8.4.2 Aufteilung mittels Kassensystemen

Die Steuersatzaufteilung mithilfe von Kassensystemen ist unter gewissen Voraussetzungen möglich. Dabei wird zwischen Scanner- und Registrierkassen unterschieden.

Anforderungen an **Scannerkassen:**

- Das gesamte Warenangebot wird in den Artikelstammdaten mit dem zutreffenden Steuersatz codiert.
- Änderungen der Artikelstammdaten werden protokolliert (Datum, Codierung, Artikelbezeichnung, alter / neuer Preis oder Steuercode) und die Protokolle innerhalb der Verjährungsfrist aufbewahrt.
- Die Kassenzettel der Scannerkassen genügen den Anforderungen von MWSTG 26 Abs. 2 und 3.
- Die Warenaufwände und -erträge werden nach Steuersatzkategorien getrennt verbucht (separate Konten oder Steuercodes).

Anforderungen an **Registrierkassen:**

- Die Kassenzettel der Registrierkassen genügen den Anforderungen von MWSTG 26 Abs. 2 und 3.
- Die Warenbezeichnung auf dem Kassenzettel ist klar und eindeutig. Die Bezeichnungen der Artikel oder mindestens der Artikelgruppen sowie des entsprechenden Steuersatzes sind aufgeführt. Es besteht zudem die Möglichkeit, den Steuersatzvermerk mittels Steuercodes vorzunehmen. Die Gliederung der einzelnen Artikelgruppen kann den betrieblichen Verhältnissen angepasst werden.
- Aufgrund der Rekapitulationen werden die einzelnen Gruppen-Totalen täglich ins Kassabuch eingetragen.
- Die Artikelgruppenbildungen können der ESTV zur Prüfung eingereicht werden.

Eine Aufteilung der Verkaufsumsätze nach Steuersätzen mithilfe von sonstigen Ladenkassen ist nicht zulässig, da ein solches Vorgehen verschiedene Fehlermöglichkeiten in sich birgt und zudem keine Kontrollmöglichkeiten bietet.

8.4.3 Aufteilung mithilfe des gewogenen Bruttogewinnzuschlags

Steuerpflichtigen Personen mit einem **Jahresumsatz bis zu CHF 10 Mio.** gestattet die ESTV auf schriftlichen Antrag hin (Formular Nr. 763; vgl. Homepage der ESTV), die Aufteilung der Umsätze anhand des gewogenen Bruttogewinnzuschlags derjenigen Umsatzgruppe (reduzierter Steuersatz oder Normalsatz) zu berechnen, die den **geringeren Anteil am gesamten Umsatz** bildet.

Dabei ist von den effektiven Verhältnissen in mindestens **drei für das Unternehmen repräsentativen Monaten** eines Kalenderjahres auszugehen. Der so ermittelte Bruttogewinnzuschlag kann für die Dauer von **drei Jahren angewandt** werden, sofern sich die Struktur des Unternehmens nicht ändert. Auch diese Methode setzt voraus, dass der Wareneinkauf nach Steuersätzen getrennt verbucht wird.

Die Anwendung brancheneinheitlicher Bruttogewinnzuschläge oder eines von der steuerpflichtigen Person geschätzten durchschnittlichen Bruttogewinnzuschlags ist nicht zulässig.

8.4.4 Vereinfachte Aufteilung bei Kategorie mit unbedeutendem Anteil

Die Aufteilung der Barverkäufe auf jene mit reduziertem Steuersatz und mit Normalsatz kann vereinfacht vorgenommen werden, wenn von den Bareinnahmen ein unbedeutender, auf wenige Artikel beschränkter Anteil auf eine der beiden Steuersatzkategorien entfällt.

Dieser geringfügige Umsatz der anderen Steuersatzkategorie – z. B. Messer und Schneidebretter bei einem Metzger – kann **je Quartal aufgrund des Einkaufs** dieser Gegenstände und unter Berücksichtigung der massgebenden **Bruttogewinnzuschläge** ermittelt werden.

8.5 Ausweis der Steuer

Gemäss MWSTG 26 Abs. 1 hat die steuerpflichtige Person auf Verlangen des steuerpflichtigen Empfängers eine Rechnung auszustellen, in der u. a. der Steuersatz aufgeführt ist. Bei Leistungen, die unterschiedlichen Steuersätzen unterliegen, ist anzugeben, wie sich das Entgelt auf die unterschiedlich besteuerten Umsätze verteilt.

Es ist zu beachten, dass in jedem Fall **mindestens die gemäss MWSTG vorgesehene Steuer geschuldet** ist. Wird jedoch ein höherer zulässiger Steuersatz ausgewiesen als gemäss MWSTG vorgesehen, ist dieser Steuersatz für die Berechnung der geschuldeten Steuer massgebend.

Beispiel

Die landwirtschaftliche Genossenschaft Hinterwil verkauft der effektiv abrechnenden steuerpflichtigen Detailhändlerin Susanne Widmer Kartoffeln zum Preis von CHF 1 000. Auf der Rechnung bringt die landwirtschaftliche Genossenschaft den Vermerk «inkl. 7.7% MWST» an.

Die Kartoffeln unterliegen nach dem MWSTG aber nur dem Steuersatz von 2.5%. Da die Steuer von der landwirtschaftlichen Genossenschaft mit 7.7% ausgewiesen wurde, ist sie auch geschuldet, d. h., die landwirtschaftliche Genossenschaft hat CHF 71.50 MWST der ESTV zu entrichten.

Die Empfängerin Susanne Widmer darf darauf 7.7% statt nur 2.5% Vorsteuern in Abzug bringen, denn sie kann sich auf den ausgewiesenen Steuersatz stützen und muss nicht prüfen, ob er richtig ist.

Es sind aber auch die Bestimmungen nach MWSTG 27 Abs. 2 lit. a und Abs. 4 (nachträgliche Korrektur der Rechnung) für die landwirtschaftliche Genossenschaft Hinterwil anwendbar. Falls eine nachträgliche Korrektur der ersten Rechnung durch Gutschrift der Rechnung mit dem falschen Steuersatz und einer neuen Rechnung mit dem richtigen Steuersatz erfolgt, muss Susanne Widmer die Gutschrift und die Rechnung auch in ihrer Buchhaltung erfassen. Demzufolge muss sie auch einen Vorsteuerabzug von CHF 47.10 (71.50 – 24.40) rückgängig machen.

Zusammenfassung

Als **Lebensmittel** werden Stoffe oder Erzeugnisse bezeichnet, die dazu bestimmt sind, vom Menschen aufgenommen zu werden. Nicht als Lebensmittel im Sinne des Lebensmittelgesetzes (LMG) gelten Arzneimittel, Tabakerzeugnisse oder Betäubungsmittel.

Dem **reduzierten Steuersatz von 2.5%** unterliegen folgende Leistungen:

- Wasser in Leitungen
- Lebensmittel (ausgenommen alkoholische Getränke), die nicht im Rahmen von gastgewerblichen Leistungen abgegeben werden
- Lieferungen von Vieh, Geflügel und Speisefischen
- Das Ausleihen von Vieh und dessen tierärztliche Behandlung
- Getreide, lebende Pflanzen, Blumen, Sämereien und Futtermittel
- Silagesäuren und Streumittel
- Dünger, Pflanzenschutzmittel, Mulch und pflanzliches Abdeckmaterial
- Medikamente (gemäss Heilmittelgesetz)
- Blutprodukte oder diagnostische Mittel bei der Anwendung am Menschen oder Tier
- Verkauf (Lieferung) von gedruckten Büchern, Zeitungen, Zeitschriften und anderen Druck-Erzeugnissen ohne Reklamecharakter
- Verkauf (elektronische Dienstleistung) von elektronischen Büchern, Zeitungen und Zeitschriften ohne Reklamecharakter
- Dienstleistungen der Radio- und Fernsehgesellschaften
- Kulturelle und sportliche Leistungen, für deren Versteuerung optiert wurde
- Bodenbearbeitung im Bereich der Landwirtschaft und die Bearbeitung von mit dem Boden verbundenen Erzeugnissen
- Verkäufe von Lebensmitteln aus Verpflegungsautomaten (auch wenn Konsumvorrichtungen vorhanden)

Dem **Normalsatz von 7.7%** unterliegen folgende Leistungen:

- Lieferungen von Haustieren (z. B. Katzen, Hunde, Wellensittiche, Meerschweinchen, Schlangen oder Zierfische) wie auch deren tierärztliche Behandlung
- Verkäufe von Lebensmitteln, die im Rahmen von gastgewerblichen Leistungen abgegeben werden
- Verkäufe von Genussmitteln

Gastgewerbliche Leistungen liegen vor, wenn

- eine Konsumationsmöglichkeit an Ort und Stelle gegeben ist (z. B. Tische oder Theke) oder
- die Lebensmittel beim Kunden zubereitet und / oder serviert werden.

Hauslieferungen sind Lieferungen von Lebensmitteln ans Domizil des Kunden ohne Zubereitung und Servierleistung. Für sie gilt der reduzierte Steuersatz, wenn die Voraussetzungen der organisatorischen Trennung und Massnahmen erfüllt sind.

Beim **Verkauf über die Gasse (Take-away)** darf der Leistungserbringer mit Konsumvorrichtungen den Verkauf von Lebensmitteln zum reduzierten Steuersatz abrechnen, wenn dieser durch geeignete organisatorische Massnahmen belegt oder nachgewiesen ist. Für den Verkauf von Lebensmitteln zum Mitnehmen bestehen diverse **Pauschalregelungen.**

Werden steuerbare Produkte zum reduzierten Steuersatz und zum Normalsatz **bar verkauft,** kann die **Aufteilung** mithilfe von **Scanner- und Registrierkassen** erfolgen. Ist keine solche Kasse vorhanden, muss die Aufteilung der Einnahmen im Detailhandel nach den einzelnen Steuersätzen mithilfe eines **Schlüssels** erfolgen. Der Schlüssel gilt jeweils für ein Jahr bzw. eine Steuerperiode.

Klein- und Mittelbetriebe können einen Antrag auf **Aufteilung der Umsätze** anhand des **gewogenen Bruttogewinnzuschlags** derjenigen Umsatzgruppe stellen, die den geringeren Anteil am gesamten Umsatz bildet.

Bei beiden Methoden muss der Wareneinkauf getrennt nach Steuersätzen verbucht werden.

Repetitionsfragen

43 Die steuerpflichtige Grosshandelsfirma Cunto SA beliefert diverse Kunden mit Waren.

Welche der nachfolgenden Lieferungen unterliegen dem reduzierten Steuersatz von 2.5% und welche dem Normalsatz von 7.7%?

2.5%	7.7%	Lieferungen
☐	☐	Getreide für die kosmetische Industrie
☐	☐	Rotwein
☐	☐	Kaffee für das Restaurant Traube, Bern
☐	☐	Brennkirschen
☐	☐	Erde mit Düngerzusatz
☐	☐	Erde ohne Düngerzusatz
☐	☐	Kies
☐	☐	Brennholz

44 Wie sind die Leistungen des steuerpflichtigen Tierarztes Dieter Jakober im Zusammenhang mit der MWST zu behandeln?

A] Brigitte Marti holt in der Tierarztpraxis ein Medikament für ihren kranken Goldfisch ab.

B] Der Zirkus Nock bringt die kranke Ziege Meieli zur Behandlung. Tierarzt Dieter Jakober fakturiert für die Behandlung CHF 80 und für das dabei abgegebene Medikament CHF 23.

C] Landwirt Werner Hofer bringt den Hofhund Bäri zur Behandlung. Tierarzt Dieter Jakober fakturiert für die Behandlung CHF 70 und für das dabei abgegebene Medikament CHF 18.

D] Tierarzt Dieter Jakober untersucht das Pferd des Landwirts Fredi Müller aus Samnaun.

E] Der Zirkus Nock bringt den Zirkushund Barry zur Behandlung. Die Behandlung bzw. die Operation des Hunds dauert länger und der Hund muss 2 Nächte in der Tierarztpraxis Jakober verbringen.

45 Adrian Dätwyler hat sich als Partykoch selbstständig gemacht und ist mit seinem Partyservice als Steuerpflichtiger registriert.

Wie muss er die Leistungen versteuern, die er im Monat Mai in Rechnung gestellt hat?

A] Lieferung von 250 Sandwiches an ein Waldhüttenfest in Lörrach (DE)

B] Salatbuffet für 50 Personen im Partykeller Roter Mond in Basel inkl. 2 Stunden Serviceleistung, jedoch ohne Zubereitung an Ort und Stelle

C] Lieferung (ohne Zubereitung und Service) eines Apéros mit Gebäck, Mineralwasser und Wein an die Firma Pharmamulti in Rheinfelden

D] Lieferung mit Zubereitung und Service eines Apéros in Waldshut (DE)

46 Der steuerpflichtige Lukas Barben führt in seinem Dorf diverse Arbeiten aller Art aus.

Zu welchem Steuersatz muss Lukas Barben die von ihm fakturierten Leistungen versteuern?

A] Anlegen eines Salatbeets im Garten von Professor Norbert Engel

B] Sägen von Holz für den Landwirt Heinz Huber

C] Giessen der Geranien auf den Fenstersimsen der Rentnerin Martha Maissen

D] Ernten von Trauben für den Rebbauern Theo Tschanz

E] Mähen von Gras zu Futterzwecken für den Landwirt Toni Inauen

F] Ausbringen von Mist und Gülle im Auftrag des Landwirts Toni Inauen

G] Forstarbeiten im Wald der Privatperson Heinz Lüthi

H] Diverse Winterdienstarbeiten wie Schneeräumungen, Salzen und Splitten im Auftrag der Gemeindeverwaltung

47 Die steuerpflichtige Druckerei Gassmann AG in Luzern stellt diverse Produkte her und handelt mit Papeterieartikeln.

A] Welche der nachfolgenden Lieferungen unterliegen dem reduzierten Steuersatz von 2.5% und welche dem Normalsatz von 7.7%?

2.5%	7.7%	Lieferungen
☐	☐	Fachbuch «Die Mehrwertsteuer»
☐	☐	Kreuzworträtsel-Heft
☐	☐	Fahrpläne und Kursbücher
☐	☐	Reisebürokatalog
☐	☐	Montageanleitung für den Zusammenbau eines Schranks (20 Seiten, geheftet)
☐	☐	Jahresbericht der X AG für die Generalversammlung (30 Seiten, geheftet)
☐	☐	Wandkalender mit Motiven der Tour de France
☐	☐	Landkarte
☐	☐	«Luzerner Tagblatt»

B] Die Druckerei Gassmann AG gehört zum Medienkonzern LUZERN AG, der seinerseits u. a. das «Luzerner Tagblatt» herausgibt. Welchem Steuersatz unterliegt das elektronische Zeitungsabonnement des «Luzerner Tagblatts» zum Download?

48 Wie muss der Veranstalter eines Schwingfests in Olten die im Zusammenhang mit den auf dem Festgelände konsumierten Lebensmitteln erzielten Einnahmen abrechnen?

A] Im eigenen Festzelt mit Gartenwirtschaft erzielt der Veranstalter einen Umsatz von CHF 100 000.

B] Aus den organisatorisch getrennt erfassten Verkäufen durch «fliegende» Verkäufer im Bereich der Zuschauerplätze erzielt er einen Umsatz von CHF 60 000.

C] Rund um die Arena (jedoch innerhalb des Festareals) betrieb der Veranstalter diverse Getränkestände, vor denen keine Tische und Stühle aufgestellt wurden. Daraus resultierte ein Umsatz von CHF 120 000.

49 Die steuerpflichtige Einzelunternehmerin Erika Kellenberger führt in zwei separaten, aneinandergrenzenden Räumen eine Bäckerei mit Lebensmittelgeschäft und ein Tearoom. Zudem betreibt Erika Kellenberger noch einen Partyservice.

Berechnen Sie die geschuldete Steuer auf den nachfolgenden Umsätzen (exkl. MWST):

Geschäftszweig	Leistungen	CHF
Bäckerei / Lebensmittelgeschäft (ohne Konsumationsmöglichkeit)	Ladenverkauf Esswaren / Getränke (ohne Alkohol)	50 000
	Verkauf alkoholischer Getränke	4 000
	Verkauf von warmen Mahlzeiten (Hotdogs usw.)	6 000
Tearoom	Verkauf von Kaffee, Mineral usw.	30 000
	Verkauf alkoholischer Getränke	5 000
	Verkauf von Backwaren aus der Bäckerei	10 000
Partyservice	Auslieferung von Lebensmitteln und Getränken mit Servierleistung	12 000
	Auslieferung von Lebensmitteln und alkoholfreien Getränken ohne Servierleistung und ohne Zubereitung	8 000

50 Bei den nachfolgenden Leistungen handelt es sich ausschliesslich um Inlandleistungen. Die Leistungserbringer sind steuerpflichtig. Sämtliche Beträge verstehen sich inkl. MWST.

Welcher Steuerbetrag ist in den nachfolgenden Fällen geschuldet und was ist bezüglich der Fakturierung zu beachten? Hinweis: Es ist jeweils die für den Steuerpflichtigen günstigste Variante zu wählen.

A] Anwalt Beat Bigler, Basel, verrechnet der Tretina SA, Lugano, folgende Leistungen: Beratungsleistungen CHF 3 000 / 3 Übernachtungen im Hotel Bristol in Lugano, Total CHF 600 / Handelsregistergebühren CHF 1 000 (Schuldner ist die Tretina SA).

B] Die Schulungs AG führt einen Internetkurs für Privatpersonen durch. Die Kurskosten betragen CHF 300. In diesem Preis ist ein Lehrbuch im Wert von CHF 30 enthalten.

C] Getränkehändler Karl Kistler stellt für einen Kunden folgende Geschenkpackung zusammen: 6 Flaschen Traubensaft (CHF 12), 2 Flaschen Sauser (CHF 6), 2 Flaschen Weisswein (CHF 18), 2 Flaschen Rotwein (CHF 24), Flaschendepot (CHF 3), Porto und Verpackung (CHF 5). Total CHF 68.

9 Sondersatz für Beherbergungsleistungen

Lernziele

Nach der Bearbeitung dieses Kapitels können Sie …

- die Betriebe der Hotellerie aufzählen.
- die drei Arten von Beherbergungsleistungen unterscheiden.
- die Kombinationsregelung in der Hotellerie anwenden.
- die wichtigsten Leistungsangebote der Hotellerie steuerlich korrekt behandeln.

Schlüsselbegriffe

70/30%-Regel, Beförderungsleistungen, Beherbergung, Beherbergungstaxe, Camper, effektive Berechnung, Frühstück, Halbpension, Hotelanlage, Hotelbetriebe, Hotellerie, Kurtaxe, Leistungskombination, Minibar, Nebenleistungen, Packages, Parahotellerie, pauschale Ermittlung, Seminarhotels, Seminarpauschale, Sondersatz, Verpflegungsanteil, Vollpension, von der Steuer ausgenommene Vermietung, Wohnwagen

Am 1. Oktober 1996 wurde für die **Hotellerie** und für die **Parahotellerie** ein Sondersatz für die Beherbergungsleistungen, d.h. für die Übernachtung mit Frühstück, eingeführt. Er gilt aktuell als befristet bis 31.12.2027.

Der Sondersatz für Beherbergungsleistungen betrug 3.8% bis 31.12.2017 und beträgt **3.7%** seit 01.01.2018 (MWSTG 25 Abs. 4).

Als **Beherbergung** gilt die **Gewährung von Unterkunft einschliesslich der Abgabe eines Frühstücks,** selbst wenn dieses separat in Rechnung gestellt wird. Das Frühstück kann jedoch nur dann zum Sondersatz abgerechnet werden, wenn es in direktem Zusammenhang mit der Übernachtung steht.

Grundsätzlich entscheiden zwei Faktoren darüber, ob der Sondersatz für Beherbergungsleistungen angewandt werden kann:

1. Art der Betriebe
2. Art der Leistungen

Wir gehen nachfolgend auf diese zwei Faktoren ein.

9.1 Art der Betriebe

Den Sondersatz dürfen grundsätzlich nur Betriebe der **Hotellerie** (Hotel- und Kurbetriebe) und der **Parahotellerie** anwenden.

Abb. [9-1] **Typische Betriebe der Hotellerie**

Hotelbetriebe	Hotels, Gasthäuser mit Gastbetten, Garnibetriebe, Motels, Ferienpensionen, Aparthotels und Hotelschiffe
Kurbetriebe	Kurhäuser, Höhensanatorien, Bäderkliniken und Heilbäder
Parahotellerie	• Vermietung von Ferienwohnungen, Gästezimmern und Ferienhäusern • Betrieb von Jugendherbergen • Anbieten von Schlafgelegenheiten in Internaten (soweit steuerbar), Massenlagern und SAC-Hütten • Vermietung von Zelt- und Wohnwagenplätzen inkl. benützungsbereit aufgestellter Zelt- und Wohnwagenanlagen

Auch eine zum Sondersatz steuerbare Leistung liegt vor, wenn ein Hotel einem anderen Hotel ein oder mehrere Zimmer vermietet, um **kurzfristige Kapazitätsengpässe** zu überbrücken.

Wenn ein Hotel an ein anderes Hotel ein oder mehrere Zimmer oder einen ganzen Hoteltrakt für eine bestimmte oder unbestimmte Zeit zur **ausschliesslichen Benutzung vermietet,** liegt eine **von der Steuer ausgenommene Vermietung** (mit Optionsmöglichkeit) vor. In diesem Fall kann der Mieter nämlich über die entsprechenden Zimmer im eigenen Namen und auf eigene Rechnung verfügen.

Werden Beherbergungsleistungen im Rahmen von **Beförderungsleistungen** erbracht, beispielsweise bei **Bahn- und Schiffsreisen,** fallen diese nicht unter den Sondersatz und sind steuerlich wie das **Entgelt für die Beförderung** zu behandeln. (Die Abgrenzung In- und Ausland, d. h. der Ort der Leistung, ist zu beachten [s. Kap. 4.5.3, S. 66.])

Bei der **Vermietung** eines **Wohnwagens, Campers** oder Ähnlichem für eine Ferienreise im In- und Ausland handelt es sich um eine zum **Normalsatz** steuerbare Lieferung.

9.2 Zum Sondersatz steuerbare Leistungen

Dem Sondersatz unterliegen folgende drei Arten von Beherbergungsleistungen:

- Reine Beherbergungsleistungen
- Nebenleistungen in direktem Zusammenhang mit der Beherbergung
- Erweiterte Nebenleistungen

Die reinen Beherbergungsleistungen führen zu keinen Problemen, im Gegensatz zu den Nebenleistungen, auf die wir nachfolgend eingehen.

9.2.1 Nebenleistungen in direktem Zusammenhang mit der Beherbergung

Die direkten Nebenleistungen unterliegen dem **Sondersatz** unabhängig davon, ob sie **im Preis für die Übernachtung eingeschlossen** sind oder vom Hotelbetreiber **separat fakturiert** werden. Als direkte Nebenleistungen gelten (abschliessende Aufzählung):

- Zimmerreinigung
- Zurverfügungstellung von Bett- und Frottierwäsche
- Radio- und Fernsehbenützung (ohne Pay-TV)
- Zugang zum Internet (ohne Benützungsgebühren)
- Versorgung von Zelten, Wohnwagen und Motorhomes mit Strom, Kalt- und Warmwasser sowie die Entsorgung von Abwasser und Kehricht
- Benützung der sanitären Anlagen (ohne Waschmaschine) auf Campingplätzen

9.2.2 Erweiterte Nebenleistungen

Erweiterte Nebenleistungen sind Leistungen, die **innerhalb der Hotelanlage** erbracht und vom Hotelgast auch dort genutzt werden. Die erweiterten Nebenleistungen unterliegen jedoch nur dann dem **Sondersatz,** wenn sie von allen Hotelgästen **ohne Aufpreis** beansprucht werden können. Der Gast muss dafür kein zusätzliches Entgelt entrichten. Andernfalls sind die erweiterten Nebenleistungen je nach Art der Leistung zu versteuern und – sofern sie **unterschiedlichen Steuersätzen** unterliegen – **separat zu fakturieren.**

Beispiel

Solarium, Sauna, Sprudelbad, Parkplatz, Tennisplatz, Fitnessraum, Bocciabahn, Kegelbahn, Schuhputzservice, Bibliothek, TV-Raum oder die im Zimmer des Hotelgasts übernachtenden Tiere.

Zur **Hotelanlage** gehören das Hotelgebäude mit allfälligen Nebengebäuden und die unmittelbare Umgebung mit Garten, Parkplatz, Kinderspielplatz, Tennisplatz, Hotelschwimmbad und dergleichen. **Nicht zur Hotelanlage** gehören: Bergbahnen, Skilifte und Skipiste, Langlaufloipe, Rodelbahn, Kunsteisbahn, Schlittelbahn, Golfplatz inkl. Driving Range, Seen und Flüsse, Pferdereitstall, Kletterwand, Fussballplatz, Turnhalle usw.

Bei den erweiterten Nebenleistungen gibt es folgende **Ausnahmen,** die zwar nicht in der Hotelanlage erbracht bzw. in Anspruch genommen werden, jedoch **im Preis für die Beherbergung eingeschlossen** sein müssen:

- Hoteleigener Taxidienst
- Zurverfügungstellen von Velos
- Benützungsmöglichkeit von Hallenbädern, Fitnessräumen und Wellnessanlagen in nahe gelegenen Hotels

Beispiel

Das Hotel Alpenrose, Adelboden, stellt dem Gast Markus Müller folgende Leistungen in Rechnung:

Leistungen	CHF
3 Übernachtungen à CHF 120.00	360.00
Diverse Telefongespräche	30.00
Kleiderreinigung	20.00
Kurtaxe: 3 Übernachtungen à CHF 3.00 pro Person	9.00
Total	**419.00**

Obwohl es sich ausschliesslich um Leistungen handelt, die der Gast innerhalb der Hotelanlage nutzt, unterliegen die Telefongespräche und die Kleiderreinigung dem Normalsatz von 7.7%, da sie nicht im Preis für die Beherbergung enthalten sind. Somit sind nur CHF 360.00 für die drei Übernachtungen zum Sondersatz von 3.7% zu versteuern.

Die gesondert in Rechnung gestellte Kurtaxe stellt eine Nichtbemessungsgrundlage im Sinne von MWSTG 24 Abs. 6 lit. b dar. Sie muss nicht mit der MWST abgerechnet werden (s. Kap. 9.6, S. 155).

9.3 Kombinationen von Leistungen

In der Hotellerie ist es üblich, dass neben der Beherbergung noch weitere selbstständige Leistungen als ein einheitliches Ganzes angeboten werden. Das betrifft insbesondere **Halb- und Vollpension** sowie **Seminarpauschalen** und **Packages.**

Um die **Leistungskombinationen** auf die anwendbaren Steuersätze aufzuteilen, stehen dem steuerpflichtigen Hotelbetreiber folgende zwei Möglichkeiten offen:

1. **Effektive Berechnung**
2. **Vereinfachte Berechnungen** mittels **pauschaler Ermittlung** bei Vollpensionsarrangements und bei Leistungskombinationen von Seminarhotels

Der Betrieb kann **frei wählen,** ob er die effektive Berechnung oder die pauschale Ermittlung anwenden will. Er muss die gewählte Methode aber während **mindestens einer Steuerperiode** (Kalenderjahr) beibehalten und ein **Wechsel** ist nur **auf Beginn einer neuen Steuerperiode** möglich. Besitzt eine Aktiengesellschaft mehrere Hotels, ist je Betrieb eine Variante zu wählen, sofern für jedes Hotel eine separate Buchhaltung erstellt und geführt wird.

Hat sich ein Hotelier für die Anwendung der **pauschalen Ermittlung** des Beherbergungs- und des Verpflegungsanteils entschieden, ist eine Anwendung der **Kombinationsregelung** gemäss MWSTG 19 Abs. 2 (70/30%-Regel) **ausgeschlossen.**

9.3.1 Effektive Berechnung des Beherbergungs- und des Verpflegungsanteils (70/30%-Regel)

Die wertmässige Aufteilung auf die verschiedenen, selbstständigen Leistungen ist mit geeigneten Unterlagen (Kalkulationen) zu dokumentieren. Als **kalkulatorischer Nachweis** können die Betriebsabrechnung, Betriebsbuchhaltung und darauf basierende Berechnungen dienen. Ermittlungen auf Basis des Einzelmaterials mit empfohlenen Gemeinkostenzuschlägen von Branchenorganisationen reichen als kalkulatorischer Nachweis nicht aus. Bei der effektiven Berechnung werden hohe Anforderungen an den kalkulatorischen Nachweis gestellt (vgl. aber die nachfolgende Vereinfachung für die Halbpensionsarrangements, Kap. 9.3.3, S. 152).

So könnte die 70/30%-Regel bei einer Vollpension angewandt werden. Der gesamte Arrangementpreis könnte somit zum Sondersatz von 3.7% versteuert werden, wenn aufgrund des kalkulatorischen Nachweises **mindestens 70% auf den Beherbergungsanteil entfallen.** Diesen Sachverhalt trifft man in der Praxis am ehesten bei 5- oder 6-Sterne-Hotels an.

Die Anteile für die **Verpflegung** einerseits und die **Beherbergung** andererseits müssen **getrennt in Rechnung gestellt** werden. Der Verpflegungsanteil ist zum Normalsatz, die Übernachtung mit dem Frühstück zum Sondersatz steuerbar.

Werden mehrere voneinander unabhängige Leistungen als **Leistungskombinationen** unter einem Titel (z. B. Halbpension oder Seminarpauschale) zu einem im Voraus bestimmten **Pauschalpreis** angeboten, bestehen zwei Möglichkeiten einer Steuersatzaufteilung.

A] Leistungskombinationen, die mindestens zu 70% dem gleichen Steuersatz unterliegen (70/30%-Regel)

Bei solchen Leistungskombinationen kann das gesamte Entgelt steuerlich **wie die überwiegenden Leistungen** behandelt werden (MWSTG 19 Abs. 2). Die 70/30%-Regel kann nur angewandt werden, wenn eine Leistung zu einem **Pauschalpreis** angeboten und dem Hotelkunden auch so **in Rechnung gestellt** wird.

Die 70/30%-Regel ist unter folgenden Umständen **nicht anwendbar:**

- Preise der einzelnen Leistungen werden dem Leistungsempfänger bekannt gegeben.
- Es erfolgt eine getrennte Rechnungsstellung der einzelnen Leistungen.
- Das Total der mehrwertsteuerlich gleichartigen Leistungen macht weniger als 70% aus.
- Es sind von der Steuer ausgenommene, nicht optierbare Leistungen enthalten (Ausnahme: die von der Steuer ausgenommenen Leistungen machen mindestens 70% aus).

B] Leistungskombinationen, die weniger als zu 70% dem gleichen Steuersatz unterliegen

Das gesamte Entgelt ist auf die entsprechenden Steuersätze **aufzuteilen** und **steuerlich auszuweisen.** Leistungen, die nicht in den Kombinationen enthalten sind, z. B. zusätzliche Verpflegung, Miete der Einstellhalle oder Tennisstunden, sind **separat zu fakturieren** und zum massgebenden Steuersatz zu versteuern.

Diese Bestimmungen gelten insbesondere auch für Vollpensionsarrangements und Seminarpauschalen.

9.3.2 Halb- und Vollpensionsarrangements / pauschale Ermittlung

Halb- und Vollpensionsarrangements werden im Voraus oder spätestens beim Check-in für die **gesamte Aufenthaltsdauer** gebucht. Der Tagesansatz ist demnach immer gleich hoch.

Diese Arrangements beinhalten sowohl einen zum Sondersatz steuerbaren Beherbergungs- als auch einen zum Normalsatz steuerbaren Verpflegungsanteil. Werden die Voll- oder Halbpensionsarrangements in der Rechnung klar als solche gekennzeichnet, kann die **pauschale Aufteilung** in einen **Beherbergungs-** und einen **Verpflegungsanteil** gemäss Abb. 9-2 vorgenommen werden.

Abb. [9-2] **Pauschale Aufteilung in einen Beherbergungs- und in einen Verpflegungsanteil**

Halbpension	75% des Arrangementpreises: 3.7% 25% des Arrangementpreises: 7.7%
Vollpension	65% des Arrangementpreises: 3.7% 35% des Arrangementpreises: 7.7%

Der Beherbergungs- und der Verpflegungsanteil müssen bei der pauschalen Ermittlung nicht getrennt in Rechnung gestellt werden. Es ist aber erforderlich, die **Steuer getrennt auszuweisen.** Auf der Rechnung muss ersichtlich sein, welcher Betrag zu welchem Steuersatz abgerechnet wird.

9.3.3 Vereinfachung bei Halbpensionsarrangements

Reine Halbpensionsarrangements beinhalten die Übernachtung, das Frühstück und eine Mahlzeit. Ebenfalls als Halbpensionsarrangement gilt ein Angebot, das eine Übernachtung mit einem Brunch beinhaltet.

Es wird davon ausgegangen, dass der **Beherbergungsanteil** wertmässig **mindestens 70% des Gesamtentgelts** ausmacht, damit das gebuchte Arrangement pauschal fakturiert und zum Sondersatz versteuert werden kann. Es ist **kein kalkulatorischer Nachweis** zu erbringen.

Stellt der Hotelier ein Halbpensionsarrangement dennoch getrennt in Rechnung, hat er auch bei einem Halbpensionsarrangement die Leistungen zu den jeweiligen Steuersätzen zu versteuern. Er kann aber auch die pauschale Ermittlung des Beherbergungs- und des Verpflegungsanteils wählen (s. Kap. 9.3.2, S. 152).

Hinweis Diese Vereinfachung kann auch dann angewandt werden, wenn Vollpensionsarrangements und Leistungen von Seminarhotels pauschal ermittelt werden.

9.3.4 Weitere Sachverhalte zu den Leistungskombinationen

Entschliessen sich Gäste, die eine Übernachtung mit Frühstück gebucht haben, eine oder mehrere **Mahlzeiten im Hotelrestaurant** einzunehmen, sind diese Mahlzeiten nicht Teil des Halb- oder des Vollpensionsarrangements. Solche Mahlzeiten sind in jedem Fall zum **Normalsatz** zu versteuern.

Auch die Bezüge aus der **Minibar** im Hotelzimmer sind zum **Normalsatz** zu versteuern, ebenso die **Getränke,** die **separat zu bezahlen** sind. Im Arrangementpreis eingeschlossene Getränke fallen jedoch unter die Pauschale.

Leistungen, die **über die Beherbergung und Verpflegung hinaus** erbracht werden, wie z. B. Skipass, Massage oder Telefongespräche, müssen immer **gesondert fakturiert** und dürfen für die Berechnung der Pauschalanteile nicht miteinbezogen werden.

Es müssen auch die Regelungen über **Packages** beachtet werden (s. Kap. 9.5, S. 154).

Beispiel

Fall 1: Vollpension

Oskar und Susanne Frey verbringen ihre Sommerferien (sechs Übernachtungen) im Hotel Eiger im Berner Oberland. Der Preis für Vollpension beträgt pro Nacht CHF 400.00. Daneben konsumiert das Ehepaar Frey pro Abend aus der Minibar noch ein Bier für CHF 8.00. Die Getränkekosten für den gesamten Aufenthalt belaufen sich auf CHF 300.00. Die Kurtaxen pro Person und Nacht belaufen sich auf CHF 4.00.

Das Hotel Eiger wendet die pauschale Ermittlung für die Vollpension an (65% zu 3.7% und 35% zu 7.7%, gemäss Kap. 9.3.2, S. 152).

Erbrachte Leistungen	Betrag CHF
6 Nächte Vollpension à CHF 400.00	2 400.00
Minibar-Konsumation: 6 Abende à CHF 8.00	48.00
Weitere Konsumation gemäss Belegen	300.00
Kurtaxe: 2 Personen à CHF 4.00 pro Nacht	48.00
Total	**2 796.00**

Die MWST-Abrechnung lautet wie folgt:

Erbrachte Leistungen	Betrag CHF	MWST %	MWST CHF
Zimmer / Frühstück (65% v. 2 400)	1 560.00	3.7	55.65
Vollpension (35% v. 2 400)	840.00	7.7	60.05
Übrige Leistungen (Konsumation und Minibar)	348.00	7.7	24.90
Kurtaxe	48.00	0.0	0.00
Total	**2 796.00**		**140.60**

Fall 2: Halbpension

Ferdinand Müller übernachtet während einer Geschäftsreise für eine Nacht im Hotel St. Martin in Zürich mit Halbpension. Das Hotel St. Martin stellt wie folgt Rechnung:

Erbrachte Leistungen	Betrag CHF
1 Nacht Halbpension à CHF 220.00	220.00
Konsumation von Getränken gemäss Belegen	50.00
Kurtaxe: 1 Person à CHF 5.00 pro Nacht	5.00
Total	**275.00**

Das Hotel St. Martin kann entweder die pauschale Ermittlung (75% zu 3.7% und 25% zu 7.7%) oder die 70/30%-Regel für die Halbpension anwenden.

Pauschale Ermittlung für das Halbpensionsarrangement

Mit der pauschalen Ermittlung hat das Hotel St. Martin die Leistungen wie folgt zu versteuern:

Erbrachte Leistungen	Betrag CHF	MWST %	MWST CHF
Anteil Beherbergung (75% v. 220)	165.00	3.7	5.90
Anteil Verpflegung (25% v. 220)	55.00	7.7	3.95
Konsumation von Getränken	50.00	7.7	3.60
Kurtaxe	5.00	0.0	0.00
Total	**275.00**		**13.45**

Anwendung der 70/30%-Regel für das Halbpensionsarrangement

Mit der Anwendung der 70/30%-Regel hat das Hotel St. Martin die Leistungen wie folgt zu versteuern:

Erbrachte Leistungen	Betrag CHF	MWST %	MWST CHF
Halbpensionsarrangement	220.00	3.7	7.85
Konsumation von Getränken	50.00	7.7	3.60
Kurtaxe	5.00	0.0	0.00
Total	**275.00**		**11.45**

Das Hotel St. Martin wird die 70/30%-Regel anwenden und kann somit CHF 2.00 mehr Erlös in seiner Erfolgsrechnung verbuchen. Dafür sind keine Bewilligung und kein kalkulatorischer Nachweis nötig.

Diese Vereinfachung kann bei einem Hotel, das viele Halbpensionsarrangements verkauft, zu einer höheren Marge führen, ohne dass es Mehrleistungen erbringen muss.

9.4 Seminarhotels

Seminarhotels bieten in der Regel standardisierte Seminarpauschalen an, die ganz bestimmte, konkret umschriebene Leistungen beinhalten, wie z. B.:

- 1 Übernachtung inkl. Frühstück
- 1 Mittagessen
- 1 Abendessen
- 2 Kaffeepausen
- Mineralwasser in den Kursräumen
- Benützung eines Plenum- und eines Gruppenraums
- Standardtechnik (Hellraumprojektor, Leinwand, Flipchart und Beamer)

Auch für Seminarhotels gibt es eine pauschale Berechnung, ähnlich wie bei den Halb- und Vollpensionsarrangements. Die Leistungen an den Kunden beinhalten hier neben Verpflegung und Getränken auch Infrastruktur / Übriges sowie die Beherbergung mit Frühstück.

Abb. [9-3]

Seminarpauschale

Beherbergung / Frühstück	55% zum Sondersatz
Verpflegung / Getränke und Infrastruktur / Übriges	45% zum Normalsatz

Alle weiteren, über die Pauschalen hinaus erbrachten Leistungen (z. B. Miete für weitere Kursräume oder zusätzliche Bewirtung an der Bar) müssen gesondert fakturiert und zum massgebenden Steuersatz versteuert werden.

Neben der pauschalen kann die steuerpflichtige Person auch die **effektive Berechnung** unter Berücksichtigung von MWSTG 19 Abs. 2 (70/30%-Regel) anwenden. Wenn der **Beherbergungsanteil grösser als 70%** ist, können alle durch das Seminarhotel erbrachten Leistungen zum **Sondersatz** abgerechnet werden. In diesem Fall muss aber ein kalkulatorischer Nachweis erbracht werden.

9.5 Packages

Unter Packages (Pakete) versteht man Leistungsbündel im Sinne des Bundesgesetzes über **Pauschalreisen.** Es sind dauernd bzw. während einer bestimmten Periode geltende **Angebote zu einem festen Preis.** Sie beinhalten neben der Beherbergung und Verpflegung noch andere Leistungen, z. B. Konzerteintritte, begleitete Ausflüge in der Region, Wellness oder Skipässe.

Grundsätzlich sind die einzelnen Leistungen **gesondert zu fakturieren.** Unter gewissen Voraussetzungen sind Vereinfachungen möglich, aber auch in diesem Fall müssen die Verpflegung und die Kurtaxen separat in Rechnung gestellt werden. Zudem muss auf der Rechnung ersichtlich sein, welcher Betrag zu welchem Steuersatz abgerechnet wird.

Enthält das Package auch **Halb- oder Vollpension,** kann die Aufteilung nur dieses Entgeltsanteils pauschal – ohne kalkulatorischen Nachweis – ermittelt werden (s. Kap. 9.3.2, S. 152).

Das gesamte Package kann unter Berücksichtigung der 70/30%-Regel zum **Sondersatz** abgerechnet werden, wenn sich der kalkulatorisch nachweisbare **Beherbergungsanteil** auf **mehr als 70%** des Gesamtpreises beläuft.

9.6 Kur- und Beherbergungstaxen

Im Zusammenhang mit Übernachtungen stellt sich auch das Problem, wie Kur- und Beherbergungstaxen steuerlich zu behandeln sind.

Bei der **Kurtaxe** handelt es sich um eine **öffentlich-rechtliche Abgabe,** die der Gast schuldet. Der Leistungserbringer (Hotelier) vereinnahmt die Kurtaxe vom Gast im Namen und auf Rechnung der Gemeinde bzw. des Kur- und Verkehrsverein. Die Kurtaxe ist **nicht zu versteuern,** wenn die steuerpflichtige Person (Hotelier) diese dem Gast in gleicher Höhe **gesondert fakturiert** und auch als solche bezeichnet.

Wird bei Halb- und Vollpensionsarrangements durch den Hotelbetreiber die **pauschale Ermittlung** des Beherbergungs- und des Verpflegungsanteils angewandt und ist die Kurtaxe im Pensionspreis eingeschlossen, fällt sie dementsprechend auch unter die Pauschale. Wird sie gesondert fakturiert, unterliegt der entsprechende Betrag nicht der Steuer.

Die Kurtaxe (wenn gesondert und ohne Aufpreis fakturiert) stellt aus der Sicht des MWSTG 24 Abs. 6 lit. b einen **durchlaufenden Posten** dar und ist in der MWST-Abrechnung unter den Ziff. 200 (Umsatz) und 280 (Diverses) zu deklarieren.

In einigen Kantonen werden **Beherbergungs- oder Tourismustaxen** erhoben. Schuldner dieser Abgabe ist der Hotelier und nicht der Gast. Für den gastgewerblichen Betrieb ist die Beherbergungs- oder Tourismustaxe ein Kostenfaktor zur Erbringung der Übernachtungsleistung. Sie muss daher – auch bei separater Fakturierung – zum **Sondersatz** abgerechnet werden.

9.7 Weiterverrechnung Beherbergungsleistungen

Auch die Weiterverrechnung von Beherbergungsleistungen (mit oder ohne Zuschlag) unterliegt grundsätzlich dem **Sondersatz** von 3.7%. Dazu folgendes Beispiel:

Beispiel

Das Hotel Sommerau AG, Landquart, fakturiert der Minder AG, Aarau, die Übernachtung mit Frühstück von drei Personen an fünf Tagen.

Erbrachte Leistungen	Betrag CHF	MWST %
5 Übernachtungen mit Frühstück für 3 Personen à CHF 100 pro Person / Nacht	1 500	3.7
Kurtaxe: CHF 3 pro Person / Nacht	45	0.0
Total	**1 545**	

Die Minder AG verrechnet die Beherbergungsleistungen für 2 Personen an die Geier AG mit Sitz in Berlin (DE) im Betrag von CHF 1 000 zuzüglich CHF 30 für Kurtaxen (gesonderte Rechnungsstellung) weiter.

Zu welchem Steuersatz muss die Minder AG den Betrag von CHF 1 030 versteuern?

Die Weiterverrechnung von CHF 1 000 kann zum Steuersatz von 3.7% erfolgen, wenn auf der Rechnung vermerkt ist, dass es sich um Beherbergungsleistungen handelt. Der Ort der Beherbergung als Dienstleistung (MWSTG 8 Abs. 2 lit. f) befindet sich im Inland (Landquart). Da die Kurtaxen gesondert ausgewiesen werden, unterliegen diese nicht der MWST (sog. Nichtbemessungsgrundlage oder durchlaufende Posten nach MWSTG 24 Abs. 6 lit. b).

Falls die Minder AG die Beherbergungsleistung nicht als solche, sondern als Teil einer Gesamtleistung fakturiert, unterliegt die Beherbergung als Kostenfaktor dem gleichen Steuersatz wie die Hauptleistung (MWSTG 24 Abs. 1). In der betreffenden Rechnung würde dies z. B. wie folgt lauten: «Unsere ausgeführten Sanitärarbeiten inkl. Spesen (Hotelübernachtungen, Reisespesen)».

9.8 Unterschied zu von der Steuer ausgenommenen Leistungen

Eine von der Steuer ausgenommene Vermietung gemäss MWSTG 21 Abs. 2 Ziff. 21 liegt vor, wenn

- die vermieteten Räumlichkeiten als **Wohnsitz** im Sinne von ZGB 23 ff. oder als **Wochenaufenthalt** dienen; oder
- der Mieter einen **Geschäftssitz** oder eine mindestens 3 Monate dauernde **Betriebsstätte** begründet.

Die nachfolgenden vier Beispiele sollen die Bedeutung einer korrekten mehrwertsteuerlichen Qualifikation für die «Vermietung von Zimmer(n)» veranschaulichen.

Beispiel

Fall 1: Vermietung eines Gästezimmers

Die steuerpflichtige Schreinerei Mani AG mit Sitz in Grindelwald vermietet ein Gästezimmer an einen Dritten. Sie ist somit in der Parahotellerie tätig und die Vermietung ist als Beherbergungsdienstleistung zum Sondersatz von 3.7% steuerbar.

Falls der Dritte (d. h. der Mieter des Gästezimmers) Wochenaufenthalt in Grindelwald hat, liegt bei der Schreinerei Mani AG eine von der Steuer ausgenommene Vermietung (Lieferung) nach MWSTG 21 Abs. 2 Ziff. 21 vor. Wenn der Mieter das Zimmer ausschliesslich für Wohnzwecke verwendet, ist eine Option ausgeschlossen, d. h. die freiwillige Versteuerung der von der Steuer ausgenommenen Vermietung durch die Schreinerei Mani AG.

Fall 2: Vermietung / Eigenverbrauch von Ferienwohnungen

Giovanni Maestro mit Wohnsitz in Mailand (IT) ist Eigentümer von mehreren Ferienwohnungen in St. Moritz. Aus deren Vermietung erzielt er jährliche Einnahmen von CHF 105 000.

Die Vermietung von Ferienwohnungen stellt aus der Sicht der MWST eine steuerbare Beherbergungsleistung dar (Ort der Dienstleistung; MWSTG 8 Abs. 2 lit. f), die zum Sondersatz zu versteuern ist. Im Weiteren besteht für Giovanni Maestro die obligatorische Steuerpflicht gemäss MWSTG 10 (u. a. Bestellung eines Steuervertreters gemäss MWSTG 67). Er muss die Vorsteuern und die korrekte Deklaration der Umsätze buch- und belegmässig geltend machen, da für ihn keine Buchführungspflicht im Sinne des Obligationenrechts (OR 957 ff.) besteht.

Sofern Giovanni Maestro eine dieser Ferienwohnungen auch für sich privat nutzt, muss eine entsprechende Vorsteuerkorrektur Eigenverbrauch auf der Basis des Jahreseigenmietwerts zuzüglich eines Zuschlags von 25% (zum Sondersatz) erfolgen. In diesem Fall geht die ESTV davon aus, dass diese Ferienwohnung während zweier Monate jährlich für Wohnzwecke verwendet wird.

Fall 3: Weitervermietung einer Ferienwohnung an Hotelgäste

Giovanni Maestro vermietet zwischen Weihnachten und Neujahr eine 6-Zimmer-Ferienwohnung zum Pauschalpreis von CHF 25 000 an das 5-Stern-Hotel Sunshine, das die Wohnung als zusätzliches Hotelzimmer an Hotelgäste aus den Vereinigten Staaten vermietet.

Es liegt eine von der Steuer ausgenommene Vermietung (MWSTG 21 Abs. 2 Ziff. 21) und nicht eine Beherbergungsleistung vor. Für die Vermietung der Ferienwohnung an das Hotel Sunshine kann Giovanni Maestro jedoch gemäss MWSTG 22 Abs. 2 lit. b optieren, was sicherlich Sinn machen würde. Ansonsten liegt eine gemischte Verwendung mit Vorsteuerkorrektur vor.

In diesem Fall ergibt sich eine zum Normalsatz steuerbare Lieferung von CHF 1 925 (CHF 25 000 · 7.7% MWST). Das Hotel Sunshine muss den Umsatz aus der Beherbergung der Hotelgäste in der Ferienwohnung nur zum Sondersatz versteuern (Annahme: Umsatz CHF 40 000; MWST CHF 1 480). Es kann im Gegenzug die Vorsteuern von CHF 1 925 aus der Zumietung der Ferienwohnung in Abzug bringen (sofern Giovanni Maestro für die Vermietung optiert hat).

Fall 4: Vermietung von Zimmern an Personal

Die Hoch- und Tiefbau AG vermietet Personalzimmer an ihre Mitarbeitenden im Personalhaus (d. h. in Dauerbauten). Diese Vermietung ist von der Steuer ausgenommen (MWSTG 21 Abs. 2 Ziff. 21) und eine Option im Sinne von MWSTG 22 ist ausgeschlossen. Weitere Leistungen durch die Hoch- und Tiefbau AG, wie etwa Zimmerreinigung oder Waschen der Bettwäsche sowie gastgewerbliche Leistungen, sind aber zum Normalsatz zu versteuern.

Die von der Steuer ausgenommen und die steuerbaren Leistungen müssen durch die Hoch- und Tiefbau AG gesondert in Rechnung gestellt werden.

Auf einer Grossbaustelle werden zudem Zimmer in Baracken (d. h. in Fahrnisbauten) an Mitarbeitende und an externes Personal von Drittfirmen vermietet. Diese Vermietung von Personalzimmern ist eine zum Normalsatz steuerbare Lieferung.

Würden diese Zimmer an Personen vermietet, die nicht auf der Baustelle tätig sind (z. B. an Touristen oder Sportvereine), würden zum Sondersatz steuerbare Beherbergungsdienstleistungen vorliegen (MWSTG 25 Abs. 4).

Zusammenfassung

Kriterien für die Anwendung des Sondersatzes für Beherbergungsleistungen sind die Art der Betriebe und die Art der Leistungen.

Grundsätzlich dürfen nur Betriebe der **Hotellerie** und der **Parahotellerie** den Sondersatz anwenden. Die Weiterverrechnung von Beherbergungsleistungen (mit oder ohne Zuschlag) unterliegt aber auch dem Sondersatz.

Bei den Leistungen, die dem Sondersatz unterliegen, unterscheiden wir drei Arten:

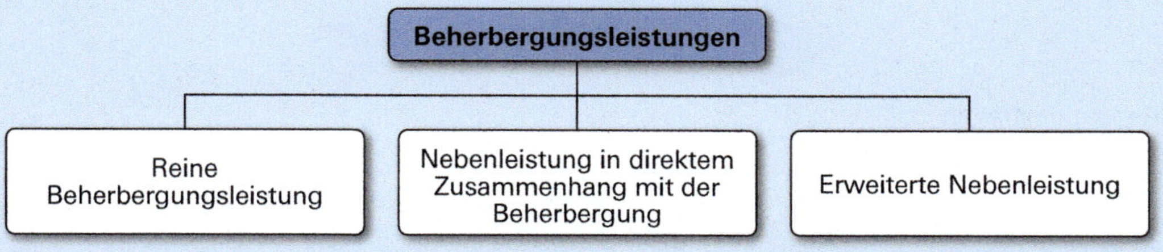

Eine **direkte Nebenleistung** ist z. B. die Zimmerreinigung. Sie unterliegt dem **Sondersatz** unabhängig davon, ob sie im Preis für die Übernachtung eingeschlossen oder separat fakturiert wird.

Erweiterte Nebenleistungen werden innerhalb der Hotelanlage erbracht und dort vom Hotelgast genutzt. Sie unterliegen dem **Sondersatz** nur, wenn sie **ohne Aufpreis** zur Verfügung gestellt werden. Zur Hotelanlage gehören das Hotel mit Nebengebäuden und die unmittelbare Umgebung. Der hoteleigene Taxidienst und die Velos, die die Gäste kostenlos verwenden dürfen, unterliegen dem Sondersatz, obwohl sie ausserhalb der Hotelanlage genutzt werden.

Die im Beherbergungspreis eingeschlossene Benützungsmöglichkeit von Hallenbädern, Fitnessräumen und Wellnessanlagen in nahe gelegenen Hotels gehört ebenfalls zu den erweiterten Nebenleistungen.

Halb- und Vollpensionsarrangements enthalten einen zum Sondersatz steuerbaren **Beherbergungs-** und einen zum Normalsatz steuerbaren **Verpflegungsanteil.** Der Hotelbetreiber kann die Aufteilung der Steuersätze entweder effektiv oder pauschal ermitteln. Für das Halbpensionsarrangement besteht zudem noch die Möglichkeit, die 70/30%-Regel anzuwenden und alles zum Sondersatz zu versteuern.

Der Gast schuldet dem Gemeinwesen die **Kurtaxe.** Der Hotelier muss diese nicht versteuern, wenn er sie dem Gast separat und in gleicher Höhe fakturiert.

Bei **Beherbergungstaxen** ist der gastgewerbliche Betrieb Abgabepflichtiger gegenüber dem Gemeinwesen. Beherbergungstaxen sind deshalb – auch bei separater Fakturierung – zum gleichen Steuersatz steuerbar wie die Beherbergungsleistungen.

Auch bei **Seminarhotels** müssen die entsprechenden Leistungen zum Sondersatz und jene zum Normalsatz abgerechnet werden. Neben der effektiven Ermittlung kann auch eine Pauschale angewandt werden.

Packages sind Leistungsbündel, die neben der Beherbergung und der Verpflegung noch weitere Leistungen enthalten. Grundsätzlich sind die einzelnen Leistungen gesondert zu fakturieren. Unter gewissen Voraussetzungen sind Vereinfachungen möglich.

An den **kalkulatorischen Nachweis bei der effektiven Ermittlung** werden hohe Anforderungen gestellt.

Die Unterscheidung zwischen einer zum Sondersatz **steuerbaren Beherbergungsleistung** und einer **von der Steuer ausgenommenen Vermietung** muss bei der Vermietung von Ferienwohnungen oder -häusern, zusätzlichen Hotelzimmern oder Fahrnisbauten beachtet werden.

Repetitionsfragen

51 Im Hotel Sonne erhält jeder ankommende Hotelgast einen Welcomedrink, den er mit einem Gutschein an der Bar beziehen kann.

A] Welche steuerlichen Auswirkungen hat die Abgabe dieses Gutscheins?

B] Der Gast Gustav Metzger hat den Gutschein nicht eingelöst. Daher wird ihm in der Schlussabrechnung entgegenkommenderweise ein Abzug von CHF 10 gewährt. Hat dieses Vorgehen steuerliche Auswirkungen?

52 Das Hotel Jäger verpflegt beim Frühstück nicht nur die eigenen Hotelgäste, sondern – zwecks Kostenoptimierung – auch noch diejenigen des Nachbarhotels Löwen. Pro Gast stellt das Hotel Jäger dem Hotel Löwen CHF 12 in Rechnung.

Wie muss es das Entgelt versteuern?

53 Das Hotel Bellevue in einem Walliser Wintersportort hat einen grossen Parkplatz, der nicht nur den eigenen Hotelgästen zur Verfügung steht und auf dem die Mieter ihr Fahrzeug auf beliebigen Parkfeldern abstellen dürfen.

Das Hotel Bellevue erzielt mit dem Parkplatz folgende Einnahmen:

Einnahmen von	Betrag CHF
Tagestouristen, die den Wintersportort besichtigen	3 500
Gästen des Nachbarhotels Alpenrose	4 000
eigenen Hotelgästen	7 500
Mitarbeiterparkplätzen für den Industriebetrieb Energie AG	2 000
Total	17 000

Wie muss das Hotel Bellevue diese Einnahmen versteuern?

10 Vorsteuern allgemein

Lernziele

Nach der Bearbeitung dieses Kapitels können Sie …

- die Fälle und Zwecke aufzählen, bei denen der Abzug (fiktiver) Vorsteuer möglich ist.
- erklären, bei welchen Aufwendungen der Vorsteuerabzug ausgeschlossen ist.
- erläutern, wie die Vorsteuern im Zusammenhang mit nicht als Entgelt geltenden Mittelflüssen zu behandeln sind.

Schlüsselbegriffe

Abzug fiktiver Vorsteuer, Ausschluss des Vorsteuerabzugsrechts, Beteiligungen, Einfuhrsteuer, elektronische Veranlagungsverfügung (eVV), individualisierbare und bewegliche Gegenstände, Netto-Allphasensteuer, Nichtentgelte, unternehmerische Tätigkeiten, Umstrukturierung, Urprodukte, Urproduzenten, vereinbarte Entgelte, vereinnahmte Entgelte, Vorsteuerabzug

Bei der MWST handelt es sich um eine **Netto-Allphasensteuer:** Sie wird auf allen Stufen des Produktions- und Verteilungsprozesses erhoben. Als **Vorsteuer** bezeichnet man die in der Rechnung **für eingekaufte Gegenstände oder Dienstleistungen belastete Steuer.**

Der **Vorsteuerabzug** verhindert im System der Netto-Allphasensteuer die unerwünschte Schattensteuer oder **taxe occulte,** also die mehrfache Belastung des Verbrauchs mit Umsatzsteuer. Die gesetzlichen Grundlagen zum Thema Vorsteuerabzug finden Sie im MWSTG 28–33 sowie in der MWSTV 58–75.

Jede auf dem Einkauf von Gegenständen und Dienstleistungen von Lieferanten oder Dienstleistungserbringern bezahlte MWST kann in der Abrechnung mit der ESTV als Vorsteuer von der eigenen, geschuldeten Umsatzsteuer in Abzug gebracht werden, wenn der Einkauf dieser Leistung im Rahmen einer **unternehmerischen, nicht von der Steuer ausgenommenen Tätigkeit** erfolgt. Wurde für die Versteuerung der von der Steuer ausgenommenen Leistungen hingegen **optiert,** besteht der Anspruch auf Vorsteuerabzug.

Ist das nicht der Fall, so berechtigt der Bezug der Leistung nicht zum Vorsteuerabzug.

Abb. [10-1] **Vorsteuerabzug bei Unternehmen**

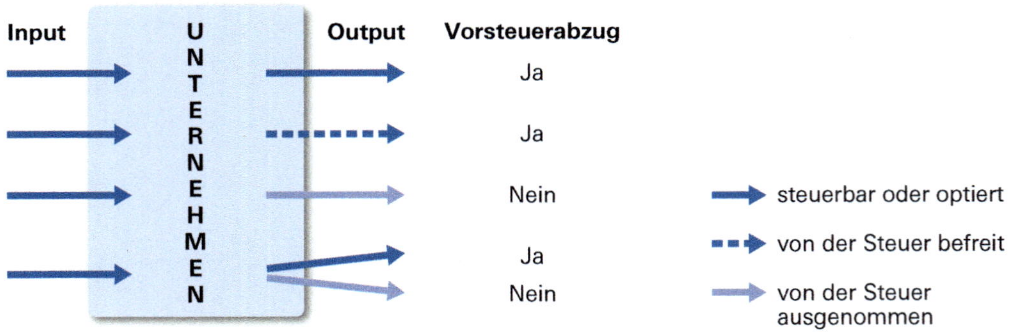

10.1 Anspruch auf Vorsteuerabzug

10.1.1 Allgemeines

Die steuerpflichtige Person kann in ihrer MWST-Abrechnung folgende Vorsteuern in Abzug bringen:

- die ihr in Rechnung gestellte **Inlandsteuer** für Lieferungen und Dienstleistungen,
- die von ihr in der gleichen MWST-Abrechnung deklarierte **Bezugsteuer,**
- die von ihr entrichtete oder zu entrichtende **Einfuhrsteuer** sowie – bei Verlagerung der Steuerentrichtung – die von ihr für die Einfuhr von Gegenständen deklarierte Steuer,
- die Vorsteuer bei Bezügen von nicht MWST-belasteten **Urprodukten** bei Urproduzenten oder
- die **fiktive Vorsteuer** bei Bezügen von individualisierbaren und beweglichen Gegenständen ohne offen überwälzte MWST.

Sie muss die Gegenstände oder Dienstleistungen im Rahmen ihrer **unternehmerischen Tätigkeit** verwenden und diese darf **nicht ausschliesslich im von der Steuer ausgenommenen, nicht optierten Bereich** erfolgen. Zum Vorsteuerbezug berechtigen die Aufwendungen für eine von der Steuer ausgenommene Leistung jedoch, wenn sich der Ort dieser Leistung im **Ausland** befindet und wenn für sie **optiert** werden könnte, falls sie im Inland erbracht worden wäre.

Bereits die **Absicht,** eine Leistung für eine zum Vorsteuerabzug berechtigende Tätigkeit zu verwenden, berechtigt zum Vorsteuerabzug. Das ist vor allem für **Start-up-Unternehmen** wichtig, die noch keine Umsätze erzielen und auf die Befreiung der Steuerpflicht verzichtet haben.

Ferner besteht der Anspruch auf Vorsteuerabzug im Rahmen der unternehmerischen, steuerbaren bzw. von der Steuer befreiten Tätigkeiten für das Erwerben, Halten und Veräussern von **Beteiligungen** sowie für **Umstrukturierungen** im Sinne von DBG 19 oder 61.

Beispiel

Fall 1

Josef Blattmann verkauft Haushaltsgeräte. Für seinen privaten Bedarf bestellt er eine Geschirrwaschmaschine bei seinem Lieferanten zusammen mit anderen Apparaten, die zum Verkauf in seinem Geschäft bestimmt sind.

Die auf der Geschirrwaschmaschine lastende Vorsteuer darf von Josef Blattmann nicht in seiner MWST-Abrechnung in Abzug gebracht werden, da die Maschine für seinen privaten Bedarf und nicht für einen zum Vorsteuerabzug berechtigenden Unternehmenszweck bestimmt ist.

Fall 2

Harris Wenger erbringt Architekturleistungen für Objekte im In- und im Ausland.

Obwohl die Leistungen für die ausländischen Objekte nicht der Steuer unterliegen, hat Harris Wenger Anrecht auf den vollen Vorsteuerabzug, weil die Architekturleistungen für die ausländischen Objekte steuerbar wären, wenn sie im Inland erzielt würden.

10.1.2 Nicht als Entgelt geltende Mittelflüsse

Mittelflüsse nach MWSTG 18 Abs. 2 gelten mangels Gegenleistung nicht als Entgelt (Nichtentgelte), s. Kapitel 5, S. 71.

Die folgenden Mittelflüsse werden **ohne Gegenleistung** ausgerichtet und führen nicht zu einer Vorsteuerkorrektur:

- Spenden
- Einlagen in Unternehmen, insbesondere zinslose Darlehen, Sanierungsleistungen und Forderungsverzichte
- Dividenden und andere Gewinnanteile
- Vertraglich oder gesetzlich geregelte Kostenausgleichszahlungen, die durch eine Organisationseinheit (Fonds) an Akteure innerhalb einer Branche geleistet werden
- Pfandgelder (z. B. auf Umschliessungen und Gebinden)
- Zahlungen für Schadenersatz, Genugtuung und dergleichen
- Erstattungen, Beiträge und Beihilfen bei Lieferungen ins Ausland, die nach MWSTG 23 Abs. 2 Ziff. 1 von der Steuer befreit sind

Die Vorsteuer auf Aufwendungen, die den vorangegangenen Nichtentgelten direkt zugeordnet werden können, darf im Rahmen der zum Vorsteuerabzug berechtigenden unternehmerischen Tätigkeiten geltend gemacht werden.

Beispiel

Ein Altersheim erbringt neben den von der Steuer ausgenommenen Leistungen (Führen eines Altersheims) auch noch eine zum Vorsteuerabzug berechtigende unternehmerische Leistung (Führen einer Cafeteria). Die Renovation der Räumlichkeiten und der Ersatz des Mobiliars in der Cafeteria sollen mit Spenden finanziert werden. Für die Durchführung des Spendenaufrufs beauftragt das Altersheim ein Drittunternehmen.

Das Altersheim darf die Vorsteuern auf den Aufwendungen für den Spendenaufruf geltend machen, da die Spenden für eine zum Vorsteuerabzug berechtigende unternehmerische Tätigkeit eingesetzt werden.

Subventionen und andere **öffentlich-rechtliche Beiträge** führen zu einer Kürzung des Vorsteuerabzugs (s. Kap. 12.7, S. 206).

Entschädigungen für **unselbstständig ausgeübte Tätigkeiten** (z. B. für Verwaltungs- und Stiftungsratshonorare) sowie für **hoheitliche Tätigkeiten** gelten hingegen als **nicht unternehmerisch.** Aufwendungen, denen diese Tätigkeiten zugeordnet werden können, berechtigen somit nicht zum Vorsteuerabzug.

Beispiel

Herbert Mettler ist Inhaber eines Treuhandbüros in Bern und nebenbei als Verwaltungsrat einer Aktiengesellschaft in Basel tätig. Um an einer VR-Sitzung teilzunehmen, kauft er sich bei der SBB ein 1.-Klasse-Ticket Bern–Basel–Bern.

Herbert Mettler darf auf dem Zugticket keine Vorsteuer geltend machen, da diese Kosten im Zusammenhang mit seiner unselbstständig ausgeübten Tätigkeit als Verwaltungsrat angefallen sind.

10.1.3 Bezüge bei Urproduzenten

Bezieht die steuerpflichtige Person bei Urproduzenten (z. B. Landwirten, Forstwirten und Gärtnern), bei Viehhändlern oder Milchsammelstellen **nicht MWST-belastete Erzeugnisse** der Land- oder Forstwirtschaft, der Gärtnerei sowie Vieh oder Milch für Tätigkeiten, die sie zum Vorsteuerabzug berechtigen, kann sie einen Vorsteuerabzug **zum Steuersatz von 2.5%** vornehmen. Der Wohn- bzw. Geschäftssitz und die Wirtschaftsgebäude der Urproduzenten müssen sich jedoch im Inland befinden. Dieser Abzug kann auch als **Abzug fiktiver Vorsteuer** betrachtet werden.

Es spielt keine Rolle, ob die Bezüge von einem im Haupt- oder Nebenerwerb tätigen Urproduzenten stammen. Es muss sich aber um **Urprodukte** handeln. Als solche werden grundsätzlich nur **unverarbeitete Produkte** bezeichnet. Wenn die Verarbeitung der Produkte im Betrieb des Urproduzenten erfolgt, ist trotzdem eine Lieferung von Urprodukten anzunehmen (z. B. bei einer Lieferung von Käse aus eigener Milch).

Der Vorsteuerabzug berechnet sich vom **in Rechnung gestellten Betrag (100%),** im Gegensatz zu normalen Vorsteuerabzügen, bei denen die Steuer im in Rechnung gestellten Betrag bereits enthalten ist (102.5%).

Beispiel

Das Restaurant zur Glocke in Schaffhausen benötigt für die Zubereitung seiner Speisen diverse Gemüsesorten und Früchte. Der Einkauf kann entweder vom steuerpflichtigen Gemüsehändler Hans Meister oder direkt vom nicht steuerpflichtigen Bauern Jakob Zumbrunn erfolgen. Beide Lieferanten verlangen für die zu erbringende Lieferung CHF 100.00. Es ergäben sich folgende Vorsteuerabzüge:

Variante für den Einkauf	Betrag CHF	= %	MWST %	MWST CHF
Gemüsehändler Hans Meister	100.00	102.5	2.5	2.44
Bauer Jakob Zumbrunn	100.00	100.0	2.5	2.50

Für das Restaurant zur Glocke ist der Direkteinkauf beim Bauern Zumbrunn bei gleichem Einkaufspreis etwas günstiger, da es einen höheren Vorsteuerabzug vornehmen kann.

10.1.4 Nachweis des Anspruchs auf Vorsteuerabzug

Die steuerpflichtige Person muss steuermindernde Tatsachen belegen. Der Vorsteuerabzug ist grundsätzlich zulässig, wenn sie nachweisen kann, dass sie die Vorsteuern bezahlt hat.

Je nach Steuer gibt es noch weitere Voraussetzungen für den Vorsteuerabzug:

- **Inlandsteuer:** Der Nachweis kann am einfachsten mit einer formell korrekten **Rechnung** erbracht werden (Anforderungen gemäss MWSTG 26). Fehlt eine solche, kann der Nachweis nach dem Grundsatz der freien Beweiswürdigung (MWSTG 81 Abs. 3) auch anderweitig erbracht werden.
- **Bezugsteuer:** Der Nachweis ist die entsprechende **Deklaration** der Bezugsteuer gegenüber der ESTV.
- **Einfuhrsteuer:** Die steuerpflichtige Person kann den Nachweis für die bezahlte Einfuhrsteuer am besten erbringen, wenn sie das Original der **elektronischen Veranlagungsverfügung (eVV)** der Eidgenössischen Zollverwaltung (EZV) besitzt. Sie muss z. B. aufgrund einer verbuchten Einkaufsrechnung belegen können, dass sie die tatsächliche Importeurin ist und deshalb unmittelbar nach der Einfuhr wirtschaftlich über die Gegenstände verfügen konnte.

10.1.5 Zeitpunkt des Anspruchs auf Vorsteuerabzug

Um einen Vorsteuerabzug vornehmen zu können, muss man nicht nur prüfen, ob man dazu berechtigt ist. Es muss auch der Zeitpunkt festgelegt werden, an dem man den Vorsteuerabzug vornehmen darf. Dieser Zeitpunkt wurde für die einzelnen Vorsteuern wie folgt festgelegt:

- Bei Abrechnung nach **vereinbartem Entgelt** dürfen von anderen Steuerpflichtigen überwälzte Steuern am Ende der **Abrechnungsperiode** in Abzug gebracht werden, in der man die Rechnung **erhalten** hat.
- Bei Abrechnung nach **vereinnahmtem Entgelt** dürfen von anderen Steuerpflichtigen überwälzte Steuern am Ende der **Abrechnungsperiode** in Abzug gebracht werden, in der man die Rechnung **bezahlt** hat.
- Die deklarierte **Bezugsteuer** wird im Zeitpunkt in Abzug gebracht, in dem der Steuerpflichtige diese Steuer mit der ESTV **abrechnet.**
- Die **Einfuhrsteuer** wird am Ende der **Abrechnungsperiode** in Abzug gebracht, in der die Steuer festgesetzt wurde.

Der Zeitpunkt der Verwendung der bezogenen Gegenstände bzw. Dienstleistungen ist nicht entscheidend. Beispielsweise können bezogene Gegenstände zum Zeitpunkt des Vorsteuerabzugs noch am Lager sein. Voraussetzung ist jedoch, dass der Steuerpflichtige dafür eine zum Vorsteuerabzug berechtigende Verwendung vorgesehen hat.

10.2 Abzug fiktiver Vorsteuer

10.2.1 Allgemeines

Die steuerpflichtige Person kann einen Abzug fiktiver Vorsteuer vornehmen, wenn sie im Rahmen ihrer zum Vorsteuerabzug berechtigenden unternehmerischen Tätigkeit einen **individualisierbaren und beweglichen Gegenstand** ohne offene Steuerüberwälzung bezieht. Das Entgelt für den bezogenen Gegenstand versteht sich inkl. Steuer zu dem im Zeitpunkt des Bezugs anwendbaren Steuersatz.

Im Gegenzug muss sie beim Verkauf oder der Vermietung dieses Gegenstands das gesamte Entgelt versteuern. Sie darf auf dem Verkaufsbeleg die Steuer offen ausweisen.

Als individualisierbare und bewegliche Gegenstände gelten Gegenstände, die eindeutig identifizierbar sind, namentlich aufgrund einer individuellen **Kennzeichnung** (z.B. Seriennummer), aufgrund von **buchhalterischen Aufzeichnungen** (insbesondere bei Gegenständen für den Wiederverkauf) oder wenn die Gegenstände aufgrund offensichtlicher Gegebenheiten **optisch oder strukturell einzigartig** sind. Dies muss sich aus Belegen oder anderen Beweismitteln ergeben.

Der Abzug fiktiver Vorsteuer ist **ausgeschlossen,** wenn eine der folgenden Bedingungen erfüllt ist:

- Der Gegenstand ist ein Sammlerstück, für das die **Margenbesteuerung** angewandt werden muss (s. Kap 7.5, S. 122).
- Beim Gegenstand handelt es sich um **Edelmetalle** oder **Edelsteine;** diese gelten nicht als individualisierbar.
- Beim Erwerb des Gegenstands wurde das **Meldeverfahren** angewandt.
- Der Gegenstand wurde von der steuerpflichtigen Person **aus dem Ausland eingeführt.**
- Der Gegenstand wurde von einer Person im Inland bezogen, die ihn **steuerbefreit eingeführt** hat.
- Der Gegenstand wurde aufgrund von MWSTV 44 Abs. 1 lit. a und lit. b und Abs. 2 **von der Steuer befreit** erworben.

Fallen die Voraussetzungen nachträglich definitiv weg (z.B. Verwendung in einem von der Steuer ausgenommenen Bereich), muss der bereits geltend gemachte Abzug fiktiver Vorsteuer **in gleicher Höhe rückgängig gemacht** werden, und zwar in jener Abrechnungsperiode, in der die Voraussetzung weggefallen ist.

Beispiel

Fall 1

Der Garagist Walter Moser erwirbt im Februar des Jahres n1 einen Gebrauchtwagen von einer Privatperson zwecks Weiterverkauf. Der Anspruch auf einen Abzug fiktiver Vorsteuer besteht, da das Fahrzeug individualisierbar und beweglich ist.

- **Variante 1:** Im April n1 beschliesst der Garagist Walter Moser, das Fahrzeug als Ersatzfahrzeug für seine Kunden einzusetzen. Die Voraussetzungen für den Abzug fiktiver Vorsteuer bleiben bestehen und es ist keine Korrektur vorzunehmen.
- **Variante 2:** Da für das Fahrzeug nach 10 Monaten immer noch kein Abnehmer gefunden wurde, beschliesst der Garagist Walter Moser im Dezember n1, das Fahrzeug ins Privatvermögen zu überführen. Der Abzug fiktiver Vorsteuer muss im 4. Quartal n1 rückgängig gemacht werden.

Fall 2

Der Kunsthändler Erwin Beyeler kauft von einem Privatsammler ein Gemälde eines berühmten Malers und will dieses an ein Museum in Basel weiterverkaufen.

Da es sich beim Gemälde um ein Sammlerstück nach MWSTG 24a handelt, ist die Margenbesteuerung anzuwenden und es besteht kein Anspruch auf einen Abzug fiktiver Vorsteuer.

Fall 3

Das Verkaufsgeschäft Decorov GmbH kauft von einer Privatperson diverse Dekorationsgegenstände, um damit seine Schaufenster neu einzurichten.

Es besteht kein Anspruch auf einen Abzug fiktiver Vorsteuer, da die Dekorationsgegenstände nicht individualisierbar sind.

10.2.2 Vorübergehende Verwendung für sonstige Zwecke

Eine vorübergehende Verwendung für sonstige Zwecke – z. B. für eine von der Steuer ausgenommene Tätigkeit oder für private Zwecke – schliesst den Abzug fiktiver Vorsteuer nicht aus. Wird der Gegenstand jedoch vorübergehend für eine nicht unternehmerische oder eine unternehmerische, nicht zum Vorsteuerabzug berechtigende Tätigkeit verwendet, muss eine **Korrektur des Abzugs fiktiver Vorsteuer** mittels **Eigenverbrauch** vorgenommen werden.

Als Bemessungsgrundlage gilt der **Mietwert,** der dafür einem **unabhängigen Dritten** in Rechnung gestellt würde (s. Kap. 13.4, S. 217).

Beispiel

Ein Motorradhändler mit angegliederter Fahrschule verkauft einem Kunden ein neues Motorrad und übernimmt das alte (individualisierbar anhand der Chassisnummer) im Eintausch, mit der Absicht, dieses im Frühling an der alljährlichen Aktion «Occasion-Töff» weiterzuverkaufen. Er macht die fiktive Vorsteuer geltend.

Da die Aktion «Occasion-Töff» erst in 5 Monaten stattfinden wird, setzt der Motorradhändler das Motorrad vorübergehend in der Fahrschule ein. Der Anspruch auf die fiktive Vorsteuer bleibt bestehen. Für die vorübergehende Verwendung in einer von der Steuer ausgenommenen Tätigkeit (Ausbildung) ist eine Vorsteuerkorrektur im Eigenverbrauch vorzunehmen.

10.2.3 Abzug fiktiver Vorsteuer bei zu einem Gesamtpreis erworbenen Gegenständen

Der Abzug fiktiver Vorsteuer kann auch geltend gemacht werden, wenn die steuerpflichtige Person die Gegenstände zu einem Gesamtpreis erwirbt.

Sind im Gesamtpreis aber auch **Sammlerstücke** (MWSTV 48) oder **nicht individualisierbare bewegliche Gegenstände** enthalten und kann der Anteil am Ankaufspreis für die Gegenstände, für die ein Anspruch auf fiktive Vorsteuer besteht, nicht annäherungsweise ermittelt werden, ist der Abzug fiktiver Vorsteuer ausgeschlossen.

Beispiel

Ein Fahrzeughändler kauft von einer Privatperson einen Audi Avant S2 (Jahrgang 1995) und einen Audi 80 L (Jahrgang 1976) zu einem Gesamtpreis.

Beim Audi 80 L handelt es sich um ein Sammlerstück, da es bereits älter als 30 Jahre ist. Somit darf lediglich auf dem Audi Avant S2 ein Abzug fiktiver Vorsteuer geltend gemacht werden. Mithilfe von Eurotax lässt sich dessen Wert annäherungsweise ermitteln.

Hinweis

Abzug fiktiver Vorsteuer im Zusammenhang mit der Anwendung von Saldosteuersätzen s. Kapitel 14.10, S. 230.

10.3 Ausschluss des Vorsteuerabzugsrechts

Da es sich bei der MWST um eine Konsumsteuer handelt, soll sie den Endverbrauch belasten. Beim Endverbrauch kann es sich zum Teil auch um unternehmerische Ausgaben handeln. Somit besteht u. a. kein Anspruch auf Vorsteuerabzug bei Leistungen und bei Einfuhr von Gegenständen, die zwar für die Erbringung von unternehmerischen Leistungen verwendet werden, die jedoch **von der Steuer ausgenommen** sind und für die **nicht optiert** wurde.

Befindet sich der Ort der von der Steuer ausgenommenen Leistung jedoch im Ausland und könnte für diese optiert werden, wenn sie im Inland erbracht worden wäre, berechtigen die dieser Leistung zuordenbaren Aufwendungen zum Vorsteuerabzug.

Vom Vorsteuerabzugsrecht **gänzlich ausgeschlossen** sind ferner alle Steuerbeträge auf Ausgaben für **nicht unternehmerische Aufwendungen.** Es sind dies u. a. geschäftsmässig nicht begründete Aufwendungen mit privatem Charakter wie z. B.:

- Freizeitgegenstände
- Güter des täglichen Bedarfs
- Ferien
- Hobby / Liebhaberei
- Repräsentationsspesen, die nicht im Interesse des Unternehmens liegen

Ebenfalls vom Vorsteuerabzug ausgeschlossen sind **Aufwendungen,** die im Zusammenhang mit einem **nicht unternehmerischen Bereich** entstehen, der nicht auf eine nachhaltige Erzielung von Einnahmen aus Leistungen ausgerichtet ist.

Aufwendungen wie z. B. das Weihnachtsessen, der jährliche Personalausflug, Aktivitäten im Zusammenhang mit einem Firmenjubiläum oder gelegentliche Veranstaltungen zur Teambildung berechtigen hingegen zum Vorsteuerabzug.

Beispiel

Die Firma Müller AG feiert ihr 25-jähriges Firmenjubiläum und führt deshalb einen eintägigen Personalausflug durch. Die anlässlich dieses Ausflugs anfallenden Vorsteuern dürfen geltend gemacht werden.

Zusammenfassung

Durch den **Vorsteuerabzug** wird eine mehrfache steuerliche Belastung des Verbrauchs vermieden. Vorsteuern sind alle in vorgelagerten Phasen des Handels- oder Produktionsprozesses bezahlte MWST. Der Vorsteuerabzug ist in folgenden Fällen möglich:

- In Rechnung gestellte Inlandsteuer
- Deklarierte Bezugsteuer
- Einfuhrsteuer sowie – bei Verlagerung der Steuerentrichtung – die für die Einfuhr von Gegenständen deklarierte Steuer
- Vorsteuer bei Bezügen von nicht MWST-belasteten Urprodukten bei Urproduzenten
- Abzug fiktiver Vorsteuer bei Bezügen von individualisierbaren und beweglichen Gegenständen ohne offene Überwälzung der MWST

Zum Vorsteuerabzug berechtigt bereits die **Absicht,** eine Leistung für eine nicht von der Steuer ausgenommene unternehmerische Tätigkeit zu verwenden. Der Anspruch auf Vorsteuerabzug besteht auch im Rahmen der unternehmerischen zum Vorsteuerabzug berechtigenden Tätigkeit für das Erwerben, Halten und Veräussern von **Beteiligungen** sowie für **Umstrukturierungen.**

Hinsichtlich des Rechts auf Vorsteuerabzug bei nicht als Entgelt geltenden Mittelflüssen sind die einzelnen Mittelflüsse einzeln zu beurteilen.

Ein Vorsteuerabzug von 2.5% ist auch auf dem **Bezug von Urprodukten** bei Urproduzenten zulässig, wenn die Urprodukte für zum Vorsteuerabzug berechtigende Zwecke verwendet werden, nicht mit der MWST belastet sind und sich der Wohn- bzw. Geschäftssitz und die Wirtschaftsgebäude der Urproduzenten im Inland befinden.

Der **Zeitpunkt** für den Anspruch auf Vorsteuerabzug ist je nachdem, um welche Steuer es sich handelt, unterschiedlich:

- Bei **Abrechnung nach vereinbarten Entgelten** kann der Vorsteuerabzug in der Abrechnungsperiode vorgenommen werden, in der man die Rechnung erhalten hat.
- Bei **Abrechnung nach vereinnahmten Entgelten** wird der Vorsteuerabzug in der Abrechnungsperiode vorgenommen, in der man die Rechnung bezahlt hat.

Die steuerpflichtige Person kann einen **Abzug fiktiver Vorsteuer** vornehmen, wenn sie im Rahmen der zum Vorsteuerabzug berechtigenden unternehmerischen Tätigkeiten einen individualisierbaren und beweglichen Gegenstand ohne offene Steuerüberwälzung bezieht.

Entfallen die Voraussetzungen definitiv oder auch nur vorübergehend, muss eine entsprechende **Korrektur des Vorsteuerabzugs** vorgenommen werden.

Vom Vorsteuerabzug **ausgeschlossen** sind **nicht unternehmerische Aufwendungen** sowie Aufwendungen, die für die Erbringung für **von der Steuer ausgenommene Leistungen** verwendet werden und für die nicht optiert wurde. Befindet sich der Ort der von der Steuer ausgenommenen Leistung jedoch im Ausland und könnte für diese optiert werden, wenn sie im Inland erbracht worden wäre, berechtigen die Aufwendungen für diese Leistungen zum Vorsteuerabzug.

Repetitionsfragen

54 Welche Vorsteuer kann ein Steuerpflichtiger in seiner Abrechnung mit der ESTV geltend machen?

55 Antoine Siebenthal betreibt unter der Bezeichnung «Waren aller Art» ein lukratives Handelsgeschäft. Er will wo möglich den Abzug fiktiver Vorsteuer vornehmen.

Welche der nachfolgenden Aufwendungen berechtigen grundsätzlich zum Abzug der fiktiven Vorsteuern

A] Bezug von fünf Teppichen von einem ausländischen Händler

B] Kauf eines Gemäldes von einem Privatsammler

C] Kauf eines Busses von einer Privatperson, der als Lieferfahrzeug eingesetzt wird

D] Einkauf von Büromaterial bei einer nicht steuerpflichtigen Person

E] Bezug eines neuen Autos von einem Nichtsteuerpflichtigen zwecks Weiterverkauf an einen Händler in Italien

F] Bezug einer Briefmarkensammlung von einem Nichtsteuerpflichtigen

11 Eigenverbrauch

Lernziele

Nach der Bearbeitung dieses Kapitels können Sie …

- erklären, wann Eigenverbrauch vorliegt.
- die Entnahmetatbestände unterscheiden.
- den Eigenverbrauch bei Vermögensübertragungen aufzeigen.
- die Eigenverbrauchspauschalen nennen.

Schlüsselbegriffe

Abschreibung, Eigenverbrauch, Eigenverbrauchspauschalen, eng verbundene Personen, Entnahmetatbestände, Gegenleistung, Geschenke, Grossrenovation, Liegenschaft, Lohnausweisempfänger, Naturalbezüge, Naturalrabatt, nicht geschäftliche Zwecke, Privatanteil, tauschähnliche Geschäfte, unentgeltliche Zuwendung, Vermögensübertragung, Vorsteuerkorrektur, Warenmuster, Werbegeschenke, werterhaltende Aufwendungen

Mit der MWST als Verbrauchssteuer soll der **Endkonsum** von Gegenständen und Dienstleistungen belastet werden.

Mit der Besteuerung des Eigenverbrauchs wird **verhindert,** dass die vom Steuerpflichtigen erworbenen Gegenstände unbesteuert dem Endkonsum zugeführt werden können. Steuerfrei bedeutet in diesem Zusammenhang, dass der Gegenstand steuerbelastet eingekauft worden ist und die **Entsteuerung durch Geltendmachung des Vorsteuerabzugs** erfolgt.

Somit hat der Eigenverbrauch den Charakter einer **Vorsteuerabzugskorrektur.**

Damit ist auch schon eine entscheidende **Voraussetzung** des Eigenverbrauchs erwähnt: Eigenverbrauch liegt nur in jenen Fällen vor, wo **beim Bezug** der Dienstleistungen oder Gegenstände (oder deren Bearbeitung) tatsächlich ein **Vorsteuerabzug** vorgenommen oder das **Meldeverfahren** angewandt wurde.

Der häufigste Grund für eine Vorsteuerkorrektur im Eigenverbrauch ist die **Entnahme von Gegenständen aus dem Unternehmen** für Zwecke, die nicht zum Vorsteuerabzug berechtigen.

Hinweis

Eigenverbrauch im Zusammenhang mit der Anwendung von Saldosteuersätzen s. Kapitel 14.7, S. 228.

11.1 Art des Steuertatbestands

Beim Eigenverbrauch ist zuerst abzuklären, ob eine **entgeltliche** oder eine **unentgeltliche Leistung** vorliegt. Eigenverbrauch ist in der Regel dann anzunehmen, wenn es **keine Gegenleistung** und somit **keinen Leistungsaustausch** gibt. Im Gegensatz zu den unentgeltlichen Leistungen setzen entgeltliche Leistungen eine Gegenleistung voraus (Leistungsaustausch). Bei diesen ist die MWST vom Entgelt zu berechnen.

Ob eine entgeltliche Leistung oder ein Eigenverbrauch vorliegt, interessiert insbesondere aus den folgenden Gründen:

- Die **Bemessungsgrundlage** ist beim Eigenverbrauch in praktisch allen Fällen niedriger als bei der entgeltlichen Leistung.
- In gewissen Fällen kommt bei der entgeltlichen Leistung ein anderer **Steuersatz** zur Anwendung als beim Eigenverbrauch, z. B. bei gastgewerblichen Leistungen.

Nachfolgend werden Leistungen an eng verbundene Personen und an Lohnausweisempfänger behandelt.

11.1.1 Tauschähnliche Geschäfte

Die Frage, ob eine entgeltliche Leistung oder Eigenverbrauch vorliegt, stellt sich u. a. bei der Beurteilung einer erhaltenen Leistung: Handelt es sich um eine **Spende** (ohne Gegenleistung) oder um ein Entgelt für eine Gegenleistung (z. B. für eine Werbeleistung)? Insbesondere dann, wenn die erhaltene Leistung in Form von **Naturalien** erfolgt (s. Kap. 5, S. 71).

Eine Spende (als Geld- oder Naturalleistung) liegt nur vor, wenn der Empfänger der Leistung dem Spender **keine Gegenleistung** erbringt. Bei Naturalleistungen hat der Spender allenfalls eine Vorsteuerkorrektur im Eigenverbrauch vorzunehmen.

Erbringt der Leistungsempfänger eine **Gegenleistung,** liegt keine Spende vor, sondern eine **entgeltliche Leistung.** Es handelt sich dabei oft um tauschähnliche Geschäfte. Ist eine der beteiligten Parteien eine gemeinnützige Organisation, muss bezüglich Gegengeschäft auch MWSTG 21 Abs. 2 Ziff. 27 beachtet werden.

Beispiel

Das Sportartikelunternehmen Gepard stellt dem steuerpflichtigen Volleyballklub Young Girls Sportartikel im Wert von CHF 25 000 pro Saison zur Verfügung. Der Young-Girls-Klub verpflichtet sich dafür, nur Sportartikel von Gepard zu verwenden und bei Heimspielen Gepard als Ausrüster in Werbedurchsagen zu nennen.

Hier erfolgt ein gegenseitiger Leistungsaustausch und daher liegt keine Spende vor.

Das Sportartikelunternehmen Gepard hat den Umsatz aus der Sportartikel-Lieferung von CHF 25 000 zu versteuern. Auf der Werbeleistung des Volleyballklubs kann das Sportartikelunternehmen grundsätzlich den Vorsteuerabzug vornehmen, sofern es nachweisen kann, dass die Vorsteuer bezahlt wurde.

Die Young Girls haben die Werbeleistung von CHF 25 000 zu versteuern. Soweit sie nachweisen können, dass sie für die Sportartikelbezüge die Vorsteuern bezahlt haben, ist ein Vorsteuerabzug grundsätzlich zulässig. Es ist aber zu beachten, dass der Volleyballklub die Vorsteuer wegen von der Steuer ausgenommener Tätigkeiten (z. B. Zuschauereinnahmen) allenfalls nicht vollständig in Abzug bringen kann oder korrigieren muss.

Abb. 11-1 fasst die Unterschiede zwischen erbrachten Leistungen ohne und solchen mit einer Gegenleistung zusammen.

Abb. [11-1] **Erbrachte Leistungen ohne / mit Gegenleistungen**

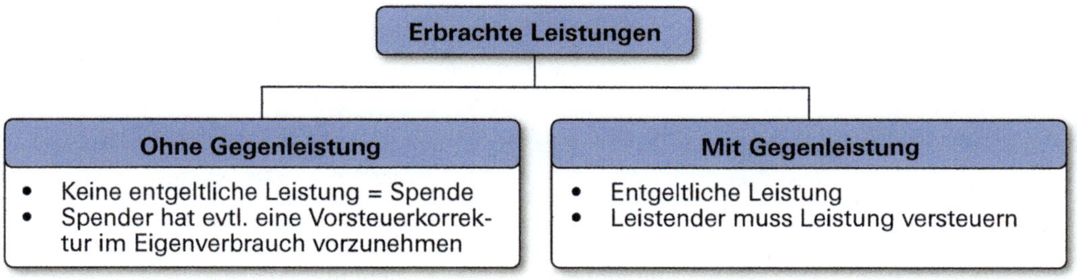

Auf der **Gegenleistung** des Leistungsempfängers (z. B. Werbung) ist der **Vorsteuerabzug** zulässig. Das gilt aber nur, wenn die Vorsteuern nachweislich bezahlt wurden.

11.1.2 Leistungen an eng verbundene Personen

Wird die Leistung an eine eng verbundene Person erbracht und muss diese nicht den vollen Wert bezahlen, der unter gleichen Bedingungen von einem unbeteiligten Dritten verlangt würde, so gilt als Entgelt der **Wert,** der **unter unabhängigen Dritten** vereinbart würde.

Dasselbe gilt, wenn eine Leistung gegenüber eng verbundenen Personen direkt oder indirekt unentgeltlich erbracht wird, die so einem unabhängigen Dritten nicht zugebilligt würde.

Als eng verbundene Personen gelten gemäss MWSTG 3 lit. h:

- **Inhaber massgebender Beteiligungen** von mindestens 20% des Grund- bzw. Stammkapitals eines Unternehmens oder von einer entsprechenden Beteiligung an einer Personengesellschaft
- **Stiftungen** und **Vereine,** zu denen besonders enge wirtschaftliche oder personelle Beziehung besteht (gilt nicht für Vorsorgestiftungen)

Ebenfalls als eng verbunden gelten ihnen **nahestehende Personen.** Das sind insbesondere folgende Personengruppen:

- Inhaber massgebender Beteiligungen an juristischen Personen (Aktionäre, Gesellschafter einer GmbH)
- An Personengesellschaften massgeblich beteiligte Personen (Kollektivgesellschafter, Komplementäre und Kommanditäre, Gesellschafter einer einfachen Gesellschaft)
- Nicht im Betrieb mitarbeitende Freunde, Bekannte, Familienangehörige und andere Verwandte der an der Firma massgebend beteiligten Personen

Angehörige der oben genannten Personengruppen, die zugleich **im Betrieb angestellt** sind, gelten für die Belange der MWST **nicht als eng verbundene Personen,** sondern als **Lohnausweisempfänger.**

Bei Einzelunternehmen und an Gesellschaften beteiligten Personen ohne eine massgebende Beteiligung sowie bei diesen nahestehenden Personen (z. B. Familienangehörige), die **im Betrieb nicht mitarbeiten,** liegt grundsätzlich **keine entgeltliche Leistung** vor. Es muss aber die Notwendigkeit einer Vorsteuerkorrektur im Eigenverbrauch geprüft werden.

Abb. 11-2 gibt einen Überblick über die Abgrenzungsprobleme bei Leistungen an eng verbundene Personen.

Abb. [11-2] **Leistungen an eng verbundene Personen**

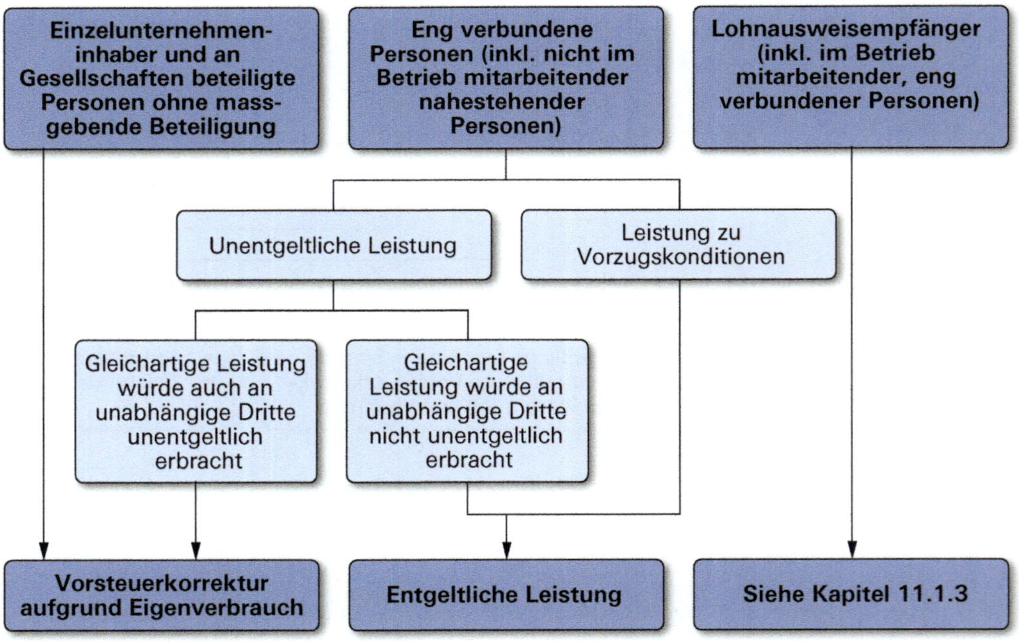

11.1.3 Leistungen an Lohnausweisempfänger

Zum Kreis der Lohnausweisempfänger gehören das **Personal** von natürlichen oder juristischen Gesellschaften und die **Verwaltungsräte.** Auch die **im Betrieb mitarbeitenden eng verbundenen Personen** gehören dazu, sofern sie einen Lohnausweis erhalten (sollten).

Den Lohnausweisempfängern gleichgestellt sind **ehemalige Angestellte** (z. B. Rentner mit einer Rentnerbescheinigung) und sonstige ehemalige Angestellte, die aufgrund des seinerzeitigen Arbeitsvertrags oder einer Vereinbarung ein **Anrecht auf Leistungen** auch nach dem Austritt aus dem Unternehmen haben.

A] Entgeltlich und unentgeltlich erbrachte Leistungen

Bei Leistungen an Lohnausweisempfänger stellt sich die Frage, welche Leistungen als entgeltlich erbracht gelten und mit der MWST abzurechnen sind und welche als unentgeltlich erbracht gelten und somit für die MWST irrelevant sind.

Als **entgeltlich erbracht** gelten gemäss MWSTV 47 Abs. 2 all jene Leistungen, die im **Lohnausweis** zu deklarieren sind. Die deklarierten Werte gelten in diesem Fall als Bemessungsgrundlage und sind zum entsprechenden Steuersatz mit der MWST abzurechnen.

Folgende Leistungen, die im Lohnausweis lediglich mit einem **«X»** deklariert werden müssen (Felder «G» und «F»), gelten als **nicht entgeltlich** erbracht:

- **SBB-General-/-Streckenabonnemente,** die den Mitarbeitenden kostenlos abgegeben werden. Falls zusätzlich zum angekreuzten Feld «F» im Lohnausweis noch ein Privatanteil-Betrag deklariert wird, gilt dieser Betrag als entgeltlich und steuerbar.
- **Zurverfügungstellen eines Fahrzeugs,** das neben den Dienstfahrten ausschliesslich für den Arbeitsweg verwendet wird.
- Abgabe von **Lunch-Checks** oder Möglichkeit einer verbilligten **Kantinenverpflegung.**

Wenn Zuwendungen und Vergünstigungen an das Personal im Lohnausweis nicht zu deklarieren sind, gelten sie auch **nicht als entgeltlich** erbracht. Es wird vermutet, dass ein unternehmerischer Grund besteht. Das sind:

- **SBB-Halbtaxabonnemente,** die den Mitarbeitenden unentgeltlich abgegeben werden, berechtigen im Rahmen der unternehmerischen Tätigkeit zum Vorsteuerabzug.
- **REKA-Check-Vergünstigungen bis CHF 600 jährlich** (zu deklarieren sind lediglich Vergünstigungen, soweit sie CHF 600 jährlich übersteigen).
- Beiträge an **Vereins- und Klubmitgliedschaften bis CHF 1 000** im Einzelfall (mit Ausnahme von Mitgliedschaften in Fitnessklubs, die seit 01.01.2016 immer als Lohnbestandteil gelten). Wird die Limite überschritten, ist der ganze Betrag aufzuführen.
- **Reisekosten für den Ehegatten oder Partner** gehören zum geschäftsmässig begründeten Aufwand.
- Das unentgeltliche Zurverfügungstellen von **Arbeitswerkzeugen** (Handys, Laptops) für private Zwecke.
- Beiträge an **Kinderkrippen,** die für Kinder des Arbeitnehmers verbilligte Plätze anbieten.
- **Gratis-Parkplätze** am Arbeitsort.
- **Zutrittskarten bis CHF 500 pro Ereignis** für kulturelle, sportliche und andere gesellschaftliche Anlässe. Im Lohnausweis sind lediglich Beiträge zu deklarieren, soweit sie CHF 500 pro Ereignis übersteigen.
- Branchenübliche **Rabatte,** sofern die Waren für den Eigenbedarf gedacht sind.
- **Weihnachts-, Geburtstags-** und ähnliche **Naturalgeschenke bis CHF 500 pro Ereignis.** Wird die Limite überschritten, ist der ganze Betrag anzugeben.

B] Spezielle Leistungen an Lohnausweisempfänger

Leistungen an das Personal aus **betriebssozialen Gründen** sind dem Unternehmenszweck zuzuordnen und berechtigen zum Vorsteuerabzug. Es handelt sich dabei insbesondere um die **Schuldensanierung** und um andere **Beratungsdienste** für einzelne Arbeitnehmende sowie um Aufwendungen im Zusammenhang mit **Todesfällen** von Mitarbeitenden und Pensionierten.

Wenn der Arbeitgeber dem Arbeitnehmer Kosten vergütet, die diesem entstanden sind, liegt kein Leistungsverhältnis vor, auch wenn diese Vergütungen auf dem Lohnausweis betragsmässig aufzuführen sind. Dieser Kostenersatz ist mehrwertsteuerlich neutral; der Arbeitgeber darf auf diesen Vergütungen keinen Vorsteuerabzug vornehmen.

Der Arbeitgeber kann für die Kosten **unternehmerisch erforderlicher** und von ihm angeordneter **Weiterbildungen** (z. B. Computerbenutzer-, Sprach-, Strategie- oder Coachingkurse) den Vorsteuerabzug unter Berücksichtigung von MWSTG 28 vornehmen.

Hinweis

Die nachfolgenden Bestimmungen betreffend Aus- und Weiterbildungskosten waren zum Zeitpunkt dieser Überarbeitung noch nicht definitive Praxis.

Auch für Beiträge an die **berufsorientierte Aus- und Weiterbildung** von Mitarbeitenden (z. B. Meisterkurse, Ausbildung zum Steuerexperten, Berufsmatura usw.) darf der Arbeitgeber die Vorsteuer im Rahmen seiner unternehmerischen Tätigkeit geltend machen. Auch dann, wenn die Rechnung auf den Mitarbeiter lautet, durch diesen beglichen wurde und der Arbeitgeber die Kosten lediglich ersetzt. Werden die Kosten nur teilweise ersetzt, darf die Vorsteuer auf dem übernommenen Anteil geltend gemacht werden. Wichtig ist, dass der Arbeitgeber jeweils im Besitz der Rechnung (Original oder Kopie) ist, auf der die MWST ausgewiesen ist.

Vom Arbeitgeber übernommene Kosten an die **nicht berufsorientierte Aus- und Weiterbildung** gelten hingegen als **Gehaltsnebenleistungen** und müssen auf dem Lohnausweis betragsmässig deklariert werden. Sie gelten folglich als entgeltlich erbracht und sind entsprechend der mehrwertsteuerlichen Qualifikation zu deklarieren.

Eine (teilweise) **Rückerstattung der Aus- und Weiterbildungskosten** durch den Arbeitnehmer führt beim Arbeitgeber weder zu einer Korrektur der seinerzeit geltend gemachten Vorsteuern noch zu einer Besteuerung des rückzahlbaren Betrags.

Beispiel

Fall 1

Seit 01.01.2016 kann Thomas Fischer in seiner privaten Steuererklärung nicht mehr die gesamten Fahrtkosten vom Wohn- zum Arbeitsort geltend machen. Sein Arbeitgeber erklärt sich deshalb bereit, einen Teil dieser steuerlich nicht mehr abzugsfähigen Fahrtkosten zu übernehmen.

Dieser Beitrag ist im Lohnausweis unter Ziffer 2.3 auszuweisen. Aus Sicht der MWST ist er jedoch neutral zu behandeln.

Fall 2

Ein Mitarbeiter einer Revisionsgesellschaft kündigt bereits 2 Jahre, nachdem er die Ausbildung zum Wirtschaftsprüfer abgeschlossen hat, und muss daher CHF 15 000 der vom Arbeitgeber übernommenen Ausbildungskosten zurückbezahlen.

Diese Zahlung gilt mehrwertsteuerlich als neutral. Sie führt weder zu einer Vorsteuerkorrektur noch muss sie mit der MWST als Entgelt abgerechnet werden.

11.2 Entnahmetatbestände

Nachfolgend gehen wir auf die verschiedenen Eigenverbrauchstatbestände ein, die bei unentgeltlichen Leistungen vorkommen können.

Gemäss MWSTG 31 Abs. 2 liegt ein Entnahmetatbestand vor, wenn eine **bereits entsteuerte Leistung**

- für eine **nicht unternehmerische Tätigkeit** (insbesondere für private Zwecke) verwendet wird,
- für eine unternehmerische, **von der Steuer ausgenommene Tätigkeit** verwendet wird,
- **unentgeltlich abgegeben** wird, ohne dass ein unternehmerischer Grund besteht (bei Geschenken bis CHF 500 pro Person und Jahr sowie bei Werbegeschenken und Warenmustern zur Erzielung von zum Vorsteuerabzug berechtigenden Leistungen wird ein unternehmerischer Grund ohne Weiteres vermutet) oder
- sich bei Wegfall der Steuerpflicht noch in der **Verfügungsmacht** der steuerpflichtigen Person befindet.

Abb. 11-3 fasst die Entnahmetatbestände zusammen.

Abb. [11-3] **Entnahmetatbestände**

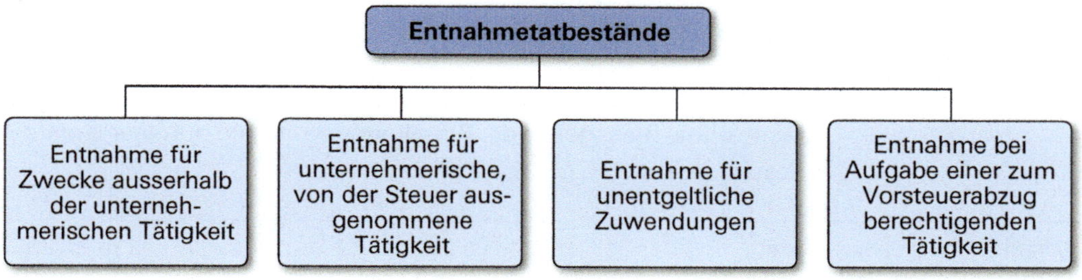

Bei den Entnahmetatbeständen verlässt der Gegenstand oder die Dienstleistung die zum Vorsteuerabzug berechtigende Sphäre eines Unternehmens vorübergehend oder dauernd, um in einer vom Vorsteuerabzug ausgeschlossenen Sphäre verwendet zu werden.

Die Leistung wird also für die **Ausführung einer unternehmensfremden** oder **von der Steuer ausgenommenen Tätigkeit verwendet.** Dabei spielt es keine Rolle, ob der Gegenstand vom Unternehmen zugekauft oder ob er im Unternehmen selbst hergestellt wurde. Entscheidend ist nur, dass beim Bezug der Dienstleistung, beim Kauf des Gegenstands oder dessen Bestandteile tatsächlich ein Vorsteuerabzug vorgenommen wurde.

Der **Vorsteuerabzug** ist gemäss MWSTG 31 Abs. 1 in dem Zeitpunkt **zu korrigieren,** in dem die Voraussetzungen für den Vorsteuerabzug nachträglich wegfallen. Die Vorsteuerkorrektur im Eigenverbrauch ist also in derjenigen Abrechnung zu deklarieren, in der der Gegenstand oder die Dienstleistung entnommen wurde. Findet die Entnahme nur vorübergehend statt, ist die Vorsteuerkorrektur in der entsprechenden Periode zu deklarieren.

In der Folge behandeln wir die verschiedenen Fälle von Entnahmetatbeständen und die Bemessungsgrundlage für die Berechnung des Eigenverbrauchs.

11.2.1 Entnahmen für Zwecke ausserhalb der unternehmerischen Tätigkeit

Als Zweck ausserhalb der unternehmerischen Tätigkeit gilt vor allem an die Verwendung für den **privaten Bedarf** des Steuerpflichtigen. Ein Entnahmetatbestand liegt auch vor, wenn ein Steuerpflichtiger steuerentlastete Leistungen für die Ausübung seiner **Verwaltungsrats- oder Stiftungsratsmandate** oder **hoheitlicher Tätigkeiten** entnimmt.

Im Gegensatz zu sonstigen nicht unternehmerischen Tätigkeiten, wie z. B. unselbstständig ausgeübten oder hoheitlichen Tätigkeiten, kann der Tatbestand des Eigenverbrauchs aufgrund der Entnahme von Gegenständen für den **privaten Bedarf** nur bei **Inhabern eines Einzelunternehmens** und bei deren **nicht mitarbeitenden Familienangehörigen** vorkommen. Die Leistung gilt immer dann als für einen privaten Zweck genutzt, wenn die Leistung für ihre eigenen Bedürfnisse verwendet wird.

Bei Entnahmen von Gegenständen für den Bedarf von **mitarbeitenden Familienangehörigen** oder mitarbeitenden **eng verbundenen Personen** gelangen die Bestimmungen über die Leistungen an **Lohnausweisempfänger** zur Anwendung.

Handelt es sich um Entnahmen durch **nicht mitarbeitende Inhaber** von massgebenden Beteiligungen an juristischen Personen oder durch entsprechend beteiligte **Teilhaber** von Personengesellschaften, liegt grundsätzlich nicht Eigenverbrauch, sondern eine **entgeltliche Leistung** vor.

Unentgeltliche Leistungen ohne unternehmerischen Grund an **nicht mitarbeitende Beteiligte ohne massgebende Beteiligungen** führen zu einer Vorsteuerkorrektur im Eigenverbrauch (s. Kap. 11.2.3, S. 175).

Beispiel

Fall 1

Bea Müller betreibt als steuerpflichtige Einzelunternehmerin ein Schreibwarengeschäft in Zurzach. Sie möchte ihrem Mann zu Weihnachten einen luxuriösen Füllfederhalter schenken und entnimmt einen solchen dem Warenlager.

Bea Müller muss für die Entnahme eine Vorsteuerkorrektur im Eigenverbrauch vornehmen, d. h., sie macht den seinerzeit beim Einkauf des Schreibgeräts tatsächlich vorgenommenen Vorsteuerabzug rückgängig.

Fall 2

Die Angestellten eines Kosmetikherstellers können Produkte aus dem Sortiment ihres Arbeitgebers beziehen. Dabei erhalten sie einen Einschlag auf den Listenpreis von 30%.

In diesen Fällen liegt kein Eigenverbrauch des Kosmetikherstellers vor; es handelt sich um entgeltliche Leistungen. Branchenübliche Rabatte für die Angestellten sind nicht im Lohnausweis aufzuführen und nicht als Entgelt anzuschauen. Steuerbar ist lediglich das tatsächlich bezahlte Entgelt (70% des Listenpreises).

Fall 3

Der Kosmetikhersteller räumt seinen Mitarbeitenden im Personalreglement das Recht ein, pro Monat Waren im Wert von CHF 150 unentgeltlich zu beziehen.

Es handelt sich hier nicht um ein übliches Weihnachts- oder Geburtstagsgeschenk, weshalb die Freigrenze von CHF 500 pro Person, Jahr und Ereignis nicht zum Tragen kommt. Diese Leistung ist auf dem Lohnausweis aufzuführen und gilt somit als entgeltlich erbracht. Der auf dem Lohnausweis zu deklarierende Betrag gilt als Entgelt inkl. MWST.

Fall 4

Der Kosmetikhersteller räumt einem Arbeitnehmer zum Geburtstag das Recht ein, Waren im Wert von CHF 250 unentgeltlich zu beziehen.

In diesem Fall handelt es sich um ein übliches Geburtstagsgeschenk an einen Angestellten. Sofern der Betrag von CHF 500 pro Ereignis nicht überschritten wird, sind solche Leistungen im Lohnausweis nicht aufzuführen und gelten somit als nicht entgeltlich erbracht.

11.2.2 Entnahmen für unternehmerische, von der Steuer ausgenommene Tätigkeiten

Diese Regelung betrifft Leistungen, für die **beim Erwerb** das Recht auf Vornahme des **Vorsteuerabzugs** bestand und tatsächlich geltend gemacht wurde. Werden diese Leistungen entgegen der ursprünglichen Absicht für Zwecke des Unternehmens verwendet, die **von der Steuer ausgenommen** sind, löst dies ebenfalls eine **Vorsteuerkorrektur** im Eigenverbrauch aus.

Beispiel

Fall 1

Kurt Wegmüller betreibt eine Motorradgarage in Wädenswil. Dem Garagenbetrieb ist eine Motorradfahrschule angeschlossen. Bei einer Lernfahrt erleidet das Lernfahrzeug einen Totalschaden. Als Ersatz entnimmt Kurt Wegmüller seinem zum Verkauf bestimmten Fahrzeugpark ein Motorrad.

Kurt Wegmüller hat aufgrund dieser Entnahme eine Vorsteuerkorrektur im Eigenverbrauch vorzunehmen, da Fahrschulleistungen von der Steuer ausgenommen sind, falls nicht für deren Versteuerung optiert wird.

Fall 2

Die Kislig AG verkauft die vor 10 Jahren gebaute, ausschliesslich für steuerbare Zwecke genutzte Lagerhalle.

Sofern nicht für die Besteuerung dieses Umsatzes optiert wird, liegt ein Eigenverbrauchstatbestand vor, da der Verkauf einer Liegenschaft von der Steuer ausgenommen ist.

11.2.3 Entnahmen für unentgeltliche Zuwendungen

A] Geschenke

Durch den Eigenverbrauch wird die Entnahme von Gegenständen erfasst, die **Dritten freiwillig und unentgeltlich** zugewendet werden, ohne dass ein unternehmerischer Grund besteht. Für unentgeltliche Zuwendungen an Lohnausweisempfänger oder an eng verbundene Personen gelten andere Bestimmungen.

Bei **Geschenken bis CHF 500 pro Empfänger und pro Jahr** ist **kein Eigenverbrauch** geschuldet und der Vorsteuerabzug ist grundsätzlich zulässig. Ein unternehmerischer Grund wird ohne Weiteres vermutet. Massgebend für die Bestimmung der Freigrenze von CHF 500 ist der **Eigenverbrauchswert** (s. Kap. 11.2.5, S. 177).

Beispiel

Am Eröffnungstag des Fahrradgeschäfts Pneumobil erhält jede Besucherin einen Blumenstrauss und jeder Besucher eine Flasche Wein im Wert von je CHF 20.

Es handelt sich zwar um eine unentgeltliche Zuwendung, der Wert liegt aber unter CHF 500 pro Jahr und Empfänger; der unternehmerische Grund wird somit ohne Weiteres vermutet. Das Fahrradgeschäft kann auf den Blumen (2.5%) und auf dem Wein (7.7%) den Vorsteuerabzug geltend machen. Es ist kein Eigenverbrauch geschuldet.

B] Warenmuster

Warenmuster sind Gegenstände, die ein Unternehmen in seinem **Verkaufssortiment** führt und zwecks Bestellungsaufnahme zur Veranschaulichung, Untersuchung oder Erprobung an Wiederverkäufer oder an Privatpersonen gezielt oder in einem Streuversand abgibt. Dabei ist die Art und Grösse der Verpackung unbedeutend.

Unabhängig von ihrem Wert wird der unternehmerische Grund bei **unentgeltlicher Abgabe** von Warenmustern zur Erzielung steuerbarer oder von der Steuer befreiter Umsätze ohne Weiteres vermutet. Somit ist **kein Eigenverbrauch geschuldet** und der **Vorsteuerabzug** ist zulässig.

C] Werbegeschenke

Als Werbegeschenke gelten Gegenstände zu **Werbezwecken,** die **nicht** zum **Verkaufssortiment** des abgebenden Unternehmens gehören. Werbegeschenke müssen mit der visuell in den Vordergrund tretenden **Firmenbezeichnung** des betreffenden Unternehmens, seinem **Firmensignet** oder Ähnlichem versehen sein.

Auch bei der **unentgeltlichen Abgabe** von Werbegeschenken wird der unternehmerische Grund ohne Weiteres vermutet; der Wert des Geschenks spielt dabei keine Rolle. Die Vorsteuer auf den Werbegeschenken darf im Rahmen der unternehmerischen, zum **Vorsteuerabzug** berechtigenden Tätigkeit geltend gemacht werden.

Beispiel

Fall 1

Das Möbelgeschäft Reinhard führt einen Wettbewerb durch. Zu gewinnen sind verschiedene Möbel aus dem Sortiment mit einem Wert von jeweils mehr als CHF 500. Eine Teilnahme ist unabhängig von einer Warenbestellung möglich.

Bei der Abgabe der Preise handelt es sich um eine unentgeltliche Zuwendung mit einem Wert von mehr als CHF 500 pro Empfänger und Jahr. Somit wird der unternehmerische Grund nicht mehr ohne Weiteres vermutet. Bei diesem Wettbewerb handelt es sich jedoch um eine Werbeaktion, die klar einen unternehmerischen Grund hat. Deshalb ist kein Eigenverbrauch geschuldet.

Da die Tätigkeit des Möbelgeschäfts zum Vorsteuerabzug berechtigt, darf die Vorsteuer auf den Preisen geltend gemacht werden. Auch die übrigen Aufwendungen im Zusammenhang mit diesem Wettbewerb sind dem Geschäftszweck zuzuordnen und berechtigen somit zum Vorsteuerabzug.

Fall 2

Ein Weinhändler gibt für Degustationszwecke jährlich Wein im Wert von ca. CHF 20 000 kostenlos ab.

Es handelt sich hier um Warenmuster, die zur Erzielung von steuerbaren Umsätzen gedacht sind, weshalb keine Vorsteuerkorrektur im Eigenverbrauch vorzunehmen ist.

Fall 3

Die Brauerei Eckhardt schenkt einer grossen Restaurantkette Sonnenschirme mit einer Werbeaufschrift für die neue Biersorte «Finsterbräu». Der Einstandspreis der Schirme beträgt CHF 12 000.

Es handelt sich hier um Werbegeschenke, bei denen der unternehmerische Grund ohne Weiteres vermutet wird. Die Tätigkeit der Brauerei berechtigt zudem zum Vorsteuerabzug, weshalb auf dem Einkauf der Sonnenschirme die Vorsteuer geltend gemacht werden kann.

D] Naturalrabatt

Als Naturalrabatte (oder Bonus / Zugaben) gelten **umsatzabhängige Geschenke,** die aufgrund einer Vereinbarung abgegeben werden. Grundsätzlich hat der Kunde mit dem Entgelt für die eigentliche Leistung auch den Naturalrabatt bezahlt. Naturalrabatte lösen deshalb **keinen Eigenverbrauch** aus und berechtigen unabhängig vom Wert zum **Vorsteuerabzug.**

Beispiel

Die Garage Schori AG (A-Vertreterin) vereinbart, dass B-Vertreterinnen, die für mehr als CHF 400 000 Autos bei ihr beziehen, einen Personal Computer im Wert von CHF 1 000 erhalten.

Es handelt sich hier um einen Naturalrabatt. Die Garage Schori AG kann auf den Personal Computern, die sie aufgrund dieser Vereinbarung abgibt, den Vorsteuerabzug geltend machen.

11.2.4 Entnahmen bei Aufgabe einer zum Vorsteuerabzug berechtigenden Tätigkeit

Hier soll der Eigenverbrauch gewährleisten, dass die Vorsteuern auf Gegenständen korrigiert werden, die bei der Aufgabe einer zum Vorsteuerabzug berechtigenden Tätigkeit oder am Ende der Steuerpflicht noch in der Verfügungsmacht des Steuerpflichtigen sind und bei deren Erwerb die vollen oder teilweisen Vorsteuern geltend gemacht wurden.

Es handelt sich also um **entsteuertes Umlaufvermögen** (Warenlager) oder **entsteuertes Anlagevermögen** (Mobiliar usw.). Auch in diesem Fall verlassen die Gegenstände die MWST-pflichtige Sphäre des Unternehmens. Bei den direkten Steuern handelt es sich dabei in der Regel um den Tatbestand der **Überführung** von Gegenständen vom Geschäfts- **ins Privatvermögen.**

Beispiel

Der steuerpflichtige Karl Peterhans betreibt in Frauenfeld eine Sattlerei. Er gibt seine Erwerbstätigkeit per Ende Juni altershalber auf.

Die Werkzeuge und das Warenlager verkauft Karl Peterhans an einen befreundeten Berufskollegen. Auf diesem Umsatz ist die Steuer geschuldet.

Die Geschäftsliegenschaft und das Geschäftsfahrzeug überführt er Ende Juni in sein Privatvermögen. Auf diesem Teil hat er eine Vorsteuerkorrektur infolge Eigenverbrauchs vorzunehmen, sofern er seinerzeit beim Einkauf zum Vorsteuerabzug berechtigt war und diesen tatsächlich vorgenommen hat.

11.2.5 Bemessungsgrundlage

Bei Entnahmetatbeständen kommen bei der Bemessungsgrundlage verschiedene Möglichkeiten infrage. Es ist Folgendes zu unterscheiden:

- Handelt es sich um eine **Dienstleistung** von Dritten, einen **beweglichen** oder um einen **unbeweglichen Gegenstand?** Als unbewegliche Gegenstände gelten Immobilien, d.h. die im Grundbuch eingetragenen Gebäude, Teile davon und Grundstücke.
- Erfolgt die Entnahme **dauernd** oder nur **vorübergehend?** Als **vorübergehend** entnommen gilt ein **beweglicher Gegenstand,** wenn die Entnahme **höchstens 6 Monate** dauert. Bei **unbeweglichen Gegenständen** darf die vorübergehende Entnahme **höchstens 12 Monate** dauern. Wird ein Gegenstand länger entnommen, gilt er als dauernd entnommen.
- Handelt es sich um einen **zugekauften** oder um einen **selbst hergestellten Gegenstand?**
- Sind die Dienstleistung oder der Gegenstand **neu** oder bereits **in Gebrauch genommen?** Als neu gilt jede bezogene Leistung, die im Betrieb des betreffenden Steuerpflichtigen nachweislich nicht für irgendeinen Zweck verwendet wurde. Es ist also nicht von Bedeutung, ob der frühere Eigentümer die Leistung in Gebrauch genommen hatte.

Für die Bestimmung der Bemessungsgrundlage unterscheidet man zwischen

- der Entnahme von Dienstleistungen von Dritten,
- der dauernden Entnahme von beweglichen Gegenständen,
- der dauernden Entnahme von unbeweglichen Gegenständen und
- der vorübergehenden Verwendung von beweglichen oder unbeweglichen Gegenständen.

A] Entnahme von Dienstleistungen Dritter

Gemäss MWSTG 31 Abs. 1 und 3 wird die Vorsteuerkorrektur bei der Entnahme von Dienstleistungen wie folgt berechnet:

- **Noch nicht in Gebrauch genommene Dienstleistungen:** von der in Abzug gebrachten Vorsteuer auf dem **Bezugspreis** dieser Dienstleistungen, einschliesslich der als Einlageentsteuerung korrigierten Anteile.
- **In Gebrauch genommene Dienstleistungen:** vom **Zeitwert** dieser Dienstleistungen im Zeitpunkt der Entnahme. Zur Ermittlung des Zeitwerts wird für jedes abgelaufene Jahr linear ein Fünftel (20%) auf dem geltend gemachten Vorsteuerbetrag abgeschrieben.

Bemessungsgrundlage für eine Vorsteuerkorrektur im Eigenverbrauch ist der **Wert des noch nicht genutzten Teils.** Das setzt voraus, dass die Dienstleistung noch vorhanden und nutzbar ist (s. Kap. 13.3.1, S. 214). Zur Ermittlung dieses Werts ist grundsätzlich **für jede abgelaufene Steuerperiode** linear eine **Abschreibung von 20%** auf den seinerzeit geltend gemachten Vorsteuern zu berücksichtigen.

In der ersten Steuerperiode der Ingebrauchnahme ist die Abschreibung für ein volles Jahr zu berücksichtigen, während in der noch nicht abgelaufenen, letzten Steuerperiode keine Abschreibung vorgenommen werden darf, es sei denn, die Nutzungsänderung fällt auf den letzten Tag der Steuerperiode.

Beispiel

Die Gehrig GmbH zahlt im Jahr n1 für eine Lizenz zur Herstellung eines Produkts CHF 215 400 und macht die Vorsteuer von CHF 15 400 geltend. Zwei Jahre später lässt sich das Produkt nicht mehr verkaufen, weil von einer Konkurrenzfirma ein besseres Produkt entworfen wurde.

Die Gehrig GmbH muss deshalb die Geschäftstätigkeit aufgeben und wird aus dem Register der Steuerpflichtigen gelöscht. Es liegt somit ein Entnahmetatbestand vor (MWSTG 31 Abs. 2 lit. d).

Bei Berücksichtigung der linearen Abschreibungen von 20% pro Jahr müsste noch ein Restwert im Eigenverbrauch als Vorsteuerkorrektur deklariert werden. Es ist aber offensichtlich, dass diese Dienstleistung (Lizenz) nicht mehr nutzbar ist, weil offenbar niemand mehr das alte Produkt kaufen will. Somit entfällt eine Vorsteuerkorrektur.

B] Dauernde Entnahme von beweglichen Gegenständen

Gemäss MWSTG 31 Abs. 1 und 3 wird die Vorsteuerkorrektur bei der Entnahme von beweglichen Gegenständen wie folgt berechnet:

- Bei **neuen Gegenständen** von der in Abzug gebrachten **Vorsteuer auf dem Einkaufspreis** dieser Gegenstände oder ihrer Bestandteile, einschliesslich der als Einlageentsteuerung korrigierten Anteile.
- Bei **in Gebrauch genommenen Gegenständen** vom **Zeitwert** dieser Gegenstände oder ihrer Bestandteile im Zeitpunkt der Entnahme. Zur Ermittlung des Zeitwerts wird für jedes abgelaufene Jahr linear ein Fünftel (20%) auf dem geltend gemachten Vorsteuerbetrag abgeschrieben.

Aufgrund dieser Bestimmung ergeben sich folgende Bemessungsgrundlagen:

Abb. [11-4] **Bemessungsgrundlage von beweglichen Gegenständen**

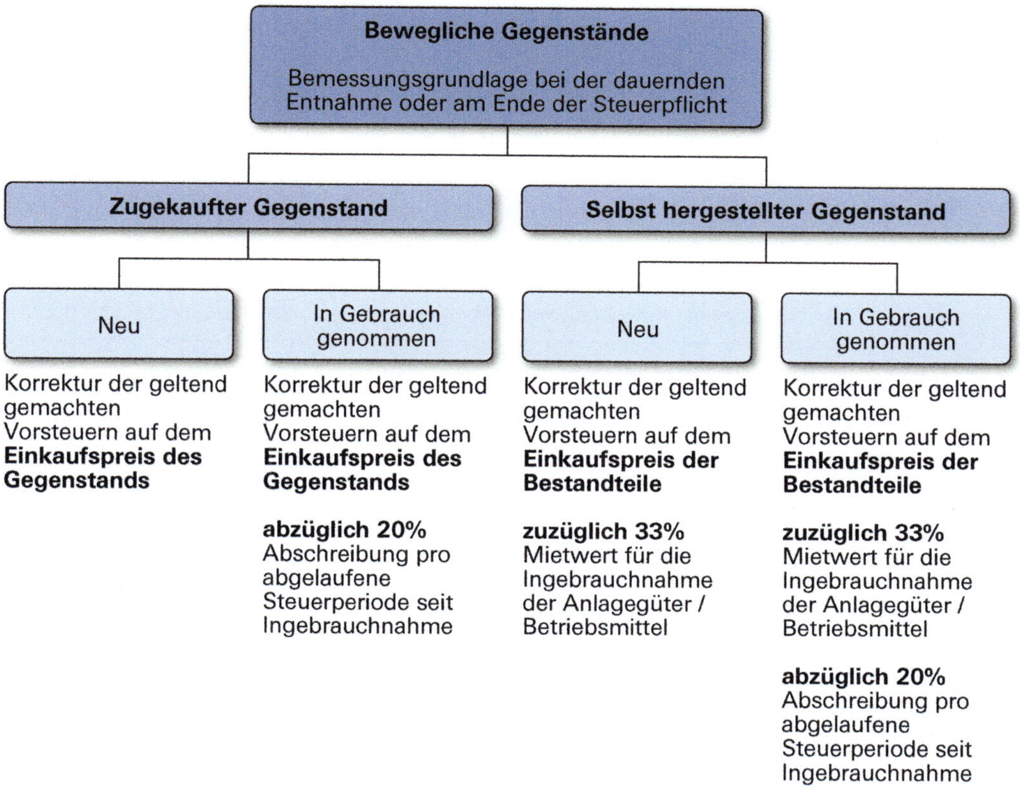

Zugekaufter Gegenstand

Bei der Entnahme **neuer, zugekaufter Gegenstände** werden die geltend gemachten Vorsteuern auf dem **Einkaufspreis** (inkl. Bezugskosten) korrigiert.

Beispiel

Max Schweizer betreibt als Einzelunternehmen eine steuerpflichtige Schreinerei mit Möbelhandel.

Er kauft von einer Möbelherstellerin 10 Stühle zum Preis von je CHF 215.40 inkl. 7.7% MWST und bringt die bezahlte Vorsteuer in Abzug. Für diese Stühle lässt Max Schweizer von der nicht steuerpflichtigen Schneiderin Carmen Pilleri Sitzkissen zum Stückpreis von CHF 50 nähen. Max Schweizer kann 4 Stühle und die dazugehörenden Sitzkissen nicht verkaufen und entnimmt diese ein Jahr später ungebraucht für seine Privatwohnung.

Es liegt ein Entnahmetatbestand vor. Max Schweizer hat die geltend gemachten Vorsteuern auf den Stühlen im Umfang von CHF 61.60 (4 Stühle à CHF 15.40 MWST) zu korrigieren. Auf den Sitzkissen ist kein Eigenverbrauch geschuldet, da beim Bezug keine Vorsteuer geltend gemacht wurde.

Bei der Entnahme **in Gebrauch genommener,** zugekaufter Gegenstände ist der Eigenverbrauch vom Zeitwert der Vorsteuern dieser Gegenstände im Zeitpunkt der Entnahme geschuldet. Zur Ermittlung des Zeitwerts der Vorsteuern wird für jede abgelaufene Steuerperiode ab dem Zeitpunkt der Ingebrauchnahme linear 20% der beim Kauf des Gegenstands geltend gemachten Vorsteuern abgeschrieben. In der ersten Steuerperiode kann die Abschreibung für ein volles Jahr berücksichtigt werden, während im Jahr der Entnahme bzw. Nutzungsänderung keine Abschreibung vorgenommen werden darf, es sei denn, die Entnahme erfolgt am letzten Tag der Steuerperiode.

Beispiel

Max Schweizer benötigt für seine Einzelfirma einen Aktenschrank ausschliesslich für die steuerbare Tätigkeit. Er kauft bei einem Antiquitätenhändler einen alten Schrank für CHF 5385 (inkl. 7.7% MWST). Nach dem Kauf lässt er diesen Schrank von einem nicht steuerpflichtigen Rentner für CHF 800 instand stellen. Im November des Folgejahres schenkt Max Schweizer den Schrank seiner Schwester.

Es liegt ein Entnahmetatbestand vor und die Vorsteuerkorrektur ist wie folgt zu berechnen:

	CHF
Beim Kauf geltend gemachte Vorsteuern (7.7% von 5 385)	385
– Abschreibungen (1 Jahr à 20%)	– 77
Zeitwert der Vorsteuern für den Eigenverbrauch	**308**

Die Vorsteuerkorrektur im Eigenverbrauch hat nur auf jenem Teil zu erfolgen, auf dem auch ein Vorsteuerabzug vorgenommen wurde. Somit entfällt eine Korrektur im Eigenverbrauch auf den Instandstellungskosten.

Für das Anschaffungsjahr sind die Abschreibungen von 20% vollumfänglich zulässig. Für das Entnahmejahr sind jedoch keine Abschreibungen zulässig, da dieses Jahr noch nicht abgelaufen ist.

Selbst hergestellter Gegenstand

Bei der Entnahme **neuer, selbst hergestellter Gegenstände** gilt als Bemessungsgrundlage die geltend gemachte **Vorsteuer auf dem Einkaufspreis des Materials** sowie allfälliger **Arbeiten von Dritten** zuzüglich eines **Mietwerts für die Ingebrauchnahme** der Anlagegüter und Betriebsmittel, die für die Herstellung verwendet wurden. Dieser Mietwert kann annäherungsweise mit **33%** der oben genannten Vorsteuern berechnet werden.

Beispiel

Max Schweizer kauft von einem nicht steuerpflichtigen Bekannten eine Occasionswasserbettmatratze für CHF 400. Er stellt selbst ein Bett her. Dazu entnimmt er dem Lager Material im Wert von CHF 800 zuzüglich 7.7% MWST. Das Bett verwendet er danach für seinen privaten Bedarf.

Es liegt ein Entnahmetatbestand vor. Max Schweizer muss eine Vorsteuerkorrektur infolge Eigenverbrauchs vornehmen. Für die Berechnung der Korrektur sind die geltend gemachten Vorsteuern auf dem Material von CHF 61.60 und ein Zuschlag für die Ingebrauchnahme der Anlagegüter und Betriebsmittel zu berücksichtigen. Dieser berechnet sich in diesem Fall mit 33% des Vorsteuerbetrags, d. h. mit CHF 20.35. Somit sind die Vorsteuern um CHF 81.95 zu korrigieren.

Auf der Matratze ist kein Eigenverbrauch geschuldet, da diese nicht zum Vorsteuerabzug berechtigte.

Bei der Entnahme **gebrauchter, selbst hergestellter Gegenstände** ist die Vorsteuerkorrektur vom Zeitwert des Vorsteuerabzugs im Zeitpunkt der Entnahme geschuldet.

Der **Zeitwert des Vorsteuerabzugs** ergibt sich wie folgt: Man ermittelt die geltend gemachte Vorsteuer auf dem Einkaufspreis des Materials sowie allfälliger Drittarbeiten zuzüglich eines Mietwerts für die Ingebrauchnahme der Anlagegüter und Betriebsmittel, die für die Herstellung verwendet wurden, **abzüglich 20% Abschreibungen pro abgelaufene Steuerperiode** ab dem Zeitpunkt der Ingebrauchnahme.

Die Vorsteuer auf dem Mietwert für die Ingebrauchnahme der Anlagegüter und Betriebsmittel, die für die Herstellung verwendet wurden, kann auch hier annäherungsweise mit **33% der Vorsteuern auf dem Einkaufspreis der Bestandteile** berechnet werden.

Beispiel

Max Schweizer benötigt für die Schreinerei einen Schrank. Im Juli 2016 kauft er Material für CHF 1 000 zuzüglich 8% MWST und stellt damit einen Schrank im Wert von ca. CHF 2 500 (Wert wie für einen unabhängigen Dritten) her. Vor der Ingebrauchnahme im Geschäft lässt er den Schrank von einer Bäuerin für CHF 600 bemalen. Im August 2018 schenkt er den Schrank seiner Mutter.

Es liegt ein Entnahmetatbestand vor; die Vorsteuerkorrektur ist wie folgt zu berechnen:

Berechnungsgrundlagen	CHF
Vorsteuer auf dem Einkaufspreis der Bestandteile (8% von 1 000)	80.00
33% Zuschlag für die Ingebrauchnahme der Anlagegüter und Betriebsmittel	26.40
Zwischentotal	106.40
– Abschreibungen (2 Jahre à 20% = 40% von 106.40)	– 42.55
Zeitwert der Vorsteuer für den Eigenverbrauch	**63.85**

Die Vorsteuerkorrektur im Eigenverbrauch hat nur auf den Vorsteuern zu erfolgen, die seinerzeit geltend gemacht wurden. Somit entfällt eine Vorsteuerkorrektur auf den Malerarbeiten der Bäuerin.

Für die Jahre 2016 und 2017 sind die Abschreibungen von je 20% vollumfänglich zulässig. Für das Jahr 2018 sind jedoch keine Abschreibungen zulässig, da dieses Jahr noch nicht abgelaufen ist.

C] Dauernde Entnahme von unbeweglichen Gegenständen

Fallen bei unbeweglichen Gegenständen die Voraussetzungen für den Vorsteuerabzug nachträglich definitiv weg, wird die Vorsteuerkorrektur grundsätzlich wie bei den beweglichen Gegenständen berechnet, jedoch **ohne Wert des Bodens.**

Bemessungsgrundlage bei Nutzungsänderungen von **neuen** unbeweglichen **Gegenständen** ist der seinerzeit geltend gemachte **Vorsteuerbetrag auf dem Kauf der Immobilie.** Bei eigener Herstellung ist die geltend gemachte Vorsteuer auf den Bestandteilen massgebend. Für die **Ingebrauchnahme der Infrastruktur** ist zudem ein **Pauschalzuschlag von 33%** auf den Vorsteuern auf Material und allfälligen Drittarbeiten, die nicht als baugewerbliche Unterakkordanten gelten, vorzunehmen. Bei **Dienstleistungen** im Zusammenhang mit unbeweglichen Gegenständen (z. B. Architekturleistungen) ist ein **Pauschalzuschlag von lediglich 15%** vorzunehmen. Vorbehalten bleibt der effektive Nachweis der Vorsteuern, die auf die Ingebrauchnahme der Infrastruktur entfallen.

Bei **in Gebrauch genommenen** unbeweglichen **Gegenständen** ist auf den **Zeitwert** abzustellen. Zur Ermittlung des Zeitwerts ist für jede abgelaufene Steuerperiode linear eine **Abschreibung von 5%** auf dem Vorsteuerbetrag zu berücksichtigen. In der ersten Steuerperiode der Ingebrauchnahme ist die Abschreibung für ein volles Jahr zu berücksichtigen, während in der noch nicht abgelaufenen, letzten Steuerperiode keine Abschreibung vorgenommen werden darf, es sei denn, die Nutzungsänderung fällt auf den letzten Tag der Steuerperiode.

Für die **Vorsteuerkorrektur im Eigenverbrauch** sind bei unbeweglichen Gegenständen folgende Aufwendungen zu berücksichtigen:

- **Erwerbspreis der Liegenschaft** (ohne Wert des Bodens) bzw. bei eigener Herstellung der Einkaufspreis (ohne den Wert des Bodens) der Bestandteile zuzüglich eines Mietwerts für die Ingebrauchnahme der Anlagegüter und Betriebsmittel
- **Grossrenovationen** liegen vor, wenn die Aufwendungen pro Bauphase 5% des Gebäudeversicherungswerts (vor dem Um- oder Ausbau) übersteigen. Bei Grossrenovationen ist zu beachten, dass mit Ausnahme der Betriebskosten sämtliche Kosten zu den wertvermehrenden Aufwendungen zählen.
- **Wertvermehrende Aufwendungen** haben Anlagekostencharakter: Sie führen zu einer baulichen Verbesserung und erhöhen den Anlagewert.

Folgende Positionen sind **nicht** in die Berechnung der Vorsteuerkorrektur im Eigenverbrauch **einzubeziehen:**

- Aufwendungen, auf denen **kein Vorsteuerabzug** vorgenommen wurde.
- **Werterhaltende Aufwendungen** führen nicht zu einer baulichen Verbesserung und erhöhen nicht den Anlagewert auf Dauer. Diese sind jedoch in die Eigenverbrauchsberechnung einzubeziehen, wenn sie im Zusammenhang mit einer «Grossrenovation» anfallen.
- Als **Betriebskosten** gelten Betriebsstoffe (z. B. Heizöl, Gas, Wasser oder Strom), die Hauswarttätigkeit und die Verwaltungskosten.
- Als **Wert des Bodens** gilt nur der Bodenerwerb selbst. Ihm werden keine weiteren Aufwendungen zugerechnet, sofern diese gesondert in Rechnung gestellt werden.

Zur Ermittlung des Zeitwerts können für jedes abgelaufene Jahr **linear 5% abgeschrieben** werden. Bei der **Neuerstellung** oder **Grossrenovation** eines Bauwerks beginnt der **Anspruch auf die Abschreibung** ab dem Zeitpunkt der **Baubeendigung,** d. h. mit der vollständigen Fertigstellung des Bauwerks einschliesslich Umgebungsarbeiten. Vorausgesetzt, die Liegenschaft wird ab dem Zeitpunkt der Baubeendigung in Gebrauch genommen. Bei einem späteren, vorübergehenden Leerstand darf die Abschreibung jedoch berücksichtigt werden.

Die Korrektur wird jeweils auf den **historischen Steuersätzen** berechnet.

Beispiel

Fall 1

Der Bäckermeister Leo Landolt lässt für CHF 2 160 000 (inkl. 8% MWST) ein Betriebsgebäude erstellen, das er nach Baubeendigung am 10. Juni 2015 selbst für eine zum Vorsteuerabzug berechtigende unternehmerische Tätigkeiten verwendet. Den Vorsteuerbetrag von CHF 160 000 hat er vollumfänglich geltend gemacht.

Da Leo Landolt den Betrieb aus gesundheitlichen Gründen aufgeben muss, verkauft er die Liegenschaft am 15. November 2018 an eine Privatperson (ohne Option). Der Zeitwert für die Vorsteuerkorrektur im Eigenverbrauch bemisst sich wie folgt:

Berechnungsgrundlagen	Abschreibung	CHF
Vorsteuerabzug bei Baubeendigung		160 000
– Abschreibungen im Jahr 2015	5% des Vorsteuerbetrags	– 8 000
– Abschreibungen im Jahr 2016	5% des Vorsteuerbetrags	– 8 000
– Abschreibungen im Jahr 2017	5% des Vorsteuerbetrags	– 8 000
– Abschreibungen im Jahr 2018	Keine Abschreibung	0
Zeitwert für die Vorsteuerkorrektur im Eigenverbrauch		**136 000**

Fall 2

Die Maschinen AG liess in der ersten Hälfte des Jahres 2002 auf einem eigenen Grundstück eine Lagerhalle für CHF 500 000 (exkl. 7.6% MWST) erstellen, die sofort nach Fertigstellung benutzt wurde. Der Gebäudeversicherungswert betrug CHF 450 000. Im Jahr 2012 erfolgte bereits eine grössere Renovation für CHF 23 000 (exkl. 8% MWST). Der Gebäudeversicherungswert wurde dadurch auf CHF 465 000 erhöht. Ausserdem entstanden folgende Kosten: Betriebskosten (Heizöl, Strom usw.): CHF 10 000 exkl. MWST pro Jahr, in den Jahren 2002 und 2018 nur 50%.

Per 30.06.2018 verkauft die Maschinen AG die Lagerhalle an eine Stiftung, die in dieser Halle ein Museum einrichten will. Der Verkaufspreis beträgt CHF 980 000, wovon CHF 200 000 auf den Wert des Bodens entfallen.

Die bisher für steuerbare Zwecke verwendete Lagerhalle wird für eine von der Steuer ausgenommene Tätigkeit (Liegenschaftsverkauf ohne Option) verwendet. Es ist somit Eigenverbrauch geschuldet. Die Vorsteuerkorrektur infolge Eigenverbrauchs ist wie folgt zu berechnen:

Die Angabe des effektiven Verkaufspreises ist nicht von Bedeutung. Für den Eigenverbrauch ist der Zeitwert des Vorsteuerabzugs massgebend. Dieser berechnet sich wie folgt:

- Zu berücksichtigen sind die Vorsteuern auf den Erstellungskosten im Jahr 2002 von CHF 38 000 und die Vorsteuern auf den Erweiterungskosten im Jahr 2012 von CHF 1 840. Hier handelte es sich um eine Grossrenovation, da die Kosten 5% des Gebäudeversicherungswerts überstiegen.
- Die jährlichen Betriebskosten sind nicht zu berücksichtigen.

Der Zeitwert berechnet sich demnach wie folgt:

Berechnungsgrundlagen	Ansatz	CHF
Vorsteuern auf den Erstellungskosten 2002	7.6% auf CHF 500 000	38 000
– Abschreibungen (16 Jahre à 5%)	80%	– 30 400
Vorsteuern auf den Erweiterungskosten 2012	8% auf CHF 23 000	1 840
– Abschreibungen (6 Jahre à 5%)	30%	– 552
Zeitwert der Vorsteuern		**8 888**

Die Vorsteuerkorrektur im Eigenverbrauch beträgt somit CHF 8 888.

D] Vorübergehende Verwendung von beweglichen und unbeweglichen Gegenständen

Eine im Eigenverbrauch zu korrigierende vorübergehende Verwendung liegt grundsätzlich vor, wenn Gegenstände oder Bestandteile vorübergehend ausschliesslich für einen **nicht zum Vorsteuerabzug berechtigenden Zweck** verwendet werden. Als vorübergehend gilt:

- bei Dienstleistungen und beweglichen Gegenständen ein Zeitraum von maximal sechs Monaten.
- bei unbeweglichen Gegenständen ein Zeitraum von maximal zwölf Monaten.

Hinweis

Mehr zu diesem Thema finden Sie in Kapitel 13.4, S. 217.

11.3 Vermögensübertragung

Bei der Übertragung eines **Gesamt- oder Teilvermögens** im Rahmen einer **Umstrukturierung,** insbesondere bei Fusion, Spaltung und Umwandlung, hat die steuerpflichtige Person (Veräusserer) die Steuerpflicht durch **Meldung der steuerbaren Leistung** zu erfüllen.

Hinweis

Nähere Angaben, in welchen Fällen das Meldeverfahren zwingend anzuwenden ist und wann die Anwendung freiwillig erfolgen kann, sind dem Kapitel 15, S. 234 zu entnehmen.

Verwendet der erwerbende Steuerpflichtige das im Meldeverfahren übernommene Gesamt- oder Teilvermögen ganz oder teilweise für **von der Steuer ausgenommene** oder **nicht unternehmerische Zwecke,** so liegt bei ihm grundsätzlich **Eigenverbrauch** vor und eine entsprechende Korrektur ist vorzunehmen.

Kein Eigenverbrauch liegt hingegen vor, wenn der veräussernde Steuerpflichtige bisher das zu übertragende Gesamt- oder Teilvermögen nicht ausschliesslich für zum Vorsteuerabzug berechtigende Zwecke verwendet hat und wenn der erwerbende Steuerpflichtige das übernommene Gesamt- oder Teilvermögen im gleichen Ausmass wie der frühere Steuerpflichtige für von der Steuer ausgenommene oder nicht unternehmerische Zwecke einsetzt.

Der erwerbende Steuerpflichtige muss jedoch **nachweisen,** dass **keine Nutzungsänderung** stattfindet. Kann er nicht eindeutig belegen, in welchem Umfang der frühere Eigentümer zum Vorsteuerabzug berechtigt war, wird die Übernahme eines Vermögens im Meldeverfahren einem Bezug mit Berechtigung zum vollen Vorsteuerabzug gleichgestellt.

Bemessungsgrundlage für die Vorsteuerkorrektur im Eigenverbrauch der ganz oder teilweise nicht für einen zum Vorsteuerabzug berechtigenden Zweck verwendeten Gegenstände und Dienstleistungen ist grundsätzlich der **Übernahmepreis** im Zeitpunkt der tatsächlichen Vermögensübertragung (s. auch Kap. 15, S. 234).

Beispiel

Die Altavis AG übernimmt von der Bubble GmbH eine Filiale. In dieser Filiale befinden sich u. a. 20 gebrauchte Computer, von denen bisher 6 für Schulungszwecke und 14 für steuerbare Zwecke verwendet wurden. Die Altavis AG wird in Zukunft 12 der Computer für Schulungszwecke einsetzen. Die Computer wurden zum Preis von je CHF 500 übernommen.

Grundsätzlich muss die Altavis AG infolge Nutzungsänderung eine Vorsteuerkorrektur infolge Eigenverbrauch auf allen 12 Computern vornehmen, die für Schulungszwecke verwendet werden. Die Vorsteuerkorrektur beträgt demnach CHF 462 (7.7% vom Übernahmewert von total CHF 6 000; der Übernahmewert ist der Betrag exkl. MWST).

Kann die Altavis AG nachweisen, dass bereits die Bubble GmbH 6 Computer für Schulungszwecke verwendete und somit auf diesen keinen Vorsteuerabzug geltend machen konnte, schuldet sie nur die Vorsteuerkorrektur im Eigenverbrauch auf den übrigen 6 Computern.

Der massgebliche **Zeitpunkt** für die Vorsteuerkorrektur im Eigenverbrauch ist grundsätzlich das von der ESTV anerkannte Datum der **tatsächlichen Vermögensübertragung** (z. B. Eintrag ins Handelsregister oder Vertragsdatum).

11.4 Ort des Eigenverbrauchs

Bei **Entnahmetatbeständen** befindet sich der Ort des Eigenverbrauchs dort, wo sich der Gegenstand **im Zeitpunkt der Entnahme** befindet.

Bei der **Übertragung eines Gesamt- oder Teilvermögens** befindet sich der Ort des Eigenverbrauchs dort, wo der Gegenstand oder die Dienstleistung den **zum Vorsteuerabzug berechtigenden Unternehmensbereich** verlässt.

Hinweis

Die Entstehung der Steuerforderung wird in Kapitel 16.1, S. 241 behandelt.

11.5 Eigenverbrauchspauschalen

Grundsätzlich ist die Vorsteuerkorrektur im Eigenverbrauch **effektiv** zu ermitteln. Die ESTV hat jedoch für häufig vorkommende Fälle Pauschalen festgelegt. Diese sollen den Steuerpflichtigen die **Berechnung der Entnahmen für private Zwecke erleichtern.** Anstelle einer effektiven Berechnung können in diesen Fällen die Eigenverbrauchspauschalen angewandt werden.

11.5.1 Naturalbezüge

Bei den Naturalbezügen richten sich diese Pauschalen grundsätzlich nach dem Merkblatt N1/2007 der direkten Bundessteuer über die Naturalbezüge der selbstständig Erwerbenden. Für Inhaber von Land- und Forstwirtschaftsbetrieben ist das Merkblatt NL1/2007 anzuwenden. Die Ansätze der **direkten Bundessteuer** können auch für die MWST verwendet werden und enthalten zudem die Steuer (d. h., die Ansätze können als «inkl. MWST» betrachtet werden).

Werden steuerbare Naturalien zu **unterschiedlichen Steuersätzen** bezogen, wird deren Aufteilung auf den Normalsatz und auf den reduzierten Steuersatz grundsätzlich **im Verhältnis des Gesamtumsatzes** vorgenommen. Für Entnahmen von alkoholischen Getränken und Tabak ist jedoch immer der Normalsatz anzuwenden.

Wirte und Hoteliers haben für Verpflegung **einen Drittel zu 7.7% und zwei Drittel zu 2.5%** zu versteuern, wenn es sich um ein **Einzelunternehmen** handelt. Bei allen übrigen Rechtsformen und auch im Einzelunternehmen beim mitarbeitenden Ehegatten liegt nicht Eigenverbrauch, sondern eine entgeltliche Leistung vor, die zu 7.7% zu versteuern ist.

11.5.2 Privatanteile an den Kosten für Heizung, Telefon usw.

Auch für die Korrektur der geltend gemachten Vorsteuern auf den ebenfalls für den privaten Bedarf genutzten Kosten für Heizung, Beleuchtung, Reinigung, Telefon usw. können die im Merkblatt N1/2007 angegebenen Ansätze als Bemessungsgrundlage verwendet werden. Die Korrektur ist zum Normalsatz vorzunehmen.

11.5.3 Privatanteile an den Autokosten

Am häufigsten wird in der Praxis die Pauschale für die **Autobenutzung für nicht geschäftliche Zwecke** angewandt. Ein Vorteil der Pauschale ist, dass sie grundsätzlich sowohl für eine Vorsteuerkorrektur im Eigenverbrauch (insbesondere Benutzung durch den Inhaber eines Einzelunternehmens) als auch für Lieferungstatbestände (insbesondere Benutzung durch Personal und Gesellschafter) angewandt werden darf.

Wurde die Vorsteuer beim Bezug des Fahrzeugs und / oder auf den Betriebskosten vollständig oder teilweise abgezogen, ist **pro Monat 0.8% des Kaufpreises** exkl. MWST als Ansatz für die Vorsteuerkorrektur im Eigenverbrauch bzw. Lieferungssteuer massgebend, **mindestens jedoch CHF 150 pro Monat.** Der so errechnete Ansatz versteht sich inkl. MWST.

Berechnungsbasis bei **Leasingfahrzeugen** ist anstelle des Kaufpreises der im Leasingvertrag festgehaltene **Barkaufpreis** zuzüglich allfälliger Sonderausstattung.

Eine Besonderheit besteht bei **gewerbsmässigen Händlern** (insbesondere Autogaragen) mit neuen und gebrauchten Personenwagen. Bei Anwendung der pauschalen Ermittlung gelten als Ansatz für die Vorsteuerkorrektur im Eigenverbrauch pro Person **0.8% vom durchschnittlichen Bezugspreis** aller in einem Kalenderjahr zum Verkauf bestimmten Neuwagen (Händler mit offizieller Markenvertretung) oder Neu- und Gebrauchtwagen (Händler ohne offizielle Markenvertretung).

In verschiedenen Fällen darf die Pauschale nicht angewandt werden und in einzelnen Fällen will ein Steuerpflichtiger die Pauschale nicht anwenden. Die **Berechnung** erfolgt somit nach der **effektiven Nutzung des Fahrzeugs** und bedingt eine Fahrtenkontrolle.

Diese Fälle wollen wir im Folgenden betrachten:

- Der Steuerpflichtige **will die Pauschale nicht anwenden:** Er muss eine **Fahrtenkontrolle** (bzw. ein Fahrtenbuch) führen, aus der ersichtlich ist, wie viele Kilometer für geschäftliche Zwecke und wie viele für sonstige Zwecke gefahren wurden.
- **Art des Fahrzeugs:** Die Pauschale gilt nur für **Personenwagen.** Werden andere Motorfahrzeuge als Personenwagen (z. B. Reisecars) vorübergehend für private Zwecke verwendet, darf die Pauschale nicht angewandt werden.
- **Verwendung zu über 50% für nicht unternehmerische Zwecke:** Bei Personenwagen, die zu mehr als 50% für nicht unternehmerische Zwecke (z. B. private Benutzung) verwendet werden, darf die Pauschale nicht angewandt werden. Auch hier ist die Steuer nach der effektiven Nutzung zu berechnen.

Abb. 11-5 zeigt, wie die Steuer aufgrund der effektiven Fahrzeugnutzung berechnet wird.

Abb. [11-5] **Berechnung der Steuer aufgrund der effektiven Fahrzeugnutzung**

1. Lohnausweisempfänger	Massgebend für die Berechnung der Steuer ist das tatsächlich bezahlte Entgelt und / oder der Wert, der auf dem Lohnausweis zu deklarieren ist. Aktueller Referenzsatz: CHF 0.70 pro privat gefahrenem Kilometer.
2. Eng verbundene Personen (Inhaber massgebender Beteiligungen sowie nahestehende Personen), sofern diese keine Lohnausweisempfänger sind	Für die Überlassung des Fahrzeugs an eng verbundene Personen ist die Lieferungssteuer geschuldet. Bemessungsgrundlage bei der vorübergehenden Verwendung von beweglichen Gegenständen ist der Mietwert, der einem unabhängigen Dritten für die Verwendung der Gegenstände in Rechnung gestellt würde (MWSTG 24 Abs. 2). Sind keine Vergleichswerte vorhanden, ist der Mietwert wie folgt zu ermitteln: Wert der Abschreibungen (bei Fahrzeugen 10% pro Jahr) und sämtliche Betriebskosten (z. B. Reparaturkosten, Versicherungsprämien usw.) zuzüglich eines angemessenen Gemeinkosten- und Gewinnzuschlags. Die Besteuerung hat im Verhältnis der gefahrenen Kilometer für nicht unternehmerische Tätigkeiten und für Privatfahrten zu erfolgen.
3. Inhaber Einzelunternehmen (inkl. nicht mitarbeitender Familienangehöriger)	Die bezahlten Vorsteuern auf dem Fahrzeugaufwand sind im Verhältnis der gefahrenen Kilometer für nicht unternehmerische Tätigkeiten und für Privatfahrten zu korrigieren. Eine allfällige Nutzungsänderung auf der Investition (Anschaffung des Fahrzeugs) ist jährlich zu überprüfen

Abschliessend ist zu erwähnen, dass mit der Anwendung der Pauschale nur die Steuer auf dem Privatanteil, nicht jedoch auf der Verwendung von Personenwagen für die von der Steuer ausgenommenen Leistungen gemäss MWSTG 21 Abs. 2 abgegolten ist.

Zusammenfassung

Eine **Spende** liegt nur vor, wenn der Empfänger der Leistung dem Spender keine Gegenleistung erbringt. Ansonsten liegt eine entgeltliche Leistung vor.

Bei Leistungen an **eng verbundene Personen** gilt als Entgelt der Wert, der von unbeteiligten Dritten verlangt worden wäre. Eng verbundene Personen sind:

- Inhaber massgebender Beteiligungen an juristischen Personen oder entsprechend an Personengesellschaften
- Stiftungen und Vereine, zu denen eine besonders enge wirtschaftliche oder personelle Beziehung besteht (gilt nicht für Vorsorgeeinrichtungen)
- Nicht im Betrieb mitarbeitende nahestehende Personen (Freunde, Bekannte, Familienangehörige und andere Verwandte) der am Unternehmen massgebend beteiligten Personen

Leistungen an **Lohnausweisempfänger,** die im Lohnausweis betragsmässig zu deklarieren sind, gelten als entgeltlich erbracht. Leistungen, die im Lohnausweis nicht oder nur mit einem «X» zu deklarieren sind, gelten als nicht entgeltlich erbracht und es wird ein unternehmerischer Grund vermutet.

Bei **Entnahmetatbeständen** ist eine **Vorsteuerkorrektur im Eigenverbrauch** vorzunehmen, wenn beim Einkauf ein Vorsteuerabzug vorgenommen wurde. Als Entnahmen für unternehmensfremde Zwecke gelten hauptsächlich die Entnahmen für den privaten Bedarf des Inhabers eines Einzelunternehmens und der nicht mitarbeitenden Familienangehörigen.

Bei der dauernden oder vorübergehenden **Entnahme von Gegenständen** für eine von der Steuer ausgenommene Tätigkeit ist eine **Vorsteuerkorrektur im Eigenverbrauch** vorzunehmen.

Bei **Entnahmen für unentgeltliche Zuwendungen** ohne unternehmerischen Grund ist ebenfalls eine Vorsteuerkorrektur im Eigenverbrauch vorzunehmen. Eine Ausnahme sind **Geschenke bis CHF 500** pro Jahr und Empfänger, **Warenmuster** und **Werbegeschenke,** bei denen der unternehmerische Grund ohne Weiteres vermutet wird.

Naturalrabatte sind umsatzabhängige Geschenke, deren Abgabe vereinbart wurde, und gelten nicht als unentgeltliche Zuwendung. Grundsätzlich ist der volle Vorsteuerabzug möglich.

Wird eine zum Vorsteuerabzug berechtigende **unternehmerische Tätigkeit aufgegeben** oder endet die Steuerpflicht, müssen die geltend gemachten Vorsteuern auf Gegenständen und Dienstleistungen korrigiert werden.

Die **Bemessungsgrundlage bei Entnahmetatbeständen** ist davon abhängig, ob

- es sich um eine Dienstleistung von Dritten, einen beweglichen oder einen unbeweglichen Gegenstand handelt,
- die Entnahme des Gegenstands dauernd oder nur vorübergehend ist,
- es ein zugekaufter oder ein selbst hergestellter Gegenstand ist oder
- die Dienstleistung oder der Gegenstand neu oder bereits in Gebrauch genommen ist.

Verwendet ein Steuerpflichtiger ein im **Meldeverfahren übernommenes Gesamt- oder Teilvermögen** für nicht zum Vorsteuerabzug berechtigende Zwecke, muss er gegebenenfalls eine **Vorsteuerkorrektur im Eigenverbrauch** vornehmen.

Setzen der bisherige Eigentümer und der steuerpflichtige Erwerber die Gegenstände oder Dienstleistungen im gleichen Verhältnis für nicht zum Vorsteuerabzug berechtigende Zwecke ein, ist keine Vorsteuerkorrektur (Eigenverbrauch) vorzunehmen. Der Erwerber muss aber nachweisen, dass keine Nutzungsänderung stattfindet. Bemessungsgrundlage ist der Wert im Zeitpunkt der Übertragung.

Anstelle von effektiven Berechnungen können die Steuerpflichtigen auch **Pauschalen** für die Berechnung der Privatentnahmen anwenden. Bei den **Naturalbezügen** richten sich diese Pauschalen nach den Ansätzen der Merkblätter der direkten Bundessteuer über die Naturalbezüge. Die Pauschalen gelten gleichermassen für Vorsteuerkorrekturen im Eigenverbrauch und für Lieferungstatbestände.

Repetitionsfragen

56 Bestimmen Sie in den folgenden Fällen, ob eine entgeltliche Leistung vorliegt, und begründen Sie Ihre Antwort.

A] Die 25 Spieler des Sportklubs Hoppers erhalten von einem Sportkleiderhersteller pro Jahr unentgeltlich Kleider im Wert von je CHF 400. Dafür ist auf den Fahrzeugen des Klubs eine entsprechende Werbung angebracht und bei den Meisterschaftsspielen des Sportklubs Hoppers erfolgt jeweils Werbung für den Hersteller in Form einer Lautsprecherdurchsage.

B] Der Nationalrat Kurt Zuber, der ein Fahrradgeschäft betreibt (Einzelunternehmen), spendet dem Organisationskomitee eines Schwingfests kurz vor den Wahlen ein Citybike für den Gabentisch. Er wird dafür im Festführer wie folgt aufgeführt:

- Variante I: Gönner: Nationalrat Zuber, Chur
- Variante II: Gönner: Nationalrat Zuber, der beste Velohändler in Chur

57 Bestimmen Sie in den folgenden Fällen, ob eine entgeltliche Leistung vorliegt, und begründen Sie Ihre Antwort.

A] Fritz Aerni, Komplementär des Schmuckgeschäfts Beyeler & Co., entnimmt dem Warenlager unentgeltlich Schmuck im Wert von CHF 800 (Ladenpreis) und schenkt ihn seiner Ehefrau zu Weihnachten.

B] Die nicht mitarbeitende Ehefrau von Alois Stuber, Hauptaktionär der Uhrenfabrik Costelli AG, erhält von der Costelli AG zum 60. Geburtstag eine Uhr im Wert von CHF 900 (Ladenpreis).

C] Das Ingenieurbüro Moser, Müller & Meier führt für Mike Moser (Kollektivgesellschafter) unentgeltlich Ingenieurarbeiten aus.

D] Das Personal der Getränke AG erhält zum Jahresende Wein in der Höhe von je CHF 450. Auf dieses Geschenk besteht aufgrund von Verträgen oder von Reglementen kein Anspruch.

E] Die Ehefrau von Tom Marti (Einzelunternehmer) arbeitet im Restaurant des Ehemanns mit und erhält dort Gratisverpflegung.

F] Die Angestellten eines Spitals können Medikamente in der Spitalapotheke mit einem Rabatt von 10% beziehen. Die Angestellten bezahlen diese mit dem Personalausweis und die aufgelaufenen Kosten werden ihnen jeweils von der Lohnauszahlung abgezogen.

58 In welchen Fällen liegt eine steuerbare Entnahme für unternehmensfremde Zwecke vor, die zu einer Vorsteuerkorrektur Eigenverbrauch führt?

A] Irma Wägli führt ein Beratungsbüro (Einzelunternehmen). Sie schenkt ihrer nicht mitarbeitenden Mutter einen Computer, den sie vor 7 Jahren gekauft hat und der seit Jahren nicht mehr benutzt wurde.

B] Edi Pulfer führt als Einzelunternehmen einen Kiosk. Für seinen privaten Bedarf entnimmt er regelmässig Tabakwaren, Zeitungen und Esswaren.

C] Sue Beyeler ist Anwältin (Einzelunternehmen). Ihr nicht mitarbeitender Sohn muss wegen eines Verkehrsdelikts vor Gericht. Sue Beyeler vertritt ihn ohne Rechnungsstellung.

59 In welchen Fällen liegt eine Entnahme für von der Steuer ausgenommene Tätigkeiten vor, die zu einer Vorsteuerkorrektur infolge Eigenverbrauchs führt?

A] Die Taxi AG benutzt einen Bus, der bisher für gewöhnliche Taxifahrten eingesetzt wurde, nur noch für den Transport von Behinderten.

B] Die Immobilien GmbH vermietet eine Liegenschaft an den Steuerpflichtigen Heinz Reinhard. Für die Versteuerung dieser Mieteinnahmen wurde optiert. Heinz Reinhard wird die Liegenschaft künftig nur noch für Wohnzwecke nutzen.

60 In welchen Fällen liegt eine steuerbare Entnahme für eine unentgeltliche Zuwendung vor, die zu einer Vorsteuerkorrektur infolge Eigenverbrauchs führt?

A] Die Garage Amsler AG stellt einem Kunden während eines Wochenendes unentgeltlich ein Fahrzeug zu Probezwecken zur Verfügung.

B] Ein grosses Industrieunternehmen schenkt dem Einkäufer eines sehr guten Kunden eine Uhr im Wert von CHF 3 000.

61 Emma Wölfli führte bisher ein steuerpflichtiges Einzelunternehmen. Sie war in den Bereichen Warenhandel (steuerbar) und Schulung (von der Steuer ausgenommen) tätig. Aus Altersgründen reduziert sie die Tätigkeit stark und erzielt nur noch geringe Umsätze. Sie wird deshalb aus dem Register der Steuerpflichtigen gelöscht.

Auf welchen der folgenden Gegenstände ist die Vorsteuerkorrektur im Eigenverbrauch geschuldet?

A] Warenlager (Warenhandel)

B] Schulungsmaterial (Schulung)

C] Betriebsmittel, die ausschliesslich für den Warenhandel verwendet wurden

D] Betriebsmittel, die ausschliesslich für die Schulung verwendet wurden

E] Betriebsmittel, die sowohl für den Warenhandel als auch für die Schulung verwendet wurden

62 August Zwicker kaufte im Jahr 2003 die Liegenschaft Schlossmatte von einem nicht Steuerpflichtigen. Er benutzte die Liegenschaft bisher ausschliesslich für die steuerbare Tätigkeit (Handel mit Lebensmitteln). Ab 1. Oktober 2018 vermietet er sie an eine nicht steuerpflichtige Person und verzichtet deshalb auf eine freiwillige Versteuerung (Option).

Bis 30. September 2018 sind folgende Kosten auf dieser Liegenschaft erwachsen:

Datum	Kosten	Betrag CHF
31.07.2003	Kaufpreis Wert des Bodens Gebäudeversicherungswert	1 000 000 200 000 810 000
30.06.2004	Heizungsreparatur (exkl. 7.6% MWST)	30 000
31.01.2006	Fassadenrenovation (exkl. 7.6% MWST)	70 000
30.04.2007	Einbau einer Klimaanlage (exkl. 7.6% MWST)	40 000
30.06.2013	Flachdachsanierung (exkl. 8% MWST)	80 000
31.08.2014	Malerarbeiten im Treppenhaus (exkl. 8% MWST)	20 000

Welches sind die Konsequenzen für August Zwicker bezüglich MWST? Berechnen Sie eine allfällig geschuldete Steuer.

63 Um welchen Tatbestand handelt es sich in den nachfolgenden Fällen, und welcher Steuerbetrag ist gegebenenfalls zu deklarieren?

A] Zum 10-jährigen Jubiläum schenkt Schreinermeister Urs Fischer (Einzelunternehmen) jedem seiner Mitarbeitenden Wein im Wert von je CHF 220 exkl. MWST.

B] Taxiunternehmer Benno Müller (Einzelunternehmen) kauft ein neues Taxi. Das alte Taxi kaufte Benno Müller vor sieben Jahren für CHF 60 000 exkl. MWST. Das alte Taxi hat noch einen Eurotaxwert von CHF 18 000 exkl. MWST. Da Benno Müller das alte Fahrzeug nicht mehr benötigt, schenkt er es seiner nicht im Betrieb mitarbeitenden Tochter.

C] Das Ingenieurbüro Domus AG kaufte im Jahr n1 Hochleistungscomputer für CHF 4 500 exkl. MWST, die heute noch einen Marktwert von CHF 1 000 haben. Das Ingenieurbüro benötigt diese Computer nicht mehr und verkauft sie im Juni n5 einer Mitarbeiterin zum Preis von CHF 400 inkl. MWST. Auf dem Lohnausweis muss zudem ein Betrag von CHF 600 deklariert werden.

64 Arno Berni betreibt ein Transport- und Fahrschulunternehmen. Für die steuerbaren Transporte benutzt er ausschliesslich die Lastwagen A und C, für die Fahrschule ausschliesslich die Lastwagen B und D. Altershalber gibt er die Tätigkeit auf. Er verkauft die vorhandenen 4 Lastwagen und das übrige Betriebsinventar an das bestehende Transportunternehmen Kummer GmbH. Als Preis wird für Lastwagen A und B je CHF 50 000, für die Lastwagen C und D je CHF 30 000 und für das übrige Inventar CHF 10 000 vereinbart, total somit CHF 170 000. Auf der Rechnung sind diese Positionen einzeln aufgeführt und es wird bezüglich MWST auf die Übertragung im Meldeverfahren hingewiesen. Weitere Unterlagen besitzt die Kummer GmbH keine.

Arno Berni vernichtet nach der Übergabe alle Belege und wandert nach Spanien aus. Die Kummer GmbH will den bisher von Arno Berni betriebenen Fahrschulbetrieb weiterführen und verwendet dazu die Lastwagen B und D.

Was hat die Kummer GmbH zu beachten?

65 Katja Gross eröffnet per 1. Juli 2015 ein Treuhandbüro. Von ihrem ehemaligen Arbeitgeber kann sie einen Teil der Kunden übernehmen, wofür sie CHF 30 000 (exkl. MWST) bezahlt. Die Vorsteuer von CHF 2 400 macht sie geltend. Katja Gross ist zudem Hobby-Programmiererin und entwirft im Jahr 2015 ein Buchhaltungsprogramm (geschätzter Wert CHF 10 000). Aus familiären Gründen reduziert sie ab dem Jahr 2017 ihre Tätigkeit stark und wird deshalb per 31.12.2017 aus dem Register der steuerpflichtigen Personen gelöscht.

Welche Vorsteuerkorrektur im Eigenverbrauch hat Katja Gross auf den beiden Dienstleistungen vorzunehmen?

66 Für ein Fahrzeug sind folgende Angaben bekannt:

Kauf im Jahr n1 für CHF 30 000 + 7.7% MWST (CHF 2 310), Betriebskosten mit MWST (Benzin, Reparaturen usw.) jährlich CHF 2 000 + 7.7% MWST (CHF 154), Betriebskosten ohne MWST (Steuern, Versicherungen usw.) CHF 1 000. Im Jahr n1 wurden total 10 000 km gefahren.

Berechnen Sie den im Jahr n1 zu versteuernden Wert (exkl. MWST) für die nicht steuerbare Nutzung bei einem Einzelunternehmen und bei einer AG. Arbeiten Sie nach Möglichkeit mit der Pauschale. Wenn die Steuerpflichtigen mit Saldosteuersatz abrechnen, ist dies erwähnt.

A] Das Fahrzeug ist bei der Schreinerei Heinrich Müller (Einzelunternehmen) im Einsatz mit folgenden drei Varianten:

1. Das Fahrzeug wird zu 30% für private Zwecke genutzt.
2. Die Schreinerei führt eine Fahrtenkontrolle. Das Fahrzeug wird zu 60% für private Zwecke genutzt.
3. Das Fahrzeug wird zu 30% für private Zwecke genutzt. Die Schreinerei rechnet mit Saldosteuersatz ab.

B] Das Fahrzeug ist bei der Zimmerbau AG im Einsatz mit folgenden drei Varianten:

1. Stefan Ziegler, mitarbeitender Hauptaktionär der Zimmerbau AG, nutzt das Fahrzeug zu 30% für private Zwecke. Die Zimmerbau AG rechnet mit Saldosteuersatz ab.
2. Die Ehefrau von Stefan Ziegler nutzt das Fahrzeug zu 80% für private Zwecke. Sie arbeitet nicht im Betrieb. Für die restlichen 20% wird das Fahrzeug von der Zimmerbau AG für Geschäftsfahrten eingesetzt.
3. Die Ehefrau von Stefan Ziegler, Mitarbeiterin der Zimmerbau AG, nutzt das Fahrzeug zu 80% für private Zwecke. Für die restlichen 20% wird das Fahrzeug von der Zimmerbau AG für Geschäftsfahrten eingesetzt.

12 Gemischte Verwendung

Lernziele

Nach der Bearbeitung dieses Kapitels können Sie …

- erklären, wie die Vorsteuer beim Vorliegen von zum Vorsteuerabzug berechtigten und von zum Vorsteuerabzug nicht berechtigten Umsätzen korrigiert wird.
- erläutern, wie die Vorsteuerkürzung durchgeführt wird, wenn ein Unternehmen Subventionen erhält.

Schlüsselbegriffe

Aufwandschlüssel, Beteiligungen, effektive Methode, Einheit der Leistung, Finanzerträge, gemischte Finanzierung, Geschenke, Gruppenbesteuerung, Holdinggesellschaften, Immobilienerträge, massgebender Gesamtumsatz, Pauschalmethode, Referententätigkeit, Stiftungsrat, Subventionen, Teilzuordnung der Vorsteuer, Umsatzschlüssel, Vereinfachungen, Verteilschlüssel, Verwaltungsrat, von der Steuer ausgenommene Tätigkeiten, Vorsteuerkorrektur, Vorsteuerkürzung

Bei der Bestimmung der Höhe des Vorsteuerabzugs verursacht vor allem die gemischte Verwendung von Gegenständen und Dienstleistungen praktische Probleme. Werden bezogene Leistungen gemischt verwendet, sind die angefallenen Vorsteuern zu korrigieren, d. h., es darf nicht der volle Vorsteuerabzug vorgenommen werden. Eine **gemischte Verwendung** liegt vor, wenn Gegenstände oder Dienstleistungen sowohl **für unternehmerische Tätigkeiten, die zum Vorsteuerabzug berechtigen,** als auch **für nicht zum Vorsteuerabzug berechtigende Tätigkeiten verwendet** werden.

Die gesetzlichen Grundlagen zur gemischten Verwendung finden sich in MWSTG 30 sowie in MWSTV 65 bis 68.

Die **Vorsteuerkorrektur** erfolgt nach dem **Verhältnis der Verwendung.** Folglich muss ermittelt werden, wie hoch der Anteil der zum Vorsteuerabzug berechtigenden Verwendung und jener der nicht dazu berechtigenden Verwendung ist.

Subventionen und andere öffentliche Beiträge wie Gelder aus öffentlich-rechtlichen Tourismusabgaben oder Beiträge aus kantonalen Wasser-, Abwasser- und Abfallfonds führen hingegen infolge einer **gemischten Finanzierung** zu einer **verhältnismässigen Vorsteuerkürzung.**

12.1 Andere Zwecke

Die Vornahme des Vorsteuerabzugs ist nicht erlaubt bei

- **unternehmerischen,** jedoch **von der Steuer ausgenommenen Tätigkeiten** (z. B. Schulungen, Bank- und Versicherungsleistungen, Umsätze von Landwirten und Viehhändlern)
- **nicht unternehmerischen Tätigkeiten** (z. B. private, hoheitliche oder unselbstständig ausgeübte Tätigkeiten)
- **Geschenken ohne unternehmerischen Grund** (bei Geschenken mit einem Wert bis CHF 500 pro Empfänger und Jahr wird der unternehmerische Grund ohne Weiteres vermutet)
- **Subventionen** und anderen **öffentlich-rechtlichen Beiträgen:** Erhält ein Steuerpflichtiger solche Beiträge, muss sein Vorsteuerabzug verhältnismässig gekürzt werden (s. auch Kap. 12.7, S. 206).

Abb. [12-1] **Vorsteuerabzug bei verschiedenen Unternehmenszwecken und Mittelflüssen**

Unternehmenszwecke und Mittelflüsse

Vorsteuerabzug erlaubt	Vorsteuerabzug nicht erlaubt
• Steuerbare und befreite Lieferungen • Steuerbare und befreite Dienstleistungen • Von der Steuer ausgenommene Leistungen, für deren Versteuerung optiert wurde • Werbegeschenke und Warenmuster • Sonstige Geschenke mit unternehmerischem Grund	• Von der Steuer ausgenommene Leistungen • Hoheitliche Tätigkeiten • Unselbstständig ausgeübte Tätigkeiten • Private Zwecke • Geschenke ohne unternehmerischen Grund • Subventionen und andere öffentlich-rechtliche Beiträge

Hinweis

Berechtigte Vornahme des Vorsteuerabzugs s. Kapitel 10.1, S. 161.

12.2 Vorgehen bei der Vorsteuerkorrektur

Bei der anteilsmässigen Berücksichtigung der Vorsteuer sind laut MWSTG 30 grundsätzlich zwei Varianten möglich: die sofortige Korrektur des Vorsteuerabzugs und der volle Vorsteuerabzug mit jährlicher Korrektur.

12.2.1 Sofortige Korrektur des Vorsteuerabzugs

Die angefallene Vorsteuer wird bereits im Zeitpunkt der teilweisen Berechtigung zur Vornahme des Abzugs nur anteilsmässig geltend gemacht, d. h. nur auf dem Anteil der Verwendung, der zur Vornahme des Abzugs berechtigt. Dieses Vorgehen ist zwingend bei **Gegenständen und Dienstleistungen** anzuwenden, wenn diese **überwiegend** (d. h. zu mehr als 50%) für Tätigkeiten verwendet werden, die **nicht zum Vorsteuerabzug berechtigen.**

Beispiel

Das Treuhandbüro Prinz & Co. handelt auch mit Immobilien. Die im Januar n1 für CHF 10 000 gekauften Computer (exkl. 7.7% MWST) werden zu 30% für steuerbare Zwecke und zu 70% für den von der Steuer ausgenommenen Immobilienhandel verwendet. Somit können nur 30% der angefallenen Vorsteuern geltend gemacht werden.

Berechnung Vorsteuerabzug	CHF
Vorsteuer beim Computerkauf (7.7% von CHF 10 000)	770
– 70% für von der Steuer ausgenommene Leistung	– 539
Vorsteuerabzug in der MWST-Abrechnung Q 01/n1	**231**

In der Praxis ist der Anteil der abzugsberechtigten Verwendung meist erst am Ende des Jahres bekannt, da sich dieser Anteil im Normalfall aus den Umsätzen des laufenden Jahres ergibt. Die Korrektur wird deshalb **in der 1.–3. Quartalsabrechnung provisorisch** aufgrund des Vorjahresschlüssels vorgenommen. In der MWST-Abrechnung für das 4. Quartal ist eine Berichtigung aufgrund der definitiven Zahlen des laufenden Jahres vorzunehmen.

12.2.2 Voller Vorsteuerabzug mit jährlicher Korrektur

Man kann auch **vorerst den vollen Vorsteuerabzug** im Zeitpunkt der Entstehung des Vorsteuerabzugsrechts vornehmen. Dazu muss es sich aber um eine bezogene Leistung handeln, die zum überwiegenden Teil (d.h. zu mehr als 50%) für Tätigkeiten verwendet wird, die zur Vornahme des Vorsteuerabzugs berechtigen.

Der Anteil der Verwendung, der den Vorsteuerabzug ausschliesst, muss jährlich lediglich einmal als Vorsteuerkorrektur im Eigenverbrauch abgerechnet werden. Dieses Vorgehen ist vor allem bei voraussichtlich stark **schwankendem Verwendungsverhältnis** zu empfehlen.

Beispiel

Das Treuhandbüro Prinz & Co. verwendet den Computer statt zu 30% zu 80% für steuerbare Zwecke. Es hat nun folgende Möglichkeit, die Vorsteuerkorrektur vorzunehmen:

MWST-Abrechnung	Berechnung Vorsteuerkorrektur	CHF
Q 01/n1	Vorsteuer beim Computerkauf (7.7% von CHF 10 000)	770
Q 04/n1	Vorsteuerkorrektur von 20% aufgrund der von der Steuer ausgenommenen Leistung	– 154

12.3 Möglichkeiten der Vorsteuerkorrektur

Die Korrektur des Vorsteuerabzugs bei gemischter Verwendung nach dem effektiven Verwendungszweck bringt für viele Steuerpflichtige einen sehr grossen Arbeitsaufwand mit sich. Deshalb gewährt die ESTV zusätzlich die Möglichkeit, die Vorsteuerkorrektur vereinfachend anhand von **Pauschalmethoden** vorzunehmen.

Bei der Wahl der Korrekturmöglichkeiten ist aber darauf zu achten, dass die Vorsteuerkorrektur zu einem **sachgerechten Ergebnis** führt. Als sachgerecht gilt das Ergebnis gemäss MWSTV 68 Abs. 2, wenn die gewählte Methode

- den Grundsatz der Erhebungswirtschaftlichkeit berücksichtigt,
- betriebswirtschaftlich nachvollziehbar ist und
- die Vorsteuern nach Massgabe der Verwendung für eine bestimmte Tätigkeit zuteilt.

Wir beschreiben im Folgenden die Vorgehensweisen, die den Steuerpflichtigen offen stehen.

12.3.1 Korrektur des Vorsteuerabzugs nach dem effektiven Verwendungszweck

Die Vorsteuer bei gemischter Verwendung ist nach dem Verhältnis der Verwendung zu korrigieren. Dabei sind **sämtliche Aufwendungen und Investitionen** aufgrund ihrer Verwendung entweder

- dem unternehmerischen, zum Vorsteuerabzug berechtigten Bereich oder
- dem unternehmerischen, von der Steuer ausgenommenen bzw. dem nicht unternehmerischen Bereich

zuzuordnen. Diese Zuordnung hat für jeden einzelnen Gegenstand und jede einzelne Dienstleistung aufgrund von betriebswirtschaftlichen, sachgerechten Kriterien möglichst direkt zu erfolgen.

In vielen Fällen ist eine **direkte Zuordnung nicht möglich.** Das kann in der Natur der Sache (z. B. Strom für den gesamten Betrieb) oder auch am Fehlen von Aufzeichnungen liegen. Nur in den wenigsten Fällen dürfte das Rechnungswesen derart ausgebaut sein, dass sich die anteilige Verwendung direkt aus der Kostenrechnung ermitteln lässt.

In den meisten Fällen muss deshalb der zum Vorsteuerabzug berechtigende Anteil **annäherungsweise** festgestellt werden. Die Verteilung der nicht direkt zuordenbaren Leistungen auf die einzelnen Tätigkeiten hat **nach betrieblich objektiven Kriterien** zu erfolgen.

Dazu sind **Verteilschlüssel** u. a. anhand folgender Kriterien nötig:

- Fläche (m^2), Volumen (m^3)
- Gefahrene Kilometer
- Lohnsumme oder Anzahl Angestellte

Beispiel

Die Sidona Handel AG, ein Warenhandelsunternehmen in Winterthur, ist eine Tochtergesellschaft der Sidona Produktion AG. Die von der Sidona Handel AG getätigten Umsätze sind mit Ausnahme der Finanzerträge ausnahmslos MWST-pflichtig. Die Buchhaltung der Sidona Produktion AG wird von der Sidona Handel AG geführt.

Die Sidona Handel AG kauft für die Buchhaltung ein neues Computersystem. In der Buchhaltung werden sowohl zum Vorsteuerabzug berechtigende Leistungen (Handel, Buchführung Sidona Produktion AG) wie auch von der Steuer ausgenommene Leistungen (Finanzerträge) verwaltet. Die beim Kauf der Computer bezahlte Vorsteuer darf nur im Umfang vorgenommen werden, in dem die Computer für die Buchungen im Zusammenhang mit den zum Vorsteuerabzug berechtigenden Leistungen eingesetzt werden.

Als Verteilschlüssel können die unterschiedlichsten Grössen herangezogen werden. So wäre eine mögliche Schlüsselgrösse im obigen Beispiel etwa die **Anzahl der Buchungen.** Aber auch die **zeitliche Beanspruchung** des Computersystems könnte ein nützlicher Anhaltspunkt sein. Auf alle Fälle sind bei der Bestimmung des Schlüssels nur Faktoren zu berücksichtigen, die in einer Beziehung zu den zu verteilenden Kosten stehen.

In vielen Fällen dürfte es enorme **administrative Umtriebe** verursachen, wenn für jede einzelne Dienstleistung und für jeden einzelnen Gegenstand die effektive Verwendungsart im Unternehmen festgestellt werden muss. Aus diesem Grund lässt die ESTV für die Ermittlung des Vorsteuerabzugs bei gemischter Verwendung grundsätzlich vier annäherungsweise Ermittlungsmethoden zu, sofern dadurch kein offensichtlicher Steuervorteil oder -nachteil für den Steuerpflichtigen resultiert.

12.3.2 Korrektur des Vorsteuerabzugs mittels eigener Berechnungen

Da es sich bei der MWST um eine Selbstveranlagungssteuer handelt, ist der Steuerpflichtige selbst für die Vornahme einer korrekten, sachgerechten Vorsteuerkorrektur verantwortlich. Aufgrund der Verschiedenartigkeit der Verhältnisse beim einzelnen Steuerpflichtigen sind nebst den Pauschalen auch andere Möglichkeiten einer sachgerechten Berechnung der Vorsteuerkorrektur denkbar, bei der die individuellen Verhältnisse beim einzelnen Steuerpflichtigen berücksichtigt werden.

Wird die Korrektur aufgrund einer eigenen Berechnung vorgenommen, ist eine detaillierte Dokumentation der ihr zugrunde liegenden Sachverhalte unerlässlich für die **Plausibilitätsprüfung.** Die Logik der verwendeten Schlüssel für die Berechnung der Vorsteuerkorrektur muss jederzeit nachgewiesen werden können.

Nachfolgend werden die **vier Methoden** der Korrektur des Vorsteuerabzugs **mittels eigener Berechnung** beschrieben.

A] Methode «Teilzuordnung der Vorsteuer»

Bei der Methode «Teilzuordnung der Vorsteuer» wird die abzugsberechtigte Vorsteuer wie folgt ermittelt:

- **Voller Vorsteuerabzug** auf sämtlichen Aufwendungen, die direkt den unternehmerischen, zum Vorsteuerabzug berechtigten Tätigkeiten zugeordnet werden können.
- **Kein Vorsteuerabzug** auf sämtlichen Aufwendungen, die direkt den unternehmerischen, nicht zum Vorsteuerabzug berechtigten oder den nicht unternehmerischen Tätigkeiten zugeordnet werden können.
- **Anteilsmässiger Vorsteuerabzug** (im Verhältnis der Zusammensetzung des Gesamtumsatzes, d. h. anhand des Umsatzschlüssels) auf denjenigen Aufwendungen, die nicht direkt zuordenbar sind.

Diese Methode führt in der Praxis in vielen Fällen zu einem sachgerechten Ergebnis.

Abb. [12-2] **Vorgehen gemäss Methode «Teilzuordnung der Vorsteuer»**

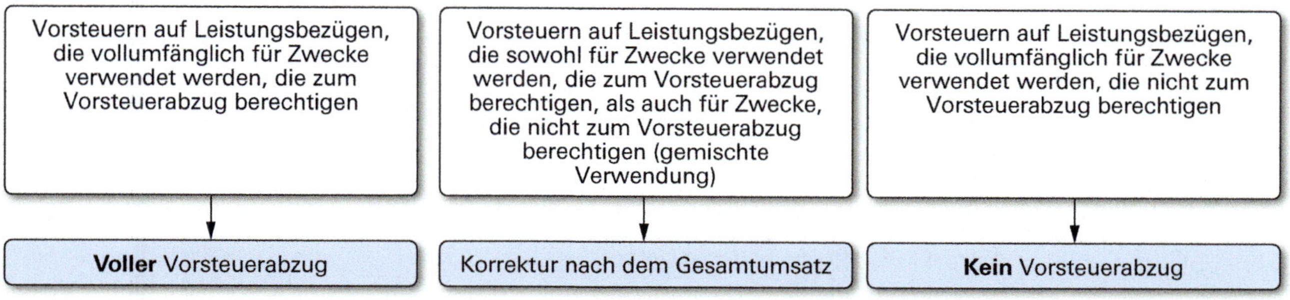

Massgebender Gesamtumsatz für die Korrektur der Vorsteuern bei Anwendung des Umsatzschlüssels

Wenn für die Korrektur der Vorsteuer ganz oder teilweise auf das Umsatzverhältnis abgestellt wird, beinhaltet der für die Vornahme der Vorsteuerkorrektur massgebende Gesamtumsatz (exkl. Steuer) grundsätzlich die **gesamten Einnahmen** der steuerpflichtigen Person.

Billettsteuern, Handänderungssteuern und weitere **durchlaufende Posten** gehören jedoch nicht zum für die Korrektur der Vorsteuern massgebenden Gesamtumsatz. Ebenfalls nicht dazu gehören sämtliche Umsätze, für die bereits eine **Vorsteuerkorrektur mittels einer Pauschale** vorgenommen wurde (s. Kap. 12.5, S. 202).

Von den Mittelflüssen, die nicht als Entgelte gelten (MWSTG 18 Abs. 2), sind lediglich die Entschädigungen aus **unselbstständig ausgeübten Tätigkeiten** (z. B. Verwaltungs- oder Stiftungsratshonorare) sowie **Gebühren, Beiträge** und Zahlungen für die **Ausübung hoheitlicher Tätigkeiten** als zum Vorsteuerabzug nicht berechtigende Umsätze miteinzubeziehen, sofern die Korrektur nicht bereits mittels einer Pauschale vorgenommen wurde.

B] Methode «Einheit der Leistung»

Bei der Methode «Einheit der Leistung» wird die abzugsberechtigte Vorsteuer wie folgt ermittelt:

- **Voller Vorsteuerabzug** auf sämtlichen Aufwendungen, die direkt dem unternehmerischen, zum Vorsteuerabzug berechtigenden Bereich zugeordnet werden können
- **Kein Vorsteuerabzug** auf sämtlichen Aufwendungen, die direkt dem unternehmerischen, nicht zum Vorsteuerabzug berechtigenden oder dem nicht unternehmerischen Bereich zugeordnet werden können

- Die **Vorsteuern** auf den gemischt verwendeten Aufwendungen sind im Verhältnis des korrigierten – d. h. um die direkt zugeordneten, vorsteuerbelasteten und vorsteuerunbelasteten Aufwendungen korrigierten – Gesamtumsatzes («Bruttogewinn») zu korrigieren.

Diese Methode wird vor allem in den Bereichen Sport und Kultur angewandt.

Abb. [12-3] **Vorgehen bei der Methode «Einheit der Leistung»**

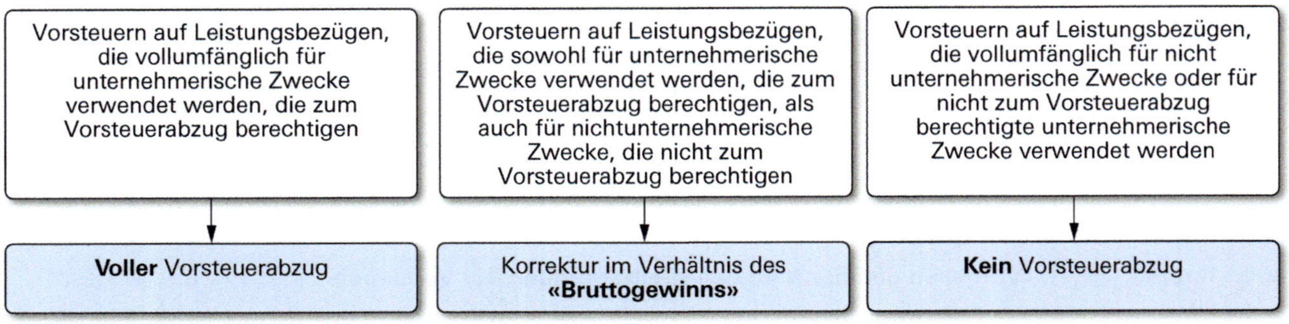

Beispiel

Die Konzert AG weist folgende Erträge und Aufwendungen aus:

	Umsatz CHF	Steuer CHF
Steuerbarer Bereich		
Verkauf von gastgewerblichen Leistungen in der Pause	200 000	15 400
Aufwand alkoholische Getränke (voller Steuerabzug 7.7%)	– 20 000	– 1 540
Aufwand Esswaren, alkoholfreie Getränke (voller Steuerabzug 2.5%)	– 40 000	– 1 000
Löhne Servicepersonal	– 40 000	
«Bruttogewinn» steuerbarer Bereich	100 000	
Von der Steuer ausgenommener Bereich		
Eintritte	600 000	
Orchesterkosten	– 400 000	
«Bruttogewinn» von der Steuer ausgenommener Bereich	200 000	
Gemischter Bereich		
Vorsteuern auf Verwaltungskosten usw.	6 000	
Korrektur im Verhältnis (CHF 100 000 : CHF 200 000) um 2/3	– 4 000	– 2 000
Steuerforderung		**10 860**

Hinweis: Beim «Bruttogewinn» handelt es sich nicht um den tatsächlichen «Bruttogewinn» im betriebswirtschaftlichen Sinn, sondern um den massgebenden Umsatz, der um alle direkt zuordenbaren Aufwendungen (mit oder ohne Vorsteuer) korrigiert wurde.

C] Methode «Umsatzschlüssel»

Bei der Methode «Umsatzschlüssel» werden **sämtliche Vorsteuern** anhand des **massgebenden Gesamtumsatzes** korrigiert.

Diese Methode kann vor allem in Fällen angewandt werden, bei denen auf die Tätigkeiten, die zum Vorsteuerabzug berechtigen, ungefähr gleich hohe vorsteuerbelastete Aufwendungen entfallen wie auf die Tätigkeiten, die nicht zum Vorsteuerabzug berechtigen.

Abb. [12-4] Vorgehen gemäss Methode «Umsatzschlüssel»

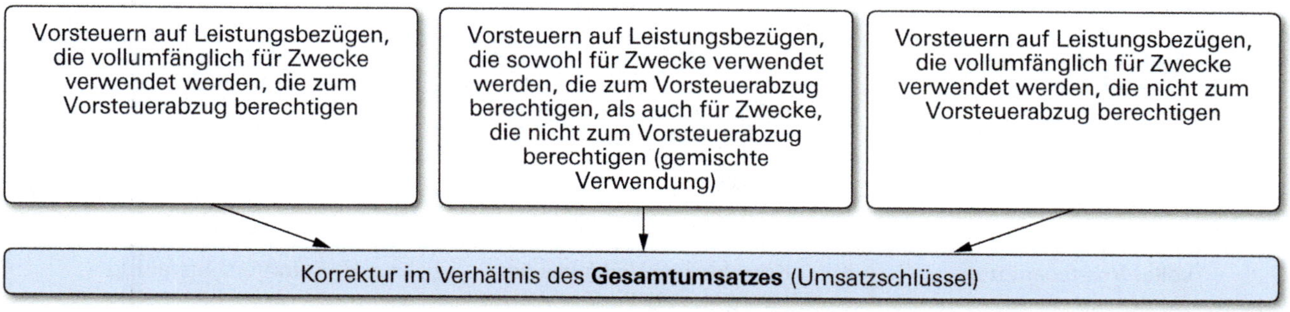

D] Methode «Aufwandschlüssel»

Bei Steuerpflichtigen, die einen **unternehmerischen** sowie einen **nichtunternehmerischen Bereich** haben, ist es oftmals schwierig, die Vorsteuern nach dem effektiven Verwendungszweck aufzuteilen. Die drei vorgängig aufgeführten Methoden führen in diesen Fällen nicht immer zu einem sachgerechten Ergebnis.

Deshalb darf für solche Fälle die Vorsteuerkorrektur alternativ nach der Methode «Aufwandschlüssel» berechnet werden. Die abzugsberechtigte Vorsteuer wird wie folgt ermittelt:

- **Voller Vorsteuerabzug** auf sämtlichen Aufwendungen, die direkt den unternehmerischen, zum Vorsteuerabzug berechtigten Tätigkeiten zugeordnet werden können.
- **Kein Vorsteuerabzug** auf sämtlichen Aufwendungen, die direkt den unternehmerischen, nicht zum Vorsteuerabzug berechtigten oder den nicht unternehmerischen Tätigkeiten zugeordnet werden können.
- **Anteilsmässiger Vorsteuerabzug** (im Verhältnis des korrigierten Gesamtumsatzes aus dem unternehmerischen Bereich zum bereinigten Gesamtaufwand) auf den Aufwendungen, die nicht direkt zuordenbar sind.

Der **korrigierte Gesamtumsatz** ergibt sich aus dem zum Vorsteuerabzug berechtigenden unternehmerischen Gesamtumsatz (exkl. MWST) abzüglich jener Aufwendungen, die vollumfänglich diesem Zweck zugeordnet werden können.

Der **bereinigte Gesamtaufwand** ergibt sich aus dem Gesamtaufwand des Rechtsträgers abzüglich der Aufwendungen,

- die vollumfänglich dem unternehmerischen, zum Vorsteuerabzug berechtigten Zweck zugeordnet werden können, sowie jenen,
- die vollumfänglich dem nichtunternehmerischen oder unternehmerischen, nicht zum Vorsteuerabzug berechtigten Zweck zugeordnet werden können.

Insbesondere ist darauf zu achten, dass bei der Berechnung des korrigierten Gesamtumsatzes sowie des bereinigten Gesamtumsatzes die **Abschreibungen** und nicht die tatsächlichen Investitionen berücksichtigt werden.

Bei der Methode «Aufwandschlüssel» geht man also davon aus, dass der **im unternehmerischen Bereich erwirtschaftete Umsatz** für die **Deckung von Kosten im unternehmerischen Bereich** verwendet wird und sich die Vorsteuern der nicht direkt zuordenbaren Leistungsbezüge gleichmässig auf die unternehmerischen und auf die nicht unternehmerischen Bereiche verteilen.

Mit dieser Methode ist eine allfällige Kürzung der Vorsteuer aufgrund von Subventionen (s. Kap. 12.7, S. 206) abgegolten.

Abb. [12-5] **Vorgehen gemäss Methode «Aufwandschlüssel»**

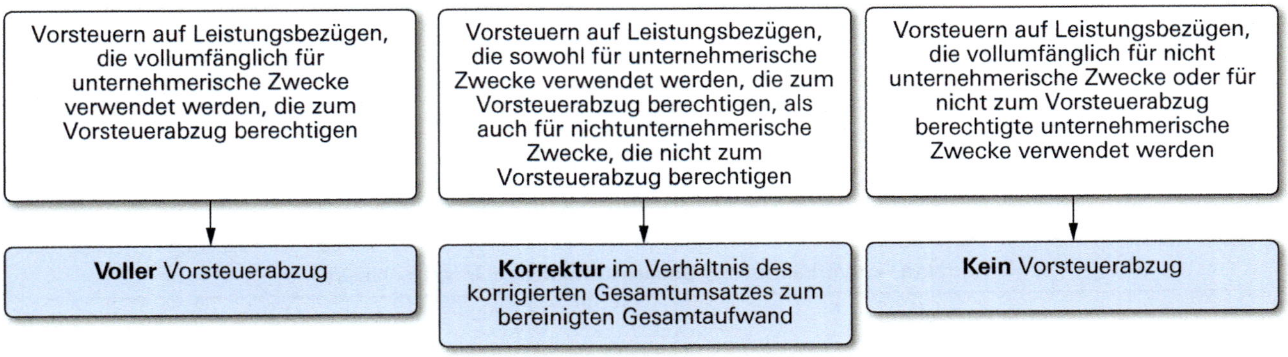

Beispiel

Die karitative Stiftung «Escape» unterstützt unentgeltlich Flüchtlinge aus aller Welt. Dies finanziert sie hauptsächlich mit Spenden (nichtunternehmerischer Bereich).

Für diese karitative Tätigkeit verkauft sie Secondhandkleider aus Kleidersammlungen. Zudem besitzt die Stiftung eine Immobilie, deren Wohnungen sowie die Geschäftslokalität an Dritte vermietet werden (unternehmerische Bereiche).

Umsatz	CHF	Steuer CHF
Zum Vorsteuerabzug berechtigter Bereich		
Verkauf Secondhandkleider (exkl. MWST)	780 000	60 060
Optierter Mietertrag Geschäftslokal (exkl. MWST)	120 000	9 240
Total	900 000	69 300
Nicht zum Vorsteuerabzug berechtigter Bereich		
Mietertrag Wohnungen	200 000	0
Sonstige Einnahmen		
Spenden	7 400 000	0
Subventionen	500 000	0
Total	7 900 000	0
Gesamtumsatz	**9 000 000**	**69 300**

Investitionen	in CHF	Steuer CHF
Geschäftslokalität	75 000	5 775
Wohnungen	54 000	0
Betriebsmittel	60 000	4 620

Aufwand	in CHF	Steuer CHF
Aufwand Vorsteuer abzugsberechtigt		
Kleidersammlungen (exkl. MWST)	130 000	10 010
Geschäftslokalität (exkl. MWST)	20 000	1 540
Total	150 000	11 550
Aufwand Vorsteuer nicht abzugsberechtigt		
Wohnungen (inkl. MWST)	43 080	
Abschreibung Wohnungen	56 920	
Total	100 000	0
Nicht direkt zuordenbare Aufwendungen		
Projektaufwendungen (exkl. MWST)	2 925 000	225 225
Projektaufwendungen (nicht steuerbelastet)	3 625 000	0
Personalaufwand (nicht steuerbelastet)	700 000	0
Übriger Aufwand (exkl. MWST)	200 000	3 850

Aufwand	in CHF	Steuer CHF
Abschreibungen Betriebsmittel	50 000	0
Total	7 500 000	229 075
Gesamtaufwand	**7 750 000**	**240 625**

Berechnung Vorsteuerkorrekturschlüssel	in CHF	in %
Umsatz aus dem unternehmerischen, zum Vorsteuerabzug berechtigten Bereich	900 000	
– Aufwand Vorsteuer abzugsberechtigt	– 150 000	
Korrigierter Gesamtumsatz	750 000	10
Gesamtaufwand	7 750 000	
– Aufwand Vorsteuer abzugsberechtigt	– 150 000	
– Aufwand Vorsteuer nicht abzugsberechtigt	– 100 000	
Bereinigter Gesamtaufwand	7 500 000	100
Vorsteuerkorrektur		**90**

Berechnung Steuerforderung	in CHF	Steuer CHF
Geschuldete Umsatzsteuer aus unternehmerischer Tätigkeit		69 300
Aufwand Vorsteuer abzugsberechtigt		– 11 550
Vorsteuer auf Investitionen Geschäftslokalität		– 5 775
Vorsteuer auf nicht direkt zuordenbaren Aufwendungen	229 075	
Vorsteuer auf Investitionen Betriebsmittel	4 620	
Total	233 695	
Vorsteuerkorrektur 90%	– 210 326	–23 369
Steuerforderung		**28 606**

12.3.3 Anwendungsdauer der Vorgehensweisen

Dem Steuerpflichtigen steht es bei der effektiven Methode und den Methoden grundsätzlich frei, welche Methode er zur Berechnung der Vorsteuerkorrektur anwenden will.

Die Methode muss jedoch zu einem **sachgerechten Ergebnis** führen. Die gewählte Methode ist **mindestens während einer Steuerperiode anzuwenden,** bevor der Steuerpflichtige zu einer anderen Methode der sachgerechten Ermittlung der Korrektur des Vorsteuerabzugs wechseln kann.

12.4 Vorsteuerkorrektur mithilfe von Pauschalen

Viele steuerpflichtige Unternehmen erzielen neben unternehmerischen, zum Vorsteuerabzug berechtigenden Leistungen auch von der Steuer ausgenommene oder nicht unternehmerische Leistungen, etwa Zinserträge, Erträge aus dem Handel mit Wertschriften sowie Immobilienerträge. Werden solche **von der Steuer ausgenommene oder nicht unternehmerische Leistungen** erzielt, kann **nicht mehr der volle Vorsteuerabzug geltend gemacht** werden, weil im Zusammenhang mit der Verwaltung dieser Vermögenswerte ebenfalls Vorsteuern anfallen. Der Vorsteuerabzug muss korrigiert werden.

Die Korrektur der Vorsteuer ist **einmal jährlich** in der letzten MWST-Abrechnung zu deklarieren.

Soweit eine für die Erzielung von Leistungen, die zum Vorsteuerabzug berechtigen, eingesetzte Verwaltungsinfrastruktur auch für eine Tätigkeit ohne Anspruch auf Vorsteuerabzug verwendet wird (gemischte Verwendung), kann die auf den entsprechenden Gegenständen und Dienstleistungen vorzunehmende Vorsteuerkorrektur im Sinne der nachstehend beschriebenen **Vereinfachungen** vorgenommen werden. Voraussetzung für die Anwendung dieser Vereinfachungen ist einzig, dass sich daraus kein offensichtlicher Steuervorteil oder -nachteil ergibt.

Wird die Korrektur bei solchen Tätigkeiten mithilfe der nachfolgenden **Pauschalen** berechnet, müssen diese Umsätze bei den Schlüsselberechnungen, die bei den in Kapitel 12.3.2, S. 194 beschriebenen Methoden vorzunehmen sind, nicht mehr berücksichtigt werden.

Mit den Pauschalen ist immer nur die **Korrektur für die Verwendung der Verwaltungsinfrastruktur** abgegolten. Auf Aufwendungen, die direkt dem von der Steuer ausgenommenen oder nicht unternehmerischen Bereich zugeordnet werden können, besteht kein Anspruch auf Vorsteuerabzug (z. B. Depotgebühren im Zusammenhang mit Wertschriften oder Unterhaltskosten von Liegenschaften).

MWSTV 66 nennt die Branchen, für die die ESTV spezielle **Branchenpauschalen** für die Berechnung der Vorsteuerkorrektur aufgrund gemischter Verwendung vorsieht:

- Tätigkeiten von Banken
- Tätigkeiten von Versicherungsgesellschaften
- Tätigkeiten von spezialfinanzierten Dienststellen von Gemeinwesen
- Transportunternehmen des öffentlichen Rechts

Nachfolgend sind die in der Praxis am häufigsten anzuwendenden Pauschalen beschrieben.

12.4.1 Gewährung von Krediten, Zinseinnahmen und Einnahmen aus dem Handel mit Wertpapieren

Werden Umsätze aus Zinsen, Verkauf von Wertpapieren usw. erzielt, muss **keine Vorsteuerkorrektur** vorgenommen werden, wenn diese Einnahmen **CHF 10 000 pro Jahr** nicht übersteigen. Wird dieser Betrag überschritten, ist immer noch keine Korrektur vorzunehmen, wenn der Umsatz aus dieser Tätigkeit **5% des Gesamtumsatzes nicht übersteigt.**

Werden allerdings beide Grenzwerte überschritten, kann eine Vorsteuerkorrektur für die gemischt verwendete **Verwaltungsinfrastruktur** mit **0.02%** des entsprechenden Umsatzes vorgenommen werden.

Beispiel

Ein Dienstleistungsunternehmen erzielt folgende Umsätze:

Umsatz	CHF
Dienstleistungsertrag	189 000
Zinsertrag	6 000
Umsatz aus Wertschriftenverkäufen	5 000
Total	**200 000**

Die Zinserträge und die Umsätze aus Wertschriftenverkäufen betragen CHF 11 000 und machen insgesamt 5.5% des Gesamtumsatzes von CHF 200 000 aus.

Somit werden beide Grenzwerte überschritten und es ist eine Vorsteuerkorrektur im Umfang von CHF 2.20 (CHF 11 000 · 0.02%) vorzunehmen.

12.4.2 Verwaltung von eigenen, nicht optierten Immobilien

Betragen die **Brutto-Mieteinnahmen mehr als CHF 10 000 pro Jahr,** ist eine Vorsteuerkorrektur für die gemischt verwendete Verwaltungsinfrastruktur vorzunehmen. Diese kann pauschal mit **0.07%** der von der Steuer ausgenommenen **Brutto-Mieteinnahmen** (inkl. Nebenkosten) erfolgen.

Beispiel

Die Kneubühl AG hat einen Teil ihres Vermögens in Immobilien investiert. Aus diesen Immobilien erzielt sie jährlich von der Steuer ausgenommene Mieteinnahmen von CHF 500 000 brutto. Daraus ergibt sich eine Vorsteuerkorrektur für die gemischt verwendete Infrastruktur von CHF 350 (CHF 500 000 · 0.07%).

Damit ist aber nur die gemischte Verwendung im Zusammenhang mit der allgemeinen Verwaltungstätigkeit abgedeckt. Die Vorsteuern, die in direktem Zusammenhang mit den vermieteten Gebäuden stehen (z. B. Sanierung der Treppe, Streichen von Zimmern), dürfen generell nicht in Abzug gebracht werden, da sie sich den von der Steuer ausgenommenen Mieteinnahmen direkt zuordnen lassen.

12.4.3 Referententätigkeit

Die Referententätigkeit ist ein nach MWSTG 21 Abs. 2 Ziff. 11 lit. b von der Steuer ausgenommener Umsatz, unabhängig davon, ob das Honorar dem Referenten oder seinem Arbeitgeber bezahlt wird. Die direkt mit der Referententätigkeit anfallenden Kosten (Hotelübernachtung, Reisespesen usw.) berechtigen somit nicht zur Vornahme des Vorsteuerabzugs.

Eine Vorsteuerkorrektur für die gemischt verwendete **Verwaltungsinfrastruktur** ist jedoch erst vorzunehmen, wenn die Honorare aus der Referententätigkeit **mehr als CHF 5 000 pro Jahr** betragen. Wird die Verwaltungsinfrastruktur des steuerpflichtigen Unternehmens (Computer, Papier, Telefon usw.) für die Referententätigkeit genutzt, so muss das steuerpflichtige Unternehmen diese Nutzung seiner Verwaltungsinfrastruktur für von der Steuer ausgenommene Leistungen für die Vornahme des Vorsteuerabzugs berücksichtigen.

Die Vorsteuerkorrektur kann in diesem Fall mit **1%** der von der Steuer ausgenommenen **Brutto-Referentenhonorare** (inkl. Nebenkosten, u. a. Spesen) erfolgen. Diese Vereinfachung ist nur für die Referententätigkeit anwendbar, nicht aber für die übrigen Bildungsleistungen gemäss MWSTG 21 Abs. 2 Ziff. 11.

Benutzt ein Lohnausweisempfänger eines Unternehmens die Infrastruktur für seine private Tätigkeit, so muss nur das für die Benutzung tatsächlich bezahlte Entgelt versteuert werden.

12.4.4 Entschädigungen für unselbstständig ausgeübte Tätigkeiten

Die Tätigkeit als **Verwaltungsrat,** als **Stiftungsrat** oder die Ausübung einer ähnlichen Funktion gilt gemäss MWSTG 18 Abs. 2 lit. j als unselbstständig ausgeübte Tätigkeit (s. Kap. 5.2.10, S. 75). Damit können die Entschädigungen aus diesen Tätigkeiten nicht von der MWST erfasst werden, was dazu führt, dass die mit der Ausübung dieser Tätigkeiten anfallenden Vorsteuern nicht in Abzug gebracht werden können. Eine Vorsteuerkorrektur für die gemischt verwendete **Verwaltungsinfrastruktur** ist jedoch erst vorzunehmen, wenn die Entschädigungen **mehr als CHF 5 000 pro Jahr** betragen.

Ist der Funktionsträger, der die Verwaltungsinfrastruktur für diese nicht unternehmerische Tätigkeiten nutzt, ein **Einzelunternehmer** oder ein **Gesellschafter einer Personengesellschaft,** so kann die Vorsteuerkorrektur für die gemischt verwendete Verwaltungsinfrastruktur mit **1% der nicht steuerbaren Brutto-Honorare** (inkl. Nebenkosten) erfolgen.

Wird das **Honorar** aus diesen Tätigkeiten von einem Einzelunternehmen, einer Personengesellschaft oder einer Kapitalgesellschaft für die Tätigkeit eines ihrer **Arbeitnehmenden** vereinnahmt, handelt es sich beim Honorar um das Entgelt für eine steuerbare Dienstleistung. Eine Korrektur der Vorsteuer ist nicht mehr nötig.

Benutzt ein Lohnausweisempfänger eines Unternehmens die Infrastruktur für seine private Tätigkeit, so muss nur das für die Benutzung tatsächlich bezahlte Entgelt versteuert werden.

12.4.5 Entschädigungen für hoheitliche Tätigkeiten

Werden **Anwälte** oder **Notare** als Vormund, Beirat oder Beistand **amtlich bestellt,** so gelten die ihnen im Rahmen dieser Funktion ausgerichteten Entschädigungen als Mittelflüsse aus hoheitlichen Tätigkeiten, die gemäss MWSTG 18 Abs. 2 lit. k als Nichtentgelte gelten (s. Kap. 5.2.12, S. 76). Gleiches gilt bei Entschädigungen für die Funktion als ausserordentlicher **Untersuchungsrichter** und / oder **Gerichtspräsident** und dergleichen sowie als **Sachwalter** und **Liquidator** im Zusammenhang mit Zwangsvollstreckungsverfahren.

Vorsteuern, die im Zusammenhang mit solchen Tätigkeiten anfallen, dürfen nicht in Abzug gebracht werden. Analog der unselbstständig ausgeübten Tätigkeiten muss eine **Vorsteuerkorrektur** für die gemischt verwendete **Verwaltungsinfrastruktur** erst vorgenommen werden, wenn die Entschädigungen **mehr als CHF 5 000 pro Jahr** betragen. In diesen Fällen kann die Vorsteuerkorrektur für die gemischt verwendete Verwaltungsinfrastruktur pauschal mit **1%** der nicht steuerbaren **Entschädigungen für hoheitliche Tätigkeiten** erfolgen.

12.5 Gruppenbesteuerung

Bei der Gruppenbesteuerung unterliegt der **Leistungsaustausch zwischen den einzelnen Gruppengesellschaften** – der Innenumsatz – nicht der Steuer (s. auch Kap. 6.5.1, S. 94).

Wir haben somit die zwei folgenden Umsatzkategorien zu unterscheiden:

- **Innenumsatz:** Umsatz, der von einem Gruppenmitglied mit einem anderen Gruppenmitglied erzielt wird. Für die Vorsteuerabzugsberechtigung spielt es keine Rolle, ob diese Umsätze steuerbar wären oder nicht.
- **Aussenumsatz:** Umsatz, der mit Dritten (d. h. Nichtgruppenmitglied) erzielt wird. Diese sind massgebend für die Berechnung der Vorsteuerabzugsberechtigung.

Wird ein vorsteuerbelasteter Gegenstand oder eine vorsteuerbelastete Dienstleistung für eine Leistung gegenüber einem anderen Gruppenmitglied verwendet (d. h. somit für einen Innenumsatz), ist für die Berechtigung zur Vornahme des Vorsteuerabzugs nicht die Verwendung beim ersten Käufer des Gegenstands bzw. der Dienstleistung massgebend, sondern bei demjenigen Gruppenmitglied, das **mit der bezogenen Leistung einen Umsatz mit einem Nichtgruppenmitglied** (d. h. somit einen Aussenumsatz) erzielt.

Das nachfolgende Beispiel verdeutlicht diesen Mechanismus.

Beispiel

Die drei Unternehmen G AG, X AG und Y AG bilden zusammen eine MWST-Gruppe, wobei es sich bei der X AG und der Y AG um Tochtergesellschaften der G AG handelt, die zu 100% in ihrem Besitz sind.

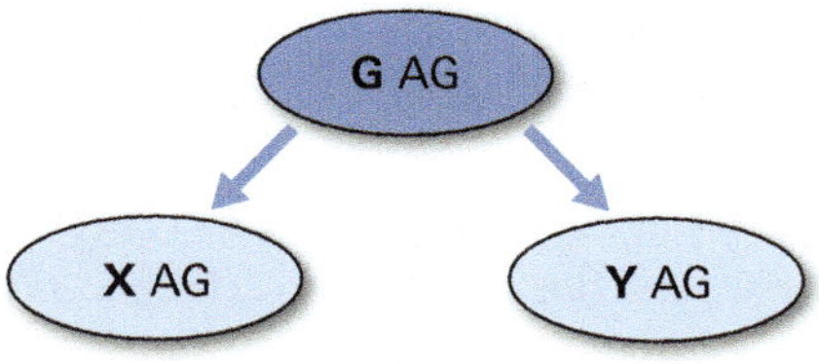

Die G AG verwaltet ihr eigenes Vermögen und erbringt daneben noch steuerbare Dienstleistungen sowie von der Steuer ausgenommene Schulungsleistungen, die nicht zur Vornahme des Vorsteuerabzugs berechtigen. Ihre beiden Tochtergesellschaften X AG und Y AG erbringen ebenfalls steuerbare sowie von der Steuer ausgenommene Leistungen.

Wir berechnen den Vorsteuerabzug der Gruppe aufgrund der nachfolgenden Angaben über die angefallenen Vorsteuern und über die prozentuale Umsatzaufteilung bei den einzelnen Gruppengesellschaften. Bei der Berechnung der Vorsteuerkorrektur sind die massgebenden Umsatzverhältnisse der einzelnen Gruppengesellschaften zu berücksichtigen. Die Innenumsätze der X AG erfolgen nur an die G AG und die Innenumsätze der Y AG werden ausschliesslich mit der X AG erzielt.

Unternehmen	Vorsteuern in CHF	Aussenumsätze in %		Innenumsätze in %
		steuerb.	ausg.	steuerb. / ausg.
G AG	200 000	90	10	0
X AG	400 000	15	35	50
Y AG	500 000	10	60	30

Berechnung Vorsteuerabzug für die MWST-Gruppe	CHF
Die G AG erbringt zu 90% steuerbare Aussenumsätze, dementsprechend hat sie Anrecht auf 90% der angefallenen Vorsteuern in der Höhe von CHF 200 000.	180 000
Die X AG hat Anrecht auf 15% der Vorsteuern aufgrund der steuerbaren Aussenumsätze. Zudem kann sie auf den 50% Innenumsätzen 90% der darauf anfallenden Vorsteuer geltend machen, da diese Umsätze ausschliesslich mit der G AG getätigt werden, die die Vorsteuern zu 90% geltend machen kann. Somit kann die X AG 60% (15% + 45%) der angefallenen Vorsteuern von CHF 400 000 geltend machen.	240 000
Die Y AG hat Anrecht auf 10% der Vorsteuern aufgrund der steuerbaren Aussenumsätze. Zudem kann sie auf den 30% Innenumsätzen 60% der darauf anfallenden Vorsteuern geltend machen, da diese Umsätze ausschliesslich mit der X AG getätigt werden, die die Vorsteuern zu 60% geltend machen kann. Somit kann die Y AG 28% (10% + 18%) der angefallenen Vorsteuern von CHF 500 000 geltend machen.	140 000
Total Vorsteuerabzug der MWST-Gruppe	**560 000**

In der Praxis sind auch andere Vorgehensweisen zur Berechnung der Vorsteuerkorrektur denkbar, sofern sie zu einem sachgerechten Ergebnis führen. Denkbar ist z. B. eine Vorsteuerkorrektur aufgrund des Umsatzverhältnisses (Aussenumsätze) der gesamten Gruppe.

Während für die MWST-Gruppe die gesamthaft abzuliefernde MWST durch die Anwendung der Gruppenbesteuerung immer tiefer ausfallen sollte, kann für die einzelne Gruppengesellschaft eine höhere Steuerschuld resultieren, die durch gruppeninterne Umbuchungen korrigiert werden kann (siehe dazu die Problematik des Personal Computer im Beispiel in Kapitel 6.5.1, S. 94).

Der grösste Vorteil der Gruppenbesteuerung liegt in der Optimierung des Vorsteuerabzugs, d. h. der **Verhinderung einer taxe occulte auf der konzerninternen Wertschöpfung.** Der MWST-Gruppe soll aber kein Steuervorteil dadurch entstehen, dass Leistungen primär über eine Gruppengesellschaft eingekauft werden, die den vollen Vorsteuerabzug vornehmen kann.

12.6 Beteiligungen

12.6.1 Vorsteuerabzug beim Erwerb, Halten und Veräussern von Beteiligungen (MWST 29 Abs. 2)

Unternehmen können im Rahmen ihrer zum Vorsteuerabzug berechtigenden, unternehmerischen Tätigkeit auf Aufwendungen, die beim Erwerben, Halten und Veräussern von Beteiligungen (Anteil von mind. 10% am Kapital eines Unternehmens) anfallen, die Vorsteuern geltend machen. In diesem Zusammenhang typische Kosten sind:

- Beratungsdienstleistungen (z. B. für Due Diligence) im Zusammenhang mit dem Kauf oder Verkauf einer Beteiligung
- Aufwendungen im Bereich der Finanzierung eines Beteiligungserwerbs
- Verwaltung und Schutz der Beteiligungen

Beispiel

Die KnowHow AG, Stammhaus des KnowHow-Konzerns, weist folgende Umsätze aus:

Umsatz	CHF
Beteiligungserträge (Dividenden)	5 000 000
Beratungsleistungen	2 000 000
Bildungsleistungen	500 000
Finanzerträge (Zinsen, Einnahmen aus Wertschriftenverkäufen usw.)	400 000
Total Umsatz	**7 900 000**

Die Beteiligungserträge gelten nach MWSTG 18 Abs. 2 lit. f als Nichtentgelte und sind für die Beurteilung des Vorsteuerabzugs nicht relevant. Die Aufwendungen, die direkt den steuerbaren Beratungsleistungen zugeordnet werden können, berechtigen zum vollumfänglichen Vorsteuerabzug. Die den Bildungsleistungen sowie den Finanzerträgen direkt zuordenbaren Aufwendungen berechtigen hingegen nicht zum Vorsteuerabzug.

Für die restlichen, nicht direkt zuordenbaren Vorsteuern im Zusammenhang mit der Unternehmenstätigkeit, insbesondere im Zusammenhang mit dem Erwerben, Halten und Veräussern von Beteiligungen, hat die KnowHow AG den Vorsteuerabzug wie folgt zu korrigieren.

Korrektur Vorsteuerabzug	CHF	Anteil %
Aufgrund der Finanzerträge: 0.02% von CHF 400 000	80	
Aufgrund der Bildungsleistungen:		
Steuerbare Beratungsleistungen	2 000 000	80
Von der Steuer ausgenommene Bildungsleistungen	500 000	20
Bemessungsgrundlage Vorsteuerkorrektur	2 500 000	100

Auf den restlichen Vorsteuern der nicht direkt zuordenbaren Aufwendungen ist eine Vorsteuerkorrektur von 20% vorzunehmen.

12.6.2 Zusätzliche Berechnungsmöglichkeit für Holdinggesellschaften

Als Holdinggesellschaft im Sinne von MWSTG 29 Abs. 4 gelten Kapitalgesellschaften und Genossenschaften,

- deren statutarischer Zweck zur Hauptsache in der dauernden Verwaltung von Beteiligungen besteht,
- die in der Schweiz keine Geschäftstätigkeit ausüben und
- deren Beteiligungen oder die Erträge aus den Beteiligungen längerfristig mindestens zwei Drittel der gesamten Aktiven oder Erträge ausmachen (StHG28 Abs. 2).

Damit ein Unternehmen im Sinne der MWST als Holdinggesellschaft gilt, darf es somit **gegen aussen nicht am Wirtschaftsverkehr teilnehmen.** Wurde einer Kapitalgesellschaft oder einer Genossenschaft das **Holdingprivileg** von den zuständigen kantonalen Steuerverwaltungen zuerkannt, gilt dieses auch für die Belange der MWST als Holdinggesellschaften.

Zusätzlich zur Berechnung (s. Kap. 12.6.1, S. 204) besteht für Holdinggesellschaften die Möglichkeit, statt auf die eigene Tätigkeit auf die Tätigkeit der von ihr gehaltenen Unternehmen abzustellen. Als Grundlage zur Ermittlung des **Vorsteuerschlüssels** dient die **Konzernrechnung** (vollkonsolidierte Jahresrechnung).

Der Anspruch auf Vorsteuerabzug kann wie folgt ermittelt werden:

Zunächst werden die angefallenen Vorsteuern soweit möglich den gemäss der Erfolgsrechnung der **Holdinggesellschaft** zum Vorsteuerabzug berechtigenden Tätigkeiten (z. B. Management Fees) und den nicht zum Abzug berechtigenden Tätigkeiten (z. B. Zinserträge und Einnahmen aus Wertschriftenverkäufen) zugeordnet.

Danach werden die Vorsteuern auf den **gemischt verwendeten Aufwendungen** – insbesondere auf den Aufwendungen im Zusammenhang mit dem Erwerb, Halten und Veräussern von Beteiligungen – auf Basis der **Konzernrechnung** korrigiert.

Beispiel

Die Vorsteuern sind in einem ersten Schritt den einzelnen Leistungen der Holdinggesellschaft zuzuordnen. Die Vorsteuern auf den nicht direkt zuordenbaren Aufwendungen sind nun anhand der Konzernrechnung zu korrigieren. Diese weist folgende Umsätze aus:

Umsatz	CHF
Erlöse aus Beratungsdienstleistungen	46 000 000
Beteiligungserträge (Dividenden)	1 000 000
Finanzerträge Dritter (Zinsen, Verkäufe Wertschriften usw.)	950 000
Total Umsatz	**47 950 000**

Die Beteiligungserträge (Nichtentgelt) sind ohne Bedeutung für die Berechnung der Vorsteuerkorrektur. Die Finanzerträge Dritter werden nicht berücksichtigt, da angenommen werden kann, dass die Vorsteuerkorrektur für solche Nebenumsätze konzernweit mittels der Pauschalen von 0.02% vorgenommen wird. In dem auf die Erfolgsrechnung des Konzerns abgestellt wird, werden die konzerninternen Umsätze nicht berücksichtigt. Da der Konzern ansonsten keine von der Steuer ausgenommenen Leistungen erwirtschaftet, sind auch keine weiteren Vorsteuerkorrekturen mehr notwendig.

Eine weitere Vorgehensweise ist, den Anspruch auf Vorsteuerabzug für die Kosten für das Erwerben, Halten und Veräussern von Beteiligungen aufgrund der **unternehmerischen Tätigkeit der betroffenen Gesellschaft** zu beurteilen.

Beispiel

Eine Holdinggesellschaft veräussert eine Beteiligung an der Schulung GmbH, die ausschliesslich von der Steuer ausgenommene Schulungsleistungen erzielt. Die Vorsteuern auf den Veräusserungskosten dürfen somit nicht abgezogen werden.

Mit dem Erlös aus dem Verkauf erwirbt die Holdinggesellschaft nun eine Beteiligung an der Beratung AG, die ausschliesslich zum Vorsteuerabzug berechtigende Beratungsleistungen erzielt. Auf den Due-Diligence-Kosten im Zusammenhang mit diesem Erwerb dürfen nun die Vorsteuern vollumfänglich geltend gemacht werden.

Die verbleibenden Vorsteuern auf Aufwendungen, die gemischt genutzt werden, sind bei dieser Vorgehensweise ebenfalls anhand des Konzernabschlusses zu beurteilen.

Die gewählte Vorgehensweise muss für eine **ganze Steuerperiode** beibehalten werden.

12.7 Vorsteuerkürzung bei Subventionen

Nachfolgend wird für folgende Mittelflüsse der Einfachheit halber nur noch der Begriff «Subvention» verwendet:

- Subventionen und andere öffentlich-rechtliche Beiträge
- Gelder, die Kur- und Verkehrsvereine ausschliesslich aus öffentlich-rechtlichen Tourismusabgaben erhalten und die sie im Auftrag von Gemeinwesen zugunsten der Allgemeinheit einsetzen
- Beiträge aus kantonalen Wasser-, Abwasser- oder Abfallfonds an Entsorgungsanstalten oder Wasserwerke

Beim Erhalt von solchen Subventionen ist gemäss MWSTG 33 Abs. 2 eine **verhältnismässige Kürzung des Vorsteuerabzugs** vorzunehmen. Dabei ist zu beachten, dass die Vorsteuerkürzung je nach Art solcher Einnahmen unterschiedlich vorzunehmen ist. Die zwei am häufigsten vorkommenden Arten sind «Objektbezogene Subventionen» und «Subventionen zur Deckung des Betriebsdefizits».

Können die Mittel einem Tätigkeitsbereich zugeordnet werden, für den keine Vorsteuern angefallen sind oder für den kein Anspruch auf Vorsteuerabzug besteht, ist keine Vorsteuerkürzung vorzunehmen. Auch das Weiterleiten von Subventionen hat keine steuerlichen Konsequenzen. Die Vorsteuerkürzung erfolgt einzig beim letzten Zahlungsempfänger.

12.7.1 Objektbezogene Subventionen

Objektbezogene Subventionen sind Subventionen, die direkt einem bestimmten Objekt zugeordnet werden können. Bei diesen muss nur die im Zusammenhang mit diesem Objekt angefallene Vorsteuer gekürzt werden. Massgebend für die Berechnung ist dabei das **Verhältnis** der erhaltenen **Subventionen** zu den **gesamten Objektkosten** (inkl. allfällige MWST).

Falls das Objekt zudem nicht vollumfänglich für zum Vorsteuerabzug berechtigende Zwecke verwendet wird, ist eine zusätzliche Korrektur der verbleibenden Vorsteuer vorzunehmen.

12.7.2 Subventionen zur Deckung des Betriebsdefizits usw.

Werden Subventionen zur Deckung eines Betriebsdefizits ausgerichtet, muss grundsätzlich die gesamte im entsprechenden Jahr angefallene Vorsteuer gekürzt werden. Dabei ist für die Berechnung der Quote das **Verhältnis** der **Subventionen** zum **Gesamtumsatz** (exkl. MWST) zu berücksichtigen. Als Gesamtumsatz gilt das Total aller Einnahmen. Darin enthalten sind nebst den steuerbaren Umsätzen auch die von der Steuer ausgenommenen oder befreiten Umsätze sowie allfällige Spendeneinnahmen. *(Hinweis: Der Einbezug der Spendeneinnahmen war zum Zeitpunkt dieser Überarbeitung noch nicht definitive Praxis.)*

Beispiel

Die im Bereich der Kultur tätige Event AG, die jährlich zur Deckung des Betriebsdefizits eine Kantonssubvention von CHF 660 000 erhält, hat im abgelaufenen Jahr einen grösseren Umbau durchgeführt. Für die Realisierung dieses Umbaus hat sie eine zusätzliche Subvention in der Höhe von CHF 600 000 erhalten. Im Weiteren sind folgende Zahlen bekannt (inkl. allfälliger MWST):

Grundlagen		CHF
Umbaukosten	Gesamtkosten	750 000
	Darin enthaltene MWST	50 000
Geschäftsergebnis	Einnahmen aus Werbung (inkl. 7.7% MWST)	215 400
	Einnahmen aus Zuschauereintritten (ohne Option)	1 000 000
	Spendeneinnahmen	140 000
	Angefallene Vorsteuern auf laufenden Aufwendungen	30 000

Wie hoch sind die im betrachteten Geschäftsjahr gesamthaft abzugsberechtigten Vorsteuern?

Einerseits muss der direkt subventionierte Anteil des Umbaus, andererseits der Anteil der Subvention zur Deckung des Betriebsdefizits berechnet werden. Diese Berechnungen ergeben folgende Quoten:

Berechnung Quoten	CHF	Quoten	
Berechnung zum getätigten Umbau			
Gesamtkosten	750 000		100.00%
Dafür erhaltene Subvention	600 000		80.00%
Zum abgelaufenen Geschäftsjahr			
Einnahmen aus Werbung	215 400		
– Enthaltene MWST	– 15 400		
Für Vorsteuerabzug massgebendes Entgelt	200 000	16.67%	
Steuerausgenommene Entgelte aus Eintritten	1 000 000	83.33%	
Für Vorsteuerkorrektur massgebende Entgelte	1 200 000	100.00%	60.00%
Spendeneinnahmen	140 000		7.00%
Jährliche Subventionen (allg. Betriebsdefizitdeckung)	660 000		33.00%
Massgebender Gesamtumsatz	2 000 000		100.00%

Aufgrund dieser Quoten kann nun die abzugsberechtigte Vorsteuer ermittelt werden:

Berechnung abzugsberechtigte Vorsteuer	CHF	Quoten	
Vorsteuern auf den Umbaukosten	50 000		100.00%
Vorsteuerkürzung objektbezogene Subventionen	– 40 000		80.00%
Restliche Vorsteuern aus Umbau	10 000		
Vorsteuern aus der laufenden Tätigkeit	30 000		
Total noch zu bereinigende Vorsteuer	40 000	100.00%	
Vorsteuerkorrektur steuerausgenommene Entgelte	– 33 332	83.33%	
Total selbstfinanzierte Vorsteuern	6 668		100.00%
Vorsteuerkürzung aufgrund Subventionen	– 2 200		33.00%
Gesamthaft abzugsberechtigende Vorsteuer	**4 468**		

Von den gesamthaft angefallenen Vorsteuern von CHF 80 000 darf die Event AG somit nur CHF 4 468 in ihren Abrechnungen von den geschuldeten Umsatzsteuern als Vorsteuer in Abzug bringen.

12.8 Vereinfachungen

In folgenden Fällen können die nicht zum Vorsteuerabzug berechtigenden Mittelflüsse im Sinne einer Vereinfachung versteuert werden, anstatt dass eine Kürzung oder Korrektur der Vorsteuern zu erfolgen hat:

- Vermietung von Hauswartwohnungen
- Erhalt von Subventionen

Die **Mittelflüsse** sind als inkl. MWST zu betrachten und sind zum **Normalsatz** «still» zu versteuern, d. h. ohne offen überwälzte MWST. Ein offener Ausweis der Steuer auf den Rechnungen ist somit nicht zulässig.

Für die Anwendung dieser Vereinfachung bedarf es keiner Bewilligung der ESTV. Das Vorgehen ist jedoch **während mindestens einer Steuerperiode** beizubehalten.

Die Anwendung der Vereinfachung kann bei Beginn und am Ende zu einer Vorsteuerkorrektur führen.

Zusammenfassung

In folgenden Fällen darf **kein Vorsteuerabzug** vorgenommen werden:

- Unternehmerische, jedoch von der Steuer ausgenommene Tätigkeiten
- Nicht unternehmerische Tätigkeiten
- Geschenke ohne unternehmerischen Grund
- Subventionen und andere öffentlich-rechtliche Beiträge

Werden Leistungen gemischt verwendet, d.h. für Zwecke, die sowohl zum Vorsteuerabzug berechtigen als auch für andere Zwecke, müssen die **Vorsteuern korrigiert** werden. Bei der Vorsteuerkorrektur sind zwei Vorgehensweisen möglich:

- Bei der **sofortigen Korrektur des Vorsteuerabzugs** wird die Vorsteuer beim Bezug der Leistung aufgrund der Verwendung korrigiert.
- Es wird zunächst die ganze Vorsteuer abgezogen. Der Vorsteuerabzug wird nur **einmal jährlich aufgrund der Verwendung korrigiert.**

Wenn ein Unternehmen sowohl Einnahmen erzielt, die zum Vorsteuerabzug berechtigen, als auch solche, die dazu nicht berechtigen, muss ein **Verteilschlüssel** für die Vorsteuer ermittelt werden, der die tatsächliche Verwendung widerspiegelt und wirtschaftlich korrekt ist. Die Vorsteuer muss dann im Verhältnis der Verwendung korrigiert werden.

Bei der **gemischten Verwendung** kann die Vorsteuer nach der effektiven Methode (Kostenrechnung) vorgenommen werden. Ausserdem kann die Vorsteuerkorrektur mittels **vier Methoden** ermittelt werden. Eine Methode darf nur angewandt werden, wenn sie zu einem sachgerechten Ergebnis führt:

1. **Teilzuordnung der Vorsteuern:** Die Vorsteuern können auf allen Kosten, die direkt zum Vorsteuerabzug berechtigte Zwecke betreffen, vollumfänglich abgezogen werden. Demgegenüber ist auf Kosten, die direkt nicht vorsteuerberechtigten Zwecken zuzuordnen sind, kein Abzug zulässig. Die übrigen Kosten sind im Verhältnis des massgebenden Gesamtumsatzes aufzuteilen.
2. **Einheit der Leistung:** Die direkt zuordenbaren Kosten werden wie bei der Methode «Teilzuordnung der Vorsteuern» behandelt. Die übrigen Kosten werden im Verhältnis des um die direkt zuordenbaren Kosten gekürzten Umsatzes («Bruttogewinn») korrigiert.
3. **Umsatzschlüssel:** Sämtliche Vorsteuern können im Verhältnis zum massgebenden Gesamtumsatz korrigiert werden.
4. **Aufwandschlüssel:** Die direkt zuordenbaren Kosten werden wie bei der Methode «Teilzuordnung der Vorsteuern» behandelt. Die übrigen Kosten werden im Verhältnis des korrigierten Gesamtumsatzes zum bereinigten Gesamtaufwand korrigiert.

Bei der **Gruppenbesteuerung** wird zwischen Innen- und Aussenumsatz unterschieden. Der **Aussenumsatz** ist massgebend für die Berechnung der Vorsteuerabzugsberechtigung. Dieser liegt bei Umsätzen vor, die von einem Gruppenmitglied mit einem Nichtgruppenunternehmen erzielt wurden.

Für die Ermittlung des Vorsteuerabzugs bei **Holdinggesellschaften** besteht die Möglichkeit, entweder auf die eigene Tätigkeit der Holdinggesellschaft oder auf die Tätigkeit der von ihr gehaltenen Unternehmen abzustellen.

Wenn ein Unternehmen **Subventionen** erhält, muss es eine verhältnismässige Kürzung der Vorsteuer vornehmen. Können die Subventionen **direkt einem bestimmten Objekt zugewiesen** werden, muss nur die Vorsteuer gekürzt werden, die im Zusammenhang mit diesem Objekt angefallen ist. Bei **Subventionen zur Deckung des Betriebsdefizits** muss die gesamte im entsprechenden Jahr angefallene Vorsteuer gekürzt werden.

Anstelle der Berechnung einer Vorsteuerkorrektur bzw. -kürzung dürfen die Vermietung von Hauswartwohnungen und der Erhalt von Subventionen im Sinne einer Vereinfachung **«still»** (ohne offen überwälzte MWST) **versteuert** werden.

Repetitionsfragen

67 Nennen Sie sinnvolle Schlüsselgrössen für die Aufteilung des Vorsteuerabzugs für folgende Leistungen:

A] Fahrzeug
B] Computer
C] Liegenschaft
D] Steuerberatung
E] Heizkosten
F] Kosten Temporärmitarbeitende

68 Was versteht man unter der gemischten Verwendung und welche Folgen ergeben sich in Bezug auf den Vorsteuerabzug?

69 Die Garage Meisterhans AG erzielt einen Umsatz von CHF 3 Mio. Davon entfällt je ein Drittel auf den Autohandel, Reparaturarbeiten und Fahrschule. Das Geschäftsgebäude wird wie folgt verwendet: Autohandel 100 m^2; Reparaturwerkstätte 200 m^2; Fahrschule 100 m^2; allgemeine, gemischte Nutzung 100 m^2.

Wie viele Vorsteuern kann die Meisterhans AG bei den nachfolgenden Bezügen geltend machen, wenn so weit als möglich die effektive Verwendung für die Berechnung des Vorsteuerabzugs berücksichtigt wird?

A]	Einkauf Bürostuhl	CHF	1 077
B]	Einkauf Fahrzeug für die Fahrschule	CHF	21 540
C]	Reparatur des Gebäudedachs	CHF	43 080

70 Die Handelsschule Hubertus erzielt neben CHF 9 Mio. Umsatz aus von der Steuer ausgenommener Schulungstätigkeit noch Einnahmen von CHF 1 Mio. (exkl. 7.7% MWST) aus dem Betrieb einer Kantine für die Lehrer und Schüler. Der Warenaufwand für die Kantine beträgt CHF 288 000 (exkl. 2.5% MWST). Im Zusammenhang mit der gemischt verwendeten Verwaltung sind Vorsteuern von CHF 100 000 angefallen. Der Einfachheit halber ist davon auszugehen, dass mit Ausnahme des Warenaufwands im Bereich Kantine keine direkt zuordenbaren Kosten angefallen sind, was in der Praxis natürlich kaum der Fall sein dürfte.

Berechnen Sie die Steuerforderung (Umsatzsteuer abzüglich Vorsteuer). Die Vorsteuerkorrektur ist dabei jeweils nach folgender Methode vorzunehmen:

A] Methode «Teilzuordnung der Vorsteuer»

B] Methode «Einheit der Leistung»

C] Methode «Umsatzschlüssel»

13 Nutzungsänderungen

Lernziele

Nach der Bearbeitung dieses Kapitels können Sie ...

- die beiden Tatbestände Einlageentsteuerung und Eigenverbrauch unterscheiden.
- Arten von Nutzungsänderungen aufzählen.
- die Unterschiede zwischen der effektiven und der annäherungsweisen Ermittlung der Steuer beschreiben.

Schlüsselbegriffe

annäherungsweise Ermittlung, bewegliche Gegenstände, Dienstleistungen, effektive Ermittlung, Eigenverbrauch, Einlageentsteuerung, partielle Nutzungsänderung, Toleranzgrenze, unbewegliche Gegenstände, vollumfängliche Nutzungsänderung, Vorsteuerkorrektur, vorübergehende Verwendung

Es kommt vor, dass sich die Verhältnisse der Nutzung ändern, die beim Empfang einer Leistung oder bei der Einfuhr für die Vornahme des Vorsteuerabzugs massgebend waren. Man spricht in solchen Fällen von einer Nutzungsänderung.

MWSTG 32 ermöglicht es dem Steuerpflichtigen, bei Nutzungsänderungen unter gewissen Voraussetzungen eine **Einlageentsteuerung** vorzunehmen. Das Gegenstück zur Einlageentsteuerung ist der **Eigenverbrauch** gemäss MWSTG 31.

13.1 Grundsätzliches

Damit eine Vorsteuerkorrektur Einlageentsteuerung oder Eigenverbrauch aufgrund einer Nutzungsänderung entsteht, müssen bestimmte Voraussetzungen erfüllt sein. Diese sind bei den beiden Tatbeständen unterschiedlich.

13.1.1 Einlageentsteuerung

Der Zweck der Vorsteuerkorrektur Einlageentsteuerung besteht darin, Gegenstände und Dienstleistungen durch **Gewährung eines nachträglichen Vorsteuerabzugs** steuerlich zu entlasten.

Eine Vorsteuerkorrektur Einlageentsteuerung ist nur möglich, wenn folgende **Voraussetzungen kumulativ** erfüllt sind:

- Die steuerpflichtige Person hat beim Bezug der Gegenstände und Dienstleistungen keinen Vorsteuerabzug vorgenommen bzw. vorgängig wurde eine infolge Eigenverbrauchs korrigierte Vorsteuer entrichtet.
- Der Anspruch auf den Vorsteuerabzug muss belegt werden können (z. B. mittels Rechnungen).
- Die zu entsteuernden Gegenstände und Dienstleistungen müssen künftig für eine zum Vorsteuerabzug berechtigende, unternehmerische Tätigkeit verwendet werden.

Eine Vorsteuerkorrektur Einlageentsteuerung hat zu denjenigen Steuersätzen zu erfolgen, mit denen die Gegenstände und Dienstleistungen seinerzeit beim Bezug belastet worden sind.

Wurden die zu entsteuernden Gegenstände oder Dienstleistungen **bereits in Gebrauch genommen,** ist für die Berechnung der Vorsteuerkorrektur Einlageentsteuerung auf den **Zeitwert der Vorsteuern** abzustellen, der auf gleiche Weise wie bei der Vorsteuerkorrektur Eigenverbrauch ermittelt werden kann (s. Kap. 11.2.5, S. 177).

Beispiel

Wilhelm Aschwanden liess im Jahr n1 eine Liegenschaft erstellen und verwendete diese ab Herbst n1 vollumfänglich für von der Steuer ausgenommene Zwecke (Vermietung ohne Option). Per 1. Juli n4 wird für die Vermietung von 40% der Liegenschaft optiert.

Wilhelm Aschwanden kann eine Vorsteuerkorrektur Einlageentsteuerung auf dem Zeitwert der Vorsteuern am Stichtag 1. Juli n4 geltend machen, sofern die übrigen umschriebenen Bedingungen auch erfüllt sind.

Für die Berechnung der Vorsteuerkorrektur Einlageentsteuerung ist der auf den Rechnungen des Jahres n1 ausgewiesene Steuerbetrag bzw. die Vorsteuer massgebend.

13.1.2 Eigenverbrauch

Das Gegenstück zur Vorsteuerkorrektur Einlageentsteuerung ist die Vorsteuerkorrektur Eigenverbrauch (s. Kap. 11, S. 168). Sie soll sicherstellen, dass bezogene Leistungen **nachträglich mit der Steuer belastet** werden, wenn Steuerpflichtige diese neu für eine nicht unternehmerische oder eine unternehmerische, nicht zum Vorsteuerabzug berechtigende Tätigkeit verwenden.

Massgebend für die Vorsteuerkorrektur Eigenverbrauch ist die seinerzeit geltend gemachte Vorsteuer. Wurden keine Vorsteuern geltend gemacht, obwohl der Anspruch dafür gegeben war, ist auch keine Vorsteuerkorrektur Eigenverbrauch vorzunehmen. Bezüglich des **Zeitwerts der geltend gemachten Vorsteuern** auf bereits in Gebrauch genommenen Gegenständen und Dienstleistungen verweisen wir auf Kapitel 11.2.5, S. 177.

Beispiel

Hans Glauser liess im Jahr n1 eine Liegenschaft erstellen und verwendete diese bis 30.06.n13 ausschliesslich für steuerbare Zwecke. Daher machte er den Vorsteuerabzug auf den Erstellungskosten vollumfänglich geltend. Ab 1. Juli n13 vermietet er 40% der Liegenschaft ohne Option.

Hans Glauser hat eine Vorsteuerkorrektur im Eigenverbrauch auf dem Zeitwert der Vorsteuern am Stichtag 1. Juli n13 vorzunehmen. Für die Berechnung ist von den per Jahr n1 geltend gemachten Vorsteuern auszugehen.

13.2 Tatbestände und Arten von Nutzungsänderungen

Drei Tatbestände sind zu unterscheiden, die eine Nutzungsänderung bewirken können.

Abb. [13-1] **Tatbestände der Nutzungsänderung**

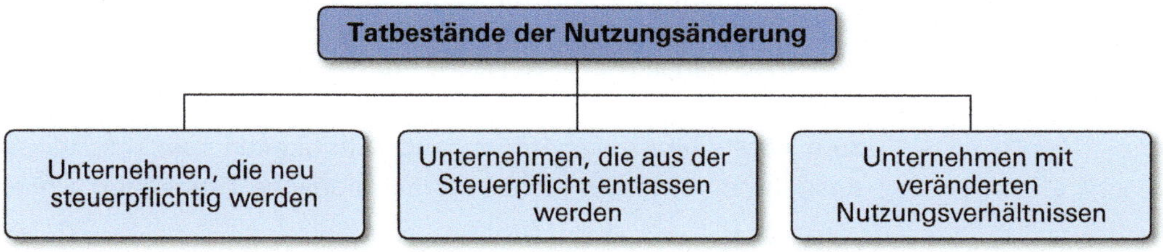

13.2.1 Unternehmen, die neu steuerpflichtig werden

Insbesondere bei Unternehmen, die neu als Steuerpflichtige bei der MWST eingetragen werden, kann eine Einlageentsteuerung infrage kommen. Soweit die **künftige Tätigkeit zum Vorsteuerabzug berechtigt,** können die dafür verwendeten Gegenstände und Dienstleistungen entsteuert werden.

Beispiel

Der ehemalige Skirennfahrer Hans Müller betreibt seit einigen Jahren ein Sportgeschäft, für das er aufgrund der erzielten Umsätze bisher von der Steuerpflicht befreit war. Aufgrund des guten Geschäftsgangs übersteigt der Umsatz nun die massgebenden Umsatzgrenzen und Hans Müller wird auf Beginn des Folgejahres steuerpflichtig.

Es liegt eine Nutzungsänderung vor und Hans Müller kann in seiner ersten MWST-Abrechnung eine Vorsteuerkorrektur Einlageentsteuerung (insbesondere auf den Lagerwaren) geltend machen.

13.2.2 Unternehmen, die aus der Steuerpflicht entlassen werden

Eine Vorsteuerkorrektur Eigenverbrauch muss hauptsächlich bei denjenigen Unternehmen vorgenommen werden, die aus der Steuerpflicht entlassen werden.

Da aufgrund deren Entlassung aus der Steuerpflicht die Nutzung für eine zur Vornahme des Vorsteuerabzugs berechtigende Tätigkeit wegfällt, sind die Voraussetzungen für eine **Vorsteuerkorrektur Eigenverbrauch** infolge Nutzungsänderung zu prüfen.

Beispiel

Die erfolgreichen Zeiten des Handballvereins Vorderstadt liegen schon etwas zurück, wodurch sich auch der steuerbare Umsatz reduziert hat. Da dieser im Jahr n1 weniger als CHF 150 000 beträgt, lässt sich der Handballverein auf den 31.12.n1 aus dem Register der Steuerpflichtigen löschen.

Es liegt eine Nutzungsänderung vor und in der letzten Abrechnung (oder gegebenenfalls in der Schlussrechnung) ist eine Vorsteuerkorrektur Eigenverbrauch (insbesondere für Betriebsmittel und noch an Lager befindliche Waren) vorzunehmen.

13.2.3 Unternehmen mit veränderten Nutzungsverhältnissen

Auch bei einem weiterhin steuerpflichtigen Unternehmen können Nutzungsänderungen zu einer **Vorsteuerkorrektur Einlageentsteuerung oder Eigenverbrauch** führen. Dabei sind die folgenden zwei Arten von Nutzungsänderungen zu unterscheiden:

- Vollumfängliche Nutzungsänderungen
- Partielle (teilweise) Nutzungsänderungen

Im Gegensatz zur partiellen Nutzungsänderung wird jede vollumfängliche Nutzungsänderung steuerlich erfasst. Deswegen ist es wichtig zu wissen, wann eine partielle und wann eine vollumfängliche Nutzungsänderung vorliegt.

A] Vollumfängliche Nutzungsänderungen

Eine vollumfängliche Nutzungsänderung liegt in der Regel dann vor, wenn die Gegenstände oder Dienstleistungen nach der Nutzungsänderung **ausschliesslich für unternehmerische, zum Vorsteuerabzug berechtigende Tätigkeiten** oder ausschliesslich **für von der Steuer ausgenommene oder nicht unternehmerische Tätigkeiten** verwendet werden.

Hingegen liegt keine vollumfängliche Nutzungsänderung vor, wenn die Gegenstände und Dienstleistungen

- bisher ausschliesslich für unternehmerische, zum Vorsteuerabzug berechtigende oder ausschliesslich für von der Steuer ausgenommene oder nicht unternehmerische Zwecke verwendet wurden und in Zukunft für beide Zwecke verwendet werden oder
- bisher nur teilweise für zum Vorsteuerabzug berechtigende, unternehmerische Tätigkeiten verwendet wurden, in Zukunft in einem andern Ausmass, jedoch nicht vollumfänglich für unternehmerische, zum Vorsteuerabzug berechtigende Tätigkeiten oder von der Steuer ausgenommene bzw. nicht unternehmerische Tätigkeiten verwendet werden.

Bei **unbeweglichen Gegenständen** ist zu beachten, dass jeder vermietete Liegenschaftsteil (d. h. einzelne Räumlichkeiten oder Stockwerke) gesondert zu beurteilen ist, d. h. aufgrund dessen, ob für die entsprechende Miete optiert wurde oder nicht.

Bei **Beginn und Ende jeder einzelnen Option** liegt somit immer eine vollumfängliche Nutzungsänderung für den entsprechenden Liegenschaftsteil vor.

Beispiel

Die steuerpflichtige Anwaltspraxis Steiger reduziert ihre Geschäftstätigkeit. Dadurch werden nicht mehr die gesamten, bisherigen Büroräumlichkeiten benötigt. Sie vermietet deshalb den nicht genutzten Teil an einen nicht steuerpflichtigen Arzt.

Da eine Option nicht sinnvoll ist und somit darauf verzichtet wurde, liegt eine vollumfängliche Nutzungsänderung infolge Vermietung eines Liegenschaftsteils ohne Option vor. Aufgrund dieser Nutzungsänderung ist gegebenenfalls eine Vorsteuerkorrektur Eigenverbrauch vorzunehmen.

B] Partielle (teilweise) Nutzungsänderungen

Eine partielle Nutzungsänderung liegt dann vor, wenn Gegenstände und Dienstleistungen **in Zukunft gemischt verwendet** werden und somit nicht mehr ausschliesslich für zum Vorsteuerabzug berechtigende, unternehmerische Tätigkeiten oder ausschliesslich für von der Steuer ausgenommene bzw. nicht unternehmerische Tätigkeiten. Eine partielle Nutzungsänderung liegt ebenfalls vor, wenn sich das **Verhältnis der gemischten Verwendung ändert.**

Grundlage für die zu vergleichenden Nutzungsverhältnisse sind die Ergebnisse aus der Berechnung der Vorsteuerkorrektur aufgrund gemischter Verwendung. Weil das effektive Nutzungsverhältnis in der Regel erst nach Ablauf des Jahres feststeht, in dem die steuerlich relevante Nutzungsänderung eintritt, ist Folgendes zu beachten:

- Die **Wirkungen** einer partiellen Nutzungsänderung treten zu Beginn jenes Jahres ein, in dem die Nutzungsänderung stattfindet.
- Die **steuerlichen Massnahmen** (Einlageentsteuerung bzw. Eigenverbrauch) können erst in der letzten MWST-Abrechnung jenes Jahres getroffen werden, in dem die Nutzungsänderung eintritt.
- Steht zu Beginn des Jahres fest, dass sich das Nutzungsverhältnis wesentlich ändern wird (z. B. neue Option für die Versteuerung der grundsätzlich von der Steuer ausgenommenen Umsätze), ist die Einlageentsteuerung bzw. Eigenverbrauch in der **ersten MWST-Abrechnung provisorisch zu berücksichtigen** und in der **letzten MWST-Abrechnung** des Jahres auf die **effektiv erfolgte Nutzungsänderung** zu korrigieren.

Beispiel

Fall 1

Ein EDV-Geschäft ist in der eigenen Liegenschaft tätig. Es verwendet zwei Stockwerke für seine steuerbare Geschäftstätigkeit, während in den drei anderen Stockwerken die von der Steuer ausgenommene eigene Computerschule untergebracht ist. Durch die Zunahme der Schülerzahl wird neu nur noch das Erdgeschoss für die steuerbare Geschäftstätigkeit genutzt und die Computerschule verwendet die restlichen vier Stockwerke.

Durch die Änderung der Flächenaufteilung auf unternehmerische, zum Vorsteuerabzug berechtigende und von der Steuer ausgenommene Tätigkeiten liegt eine partielle Nutzungsänderung vor.

Fall 2

Ein Berufsverband erzielt bisher von der Steuer ausgenommene Umsätze aus Mitgliederbeiträgen und Schulungsleistungen. Ab dem kommenden Jahr optiert er für die Versteuerung der Schulungsleistungen, während die Mitgliederbeiträge weiterhin als von der Steuer ausgenommene Umsätze behandelt werden.

Durch die Option für einzelne (nicht für alle) von der Steuer ausgenommene Umsätze liegt eine partielle Nutzungsänderung vor.

13.3 Ermittlung der Vorsteuerkorrektur bei Nutzungsänderungen

Die effektive Berechnung der Vorsteuerkorrektur Einlageentsteuerung bzw. Eigenverbrauch kann einen unverhältnismässigen Aufwand für den Steuerpflichtigen bedeuten. Deshalb lässt die ESTV neben der effektiven auch eine annäherungsweise Berechnung der Vorsteuerkorrektur zu.

13.3.1 Effektive Ermittlung

Bei der effektiven Ermittlung sind die Nutzungsänderungen steuerlich in jedem Fall zu erfassen, d. h., es ist **keine Toleranzgrenze** vorgesehen. Vorsteuerkorrekturen werden bei jeder Änderung der Nutzungsverhältnisse vorgenommen.

Beispiel

Beispiel für partielle Nutzungsänderungen bei Anwendung der effektiven Ermittlung

Kalenderjahr	Nutzung für zum Vorsteuerabzug berechtigende Zwecke	Nutzung für nicht zum Vorsteuerabzug berechtigende Zwecke	Veränderung in Prozentpunkten	Nutzungsänderung ja / nein
n1	40%	60%	(Ausgangsbasis)[1]	–
n2	28%	72%	–12%	Ja
n3	35%	65%	7%	Ja
n4	29%	71%	–6%	Ja

[1] z. B. Beginn der Steuerpflicht

- 01.01.n2: Es hat eine **Vorsteuerkorrektur Eigenverbrauch** zu erfolgen.
- 01.01.n3: Es darf eine **Vorsteuerkorrektur Einlageentsteuerung** vorgenommen werden.
- 01.01.n4: Es hat eine **Vorsteuerkorrektur Eigenverbrauch** zu erfolgen.

Die steuerlich relevanten Beträge für eine partielle Nutzungsänderung sind **pro Kalenderjahr gesondert zu ermitteln,** wobei die Berechnungen angesichts der unterschiedlichen Abschreibungssätze getrennt nach unbeweglichen bzw. beweglichen Gegenständen und Dienstleistungen vorzunehmen sind.

A] Unbewegliche Gegenstände

Gegenstand der Einlageentsteuerung sowie der Vorsteuerkorrektur im Eigenverbrauch bei Nutzungsänderungen ist einzig die **Liegenschaft** (bzw. Teile davon), nicht aber der Wert des Bodens. Vorgesehen ist eine Vorsteuerkorrektur Einlageentsteuerung bzw. Eigenverbrauch nur auf

- der **Neuerstellung** und dem **Erwerb** von Liegenschaften,
- **Grossrenovationen** und
- den **wertvermehrenden Aufwendungen** inkl. derjenigen im Zusammenhang mit Energiespar-, Umweltschutz- und denkmalpflegerischen Massnahmen.

Bei werterhaltenden Aufwendungen (ausgenommen Grossrenovationen), Betriebsstoffen und anderen Aufwendungen ohne Anlagekostencharakter erfolgt hingegen weder eine Vorsteuerkorrektur Einlageentsteuerung noch eine Vorsteuerkorrektur Eigenverbrauch.

In der Regel handelt es sich bei den zu entsteuernden bzw. zu besteuernden Aufwendungen um die nach den allgemeinen Grundsätzen der Buchführung **aktivierbaren Anlagekosten** für ein Gebäude.

Hinweis

Weitere Angaben, insbesondere zur Bemessungsgrundlage für die Einlageentsteuerung bzw. den Eigenverbrauch bei Nutzungsänderungen von unbeweglichen Gegenständen, finden Sie in Kapitel 11, S. 168 über den Eigenverbrauch.

B] Bewegliche Gegenstände

Als bewegliche Gegenstände gelten:

- Waren- und Materialvorräte
- Produktions- und Betriebsmittel wie Fahrzeuge, Apparate, Büromaschinen oder Büromobiliar
- Fahrnisbauten wie Baracken, die nicht als Immobilien im Grundbuch eingetragen sind
- Nicht auf Dauer in Gebäuden eingebaute Vorrichtungen wie Zeiterfassungs- und Überwachungsanlagen

Steuerlich relevant sind in der Regel die nach den allgemeinen Grundsätzen der Buchführung **aktivierbaren Gegenstände,** unabhängig davon, ob diese auch tatsächlich aktiviert wurden. Somit führen Aufwendungen wie Service-, Unterhalts- und Reparaturarbeiten, Instandstellungskosten sowie Verbrauchsmaterialien und Werkzeuge zu keiner Vorsteuerkorrektur Eigenverbrauch oder Einlageentsteuerung.

C] Dienstleistungen

Für die Nutzungsänderung relevant sind lediglich Dienstleistungen, die **von Dritten bezogen** wurden. Eine Vorsteuerkorrektur Eigenverbrauch bzw. Einlageentsteuerung muss bzw. darf unabhängig von der Bilanzierung lediglich auf dem seinerzeit geltend gemachten Vorsteuerbetrag vorgenommen werden. Steuerlich relevant sind in der Regel die nach den allgemeinen Grundsätzen der Buchführung **aktivierbaren Dienstleistungen,** wie noch nutzbare Lizenz- und Patentrechte oder bei einer Übernahme eines Unternehmens bezahlter Goodwill.

Die **übrigen Dienstleistungen** gelten als verbraucht oder als nicht mehr nutzbar. Es erfolgt weder eine Vorsteuerkorrektur Eigenverbrauch noch eine Einlageentsteuerung. Insbesondere sind dies:

- Beratungsleistungen (Anwalt, Steuerberatung usw.)
- Werbeleistungen
- Buchführungsleistungen
- Dienstleistungen im Zusammenhang mit der Personalbeschaffung
- Management-Dienstleistungen

Hinweis

Weitere Angaben, insbesondere zur Bemessungsgrundlage für die Einlageentsteuerung bzw. den Eigenverbrauch bei Nutzungsänderungen von Dienstleistungen, finden Sie ebenfalls in Kapitel 11, S. 168 über den Eigenverbrauch.

13.3.2 Annäherungsweise Ermittlung

Bei einer partiellen Nutzungsänderung kann man die annäherungsweise Ermittlung anstelle der effektiven Ermittlung vornehmen. Beim **erstmaligen Eintreten der Voraussetzungen** für eine Nutzungsänderung muss die steuerpflichtige Person entscheiden, welche Methode sie anwenden will. Liegt die partielle Nutzungsänderung bei **höchstens 20 Prozentpunkten (Toleranzgrenze)** und erfolgt keine Korrektur, geht die ESTV davon aus, dass die annäherungsweise Ermittlung angewandt wird. Die gewählte Methode ist somit für **mindestens 5 Jahre** anzuwenden.

Der Hauptvorteil der annäherungsweisen Ermittlung liegt darin, dass eine partielle Nutzungsänderung steuerlich erst dann relevant wird, wenn sich der Verwendungszweck **gegenüber dem Vorjahr um mehr als 20 Prozentpunkte ändert** (Ausnahmen s. «Toleranzgrenze bei Beginn und Ende der Steuerpflicht» und Kap. 13.3.3, S. 217).

Liegt eine **steuerlich relevante Nutzungsänderung** vor (Toleranzgrenze überschritten), wird für die Steuerberechnung die Differenz zwischen folgenden, jährlichen Nutzungsverhältnissen zugrunde gelegt:

- Nutzung im Jahr, in dem die relevante Nutzungsänderung stattfindet, und
- Nutzung der einzelnen Vorjahre (Jahr mit steuerlich relevanten Aufwendungen bzw. Jahr der letzten relevanten Nutzungsänderung).

Beispiel

Die Krause AG ist seit dem 01.01.n1 steuerpflichtig. Sie benutzt verschiedene, bewegliche Gegenstände sowohl für zum Vorsteuerabzug berechtigende als auch nicht berechtigende Zwecke. Die gemischte Nutzung sieht wie folgt aus:

Kalenderjahr	Nutzung für zum Vorsteuerabzug berechtigende Zwecke	Veränderung in Prozentpunkten	Vorsteuern auf steuerlich relevanten Aufwendungen in CHF	Nutzungsänderung ja / nein
n1	48%	–	100 000	Nein
n2	40%	–8%	10 000	Nein
n3	62%	22%	–	Ja
n4	45%	–17%	–	Nein

Im Jahr n2 stellt die Krause AG eine Nutzungsänderung von 8% fest. Wenn die Krause AG hier keine Vorsteuerkorrektur Eigenverbrauch vornimmt, gibt sie zu erkennen, dass sie mindestens für die nächsten fünf Jahre die annäherungsweise Ermittlung anwenden will.

Im Jahr n3 übersteigt die Veränderung gegenüber dem Vorjahr 20 Prozentpunkte. Es liegt somit eine steuerlich relevante Nutzungsänderung vor. Die Einlageentsteuerung im Jahr n3 ist wie folgt zu berechnen:

	Wert CHF	CHF
Vorsteuern auf steuerlich relevanten Aufwendungen im Jahr n1	100 000	
– Abschreibungen für 2 Jahre à 20%	– 40 000	
Einlageentsteuerung von 14% (48 abzüglich 62%) auf Zeitwert	60 000	8 400
Vorsteuern auf steuerlich relevanten Aufwendungen im Jahr n2	10 000	
– Abschreibung für 1 Jahr à 20%	– 2 000	
Einlageentsteuerung von 22% (40 abzüglich 62%)	8 000	1 760
Total Einlageentsteuerung im Jahr n3		**10 160**

Toleranzgrenze bei Beginn und Ende der Steuerpflicht

Wie bereits erwähnt, wird jede vollumfängliche Nutzungsänderung steuerlich erfasst. Die Toleranzgrenze von 20 Prozentpunkten kommt nicht zur Anwendung, wenn – wie beim Austritt aus der Steuerpflicht – einer partiellen Nutzungsänderung eine vollumfängliche Nutzungsänderung folgt.

Dafür ist beim Eintritt in die Steuerpflicht auf die effektive (gemischte) Verwendung der Vermögenswerte im Rahmen der zum Vorsteuerabzug berechtigenden, unternehmerischen Tätigkeit abzustellen, d. h., auch in diesem Fall kommt die Toleranzgrenze nicht zur Anwendung. Die Vorsteuer wird jeweils auf dem Zeitwert dieser Vermögenswerte geltend gemacht.

13.3.3 Wechsel der Ermittlungsmethode

Beim Wechsel von der annäherungsweisen **zur effektiven Ermittlung** ist eine **Vorsteuerkorrektur** (Einlageentsteuerung oder Eigenverbrauch) vorzunehmen, auch wenn die Toleranzgrenze von 20 Prozentpunkten nicht überschritten wird. Die Berechnung der Vorsteuerkorrektur hat nach den Grundsätzen der annäherungsweisen Ermittlung zu erfolgen.

Beim Wechsel von der effektiven zur annäherungsweisen Ermittlung sind hingegen keine steuerlichen Massnahmen zu treffen.

13.4 Vorübergehende Verwendung von Gegenständen

Wird ein Gegenstand, der bisher für eine von der Steuer ausgenommene bzw. nicht unternehmerische Tätigkeit verwendet wurde, vorübergehend und ausschliesslich (d. h. zu 100%) für eine unternehmerische, zum Vorsteuerabzug berechtigende Tätigkeit verwendet, kann die steuerpflichtige Person einen **Vorsteuerabzug** im Umfang der Steuer geltend machen, die auf der einer unabhängigen **Drittperson in Rechnung gestellten Miete** anfallen würde. Massgebend für die Berechnung ist der aktuelle Steuersatz.

Sind für die Bestimmung des Mietwerts **keine Vergleichswerte vorhanden,** kann bei zugekauften Gegenständen der Bezugspreis, bei selbst hergestellten Gegenständen der Bezugspreis der Bestandteile zuzüglich eines Mietwerts für die Ingebrauchnahme der Infrastruktur als Basis dienen. Der Wert für die **Ingebrauchnahme der Infrastruktur** kann pauschal mit **33%** auf dem Bezugspreis der Bestandteile sowie allfälliger Drittarbeiten (Halbfabrikate) berechnet werden. Auf die so ermittelten Basispreise sind noch die direkt zuordenbaren, laufenden und festen Kosten, für die Anspruch auf Vorsteuerabzug besteht, sowie ein branchenüblicher Gewinnzuschlag hinzuzuziehen. Vorsteuerunbelastete Kosten, wie z. B. Versicherungskosten, sind hingegen nicht zu berücksichtigen.

Von einer lediglich vorübergehenden Verwendung ist auszugehen, wenn ein **beweglicher Gegenstand** während **maximal sechs Monaten** bzw. ein **unbeweglicher Gegenstand** während **maximal zwölf Monaten** für einen zum Vorsteuerabzug berechtigenden Zweck verwendet wird. Beträgt die Dauer der vorübergehenden Verwendung mehr als sechs bzw. zwölf Monate, ist grundsätzlich von einer dauernden Verwendung auszugehen.

Im Gegensatz zur vorübergehenden Verwendung werden Gegenstände bei der **gemischten Verwendung** gleichzeitig oder in kurzen Abständen sowohl für zum Vorsteuerabzug berechtigende als auch für vom Vorsteuerabzug ausgeschlossene Zwecke verwendet.

Für die Vorsteuerkorrektur **Eigenverbrauch** gelten die vorherigen Ausführungen sinngemäss.

Beispiel

Fall 1

Gerda Meier, Inhaberin eines steuerpflichtigen Einzelunternehmens, liess sich vor einigen Jahren ein Geschäftshaus erstellen, das bisher ausschliesslich für steuerbare Zwecke verwendet wurde. Auf den Erstellungskosten wurde deshalb der Vorsteuerabzug vollumfänglich geltend gemacht.

Im Gebäude sind u. a. auch die zwei gleichartigen Räume A und B enthalten. Raum A wird mit Option (s. Kap. 3.2.5, S. 61) für monatlich CHF 600 an eine steuerpflichtige Person vermietet. Raum B wurde bisher für die steuerbare Tätigkeit benutzt. Gerda Meier überlässt in Zukunft den Raum B immer während der Wintermonate für einen Betrag von monatlich CHF 200 ihrem nicht mitarbeitenden Sohn Günther, der darin gewerbsmässig Partyanlässe durchführt.

Es handelt sich hier um eine vorübergehende Verwendung von unbeweglichen Gegenständen für nicht steuerbare Zwecke. Für die Berechnung der Vorsteuerkorrektur ist der Wert massgebend, der einem unabhängigen Dritten in Rechnung gestellt würde, d. h. CHF 600 und nicht etwa nur CHF 200.

Da der Sohn Günther den Raum B nicht für Wohnzwecke nutzt, ist eine Option für die Versteuerung der Miete möglich. Dies macht aber nur Sinn, wenn der Sohn aufgrund seiner Tätigkeit steuerpflichtig wird.

Fall 2

Mark Mayer, Inhaber eines Produktionsunternehmens, das qualitativ hochstehende Rasenmäher herstellt, entnimmt für 5 Monate einen Rasenmäher für den privaten Gebrauch. Die wirtschaftliche Lebensdauer des Geräts beträgt 5 Jahre.

Mangels Vergleichswerten ist für die Ermittlung des Mietwerts wie folgt vorzugehen:

Berechnungsgrundlage	CHF
Bezugswert der Bestandteile (Werkstoffe, Halbfabrikate / Drittarbeiten) exkl. MWST	1 500
+ 33% für die Ingebrauchnahme der Infrastruktur	495
+ direkte laufende Aufwendungen exkl. MWST	155
Gesamtkosten	**2 150**
Jahreskosten bei einer Lebensdauer von 5 Jahren	430
+ branchenüblicher Gewinnzuschlag (hier 10%)	43
Jahresmietwert exkl. MWST	473
Mietwert für 5 Monate	**197**

Die Vorsteuerkorrektur Eigenverbrauch beträgt somit CHF 15.15 (7.7% von CHF 197).

Zusammenfassung

Eine **Nutzungsänderung** liegt vor, wenn sich die Verhältnisse der Nutzung für die Vornahme des Vorsteuerabzugs ändern. Je nachdem kann eine Vorsteuerkorrektur Einlageentsteuerung oder muss eine Vorsteuerkorrektur Eigenverbrauch vorgenommen werden.

Bei der **Einlageentsteuerung** werden MWST-belastete Gegenstände und Dienstleistungen, die neu für eine zum Vorsteuerabzug berechtigende, unternehmerische Tätigkeit verwendet werden, durch die Gewährung des Vorsteuerabzugsrechts steuerlich entlastet.

Durch den **Eigenverbrauch** werden steuerpflichtige Personen, die bezogene Leistungen neu für eine von der Steuer ausgenommene bzw. nicht unternehmerische Tätigkeit verwenden, mit der Steuer belastet.

Man unterscheidet **drei Tatbestände** von Nutzungsänderungen:

- Unternehmen, die neu steuerpflichtig werden
- Unternehmen, die aus der Steuerpflicht entlassen werden
- Unternehmen mit veränderten Nutzungsverhältnissen

Nutzungsänderungen können vollumfänglich oder partiell (teilweise) sein:

- Bei der **vollumfänglichen Nutzungsänderung** verlassen die Gegenstände oder Dienstleistungen das Unternehmen oder sie werden nur für unternehmerische, zum Vorsteuerabzug berechtigende oder nur für von der Steuer ausgenommene bzw. nicht unternehmerische Tätigkeiten verwendet.
- Eine **partielle Nutzungsänderung** liegt vor, wenn Gegenstände und Dienstleistungen in Zukunft nicht mehr ausschliesslich für zum Vorsteuerabzug berechtigende unternehmerische Tätigkeiten oder ausschliesslich für von der Steuer ausgenommene bzw. nicht unternehmerische Tätigkeiten, sondern gemischt verwendet werden. Eine partielle Nutzungsänderung liegt auch vor, wenn sich das Verhältnis der gemischten Verwendung ändert.

Die Steuer kann effektiv oder annäherungsweise erfasst werden:

- Bei der **effektiven Ermittlung** werden die Nutzungsänderungen in jedem Fall erfasst.
- Die **annäherungsweise Ermittlung** ist nur bei partiellen Nutzungsänderungen möglich. Nutzungsänderungen werden dabei erst ab einer Limite (Toleranzgrenze von 20 Prozentpunkten) wirksam. Beim Eintritt in bzw. Austritt aus der Steuerpflicht sowie beim Wechsel von der annäherungsweisen zur effektiven Ermittlungsmethode kommt diese Toleranzgrenze nicht zur Anwendung.

Wird ein Gegenstand nur **vorübergehend** für ausschliesslich zum Vorsteuerabzug berechtigende respektive für ausschliesslich von der Steuer ausgenommene bzw. nicht unternehmerische Tätigkeiten verwendet, wird ebenfalls eine Art **Vorsteuerkorrektur Einlageentsteuerung** bzw. **Eigenverbrauch** vorgenommen. Die Vorsteuerkorrektur erfolgt jedoch nur im Umfang der Steuer, die auf der einer unabhängigen Drittperson in Rechnung gestellten Miete anfallen würde.

Repetitionsfragen

71 Der nicht steuerpflichtige Hans Schaffner hat am 01.07.2016 ein Patent für CHF 21 600 (inkl. 8% MWST) erworben. Da sich durch die Verwertung des Patents ein erheblicher Mehrumsatz ergeben hat, wird Hans Schaffner auf den 01.01.2018 im Register der Steuerpflichtigen eingetragen. Er hat daher die Möglichkeit, eine Einlageentsteuerung vorzunehmen.

Berechnen Sie den Zeitwert der Vorsteuer, die er geltend machen darf.

72 Die Joachim Kündig AG, die ausschliesslich zum Vorsteuerabzug berechtigende Tätigkeiten ausübt, wurde nach jahrelanger Geschäftstätigkeit auf den 01.01.2018 als Steuerpflichtige bei der MWST registriert. Bei der ersten MWST-Abrechnung mit der ESTV will sie auf den folgenden Bezügen eine Einlageentsteuerung vornehmen (Werte netto, d. h. exkl. 8% MWST):

A] Kauf eines Personenwagens am 1. September 2013: CHF 50 000

B] Erwerb eines bilanzierten Rechts für die Generalvertretung eines Produkts während 10 Jahren am 1. Mai 2014: CHF 100 000

C] Neuanstrich der eigenen, selbst genutzten Liegenschaft im Juli 2013: CHF 30 000

D] Werbeaufwendungen 2017 für ein neues Produkt, das im Februar 2018 auf den Markt kommt: CHF 40 000

Wie hoch ist der Steuerbetrag, den die Joachim Kündig AG in der ersten MWST-Abrechnung des Jahres 2018 als Einlageentsteuerung geltend machen kann?

73 Die Exodis GmbH entnimmt dem Warenlager einen neuen Computer (Einkaufspreis CHF 1 500 exkl. MWST), den sie während dreier Monate für einen Schulungskurs verwendet. Danach wird dieser Computer für steuerbare Zwecke verwendet.

Welches sind die steuerlichen Folgen?

14 Saldosteuersätze (SSS)

Lernziele

Nach der Bearbeitung dieses Kapitels können Sie ...

- die Voraussetzungen für die Anwendung von Saldosteuersätzen nennen.
- erklären, wie mit mehreren Saldosteuersätzen abgerechnet wird.
- erläutern, wie man die Saldosteuersätze bei steuerbefreiten Leistungen anwendet.
- die Anwendung der Saldosteuersätze beim Eigenverbrauch beschreiben.
- erklären, wie Leistungen, die der Bezugsteuer unterliegen, bei der Saldosteuersatzmethode zu erfassen sind.

Schlüsselbegriffe

Abrechnung mit Saldosteuersätzen, Anrechnung der fiktiven Vorsteuer, Bezugsteuer, Eigenverbrauch, Exporte und Leistungen im Ausland, Formular Nr. 1050, Formular Nr. 1055, Margenbesteuerung, massgebender Umsatz, Mischbranchen, Pauschalsteuersatz, Saldosteuersatz, Steuerschuldlimite, Umsatzlimite, Unterstellungserklärung, vereinfachte Abrechnungsmethode, Wechsel der Abrechnungsmethode

Um das Abrechnungsverfahren für kleinere Unternehmen zu erleichtern, sehen MWSTG 37 und MWSTV 77–96 die Möglichkeit der Verwendung von Saldosteuersätzen (SSS) vor. Dabei wird die abzugsberechtigte Vorsteuer nicht mehr exakt ermittelt. Der Anspruch auf Vorsteuerabzug wird erfüllt, indem das steuerpflichtige Unternehmen die zu bezahlende Steuer (Umsatzsteuer abzüglich Vorsteuer) **pauschal** mit einem **Prozentsatz vom Brutto-Umsatz** bestimmt.

Diesen Prozentsatz legt die ESTV unter Berücksichtigung der besonderen Verhältnisse bei den einzelnen **Branchen** fest, sodass die Nettosteuerschuld bei den meisten Steuerpflichtigen nur geringfügig von dem Betrag abweichen dürfte, der sich aus der effektiven Abrechnungsmethode ergibt. Die SSS sind in der «Verordnung der ESTV über die Höhe der Saldosteuersätze nach Branchen und Tätigkeiten» aufgeführt. Es gibt aktuell **zehn Saldosteuersätze.**

Hinweis

Nachfolgend werden die Begriffe «Saldosteuersatz / Saldosteuersätze» mit «SSS» und «Pauschalsteuersatz / Pauschalsteuersätze» mit «PSS» abgekürzt.

Abb. 14-1 zeigt die Entwicklung der Saldo- bzw. Pauschalsteuersätze seit dem Jahr 2001.

Abb. [14-1] **Saldo- bzw. Pauschalsteuersätze (SSS / PSS)**

Ab 01.01.2018 bis aktuell (10 SSS / PSS)									
6.5%	5.9%	5.1%	4.3%	3.5%	2.8%	2.0%	1.2%	0.6%	0.1%
Ab 01.01.2011 bis 31.12.2017 (10 SSS / PSS)									
6.7%	6.1%	5.2%	4.4%	3.7%	2.9%	2.1%	1.3%	0.6%	0.1%
Für die Steuerperiode / das Kalenderjahr 2010 (10 SSS / PSS)									
6.4%	5.7%	5.0%	4.2%	3.5%	2.7%	2.0%	1.2%	0.6%	0.1%
Ab 01.01.2001 bis 31.12.2009 (8 SSS / PSS)									
6.0%	5.2%	4.6%	3.5%	2.3%	1.2%	0.6%	0.1%		

Hinweis

Die folgenden Formulare sind u.a. auch für die Saldosteuersatzmethode relevant:

- Unterstellungserklärung SSS (s. Anhang, S. 312)
- Antrag auf Abrechnung nach vereinnahmten Entgelten
- MWST-Abrechnung SSS / PSS
- Korrekturabrechnung SSS / PSS (s. Anhang, S. 314)
- Jahresabstimmung bzw. Berichtigungsabrechnung SSS / PSS (s. Anhang, S. 316)

Bei den SSS handelt es sich nicht um die Steuersätze, die in den Fakturen anzugeben sind, sondern lediglich um Hilfsmittel zur **Erleichterung der Steuerberechnung** in der Abrechnung mit der ESTV; sie sind im Sinne von **Multiplikatoren** anzuwenden. In der MWST-Abrechnung muss deshalb der steuerbare **Totalumsatz einschliesslich Steuer deklariert** und mit dem SSS multipliziert werden.

Der Vorteil der Saldosteuersatzmethode besteht vor allem darin, dass die **effektive Vorsteuer nicht mehr ermittelt** werden muss. Speziell für **kleinere Unternehmen** ist das eine nicht zu unterschätzende administrative Vereinfachung der MWST-Abrechnung. Die nach SSS abrechnenden Steuerpflichtigen müssen **semesterweise** statt quartalsweise eine Abrechnung erstellen.

Beispiel

Grafiker Werner Müller hat im ersten Semester einen Umsatz von CHF 107 700 (inkl. MWST) erzielt. Sein Waren- und Dienstleistungsaufwand betrug für dieselbe Periode CHF 25 000 (exkl. MWST).

Er stellt seinen Kunden 7.7% MWST, also CHF 7 700, in Rechnung. Seine geschuldete MWST ermittelt Werner Müller nach der Saldosteuersatzmethode nun nicht mehr durch Abzug der von ihm effektiv bezahlten Vorsteuern, sondern sein Umsatz von CHF 107 700 (d. h. inkl. 7.7% MWST) wird mit dem von der ESTV festgelegten Saldosteuersatz von 5.9% multipliziert.

	CHF	Satz %	Steuer CHF
Effektive Berechnung:			
MWST auf Umsatz	100 000	7.7	7 700.00
– Effektiv bezahlte Vorsteuer	– 25 000	7.7	– 1 925.00
Steuer nach effektiver Berechnung	75 000	7.7	**5 775.00**
Berechnung mit Saldosteuersatz:			
MWST auf Bruttoumsatz	107 700	5.9	**6 354.30**

In diesem Beispiel fährt Werner Müller zwar mit der Anwendung des Saldosteuersatzes rein betragsmässig schlechter, die administrative Vereinfachung (Erfassung in der Buchhaltung, Erstellen der MWST-Abrechnung nur zweimal pro Jahr) dürfte dies jedoch zum Teil aufwiegen.

14.1 Pauschalsteuersatzmethode

Die Pauschalsteuersatzmethode (PSS-Methode) wird in MWSTG 37 Abs. 5 und MWSTV 97–100 beschrieben. Darauf wird nachfolgend nicht näher eingegangen.

Wir führen im Folgenden aber die **wichtigsten Aspekte** dieser Abrechnungsmethode auf:

- Gemeinwesen und ihnen verwandte Einrichtungen z. B. private Schulen und Internate, private Spitäler, Kurhäuser, Alters- und Pflegeheime sowie Vereine und Stiftungen können die PSS-Methode anwenden.
- Es bedarf einer Unterstellungserklärung bzw. Bewilligung.
- Es bestehen keine Umsatz- und Steuerschuldlimiten.
- Es gibt andere Fristen als bei den SSS für den Wechsel auf die effektive Abrechnungsmethode oder umgekehrt.
- Im Weiteren muss quartalsweise eine MWST-Abrechnung eingereicht werden. Diese MWST-Abrechnung ist genau gleich aufgebaut wie diejenige der SSS.

- Die Pauschalsteuersätze (PSS) richten sich nach den 10 Saldosteuersätzen und die Anzahl der anwendbaren PSS ist nicht beschränkt (Zuteilung PSS pro jeweilige Tätigkeit).
- Ergänzend zu den vorhandenen Gesetzesartikeln in MWSTG + MWSTV zur PSS-Methode gelten auch die Bestimmungen der SSS-Methode (MWSTV 100).
- Unterstellungserklärung (s. MWST-Formulare auf der Homepage der ESTV).

14.2 Voraussetzungen für die Abrechnung mit SSS

Die Saldosteuersatzmethode kann nur von Unternehmen angewandt werden, deren **Umsatz CHF 5.005 Mio.** pro Jahr nicht übersteigt und deren maximale **Steuerschuldlimite** höchstens **CHF 103 000** beträgt. Die beiden Bedingungen sind **kumulativ** zu erfüllen.

Für die Berechnung des **massgebenden Umsatzes** sind folgende Umsätze zu berücksichtigen:

- Steuerbare Lieferungen im Inland (einschliesslich Lieferungen ins Ausland, die steuerbefreit sind)
- Steuerbare und steuerbefreite Dienstleistungen, bei denen sich der Ort der Dienstleistung im Inland befindet

Nicht zum **massgebenden Umsatz** zählen hingegen folgende Umsätze:

- Lieferungen im Ausland (Ausland-Ausland-Lieferungen)
- Dienstleistungen, bei denen sich der Ort der Leistung im Ausland befindet
- Von der Steuer ausgenommene Leistungen
- Nichtentgelte wie z. B. Subventionen oder Spenden

Unternehmen, die zu Beginn ihrer Steuerpflicht die Methode der Saldosteuersätze nicht anwenden, können erst **nach Ablauf von drei Jahren von der effektiven zur Saldosteuersatzmethode wechseln.** Wird von Beginn an nach SSS abgerechnet, kann bereits nach Ablauf eines Jahres zur effektiven Methode gewechselt werden. Ein Wechsel kann immer nur auf Beginn einer Steuerperiode erfolgen.

Entscheidet sich ein steuerpflichtiges Unternehmen zur Anwendung der SSS, muss es zuerst eine Bewilligung der ESTV, die **Unterstellungserklärung** (Formular Nr. 1198; s. Anhang, S. 312), ausfüllen, unterzeichnen und einreichen.

Hinweis

In Bezug auf das Gemeinwesen bzw. deren Dienststellen sind die Ausführungen in Kapitel 6.5.2, S. 97 zu beachten.

14.2.1 Überschreiten der Umsatz- und / oder der Steuerschuldlimite

Wenn ein nach Saldosteuersätzen abrechnender Steuerpflichtiger eine und / oder beide Umsatz- und / oder Steuerschuldlimite(n) überschreitet, kann dies einen möglichen **freiwilligen oder zwingenden Wechsel zur effektiven Abrechnungsmethode** gemäss Abb. 14-2 nach sich ziehen.

Abb. [14-2]

Überschreiten der Umsatz- oder der Steuerschuldlimite

Überschreiten einer oder beider Limiten	Wechsel zur effektiven Abrechnungsmethode
Einmalig um höchstens 50%	Freiwilliger Wechsel möglich (Frist von 60 Tagen und auf Beginn einer folgenden Steuerperiode)
In zwei aufeinanderfolgenden Jahren um höchstens 50%	Zwingender Wechsel auf Beginn der folgenden Steuerperiode
Um mehr als 50% in den ersten 12 Monaten der Unterstellung unter die SSS-Methode	Zwingender Wechsel rückwirkend auf Beginn der Unterstellung unter die Saldosteuersatzmethode
Um mehr als 50%, aber nicht in den ersten 12 Monaten der Unterstellung unter die SSS-Methode	Zwingender Wechsel auf Beginn der folgenden Steuerperiode
Um mehr als 50% und auf die Übernahme eines Gesamt- oder Teilvermögens im Meldeverfahren zurückzuführen	Der Wechsel zur effektiven Abrechnungsmethode ist zwingend; das steuerpflichtige Unternehmen kann wählen, ob dieser Wechsel rückwirkend auf Beginn der Steuerperiode, in der die Übernahme stattfand, oder auf den Beginn der folgenden Steuerperiode erfolgen soll.

Beispiel

Am 1. Januar n1 nahm Tobias Konrad seine unternehmerische Tätigkeit als Goldschmied (SSS von 3.5%) auf. Er erzielt in den kommenden Jahren folgende Umsätze (inkl. Steuer):

Jahr	Umsatz in CHF (inkl. MWST)	Zu bezahlende MWST in CHF
n1	3 000 000	105 000
n2	2 900 000	101 500
n3	2 950 000	103 250
n4	3 200 000	112 000

Die Umsatzlimite von CHF 5.005 Mio. muss für dieses Beispiel nicht berücksichtigt werden.

- n1: kein zwingender Wechsel per 01.01.n2 auf die effektive Abrechnungsmethode nötig. Ein freiwilliger Wechsel möglich, da die Steuerschuldlimite um weniger als 50% überschritten ist, aber auch, weil eine ganze Steuerperiode mit SSS abgerechnet wurde. Ein freiwilliger Wechsel ist der ESTV spätestens 60 Tage nach Beginn der Steuerperiode des Jahres n2 mitzuteilen.
- n2: Die Steuerschuldlimite von CHF 103 000 ist unterschritten und somit muss nichts unternommen werden.
- n3: analog zum Sachverhalt zu Geschäftsjahr n1.
- n4: zwingender Wechsel per 01.01.n5 auf die effektive Abrechnung, da in zwei aufeinanderfolgenden Jahren die Steuerschuldlimite um höchstens 50% überschritten wurde. Der Wechsel zur effektiven Abrechnungsmethode hat auch Auswirkungen und Anpassungen u. a. auf die Buchhaltung und Administration, die Erfassung der Steuercodes, die Kontrolle der Lieferantenrechnungen usw.

14.2.2 In der Semesterabrechnung zu deklarierende Umsätze

Es sind zwei verschiedene Arten von Umsätzen zu unterscheiden, die in der Semesterabrechnung zu deklarieren sind: die zum SSS zu versteuernden und die nicht zu versteuernden Umsätze.

A] Umsätze, die zum SSS zu versteuern sind

Folgende Umsätze sind in der Abrechnung zu deklarieren und zum massgebenden SSS abzurechnen:

- Die steuerbaren Umsätze aus Lieferungen und Dienstleistungen.
- Die Verkäufe von Betriebsmitteln und Anlagegütern, sofern diese nicht ausschliesslich zur Erzielung von der Steuer ausgenommenen Leistungen verwendet wurden.
- Leistungen an eng verbundene Personen: immer entgeltlich und zu Drittpreisen zu versteuern.
- Leistungen an das Personal: nur entgeltliche Leistungen, d. h. bezahltes Entgelt. Leistungen, die im Lohnausweis zu deklarieren sind, gelten als entgeltlich erbracht (z. B. Privatanteil an den Autokosten für die Mitarbeitenden).

B] Umsätze, die nicht zu versteuern sind

In der Abrechnung sind neben den für die Umsatz- und Steuerschuldlimite massgebenden steuerbaren Umsätzen auch die nicht zu versteuernden Umsätze zu deklarieren. Diese können innerhalb der Abrechnung vor der Steuerberechnung wieder **in Abzug gebracht** werden. Unter die nicht zu versteuernden Umsätze fallen insbesondere:

- Lieferungen und Dienstleistungen, deren Ort sich im Ausland befindet (Leistungen im Ausland)
- Steuerbefreite / exportierte Leistungen (Formular Nr. 1050 ist zu beachten, s. Kap. 14.5, S. 226)
- Von der Steuer ausgenommene Leistungen
- Übertragung im Meldeverfahren

Nichtentgelte wie Subventionen, Spenden, Dividenden, Schadenersatz usw. sind nicht zu versteuern, aber dennoch in der MWST-Abrechnung bei der SSS-Methode unter den Ziff. 900 bzw. 910 zu deklarieren.

14.3 Ausschluss von der Anwendung der SSS

Abgesehen von denjenigen Steuerpflichtigen, die aufgrund der Überschreitung der Betragslimiten von der Anwendung der Saldosteuersätze ausgeschlossen sind, bleibt diese vereinfachte Methode auch anderen Steuerpflichtigen verwehrt (MWSTV 77 Abs. 2):

a. Steuerpflichtige, die mit **Pauschalsteuersätzen** abrechnen können
b. Steuerpflichtige, die das **Verlagerungsverfahren** anwenden
c. Steuerpflichtige, die die **Gruppenbesteuerung** anwenden
d. Steuerpflichtige in den Talschaften **Samnaun** und **Sampuoir**
e. Steuerpflichtige, die mehr als **50%** ihres Umsatzes aus steuerbaren Leistungen an **andere steuerpflichtige effektiv abrechnende Unternehmen** erzielen, sofern die beteiligten Personen unter einheitlicher Leitung stehen

Steuerpflichtige, die mit der **Saldosteuersatzmethode** abrechnen, können nicht für die Versteuerung der von der Steuer ausgenommenen Leistungen nach MWSTG 21 Abs. 2 Ziff. 1–24, 27, 29 und 30 optieren.

Es gibt aber **drei Ausnahmen der freiwilligen Versteuerung** von Umsätzen / Leistungen nach MWSTG 21 Abs. 2:

- Ziff. 26: Verkauf von eigenen Urprodukten durch Urproduzenten
- Ziff. 28: Leistungen innerhalb des gleichen Gemeinwesens
- Ziff. 28bis: Zurverfügungstellen von Personal durch Gemeinwesen an andere Gemeinwesen

Wir zeigen die Anwendung der Regel bezüglich der einheitlichen Leitung (MWSTV 77 Abs. 2 lit. e) an einem Beispiel.

Beispiel

Das steuerpflichtige Einzelunternehmen X (rechnet vereinnahmt und mit der Saldosteuersatzmethode ab) hält eine (direkte) Beteiligung von 80% an der steuerpflichtigen Alpha AG. Die Alpha AG hält wiederum eine (direkte) Beteiligung an der steuerpflichtigen und effektiv abrechnenden Beta AG. Das Einzelunternehmen X erbringt mehr als 50% seiner Leistungen an die Beta AG.

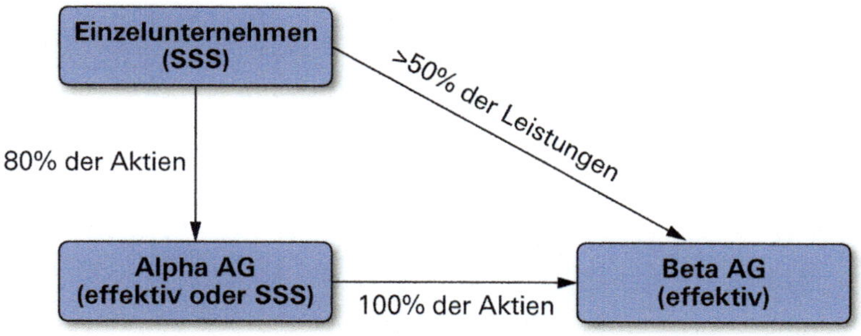

Fragen:

- Muss das Einzelunternehmen X aufgrund seiner direkten Beteiligung von 80% an der Alpha AG bzw. indirekten Beteiligung von ebenfalls 80% an der Beta AG etwas unternehmen?
- Wenn ja, was für Folgen hat dies für das Einzelunternehmen X?

Antworten:

Obwohl es eine indirekte Beherrschung (via Alpha AG) ist, liegt eine **einheitliche Leitung** bzw. Beherrschung zwischen dem Einzelunternehmen X und der Beta AG im Sinne von MWSTV 77 Abs. 2 lit. e vor. Das **Einzelunternehmen X** kann somit **nicht** mit der **Saldosteuersatzmethode abrechnen.**

Bei einer **Neuanmeldung** im MWST-Register muss das Einzelunternehmen X prüfen, ob es die Bestimmungen gemäss MWSTV 77 Abs. 2 Bst. e erfüllt. Dies u.a. aufgrund des Wortlautes aus der Unterstellungserklärung zur SSS-Methode: «Es verpflichtet sich, die in den Art. 35 Abs. 1 Bst. b und Art. 37 Abs. 1–4 MWSTG, in den Art. 77–96 MWSTV sowie in der MWST-Info 12 Saldosteuersätze aufgestellten Bedingungen zu befolgen.»

Bei einer **bestehenden Steuerpflicht** und dem Zukauf einer Beteiligung muss das Einzelunternehmen X die Bestimmungen von MWSTV 77 Abs. 2 lit. e ebenfalls beachten.

14.4 Abrechnung mit mehreren SSS

In der Regel benötigt ein Steuerpflichtiger zur Versteuerung seiner Umsätze lediglich einen SSS. Werden mehrere Tätigkeiten ausgeübt, kann ein zweiter bewilligt werden. Es dürfen **höchstens zwei verschiedene SSS** angewandt werden. Ein zweiter muss / kann angewandt werden, wenn der **Anteil der zweiten Tätigkeit** regelmässig **10% des Gesamtumsatzes übersteigt.**

Handelt es sich beim SSS um eine typische **Mischbranche,** beträgt diese **Grenze 50%.** Eine typische Mischbranche liegt vor, wenn durch den Steuerpflichtigen unterschiedliche Leistungen erbracht werden, die gesamthaft einem einzigen Saldosteuersatz unterliegen. Die entsprechenden Mischbranchen sind in der «Verordnung der ESTV über die Höhe der Saldosteuersätze nach Branchen und Tätigkeiten» mit einem «Stern (*)» gekennzeichnet.

Beispiel

Bei einem Musikgeschäft beträgt der Saldosteuersatz 2.0%. Hier liegt eine typische Mischbranche vor. Es müssen mehr als 50% des Umsatzes aus dem Klavierstimmen stammen, damit dieser Umsatz zum höheren Saldosteuersatz von 4.3% abzurechnen ist.

Die **Anwendung** des **höchsten** für die ausgeführten Tätigkeiten **massgebenden SSS** ist bei mehreren Tätigkeiten immer **Pflicht.**

Den **zweiten SSS** kann der Steuerpflichtige **frei wählen.** Umsätze, für die der entsprechende SSS nicht anwendbar ist, müssen zum **nächsthöheren SSS** abgerechnet werden.

Beispiel

Der steuerpflichtige Einzelunternehmer Hans Meier will mit der Saldosteuersatzmethode abrechnen. Sein Umsatz beträgt CHF 500 000 und setzt sich wie folgt zusammen:

- 20% des Umsatzes: Saldosteuersatz 5.9%
- 30% des Umsatzes: Saldosteuersatz 4.3%
- 50% des Umsatzes: Saldosteuersatz 2.0%

Bei Annahme eines Umsatzes von CHF 500 000 ergeben sich folgende Berechnungen:

- SSS 5.9% und 4.3%: CHF 100 000 zu 5.9% und CHF 400 000 zu 4.3% = CHF 23 100
- SSS 5.9% und 2.0%: CHF 250 000 zu 5.9% und CHF 250 000 zu 2.0% = CHF 19 750

Hans Meier fährt also günstiger, wenn er mit den SSS von 5.9% und 2.0% abrechnet.

14.5 Exporte und Leistungen im Ausland

In Kapitel 4, S. 63 haben wir die Steuerbefreiung im Sinne von MWSTG 23 Abs. 2 ausführlich besprochen. Diese Ausführungen gelten grundsätzlich auch für Steuerpflichtige, die mit Saldosteuersatz abrechnen.

Beim SSS gibt es **zwei Varianten** für die Deklaration der steuerbefreiten Leistungen:

1. Die steuerbefreiten Leistungen werden zum Saldosteuersatz deklariert. Die Steuer von 7.7% oder 2.5% auf diesen Leistungen wird danach **mithilfe des Formulars Nr. 1050,** das zusammen mit der Abrechnung der ESTV einzureichen ist, direkt im Abrechnungsformular unter der Ziff. 470 abgezogen.
2. Die steuerbefreiten Leistungen werden direkt in der MWST-Abrechnung unter Ziff. 220 abgezogen; die **Anrechnung mit dem Formular Nr. 1050 entfällt.** Mit diesem Vorgehen verzichtet der Steuerpflichtige unwiderruflich auf die Abgeltung der Vorsteuer. Voraussetzung ist, dass der Gegenstand steuerbelastet bezogen oder selbst hergestellt wurde. Das Formular Nr. 1050 kann entweder direkt bei der ESTV bezogen oder auf ihrer Website abgerufen werden.

Beispiel

Ein Steuerpflichtiger, der mit dem Saldosteuersatz von 4.3% abrechnet, erzielt ein Gesamtentgelt von CHF 120 000. Davon entfallen CHF 20 000 auf steuerbefreite Leistungen.

	Berechnungsgrundlage	CHF	Steuer CHF
Variante 1	Gesamtumsatz steuerbar zu 4.3%	120 000	5 160.00
	Anrechnung der Steuer auf dem steuerbefreiten Umsatz mittels Formular Nr. 1050: 7.7% von CHF 20 000 (107.7%)		–1 429.90
	Zu bezahlende Steuer		**3 730.10**
Variante 2	Gesamtumsatz	120 000	
	Steuerbefreite Leistungen	–20 000	
	Steuerbarer Umsatz zu 4.3%	**100 000**	**4 300.00**

Aus diesem Beispiel ist ersichtlich, dass **Variante 1 günstiger** ist, da hier die Vorsteuer abgegolten wird. Es ist daher höchstens bei kleineren Beträgen aus Vereinfachungsgründen zu empfehlen, die Variante 2 zu wählen.

Werden Lieferungen aber nicht von der Schweiz ins Ausland, sondern **direkt im Ausland** (Ausland-Ausland-Lieferungen) erbracht, ist die Anwendung der Variante 2 zwingend, da sich hier im Inland praktisch keine Vorsteuern ergeben. Auch bei anderen Leistungen fallen im Inland praktisch keine Vorsteuern an.

Bei diesen Leistungen ist das Formular Nr. 1050 nicht anwendbar, d. h., die Abgeltung einer allfälligen Vorsteuer ist nicht möglich.

Die **Anwendung der Variante 2** ist deshalb bei folgenden Leistungen immer **zwingend:**

- Lieferungen im Ausland (z. B. Versand eines Gegenstands von Frankreich direkt nach Deutschland oder Erstellung von Bauten in Italien)
- Beförderung von Gegenständen für ausländische Kunden
- Als im Ausland erbracht geltende Dienstleistungen
- Beförderungen von Personen
- Steuerbefreite Lieferungen von Münz- und Feingold

14.6 Abrechnung der Bezugsteuer

Der Bezugsteuer unterliegen folgende Leistungen (s. Kap. 6.2.2, S. 83):

- Dienstleistungen von Unternehmen mit Sitz im Ausland, die nicht im MWST-Register der steuerpflichtigen Personen eingetragen sind, sofern sich der Ort der Dienstleistung nach MWSTG 8 Abs. 1 richtet.
- Einfuhr von Datenträgern ohne Marktwert mit den darin enthaltenen Dienstleistungen und Rechten.
- Lieferungen von unbeweglichen Gegenständen (inkl. Reparatur, Bearbeitung usw.) im Inland durch Unternehmen mit Sitz im Ausland, die nicht im MWST-Register eingetragen sind, sofern diese Lieferungen nicht der Einfuhrsteuer unterliegen.

Im Zusammenhang mit der Anwendung von SSS ist dazu Folgendes zu beachten:

Die SSS basieren auf der Annahme, dass die Aufwendungen steuerbelastet bezogen werden. Ein Steuerpflichtiger, der z. B. Dienstleistungen zum Normalsatz im Inland bezieht, soll nicht benachteiligt sein gegenüber einem Steuerpflichtigen, der diese Dienstleistung «steuerfrei» von einem Unternehmen mit Sitz im Ausland einkauft.

Steuerpflichtige, die mit der Saldosteuersatzmethode abrechnen und **Leistungen** beziehen, die der **Bezugsteuer** unterliegen, haben diese semesterweise in ihrer MWST-Abrechnung unter Ziff. 381 zum entsprechenden, **gesetzlichen Steuersatz** – d. h., in aller Regel zum Normalsatz – zu **deklarieren** und zu versteuern.

Beispiel

Die steuerpflichtige Adin AG erbringt Beratungsdienstleistungen und rechnet mit der Saldosteuersatzmethode (SSS von 5.9%) ab. Für ein Beratungsprojekt bezieht die Adin AG im 1. Semester n1 Beratungsdienstleistungen von der Buta KG mit Sitz in Berlin (DE) im Wert von EUR 30 000. Der Monatsmittelkurs der ESTV für diesen Geschäftsfall beläuft sich auf: 1 EUR = CHF 1.20.

Die Adin AG hat die von der Buta KG bezogenen Dienstleistungen mit der Bezugsteuer zum gesetzlichen Steuersatz, d. h. zum Normalsatz, abzurechnen. Da der Dienstleistungsbezug in EUR erfolgte, sind u. a. auch noch die Bestimmungen über die ausländische Währung (s. Kap. 7.3.3, S. 118) zu berücksichtigen.

Die Bezugsteuer wird wie folgt ermittelt:

EUR 30 000 multipliziert mit dem Kurs von 1.20 = CHF 36 000, davon 7.7% = CHF 2 772

Unter Ziff. 381 der MWST-Abrechnung 1. Semester n1 ist einerseits der (Netto)betrag von CHF 36 000, andererseits die geschuldete Steuer von CHF 2 772 zu deklarieren und zu versteuern. Beim Bezug solcher Beratungsdienstleistungen von einem steuerpflichtigen Unternehmen mit Sitz in der Schweiz hätte die Adin AG keine Möglichkeit, die ihr in Rechnung gestellten Vorsteuern zurückfordern.

Mit der Anwendung der SSS-Methode ist bekanntlich ein Vorsteuerabzug ausgeschlossen. Im Weiteren ist zu beachten, dass die aus dem Ausland bezogenen Dienstleistungen nicht mit dem zugeteilten SSS von 5.9% als Bezugsteuer abgerechnet werden können.

14.7 Eigenverbrauch

Der Eigenverbrauch nach MWSTG 31 ist mit der Anwendung der Saldosteuersätze (SSS) berücksichtigt – mit Ausnahme von MWSTV 83 Abs. 1 lit. b, d. h. bei von einer effektiv abrechnenden Person im Meldeverfahren übernommenem Gesamt- oder Teilvermögen.

Leistungen an **eng verbundene Personen** und an das **Personal** gelten nicht als Eigenverbrauch. Somit ist zwingend abzuklären, welche (un)entgeltlichen Leistungen an eng verbundene Personen und an das Personal mit der Saldosteuersatzmethode abgerechnet werden müssen.

Die Unterscheidung zwischen Eigenverbrauch (Vorsteuerkorrektur) bzw. Lieferungssteuer wollen wir im nachfolgenden Beispiel in Bezug auf den Privatanteil an den Autokosten aufzeigen.

Beispiel

Der steuerpflichtige Treuhänder Arnold Hauser rechnet vereinnahmt und effektiv ab.

Er nutzt das Geschäftsfahrzeug (Kauf im Jahr 2016; CHF 43 200 inkl. 8% MWST) auch für private Zwecke (z. B. für rund 25%). Für die Verbuchung und Deklaration des Privatanteils an den Autokosten entscheidet er sich für die Pauschale, d. h. für die Anwendung der 0.8% pro Monat auf dem Anschaffungswert exkl. MWST.

Im Weiteren kann der Mitarbeiter Peter Brenzikofer das ihm zur Verfügung gestellte Geschäftsfahrzeug (Kauf im Jahr 2014; CHF 37 800 inkl. 8% MWST) auch für private Zwecke nutzen.

Die Verbuchung und Deklaration dieser beiden Privatanteile bei Anwendung der **effektiven Abrechnungsmethode** sieht wie folgt aus:

Verbuchung und Deklaration		CHF
Arnold Hauser	Privataufwand an Privatanteil an den Autokosten (PA Auto) (Berechnung: CHF 40 000 netto · 0.8% · 12 Monate)	3 840.00
	PA Auto an Vorsteuerkorrektur (Eigenverbrauch) (Berechnung: CHF 3 840 : 107.7% · 7.7%) Unter der Ziff. 415 der MWST-Abrechnung zu deklarieren	274.55
Peter Brenzikofer	Lohnaufwand an Privatanteil an den Autokosten (PA Auto) (Berechnung: CHF 35 000 netto · 0.8% · 12 Monate) Unter Ziff. 200 und 301 als Bruttoumsatz oder als Nettoumsatz von CHF 3 120 mit der Lieferungssteuer (CHF 240.20) abzurechnen.	3 360.00

Was passiert, wenn der Einzelunternehmer Arnold Hauser mit der **SSS-Methode** abrechnet?

Arnold Hauser: Der Eigenverbrauch im Sinne von MWSTV 92 ist mit Ausnahme von MWSTV 83 Abs. 1 lit. b mit der Anwendung der SSS-Methode berücksichtigt. Der Privatanteil an den Autokosten ist in der Buchhaltung wie oben aufgeführt zu verbuchen, aber es ist kein Eigenverbrauch bzw. **keine Vorsteuerkorrektur** vorzunehmen.

Peter Brenzikofer: Der Privatanteil an den Autokosten für Peter Brenzikofer ist aber abzurechnen, da es sich um eine **entgeltliche Leistung** handelt. Der Betrag von CHF 3 360 ist brutto unter Ziff. 200 und 321 zu deklarieren und die daraus resultierende Lieferungssteuer bei Anwendung des SSS von 5.9% beträgt CHF 198.25. Die MWST stellt bei Anwendung der SSS-Methode in der Erfolgsrechnung einen **Aufwandposten** dar.

Weitere Einzelheiten zu den Privatanteilen s. Kapitel 11.5.3, S. 185.

14.7.1 Übernahme eines Vermögens im Meldeverfahren

Wenn ein Steuerpflichtiger ein Gesamt- oder Teilvermögen an einen anderen Steuerpflichtigen übergibt bzw. verkauft, muss diese «Übergabe» im Meldeverfahren erfolgen und die übergebenen / verkauften Werte sind durch den Veräusserer in seiner MWST-Abrechnung unter Ziff. 200 und 225 zu deklarieren. Es gibt aber Probleme, wenn der übernehmende Steuerpflichtige das **übernommene Vermögen nicht oder nur zu einem geringeren Anteil für eine steuerbare Tätigkeit verwendet.**

Rechnet der Veräusserer auch nach der SSS-Methode ab, sind keine Korrekturen vorzunehmen. Falls der Veräusserer nach der **effektiven Methode** abrechnet, muss der **Erwerber den Eigenverbrauch** abrechnen.

Beispiel

Die Magro AG veräussert ein Teilvermögen, das sie vollständig zur Erbringung steuerbarer Leistungen verwendet hat, an die mit der SSS-Methode abrechnende Xenon AG und muss dafür das Meldeverfahren anwenden.

Die Xenon AG verwendet das Teilvermögen zur Erbringung von der Steuer ausgenommenen Leistungen (keine Option möglich).

- Rechnet die Magro AG auch nach der SSS-Methode ab, braucht die übernehmende Xenon AG keinen Eigenverbrauch abzurechnen.
- Rechnet die Magro AG nach der effektiven Methode ab, muss die Xenon AG Eigenverbrauch abrechnen, und zwar auf dem gesamten Wert des Teilvermögens, weil es vor dem Verkauf vollständig für steuerbare Zwecke verwendet wurde und nach dem Verkauf vollständig zur Erbringung von der Steuer ausgenommenen Leistungen verwendet wird (MWSTV 83).

14.7.2 Unbewegliche Gegenstände

Wird ein unbeweglicher Gegenstand (Gebäude oder Gebäudeteil), der für eine Tätigkeit mit Anspruch auf Vorsteuerabzug verwendet wurde, neu für eine von der Steuer ausgenommene Tätigkeit oder nicht mehr im Rahmen der unternehmerischen Tätigkeit verwendet, so ist auf dem **Zeitwert** die Steuer **zum aktuellen Normalsatz** geschuldet (MWSTV 93 Eigenverbrauch bzw. MWSTV 82), wenn die steuerpflichtige Person den unbeweglichen Gegenstand

- erworben, erbaut oder umgebaut hat, als sie nach der effektiven Methode abrechnete und den Vorsteuerabzug vorgenommen hat; oder
- im Rahmen des Meldeverfahrens von einer nach der effektiven Methode abrechnenden, steuerpflichtigen Person erworben hat.

Zur Ermittlung des Zeitwerts des unbeweglichen Gegenstands ist **pro Jahr eine Abschreibung von 5%** vorzunehmen.

Beispiel

Das steuerpflichtige Einzelunternehmen Max Göri rechnet in den Jahren 2014–2017 mit der effektiven Abrechnungsmethode ab. In dieser Zeit fallen folgende Investitionen an, auf denen er die Vorsteuer abzieht:

- Neubau Geschäftsliegenschaft 2014: Wert CHF 800 000 (exkl. 8% MWST); davon Vorsteuer von CHF 64 000
- Kauf Geschäftsfahrzeug 2017: Wert CHF 100 000 (exkl. 8% MWST); davon Vorsteuer von CHF 8 000

Per 01.01.2018 wechselt Max Göri zur SSS-Methode. Die Geschäftsliegenschaft wird weiterhin für die unternehmerische steuerbare Tätigkeit verwendet. Aus Altersgründen und da er keine Nachfolgeregelung finden kann, gibt Max Göri seine Geschäftstätigkeit per 31.12.2018 auf und lässt sich aus dem MWST-Register der Steuerpflichtigen löschen. Die Geschäftsliegenschaft und das -fahrzeug verwendet er inskünftig nur noch für private Zwecke.

Beim Wechsel von der effektiven zur SSS-Methode erfolgen keine Steuerkorrekturen auf dem Warenlager, den Betriebsmitteln und den Anlagegütern (MWSTV 79 Abs. 3).

Bei der Beendigung der Steuerpflicht per 31.12.2018 ist der Eigenverbrauch beim Geschäftsfahrzeug berücksichtigt (MWSTV 92), bei der Geschäftsliegenschaft aber nicht!

Die Berechnung der Steuer zum Normalsatz erfolgt mit dem aktuellen Steuersatz:

	CHF
Neubau Geschäftsliegenschaft mit Vorsteuerabzug	800 000
– Abschreibungen: 5 Jahre · 5% = 25%	– 200 000
Zeitwert per Löschung 31.12.2018	600 000
Davon Steuer von 7.7% (aktueller Steuersatz!)	**46 200**

14.8 Wechsel der Abrechnungsmethode und -art

Beim Wechsel der Abrechnungsmethode von der effektiven Methode **zur Abrechnung mit SSS** erfolgt grundsätzlich **keine Steuerkorrektur** auf dem Warenlager, den Betriebsmitteln und den Anlagegütern, obwohl auf diesen Gegenständen die Vorsteuer geltend gemacht werden konnte (MWSTV 79). Es erfolgt auch keine Steuerkorrektur auf den Debitoren und Kreditoren, sofern mit dem Wechsel nicht gleichzeitig auch die Abrechnungsart geändert wird.

Der Wechsel von der effektiven Methode zur Abrechnung mit SSS muss **spätestens 60 Tage nach Beginn der Steuerperiode,** ab der dieser Wechsel erfolgt, schriftlich gemeldet werden.

Auch umgekehrt (vom SSS zur effektiven Methode) erfolgen keine Steuerkorrekturen, ausser bei den Debitoren und Kreditoren, wenn auch die Abrechnungsart (vereinnahmt / vereinbart) gewechselt wird.

14.9 Ende der Steuerpflicht bei der SSS-Methode

Stellt eine steuerpflichtige Person ihre Geschäftstätigkeit ein, so meldet sie sich bei der ESTV und lässt sich aus dem **MWST-Register** löschen. Aufgrund der Meldung schickt die ESTV der steuerpflichtigen Person eine Schlussabrechnung.

Die Steuerpflichtige muss dann folgende «Umsätze» bis zur Löschung im MWST-Register mit der **Schlussabrechnung** versteuern (MWSTV 82):

- Erzielte Umsätze bis zum Löschungsdatum
- Debitoren (wenn Abrechnungsart vereinnahmt)
- Noch nicht fakturierte, angefangene Arbeiten
- Verkäufe an Drittpersonen (z. B. Aktiengesellschaft an Aktionär)
- Eigenverbrauch auf unbeweglichen Gegenständen, wenn
  - der Gegenstand von der Steuerpflichtigen erworben, erbaut oder umgebaut wurde, als sie nach der effektiven Methode abrechnete und den Vorsteuerabzug vorgenommen hat.
  - der Gegenstand von der Steuerpflichtigen während der Zeit, in der sie mit Saldosteuersätzen abrechnete, im Rahmen des Meldeverfahrens von einer effektiv abrechnenden Steuerpflichtigen erworben wurde.
  - die Besteuerung zum Eigenverbrauch zum Zeitwert (5% Abschreibung pro abgelaufenes Jahr) und zum Normalsatz erfolgt.

Es erfolgen grundsätzlich **keine Korrekturen** auf den Warenvorräten, Betriebsmitteln und Anlagegütern.

14.10 Anrechnung der fiktiven Vorsteuer

Auch wer mit SSS abrechnet, hat die Möglichkeit, die in Kapitel 10.2, S. 164 beschriebene Anrechnung der **fiktiven Vorsteuer** anzuwenden. Es sind dabei grundsätzlich dieselben Bestimmungen zu berücksichtigen wie bei der effektiven Abrechnungsmethode (z. B. hinsichtlich Buchführung und Rechnungsstellung).

Wird bei der Abrechnung mit Saldosteuersätzen die Anrechnung der fiktiven Vorsteuer angewandt, ist das **Formular Nr. 1055** auszufüllen und zu unterzeichnen. Der Steuerpflichtige muss den Verkaufserlös vollumfänglich unter Ziff. 200 der MWST-Abrechnung aufführen und unter Ziff. 322 bzw. 332 mit dem bewilligten Saldosteuersatz versteuern. Das Total aus dem Formular Nr. 1055 ist dann unter **Ziff. 471 des Abrechnungsformulars** zu übertragen. Die Verwendung dieses Formulars führt dazu, dass die Marge zum SSS von 6.5% bei Gütern des Normalsatzes abgerechnet wird.

14.11 Margenbesteuerung

Grundsätzlich kann auch eine steuerpflichtige Person, die mit der SSS-Methode abrechnet, die Margenbesteuerung anwenden (MWSTV 90 Abs. 2bis).

Analog der Anrechnung von fiktiven Vorsteuern ist beim Verkauf von Sammlerstücken ein nahezu identisches Formular (Nr. 1056) auszufüllen. Die übrigen Bedingungen der Margenbesteuerung (s. Kap. 7.5, S. 122) sind ebenfalls zu berücksichtigen.

Zusammenfassung

Zur Erleichterung des Abrechnungsverfahrens können Saldosteuersätze (SSS) angewandt werden. Der Steuerpflichtige berechnet dann seine Steuerschuld **pauschal mit einem Prozentsatz** vom Umsatz. Es gibt **zehn Saldosteuersätze.** Der SSS wird von der ESTV unter Berücksichtigung der besonderen Verhältnisse bei den einzelnen Branchen festgelegt.

Limiten für die Anwendung von SSS sind

- Umsatz-Limite: CHF 5.005 Mio. und
- maximale Steuerschuldlimite: nicht mehr als CHF 103 000.

Ein **Wechsel von der effektiven zur Saldosteuersatzmethode** kann erst nach Ablauf von drei Jahren auf Beginn der nächsten Steuerperiode erfolgen. Wird von Beginn an mit der Saldosteuersatzmethode abgerechnet, kann bereits nach Ablauf eines ganzen Jahres zur effektiven Abrechnungsmethode gewechselt werden.

In der **Semesterabrechnung** müssen folgende Umsätze deklariert werden:

- Umsätze, die zum SSS zu versteuern sind
- Umsätze, die nicht zu versteuern sind

Bestimmte Steuerpflichtige dürfen die Abrechnungsmethode der SSS nicht anwenden. Im Weiteren ist die freiwillige Versteuerung (Option) für Leistungen, die von der Steuer ausgenommen sind – mit drei Ausnahmen – ausgeschlossen.

Werden mehrere Tätigkeiten ausgeübt, kann ein **zweiter SSS** bewilligt werden. Der Anteil der zweiten Tätigkeit muss regelmässig 10% des Gesamtumsatzes überschreiten, bei den sog. Mischbranchen sogar 50%. Insgesamt dürfen nur **zwei verschiedene SSS** verwendet werden.

Steuerbefreite Leistungen können auf zwei Arten abgerechnet werden:

- Zum SSS besteuert. Danach wird die Steuer zum Normalsatz oder zum reduzierten Satz mit dem Formular Nr. 1050 zurückgefordert; die Vorsteuer ist abgegolten.
- Direkt in der MWST-Abrechnung abgezogen; dadurch entfällt die Anrechnung der Vorsteuer.

Leistungen, die der **Bezugsteuer** unterliegen, müssen bei Anwendung der Saldosteuersatzmethode in den Abrechnungen zum gültigen Steuersatz deklariert werden. Im Normalfall müssen solche Leistungen zum Normalsatz deklariert und versteuert werden.

Der **Eigenverbrauch** ist mit wenigen Ausnahmen (Übernahme eines Vermögens im Meldeverfahren bei unbeweglichen Gegenständen) abgegolten.

Leistungen an eng verbundene Personen und an das Personal gelten nicht als Eigenverbrauch. Es ist somit abzuklären, welche (un)entgeltlichen Leistungen an diese Personen und an das Personal mit der Saldosteuersatzmethode abgerechnet werden müssen.

Beim **Wechsel der Abrechnungsart** von der effektiven Methode zur Abrechnung mit SSS (oder umgekehrt) erfolgt grundsätzlich keine Steuerkorrektur. Wenn aber gleichzeitig die Abrechnungsart gewechselt wird, erfolgt eine nachträgliche Berichtigung auf den Debitoren und Kreditoren.

Auch bei der Abrechnung mit SSS kann die Anrechnung der **fiktiven Vorsteuer** vorgenommen werden (mittels Formular Nr. 1055).

Repetitionsfragen

74 Beat Burgmüller betreibt ab dem Jahr n3 ein Optikergeschäft. Er rechnet mit dem SSS von 3.5% (vormals 3.7%) ab.

Ab wann ist Beat Burgmüller gezwungen, effektiv abzurechnen, wenn er folgende Umsätze (inkl. MWST) erzielt?

Jahr	n3	n4	n5	n6	n7	n8
Umsatz CHF	3.15 Mio.	2.7 Mio.	3.1 Mio.	2.74 Mio.	4.5 Mio.	4.4 Mio.
SSS	3.7%	3.7%	3.7%	3.7%	3.7%	3.5%

75 Nora Holland ist als Rechtsanwältin tätig und rechnet mit dem SSS von 5.9% ab. Sie bezieht folgende Beratungsdienstleistungen von Unternehmen mit Sitz im Ausland:

Datum	**CH**
01.03.2018	8 000
01.09.2018	4 000

Welche Steuer schuldet Nora Holland auf diesen Leistungen und in welchen Abrechnungen hat sie diese zu versteuern?

76 Cuno Marbot betreibt ein Carunternehmen und rechnet mit dem SSS von 4.3% ab. Im 1. Semester 2018 erzielt er folgende Umsätze (inkl. allfälliger MWST):

Umsatz 1.1.–30.6.2018	**CHF**
Personenbeförderung im Inland	200 000
Personenbeförderung im Ausland	100 000
Verkauf eines Reisecars	50 000

Berechnen Sie die geschuldete Steuer. Wenn mehrere Varianten infrage kommen, ist die für Cuno Marbot günstigste Möglichkeit zu wählen.

77 Die Alex Diethelm AG rechnet nach SSS ab. Im abgelaufenen Semester erzielt sie Einnahmen aus folgenden Tätigkeiten:

A] Erbringung von Beratungsleistungen an nicht steuerpflichtige Unternehmen mit Sitz im Inland

B] Verkauf eines Personenwagens, der vom Geschäftsführer als Geschäftswagen verwendet wurde

C] Beratungsleistungen an Unternehmen mit Sitz im Ausland

D] Schulungsleistungen im EDV-Bereich

Welche der aufgeführten Einnahmen sind zu versteuern?

78 Markus Künzler betreibt ein Treuhandbüro in Zermatt. Sein Einzelunternehmen ist im Handelsregister des Kantons Wallis eingetragen. Im MWST-Register ist er seit 01.01.2018 eingetragen und rechnet nach der SSS-Methode (vereinnahmt) ab. Der SSS ab 01.01.2018 für Treuhandarbeiten beträgt 5.9%.

Im Januar 2018 macht sich Markus Künzler folgende Gedanken und / oder hat folgende Geschäftsfälle, die allenfalls für die MWST relevant sind. Er fragt Sie an, ihn mit Ihrem Fachwissen zu unterstützen.

A] Wie hoch ist der geschuldete Steuerbetrag mit der SSS-Methode, wenn Markus Künzler mit seinem Treuhandbüro einen Jahresumsatz 2018 von rund CHF 1.5 Mio. (inkl. MWST) erzielt?

B] Neben der hauptamtlichen Treuhandtätigkeit unterrichtet Markus Künzler im Jahr 2018 auch noch an der Fernfachhochschule und an der Kaufmännischen Schule in Brig. Er möchte die Einnahmen aus der Unterrichtstätigkeit freiwillig versteuern, d. h. optieren und diese auch mit dem SSS abrechnen.
Ist diese Vorgehensweise korrekt bzw. überhaupt möglich? Begründen Sie Ihre Antwort mit den Gesetzesartikeln.

C] Markus Künzler verkauft neben seiner Treuhandtätigkeit auch noch Fachbücher. Der SSS für den Verkauf von Büchern (Lehrmittel; Handel, die zum reduzierten Steuersatz steuerbar sind) beträgt 0.6%. Markus Künzler möchte diesen SSS beanspruchen.
Wie hoch müsste der Anteil des Bücherverkaufs am Gesamtumsatz (CHF 1.5 Mio.) sein, damit Markus Künzler den zweiten SSS anwenden kann? Begründen Sie Ihre Antwort mit den Gesetzesartikeln.

D] Für ein Beratungsprojekt eines Grosskunden bezieht Markus Künzler im Jahr 2018 EDV-Beratungsleistungen von der Mikrochip AG in Berlin (DE) im Wert von CHF 50 000. Die Mikrochip AG ist nicht im Schweizer MWST-Register eingetragen.
Wie ist dieser Aufwand aus der Sicht der MWST zu behandeln? Begründen Sie Ihre Antwort.

E] Markus Künzler plant, in einem der nächsten Jahre (2019 oder später) zur effektiven Abrechnungsmethode zu wechseln.

1. Wann kann Markus Künzler frühestens wechseln, wenn er seit 01.01.2018 mit der SSS-Methode abrechnet?
2. Ab wann ist danach ein erneuter Wechsel zurück zur SSS-Methode möglich?

F] Markus Künzler bleibt weiterhin bei der Saldosteuersatzmethode und rechnet seine Umsätze mit dem SSS ab. Die Bruttoumsätze seines Treuhandbüros entwickeln sich wie folgt:

Jahr	2018	2019	2020	2021	2022
Umsatz CHF	1.5 Mio.	1.6 Mio.	1.75 Mio.	1.9 Mio.	2.2 Mio.

Welche Folgen hat diese Umsatzentwicklung auf die Abrechnungsmethode?

15 Meldeverfahren

Lernziele

Nach der Bearbeitung dieses Kapitels können Sie …

- die Voraussetzungen für die Erfüllung der Steuerpflicht durch Meldung an die ESTV nennen.
- den formellen Ablauf des Meldeverfahrens beschreiben.
- die Anwendung von Saldosteuersätzen im Meldeverfahren erklären.

Schlüsselbegriffe

Eigenverbrauch, eng verbundene Person, freiwillige Anwendung, Fusion, Formular 764, Geschäftsveräusserung, Grundstück, Gründung, Liquidation, obligatorische Anwendung, organische Einheit, rechtsformändernde Umwandlung, Spaltung, Steuerbarkeit der Übertragung, steuerneutrale Vermögensübertragung, Steuerpflicht der Beteiligten, Transaktion, Übertragung eines Gesamtvermögens, Übertragung eines Teilvermögens, Übertragung von Grundstücken oder Grundstücksteilen, Umstrukturierung, Veräusserungspreis, Vermögensübertragung, Wert des Bodens

In diesem Kapitel wenden wir uns einem Thema zu, bei dem das **Grundprinzip der Netto-Allphasensteuer mit Vorsteuerabzug durchbrochen** wird. Dieses besteht darin, dass grundsätzlich alle im Inland gegen Entgelt erbrachten Lieferungen von Gegenständen und Dienstleistungen durch die MWST belastet werden, sofern sie nicht ausdrücklich von der Steuer ausgenommen sind. Der Leistungserbringer muss seine Umsätze mit der ESTV abrechnen und der Leistungsempfänger hat im Rahmen seiner unternehmerischen Tätigkeiten ein Anrecht auf die Vornahme des Vorsteuerabzugs.

Unter gewissen Voraussetzungen entfällt beim Leistungserbringer (Veräusserer) die Entrichtung der MWST und der Leistungsempfänger (Erwerber) hat kein Recht auf einen Vorsteuerabzug.

In diesem Fall wird die Steuerpflicht statt durch die Entrichtung der Steuer durch **Meldung des steuerbaren Umsatzes** an die ESTV erfüllt. Wir behandeln in der Folge die Voraussetzungen zur Anwendung und die sich daraus ergebenden Konsequenzen vertieft.

Abb. 15-1 stellt den Unterschied zwischen einer «normalen» Leistung (Lieferung oder Dienstleistung) und einer Übertragung einer Leistung im Meldeverfahren dar.

Abb. [15-1] **Normale Leistung gegenüber Übertragung einer Leistung im Meldeverfahren**

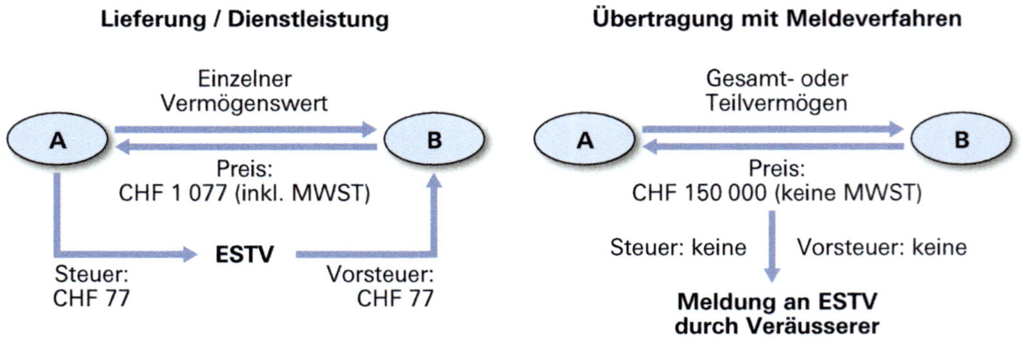

15.1 Obligatorische Anwendung des Meldeverfahrens

Wenn die folgenden Voraussetzungen **kumulativ** erfüllt sind, muss das Meldeverfahren zwingend angewandt werden:

- Steuerbarkeit der Übertragung;
- Steuerpflicht aller Beteiligten;
- bei einer steuerneutralen Vermögensübertragung (Umstrukturierung) nach DBG 19 oder DBG 61 oder bei einer Übertragung eines Gesamt- oder Teilvermögens im Rahmen einer Gründung, einer Liquidation, einer Umstrukturierung, einer Geschäftsveräusserung oder eines im Fusionsgesetz (FusG) geregelten Rechtsgeschäfts;
- die zum gesetzlichen Steuersatz berechnete Steuer auf den zu übertragenden Vermögenswerten übersteigt CHF 10 000 oder die Veräusserung erfolgt an eine eng verbundene Person.

Unter der Voraussetzung, dass beide Parteien (Veräusserer und Erwerber) steuerpflichtig sind oder werden, kann auf Gesuch der übertragenden Person hin das **Meldeverfahren freiwillig** angewandt werden, wenn ein **gewichtiges Interesse** vorliegt (z. B. bei der Übertragung eines Grundstücks oder von Grundstückteilen).

Nachfolgend werden die vier Voraussetzungen für die obligatorische Anwendung des Meldeverfahrens genauer beschrieben.

15.1.1 Steuerbarkeit der Übertragung

Das Meldeverfahren kommt nur dann obligatorisch zur Anwendung, wenn es sich um eine **Übertragung von steuerbaren Leistungen** (Lieferungen und / oder Dienstleistungen) handelt und die zum gesetzlichen Steuersatz berechnete **Steuer** auf den zu übertragenden Vermögenswerten **CHF 10 000 übersteigt** oder die Veräusserung an eine **eng verbundene Person** erfolgt.

Sind in der Übertragung sowohl steuerbare als auch von der Steuer ausgenommene Leistungen enthalten, muss das Meldeverfahren nur dann angewandt werden, wenn der steuerbare Teil für sich allein betrachtet die notwendigen Voraussetzungen erfüllt. Wird das Meldeverfahren auch für die von der Steuer ausgenommenen Leistungen angewandt, so wird für deren Veräusserung nicht optiert.

Beispiel

Die Holding AG verkauft ihre gesamten Aktienbestände der international tätigen Finanz AG und will diesen Vorgang mit dem Meldeverfahren abwickeln.

Gemäss MWSTG 21 Abs. 2 Ziff. 19 lit. e handelt es sich bei der Übertragung der Aktien um eine von der Steuer ausgenommene Leistung. Somit liegt keine Übertragung einer steuerbaren Leistung vor und das Meldeverfahren muss nicht obligatorisch angewandt werden. Das Meldeverfahren darf in diesem Fall auch nicht freiwillig angewandt werden.

15.1.2 Steuerpflicht der Beteiligten

Das Meldeverfahren muss nur dann angewandt, wenn das Gesamt- bzw. Teilvermögen von einem Steuerpflichtigen auf einen anderen übertragen wird.

Die Bedingung, dass **alle Parteien steuerpflichtig sind,** wird auch dann erfüllt, wenn der Erwerber erst durch die Übernahme steuerpflichtig wird oder der Veräusserer dadurch aus der Steuerpflicht ausscheidet. Zudem können auch Steuerpflichtige aus dem Fürstentum Liechtenstein, ausländische Unternehmen mit oder ohne Betriebsstätten im Inland sowie Mitglieder von MWST-Gruppen (ausgenommen sind Gruppeninnenumsätze) am Meldeverfahren beteiligt sein.

15.1.3 Steuerneutrale Vermögensübertragung / Umstrukturierung

Gemäss MWSTG 38 Abs. 1 lit. a und b muss das Meldeverfahren angewandt werden, wenn die Übertragung bei einer **Umstrukturierung** (insbesondere im Fall einer Fusion oder Spaltung) nach DBG 19 oder 61 oder bei anderen **Übertragungen eines Gesamt- oder Teilvermögens** im Rahmen einer Gründung, Liquidation, Geschäftsveräusserung, Umstrukturierung oder eines im FusG geregelten Rechtsgeschäfts erfolgt.

Ein solcher Sachverhalt liegt auch dann vor, wenn die **Rechtsform,** der oder die **Inhaber einer Personengesellschaft,** der **Umfang** oder die **Tätigkeiten** eines Unternehmens ganz oder teilweise ändern. Es liegt aber keine Reorganisation vor, wenn beispielsweise diverse Warenbestände oder Betriebsmittel nur zur Erneuerung der Bestände veräussert werden. In solchen Fällen ist das Meldeverfahren nicht obligatorisch anzuwenden.

Wird hingegen eine **rechtsformändernde Umwandlung nach FusG** durchgeführt, gelangt das Meldeverfahren von vornherein nicht zur Anwendung. Das Rechts- und Steuersubjekt bleibt dasselbe, sodass überhaupt keine Übertragung stattfindet.

Eine solche rechtsformändernde Umwandlung liegt jedoch nicht bei Einzelunternehmen vor.

Beispiel

Martin Lüthi ist Inhaber eines Malergeschäfts. Die Geschäfte laufen gut, weswegen in den letzten 5 Jahren aus einem Einmannbetrieb ein Geschäft mit insgesamt 6 Angestellten geworden ist. Um das finanzielle Risiko zu beschränken, beschliesst Martin Lüthi, das Einzelunternehmen in eine GmbH umzuwandeln. Sämtliche Aktiven und Passiven werden in die GmbH übertragen.

Nach der Übertragung wird das Einzelunternehmen aus dem Register der Steuerpflichtigen gelöscht, die GmbH wird neu eingetragen und erhält von der ESTV eine neue MWST-Nummer. Die Übertragung des Gesamtvermögens muss zwingend mittels Meldeverfahren erfolgen.

15.1.4 Gesamt- oder Teilvermögen

Ob ein Gesamt- oder Teilvermögen vorliegt, bestimmt sich immer aus der Sicht des Veräusserers und mit Blick auf die zu übertragenden Vermögenswerte.

Das **Gesamtvermögen** umfasst sämtliche Aktiven eines Unternehmens einer steuerpflichtigen Person. Ob die Aktiven für steuerbare Leistungen verwendet wurden, ist für die Qualifikation nicht relevant.

Beispiel

Laurent Favre führt seit Jahren als Einzelunternehmen den kürzlich frisch renovierten Gasthof «Löwen». Diesen Betrieb überträgt er nun mit sämtlichen Aktiven seinem Sohn Luc.

Es handelt sich dabei um die Übertragung eines Gesamtvermögens.

Beim **Teilvermögen** wird das Vermögen des Veräusserers nur teilweise auf den Erwerber übertragen. Als Teilvermögen gilt sinngemäss die Definition des Teilbetriebs der direkten Bundessteuer, also jede kleinste für sich lebensfähige Einheit eines Unternehmens.

Indizien für das Vorliegen eines Teilvermögens sind:

- Die Einheit eines Unternehmens erbringt **Leistungen auf dem Markt** oder **an eng verbundene Unternehmen.**
- Die Einheit eines Unternehmens verfügt über **Personal.**
- Der **Personalaufwand** steht in einem sachgerechten Verhältnis zum Ertrag.

Beispiel Die Auto-Occasionshändlerin Fahrzeuge AG betreibt eine eigene Werkstatt, in der die eingetauschten bzw. eingekauften Fahrzeuge für den Verkauf aufbereitet werden. Es werden auch Reparaturen an den eigenen Fahrzeugen, aber auch für Dritte ausgeführt. Aus organisatorischen Gründen wird die Tochtergesellschaft Reparatur AG gegründet und in diese die bisherige Werkstatt (inkl. Mechaniker) übertragen.

Die Werkstatt ist eine für sich lebensfähige Einheit des Unternehmens. Somit handelt es sich aus der Sicht der MWST um ein Teilvermögen und das Meldeverfahren ist zwingend anzuwenden.

Vermögenswerte, die im Rahmen einer **steuerneutralen Umstrukturierung** im Sinne von DBG 19 oder 61 übertragen werden, gelten von vornherein als Teilvermögen.

15.1.5 Eng verbundene Personen

Als eng verbunde Personen gelten:

- Die Inhaber von **mindestens 20% des Grund- oder Stammkapitals** eines Unternehmens oder einer entsprechenden Beteiligung an einer **Personengesellschaft** oder diesen nahestehende Personen
- **Stiftungen** und **Vereine** (mit Ausnahme von Vorsorgeeinrichtungen), zu denen eine besonders enge wirtschaftliche oder personelle Beziehung besteht

Bei der Veräusserung an eine eng verbundene Person gilt die Limite (Steuerbetrag) von CHF 10 000 nicht.

15.2 Freiwillige Anwendung des Meldeverfahrens

Sind die eingangs erwähnten Voraussetzungen nicht erfüllt, muss das Meldeverfahren nicht zwingend angewandt werden. Das Meldeverfahren kann auf **Antrag der veräussernden Person** jedoch freiwillig durchgeführt werden, sofern beide Parteien steuerpflichtig sind und **Grundstücke bzw. Grundstückteile übertragen** werden oder wenn ein **gewichtiges Interesse** vorliegt. Ein gewichtiges Interesse liegt z. B. bei einer Übertragung von einer Mehrzahl von Gegenständen und / oder Dienstleistungen vor, die aus der Sicht des Veräusserers eine **organische Einheit** bilden.

Vom Vorliegen einer organischen Einheit wird grundsätzlich ausgegangen bei

- der Gesamtheit der jeweils gleichen oder gleichartigen Gegenstände und / oder Dienstleistungen eines Unternehmens oder
- der Gesamtheit von verschiedenen Gegenständen und / oder Dienstleistungen, mit denen eine einheitliche Tätigkeit ausgeübt werden kann.

Somit kann z. B. bei der Übertragung des gesamten Warenlagers das Meldeverfahren freiwillig angewandt werden, auch wenn kein Gesamt- oder Teilvermögen übertragen wird.

Beispiel Die Mix AG stellt Holzspielzeuge her und handelt mit Computerspielen für Kinder. Aufgrund struktureller Schwierigkeiten gibt sie den Handel mit den Computerspielen auf und verkauft das gesamte Warenlager an die Spiele AG. Bei diesem Warenlager handelt es sich um eine Gesamtheit von gleichartigen Gegenständen, die kein Teilvermögen darstellen. Somit ist die Übertragung im Meldeverfahren freiwillig.

Abb. 15-2 ist eine Checkliste, mit der abgeklärt werden kann, ob bei einer Übertragung die Voraussetzungen für das Meldeverfahren vorliegen.

Abb. [15-2] **Übertragung von Vermögenswerten**

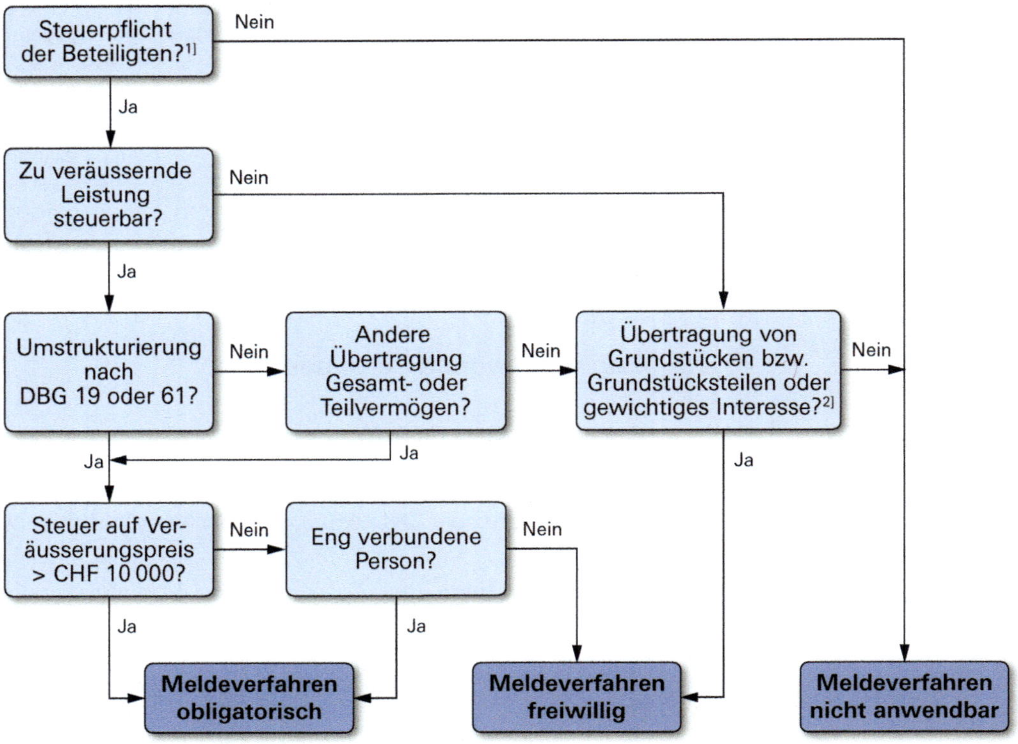

[1] Gilt als erfüllt, wenn der Erwerber erst durch die Übernahme steuerpflichtig wird.

[2] Auf Gesuch der veräussernden Person (MWSTV 104 lit. b).

15.3 Formeller Ablauf des Meldeverfahrens

Da es sich bei der MWST um eine **Selbstveranlagungssteuer** handelt, hat der Steuerpflichtige auch bei Vermögensübertragungen selbst zu prüfen, ob eine Übertragung mit Meldeverfahren vorliegen könnte.

Ist das der Fall, muss der **Veräusserer** das **Formular Nr. 764** bei der ESTV beziehen (u. a. via Website der ESTV möglich, s. Anhang, S. 317), dieses vollständig ausfüllen, von allen Beteiligten rechtsverbindlich unterzeichnen lassen und mit der MWST-Abrechnung (durch den Veräusserer) an die ESTV einreichen.

Auf dem Abrechnungsformular ist der **Veräusserungspreis** zu deklarieren. Der Veräusserungspreis im Sinne von MWSTG 38 umfasst grundsätzlich **sämtliche bilanzierten und nicht bilanzierten Aktiven zum Verkehrswert,** die zur Erbringung von steuerbaren Leistungen verwendet werden. Der Veräusserungspreis kann vom vertraglich vereinbarten Kaufpreis abweichen, da möglicherweise noch Schulden (z. B. passivierte Bilanzposten) verrechnet werden.

Wird das Meldeverfahren angewandt, ist auf den Rechnungen sowie anderen Dokumenten (z. B. Kaufvertrag) durch einen entsprechenden Vermerk **auf das Meldeverfahren hinzuweisen.** Hingegen darf keine Steuer oder kein Steuersatz ausgewiesen werden, da der ESTV bei der Übertragung mit Meldeverfahren auch keine Steuer zu entrichten ist.

15.4 Anwendung von Saldosteuersätzen (SSS)

Die Übertragung im Meldeverfahren, bei der **beide Parteien mit SSS abrechnen,** haben keine speziellen steuerlichen Auswirkungen. Falls der Veräusserer aber nach der effektiven Methode abrechnet, muss der Erwerber unter Umständen Eigenverbrauch abrechnen.

Hinweis

Erklärungen zur Saldosteuersatzmethode finden Sie in Kapitel 14, S. 220.

15.5 Steuerliche Konsequenzen

Die Übernahme eines Grundstücks, eines Teil- oder Gesamtvermögens im Meldeverfahren kann beim Erwerber eine **Vorsteuerkorrektur Eigenverbrauch** oder **Einlageentsteuerung** auslösen, wenn er die übernommenen Gegenstände und Dienstleistungen nicht im selben Umfang für steuerbare Zwecke verwendet wie beim Veräusserer.

Hinweis

Die Vorsteuerkorrektur Eigenverbrauch wird in Kapitel 11.3, S. 183 ausführlich behandelt.

Zusammenfassung

Bei einer **Übertragung eines Gesamt- oder Teilvermögens** entfällt unter bestimmten Voraussetzungen beim Leistungserbringer die Entrichtung der MWST. Der Leistungsempfänger hat dann kein Recht auf Vorsteuerabzug. Die Steuerpflicht wird durch die Meldung des steuerbaren Umsatzes an die ESTV erfüllt.

Das Meldeverfahren muss **zwingend** angewandt werden, wenn vier Voraussetzungen kumulativ erfüllt sind:

- Steuerbarkeit der Übertragung;
- Steuerpflicht aller Beteiligten;
- bei einer steuerneutralen Vermögensübertragung (Umstrukturierung) nach DBG 19 oder DBG 61 oder bei einer Übertragung eines Gesamt- oder Teilvermögens im Rahmen einer Gründung, einer Liquidation, einer Umstrukturierung, einer Geschäftsveräusserung oder eines im Fusionsgesetz (FusG) geregelten Rechtsgeschäfts;
- die zum gesetzlichen Steuersatz berechnete Steuer auf den zu übertragenden Vermögenswerten übersteigt CHF 10 000 oder die Veräusserung erfolgt an eine eng verbundene Person.

Wenn beide Parteien steuerpflichtig sind oder werden, kann auf Gesuch der veräussernden Person hin das **Meldeverfahren freiwillig** angewandt werden, z. B. wenn ein Grundstück oder ein Grundstückteil übertragen wird oder wenn ein gewichtiges Interesse vorliegt (z. B. Übertragung einer organischen Einheit).

Das **Gesamtvermögen** umfasst alle Aktiven eines Unternehmens einer steuerpflichtigen Person. Beim **Teilvermögen** wird nur ein Teil der Vermögenswerte übertragen. Es liegt nur dann vor, wenn es sich um eine für sich lebensfähige Einheit eines Unternehmens handelt.

Ablauf des Meldeverfahrens: Der Steuerpflichtige (Veräusserer) muss bei einer Vermögensübertragung überprüfen, ob die Voraussetzungen für ein Meldeverfahren erfüllt sind. Ist dies der Fall, muss er das **Formular Nr. 764** ausfüllen und von allen Beteiligten unterschreiben lassen. Das Formular Nr. 764 ist mit der MWST-Abrechnung durch den Veräusserer einzureichen. Zudem ist auf dem Abrechnungsformular der Veräusserungspreis unter den entsprechenden Ziffern anzugeben.

Die **Übertragung** im Meldeverfahren, bei der beide Parteien mit Saldosteuersatz abrechnen, hat keine speziellen steuerlichen Auswirkungen. Falls der Veräusserer aber nach der effektiven Methode abrechnet, so muss der Erwerber unter Umständen Eigenverbrauch abrechnen.

Werden die übernommenen Gegenstände oder Dienstleistungen vom Erwerber nicht im selben Umfang für steuerbare Zwecke verwendet wie vom Veräusserer, muss der Erwerber unter Umständen eine **Vorsteuerkorrektur infolge Eigenverbrauchs** vornehmen oder darf gegebenenfalls eine Einlageentsteuerung geltend machen.

Repetitionsfragen

79 Die Firma M AG ist die Muttergesellschaft der X AG und Y AG, mit denen sie eine MWST-Gruppe bildet. Aufgrund von internen Umstrukturierungen wird ein gesamter Unternehmensteil der X AG an die Y AG übertragen.

Kann dafür das Meldeverfahren angewandt werden?

80 Die im Transportgewerbe tätige, effektiv abrechnende Giezen AG besitzt verschiedene Fahrzeuge, mit denen sie für ihre Kunden Transportleistungen aller Art erbringt. Daneben betreibt sie mit sechs Fahrzeugen einen Taxibetrieb. Nach zähen Verhandlungen verkauft sie den Taxibetrieb an den örtlichen Hauptkonkurrenten, der mit der Saldosteuersatzmethode abrechnet, und stellt somit den Taxibetrieb ein.

A] Was ist im Zusammenhang mit der MWST beim Verkauf des Taxibetriebs an den Konkurrenten zu beachten?

B] Welche steuerlichen Folgen ergeben sich für die beteiligten Parteien?

16 Entstehung, Fälligkeit und Verjährung

Lernziele

Nach der Bearbeitung dieses Kapitels können Sie ...

- bestimmen, wann eine Steuerforderung entsteht und wann sie fällig ist.
- die Verjährungsfristen bei der MWST nennen.

Schlüsselbegriffe

Abrechnung nach vereinbartem Entgelt, Abrechnung nach vereinnahmtem Entgelt, absolute Verjährungsfrist, Aufbewahrungsfrist, Check, Eigenverbrauch, Entstehung der Steuerforderung, Fälligkeit, Festsetzungsverjährung, Fristerstreckung, Gutschein, Kreditkarte, Meldung, Teilzahlung, Umstrukturierung, Unterbrechung, Verjährung, Verzugszins, Vorauszahlung, Vorsteuerüberhang

Der 3. Abschnitt des 2. Titels des MWSTG (MWSTG 39 ff.) befasst sich mit der «Entstehung, Änderung und Verjährung der Steuerforderung». Dieser Abschnitt gibt also u. a. Auskunft auf die Fragen: Wann ist wie viel MWST zu bezahlen? Wann darf ich wie viel Vorsteuern geltend machen? Als Steuerforderung gemäss MWSTG ist der an die ESTV zu zahlende Betrag zu verstehen.

16.1 Entstehung der Steuerforderung

Die unterschiedlichen steuerauslösenden Tatbestände verlangen auch nach einer unterschiedlichen Definition der Entstehung der Steuerforderung.

Abb. [16-1] **Entstehung der Steuerforderung**

Steuerbarer Tatbestand	Entstehung der Steuerforderung
Lieferungen und Dienstleistungen	Abrechnung nach **vereinbartem** Entgelt: • Zeitpunkt der Rechnungsstellung • Bei verspäteter oder ohne Rechnungsstellung zum Zeitpunkt des Zahlungseingangs • Bei Teilzahlungen / Vorauszahlungen ohne Rechnungsstellung zum Zeitpunkt des Zahlungseingangs • Gutscheine zum Zeitpunkt der Einlösung des Gutscheins Abrechnung nach **vereinnahmtem** Entgelt: • Zeitpunkt des Zahlungseingangs • Gutscheine zum Zeitpunkt der Einlösung des Gutscheins
Vorsteuerkorrektur Eigenverbrauch	• Zeitpunkt des Eintretens (z. B. bei Entnahmen im Zeitpunkt der Entnahme) • Bei jährlicher Abrechnung, da Nutzung des Gegenstands überwiegend für steuerbare Umsätze: am Jahresende
Bezugsteuer	Zeitpunkt des Empfangs der Rechnung (Abrechnungsart vereinbart) bzw. der Zahlung des Entgelts für die Leistung (Abrechnungsart vereinnahmt oder Leistung ohne Rechnungsstellung)
Skonti, Rabatte, andere Entgeltsminderungen	Zeitpunkt der Verbuchung der Korrektur oder der Vereinnahmung des korrigierten Entgelts
Einfuhrsteuer	• Entstehung der Steuerforderung s. Kapitel 18, S. 256. • Der Anspruch auf Vorsteuerabzug aufgrund der Einfuhrsteuer entsteht am Ende der Abrechnungsperiode, in der die Steuer festgesetzt wurde.

16.1.1 Abrechnung nach vereinbartem Entgelt

Die Abrechnung nach vereinbartem Entgelt ist der Regelfall.

Die **Umsatzsteuerschuld** entsteht zum Zeitpunkt der **Rechnungsstellung.** Der Anspruch auf **Vorsteuerabzug** entsteht am **Ende der Abrechnungsperiode,** in der die steuerpflichtige Person die Rechnung erhalten hat.

Erhält der Leistungserbringer die Zahlung, bevor er Rechnung stellt, gilt das als Leistung **ohne Rechnungsstellung** und die Steuerforderung entsteht im Moment der **Vereinnahmung** des Entgelts.

Bei **Voraus- oder Teilzahlungen** entsteht die Steuerforderung entweder mit der Ausstellung der Teilrechnung oder, falls keine separate Rechnung für die Teilzahlung ausgestellt wird, mit der Vereinnahmung der Zahlung.

Gutscheine verpflichten den Aussteller zur künftigen Leistungserbringung. Da aber nur das Ausführen einer entgeltlichen Lieferung oder das entgeltliche Erbringen einer Dienstleistung Steuerobjekt sein kann, liegt zum Zeitpunkt des Verkaufs des Gutscheins noch kein mehrwertsteuerlich relevantes Steuerobjekt vor. Aus diesem Grund muss die Besteuerung auch erst bei der **Einlösung des Gutscheins** erfolgen, also erst zu jenem Zeitpunkt, in dem der Leistungserbringer seine Leistung tatsächlich erbringt und somit ein Steuerobjekt gegeben ist. Das Ausbuchen nicht eingelöster Gutscheine hat keine steuerlichen Konsequenzen.

16.1.2 Abrechnung nach vereinnahmtem Entgelt

Auf **Antrag** kann die ESTV auch die Abrechnung nach vereinnahmtem Entgelt bewilligen. Diese Abrechnungsart kann zwar von allen steuerpflichtigen Personen beantragt werden, ist aber vor allem für **Branchen ohne nennenswerten Rechnungsverkehr** oder für **Kleinunternehmen** sinnvoll, für die das Abrechnen nach vereinbarten Entgelten einen unverhältnismässig grossen administrativen Aufwand verursachen würde.

Die ESTV lässt aber zu, dass die Debitoren nach vereinbartem Entgelt und die Kreditoren nach vereinnahmtem Entgelt abgerechnet werden.

Die gewählte Abrechnungsart ist **mindestens für eine Steuerperiode** beizubehalten.

Die **Umsatzsteuerschuld** entsteht erst zum **Zeitpunkt des Zahlungseingangs.** Der Anspruch auf **Vorsteuerabzug** entsteht am **Ende der Abrechnungsperiode,** in der der Steuerpflichtige die Rechnung bezahlt hat.

Erfolgt die Zahlung mit der **Kreditkarte,** so kann der Steuerpflichtige das Entgelt in jener Periode abrechnen, in der er von der Kreditkartenorganisation die entsprechende Zahlung erhält.

Anders verhält es sich bei der Bezahlung einer Leistung mit **Check.** Checks lassen sich als Zahlungsmittel verwenden (durch Weitergabe, Indossierung usw.). Deshalb entsteht die Steuerforderung in jener Periode, in der ein Check vom Steuerpflichtigen entgegengenommen wird, und nicht in der Periode, in der er von der Bank gutgeschrieben wird. Als Checks in diesem Sinne gelten nicht nur eigentliche Bankchecks, sondern auch REKA- oder Traveller-Checks u. Ä.

Für **Gutscheine** erfolgt die Besteuerung nach derselben Regelung wie bei der Abrechnung nach vereinbartem Entgelt: Das Entgelt ist erst bei Einlösung des Gutscheins zu versteuern.

16.2 Fälligkeit

Vom Zeitpunkt der Entstehung der Steuerforderung ist der Zeitpunkt der Fälligkeit zu unterscheiden. Da die Steuer nicht zum selben Zeitpunkt fällig wird wie ein Vorsteuerüberhang, können Finanzierungsprobleme auftreten. Ein **Vorsteuerüberhang** bedeutet, dass die Vorsteuer betragsmässig höher als die Umsatzsteuer ist.

In der Regel muss jeder Steuerpflichtige **quartalsweise** seine **MWST-Abrechnung** erstellen und **innerhalb von 60 Tagen** nach Ablauf des Quartals bei der ESTV einreichen. Auf denselben Zeitpunkt hin muss er auch die **Steuer bezahlen.** Rechnet der Steuerpflichtige mit **Saldosteuersätzen (SSS)** ab, so muss nur **alle sechs Monate** eine **MWST-Abrechnung** erstellt werden. Auch in diesem Fall muss die Abrechnung spätestens 60 Tage nach Semesterende eingereicht und die Steuer bezahlt sein.

In **Ausnahmefällen** kann die ESTV auf Antrag hin auch die **monatliche Abrechnung** der MWST bewilligen, nämlich dann, wenn das steuerpflichtige Unternehmen **regelmässig Vorsteuerüberhänge** ausweist. Die ESTV setzt keine betragsmässige Limite für die Bewilligung. Da sich der administrative Aufwand jedoch erhöht, lohnt sich der Wechsel auf die monatliche Abrechnungsweise erst ab einem gewissen Betrag.

Ist jemand nur aufgrund von der **Bezugsteuer** unterliegenden Leistungen steuerpflichtig, entspricht die Abrechnungsperiode dem Kalenderjahr.

Wird ein Gesamt- oder Teilvermögen im Rahmen einer **Umstrukturierung** von einem Steuerpflichtigen auf einen anderen Steuerpflichtigen übertragen, kann unter gewissen Voraussetzungen die Steuerpflicht durch **Meldung** erfüllt werden. Diese Meldung muss im Rahmen der ordentlichen Abrechnung durch den Veräusserer erfolgen, und zwar in der Abrechnungsperiode, in der das Meldeverfahren abgewickelt wird (s. Kap. 15, S. 234).

Bei **verspäteter Zahlung** werden **Verzugszinsen** ab Fälligkeitsdatum und ohne vorausgegangene Mahnung erhoben.

Ist die Zahlung von Steuer, Zinsen und Kosten bis zum vorgeschriebenen Zahlungstermin mit einer **erheblichen Härte** verbunden, kann die ESTV mit der steuerpflichtigen Person die **Erstreckung der Zahlungsfrist** oder Ratenzahlungen vereinbaren. Für eine **Fristerstreckung** ist das Fristerstreckungsformular zu benutzen oder sie ist online zu erfassen. In der Regel kann die Frist bis zur **Fälligkeit der folgenden Abrechnungsperiode** gewährt werden. Durch die gewährte Frist wird der ordentliche Verfall nicht aufgeschoben und der **Verzugszins** ist in jedem Fall geschuldet.

Im Gegensatz zur Fälligkeit der Umsatzsteuer muss die ESTV einen allfälligen **Vorsteuerüberhang** erst **60 Tage** nach Eintreffen der entsprechenden MWST-Abrechnung vergüten. Danach muss sie den Betrag verzinsen.

Beispiel

Franz Wagner betreibt sein Transportunternehmen in Form eines Einzelunternehmens. Er rechnet seine Umsätze nach vereinbartem Entgelt ab.

Am 14. Juni 2018 (Rechnungsdatum) kauft er einen neuen Tanklastwagen für CHF 250 000. Die mit dem Kauf des Tanklastwagens bezahlten Vorsteuern kann Franz Wagner erst in der 2. Quartalsabrechnung geltend machen, in der sich sein steuerpflichtiger Umsatz auf CHF 180 000 beläuft.

Es ergibt sich somit folgende Abrechnung:

Umsatz	exkl. MWST CHF	MWST CHF
Umsatz 2. Quartal 2018	180 000	13 860
Kauf Tanklastwagen 14.6.2018	250 000	– 19 250
Übrige Investitionen und Aufwendungen	35 000	– 2 695
Vorsteuerüberhang		**–8 085**

Das mit der Erstellung der Quartalsabrechnung beauftragte Treuhandbüro reicht die Quartalsabrechnung am 31. Juli 2018 der ESTV ein. Von diesem Zeitpunkt an hat die ESTV nun noch 60 Tage Zeit, um Franz Wagner sein Guthaben ohne Zinsfolgen auszuzahlen.

Steuerpflichtige mit grossen Vorsteuerüberschüssen haben deshalb ein Interesse daran, ihre MWST-Abrechnungen möglichst schnell einzureichen.

16.3 Verjährung

Die **Festsetzungsverjährung** der Steuerforderung ist in MWSTG 42 festgelegt. Die Frist beträgt **5 Jahre** nach Ablauf des Kalenderjahres, in dem die Steuerforderung bzw. der Anspruch auf Vornahme des Vorsteuerabzugs entstanden ist.

Die Verjährung wird **unterbrochen** durch

- eine schriftliche und empfangsbedürftige Erklärung, die auf die Festsetzung oder Korrektur der Steuerforderung gerichtet ist,
- eine Verfügung,
- einen Einspracheentscheid,
- ein Urteil,
- die Ankündigung einer Kontrolle nach MWSTG 78 Abs. 3 oder
- den Beginn einer unangekündigten Kontrolle. Als Kontrolle gilt auch das Einfordern und die Überprüfung von umfassenden Unterlagen (Geschäftsbücher eines Geschäftsjahres) durch die ESTV.

Wird eine Verjährung durch die Eidgenössische Steuerverwaltung oder eine Rechtsmittelinstanz unterbrochen, beginnt eine neue 2-jährige Verjährungsfrist zu laufen.

Die **absolute Verjährungsfrist** für die Steuerforderung beträgt **10 Jahre.**

Von der Verjährungsfrist zu unterscheiden ist die **Aufbewahrungsfrist.** Die Geschäftsbücher und Belege sind während **10 Jahren** (OR 958f) aufzubewahren. Unterlagen im Zusammenhang mit **unbeweglichen Gegenständen** sind **20 Jahre** aufzubewahren.

Damit allfällige Berechnungen bei einer **Nutzungsänderung** belegt werden können, werden diese Unterlagen in der Praxis sogar **26 Jahre** aufbewahrt. Diese Norm soll sicherstellen, dass (vor allem) für die Bemessung des Eigenverbrauchs bzw. der Einlageentsteuerung, möglichst lange zuverlässige Unterlagen für die Berechnung der Vorsteuerkorrektur vorhanden sind.

Neben den eigentlichen Geschäftsbüchern (Buchhaltung, Hilfsbücher, Jahresabschluss) sind auch Zollquittungen, Ausfuhrdokumente, Rechnungskopien, Kaufverträge, Arbeitsrapporte und ähnliche Unterlagen aufzubewahren.

Gemäss **neuem Rechnungslegungsrecht** (seit 01.01.2013 in Kraft) sind die Geschäftsbücher, die Buchungsbelege, der Geschäfts- und der Revisionsbericht während 10 Jahren aufzubewahren. Die Geschäftskorrespondenz hingegen muss – allfällige spezialrechtliche Bestimmungen vorbehalten – nur noch aufbewahrt werden, wenn sie die Funktion eines Buchungsbelegs hat (OR 957a Abs. 2 Ziff. 2 und 5 sowie Abs. 5). Weitere Einzelheiten über die Führung und Aufbewahrung der Geschäftsbücher sind der Geschäftsbücherverordnung (GeBüV) zu entnehmen.

Zusammenfassung

Die **Steuerforderung** entsteht mit dem Eintreffen eines steuerpflichtigen Tatbestands.

Bei **Lieferungen und Dienstleistungen** kann nach vereinbartem oder nach vereinnahmtem Entgelt abgerechnet werden:

- **Abrechnung nach vereinbartem Entgelt:** zum Zeitpunkt der Rechnungsstellung; der Anspruch auf Vorsteuerabzug am Ende der Rechnungsperiode, in der die Rechnung eingegangen ist
- **Abrechnung nach vereinnahmtem Entgelt:** zum Zeitpunkt des Zahlungseingangs; der Anspruch auf Vorsteuerabzug am Ende der Rechnungsperiode, in der der Steuerpflichtige die Rechnung bezahlt hat
- **Leistungen ohne Rechnungsstellung:** zum Zeitpunkt des Zahlungseingangs

Bei Bezahlung mit **Kreditkarte** gilt das Entgelt in jenem Zeitpunkt als vereinnahmt, in dem der Steuerpflichtige die Abrechnung der Kartenorganisation erhält.

Bei Bezahlung mit **Check** entsteht die Steuerforderung in der Periode, in der der Check vom Steuerpflichtigen entgegengenommen wird.

Bei der **Vorsteuerkorrektur Eigenverbrauch** entsteht die Schuld infolge Vorsteuerkorrektur im Zeitpunkt, in dem er eintritt.

Bei der **Bezugsteuer** entsteht die Bezugsteuerschuld im Zeitpunkt des Empfangs der Rechnung (Abrechnungsart vereinbart) bzw. der Zahlung des Entgelts für die Leistung (Abrechnungsart vereinnahmt oder Leistung ohne Rechnungsstellung). Gleichzeitig entsteht gegebenenfalls der Anspruch auf Vorsteuerabzug.

Skonti, Rabatte und andere Entgeltsminderungen werden in der Abrechnungsperiode berücksichtigt, in der die Korrektur verbucht oder das korrigierte Entgelt vereinnahmt wird.

Bei **Voraus- oder Teilzahlungen** entsteht die Steuerforderung mit der Ausstellung der Teilrechnung oder mit der Vereinnahmung der Zahlung.

Der Steuerpflichtige muss seine **MWST-Abrechnung** im Normalfall **quartalsweise** erstellen. Die Umsatzsteuer und die Vorsteuer müssen innerhalb von 60 Tagen nach Ablauf der Abrechnungsperiode abgerechnet und der ESTV überwiesen werden.

Die ESTV gewährt in der Regel für die Einreichung der MWST-Abrechnung und Zahlung der Steuerschuld eine entsprechende **Fristerstreckung.**

Ein **Vorsteuerüberhang** wird von der ESTV bis 60 Tage nach Eintreffen der MWST-Abrechnung rückerstattet. Danach wird das Guthaben verzinst.

Steuerforderungen **verjähren 5 Jahre** nach Ablauf des Kalenderjahres, in dem sie entstanden sind. Die absolute Verjährungsfrist beträgt 10 Jahre.

Die **Aufbewahrungsfrist** für Geschäftsbücher und Belege beträgt grundsätzlich 10 Jahre. Für Belege, die sich auf unbewegliche Gegenstände beziehen, beträgt diese Frist 20 bzw. 26 Jahre. Zur Aufbewahrung sind auch OR 958f und die Ausführungen in der Geschäftsbücherverordnung (GeBüV) zu beachten.

Repetitionsfragen

81 Kevin Mosimann, der nach vereinbarten Entgelten abrechnet, fakturiert seinem Kunden Tom Brühwiler den Verkauf von Büromaterial. Die Rechnung trägt das Datum des 14. März.

Wann muss Kevin Mosimann der ESTV die auf dieser Lieferung geschuldete MWST einzahlen?

82 Die Miranda Immobilien AG, die nach vereinbarten Entgelten abrechnet, erstellt als Generalunternehmen für ihren steuerpflichtigen Kunden Andri Wipfli ein Bürohaus. Am 28. Juli stellt sie ihm eine Akonto-Rechnung gemäss Baufortschritt.

Wann ist die MWST für diese Akonto-Rechnung fällig?

83 Nach Beendigung der Bauarbeiten an seinem Bürohaus stellt Andri Wipfli diverse Baumängel fest. Er verlangt von der Miranda Immobilien AG am 12. Oktober eine Reduktion des von ihm bereits bezahlten Kaufpreises im Umfang von CHF 150 000.

Die Miranda AG ist damit nicht einverstanden und beide Parteien übergeben die Angelegenheit ihren Anwälten. Am 4. Februar des Folgejahres kommt es zum Prozess. Die Miranda AG wird verpflichtet, CHF 75 000 an Andri Wipfli zurückzuzahlen. Andri Wipfli erhält das Geld mit Valuta 12. Februar.

Zu welchem Zeitpunkt muss diese Kaufpreisminderung von CHF 75 000 bei der Miranda AG und bei Andri Wipfli in der MWST-Abrechnung berücksichtigt werden?

17 Mehrwertsteuer und Rechnungswesen

Lernziele

Nach der Bearbeitung dieses Kapitels können Sie ...

- die formellen Anforderungen einer Rechnung aufzählen.
- Brutto- und Nettomethode unterscheiden.
- das Vorgehen bei der Finalisierung erläutern.

Schlüsselbegriffe

Aktivkonten für die Vorsteuer, Berichtigungsabrechnung, Bruttomethode, Bruttorechnung, Buchhaltung, Finalisierung, Fremdwährung, Geschäftsbücher, Gutschriften, Kassenzettel, Landeswährung, Nettomethode, ordnungsmässige Buchführung, Passivkonten, Prüfspur, Rechnung, Rechnungsstellung, Umsatzabstimmung, Vertrag, Vorsteuerabstimmung

Dem Rechnungswesen kommt im Zusammenhang mit der MWST besondere Bedeutung zu. Es muss dafür sorgen, dass das für die MWST-Abrechnung notwendige Zahlenmaterial zur Verfügung steht.

Die gesetzlichen Grundlagen dazu finden Sie in MWSTG 26 (Rechnungsstellung) und MWSTG 70 (Buchführung und Aufbewahrung).

17.1 Rechnungsstellung

17.1.1 Verpflichtung zur Ausstellung einer Rechnung

Als **Rechnung** im Sinne der MWST gilt jedes Dokument, mit dem gegenüber einer Drittperson über das **Entgelt für eine Leistung abgerechnet** wird, gleichgültig, wie dieses Dokument im Geschäftsverkehr bezeichnet wird (MWSTG 3 lit. k). Dabei kann es sich somit auch um Verträge (z. B. Miet- oder Leasingvertrag), Gutschriften, Kassenzettel, Coupons usw. handeln.

MWSTG 26 Abs. 1 verpflichtet jeden Leistungserbringer **auf Verlangen des Leistungsempfängers** zur Ausstellung einer Rechnung, die den formellen Anforderungen der MWST genügt. Auch nicht steuerpflichtige Leistungsempfänger können eine solche Rechnung verlangen. Sie könnten zu einem späteren Zeitpunkt, z. B. bei einer späteren Eintragung ins MWST-Register, steuerpflichtig werden und würden dann entsprechende Belege benötigen, um ihren Anspruch auf Einlageentsteuerung nachzuweisen.

17.1.2 Formelle Anforderungen an die Rechnung

Gemäss MWSTG 26 Abs. 2 muss die Rechnung lediglich den **Leistungserbringer,** den **Leistungsempfänger** und die **Art der Leistung** eindeutig identifizieren. Trotzdem sollte eine Rechnung in der Regel folgende Angaben enthalten, damit es dem Leistungsempfänger leichter fällt, den notwendigen Nachweis für den Anspruch auf Vorsteuerabzug zu erbringen:

- Name und Ort des Leistungserbringers
- Name und Ort des Leistungsempfängers
- MWST-Nr., unter der der Leistungserbringer im Register der steuerpflichtigen Personen eingetragen ist (im UID-Format: CHE-123.456.789 MWST)
- Datum oder Zeitraum der Leistungserbringung
- Art, Gegenstand und Umfang der Leistung
- Entgelt
- Steuerbetrag und Steuersatz (Falls die Steuer im Rechnungstotal inbegriffen ist, genügt die Angabe des Steuersatzes.)

Die Rechnung muss den Leistungserbringer und den Leistungsempfänger genau identifizieren. Deshalb sollte sie **Name und Adresse** enthalten, unter denen die Person üblicherweise **im Geschäftsverkehr auftritt.** Erlaubt sind auch sonstige im Geschäftsverkehr zulässigerweise verwendete Namen und Adressen, so z. B. Enseignes (Bezeichnung des Geschäftslokals) oder Filialen.

Wird anstelle einer Rechnung durch den Leistungserbringer eine **Gutschrift** durch den Leistungsempfänger ausgestellt, z. B. bei Provisionsgutschriften, sind die oben genannten Angaben ebenfalls aufzuführen.

Löst eine Rechnung oder ein Vertrag **mehrere Zahlungen** aus (z. B. ein Miet- oder Leasingvertrag), sollte diese Urkunde die formellen Anforderungen erfüllen. Zudem muss sie dem in einer Steuerperiode erfolgten Zahlungs- bzw. Verbuchungsvorgang zugeordnet werden können.

Kassenzettel für **Beträge bis CHF 400** (inkl. Steuer) oder entsprechende Coupons von Registrierkassen müssen keine Angaben über den Leistungsempfänger enthalten (MWSTV 57).

17.1.3 Rechnungsstellung in ausländischer Währung (Fremdwährung)

Zum Entgelt gehört alles, was der Empfänger oder an seiner Stelle ein Dritter als Gegenleistung für eine Lieferung oder Dienstleistung aufwendet.

Die Entgelte für erbrachte Leistungen im Inland, die in einer ausländischen Währung fakturiert werden, müssen aufgrund des von der ESTV im Voraus bekannt gegebenen **Monatsmittelkurses** oder **Devisen-Tageskurses** (Verkauf) umgerechnet werden. Steuerpflichtige Unternehmen, die Teil eines Konzerns sind, dürfen zum **Konzernumrechnungskurs** umrechnen. Dieser ist sowohl für Leistungen innerhalb des Konzerns als auch für solche gegenüber Dritten anzuwenden. Das gewählte Vorgehen ist während mindestens einer Steuerperiode beizubehalten.

Ob die Regeln für Landeswährung oder für in ausländischer Währung angewandt werden, hängt vom **Beleg** ab. Daraus ergibt sich Folgendes:

1. Die **Regeln für Landeswährung** gelten, wenn
   - auf dem Beleg die einzelnen Leistungen in CHF aufgeführt sind. Das Rechnungstotal ist in Landeswährung und ergänzend auch in ausländischer Währung ausgewiesen.
   - auf dem Beleg die einzelnen Leistungen sowohl in Landeswährung als auch in ausländischer Währung angegeben sind (Zweikolonnen-System).
2. Die **Regeln für Fremdwährung** gelten, wenn auf dem Beleg die einzelnen Leistungen in ausländischer Währung aufgeführt sind. Das Rechnungstotal ist in ausländischer Währung ausgewiesen und kann ergänzend auch in Landeswährung angegeben sein.

Nicht von Bedeutung ist, ob der Kunde in ausländischer Währung bezahlt und das **Retourgeld** in Landeswährung oder in ausländischer Währung erhält. Somit gelten die Regeln für die ausländische Währung selbst dann, wenn Belege in ausländischer Währung in CHF bezahlt werden.

Diese Bestimmungen gelten auch für die **Berechnung des Vorsteuerabzugs** beim Leistungsempfänger. Bezahlt z. B. ein Leistungsempfänger eine in der Landeswährung ausgestellte Rechnung in ausländischer Währung, so gilt der ausgeglichene Betrag in CHF als Grundlage für den Vorsteuerabzug.

Beispiel

Das Handelsunternehmen EXPORT AG erhält eine Rechnung für bezogene Waren in Euro. Da es über kein Fremdwährungskonto verfügt, bezahlt es die Forderung in CHF.

Als Grundlage für die Berechnung des Vorsteuerabzugs gilt der auf dem Beleg ausgewiesene Betrag in Euro, der zum von der ESTV bekannt gegebenen Monatsmittelkurs, zum im Inland geltenden Devisen-Tageskurs (Verkauf) oder zum Konzernumrechnungskurs (falls die EXPORT AG Mitglied eines Konzerns ist) umzurechnen ist.

Zu beachten ist aber auch Folgendes: Gemäss Preisbekanntgabe-Verordnung (PBV) vom 11. Dezember 1978 ist gegenüber **Konsumenten** sowohl für Lieferungen von Gegenständen als auch für Dienstleistungen der **tatsächlich zu bezahlende Preis in CHF** (Detailpreis) bekannt zu geben. Die Bekanntgabe des zu bezahlenden Preises gegenüber Konsumenten nur in ausländischer Währung ist nicht zulässig, jedoch als Ergänzung zur Angabe in CHF möglich.

17.2 Buchhaltung

MWSTG 70 ist der einzige Artikel, der Bestimmungen über die Buchführung enthält. Demnach hat der Steuerpflichtige seine Geschäftsbücher nach handelsrechtlichen Grundsätzen zu führen.

Es gelten die obligationenrechtlichen Bestimmungen zur kaufmännischen Buchführung (OR 957 ff.). Gemäss dem seit 01.01.2013 gültigen neuen Rechnungslegungsrecht sind **Einzelunternehmen und Personengesellschaften,** die im letzten Geschäftsjahr einen Umsatzerlös von **mindestens CHF 500 000** erzielt haben, sowie alle **juristischen Personen** verpflichtet, eine **doppelte Buchhaltung** zu führen.

Buch führen über die **Einnahmen und Ausgaben** sowie über die Vermögenslage müssen:

1. Einzelunternehmen und Personengesellschaften mit weniger als CHF 500 000 Umsatzerlös im letzten Geschäftsjahr;
2. Vereine und Stiftungen, die sich nicht im Handelsregister eintragen lassen müssen;
3. Stiftungen, die nach ZGB 83b Abs. 2 von der Pflicht zur Bezeichnung einer Revisionsstelle befreit sind.

Gestützt auf MWSTV 128 verlangt die ESTV von den Unternehmen, die nicht zur Führung einer doppelten Buchhaltung verpflichtet sind, noch zusätzliche Angaben und Unterlagen. Die Grundsätze zur **ordnungsmässigen Buchführung** (sog. GoB; OR 957a Abs. 2) gelten aber für alle Unternehmen gleichermassen.

Auf alle Fälle ist darauf zu achten, dass die Buchhaltung und die Organisation der Belegablage eine zuverlässige Kontrolle ermöglichen. Die Prüfspur «MWST-Abrechnung – Buchhaltung – Urbeleg» muss von einem fachkundigen Dritten ohne Weiteres nachvollzogen werden können.

17.2.1 Umsatz- und Vorsteuerkonten

Weil die MWST buchhalterisch einen Durchlaufposten darstellt, empfiehlt es sich, ein **separates Passivkonto für die Umsatzsteuer** zu führen. Für die MWST-Abrechnung ist der Umsatz wie folgt aufzuteilen:

- Steuerbare Leistungen, aufgeteilt auf die einzelnen Steuersätze
- Nicht steuerbare Leistungen mit Option, aufgeteilt auf die einzelnen Steuersätze
- Von der Steuer befreite Leistungen (z. B. Exporte)
- Leistungen im Ausland
- Übertragungen im Meldeverfahren

- Nicht steuerbare Leistungen ohne Option
- Entgeltsminderungen
- Subventionen und andere, öffentlich-rechtliche Beiträge
- Nichtentgelte
- Diverses

Wie detailliert die Erfolgsrechnung aufgeteilt werden soll, hängt stark von der Art des Unternehmens sowie vom Umfang der Buchhaltung ab.

Auch die **Vorsteuern** müssen für die MWST-Abrechnung aufgeteilt werden:

- Vorsteuern auf Material- und Dienstleistungsaufwand
- Vorsteuern auf Investitionen und übrigem Betriebsaufwand
- Vorsteuern aufgrund einer Einlageentsteuerung
- Vorsteuerkorrekturen infolge gemischter Verwendung oder Eigenverbrauch
- Vorsteuerkürzungen infolge von Subventionen usw.

Es empfiehlt sich, für die Vorsteuern entsprechende **Aktivkonten** zu führen. Welche **Vorsteuerkonten** einzurichten sind, ist auch hier abhängig von der Art des Unternehmens und dem Umfang der Buchhaltung. Jedoch sollte mindestens ein Konto für die **Vorsteuern auf Material- und Dienstleistungsaufwand** sowie eines für die **Vorsteuern auf Investitionen und dem übrigen Betriebsaufwand** geführt werden.

Der Sinn dieser Aufteilung der Vorsteuern besteht u. a. darin, dass die Verhältniszahl «Mehrwertsteuer / Vorsteuer auf Material- und Dienstleistungsaufwand» der ESTV einen ersten wichtigen Anhaltspunkt bezüglich Plausibilität der MWST-Abrechnungen liefert (Bruttomargenrechnung).

Beispiel

Die Bemo AG erzielt Umsätze aus steuerbarer Handelstätigkeit und von der Steuer ausgenommenen Schulungsleistungen. Daneben besitzt sie noch eine Liegenschaft, die sie vermietet hat. Für die Versteuerung dieser Mieteinnahmen hat sie optiert.

Für die Erstellung der Abrechnung empfiehlt es sich für die Bemo AG, mindestens folgende Vorsteuerkonten zu führen:

- Umsatzsteuerkonto
- Je ein Ertragskonto für Handel, Schulung und Mieteinnahmen
- Vorsteuerkonto für den Wareneinkauf der Handelstätigkeit (volles Vorsteuerabzugsrecht)
- Vorsteuerkonto für den übrigen Betriebsaufwand und für Investitionen (Vorsteuerabzugsrecht im Verhältnis der Verwendung)
- Vorsteuerkonto für den Liegenschaftsunterhalt für die mit Option vermietete Liegenschaft (volles Vorsteuerabzugsrecht

---

17.2.2 Nettomethode

Wird nach der Nettomethode gebucht, wird die MWST jeweils **sofort** bei der Erfassung der dazugehörenden Umsätze auf die entsprechenden **Umsatz- und Vorsteuerkonten** verbucht.

17.2.3 Bruttomethode

Nach der Bruttomethode wird die MWST während der Abrechnungsperiode jeweils in der **Erfolgsrechnung** verbucht. Erst für die MWST-Abrechnung erfolgt die **Umbuchung** auf das **Kreditorenkonto Umsatzsteuer** oder auf die **Debitorenkonten Vorsteuer.**

Bei der Verbuchung nach der Bruttomethode dürfen auf demselben Aufwands-, Ertrags- oder Aktivkonto nur Bewegungen erfasst werden, die mit demselben Steuersatz belastet sind.

Beispiel

Max Bürgin handelt mit Radio- und Hi-Fi-Geräten. Neben anderen Umsätzen konnte Max Bürgin im Januar zwei Fernsehgeräte der Marke TV-Vision verkaufen. Der Verkaufspreis der Geräte beträgt CHF 3 000 (exkl. 7.7% MWST), der Einstandspreis CHF 2 000 (exkl. 7.7% MWST).

Es ergeben sich folgende Buchungssätze:

Datum	Buchungssatz	Betreff	CHF
08.01.	Wareneinkauf / Kassa	Einkauf TV1	2 154
14.01.	Kassa / Warenverkauf	Verkauf TV1	3 231
16.01.	Wareneinkauf / Kassa	Einkauf TV2	2 154
28.01.	Kassa / Warenverkauf	Verkauf TV2	3 231
31.03.	Deb. Vorsteuern / Wareneinkauf	Umbuchung Vorsteuer	308
31.03.	Warenverkauf / Kred. MWST	Umbuchung MWST	462
30.05.	Bank / Deb. Vorsteuern	Zahlung 1.Q.	308
30.05.	Kred. MWST / Bank	Zahlung 1.Q.	462

17.2.4 Brutto- und Nettomethode

Die Anwendung **beider Methoden** nebeneinander ist **zulässig.** So können also z. B. die Erträge nach der Bruttomethode und die Aufwendungen und Investitionen nach der Nettomethode verbucht werden. Auch für Entgeltsminderungen kann die Bruttomethode angewandt werden, auch wenn der Umsatz nach der Nettomethode erfasst wird.

Die Verbuchung nach der **Nettomethode** verlangt **pro Umsatzbeleg zwei Buchungen.** Dieser Aufwand kann sich unter Umständen für die Verbuchung von relativ geringen Beträgen nicht lohnen. Es ist deshalb z. B. zulässig, die Warenverkäufe nach der Nettomethode, die Skontoabzüge hingegen nach der Bruttomethode zu erfassen. Im Normalfall werden heute Buchhaltungen mittels EDV erstellt. Die meisten Buchhaltungsprogramme ermöglichen es, jeweils nur einen Steuercode einzugeben; danach erfolgt die MWST-Umbuchung automatisch.

17.2.5 Bruttorechnung

Die Buchhaltung ist grundsätzlich als Bruttorechnung zu führen. Verrechnungen sind unzulässig.

Beispiel

Die Bausan AG erhält den Auftrag, die Fassade eines Gebäudes zu renovieren. Um diesen Auftrag ausführen zu können, kauft sie speziell benötigte Chemikalien im Wert von CHF 20 000 (exkl. MWST) ein. Die Bausan AG stellt ihrem Auftraggeber nach Abschluss der Arbeiten CHF 80 000 (exkl. MWST) in Rechnung.

Die Bausan AG beabsichtigt nun, in der Buchhaltung für diesen Auftrag ein Projektkonto Fassade zu eröffnen und sämtliche Aufwendungen und Erträge auf diesem Konto zu erfassen. Nach Abschluss der Arbeiten soll nur der verbleibende Projektsaldo in die Erfolgsrechnung ausgebucht werden.

Diese Vorgehensweise ist unzulässig, da sie gegen das Bruttoprinzip verstösst.

17.3 Finalisierung: Umsatz- und Vorsteuerabstimmung

Grundsätzlich müsste man meinen, die Daten der eingereichten MWST-Deklarationen würden mit den Zahlen der Buchhaltung übereinstimmen. Die von der ESTV erhobenen **Steuernachbelastungen** bei externen MWST-Kontrollen zeigen jedoch ein anderes Bild.

Eine **jährliche Umsatz- und Vorsteuerabstimmung** – auch Finalisierung genannt – kann helfen, grössere Differenzen zu vermeiden und folglich auch das Risiko von Steuernachbelastungen zu reduzieren. Diese Aufgabe ist im Gesetz als Verpflichtung explizit erwähnt (MWSTG 72 und MWSTV 128).

Abb. [17-1] **Finalisierung: Umsatz- und Vorsteuerabstimmung**

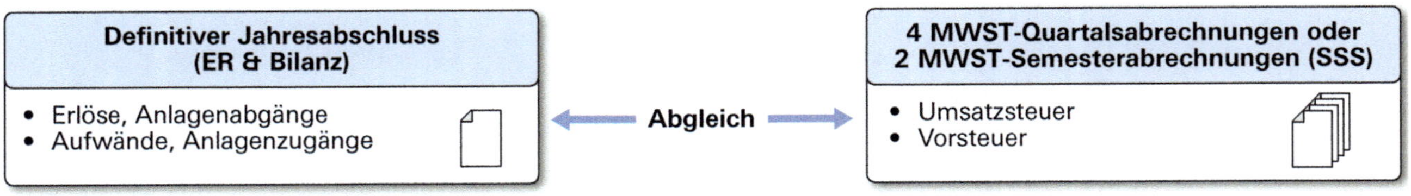

Die folgenden Fälle können u. a. zu **Differenzen** führen:

- Nachträgliche rückwirkende Buchungen in Perioden, die bereits mit der MWST abgerechnet wurden
- Entgelt für Fahrzeugbenutzung (Privatanteil) durch Personal als Lohnabzug, das irrtümlich ohne MWST-Code verbucht wurde
- Erträge, die auf Aufwandkonten verbucht (Aufwandminderungen) und irrtümlich ohne MWST erfasst wurden
- Verkäufe von Betriebsmitteln, irrtümlich ohne MWST
- Ausserordentliche, aperiodische und nebenbetriebliche Erlöse ohne MWST
- Vorauszahlungen
- Erlösminderungen
- Debitorenverluste
- Etc.

Mit dem einmal jährlich vorzunehmenden **Abgleich** soll sichergestellt werden, dass

1. die **verbuchten Umsatz- und Vorsteuerbeträge** vollständig deklariert sind (d. h. die Umsatzsteuer- und Vorsteuer-Buchhaltungskonten sind saldiert oder der bilanzierte Saldo stimmt mit den noch nicht beglichenen MWST-Deklarationen überein),
2. keine **Erlöse** irrtümlich ohne MWST-Code und keine Aufwände irrtümlich mit Vorsteuerabzügen verbucht sind.

Ausgangspunkt einer **Umsatzabstimmung** sind die Erlöse der Erfolgsrechnung. Mittels der Umsatzabstimmung wird die Verbindung zu den MWST-Deklarationen gemacht und die Vollständigkeit der Deklaration geprüft. Demnach sind in der Regel die folgenden Punkte zu berücksichtigen:

	Erlöse aus der Erfolgsrechnung (abgeschlossene, definitive Jahresrechnung)
+	Anlagenverkäufe (aus Bilanz)
+	Privatanteile Personal (da entgeltliche Leistung bzw. Umsatz)
+	Entgelte, die als Aufwandminderung oder als ausserordentlicher Erlös verbucht sind
+	Debitoren-Anfangsbestand (bei «vereinnahmt»)
–	Debitoren-Endbestand (bei «vereinnahmt»)
–	Vorauszahlungen-Anfangsbestand
+	Vorauszahlungen-Endbestand

Allfällige **Differenzen** sind in der Regel als **Bruttobeträge** zu betrachten (z. B. 107.7%).

Durch die Umsatz- und Vorsteuerabstimmung ermittelte Differenzen müssen im Rahmen der Finalisierung korrigiert und der ESTV innerhalb der Periode gemeldet werden, in die der 180. Tag seit Ende des Geschäftsjahres fällt. Unter Berücksichtigung der üblichen Einreichefrist von 60 Tagen ist die **Berichtigungsabrechnung** demzufolge **spätestens 240 Tage nach Ablauf des betreffenden Geschäftsjahres** einzureichen, beispielsweise bis zum 31. August des Folgejahres, wenn der Jahresabschluss per 31. Dezember erfolgt (s. Anhang, S. 311 und S. 316).

Beispiel

Die steuerpflichtige HopCraft GmbH mit Sitz in Zürich handelt mit lokal produzierten Bieren. Sie beliefert ihre Kundschaft mit firmeneigenen Fahrzeugen. Privatkunden, die am Firmensitz der HopCraft GmbH einkaufen, können die Biere vor Ort degustieren. Gemäss Vollkostenrechnung beläuft sich der Wert der Degustationsbiere auf CHF 5.00 pro Person; diese werden über das Konto «Werbeaufwand» verbucht.

HopCraft GmbH rechnet die MWST nach vereinbarten Entgelten und nach der effektiven Methode ab.

Auszug aus der **Buchhaltung** des Geschäftsjahres 2018 (in CHF, netto geführt, ohne MWST):

1170 Vorsteuer auf Material und Dienstleistungen		
	Soll	**Haben**
Laufende Buchungen 2018	10 900	
Abrechnung Q1		1 832
Abrechnung Q2		1 735
Abrechnung Q3		4 866
Abrechnung Q4		2 235
Saldo (Differenz)[1]		232
	10 900	10 900

1171 Vorsteuer auf Investitionen und übr. Aufwand		
	Soll	**Haben**
Laufende Buchungen 2018	2 100	
Abrechnung Q1		512
Abrechnung Q2		680
Abrechnung Q3		650
Abrechnung Q4		405
Saldo (Differenz)[1]	147	
	2 247	2 247

[1] Die Differenzen werden per 31.12. auf das jeweilige Rechnungsabgrenzungskonto (Transitorische Aktiven bzw. Passiven) verbucht.

3200 Verkauf von Lagerbieren		
	Soll	**Haben**
Laufende Buchungen 2018		144 600
Saldo	144 600	
	144 600	144 600

3210 Verkauf von Spezialbieren		
	Soll	**Haben**
Laufende Buchungen 2018		163 200
Saldo	163 200	
	163 200	163 200

3801 Rabatte		
	Soll	**Haben**
Laufende Buchungen 2018	12 600	
Saldo		12 600
	12 600	12 600

3805 Debitorenverluste		
	Soll	**Haben**
Laufende Buchungen 2018	11 500	
Saldo		11 500
	11 500	11 500

6811 Degustationsbiere Kunden		
	Soll	**Haben**
Laufende Buchungen 2018		4 300
Saldo	4 300	
	4 300	4 300

5890 Verrechnung Privatanteile Fahrzeug		
	Soll	**Haben**
Q1		1 200
Q2		1 200
Q3		1 200
Q4		1 200
Saldo	4 800	
	4 800	4 800

Das Konto **Umsatzsteuer** weist keine Differenz aus.

Eingereichte **MWST-Abrechnungen** 1.–4. Quartal 2018 (in CHF, alle Umsätze netto, ohne MWST):

Ziffer	1. Quartal	2. Quartal	3. Quartal	4. Quartal	Total
200	35 000	76 000	124 000	67 000	302 000
235	2800	5 500	10600	5 900	24 800
302	32 200	70 500	113 400	61 100	277 200
400	1 832	1 735	4 866	2 235	10 668
405	512	680	650	405	2 247
500	135	3 014	3 216	2 065	8 429

Aufgrund der aufgeführten Angaben aus der Buchhaltung der HopCraft GmbH und der eingereichten MWST-Abrechnungen ist die **Umsatz- und Vorsteuerabstimmung** gemäss MWSTV 128 Abs. 2 und 3 für das Jahr 2018 vorzunehmen.

Umsatzabstimmung	CHF	CHF	CHF
Verkauf Lagerbiere (3200)	144 600		
Verkauf Spezialbiere (3210)	163 200		
Privatanteile Fahrzeug (5890)	4 800	312 600	
Deklarierter Umsatz (Ziff. 200)		302 000	
Zu wenig deklarierter Umsatz			**10 600**
Rabatte (3801)	–12 600		
Debitorenverluste (3805)	–11 500	–24 100	
Deklarierte Abzüge vom Umsatz (Ziff. 235)		–24 800	
Zu viel deklarierte Abzüge			**700**
Zu deklarierender Umsatz in der Berichtigungsabrechnung			**11 300**

Vorsteuerkontoabstimmung	CHF	CHF
Vorsteuer Material / Dienstleistungen (1170)	10 900	
Deklarierte Vorsteuer Ziff. 400	10 668	
Zu wenig abgezogene Vorsteuern Ziff. 400		**–232**
Vorsteuer Investitionen / übr. Aufwand (1171)	2 100	
Deklarierte Vorsteuer Ziff. 405	2 247	
Zu viel abgezogene Vorsteuern Ziff. 405		**147**
Total zu wenig abgezogene Vorsteuern		**–85**

Aus der Umsatz- und der Vorsteuerabstimmung ergibt sich folgende **Differenz** für die Berichtigungsabrechnung 2018:

	Total CHF	MWST CHF
Zu deklarierender Umsatz in der Berichtigungsabrechnung	11 300.00	
Geschuldete Steuer auf diesem Umsatz (7.7% / 107.7%)[1]		807.90
Zu wenig abgezogene Vorsteuern		–85.00
Differenz (Steuernachbelastung)		**722.90**

[1] Da das Konto Umsatzsteuer keine Differenz ausweist, müssen auf den Erlöskonten (3200 und 3201) irrtümlich auch Beträge ohne MWST-Abzug bzw. Bruttoeinnahmen verbucht worden sein. Sonst würde das Konto Umsatzsteuer nicht mit dem deklarierten Umsatzsteuerbetrag übereinstimmen. Die fehlerhaften Einzelbuchungen, die zur Differenz geführt haben, müssen verifiziert werden.

Zusammenfassung

Jeder Leistungserbringer muss auf Verlangen des Leistungsempfängers eine Rechnung erstellen, die den **formellen Anforderungen der MWST** genügt.

Die Rechnung sollte in der Regel **folgende Angaben** enthalten:

- Name und Ort des Leistungserbringers
- Name und Ort des Leistungsempfängers
- MWST-Nr., unter der der Leistungserbringer im Register der steuerpflichtigen Personen eingetragen ist (im UID-Format)
- Datum oder Zeitraum der Leistungserbringung
- Art, Gegenstand und Umfang der Leistung
- Entgelt
- Steuerbetrag und Steuersatz; falls die Steuer im Rechnungstotal inbegriffen ist, genügt die Angabe des Steuersatzes

Bei der Fakturierung an Unternehmen können **Entgelte** in der Rechnung sowohl in **Landeswährung** als auch in **ausländischer Währung** aufgeführt werden. Je nach Gestaltung des Belegs werden entweder die Regeln für Landeswährung oder für ausländische Währung angewandt. Der Steuerpflichtige muss seine Bücher nach handelsrechtlichen Grundsätzen führen.

Es empfiehlt sich, für die **Umsatzsteuer** ein separates Passivkonto und **mindestens zwei Vorsteuerkonten (Aktivkonten)** für Material- und Dienstleistungsaufwand sowie für Investitionen und übrigen Betriebsaufwand zu führen.

Die **Verbuchung** kann nach der Brutto- oder nach der Nettomethode erfolgen. Diese beiden Methoden können nebeneinander angewandt werden:

- Die **Bruttomethode** bedeutet, dass die MWST während der Abrechnungsperiode in der Erfolgsrechnung verbucht wird. Die Umbuchungen auf die Umsatz- bzw. Vorsteuerkonten erfolgen erst für die MWST-Abrechnung.
- Bei der **Nettomethode** wird die MWST sofort bei der Erfassung der Umsätze auf das Umsatzsteuerkonto und die Vorsteuern bei der Erfassung der Aufwendungen auf eines der Vorsteuerkonten gebucht.

Als **Finalisierung** bezeichnet man die Umsatz- und Vorsteuerabstimmung zwischen der Buchhaltung und den eingereichten MWST-Abrechnungen für das abgelaufene Geschäftsjahr. Falls sich eine Differenz ergibt, ist die **Berichtigungsabrechnung** spätestens 240 Tage nach Ablauf des betreffenden Geschäftsjahres der ESTV einzureichen.

Repetitionsfragen

84 Welche formellen Anforderungen sollten eingehalten werden, damit es dem steuerpflichtigen Empfänger der Rechnung leichter fällt, den Anspruch auf Vorsteuerabzug nachzuweisen?

85 In welchen Fällen ist der Steuerpflichtige gehalten, bei der Rechnungsstellung die formellen Anforderungen des MWSTG zu beachten?

86 Aus welchem Grund empfiehlt sich das Verbuchen von Vorsteuern auf mindestens zwei verschiedenen Aktivkonten? Um welche Aktivkonten handelt es sich?

18 Steuer auf den Einfuhren

Lernziele

Nach der Bearbeitung dieses Kapitels können Sie …

- erklären, welche Einfuhren aus dem Ausland steuerpflichtig und welche von der Einfuhrsteuer befreit sind.
- die Planungsmöglichkeit von Unternehmen bei Einfuhren nennen.

Schlüsselbegriffe

Abrechnungsmöglichkeiten, Bemessungsgrundlage, Bestimmungsort, Datenträger ohne Marktwert, Einfuhr, Einfuhrsteuer, elektronische Einfuhrzollanmeldung, Entgelt, Marktwert, Steuersätze, Unterstellungserklärung, Verlagerung der Steuerentrichtung, ZAZ-Konto

Der 4. Titel des MWSTG ist der Einfuhr von Gegenständen vorbehalten. Die **Eidgenössische Zollverwaltung (EZV)** ist für die Erhebung der Einfuhrsteuer zuständig. Seit dem 01.01.2013 nimmt EZV grundsätzlich keine Einfuhrzollanmeldungen in Papierform mehr an. Die **Einfuhren** müssen **elektronisch angemeldet** werden. Nur spezielle Anmeldungen wie z. B. für Umzugsgut sind noch in Papierform möglich. Dasselbe gilt für Ausfuhrzollanmeldungen.

MWSTG 52 bestimmt die **Einfuhr von Gegenständen** ins Inland als **Steuerobjekt.** Es genügt, wenn Gegenstände physisch über die Grenze gebracht werden. Entgeltlichkeit ist nicht Bestimmungsmerkmal der objektiven Steuerpflicht.

Lässt sich bei der Einfuhr von Datenträgern **kein Marktwert** feststellen und ist die Einfuhr **nicht nach MWSTG 53 befreit,** ist keine Einfuhrsteuer geschuldet. Das kann z. B. bei Updates oder Upgrades von Computerprogrammen der Fall sein. Pläne von Architekten, Ingenieuren und Grafikern, Rechtsschriften von Anwälten, Forschungs- und Versuchsergebnisse sowie verbriefte Rechte und immaterielle Werte sind den Datenträgern ohne Marktwert u. a. auch gleichgestellt. In solchen Fällen erfolgt die Besteuerung mittels **Bezugsteuer.**

Gewisse Einfuhren sind **von der Einfuhrsteuer befreit.** Es sind im Wesentlichen

- Gegenstände mit geringem Wert,
- Münzen, Banknoten, Wertpapiere, Briefmarken, solange es sich nicht um Sammlerstücke handelt,
- Manuskripte von Autoren, Schriftstellern und Komponisten, Kunstwerke von Bildhauern und Malern,
- Elektrizität in Leitungen, Gas über das Erdgasverteilnetz und Fernwärme,
- menschliche Organe und menschliches Blut,
- unverkäufliche Warenmuster,
- Hausrat,
- Gegenstände, die mit Freipass zur vorübergehenden Ein- oder Ausfuhr abgefertigt werden, und
- Gegenstände inländischen Ursprungs, die im Ausland bearbeitet worden sind. Der Wert der Bearbeitung unterliegt allerdings der Einfuhrsteuer.

Für Importe ist der **Zollschuldner steuerpflichtig** (MWSTG 51). Gemäss Artikel 70 des Zollgesetzes muss derjenige Zoll zahlen, der den Gegenstand physisch über die Grenze bringt, sein Auftraggeber oder derjenige, für dessen Rechnung die Ware eingeführt wird.

In der Regel wird die **Versteuerung an der Grenze** durch den Warenführer vorgenommen und von ihm seinem Auftraggeber in Rechnung gestellt. Die Steuer ist in der Regel **sofort geschuldet** (MWSTG 56).

18.1 Abrechnungsmöglichkeiten

Es gibt mehrere Abrechnungsmöglichkeiten für Unternehmen, die regelmässig Importe tätigen. Wir behandeln nachfolgend:

- Errichtung eines ZAZ-Kontos
- Verlagerung der Steuerentrichtung

18.1.1 ZAZ-Konto (zentralisiertes Abrechnungsverfahren der Zollverwaltung)

Das importierende Unternehmen verfügt über ein **Kontokorrent bei der EZV** (Oberzolldirektion). Zoll und MWST werden bei der Einfuhr von Gegenständen diesem Konto belastet und dem Unternehmen von der EZV in Rechnung gestellt. Damit die EZV ein ZAZ-Konto eröffnet, muss das Unternehmen eine **Sicherstellung** in Form einer Bürgschaft oder eines Depots leisten.

Ein wesentlicher Vorteil des ZAZ-Kontos liegt darin, dass die **Fälligkeit der MWST um 60 Tage hinausgeschoben** wird. So erhält das importierende Unternehmen die Möglichkeit, die Zeitspanne zwischen der Zahlung der Steuer und der Vornahme des Vorsteuerabzugs zu verringern.

Die Zahlung für die **Zollgebühren** muss aber innerhalb von **10 Tagen nach Rechnungsstellung** erfolgen.

18.1.2 Verlagerung der Steuerentrichtung

Die Grundlage für dieses Verlagerungsverfahren findet sich in MWSTG 63 i.V. mit MWSTV 117 ff.

Danach können Steuerpflichtige, die regelmässig Gegenstände in die Schweiz importieren und in ihren Quartals- oder Monatsabrechnungen ebenso regelmässig **Vorsteuerüberschüsse** ausweisen, die Einfuhrsteuer auf Bewilligung hin in ihrer **Quartalsabrechnung deklarieren** und müssen sie somit nicht an der Grenze mit der EZV abrechnen.

Damit ein solcher Antrag auf **Verlagerung der Steuerentrichtung** bewilligt wird, müssen folgende **Voraussetzungen kumulativ** erfüllt sein:

- Der Steuerpflichtige wendet die effektive Abrechnungsmethode zur Ermittlung der Vorsteuer an (keine Saldosteuersätze).
- Die Import- und Exportleistungen sind Teil der normalen Tätigkeit des Unternehmens.
- Das Unternehmen führt eine detaillierte Einfuhr-, Lager- und Ausfuhrkontrolle.
- Die Vorsteuerüberschüsse aus Ein- und Ausfuhren betragen regelmässig mindestens CHF 10 000 pro Jahr.
- Der Steuerpflichtige bietet Gewähr für einen ordnungsgemässen Ablauf des Verfahrens.

Der Vorteil dieses Verfahrens besteht in erster Linie darin, dass die **Einfuhrsteuer** durch den Steuerpflichtigen **nicht vorfinanziert** werden muss.

18.2 Bemessungsgrundlage

Als Bemessungsgrundlage gilt das vom Abnehmer zu leistende **Entgelt** oder der **Marktwert,** wenn es keine Vereinbarung über ein Entgelt gibt. In die Bemessungsgrundlage sind sämtliche Kosten miteinzubeziehen, die bis zum inländischen Bestimmungsort des Gegenstands entstehen. Darunter fallen Kosten für Transport, Zoll, Versicherung und ähnliche Leistungen.

Bestehen berechtigte Zweifel an der Richtigkeit der deklarierten Werte, können die Zollbehörden den Wert des Gegenstands nach **pflichtgemässem Ermessen** selbst festlegen.

Für die Einfuhrsteuer gelten **dieselben Steuersätze** (reduzierter Steuersatz und Normalsatz) wie für die Steuer auf den Leistungen (Lieferung oder Dienstleistung) im Inland.

18.3 Unterstellungserklärung Aus- und Inland

Grundsätzlich gilt bei der Lieferung eines Gegenstandes vom Ausland ins Inland der Abnehmer als Importeur. Die Lieferung, die zur Einfuhr führt, wird im Ausland bewirkt und untersteht daher nicht der Inlandsteuer.

Von diesem Grundsatz abweichend, erlaubt die Einfuhr mittels **Unterstellungserklärung Ausland** dem **Lieferer,** der im Besitz der entsprechenden Bewilligung der ESTV ist, den ins Inland an den Abnehmer beförderten oder versendeten Gegenstand **im eigenen Namen zu importieren.** Die Lieferung, die zur Einfuhr führt, gilt als **im Inland bewirkt** (MWSTV 3 Abs. 1) und untersteht daher für den Lieferer der **Inlandsteuer.** Die Befreiung von der Steuerpflicht nach MWSTG 10 Abs. 2 lit. b findet keine Anwendung.

Der Lieferer, der den Gegenstand ins Inland befördert oder versendet und die entsprechende Bewilligung hat, ist Importeur des Gegenstands. Er kann die **Einfuhrsteuer** im Rahmen der unternehmerischen Tätigkeit als **Vorsteuer** geltend machen, sofern er nach der **effektiven Methode** abrechnet und im Besitz der (elektronischen) **Veranlagungsverfügung** ist.

Neben der Unterstellungserklärung Ausland gibt es noch die **Unterstellungserklärung Inland.** Nach MWSTG 23 Abs. 2 Ziff. 3 werden damit grundsätzlich von der Steuer befreite Lieferungen von Gegenständen, die sich im Inland befinden und unter Zollüberwachung stehen, der Steuer unterstellt. Darunter fallen Lieferungen ab Zolllagerverfahren (z. B. offene Zolllager) oder Zollfreilagern sowie ab Zollverfahren der aktiven Veredelung oder der vorübergehenden Verwendung. Jedoch ändert sich der **Ort der betroffenen Lieferung** nicht.

Zusammenfassung

Einfuhren von Gegenständen aus dem Ausland sind steuerpflichtig. Der Zollschuldner, der den Gegenstand über die Grenze bringt, sein Auftraggeber oder derjenige, für dessen Rechnung der Gegenstand eingeführt wird, sind steuerpflichtig.

Bei der **Einfuhr von Datenträgern ohne Marktwert** ist keine Einfuhrsteuer geschuldet. Die Besteuerung erfolgt in solchen Fällen mittels Bezugsteuer.

Gewisse Einfuhren sind **von der Einfuhrsteuer befreit,** z. B. unverkäufliche Warenmuster oder Hausrat.

Einfuhrzollanmeldungen können grundsätzlich nur elektronisch erfolgen.

Unternehmen, die regelmässig Importe tätigen, können ein ZAZ-Konto einrichten oder die Steuerentrichtung verlagern:

- Dem **ZAZ-Konto** (Zentralisiertes Abrechnungsverfahren der Zollverwaltung) werden bei der Einfuhr von Gegenständen entsprechende Zoll- und MWST-Abgaben belastet. Die EZV stellt diese in Rechnung.
- **Verlagerung der Steuerentrichtung:** Steuerpflichtige, die regelmässig Gegenstände in die Schweiz einführen und in ihren Quartalsabrechnungen Vorsteuerüberschüsse ausweisen, können die Einfuhrsteuer in ihrer Quartalsabrechnung deklarieren.

Die **Bemessungsgrundlage** der MWST auf Einfuhr von Gegenständen ist der Warenwert des importierten Gegenstands. In der Regel ist dieser das **Entgelt,** das der Abnehmer des Gegenstands leisten muss oder wenn das Entgelt fehlt, der **Marktwert.** Darin sind Kosten für Transport, Zoll, Versicherung und Ähnliches inbegriffen.

Bei einer **Einfuhr mittels Unterstellungserklärung Ausland** gilt die Lieferung als im Inland bewirkt und untersteht daher der Inlandsteuer. Der Lieferer, der den Gegenstand ins Inland befördert oder versendet, ist Importeur des Gegenstandes.

Bei einer **Unterstellungserklärung Inland** werden Lieferungen von Gegenständen, die sich im Inland befinden und unter Zollüberwachung stehen, der Steuer unterstellt.

Es gelten dieselben **Steuersätze** wie für die Steuer auf dem Umsatz im Inland.

Repetitionsfragen

87 Max Meuli bestellt für sein Unternehmen 10 Kinderwagen der Marke Bugaboo in Deutschland. Diese werden durch einen beauftragten Spediteur per Lastwagen in die Schweiz gebracht.

Wer führt die Versteuerung an der Grenze durch?

88 A] Welches ist der Vorteil der Verlagerung der Steuerentrichtung?

B] Nennen Sie drei Voraussetzungen für die Bewilligung eines Antrags auf Verlagerung der Steuerentrichtung.

19 Behörden, Verfahren und Strafbestimmungen

Lernziele

Nach der Bearbeitung dieses Kapitels können Sie …

- die für die MWST zuständigen Behörden nennen.
- das Verfahren bei der MWST beschreiben.
- die Strafbestimmungen bei Steuerhinterziehung und Verletzung von Verfahrenspflichten darlegen.

Schlüsselbegriffe

Auskunftspflicht, Berichtigungsabrechnung, Beschwerdeentscheid, Beweiswürdigung, Bundesgericht, Bundesverwaltungsgericht, Einschätzungsmitteilung, Einsprache, Einspracherückzug, elektronischer Geschäftsverkehr, Entscheid, ESTV, EZV, Finalisierung, Jahresabstimmung, MWST-Kontrolle, Nachbesserungsfrist, pflichtgemässes Ermessen, Selbstanzeige, Selbstveranlagungssteuer, Sprungrekurs, Steuerhinterziehung, Steuervertretung, Strafbestimmungen, Verfahren, Verfügung, Verletzung von Verfahrenspflichten, Vernehmlassung

Die gesetzlichen Grundlagen zu diesen Themen finden Sie im 5. Titel des MWSTG ab Artikel 65.

19.1 Behörden

Die **Eidgenössische Steuerverwaltung (ESTV),** Hauptabteilung Mehrwertsteuer, ist zuständig für die Erhebung der MWST im **Inland,** d. h. Inland- und Bezugsteuer. Für die Steuer bei der Einfuhr von Gegenständen ist die **Eidgenössische Zollverwaltung (EZV)** zuständig, d. h. Einfuhrsteuer.

Allerdings werden durch die Bundesverfassung und darauf abstützend auch durch das MWSTG gewisse **Kompetenzen** dem Bundesrat, dem Eidgenössischen Finanzdepartement (EFD) sowie der Eidgenössischen Finanzkontrolle zugewiesen:

- Dem **Bundesrat** sind Präzisierungen des materiellen Rechts vorbehalten – z. B. Bestimmungen über Abgrenzung von Lieferungen und Dienstleistungen, Bestimmungen über den Ort der Lieferung oder Dienstleistung usw. – und gemäss MWSTG 107 ist er auch zum Erlass von Vollzugsvorschriften berechtigt.
- Das **EFD** hat die Kompetenzen für den Erlass von Ausführungsbestimmungen (delegierte Vollzugskompetenz).

19.2 Verfahren

Wer Lieferungen oder Dienstleistungen im Inland gegen Entgelt ausführt, muss **selbst feststellen,** ob er als **Steuersubjekt für die MWST** qualifiziert ist oder nicht. Dasselbe gilt auch für die Feststellung, wer aufgrund der **Bezugsteuer** steuerpflichtig wird.

Wer steuerpflichtig wird, hat sich **innerhalb von 30 Tagen nach Beginn der Steuerpflicht** selbstständig bei der ESTV zu melden.

Die Steuerpflichtigen der **Bezugsteuer** haben sich **innerhalb von 60 Tagen nach Ablauf des Kalenderjahres** anzumelden, in dem sie die der Bezugsteuer unterliegenden Leistungen bezogen haben.

Das Gleiche gilt, wenn die Voraussetzungen wegfallen, die die Steuerpflicht begründen. In diesen Fällen hat auch der Steuerpflichtige für die **Löschung im MWST-Register** zu sorgen. Unterlässt er dies, bleibt er im MWST-Register eingetragen und es wird davon ausgegangen, dass er auf die Befreiung von der Steuerpflicht verzichtet. Dieser «Verzicht» dauert mindestens eine Steuerperiode.

Wird beim Jahresabschluss festgestellt, dass die eingereichten Steuerabrechnungen **Mängel** aufweisen, müssen diese spätestens in der Abrechnung über jene **Abrechnungsperiode** korrigiert werden, in die der **180. Tag seit Ende des Geschäftsjahres** fällt (Finalisierung). Diese Korrekturen sind der ESTV mittels des Formulars **Jahresabstimmung** zu melden (Berichtigungsabrechnung, s. Kap. 17.3, S. 251 und Anhang, S. 311 und S. 316).

Die MWST ist grundsätzlich eine **Selbstveranlagungssteuer.** Das bedeutet, dass eine vorbehaltlos eingereichte MWST-Abrechnung ohne weitere Prüfung durch die Behörden mit Eintritt der **Festsetzungsverjährung** rechtskräftig wird.

Das hat zur Folge, dass mögliche **Fehler** erst Jahre später bei einer Revision durch die ESTV entdeckt werden. Hat der Steuerpflichtige Leistungen nicht oder ist er den Formvorschriften nur ungenügend nachgekommen, muss er die entsprechende **Steuer samt Verzugszinsen** entrichten. Die nachträgliche Überwälzung der Steuer auf die Kunden ist eine privatrechtliche Angelegenheit, die im Einzelfall vermutlich nur selten gelingen wird.

Die **MWST-Abrechnungen** sind grundsätzlich **quartalsweise** (MWSTG 35) auszufüllen und einzureichen. Steuerpflichtige, die mit **Saldosteuersätzen (SSS)** abrechnen, müssen nur **jedes Semester** eine MWST-Abrechnung einreichen. Steuerpflichtige mit **regelmässigen Vorsteuerüberschüssen** können zudem die **monatliche Abrechnungsperiode** beantragen.

Die ESTV ist zur Vornahme von **MWST-Kontrollen** berechtigt. Dabei hat der Steuerpflichtige eine vollumfängliche **Auskunftspflicht.** Auch weitere Personen, die mit dem Steuerpflichtigen in Geschäftsbeziehung stehen (Lieferanten, Kunden, Auftragnehmer usw.), sind zur Auskunftserteilung verpflichtet. Diese Auskunftspflicht wird lediglich durch das gesetzlich geschützte Berufsgeheimnis eingeschränkt.

Werden keine Abrechnungen eingereicht oder liegen keine oder nur ungenügende Aufzeichnungen vor, kann der Steuerbetrag von der ESTV auch nach **pflichtgemässem Ermessen** festgelegt werden.

Kontrollen der ESTV werden mit einer **Einschätzungsmitteilung** abgeschlossen. Darin wird die Steuerforderung für jede der kontrollierten Steuerperioden festgehalten, selbst wenn keine Korrekturen notwendig sind. Allfällige Abweichungen zu den Deklarationen werden nachbelastet bzw. gutgeschrieben.

Der Steuerpflichtige kann eine **Verfügung** verlangen, wenn er mit der Einschätzungsmitteilung **nicht einverstanden** ist. Diese Verfügung der ESTV kann er mit einer **Einsprache** an die ESTV **innert 30 Tagen** anfechten. Darin muss er angeben, gegen welche Punkte der einsprachefähigen Verfügung sich die Einsprache richtet und was er stattdessen verlangt (Antrag). Des Weiteren muss der Einsprecher seinen **Antrag begründen** und der Einsprache – wenn möglich – auch entsprechende **Beweismittel** beilegen.

Die Einsprache muss **schriftlich** erfolgen und vom Einsprecher eigenhändig **unterschrieben** werden. Verfügt der Einsprecher über einen **Vertreter,** so muss dieser die Einsprache unterschreiben und der Einsprache eine entsprechende **Vollmacht** des Einsprechers beilegen.

Genügt die Einsprache nicht den **Formerfordernissen** (z. B. aufgrund ungenügender oder fehlender Beweismittel), räumt die ESTV dem Steuerpflichtigen eine **kurze Nachbesserungsfrist** ein. Lässt der Steuerpflichtige diese Frist ungenutzt verstreichen, kann die ESTV lediglich aufgrund der Aktenlage entscheiden. Fehlen aber Antrag, Begründung, Unterschrift oder Vollmacht, tritt die ESTV gar nicht auf die Einsprache ein.

Es kann vorkommen, dass der Steuerpflichtige im Lauf des Einspracheverfahrens feststellt, dass die Sache für ihn einen wesentlich schlechteren Verlauf nehmen könnte als ursprünglich erhofft und dass der Einspracheentscheid der ESTV eine noch höhere Steuerforderung ausweisen könnte, als dies noch bei der angefochtenen Verfügung der Fall war. Er wird dann versuchen, seine Einsprache schnellstmöglich zurückzuziehen. Die ESTV führt das Einspracheverfahren weiter, wenn sie annehmen muss, dass ein solcher **Einspracherückzug** lediglich dazu dient, um zusätzliche Steuerforderungen zu verhindern.

Hat die ESTV bereits die einsprachefähige Verfügung detailliert und ausführlich (einlässlich) begründet, so ist die Einsprache auf **Antrag des Einsprechers** oder mit dessen Zustimmung direkt an das **Bundesverwaltungsgericht** als die nächsthöhere Instanz weiterzuleiten **(Sprungrekurs).** Das Bundesverwaltungsgericht ist die erste unabhängige richterliche Instanz, die bei Streitigkeiten im Zusammenhang mit der MWST angerufen werden kann. Sie kann die ESTV zur Vernehmlassung der strittigen Fragen einladen.

Ist der Steuerpflichtige mit dem Einspracheentscheid nicht einverstanden, hat er die Möglichkeit, diesen **innert 30 Tagen** nach Eröffnung des Einspracheentscheids an das Bundesverwaltungsgericht weiterzuziehen. Die **Beschwerde** an das Bundesverwaltungsgericht hat im Wesentlichen dieselben Elemente zu enthalten, wie sie schon für die Einsprache vorgeschrieben sind (Antrag, Begründung, Beweismittel, Unterschrift, Vollmacht).

Der Beschwerdeentscheid des Bundesverwaltungsgerichts kann sowohl vom Steuerpflichtigen wie auch von der ESTV **innert 30 Tagen** nach Eröffnung des Beschwerdeentscheids mit der **Beschwerde in öffentlich-rechtlichen Angelegenheiten** beim **Bundesgericht** angefochten werden. Die Beschwerde in öffentlich-rechtlichen Angelegenheiten lässt allerdings nicht zu, dass das Bundesgericht weitere im bisherigen Verfahren nicht gestellte Anträge prüft.

Das Bundesgericht kann die nicht beschwerdeführende Partei zur **Vernehmlassung** einladen. Dadurch erhält die nicht beschwerdeführende Partei nochmals Gelegenheit, sich zur Begründung der Beschwerde in öffentlich-rechtlichen Angelegenheiten zu äussern. Allerdings kann das Bundesgericht das Gesetz nicht selbst auf seine Verfassungsmässigkeit hin überprüfen. Wird z. B. gerügt, dass Normen des MWSTG gegen den Verfassungsauftrag verstossen, beurteilt das Bundesgericht diese Beschwerde nicht. Das Urteil des Bundesgerichts kann nicht mehr angefochten werden.

Abb. 19-1 fasst den Instanzenweg bei der MWST nochmals zusammen.

Abb. [19-1] Instanzenweg bei der MWST

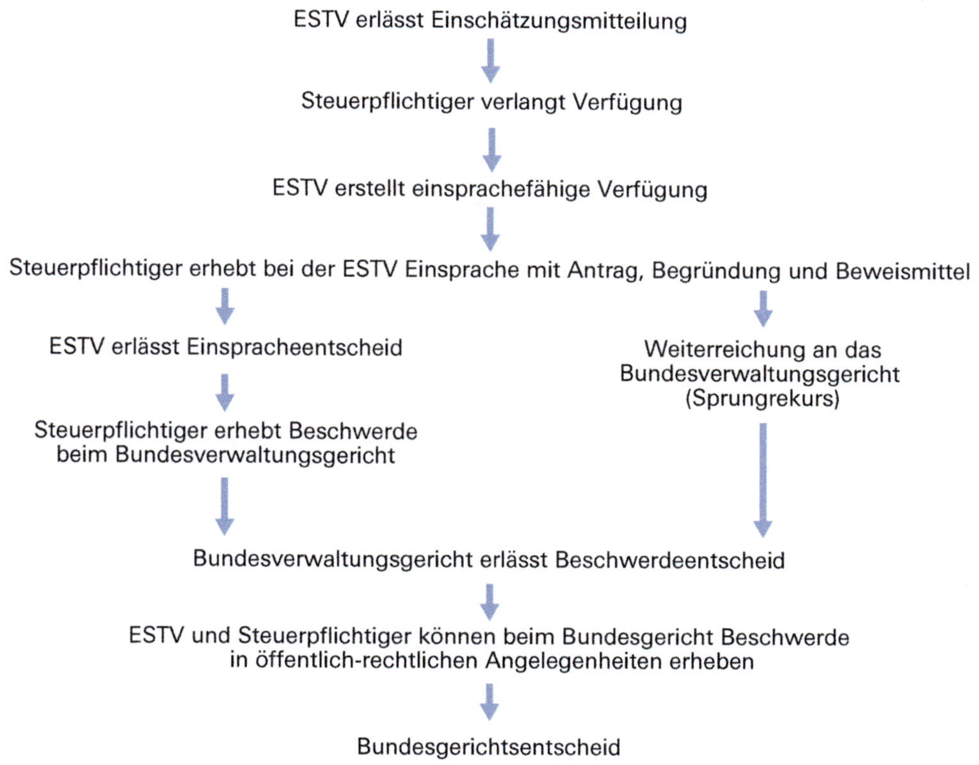

19.3 Strafbestimmungen

Das MWSTG 96 ff. benennt Strafbestimmungen für den Fall der Steuerhinterziehung und der Verletzung von Verfahrenspflichten. Neben den Strafbestimmungen des MWSTG sind aber auch die Strafbestimmungen des Verwaltungsstrafrechts und die allgemeinen Bestimmungen des Strafgesetzbuchs zu beachten.

De Tatbestand der **Steuerhinterziehung** erfüllt, wer vorsätzlich oder fahrlässig die Steuerforderung zulasten des Staates verkürzt, indem er:

a. in einer Steuerperiode nicht sämtliche Einnahmen, zu hohe Einnahmen aus von der Steuer befreiten Leistungen, nicht sämtliche der Bezugsteuer unterliegenden Ausgaben oder zu hohe zum Vorsteuerabzug berechtigende Ausgaben deklariert.
b. eine unrechtmässige Rückforderung erwirkt oder
c. einen ungerechtfertigten Steuererlass erwirkt.
d. die für die Steuerfestsetzung relevanten Faktoren zwar wahrheitsgetreu deklariert, aber steuerlich falsch qualifiziert, sofern er vorsätzlich klare, gesetzliche Bestimmungen, Anordnungen der Behörden oder publizierte Praxisfestlegungen nicht richtig anwendet und die Behörden darüber nicht vorgängig schriftlich in Kenntnis setzt.
e. bei der Einfuhr Waren nicht oder unrichtig anmeldet oder verheimlicht.
f. im Rahmen einer behördlichen Kontrolle oder eines Verwaltungsverfahrens, das auf die Festsetzung der Steuerforderung oder den Steuererlass gerichtet ist, auf entsprechende Nachfrage hin keine, unwahre oder unvollständige Angaben macht.

Auch der **Versuch zur Steuerhinterziehung** kann bestraft werden.

Die **Busse** bei der Steuerhinterziehung beträgt je nach Tatbestand **bis CHF 800 000.** Bei einer **qualifizierten Steuerhinterziehung** kann die Busse bis zum Zweifachen des Steuervorteils erhöht werden. Zugleich kann eine **Freiheitsstrafe bis zu 2 Jahren** verhängt werden.

Eine **Verletzung von Verfahrenspflichten** begeht der Steuerpflichtige in den folgenden Fällen:

- Wer sich trotz subjektiver Steuerpflicht nicht im MWST-Register eintragen lässt
- Wer seinen Auskunfts- oder Abrechnungspflichten nicht oder nicht richtig nachkommt
- Wer die Steuer nicht periodengerecht deklariert
- Wer Sicherheiten nicht gehörig leistet
- Wer keine ordnungsgemässen Geschäftsbücher im Sinne des OR 957 führt
- Wer in einer Abrechnung o. Ä. falsche Angaben macht oder wichtige Tatsachen verschweigt
- Wer in Rechnungen eine nicht oder nicht in dieser Höhe geschuldete MWST ausweist
- Wer durch Angabe einer Registernummer eine Eintragung im Register der steuerpflichtigen Personen vortäuscht
- Wer Kontrollen der ESTV behindert, erschwert oder verunmöglicht
- Wer Falschdeklarationen begeht

Die Verletzung von Verfahrenspflichten wird mit **Busse bis CHF 10 000** bestraft.

Grundsätzlich bedingt eine Strafe auch einen Täter. Eine juristische Person ist grundsätzlich nicht schuldfähig. **Schuldfähig** sind nur die **natürlichen Personen,** die für die juristische Person handeln.

Wird eine Steuerhinterziehung oder eine Verletzung von Verfahrenspflichten begangen und beträgt die zu erwartende **Busse maximal CHF 100 000,** so kann anstelle der handelnden Person (Täter) auch das **Unternehmen** zur Bezahlung der Busse verurteilt werden.

Zusammenfassung

Die **Eidgenössische Steuerverwaltung (ESTV)** ist zuständig für die Erhebung der MWST im Inland und die **Eidgenössische Zollverwaltung (EZV)** für die Steuer bei der Einfuhr von Gegenständen.

Der Steuerpflichtige muss selbst feststellen, ob er Steuersubjekt für die MWST ist. Steuerpflichtige müssen sich **innerhalb von 30 Tagen** nach Beginn oder bei Wegfall der Steuerpflicht bei der ESTV melden. Die Abrechnungen müssen grundsätzlich **quartalsweise** eingereicht werden.

Instanzenweg bei der MWST:

- **Kontrollen der ESTV** werden mit einer **Einschätzungsmitteilung** abgeschlossen. Darin wird für die kontrollierten Steuerperioden die jeweilige Steuerforderung festgehalten.
- Der Steuerpflichtige kann von der ESTV eine **Verfügung** einfordern, wenn er mit der Einschätzungsmitteilung nicht einverstanden ist, und innert 30 Tagen eine **Einsprache** erheben. Die Einsprache muss einen Antrag, eine Begründung und möglichst Beweismittel enthalten. Auf Antrag hat die ESTV die Einsprache an das Bundesverwaltungsgericht weiterzureichen, andernfalls erlässt sie einen Einspracheentscheid.
- Gegen den **Einspracheentscheid** kann der Steuerpflichtige **Beschwerde** beim **Bundesverwaltungsgericht** erheben.
- Das Bundesverwaltungsgericht erlässt einen **Beschwerdeentscheid,** gegen den sowohl die ESTV als auch der Steuerpflichtige eine **Beschwerde in öffentlich-rechtlichen Angelegenheiten** beim **Bundesgericht** einlegen können.

Das MWSTG nennt **Strafbestimmungen** bei Steuerhinterziehung und bei Verletzung von Verfahrenspflichten:

- **Steuerhinterziehung** liegt vor, wenn der Steuerpflichtige sich selbst oder anderen vorsätzlich einen Steuervorteil verschafft.
- **Verletzung von Verfahrenspflichten** liegt vor, wenn sich der Steuerpflichtige nicht an die Bestimmungen des MWSTG hält, indem er sich z. B. nicht ins MWST-Register eintragen lässt, keine ordnungsgemässen Geschäftsbücher führt oder die Kontrollen der ESTV behindert.

Schuldfähig sind die **natürlichen Personen,** die für die juristischen Personen handeln.

Repetitionsfragen

89

A] Wann müssen die MWST-Abrechnungen im Normalfall ausgefüllt und eingereicht werden?

B] Wann kann die monatliche MWST-Abrechnung beantragt werden?

C] Welche Steuerpflichtigen müssen nur jedes Semester eine MWST-Abrechnung einreichen?

90

Nennen Sie drei Tatbestände, bei denen Steuerhinterziehung vorliegt.

20 Fallbeispiel – Schelling

20.1 Sachverhalt

Anna Schelling führt in der Stadt Solothurn ein Einzelunternehmen. Die Geschäftstätigkeiten bestehen aus einer Gärtnerei, aus Gartenbauarbeiten und aus einem kleinen Blumengeschäft. Anna Schelling führt das Geschäft, seitdem ihr Mann viel zu früh verstorben ist. Im Geschäft arbeitet auch ihr Sohn Manfred Schelling mit.

Anna Schelling ist zuständig für den kaufmännischen Bereich und für das Blumengeschäft, das sich im Parterre ihres Wohnhauses befindet. Da dieses Blumengeschäft nur einen kleinen Teil der Gesamtliegenschaft beansprucht, wird sie in der Bilanz nicht als Geschäftsvermögen ausgewiesen (sog. Präponderanzmethode aus Sicht der direkten Steuern). In den letzten Jahren sind auch keine zum Vorsteuerabzug berechtigenden Aufwendungen angefallen.

Im Blumengeschäft verkauft Anna Schelling sowohl Blumen aus der eigenen Gärtnerei als auch zugekaufte Blumen. Eine Aufteilung dieser Blumen beim Verkauf ist praktisch unmöglich. Nicht zuletzt aus Vereinfachungsgründen wird deshalb beim Verkauf der im eigenen Betrieb erzeugten Blumen im Sinne von MWSTG 22 optiert. Ausserdem werden im Blumengeschäft auch zum Normalsatz steuerbare Produkte wie Glückwunschkarten, Kerzen, Schalen aus Porzellan, Vasen usw. verkauft.

Manfred Schelling (verheiratet, zwei schulpflichtige Kinder) ist zuständig für den Bereich Gärtnerei und Gartenbauarbeiten. Die Geschäftsräume für diesen Bereich befinden sich in einer Liegenschaft am Stadtrand von Solothurn, die in der nachfolgenden Bilanz aufgeführt ist. Darin befindet sich auch die Wohnung der Familie von Manfred Schelling; ansonsten wird die Liegenschaft ausschliesslich für unternehmerische Zwecke verwendet, die zum Vorsteuerabzug berechtigen.

Bilanz und Erfolgsrechnung des Einzelunternehmens Schelling für das abgelaufene Geschäftsjahr 2018:

Bilanz per 31.12.2018 (in CHF)			
Liquide Mittel	70 000	Verbindlichkeiten	80 000
Forderungen	100 000	Hypotheken	450 000
Angefangene Arbeiten	80 000	Eigenkapital	720 000
Warenbestand	200 000		
Fahrzeuge	50 000		
Sachanlagen	150 000		
Immobilien	600 000		
Total	**1 250 000**	**Total**	**1 250 000**

Erfolgsrechnung für das Jahr 2018 (in CHF)			
Warenaufwand	400 000	Umsatz Gärtnerei / Gartenbau	1 200 000
Lohnaufwand	500 000	Umsatz Blumengeschäft	200 000
Abschreibungen	120 000	Liegenschaftsertrag	18 000
Liegenschaftsunterhalt	60 000	Finanzertrag	2 000
Finanzaufwand	20 000		
Übriger Aufwand	120 000		
Erfolg	200 000		
Total	**1 420 000**	**Total**	**1 420 000**

Das Einzelunternehmen Schelling erfasst in der Buchhaltung sowohl die Erträge wie auch die Aufwendungen (inkl. Investitionen) in Bezug auf die MWST ausschliesslich nach der Nettomethode.

Bei den Zahlen in der Bilanz und in der Erfolgsrechnung handelt es sich um Zusammenzüge verschiedener Konten (z. B. Warenaufwand). Zu den in der Erfolgsrechnung ausgewiesenen Werten sind aufgrund verschiedener Aufzeichnungen der Steuerpflichtigen nachfolgende **Detailangaben** bekannt. Alle diese Beträge verstehen sich **exkl. MWST:**

1. Die **angefangenen Arbeiten** und der **Warenbestand** waren in den letzten Jahren immer gleich hoch. Alle Waren wurden im abgelaufenen Geschäftsjahr eingekauft und sind zum Normalsatz steuerbar, mit Ausnahme von CHF 10 000 im Blumengeschäft.
2. Die Position **Fahrzeuge** beinhaltet einen für Geschäftszwecke benutzten Transporter sowie zwei Personenwagen, die von Anna Schelling und von Manfred Schelling zu ca. 40% unentgeltlich auch für private Zwecke verwendet werden. Der Personenwagen von Anna Schelling wurde vor 3.5 Jahren für CHF 60 000 eingekauft, jener von Manfred Schelling Anfang 2018 zum Preis von CHF 40 000. Das bisherige, 10-jährige Fahrzeug wurde dabei mit einem Anrechnungswert von CHF 10 000 eingetauscht.
3. Unter den **Sachanlagen** sind hauptsächlich Werkzeuge, Maschinen usw. aus dem Bereich Gärtnerei und Gartenbau aktiviert. Jährlich sind in diesem Bereich Anschaffungen von CHF 30 000 getätigt worden. Im Bereich Blumenhandel wurden seit dem 01.01.2005 keine Sachanlagen aktiviert, mit Ausnahme einer neuen Ladentheke im Wert von CHF 8 000 (Einkauf vor 2.5 Jahren) und einer Occasionsregistrierkasse, die von einem nicht Steuerpflichtigen vor 1.5 Jahren für CHF 2 000 eingekauft wurde. An ihr mussten bisher weder Reparatur- noch Unterhaltsarbeiten vorgenommen werden.
   Auf der Registrierkasse können die beiden Sparten Blumen und Boutiqueartikel (Glückwunschkarten, Kerzen, Porzellanvasen usw.) separat erfasst werden. Hingegen ist auf dem Quittungsausdruck nur der Betrag ohne Artikelangabe und ohne Steuersatz möglich.
4. Die **Immobilien** umfassen die Liegenschaft der Gärtnerei und des Gartenbaubetriebs sowie die Wohnung von Manfred Schelling am Stadtrand von Solothurn. Die Wohnung macht einen Anteil von 30% an der Gesamtliegenschaft aus.
5. Vom **Umsatz Gärtnerei und Gartenbau** entfallen CHF 300 000 auf Pflanzenlieferungen aus der Gärtnerei und der Rest auf den Bereich Gartenbau, wobei sich hier CHF 250 000 auf gesondert in Rechnung gestellte Pflanzenlieferungen belaufen.
6. Im Bereich **Blumengeschäft** können die Umsätze nicht mithilfe der Registrierkasse aufgeteilt werden, da diese die Voraussetzungen einer Scanningkasse nicht erfüllt. Insbesondere fehlen die Artikelbezeichnung und die Angabe des entsprechenden Steuersatzes (s. Punkt 3) Die Aufteilung des Umsatzes auf die verschiedenen Steuersätze erfolgt deshalb aufgrund des Wareneinkaufs. Die Boutiqueartikel werden auf einem separaten Konto erfasst. Den jeweiligen Einkäufen werden einmal jährlich die kalkulierten Verkaufspreise gegenübergestellt. Diese kalkulierten Erträge betragen für das abgelaufene Jahr total CHF 30 000 (exkl. MWST). Die restlichen Einnahmen sind Blumenverkäufe.
7. Beim **Liegenschaftsertrag** handelt es sich um die Wohnungsmiete von Manfred Schelling.
8. Der **Finanzertrag** beinhaltet die Zinserträge der verschiedenen Bankkonten.
9. Der **Warenaufwand** besteht aus folgenden Teilen:

Einkauf Pflanzen, Setzlinge usw. für die Gärtnerei	CHF	190 000
Einkauf Material für Gartenbauarbeiten	CHF	160 000
Einkauf Blumen für das Blumengeschäft	CHF	35 000
Einkauf Verpackungsmaterial, Tontöpfe usw.	CHF	5 000
Einkauf Glückwunschkarten, Kerzen usw.	CHF	10 000

Von der Gärtnerei wurden Blumen im Wert von CHF 20 000 (Einstandspreis) an das Blumengeschäft geliefert. Diese internen Lieferungen wurden nicht verbucht.

10. Infolge Arbeitsüberlastung im Herbst 2018 musste Personal von einem anderen Gartenbaugeschäft für CHF 10 000 zugemietet werden. Ansonsten beinhaltet der **Lohnaufwand** nur Löhne und Sozialleistungen des Personals inkl. Manfred Schelling.
11. Der **Liegenschaftsunterhalt** für die Geschäftsliegenschaft umfasst:

Ersatz Küchenkombination in der Wohnung von Manfred Schelling	CHF	35 000
Maler- und Isolationsarbeiten in den Büroräumlichkeiten	CHF	10 000
Allgemeiner, dem Normalsatz unterliegender Liegenschaftsunterhalt inkl. Heizungs-, Beleuchtungs- und Reinigungskosten	CHF	10 000
Allgemeiner Liegenschaftsunterhalt ohne MWST	CHF	5 000

Diese Kosten wurden vollständig über den Aufwand gebucht, es wurden keine Aktivierungen vorgenommen.
In den letzten Jahren ist jeweils nur allgemeiner, vorsteuerbelasteter Liegenschaftsunterhalt von CHF 10 000 mit MWST angefallen.

12. Der **Finanzaufwand** besteht hauptsächlich aus den Hypothekarzinsen.
13. Von den **übrigen Aufwendungen** (übriger Aufwand gemäss Erfolgsrechnung) entfallen CHF 40 000 auf Unkosten ohne MWST. Der Rest von CHF 80 000 sind zum Normalsatz steuerbare Kosten. In diesen zum Normalsatz steuerbaren Kosten sind auch die Kosten von CHF 10 000 für geschäftlich bedingte Verpflegung enthalten. Die Kosten für Verpflegung und Getränke betreffen ausschliesslich den Bereich Gärtnerei und Gartenbau. Die übrigen Kosten verteilen sich im Verhältnis des Umsatzes auf die Bereiche Gärtnerei und Gartenbau und das Blumengeschäft.
14. Anna Schelling und Manfred Schelling (Arbeitnehmer mit Lohnausweis) beziehen **zugekaufte Blumen unentgeltlich** für je CHF 1 200 (Verkaufspreis exkl. MWST) pro Jahr. Das Personal kann Blumen mit 20% Rabatt beziehen; der entsprechende Umsatz von CHF 5 000 wurde verbucht. Der Einstandspreis dieser Blumen beträgt 30% des Verkaufspreises.

Anna Schelling gibt auf Ende des Geschäftsjahres 2018 ihre Geschäftstätigkeit auf. Sie überträgt deshalb den ganzen Bereich Gärtnerei und Gartenbau inkl. der Liegenschaft zu Buchwerten ihrem Sohn, der diesen Bereich als neues Einzelunternehmen führen wird. Manfred Schelling zahlt dafür CHF 150 000. Der Rest wird als Darlehen von Anna Schelling im Geschäft belassen.

Das Blumengeschäft im Parterre der Liegenschaft von Anna Schelling wird inkl. der bestehenden Einrichtung (z. B. Theke und Registrierkasse) an die bisherige Mitarbeiterin Monika Rufer vermietet. Sie wird das Geschäft im gleichen Rahmen wie bisher weiterführen.

Die Eröffnungsbilanz per 01.01.2019 des von Manfred Schelling übernommenen Bereichs Gärtnerei und Gartenbau (Einzelunternehmen) präsentiert sich wie folgt:

Bilanz per 01.01.2019 (in CHF)			
Liquide Mittel	70 000	Verbindlichkeiten	80 000
Forderungen	100 000	Darlehen Anna Schelling	540 000
Angefangene Arbeiten	80 000	Hypotheken	450 000
Warenbestand	180 000	Eigenkapital	150 000
Fahrzeuge	45 000		
Sachanlagen	145 000		
Immobilien	600 000		
Total	**1 220 000**	**Total**	**1 220 000**

Bei Anna Schelling bleiben nur das von ihr selbst genutzte Fahrzeug (Buchwert CHF 5 000), die Betriebseinrichtung des Blumenladens (Buchwert CHF 5 000) und das Warenlager des Blumenladens (Buchwert CHF 20 000). Der Buchwert des Warenlagers entspricht dem Einstandspreis. Das Warenlager setzt sich zu 50% aus Blumen und zu 50% aus zum Normalsatz steuerbaren Artikeln zusammen.

Anna Schelling verkauft das Warenlager Anfang Januar 2019 zum Buchwert an Monika Rufer. Das Fahrzeug nutzt Anna Schelling in Zukunft ausschliesslich für private Zwecke (Überführung ins Privatvermögen).

20.2 Aufgaben

1. Berechnen Sie die **Steuerforderung** aus der **normalen Geschäftstätigkeit** (ohne Geschäftsaufgabe), d. h. die Umsatzsteuer abzüglich der berechtigten Vorsteuer, für das Geschäftsjahr 2018. Die Abrechnung erfolgt effektiv, nach vereinbarten Entgelten.
2. Besteht für die neuen Einzelunternehmen Manfred Schelling und Monika Rufer die **obligatorische Steuerpflicht?** Was haben sie bezüglich **Optionsmöglichkeiten** und **Saldosteuersatz (SSS)** zu beachten?
3. Welche Folgen bezüglich der MWST hat die **Geschäftsaufgabe** für Anna Schelling?
4. Welche **Steuerforderung** ist für das Geschäftsjahr 2018 geschuldet und was sind die Folgen der **Geschäftsaufgabe,** wenn Anna Schelling mit den SSS 4.3% (Gartenbau) und 0.6% (Gärtnerei, Blumengeschäft, Pflanzenhandel) abrechnete, und zwar nach der vereinbarten Abrechnungsart? Es ist zu berücksichtigen, dass auch Manfred Schelling mit SSS abrechnen wird.

Die Berechnungen sind auf die Belange der MWST zu beschränken. Folgen für die direkten Steuern sind nicht zu berücksichtigen.

20.3 Lösungsansätze

20.3.1 Berechnung der Steuerforderung für das abgelaufene Jahr

A] Berechnung der auf dem Umsatz geschuldeten Steuer

Der Bestand der angefangenen Arbeiten hat sich nicht geändert (s. Punkt 1). Der Umsatz gemäss Erfolgsrechnung entspricht somit dem vereinbarten Entgelt.

Im Bereich Gärtnerei und Gartenbau entfallen CHF 300 000 auf reine Pflanzenlieferungen (s. Punkt 5). Diese unterliegen dem reduzierten Steuersatz. Auch die im Bereich Gartenbau gesondert in Rechnung gestellten Pflanzenlieferungen von CHF 250 000 unterliegen gemäss MWSTG 25 Abs. 2 lit. a Ziff. 5 dem reduzierten Steuersatz.

Zum Normalsatz steuerbar ist hingegen der Rest von CHF 650 000.

Im Bereich Blumengeschäft kann die Aufteilung nicht mithilfe der Registrierkasse vorgenommen werden (s. Punkt 6). Blumengeschäfte können dafür die Floristenpauschale anwenden (s. Ziffer 10 der MWST-Branchen-Info 02 für Gärtner und Floristen).

Der zum Normalsatz steuerbare Umsatz kann annäherungsweise mithilfe eines Einkaufsjournals erfasst werden, in dem Glückwunschkarten, Kerzen usw. aufgelistet und die Detailverkaufspreise berechnet werden. Nicht in diese Liste einzubeziehen sind Packmaterial und Hilfsstoffe (z. B. Tontöpfe). Der massgebende Detailverkaufspreis der zum Normalsatz steuerbaren Produkte beträgt demnach CHF 30 000 (s. Punkt 6). Der restliche Umsatz des Blumengeschäfts von CHF 170 000 ist zum reduzierten Satz steuerbar.

Von der Steuer ausgenommen sind der Liegenschaftsertrag und der Finanzertrag. Eine Option für die freiwillige Versteuerung der Mieteinnahmen für die Wohnung ist aufgrund von MWSTG 22 Abs. 2 lit. b (Nutzung für Wohnzwecke) nicht möglich. Eine Option für Finanzerträge ist gemäss MWSTG 22 Abs. 2 lit. a ausgeschlossen.

Zusätzlich als Umsatz zu versteuern ist der Verkauf (Eintausch) des alten Fahrzeugs von CHF 10 000 (s. Punkt 2). Nicht als Umsatz zu versteuern ist dagegen die interne Blumenlieferung von CHF 20 000 von der Gärtnerei an das Blumengeschäft (s. Punkt 9).

Steuerberechnung 2018 (in CHF)	Umsatz	Steuersatz	Steuer
Zum Normalsatz steuerbarer Umsatz Gärtnerei und Gartenbau	650 000	7.7%	50 050
Zum reduzierten Steuersatz steuerbarer Umsatz Gärtnerei und Gartenbau	550 000	2.5%	13 750
Zum Normalsatz steuerbarer Umsatz Blumengeschäft	30 000	7.7%	2 310
Zum reduzierten Steuersatz steuerbarer Umsatz Blumengeschäft	170 000	2.5%	4 250
Betriebsmittelverkauf	10 000	7.7%	770
Total Umsatz und geschuldete Umsatzsteuer	**1 410 000**		**71 130**

B] Berechnung der geschuldeten Umsatzsteuer auf Leistungen an nahestehende Personen

Manfred Schelling und das übrige Personal sind bei gleichartigen Leistungen gleich zu behandeln. Gemäss MWSTV 47 ist bei Leistungen an das Personal die Steuer vom tatsächlich bezahlten Entgelt zu berechnen. Zu versteuern sind also nur die im Umsatz enthaltenen CHF 5 000.

Manfred Schelling kann aber den Personenwagen unentgeltlich privat benutzen (s. Punkt 2) und bezieht auch unentgeltlich Blumen (s. Punkt 14). Für diese Leistungen ist gemäss MWSTV 47 folgende Steuer geschuldet:

- Benutzung des Personenwagens durch Manfred Schelling: Die Steuer kann mit 0.8% des Anschaffungspreises pro Monat berechnet werden, für das ganze Geschäftsjahr somit mit 9.6%. Der Anschaffungspreis des Personenwagens von Manfred Schelling betrug CHF 40 000 (s. Punkt 2). Der zu versteuernde Betrag von 9.6% beträgt somit CHF 3 840.
- Unentgeltliche Blumenbezüge durch Manfred Schelling: Der Wert für unabhängige Dritte der Blumenbezüge durch Manfred Schelling beträgt CHF 1 200. Da Mitarbeitende einen Rabatt von 20% erhalten, ist dieser auch bei Manfred Schelling anwendbar. Zu versteuern sind somit CHF 960.

Steuerberechnung 2018 (in CHF)	Umsatz	Steuersatz	Steuer
Benutzung Personenwagen[1]	3 840.00	7.7%	274.55
Unentgeltliche Blumenbezüge	960.00	2.5%	24.00
Total geschuldete Umsatzsteuer			**298.55**

[1] Der Privatanteil bei Personenwagen ist gemäss Praxis der ESTV als inkl. Steuer zu betrachten. Die Steuer berechnet sich daher wie folgt: CHF 3 840 (107.7%), 7.7% davon = CHF 274.55.

C] Berechnung der Vorsteuerkorrektur Eigenverbrauch

Im Weiteren ist auf folgenden Geschäftsfällen eine Vorsteuerkorrektur infolge Eigenverbrauchs vorzunehmen:

- Benutzung des Personenwagens durch Anna Schelling: Die Steuer auf dem Privatanteil kann mit 0.8% des Anschaffungspreises pro Monat berechnet werden, für das ganze Jahr somit mit 9.6%. Der Anschaffungspreis des Personenwagens von Anna Schelling betrug CHF 60 000 (s. Punkt 2). Der im Eigenverbrauch zu versteuernde Betrag von 9.6% beträgt somit CHF 5 760.
- Unentgeltliche Blumenbezüge durch Anna Schelling: Der Einstandspreis dieser Blumenbezüge beträgt CHF 360 (30% von CHF 1 200). Auf diesem Betrag ist eine Vorsteuerkorrektur Eigenverbrauch zu deklarieren.

Steuerberechnung (in CHF)	Basis	Steuersatz	Steuer
Benutzung des Personenwagens[1]	5 760.00	7.7%	411.80
Unentgeltliche Blumenbezüge	360.00	2.5%	9.00
Total geschuldete Vorsteuerkorrektur im Eigenverbrauch			420.80

[1] Berechnung: CHF 5 760 (107.7%), 7.7% davon = CHF 411.80.

D] Berechnung der abzugsberechtigten Vorsteuer

Für die Berechnung der abzugsberechtigten Vorsteuer gehen wir die einzelnen Konten, die vorsteuerbelastete Aufwendungen beinhalten, durch:

- **Fahrzeuge:** Anfang Januar wurde ein Fahrzeug für CHF 40 000 gekauft (s. Punkt 2 sowie in Kapitel 20.1, S. 266 Sachverhalt). Der Vorsteuerabzug ist zulässig.
- **Sachanlagen:** Es wurden Anschaffungen von CHF 30 000 getätigt (s. Punkt 3). Der Vorsteuerabzug ist zulässig.
- **Warenaufwand:** Der Warenbestand Ende Jahr stimmt mit dem Wert per Anfang Jahr überein (s. Punkt 1). Der Warenaufwand entspricht somit dem Wareneinkauf. Vom Warenaufwand entfallen CHF 225 000 auf Einkäufe zum reduzierten Steuersatz und CHF 175 000 auf Einkäufe zum Normalsatz (s. Punkt 9).
- **Lohnaufwand:** Auf dem zugemieteten Personal von CHF 10 000 (s. Punkt 10) ist der Vorsteuerabzug zulässig.
- **Liegenschaftsunterhalt:** Auf der Küchenkombination (s. Punkt 11) ist kein Vorsteuerabzug zulässig, da diese ausschliesslich die von der Steuer ausgenommene Vermietung der Wohnung betrifft. Auf den Maler- und Isolationsarbeiten von CHF 10 000 in den Büroräumlichkeiten ist der Vorsteuerabzug vollständig zulässig. Auf den allgemeinen Liegenschaftskosten von CHF 10 000 ist der Vorsteuerabzug nur auf demjenigen Teil zulässig, der für geschäftliche Zwecke verwendet wird, d. h. auf 70% (s. Punkt 4).
  Somit ist der Vorsteuerabzug auf CHF 7 000 (70% von CHF 10 000) zulässig. Auf den auf die Wohnung entfallenden Arbeiten ist kein Eigenverbrauch geschuldet, da diese Arbeiten vollumfänglich durch Dritte ausgeführt werden und keine Grossrenovation vorliegt.
- **Übriger Aufwand:** CHF 40 000 der übrigen Aufwendungen sind Kosten ohne MWST (s. Punkt 13). Auf den Kosten für Verpflegung und Getränke von CHF 10 000 ist der Vorsteuerabzug zulässig, ebenso auf den übrigen Kosten von CHF 70 000.

Steuerberechnung (in CHF)	Aufwand	Steuersatz	Steuer
Fahrzeuganschaffungen	40 000	7.7%	3 080
Anschaffungen von Sachanlagen	30 000	7.7%	2 310
Warenaufwand zum Normalsatz	175 000	7.7%	13 475
Warenaufwand zum reduzierten Steuersatz	225 000	2.5%	5 625
Zugemietetes Personal	10 000	7.7%	770
Liegenschaftsunterhalt	17 000	7.7%	1 309
Übriger Aufwand	80 000	7.7%	6 160
Total Vorsteuerabzug			32 729

E] Vorsteuerkorrektur infolge gemischter Verwendung

Der von der Steuer ausgenommene Finanzertrag beträgt weniger als CHF 10 000 und auch weniger als 5% des Gesamtumsatzes. Eine Vorsteuerkorrektur für diesen Bereich kann deshalb unterbleiben.

Hingegen ist eine Korrektur des Vorsteuerabzugs aufgrund der von der Steuer ausgenommenen Mieteinnahmen vorzunehmen. Die Vorsteuer auf den gemischt verwendeten Gegenständen und Dienstleistungen, die für die Ausübung dieser Tätigkeit eingesetzt werden – z. B. Büroeinrichtung, EDV-Anlage, Telefon –, kann mit 0.07% des von der Steuer ausgenommenen Umsatzes von CHF 18 000 korrigiert werden.

Berechnung der Vorsteuerkorrektur (in CHF)	Umsatz	Satz	Steuer
Liegenschaftsertrag	18 000.00	0.07%	12.60
Total Vorsteuerkorrektur			**12.60**

F] Berechnung der Steuerforderung

Steuerforderung 2018 (in CHF)	Steuer
Auf dem Umsatz geschuldete Steuer gemäss A	71 130.00
Umsatzsteuer auf Leistungen an nahestehende Personen gemäss B	298.55
Total Umsatzsteuer	**71 428.55**
Vorsteuerabzug gemäss D	32 729.00
Vorsteuerkorrektur gemäss C	– 420.80
Vorsteuerkorrektur gemäss E	– 12.60
–Vorsteuerabzug total	**–32 295.60**
Total Steuerforderung	**39 132.95**

20.3.2 Teil B: Prüfung der Steuerpflicht der neuen Einzelunternehmen

A] Manfred Schelling

Manfred Schelling wird aufgrund der Zahlen des letzten Geschäftsjahres von Anna Schelling inskünftig einen Umsatz von rund CHF 1.2 Mio. erzielen. Er wird deshalb ab Beginn der Geschäftstätigkeit ins Register der Steuerpflichtigen eingetragen.

Anna Schelling hat die Umsätze des Bereichs Urproduktion (Gärtnerei) optiert. Manfred Schelling hat zu prüfen, ob er auch für diese Umsätze optieren will. Diese Option könnte nicht zuletzt aus Vereinfachungsgründen empfehlenswert sein.

Aufgrund der Zahlen des letzten Geschäftsjahres wird der Umsatz von Manfred Schelling weniger als CHF 5.005 Mio. und die Steuerschuld weniger als CHF 103 000 betragen. Es ist deshalb auch zu prüfen, ob Manfred Schelling mit der Saldosteuersatzmethode abrechnen soll. Der SSS für den Gartenbau beträgt 4.3%; für gesondert fakturierte Pflanzenlieferungen kann ein zweiter SSS von 0.6% beantragt werden. Die Unterstellungserklärung ist spätestens 60 Tage nach Zustellung der MWST-Nummer einzureichen.

Die Abrechnung mit SSS ist auch zulässig, wenn der Bereich Urproduktion optiert wird. Sie empfiehlt sich für Manfred Schelling vor allem aus Vereinfachungsgründen. Zu beachten ist, dass die bei Beginn der Steuerpflicht gewählte Methode mindestens 1 Jahr (bei Wahl der SSS-Methode) bzw. 3 Jahre (bei Wahl der effektiven Methode) beibehalten werden muss.

B] Monika Rufer

Monika Rufer wird aufgrund der Zahlen des abgelaufenen Jahres inskünftig im Blumengeschäft einen Umsatz von rund CHF 200 000 erzielen. Davon sind ca. CHF 30 000 zu 7.7% und rund CHF 170 000 zu 2.5% steuerbar. Gemäss MWSTG 10 Abs. 1 ist Monika Rufer somit ebenfalls steuerpflichtig.

Auch sie kann mit der SSS-Methode abrechnen. Für Floristen ist der SSS von 0.6% massgebend. Mit diesem kann auch der Umsatz aus Karten, Vasen usw. abgerechnet werden.

20.3.3 Folgen der Geschäftsaufgabe für Anna Schelling

A] Übergabe des Bereichs Gärtnerei und Gartenbau an Manfred Schelling

Es ist zu prüfen, ob für die Übertragung der Betriebsmittel, des Warenlagers und der Geschäftsliegenschaft an Manfred Schelling das Meldeverfahren gemäss MWSTG 38 obligatorisch anzuwenden ist. Das ist der Fall, wenn die auf dem Veräusserungspreis berechnete Steuer CHF 10 000 übersteigt und folgende **vier Punkte** erfüllt sind:

1. **Steuerbarkeit der Übertragung:** Der Verkauf von Betriebsmitteln und des Warenlagers ist steuerbar. Die Steuerbarkeit der Übertragung ist somit gegeben. Der Verkauf einer Liegenschaft ist grundsätzlich von der Steuer ausgenommen, wobei jedoch die Vorsteuerkorrektur Eigenverbrauch im Zusammenhang mit der Nutzungsänderung anfällt. Es empfiehlt sich deshalb, regelmässig für die Versteuerung des Verkaufs der Liegenschaft zu optieren. Kann jedoch das Meldeverfahren angewandt werden, ist die Option nicht notwendig. Da das Meldeverfahren ohne anderen Nachweis einer Übernahme mit vollem Vorsteuerabzug gleichgesetzt wird, wird bei Manfred Schelling bei einer späteren Nutzungsänderung grundsätzlich auf den Übernahmepreis (ohne Wert des Bodens) abgestellt. Anna Schelling sollte deshalb ihrem Sohn sämtliche Unterlagen übergeben, die dieser später benötigt, um die zum Vorsteuerabzug berechtigten Aufwendungen zu belegen.
2. **Steuerpflicht aller Beteiligten:** Das Erfordernis der beidseitigen Steuerpflicht ist hier erfüllt, obwohl der Erwerber erst durch die Übernahme steuerpflichtig wird und die Veräusserer aufgrund der Vermögensübergabe aus der Steuerpflicht ausscheidet.
3. **Vorliegen eines Gesamt- oder Teilvermögens:** Die gesamten Betriebsmittel, das Warenlager und die Liegenschaft des Bereichs Gärtnerei und Gartenbau werden übertragen. Nicht übertragen werden einzig das Fahrzeug von Anna Schelling sowie die Betriebsmittel des Blumengeschäfts. Somit liegt die Übertragung eines Teilvermögens vor.
4. **Vorliegen eines Reorganisationstatbestands:** Die Übertragung findet im Zusammenhang mit einer Geschäftsaufgabe statt. Somit liegt ein Reorganisationstatbestand vor.

Somit ist das Meldeverfahren **obligatorisch anzuwenden.** Die Meldung an die ESTV muss im Rahmen der ordentlichen MWST-Abrechnung durch Anna Schelling erfolgen, wobei ergänzend das Formular Nr. 764 mit weiteren Belegen, unterzeichnet durch Anna und Manfred Schelling, einzureichen ist.

B] Behandlung des Fahrzeugs, des Warenlagers und der Betriebsmittel des Blumenladens

Anna Schelling übergibt den vor 3.5 Jahren für CHF 60 000 eingekauften Personenwagen, das Warenlager des Blumengeschäfts im Wert von CHF 20 000, die vor 2.5 Jahren für CHF 8 000 eingekaufte Theke und die vor 1.5 Jahren für CHF 2 000 eingekaufte Registrierkasse nicht ihrem Sohn. Den Personenwagen behält Anna Schelling in ihrem Besitz bzw. im Privatvermögen. Auch die Theke und die Registrierkasse bleiben in ihrem Besitz; sie vermietet diese zusammen mit dem Ladenlokal an Monika Rufer.

Auf eine Option für die Versteuerung der Einnahmen aus dieser Vermietung wird verzichtet, da Anna Schelling per Ende Jahr aus der Steuerpflicht entlassen wird. Für die Übertragung des Warenlagers des Blumengeschäfts von CHF 20 000 kommt das Meldeverfahren nicht infrage, weil die auf dem Veräusserungspreis zum gesetzlichen Steuersatz berechnete Steuer CHF 10 000 nicht übersteigt. Gemäss MWSTG 31 Abs. 1 lit. d ist auf diesen Gegenständen eine Vorsteuerkorrektur Eigenverbrauch geschuldet. Nicht relevant sind allfällige vor dem 01.01.2005 aktivierte Betriebsmittel des Ladenlokals, da diese im Sinne der MWST schon nach 5 Jahren abgeschrieben sind.

- **Personenwagen und Theke:** Es handelt sich um zugekaufte, in Gebrauch genommene bewegliche Gegenstände. Der Eigenverbrauch in Form einer Vorsteuerkorrektur ist auf dem Zeitwert der Gegenstände geschuldet. Zur Ermittlung des Zeitwerts wird für jedes abgelaufene Kalenderjahr ab dem Zeitpunkt der Ingebrauchnahme linear 20% abgeschrieben. Im ersten Kalenderjahr kann die Abschreibung für ein volles Jahr berücksichtigt werden, während im Jahr der Entnahme keine Abschreibung vorgenommen werden muss. Da hier aber die Entnahme per 31. Dezember erfolgt, ist das letzte Jahr abgelaufen. Daher muss auch für dieses Jahr die Abschreibung berücksichtigt werden. Für den vor 3.5 Jahren für CHF 60 000 eingekauften Personenwagen sind somit Abschreibungen von 80% zulässig, eine Vorsteuerkorrektur ist auf CHF 12 000 vorzunehmen. Für die vor 2.5 Jahren für CHF 8 000 eingekaufte Theke sind Abschreibungen von 60% zulässig, die Vorsteuerkorrektur ist auf dem Wert von CHF 3 200 zu berücksichtigen.
- **Registrierkasse:** Die Registrierkasse wurde von einem nicht Steuerpflichtigen eingekauft. Es war somit kein Vorsteuerabzug möglich. Somit ist keine Vorsteuerkorrektur vorzunehmen.
- **Warenlager:** Beim Warenlager handelt es sich um zugekaufte, neue und bewegliche Gegenstände. Auf diesen ist die Vorsteuerkorrektur vom Einkaufspreis dieser Gegenstände geschuldet. Dieser entspricht dem Buchwert. Die Vorsteuerkorrektur ist somit auf dem Wert von CHF 10 000 zum Normalsatz und auf CHF 10 000 zum reduzierten Steuersatz geschuldet.

Berechnung des Eigenverbrauchs (in CHF)	Basis	Steuersatz	Steuer
Personenwagen und Theke	15 200	8%	1 216
Warenlager zum Normalsatz	10 000	7.7%	770
Warenlager zum reduzierten Steuersatz	10 000	2.5%	250
Total Vorsteuerkorrektur im Eigenverbrauch			**2 236**

20.3.4 Berechnungen zum Saldosteuersatz (SSS)

A] Berechnung der Steuerforderung für das abgelaufene Jahr

Die gemäss Teil A, Buchstabe A, S. 269 Berechnung der auf dem Umsatz geschuldeten Steuer steuerbaren Umsätze unterliegen auch bei der SSS-Methode der Steuer. Zu berücksichtigen sind dabei jedoch anstelle der Nettoumsätze (exkl. MWST) die Bruttoumsätze (inkl. MWST).

Dem **SSS von 4.3%** unterliegen die zum **Normalsatz** steuerbaren Umsätze des Bereichs **Gärtnerei** und **Gartenbau** und der **Betriebsmittelverkauf.** Der Umsatz ohne MWST beträgt somit CHF 660 000; zuzüglich Steuer von 7.7% ergibt dies einen Umsatz inkl. MWST von CHF 710 820.

Zum **SSS von 0.6%** können der zum **reduzierten Steuersatz** steuerbare Umsatz des Bereichs **Gärtnerei** und **Gartenbau** sowie der gesamte Umsatz des **Blumengeschäfts** (inkl. Karten, Vasen usw.) abgerechnet werden. Der Umsatz ohne MWST beträgt somit CHF 750 000. Davon wurden CHF 25 000 zu 7.7% getippt (s. Punkt 6). Zuzüglich 7.7% Steuer ergibt dies somit einen Bruttoumsatz von CHF 26 925. Zu 2.5% verbleibt somit ein Umsatz von CHF 725 000, zuzüglich 2.5% Steuer ergibt dies somit einen Bruttoumsatz von CHF 743 125.

Zum SSS von 0.6% sind somit aus dem Bereich Gärtnerei und Gartenbau sowie dem Blumengeschäft CHF 770 050 (CHF 26 925 + CHF 743 125) abzurechnen.

Dem SSS unterliegen grundsätzlich auch die Leistungen an eng verbundene Personen (Manfred Schelling). Wenn das Personal (inkl. Anna Schelling) nichts bezahlt und keine Deklaration im Lohnausweis zu erfolgen hat, ist auch keine Umsatzsteuer geschuldet. Weil die Fahrzeugbenützung im Lohnausweis deklariert werden muss, ist bei der Fahrzeugbenützung von Manfred Schelling auch die MWST geschuldet.

Die Vorsteuerabzüge und eine Vorsteuerkorrektur entfallen bei der Anwendung des SSS.

Auch der Eigenverbrauch für die Personenwagenbenutzung durch Anna Schelling und auf den Blumenbezügen von Anna Schelling ist bei der Anwendung des SSS abgegolten.

Steuerberechnung (in CHF)	Umsatz	Satz	Steuer
Umsatz Normalsatz Gärtnerei und Gartenbau inkl. Steuer	710 820	4.3%	30 565.25
Umsatz reduzierter Steuersatz Gärtnerei, Gartenbau und Blumengeschäft	770 050	0.6%	4 620.30
Benutzung Personenwagen durch Manfred Schelling	3 840	4.3%	165.10
Total geschuldete Steuer (Steuerschuld)			**35 350.65**

B] Berechnung der per Ende Jahr geschuldeten Steuer

Stellt ein Einzelunternehmen seine Geschäftstätigkeit ein, so handelt es sich bei der Übernahme der Warenvorräte, des Mobiliars und allfälliger Immobilien ins Privatvermögen um mit der Anwendung der SSS abgegoltenen Eigenverbrauch.

Die Gärtnerei und Gartenbau wird an den ebenfalls mit SSS abrechnenden Sohn übertragen. Diese Übertragung erfolgt auch hier mit dem Meldeverfahren. Eine zusätzliche Steuer ist nicht geschuldet.

21 Fallbeispiel – Witschi AG

21.1 Sachverhalt

Die Witschi AG, ein alteingesessenes Unternehmen in Zürich, hat ihre Geschäftstätigkeit in den letzten Jahren ausgebaut und ist heute in verschiedenen Bereichen tätig. Neben den Handelsumsätzen werden zunehmend Dienstleistungserträge erzielt. Aufgrund der guten Vermögenslage sind daneben noch Erträge aus dem Finanzvermögen und den Liegenschaften zu verzeichnen.

Die Erfolgsrechnung der Witschi AG für das abgelaufene Jahr 2018 präsentiert sich wie folgt:

Erfolgsrechnung 2018 (in CHF)			
Warenaufwand	4 200 000	Umsatz aus Inlandlieferungen	6 800 000
Lohnaufwand	3 565 000	Ertrag aus Dienstleistungen	2 700 000
Abschreibungen	650 000	Liegenschaftsertrag	800 000
Liegenschaftsaufwand	820 000	Finanzertrag	300 000
Finanzaufwand	150 000		
Übriger Aufwand	575 000		
Erfolg	**640 000**		
Total	**10 600 000**	**Total**	**10 600 000**

Die Witschi AG erfasst in der Buchhaltung sowohl die Erträge wie auch die Aufwendungen inkl. Investitionen in Bezug auf die MWST ausschliesslich nach der Nettomethode. Zu den in der Erfolgsrechnung ausgewiesenen Werten sind aufgrund verschiedener Aufzeichnungen des Steuerpflichtigen folgende Detailangaben bekannt:

1. Im Umsatz aus Inlandlieferungen sind Erträge in der Höhe von CHF 1 Mio. enthalten, für die elektronische Veranlagungsverfügungen (eVV) vorgelegt werden können.
2. Im Bereich Ertrag aus Dienstleistungen werden einerseits von der Steuer ausgenommene Umsätze aus Schulungsleistungen, andererseits steuerbare Beratungs- und Vermittlungsumsätze getätigt, wobei die Dienstleistungen teilweise für ausländische Abnehmer erbracht werden. Der Dienstleistungsertrag laut Erfolgsrechnung teilt sich wie folgt auf die einzelnen Arten auf (die Aufteilung nach In- und Ausland bezieht sich auf den Ort des Sitzes des Dienstleistungsempfängers):

	Inland in CHF	**Ausland in CHF**
Allgemeine, wirtschaftliche Beratungstätigkeiten	300 000	500 000
Beratung bei der Suche inländischer Immobilien	100 000	300 000
Beratung bei der Suche ausländischer Immobilien	150 000	100 000
Vermittlung von inländischen Grundstücken	50 000	150 000
Vermittlung von ausländischen Grundstücken	150 000	100 000
Reine Schulungsleistungen	550 000	250 000
Total	**1 300 000**	**1 400 000**

3. Die eigenen Liegenschaften werden einerseits selbst verwendet, andererseits aber auch an Dritte vermietet. Die gesamten Quadratmeter aller Liegenschaften (inkl. der optierten Anteile) sowie der Liegenschaftsertrag setzen sich wie folgt zusammen:

Objekte	Verwendungszweck	Ertrag in CHF	m^2	Option
Zürichbergstrasse	Eigennutzung	0	800	
	Davon:			
	Steuerbare Verwendung		720	
	Steuerausgenommene Verwendung		80	
Paradeplatz	Geschäftsliegenschaft (optiert)	400 000	600	Ja
Blumengasse	Wohnliegenschaft	100 000	150	
Zentralstrasse	Wohn- und Geschäftshaus	300 000	700	
	Davon:			
	Eigennutzung		300	
	Wohnungen	150 000	200	
	Geschäftshaus (optiert)	150 000	200	Ja
Total		**800 000**		

Im selbst genutzten Teil des Gebäudes an der Zentralstrasse werden vorwiegend Schulungsleistungen erbracht; daher wird 90% der Fläche für eine von der Steuer ausgenommene Tätigkeit verwendet.

4. Beim Finanzertrag handelt es sich um Einnahmen aus Zinsen auf gewährten Darlehen und auf Obligationen in der Höhe von CHF 300 000.
5. Der Warenaufwand besteht vollständig aus zum Normalsatz belasteten Aufwendungen, die ausschliesslich für die Umsätze aus Inlandlieferungen verwendet werden. Die einzige Ausnahme sind die Lieferungen von Kleidern an das Personal zu Einstandspreisen in der Höhe von CHF 120 000, die hier als Aufwandminderung verbucht wurden. Der Wert zum Detailverkaufspreis würde CHF 270 000 (exkl. MWST) betragen.
6. Im grundsätzlich nicht vorsteuerbelasteten Lohnaufwand sind folgende Aufwendungen enthalten:
   - Aufgrund der Arbeitsüberlastung in der Administration musste von der Temporärfirma Jobtime AG Personal für gesamthaft CHF 200 000 zugemietet werden.
   - Der Lohn des Hausmeisters von CHF 90 000, des Reinigungspersonals von CHF 100 000 sowie der angestellten Handwerker von CHF 150 000 (brutto, inkl. sämtlicher Lohnnebenkosten). Diese Personen sind für die gesamten Immobilien der Witschi AG zuständig.
   - Der Lohn des pensionierten Mitarbeiters Hans Ninck in der Höhe von CHF 50 000, der die Buchhaltung und Vermögensverwaltung für die Pensionskasse führt. Die erbrachten Leistungen, für die zum Normalsatz vorsteuerbelastete Aufwendungen im Konto Übriger Aufwand von CHF 1 000 angefallen sind, würden einem unabhängigen Dritten mit CHF 90 000 in Rechnung gestellt.
7. Bei den im Konto Liegenschaftsaufwand verbuchten Beträgen handelt es sich ausschliesslich um zu 7.7% vorsteuerbelastete Aufwendungen für die eigenen, selbst verwalteten Liegenschaften (inkl. Gebäuden sowie Gebäudeteilen). Diese Aufwendungen sind wie folgt auf die einzelnen Immobilien zu verteilen (alle Beträge in CHF):

Zürichbergstrasse	200 000
Paradeplatz	100 000
Blumengasse	120 000
Zentralstrasse	300 000
Material Hauswarttätigkeit	20 000
Material Reinigungspersonal	10 000
Material Handwerker	40 000
Bodenreinigungsmaschine	30 000

8. Die Position Übriger Aufwand der Erfolgsrechnung beinhaltet verschiedenste Arten von Aufwendungen und als Aufwandminderung verbuchte Umsätze. Im Detail konnte Folgendes festgestellt werden:
   - Innerhalb des Bürostockwerks und bei der Produktionsabteilung stehen Getränkeautomaten zur Selbstbedienung in speziellen Räumen mit jeweils einem Tisch mit Stühlen bereit. Etwa 40% der Getränke werden in den Aufenthaltsräumen getrunken, der Rest wird an den Arbeitsplatz mitgenommen. Die erzielten Umsätze aus den reinen Getränkeverkäufen in der Höhe von CHF 25 000 (exkl. MWST) wurden zum reduzierten Steuersatz verbucht.
   - Bei der Hälfte der verbuchten Aufwendungen handelt es sich um Belege für Bezüge, auf denen Vorsteuern zum Normalsatz lasten.
   - Die gesamten zu 2.5% vorsteuerbelasteten Aufwendungen betragen CHF 50 000.
   - Vom restlichen Aufwand sind 10% mit 3.7% Vorsteuern belastet. Bei den übrigen Beträgen handelt es sich um nicht vorsteuerbelastete Bezüge bzw. um nicht zur Vornahme des Vorsteuerabzugs berechtigende Belege.
   - In den nicht vorsteuerbelasteten Aufwendungen sind folgende Beträge für durch Ausländer erbrachte Dienstleistungen enthalten (alle Beträge in CHF):

Hans Leder, Landeck (AT)	Suche von Immobilien in Österreich	50 000
Franz Totschnig, Samnaun (CH)	Suche von Immobilien im Engadin	30 000
Louis Vacheron, Paris (FR)	Übersetzungsarbeiten	35 000
Jacques Petitpierre, Lyon (FR)	Vermittlung von Immobilien in Frankreich	75 000

9. Die Witschi AG besass bzw. besitzt am Ende des Jahres folgende Fahrzeuge, wobei die Personenwagen dem Personal auch unentgeltlich für private Fahrten zur Verfügung stehen (sämtliche Bezüge und Verkäufe wurden direkt über das Anlagekonto abgewickelt):

Bezug vor	Gegenstand	Kaufpreis in CHF	Unfall mit Totalschaden
15 Jahren	Personenwagen Toyota	25 000	–
2.5 Jahren	Personenwagen Audi	40 000	30.09
1.5 Jahren	Lieferwagen Ford	25 000	–
0.5 Jahren	Personenwagen BMW	95 000	–

10. Zudem wurde im abgelaufenen Jahr gemäss der Anlagebuchhaltung folgende vorsteuerbelastete Investition getätigt (Betrag in CHF):

Ende März	Computer für die Administration	40 000

21.2 Aufgabe

Ermitteln Sie aufgrund der vorliegenden Angaben die **Steuerforderung für das Jahr 2018**, d. h. die Umsatzsteuer abzüglich der berechtigten Vorsteuer.

21.3 Lösungsansätze

21.3.1 Umsätze

Bei der Lösung von solchen relativ komplexen Sachverhalten im Bereich der MWST empfiehlt es sich in den meisten Fällen, zuerst die **effektiv angefallenen Umsätze** zu ermitteln und sie aufgrund der steuerlichen Behandlung einzustufen.

Wir führen im Folgenden die Umsätze auf, die sich aufgrund der in den einzelnen Punkten der Sachverhaltsdarstellung geschilderten Tatbestände ergeben:

1. Die Lieferungen von Gegenständen im Inland unterliegen der schweizerischen MWST (Inlandsteuer). Sofern ein Exportnachweis vorliegt, idealerweise in Form eines zollamtlich abgestempelten Ausfuhrnachweises oder einer eVV, handelt es sich um eine von der Steuer befreite Exportleistung, die zur Vornahme des Vorsteuerabzugs berechtigt.
2. Bei Dienstleistungen unterliegen von der Steuer ausgenommene Leistungen auch dann nicht der Steuer, wenn sie an ausländische Leistungsbezüger bzw. im Ausland erbracht werden. Damit man beurteilen kann, ob die Dienstleistungen überhaupt der Inlandsteuer unterliegen, muss der Ort der Dienstleistung festgelegt werden. Dieser befindet sich gemäss MWSTG 8 Abs. 1 grundsätzlich am Ort, an dem der Leistungsempfänger seinen Geschäftssitz oder eine Betriebsstätte hat. Die umfangreichen Ausnahmen zu dieser Bestimmung befinden sich in MWSTG 8 Abs. 2.

   Der Ort der Leistung liegt für die erbrachten Dienstleistungen wie folgt:
   - Bei Dienstleistungen von Beratern, Vermögensverwaltern und ähnlichen Berufen im Rahmen der rechtlichen oder wirtschaftlichen Beratung (inkl. der Beratungsleistungen im Zusammenhang mit der Suche von Grundstücken) am Ort, an dem der Leistungsempfänger seinen Geschäfts- oder Wohnsitz hat.
   - Bei der Vermittlung von Verträgen, die Grundstücke betreffen, am Ort, an dem das Grundstück gelegen ist. Bei diesen Umsätzen spielt es keine Rolle, ob der Sitz des Dienstleistungsempfängers im Ausland oder im Inland liegt.
   - Bei wissenschaftlichen und unterrichtenden Dienstleistungen am Ort, an dem diese Dienstleistungen tatsächlich erbracht werden.

   Somit sind die Beratungsleistungen an Inländer steuerbar und jene an Ausländer nicht, ist die Vermittlung von Grundstücken im Inland steuerbar und von Grundstücken im Ausland nicht (unabhängig vom Dienstleistungsempfänger). Die reinen Schulungsleistungen sind vollumfänglich als von der Steuer ausgenommener Umsatz zu behandeln.
3. Grundsätzlich sind die Umsätze aus der Überlassung von Grundstücken zum Gebrauch oder zur Nutzung gemäss MWSTG 21 Abs. 2 Ziff. 21 von der Steuer ausgenommen. Der Vermieter hat jedoch die Möglichkeit zu optieren (d. h. die Vermietung freiwillig zu versteuern), sofern die Immobilie durch den Mieter bzw. Käufer nicht ausschliesslich für Wohnzwecke verwendet wird.
4. Der Finanzertrag ist ebenfalls ein von der Steuer ausgenommener Umsatz, und zwar im Sinne von MWSTG 21 Abs. 2 Ziff. 19. Im Gegensatz zu den Umsätzen aus der Überlassung von Grundstücken zum Gebrauch oder zur Nutzung besteht jedoch hier keine Möglichkeit, die Umsätze zu optieren.
5. Bei Leistungen an eng verbundene Personen sind diese zum gleichen Wert zu versteuern, wie wenn die Leistung (z. B. Verkauf von Kleidern) an einen unabhängigen Dritten der gleichen Abnehmerkategorie erbracht worden wäre. Das gilt jedoch nicht für Leistungen an das Personal, bei denen abweichend trotzdem das vom Personal tatsächlich bezahlte Entgelt zur Anwendung kommt.

6. Administrative Leistungen an eng verbundene Personen sind zum Wert wie für einen unabhängigen Dritten zu deklarieren. Da es sich bei Vorsorgeeinrichtungen gemäss MWSTG 3 lit. h Ziff. 2 nicht um eine nahestehende bzw. eng verbundene Person handelt, müssen die Arbeiten von Hans Ninck nicht in der Quartalsabrechnung deklariert werden.
7. Wenn entweder eine Konsumationsmöglichkeit an Ort und Stelle gegeben ist oder der Leistungserbringer die Ess- oder Trinkwaren (sog. Nahrungsmittel) beim Kunden zubereitet oder serviert, liegt eine zum Normalsatz steuerbare, gastgewerbliche Leistung vor. Ob die Konsumationseinrichtung dem Verkäufer der gastgewerblichen Leistung gehört und ob diese Einrichtung durch den Konsumenten überhaupt benutzt wird, ist nicht von Bedeutung. Das gilt jedoch nicht für Nahrungsmittel aus Automaten, bei diesen wird immer der reduzierte Steuersatz angewandt.
8. Werden Fahrzeuge des Steuerpflichtigen von dessen Personal für private Zwecke verwendet, ist auf dieser Leistung (Vermietung des Fahrzeugs) die Lieferungssteuer zum Normalsatz geschuldet. Dieser Privatanteil an den Autokosten kann wie folgt aufgrund einer vereinfachten pauschalen Ermittlung berechnet werden: 0.8% des Bezugspreises exkl. MWST pro Monat (mind. CHF 150 pro Monat). Das ergibt folgende Lieferungsumsätze und daraus resultierende Steuern:

Marke	Kaufpreis	Wert pro Monat	Monate	Wert in CHF
Personenwagen Toyota	25 000 (ohne MWST)	200	12	2 400
Personenwagen Audi	40 000 (exkl. MWST)	320	9	2 880
Personenwagen BMW	95 000 (exkl. MWST)	760	6	4 560
Total				**9 840**

Wir fassen im Folgenden die **steuerbaren Umsätze** und die daraus resultierenden geschuldeten Umsatzsteuern der Witschi AG für das abgelaufene Jahr zusammen. Zum besseren Verständnis bzw. zur Verwendung bei der späteren Vorsteuerkorrektur haben wir aufgrund gemischter Verwendung auch die nicht steuerbaren Leistungen aufgeführt:

	Leistungen	CHF	Steuersatz	CHF
1.	Inlandlieferungen ohne Exportnachweis	5 800 000	7.7%	446 600.00
	Inlandlieferungen mit Exportnachweis	1 000 000	0%	0.00
2.	Beratungsleistungen an Inländer	550 000	7.7%	42 350.00
	Beratungsleistungen an Ausländer	900 000	0%	0.00
	Vermittlung von inl. Grundstücken	200 000	7.7%	15 400.00
	Vermittlung von ausl. Grundstücken	250 000	0%	0.00
	Reine Schulungsleistungen	800 000	0% (ausg.)	0.00
3.	Optierter Liegenschaftsertrag	550 000	7.7%	42 350.00
	Nicht optierter Liegenschaftsertrag	250 000	0% (ausg.)	0.00
4.	Finanzertrag	300 000	0% (ausg.)	0.00
5.	Verkäufe an das Personal	120 000	7.7%	9 240.00
6.	Leistungen für die Pensionskasse	90 000	0%	0.00
7.	Gastgewerbliche Leistungen	25 000	2.5%	625.00
8.	Privatanteil an den Autokosten	9 840	7.7% (107.7%)	703.50
	Total geschuldete Umsatzsteuern			**557 268.50**

21.3.2 Teil B: Bezugsteuer

Um die Steuerforderung der Witschi AG zu berechnen, wenden wir uns den Aufwendungen zu. Bevor wir die abzugsberechtigten Vorsteuern ermitteln, gilt es zu prüfen, ob noch der Bezugsteuer unterliegende Leistungen vorliegen, die in der Steuerabrechnung zu deklarieren sind. Dabei muss Folgendes festgestellt werden:

1. Ein der Bezugsteuer unterliegender Bezug einer Dienstleistung von einem Unternehmen mit Sitz im Ausland liegt vor, wenn von einem im Inland nicht steuerpflichtigen Ausländer gewisse steuerbare Dienstleistungen bezogen werden. Für die vier Fälle in unserem Beispiel ergeben sich folgende Auswirkungen:
   - Die Suche von Immobilien (auch im Ausland) fällt unter diejenigen Leistungen, für die betreffend Ort der Leistung der Ort des Empfängers der Leistung massgebend ist. Die Leistung von Hans Leder ist deshalb unter der Bezugsteuer zu deklarieren, da diese Leistung am Sitz des Dienstleistungsempfängers als erbracht gilt.
   - Demgegenüber ist die Leistung von Franz Totschnig nicht zu deklarieren, da es sich um den Bezug einer Dienstleistung von einem Inländer handelt (Samnaun gilt nur im Zusammenhang mit Lieferungen als Ausland).
   - Die Leistung von Louis Vacheron ist als Bezugsteuer zu deklarieren, da seine Übersetzungsleistung am Ort des Dienstleistungsempfängers als erbracht gilt.
   - Bei der Vermittlung von Immobilien gilt der Ort des vermittelten Umsatzes als Ort der Dienstleistung. Somit liegt der Ort der Dienstleistung von Jacques Petitpierre im Ausland und es handelt sich nicht um einen der Bezugsteuer unterliegenden Geschäftsfall.

Somit ergibt sich folgende Steuerberechnung:

Berechnung Bezugsteuer (7.7%)	CHF	Steuer CHF
Hans Leder, Landeck (AT)	50 000	3 850
Louis Vacheron, Paris (FR)	35 000	2 695
Total	**85 000**	**6 545**

21.3.3 Teil C: Vorsteuern

Nachdem wir die geschuldeten Umsatzsteuern und die Bezugsteuer ermittelt haben, wenden wir uns den Vorsteuern zu. Folgende Vorsteuern sind angefallen:

1. Der vorsteuerbelastete Warenaufwand beträgt CHF 4 320 000, da gemäss Aufgabenstellung auf dem Konto eine Aufwandminderung in der Höhe von CHF 120 000 verbucht ist. Die gesamten Vorsteuern auf dem Warenaufwand können geltend gemacht werden, da die bezogenen Leistungen ausschliesslich für steuerbare Zwecke verwendet werden.
2. Beim Zurverfügungstellen von Arbeitskräften handelt es sich um eine steuerbare Dienstleistung, die der Steuer zum Normalsatz unterliegt. Die Steuer kann grundsätzlich als Vorsteuer geltend gemacht werden; betreffend Vorsteuerkorrektur siehe nachfolgenden Punkt D.
3. Die abzugsberechtigten Vorsteuern im Zusammenhang mit Immobilien sind grundsätzlich aufgrund der Quadratmeter zu ermitteln. Somit ergeben sich für die einzelnen Objekte gemäss Angaben zum Konto Liegenschaftsertrag folgende, abzugsberechtigten Anteile:

Objekte	Berechtigende m^2	In %	Aufwand in CHF	Vorsteuern in CHF	Vorsteuerabzug in CHF
Zürichbergstrasse	720 von 800	90.00	200 000	15 400	13 860.00
Paradeplatz	600 von 600	100.00	100 000	7 700	7 700.00
Blumengasse	0 von 150	0.00	150 000	11 550	0.00
Zentralstrasse	230 von 700	32.86	300 000	23 100	7 590.55
Total abzugsberechtigte Vorsteuern aus den einzelnen Objekten					**29 150.55**

Auf dem Material für die Handwerker, für die Hauswarttätigkeit des Reinigungspersonals und auf der Bodenreinigungsmaschine ist der Vorsteuerabzug nur im Verhältnis der Gesamtnutzung mit 68.89% zulässig.

4. Die auf den Aufwendungen dieses Kontos lastenden Vorsteuern setzen sich wie folgt zusammen:
   - Der gesamte Aufwand beträgt CHF 600 000 (CHF 575 000 laut Erfolgsrechnung zuzüglich verbuchter Getränkeverkäufe von CHF 25 000). Davon ist die Hälfte (d. h. CHF 300 000) zum Normalsatz vorsteuerbelastet.
   - Die zum reduzierten Steuersatz vorsteuerbelasteten Aufwendungen betragen gemäss Sachverhaltsdarstellung CHF 50 000.
   - Der restliche Aufwand beträgt CHF 250 000 und der zum Sondersatz belastete Aufwand somit CHF 25 000.
   - Zudem sind Bezüge von Unternehmen mit Sitz im Ausland in der Höhe von CHF 85 000 zum Normalsatz deklariert worden.

Die Steuer auf diesen Aufwendungen kann grundsätzlich geltend gemacht werden.

5. Der Vorsteuerabzug auf dem Personenwagen kann geltend gemacht werden. Die Vorsteuerkorrektur behandeln wir im nachfolgenden Teil D.
6. Auch die Vorsteuern auf dem Computer können – vorbehaltlich der vorzunehmenden Vorsteuerkorrektur aufgrund gemischter Verwendung unter Teil D – geltend gemacht werden.

Dies ergibt folgende zum Abzug grundsätzlich zugelassene Vorsteuerbeträge für das abgelaufene Geschäftsjahr:

	Leistungen	**CHF**	**Steuersatz**	**CHF**
5.	Warenaufwand	4 320 000	7.7%	332 640.00
6.	Personal von Temporärfirma	200 000	7.7%	15 400.00
7.	Objektbezogener Liegenschaftsaufwand		lt. Detail zu 3	29 150.65
	Material für Handwerker	40 000	7.7% (68.89%)	2 121.80
	Material für Hauswarttätigkeit und Reinigungspersonal	60 000	7.7% (68.89%)	3 182.70
8.	Übriger Aufwand:			
	zum Normalsatz belastet	300 000	7.7%	23 100.00
	zum reduzierten Satz belastet	50 000	2.5%	1 250.00
	zum Sondersatz Beherbergung belastet	25 000	3.7%	925.00
	Bezugsteuer	85 000	7.7%	6 545.00
9.	Personenwagen	95 000	7.7%	7 315.00
10.	Computer für die Administration	40 000	7.7%	3 080.00
	Total grundsätzlich abziehbare Vorsteuern			**424 710.15**

21.3.4 Teil D: Vorsteuerbereinigungen

Die im Zusammenhang mit den Liegenschaftsaufwendungen vorzunehmenden Korrekturen wurden jeweils aufgrund der Quadratmeter direkt ermittelt (s. vorstehende Ausführungen), sodass hier keine weitere Korrektur mehr nötig ist. Zudem werden die laut Konto Warenaufwand bezogenen Waren ausschliesslich für steuerbare Zwecke verwendet, sodass auch hier keine Korrektur vorzunehmen ist.

Demzufolge sind nur noch die zwei folgenden Punkte zu beachten:

1. **Verwaltungskosten für Finanzertrag:** Da der Finanzertrag weniger als 5% des Gesamtumsatzes ausmacht, ist keine Vorsteuerkorrektur für die gemischte Verwendung der Infrastruktur, die auf diese Erträge entfällt, vorzunehmen. Der Anteil der direkt zuordenbaren Vorsteuern wäre jedoch nicht abziehbar (z. B. Anlageberatung oder Depotgebühren).
2. **Verwaltungskosten für Mietertrag:** Der von der Steuer ausgenommene Mietertrag beträgt CHF 250 000. Die Vorsteuerkorrektur kann hier pauschal mit 0.07% des Mietertrags erfolgen, was eine Vorsteuerkorrektur in der Höhe von **CHF 175** ausmacht. Wenn diese Vorsteuerkorrektur nicht auf diese Weise vorgenommen wird, muss der nicht optierte Liegenschaftsertrag wie die Schulungsleistungen als von der Steuer ausgenommener Umsatz betrachtet werden. Es ergibt sich damit eine höhere Vorsteuerkorrektur bei den allgemeinen Aufwendungen.

Vorsteuerkorrektur aufgrund gemischter Verwendung

Die allgemeine Vorsteuerkorrektur auf den gemischt verwendeten Bezügen kann mit den vorliegenden Angaben praktisch nur aufgrund eines Umsatzschlüssels erfolgen. Dabei gibt es verschiedene Möglichkeiten, wie dieser Schlüssel berechnet werden kann. Bei allfälligen Berechnungen in der Alltagspraxis, die von den durch die ESTV publizierten Methoden abweichen, ist jedoch immer speziell sicherzustellen, dass die gewählte Methode nicht zu einem Steuervorteil oder -nachteil für den Steuerpflichtigen führt. In diesem Beispiel ist der Korrekturschlüssel aufgrund der vorliegenden Zahlen wie folgt zu ermitteln:

Abzugsberechtigende und nicht abzugsberechtigende Umsätze

	Umsatz	CHF	Anteil
1.	Inlandlieferungen	6 800 000	
2.	Dienstleistungen	2 150 000	
3.	Liegenschaftsertrag optiert	550 000	
5.	Verkäufe an das Personal	120 000	
8.	Gastgewerbliche Leistungen	25 000	
9.	Privatanteil an Autokosten	9 840	
	Total berechtigende Umsätze	9 654 840	94.61%
	Nicht abzugsberechtigende Umsätze: Inländische Schulungsleistungen	550 000	5.39%
	Massgebender Gesamtumsatz	**10 204 840**	**100.00%**

Für die Vorsteuerkorrektur um 5.39% sind folgende angefallenen **Vorsteuern** zu berücksichtigen:

	Leistungen	CHF	Steuersatz	CHF
6.	Personal von Temporärfirma	200 000	7.7%	15 400.00
8.	Übriger Aufwand:			
	zum Normalsatz belastet	300 000	7.7%	23 100.00
	zum reduzierten Satz belastet	50 000	2.5%	1 250.00
	zum Sondersatz Beherbergung belastet	25 000	3.7%	925.00
	Bezugsteuer	85 000	7.7%	6 545.00
9.	Personenwagen	95 000	7.7%	7 315.00
10.	Computer für die Administration	40 000	7.7%	3 080.00
	Total zu korrigierende Vorsteuern			**57 615.00**
	Davon Vorsteuerkorrektur um 5.39%			**3 105.45**

21.3.5 Teil E: Steuerforderung

Damit haben wir nun alle notwendigen Zahlen ermittelt, die zur Berechnung der Steuerforderung der Witschi AG benötigt werden:

Lösung	Berechnungsgrundlage	Steuer CHF
Teil A	Total Umsatzsteuer	557 268.50
Teil B	Bezugsteuer	6 545.00
	Total A + B	**563 813.50**
Teil C	– Total Vorsteuer	– 424 710.15
	Total A + B – C	**139 103.35**
Teil D	– Pauschale Vorsteuerkorrektur Mietertrag	– 175.00
Teil D	– Vorsteuerkorrektur aufgrund gemischter Verwendung	– 3 105.45
Steuerforderung des Jahres 2018		**135 822.90**

Anhang

Antworten zu den Repetitionsfragen

1 Seite 13

Steuerforderung der Eisenwarenhandlung Huber & Söhne im ersten Quartal:

Steuer	Berechnungsgrundlage	Betrag (CHF)
MWST auf Umsatz	7.7% · 215 400 ÷ 107.7%	15 400
– Vorsteuerabzug Kosten	7.7% · 161 550 ÷ 107.7%	– 11 550
Steuerforderung MWST		3 850

2 Seite 13

- Die Erhebung der MWST durch den Bund bedarf einer grundsätzlichen Kompetenznorm, die in BV 130 und 196 festgehalten ist.
- Das Mehrwertsteuergesetz (MWSTG) vom 12.06.2009 wurde per 01.01.2018 teilrevidiert.
- Die Ausführungsbestimmungen hat der Bundesrat in der Mehrwertsteuerverordnung (MWSTV) vom 27.11.2009 geregelt, deren teilrevidierte Fassung am 18.10.2017 verabschiedet wurde.
- Hinzu kommen verschiedene Verordnungen des Eidgenössischen Finanzdepartements (EFD) und der Eidgenössischen Steuerverwaltung (ESTV).
- Des Weiteren können die Urteile des Bundesverwaltungsgerichts und des Bundesgerichts Grundlage für die Erhebung der MWST im konkreten Einzelfall bilden.

3 Seite 13

A] MWST-Belastung der Privatkundin: CHF 346.50

B] Berechnung der Steuerlast für das Designsofa:

MWST	Import	Grosshändler	Inneneinrichtungsgeschäft	Total
Nettobetrag Leistung	2 000.00	2 800.00	4 500.00	
Einfuhrsteuer (7.7%)	154.00	–	–	
Inlandsteuer (7.7%)	–	215.60	346.50	
Vorsteuerabzug	–	–154.00	–215.60	
Steuerlast	154.00	61.60	130.90	346.50

An die ESTV abzuliefernde Steuerforderungen:

- Möbelgrosshändler: total CHF 61.60 (Umsatzsteuer 215.60 – 154.00 Vorsteuer)
- Inneneinrichtungsgeschäft: CHF 130.90 (Umsatzsteuer 346.50 – 215.60 Vorsteuer)

4 Seite 33

A] Ja. Bei einer Abhollieferung ist Locarno der Ort der Lieferung (MWSTG 7 Abs. 1 lit. a). Auch bei einem Versand der Panettoni durch den Kuchenbäcker findet die Lieferung dort statt, wo die Versendung beginnt, d. h. wiederum Locarno (MWSTG 7 Abs. 1 lit. b).

B] Nein. Es liegt eine Dienstleistung vor, keine Lieferung eines Gegenstands (MWSTG 3 lit. d und e). Samnaun gilt nur bezüglich Lieferungen von Gegenständen als Ausland (MWSTG 4 Abs. 1). Bezüglich Dienstleistungen gilt Samnaun als Inland, weshalb diese Dienstleistungen steuerbar sind.

C] Nein. Gemäss MWSTG 7 Abs. 1 lit. b liegt der Ort einer Lieferung dort, wo die Beförderung des Gegenstands zum Abnehmer beginnt, hier also Deutschland, und es liegt keine Inlandlieferung vor. Zu beachten ist, dass bei der Einfuhr die Einfuhrsteuer auf dem Teppich durch die Zollbehörden erhoben wird.

D] Ja. Gemäss MWSTG 7 Abs. 1 lit. b liegt der Ort einer Lieferung dort, wo die Beförderung des Gegenstands zum Abnehmer beginnt, hier also Basel, und es liegt eine Inlandlieferung vor. Diese Lieferung kann von der Steuer befreit werden, wenn u. a. ein gültiger Exportnachweis vorliegt (MWSTG 23 Abs. 2 Ziff. 1).

5 Seite 33

A] Ja. Obwohl der Garagist Willy Wanner nicht die rechtliche Verfügungsmacht am Fahrzeug hat, ist er dennoch in der Lage, die wirtschaftliche Verfügungsmacht auf den Käufer zu übertragen. Hinzu kommt, dass der gutgläubige Erwerber einer gestohlenen Sache auch zivilrechtlich in seinem Eigentumsanspruch geschützt wird. Für die Belange der MWST ist allein entscheidend, dass die wirtschaftliche Verfügungsmacht übertragen worden ist (MWSTG 3 lit. c). Beim Verkauf von Willy Wanner an seinen Kunden handelt es sich somit um eine steuerbare Lieferung.

B] Ja. Die wirtschaftliche Verfügungsmacht wird von Paul Moser auf Arthur Basler übertragen. Somit liegt eine Lieferung im Sinne des MWSTG vor (MWSTG 3 lit. d). Da die Lieferung aber unentgeltlich erfolgt, ist sie nicht Steuerobjekt (MWSTG 3 lit. c). Das von Arthur Basler offerierte Nachtessen kann nicht als Entgelt für die Eisenbahn angesehen werden, denn die Lieferung von Paul Moser an Arthur Basler erfolgte voraussetzungslos. Es wäre zu prüfen, ob möglicherweise ein steuerbarer Eigenverbrauch bei Paul Moser zu erfassen wäre (MWSTG 31).

C] Ja. Die wirtschaftliche Verfügungsmacht am Schrottwagen wird vom Versicherungsnehmer auf die Versicherungsgesellschaft übertragen (MWSTG 3 lit. d). Eine zweite Lieferung findet von der Versicherungsgesellschaft an den Schrotthändler statt.
Es stellt sich nun die Frage, ob die Lieferung vom Versicherungsnehmer an die Versicherungsgesellschaft steuerbar ist und falls ja, was als Entgelt für die Lieferung anzusehen ist.
Eine steuerbare Lieferung kann nur vorliegen, wenn es sich beim Versicherungsnehmer um einen MWST-pflichtigen Unternehmer / ein MWST-pflichtiges Unternehmen handelt. Ist dies gegeben, ist die Frage nach der Höhe des Entgelts für die Lieferung von Bedeutung. Dabei ist entscheidend, wie die Versicherungsgesellschaft die Abrechnung über die Schadenregulierung ausstellt. Wird der Wert der Übernahme des Schrottwagens auf der Abrechnung separat ausgewiesen, ist nur dieser Betrag Bemessungsgrundlage der MWST. Werden die Schadenersatzzahlung und der Kaufpreis für den Schrottwagen zusammen in einem Betrag ausgewiesen, schuldet der Versicherungsnehmer keine Steuer (MWSTG 18 Abs. 2 lit. i und MWSTG 19).

D] Ja. Es handelt sich um ein Reihengeschäft. Obwohl Roland Müller nie in den Besitz der Ware gelangt, liegt eine Lieferung vom Verkäufer an Roland Müller und eine zweite Lieferung von Roland Müller an seinen Abnehmer vor. Beide Lieferungen finden aber ausserhalb des Anwendungsbereichs der schweizerischen MWST statt (MWSTG 1).

E] Ja. Es liegt eine Lieferung von Viktor Mosimann an Franz Gämperle vor, da die wirtschaftliche Verfügungsmacht an der Antiquität übertragen wird (MWSTG 3 lit. d). Solange die Antiquität nur als Sicherheit für den Kredit dient, fehlt es an einem Entgelt (MWSTG 3 lit. c), das für die Qualifikation der Lieferung als Steuerobjekt der MWST notwendig ist. Kann Viktor Mosimann seinen Verpflichtungen nicht nachkommen und verschafft er so Franz Gämperle auch das rechtliche Eigentum an der Antiquität, so gelten die CHF 100 000 als Entgelt und die Lieferung wird Gegenstand der MWST.

6 Seite 34

A] Es handelt sich um ein Reihengeschäft mit einer Lieferung durch die Von Roll AG an Otto Zuber wie auch einer Lieferung von Otto Zuber an Mauro Mastroiani (MWSTG 3 lit. d und MWSTG 20 Abs. 2).

B] Zwischen der Geier GmbH und Ruth Feller liegt eine Lieferung vor. Da Beat Winter im Namen und auf Rechnung der Geier GmbH tätig ist (MWSTG 20 Abs. 2), liegt keine Lieferung der Geier GmbH an Beat Winter vor, sondern Beat Winter erbringt der Geier GmbH eine Dienstleistung.

C] Handelt Beat Winter in eigenem Namen, aber auf Rechnung der Geier GmbH, liegt keine Vermittlung mehr vor (MWSTG 20 Abs. 2). Es liegen eine Lieferung der Geier GmbH an Beat Winter und eine zweite Lieferung von Beat Winter an Ruth Feller vor.

D] Chris Fischer führt eine Lieferung an Stefan Kunz aus und Stefan Kunz eine weitere Lieferung an den Bauherrn.

7 Seite 34

A] Als Ort der Lieferung gilt der Ort, wo die Beförderung des Gegenstands zum Abnehmer beginnt (MWSTG 7 Abs. 1 lit. b), somit Thun.

B] Es liegen zwei Lieferungen vor. Beim Reihengeschäft gilt der Ort der Lieferung immer für beide Lieferungen. Die erste Lieferung vom Verkäufer an Karl Herbert erfolgt in Hamburg (DE), die zweite Lieferung von Karl Herbert an seinen Abnehmer ebenfalls in Hamburg (DE).

8 Seite 34

A] Ja. Die Übertragung von immateriellen Gütern gilt bei der MWST als eine Dienstleistung (MWSTG 3 lit. e Ziff. 1).

B] Ja. Beratungsleistungen sind Dienstleistungen (MWSTG 3 lit. e).

C] Nein. Gerold Mittelhuber als Kommissionär verkauft das Spielzeug in eigenem Namen, aber für fremde Rechnung. Damit sind die Voraussetzungen der Vermittlung nicht erfüllt (MWSTG 20 Abs. 2). Es handelt sich somit nicht um eine Dienstleistung, sondern um eine Lieferung der Martin Klar AG an Gerold Mittelhuber und um eine weitere Lieferung von Gerold Mittelhuber an seine Abnehmer.

D] Ja. Tobias Moser handelt im Namen von Arnold Egger. Es liegt daher eine Vermittlung vor und Tobias Moser erbringt eine Dienstleistung. Der Ort der Dienstleistung ist dort, wo sich die Liegenschaft befindet (MWSTG 8 Abs. 2 lit. f).

E] Ja. Gemäss MWSTG 3 lit. e Ziff. 2 ist der Verzicht auf die Ausübung eines Rechts eine Dienstleistung.

9 Seite 34

Eine direkte Stellvertretung nach MWSTG 20 Abs. 2, und damit eine Dienstleistung von Claudia Muggli an Samuel Hürlimann, liegt vor, wenn die folgenden Voraussetzungen kumulativ erfüllt sind:

- Aus den relevanten Unterlagen (Rechnung usw.) muss eindeutig hervorgehen, dass der Vertrag direkt zwischen Samuel Hürlimann und Tina Meier zustande gekommen war und abgewickelt wurde.
- Claudia Muggli darf gegenüber Tina Meier keine Leistungen erbringen oder für die Leistungen von Samuel Hürlimann oder Tina Meier einstehen. Insbesondere darf sie keine Garantie oder kein Delkredere-Risiko übernehmen.
- Claudia Muggli muss den Geschäftsfall korrekt, d. h. nur die Provision erfolgswirksam verbuchen.
- Samuel Hürlimann muss für Tina Meier erkennbar und aus der Gesamtheit der Unterlagen eindeutig identifizierbar sein.
- Claudia Muggli muss gegenüber Samuel Hürlimann abrechnen.

10 Seite 34

A] Treuhand- und Beratungsleistungen gelten als Dienstleistung (MWSTG 3 lit. e) und unterliegen dem Empfängerortsprinzip nach MWSTG 8 Abs. 1. Ort der Leistung ist somit Deutschland.

B] Managementleistungen gelten im Normalfall als Dienstleistungen, für die das Empfängerortsprinzip zur Anwendung kommt (MWSTG 8 Abs. 1). Voraussetzung ist jedoch, dass in der Rechnung oder im Managementvertrag die Art der Leistungen definiert wird.

C] Die Abtretung und die Überlassung von Immaterialgütern gelten als Dienstleistung (MWSTG 3 lit. e Ziff. 1). Es gilt das Empfängerortsprinzip. Ort der Leistung ist somit Wollerau. Die Leistung gilt als in der Schweiz erbracht und die Villmerger AG bezieht somit eine Dienstleistung von einem Unternehmen mit Sitz im Ausland; die Bezugsteuer ist geschuldet (MWSTG 45 Abs. 1 lit. a).

D] Das Prüfen von Gegenständen gilt nicht als Dienstleistung, sondern als Lieferung von Gegenständen (MWSTG 3 lit. d Ziff. 2). Wenn Rolf Huber die Erpel-Erkennungsmaschine in Dortmund (DE) überprüft, ist der Ort der Lieferung in Deutschland (MWSTG 7 Abs. 1 lit. a).

E] Architekturleistungen gelten als Dienstleistung. Massgebend ist der Ort des Grundstücks (MWSTG 8 Abs. 2 lit. f), somit Koblenz (DE).

F] Güterbeförderungsleistungen sind Dienstleistungen, die dem Empfängerortsprinzip unterliegen (MWSTG 8 Abs. 2 lit. e gilt nur für Personenbeförderungen). Der Ort der Leistung befindet sich somit in München (DE).

---

11 Seite 35

Das deutsche Marktforschungsinstitut erbringt gegenüber der Ceral AG eine Werbeleistung. Werbeleistungen unterliegen dem Empfängerortsprinzip (MWSTG 3 lit. e i. V. mit MWSTG 8 Abs. 1). Die Leistung gilt als in der Schweiz erbracht. Die Ceral AG bezieht somit eine Dienstleistung von einem Unternehmen mit Sitz im Ausland und die Bezugsteuer ist geschuldet (MWSTG 45 Abs. 1 lit. a).

---

12 Seite 35

A] Nein. Schulungsleistungen sind von der Steuer ausgenommen (MWSTG 21 Abs. 2 Ziff. 11). Es liegt somit kein der Bezugsteuer unterliegender Leistungseinkauf vor (MWSTG 45a).

B] Nein. Da es sich hier um eine Beratungsleistung und nicht um eine Leistung im Zusammenhang mit einem Grundstück handelt, gilt das Empfängerortsprinzip (MWSTG 8 Abs. 1). Die Leistung ist somit in der Schweiz nicht steuerbar.

C] Ja. Das Inserat gilt als Werbeleistung nach dem Empfängerortsprinzip. Die Dienstleistung unterliegt somit der Bezugsteuer (MWSTG 8 Abs. 1 und MWSTG 45 Abs. 1 lit. a).

---

13 Seite 35

Das Vermieten / Verleasen von Gegenständen, z. B. von Mietfahrzeugen, gilt als Lieferung (MWSTG 3 lit. d). Da John Brown mehrheitlich im Ausland gefahren ist, kann der Mietumsatz steuerbefreit werden, falls ein entsprechender Nachweis der Auslandkilometer vorliegt, gegebenenfalls aufgrund des GPS (MWSTG 23 Abs. 2 Ziff. 2).

---

14 Seite 62

Die von der Steuer ausgenommenen Leistungen berechtigen einerseits nicht zur Vornahme des Vorsteuerabzugs (MWSTG 29) und werden andererseits für die Bestimmung der die Steuerpflicht auslösenden Umsatzlimite nicht berücksichtigt (MWSTG 10 Abs. 2 lit. a).

---

15 Seite 62

Die Sanitemp AG führt einen MWST-pflichtigen Umsatz gemäss MWSTG 18 Abs. 1 aus und hat diesen mit 7.7% zu versteuern (Personalverleih). Das Spital setzt diese Mitarbeiterin ausschliesslich zur Krankenpflege ein. Das entsprechende Entgelt der Patienten ist von der Steuer ausgenommen (MWSTG 21 Abs. 2 Ziff. 2).

Das Spital kann demnach die von der Sanitemp AG in Rechnung gestellte MWST nicht als Vorsteuer geltend machen (MWSTG 29 Abs. 1).

---

16 Seite 62

Ja. Diese gastgewerblichen Leistungen der Cafeteria sind steuerbar. Nur wenn diese Leistungen unmittelbar im Zusammenhang mit der Krankenbehandlung stehen, d. h., wenn sie dem Patienten am Bett erbracht werden, sind sie von der Steuer ausgenommen (MWSTG 21 Abs. 2 Ziff. 2).

---

17 Seite 62

Verspricht ein Unternehmen für selbst hergestellte oder gelieferte Produkte gegen ein zusätzliches Entgelt eine Leistung für den Schadenfall, handelt es sich nicht um einen von der Steuer ausgenommenen Versicherungsumsatz, sondern um eine Nebenleistung zur Hauptleistung (MWSTG 19 Abs. 4).

Die TV AG hat somit das Zusatzentgelt gleich zu versteuern wie den Verkauf des TV-Geräts.

---

18 Seite 62

Gastgewerbliche Leistungen im Zusammenhang mit Seminar- oder Schulungsleistungen sind aufgrund MWSTG 21 Abs. 2 Ziff. 11 immer steuerbar, wenn diese separat fakturiert werden. Somit können die steuerpflichtigen Empfänger den Vorsteuerabzug geltend machen. Die Seminarleistung selbst ist von der Steuer ausgenommen.

19 Seite 62

Ja, dies ist zulässig. Eine Option erfolgt durch offenen Ausweis der Steuer oder durch Deklaration in der MWST-Abrechnung (MWSTG 22 Abs. 1). Diese Option kann für jeden einzelnen Umsatz, jede einzelne Leistung bzw. Rechnung erfolgen. Es ist nicht notwendig, für sämtliche von der Steuer ausgenommenen Leistungen einer Tätigkeit zu optieren.

20 Seite 70

Die von der Steuer befreiten Leistungen berechtigen zur Vornahme des Vorsteuerabzugs (MWSTG 28). Gleichzeitig werden sie für die Bestimmung der Steuerpflicht (Umsatzlimite) ebenfalls berücksichtigt (MWSTG 10 Abs. 2 lit. a).

21 Seite 70

Der Ort der Dienstleistung befindet sich aufgrund von MWSTG 8 Abs. 1 am Sitz des Empfängers, d. h. in Olten. Somit unterliegt die Leistung der schweizerischen MWST. Weil es sich aber um die Beförderung eines importierten Gegenstands handelt, ist diese Transportleistung aufgrund von MWSTG 23 Abs. 2 Ziff. 5 von der Steuer befreit. Die Kosten der Beförderung sind u. a. auch Teil der Bemessungsgrundlage für die Einfuhrsteuer.

22 Seite 70

Grundsätzlich handelt es sich um eine Inlandlieferung, die der Steuer zum Normalsatz unterliegt. Kann das Uhrengeschäft die Ausfuhr mit einem zollamtlichen Dokument oder aufgrund der Geschäftsunterlagen sowie der Dokumente der Post nachweisen (freie Beweisführung gemäss MWSTG 81 Abs. 3), ist die Lieferung von der Steuer befreit (MWSTG 23 Abs. 2 Ziff. 1).

23 Seite 77

Eine Geldleistung aus Schadenersatz steht nicht im Zusammenhang mit einem Leistungsaustausch (MWSTG 18 Abs. 2 lit. i). Die Schadenersatzzahlung von CHF 5 000 zählt nicht zum Entgelt und ist von der Transport AG nicht zu versteuern, aber dennoch in der MWST-Abrechnung unter Ziff. 910 zu deklarieren. Die von der Truck GmbH in Rechnung gestellte Steuer von CHF 385 darf im Rahmen der unternehmerischen Tätigkeit als Vorsteuer geltend gemacht werden (MWSTG 28).

24 Seite 77

A] Nein. Die Vertragsverletzung ist noch nicht eingetreten. Somit handelt es sich nicht um einen Schadenersatz im Sinn von MWSTG 18 Abs. 2 lit. i, sondern um eine zum Normalsatz zu versteuernde Duldung der Vertragsverletzung (MWSTG 3 lit. e Ziff. 2 i. V. mit MWSTG 18 Abs. 1).

B] Ja. Die Zahlung der Konventionalstrafe gilt als Schadenersatz gemäss MWSTG 18 Abs. 2 lit. i, denn die Konventionalstrafe tritt an die Stelle der Erfüllung der vertraglichen Leistung (Nichtkonkurrenzierung) bzw. an die Stelle des für die Nichterfüllung geschuldeten Schadenersatzes. Als Nichtentgelt ist sie unter Ziff. 910 der MWST-Abrechnung zu deklarieren.

25 Seite 110

Leistungen	Ja / Nein	Gesetzesartikel
Abfallentsorgung auf einer Deponie in St. Gallen	Ja	MWSTG 45 Abs. 1 lit. a
Referat an der Uni Bern	Nein	MWSTG 45a i. V. mit MWSTG 21 Abs. 2 Ziff. 11 oder MWSTG 8 Abs. 2 lit. c
Party-Service an einem Anlass in Genf	Nein	MWSTG 8 Abs. 2 lit. d
Gütertransport von Berlin (DE) nach Bern	Nein	MWSTG 45a i. V. mit MWSTG 23 Abs. 2 Ziff. 5
Verkauf von Videoclips via Internet (Download)	Ja	MWSTG 45 Abs. 1 lit. a
Publikation eines Inserats in der Zeitung «St. Galler Tagblatt» für eine Bank	Ja	MWSTG 45 Abs. 1 lit. a
Werbeinserat auf einer Website für eine gemeinnützige Stiftung	Nein	MWSTG 45a i. V. mit MWSTG 21 Abs. 2 Ziff. 27
Lagerung von Waren in einem Speditionslager in St. Margrethen	Ja	MWSTG 45 Abs. 1 lit. a
Verwaltung einer in der Schweiz befindlichen Liegenschaft	Nein	MWSTG 8 Abs. 2 lit. f
Import und Montage eines Gartenhäuschens in Chur	Nein	MWSTG 54 Abs. 1 lit. b

Leistungen	Ja / Nein	Gesetzesartikel
Winterschnitt von Obstbäumen in Basel (es werden nur Betriebsmittel wie Baumscheren usw. eingeführt)	Ja	MWSTG 45 Abs. 1 lit. c
Verkauf eines in Lörrach (DE) gelegenen Grundstücks	Nein	Lieferung im Ausland
Verkauf von Teppichen ab Zollfreilager Zürich-Flughafen	Nein	MWSTG 45a i. V. mit MWSTG 23 Abs. 2 Ziff. 3
Verpachten einer Gaststätte in Rorschach	Nein	MWSTG 45a i. V. mit MWSTG 21 Abs. 2 Ziff. 21
Verleasen einer Maschine ab Standort Bern	Nein	Leistungserbringer wird MWST-pflichtig in der Schweiz: MWSTG 10
Installation von Software bei einer Bank in St. Gallen durch einen Programmierer (Software wird ab Internet heruntergeladen)	Nein	Leistungserbringer wird MWST-pflichtig in der Schweiz: MWSTG 10
Schleifen von Klingen (unter Verwendung einer mobilen Schleifmaschine)	Nein	Leistungserbringer wird MWST-pflichtig in der Schweiz: MWSTG 10

26 Seite 110

Der Erlös aus landwirtschaftlicher Eigenproduktion ist nach MWSTG 21 Abs. 2 Ziff. 26 von der MWST ausgenommen und kann somit auch nicht die Steuerpflicht auslösen (MWSTG 10 Abs. 2 lit. a). Linus Stoller wird nicht steuerpflichtig, weil die übrigen Umsätze für sich allein die massgebende Umsatzlimite von CHF 100 000 nicht überschreiten.

Linus Stoller könnte einen Verzicht auf Befreiung von der Steuerpflicht prüfen (MWSTG 11). Ob dies Sinn macht, hängt von den vorsteuerbelasteten Aufwendungen und Investitionen ab, die bei ihm anfallen.

27 Seite 110

Ja. Die Holdinggesellschaft Xeno AG kann sich ins MWST-Register eintragen lassen. Das Erwerben, Halten und Veräussern von Beteiligungen ist eine unternehmerische Tätigkeit im Sinne von MWSTG 10 Abs. 1ter.

Allenfalls kann die Xeno AG bei der Eintragung ins MWST-Register noch eine Einlageentsteuerung nach MWSTG 32 auf beweglichen bzw. unbeweglichen, in Gebrauch genommenen Gegenständen oder auf Dienstleistungen (nur bei Lizenzen oder Patenten) geltend machen.

Die Beteiligungserträge bzw. Dividenden stellen Nichtentgelte dar (MWSTG 18 Abs. 2 Ziff. f). Die Vorsteuern auf den Aufwendungen für die Bewirtschaftung der Beteiligungen können im Rahmen der unternehmerischen, zum Vorsteuerabzug berechtigenden Tätigkeit geltend gemacht werden. Da sonst nur noch Finanzerträge erzielt werden, besteht auf allen vorsteuerbelasteten Aufwendungen das volle Vorsteuerabzugsrecht. Eine mögliche pauschale Vorsteuerkorrektur für die Finanzerträge (gemischte Verwendung der Verwaltungsinfrastruktur) ist zu prüfen. Eine Beteiligung liegt vor, wenn diese mindestens 10% am Kapital eines Unternehmens beträgt (MWSTG 29 Abs. 3).

28 Seite 111

A] Ja. Sofern es sich um inländische Unternehmen unter einheitlicher Leitung handelt, wird die Anwendung der Gruppenbesteuerung bewilligt (MWSTG 13 Abs. 1).

B] Vor- und Nachteile:

- Durch die Integration des Einzelunternehmens von Gerhard Meisterhans in die MWST-Gruppe haftet er mit seinem Vermögen solidarisch für die MWST-Schulden jeder einzelnen Gruppengesellschaft (MWSTG 15 Abs. 1 lit. c), was sich als wesentlicher Nachteil erweisen kann.
- Der wesentliche Vorteil besteht darin, dass auf der konzerninternen Wertschöpfungsquote eine allfällige taxe occulte verhindert wird.

29 Seite 111

Der Gesamtumsatz aus steuerbaren Leistungen an Nichtgemeinwesen übersteigt die massgebende Umsatzlimite von CHF 100 000. Somit ist die Steuerpflicht der Dienststelle «Drucksachen und Material» nach MWSTG 12 Abs. 3 gegeben. Es sind also CHF 250 000 zu deklarieren, ohne den Umsatz mit den Dienststellen des gleichen Gemeinwesens. Diese Leistungen sind von der Steuer ausgenommen (MWSTG 21 Abs. 2 Ziff. 28 lit. a).

30 Seite 111

Als steuerbare Umsätze gelten die Verkäufe von Werbeleistungen, die Souvenirverkäufe und die gastgewerblichen Leistungen. Da der daraus erzielte Umsatz mehr als CHF 100 000 beträgt, ist die obligatorische Steuerpflicht nach MWSTG 10 Abs. 2 gegeben. Es spielt dabei keine Rolle, dass die Umsätze in zwei verschiedenen Kalenderjahren angefallen sind. Es ist allenfalls zu prüfen, ob es Sinn macht, für die Eintrittsbillette (diese sind von der Steuer ausgenommen) gemäss MWSTG 22 zu optieren (Steuersatz bei Option, 2.5%, MWSTG 25 Abs. 2 lit. c).

31 Seite 111

Wenn Anton Huwyler bei Beginn der Tätigkeit (per 01.07.n11) nicht weiss, ob er die Umsatzlimite überschreitet oder nicht, muss er nach drei Monaten prüfen, ob die Bedingungen für die Steuerpflicht gegeben sind (MWSTV 9). Dabei sind neben den Einnahmen auch die ausstehenden Rechnungen (Debitoren) und die angefangenen Arbeiten zu berücksichtigen.

Dies ergibt für die ersten drei Monate einen Betrag von CHF 27 000, hochgerechnet auf ein Jahr CHF 108 000. Die Steuerpflicht ist gegeben und Anton Huwyler kann wählen, ob er sich rückwirkend per 01.07.n11 eintragen lassen will oder sich zwingend per 01.10.n11 eintragen lassen muss.

Bei der Eintragung per 01.07.n11 ist – im Gegensatz zur Eintragung per 01.10.n11 – keine Einlageentsteuerung zu prüfen. Die Daten für das 4. Quartal n11 sind für die Bestimmung der Steuerpflicht nicht mehr relevant.

32 Seite 111

Gebäudereinigungen gelten gemäss MWSTG 3 lit. d Ziff. 2 als Lieferung. Der Leistungsort liegt gemäss MWSTG 7 Abs. 1 in der Schweiz (Chiasso), womit die Schweizer MWST geschuldet ist. Da die Italian Clean SA weltweit Leistungen von mehr als CHF 100 000 Umsatz erbringt, ist die Befreiung von der Steuerpflicht nicht möglich. Sie wird in der Schweiz ab der erstmaligen Leistungserbringung MWST-pflichtig (MWSTG 10 und MWSTG 14 Abs. 1 lit. b). Nach MWSTG 67 muss die bisher lediglich in Italien ansässige Firma in der Schweiz eine ansässige Fiskalvertretung bestimmen. Ebenfalls erforderlich ist eine Sicherheitsleistung als Barzahlung oder Bankgarantie.

33 Seite 112

Die Grasso AG muss sich nach Ablauf des Kalenderjahres, in dem sie die Umsatzlimite überschritten hat, eintragen lassen. Im vorliegenden Fall wäre die Grasso AG ab 1. Januar n12 MWST-pflichtig.

Der Umsatz aus der Vermittlung von Versicherungen ist nicht massgebend, da dieser von der Steuer ausgenommen ist (MWSTG 21 Abs. 2 Ziff. 18).

Allenfalls ist bereits in den Jahren n09–n11 der Verzicht auf die Befreiung von der Steuerpflicht zu prüfen, da für die steuerbaren Beratungsleistungen auch entsprechende Aufwendungen angefallen sind.

34 Seite 125

Die Autogarage Häfeli hat CHF 1 000 (107.7%) zu versteuern zzgl. der Mahnspesen von CHF 20 (107.7%), die in der ursprünglichen Rechnung nicht aufgeführt waren. Die Finanzierungskosten zählen auch zum Entgelt («Ersatz aller Kosten», MWSTG 24 Abs. 1).

Die kantonale Prüfgebühr zählt zwar nicht zum Entgelt (MWSTG 24 Abs. 6 lit. b), muss aber gesondert und ohne Zuschlag in Rechnung gestellt werden. Da die CHF 800 im Rechnungsbetrag enthalten sind, ist diese Voraussetzung nicht erfüllt und die Prüfungsgebühr muss auch versteuert werden.

Die Rückerstattung der Betreibungskosten (MWSTG 24 Abs. 6 lit. b) von CHF 100 und der Verzugszins von CHF 50 (Schadenersatz; Nichtentgelt MWSTG 18 Abs. 2 lit. i) müssen nicht versteuert werden.

Die Autogarage Häfeli muss auf eine korrekte Deklaration aller durch Toni Füglister bezahlter Kosten in der MWST-Abrechnung achten: Ziff. 200 Total CHF 1 120, Ziff. 280 (Betreibungskosten) CHF 100, Ziff. 910 (Verzugszins) CHF 50 und Ziff. 301 für die Versteuerung des Betrags von CHF 1 020 (brutto) oder CHF 947.10 (netto).

35 Seite 125

Es handelt sich um eine Rückgängigmachung der ersten Lieferung (Entgeltsminderung) und um eine neue Lieferung des grösseren Modells. Das TV-Fachgeschäft Baumann AG hat somit gestützt auf MWSTG 24 total CHF 2 000 zu versteuern.

36 Seite 125

Das massgebende Entgelt bei der Sieber AG beträgt CHF 114 120; die Steuer davon CHF 8 159 (Zeitpunkt der Rechnungsstellung).

Für den Vorsteuerabzug ist bei der Burkhalter GmbH der Umrechnungskurs vom Februar 20_1 und somit der Betrag von CHF 112 090 massgebend (Zeitpunkt der Zahlung). Die Burkhalter GmbH kann somit CHF 8 013.85 in Abzug bringen (MWSTV 45 und MWSTG 40).

37 Seite 126

A] Bei der Tochtergesellschaft Matrovini F & D AG handelt es sich um eine eng verbundene Person gemäss MWSTG 3 lit. h. Bei Leistungen an eng verbundene Personen gilt als Entgelt der Wert, der mit unabhängigen Dritten (MWSTG 24 Abs. 2) vereinbart würde. Massgebendes Entgelt ist somit CHF 20 000. Die Garage Matrovini GmbH muss einen Betrag von CHF 20 000 versteuern und es ist eine Steuer von CHF 1 540 geschuldet.

B] In der Aufgabe wird nicht erwähnt, ob die Matrovini F & D AG steuerpflichtig ist oder nicht. Bei einer Steuerpflicht ist die Fahrschultätigkeit gemäss MWSTG 21 Abs. 2 Ziff. 11 von der Steuer ausgenommen. Eine Option für die Fahrschultätigkeit lohnt sich in der Regel nicht, da die Kunden Privatpersonen sind. Aufgrund von MWSTG 29 Abs. 1 hat die Matrovini F & D AG keinen Anspruch auf Vorsteuerabzug auf den Reparaturarbeiten an den Fahrschulfahrzeugen.

38 Seite 126

Hans Oberli muss CHF 6 000 und Oktay Ylmaz CHF 18 000 als Ertrag verbuchen und versteuern (MWSTG 24 Abs. 5).

Hinweis: Auf den Malerarbeiten für das Privathaus kann Oktay Ylmaz keinen Vorsteuerabzug vornehmen (MWSTG 28 Abs. 1, da nicht im unternehmerischen Rahmen). Wird das Fahrzeug für die Tochter Sabine von der Einzelfirma des Hans Oberli erworben, müsste der Vorsteuerabzug bei einer unentgeltlichen Abgabe an die Tochter infolge Eigenverbrauchs korrigiert werden (MWSTG 30).

39 Seite 126

A] CHF 12 000; die Checkspesen stellen Finanzaufwand dar, der das Umsatzentgelt nicht reduziert.

B] CHF 14 700; der Skontoabzug von 2% darf als Entgeltsminderung abgezogen werden.

C] CHF 9 000; der Verlust auf dem Verkauf des WIR-Geldes darf nicht abgezogen werden.

D] CHF 20 000; die Kommission der Kreditkartenorganisation ist nicht abzugsberechtigt.

40 Seite 126

A] Es handelt sich hier um die feste Abtretung der Entgeltsforderung. Die Einkaufsgenossenschaft rechnet nicht über jede einzelne Zahlung des Schuhgeschäfts ab und übernimmt das Delkredere-Risiko.

B] Die 5% Delkredere-Risiko darf die Koala AG nicht als Entgeltsminderung in Abzug bringen (gestützt auf MWSTG 24). Für die Koala AG stellen die 5% eine Aufwandposition dar (Leistung der Einkaufsgenossenschaft).

41 Seite 126

Der Verkauf des gebrauchten Fahrzeugs ergibt eine Steuer von CHF 321.75 (MWSTG 24 Abs. 3). Auf dem Einkauf des Fahrzeugs kann Beat Blaser gestützt auf MWSTG 28a einen Abzug fiktiver Vorsteuer von CHF 357.45 machen (CHF 5 000 = 107.7%).

42 Seite 127

Die historischen Briefmarken gelten als Sammlerstücke gemäss MWSTG 24a bzw. MWSTV 48a Abs. 3 lit. a. Wenn die Konrad AG beim Ankauf keinen Vorsteuerabzug vornahm und beim Weiterverkauf die MWST auf den Verkaufsbelegen (Quittung oder Rechnung) nicht offen überwälzt, kann sie die Margenbesteuerung nach MWSTG 24a anwenden.

Die Steuer beträgt CHF 714.95 (7.7% von CHF 10 000 [107.7%]). Bemessungsgrundlage sind CHF 40 000 (Verkaufspreis) abzüglich CHF 30 000 (Ankaufspreis), somit CHF 10 000 (107.7%).

Die Briefmarkenbörse als Käuferin kann unter diesen Bedingungen auf dem Kaufpreis von CHF 40 000 keinen Vorsteuerabzug vornehmen, auch keinen Abzug fiktiver Vorsteuer (MWSTG 28a Abs. 3).

43 Seite 145

Steuersätze der Warenlieferungen der Cunto SA gestützt auf MWSTG 25:

2.5%	7.7%	Lieferungen
☒	☐	Getreide für die kosmetische Industrie
☐	☒	Rotwein
☒	☐	Kaffee für das Restaurant Traube, Bern[1]
☒	☐	Brennkirschen
☒	☐	Erde mit Düngerzusatz
☐	☒	Erde ohne Düngerzusatz
☐	☒	Kies
☐	☒	Brennholz

[1] Der Kaffee wird erst beim Verkauf (inkl. Servierleistung) durch das Restaurant Traube zu einer gastgewerblichen Leistung, die zum Normalsatz zu versteuern ist.

44 Seite 145

A] Gibt der Tierarzt dem Tierhalter Medikamente ab, die dieser dem Tier selbst verabreichen muss, handelt es sich um eine Lieferung von zu 2.5% steuerbaren Medikamenten (MWSTG 25 Abs. 2 lit. a Ziff. 8).

B] Verabreicht der Tierarzt bei einer Behandlung dem Tier ein Medikament, handelt es sich beim Medikament um einen Teil der tierärztlichen Behandlung. Es muss zum gleichen Steuersatz wie die Behandlung abgerechnet werden, bei einer Ziege (Nutztier) somit zu 2.5% (MWSTG 19 Abs. 3 i. V. mit MWSTG 25 Abs. 2 lit. a Ziff. 3).

C] Es gilt das Gleiche wie bei B], bei einem Hund muss aber der Normalsatz von 7.7% angewandt werden.

D] Die Untersuchung des Pferdes stellt aus Sicht des Tierarztes eine Lieferung dar. Samnaun ist für Lieferungen Ausland (MWSTG 4 Abs. 1). Somit unterliegt die Untersuchung des Pferdes in Samnaun nicht der schweizerischen MWST bzw. der Inlandsteuer. Der Ort der Lieferung ist Ausland.

E] Vergütungen, die der Tierarzt (oder Tierkliniken) für die Unterbringung und Betreuung von kranken oder verletzten Tieren vereinnahmen, sind Teil des Entgelts für deren Behandlung und zum selben Steuersatz wie diese zu versteuern. In diesem Fall muss der Tierarzt die Unterbringung des Zirkushundes Barry zum Normalsatz versteuern (MWSTG 25 Abs. 1). MWSTG 25 Abs. 2 lit. a Ziff. 3 kommt nicht zum Tragen, da ein Hund als Haustier und nicht als Vieh gilt.

45 Seite 145

A] Es handelt sich bei der Lieferung von 250 Sandwiches um eine Exportlieferung, die von der Steuer befreit (MWSTG 23 Abs. 2 Ziff. 1) ist, sofern Adrian Dätwyler eine Ausfuhrdeklaration vorlegen kann. Ansonsten muss er die Ausfuhr mit anderen Unterlagen nachweisen können (freie Beweiswürdigung; MWSTG 81 Abs. 3).

B] Sobald der Leistungserbringer die Nahrungsmittel beim Kunden oder an einem von ihm bezeichneten Ort zubereitet oder serviert, handelt es sich um eine zu 7.7% steuerbare gastgewerbliche Leistung (MWSTV 53). Der Ort der Dienstleistung befindet sich im Inland (MWSTG 8 Abs. 2 lit. d).

C] Da es sich um eine Lieferung und nicht um eine gastgewerbliche Dienstleistung handelt, unterliegen die Lebensmittel (Gebäck und Mineralwasser) dem reduzierten Steuersatz von 2.5% und der Wein dem Normalsatz von 7.7% (MWSTG 25 Abs. 2 lit. a Ziff. 2).

D] Es handelt sich um eine gastgewerbliche Leistung (MWSTV 53), d.h. um eine Dienstleistung gemäss MWSTG 8 Abs. 2 lit. d. Da der Ort dieser Dienstleistung in Waldshut (DE) ist und im Ausland liegt, unterliegt diese Dienstleistung nicht der schweizerischen MWST (Inlandsteuer). Eine mögliche Steuerpflicht in Deutschland ist durch Adrian Dätwyler zu prüfen.

46 Seite 146

Steuersätze gemäss MWSTG 25 Abs. 2 lit. d:

A] 7.7% (Bodenbearbeitung ausserhalb des Bereichs der Landwirtschaft)

B] 7.7% (Bearbeitung eines beweglichen Gegenstands, der nicht dem reduzierten Steuersatz unterliegt)

C] 2.5% (Bearbeitung eines beweglichen Gegenstands, der dem reduzierten Steuersatz unterliegt)

D] 2.5% (Bodenbearbeitung im Bereich der Landwirtschaft)

E] 2.5% (Bodenbearbeitung im Bereich der Landwirtschaft)

F] 2.5% (Bodenbearbeitung im Bereich der Landwirtschaft))

G] 7.7% (Bodenbearbeitung im Bereich der Landwirtschaft, die aber nicht unmittelbar im Zusammenhang mit der Urproduktion steht)

H] 7.7% (Bodenbearbeitung ausserhalb des Bereichs der Landwirtschaft)

47 Seite 146

A] Qualifikation der Lieferungen der Druckerei Gassmann AG gemäss MWSTV 50–52:

2.5%	7.7%	Lieferungen
☒	☐	Fachbuch «Die Mehrwertsteuer»
☐	☒	Kreuzworträtsel-Heft
☒	☐	Fahrpläne und Kursbücher
☐	☒	Reisebürokatalog
☒	☐	Montageanleitung für den Zusammenbau eines Schranks (20 Seiten, geheftet)
☒	☐	Jahresbericht der X AG für die Generalversammlung (30 Seiten, geheftet)
☐	☒	Wandkalender mit Motiven der Tour de France
☐	☒	Landkarte
☒	☐	«Luzerner Tagblatt»

B] Das elektronische Zeitungsabonnement des «Luzerner Tagblatts» zum Download unterliegt dem reduzierten Steuersatz von 2.5% (elektronische Dienstleistung gemäss MWSTV 50a).

48 Seite 146

A] Es handelt sich um eine gastgewerbliche Leistung, die dem Normalsatz von 7.7% unterliegt (MWSTG 25 Abs. 3).

B] Beim Verkauf durch «fliegende» Verkäufer im Bereich der Zuschauertribüne handelt es sich um eine Lieferung von Lebensmitteln und nicht um eine gastgewerbliche Leistung. Werden diese Umsätze organisatorisch separat erfasst, sind sie somit zu 2.5% steuerbar, soweit es sich nicht um die Lieferung von alkoholischen Getränken und / oder Tabakwaren handelt (MWSTV 56).

C] Diese Umsätze sind zum reduzierten Steuersatz zu versteuern, da keine Tische und Stühle vorhanden sind. Es ist aber zu beachten, dass der Verkauf von alkoholischen Getränken und Tabakwaren zum Normalsatz abzurechnen ist (MWSTV 54).

49 Seite 147

Zu 7.7% steuerbar sind sämtliche Umsätze aus dem Tearoom, der Verkauf der alkoholischen Getränke sowie die Auslieferung von Nahrungsmitteln und Getränken aus dem Party-Service mit Bedienung (MWSTG 25 Abs. 3):

Leistung	CHF
Umsätze aus dem Tearoom	45 000
Verkauf alkoholischer Getränke	4 000
Nahrungsmittel und Getränke aus Party-Service mit Bedienung	12 000
Total exkl. MWST zu 7.7% steuerbar	61 000
Umsatzsteuer	4 697

Zu 2.5% steuerbar sind die Einnahmen aus der Bäckerei mit Lebensmittelgeschäft und die Auslieferung von Nahrungsmitteln (Esswaren und Getränken) aus dem Party-Service ohne Zubereitung / Servierleistung (MWSTG 25 Abs. 2 lit. a Ziff. 2 und MWSTV 55):

Leistung	CHF
Einnahmen aus der Bäckerei mit Lebensmittelgeschäft	56 000
Auslieferung von Nahrungsmitteln und Getränken aus Party-Service	8 000
Total exkl. MWST zu 2.5% steuerbar	64 000
Umsatzsteuer	1 600

50 Seite 147

A] Anwalt:

- Die Handelsregistergebühren sind öffentlich-rechtliche Abgaben, die der Anwalt in fremdem Namen und für fremde Rechnung vereinnahmt. Diese sind somit kein Entgelt, wenn sie separat, ohne Zuschlag und ohne MWST fakturiert werden. Sie stellen aus der Sicht der MWST einen durchlaufenden Posten nach MWSTG 24 Abs. 6 lit. b dar.
- Die Beratungsleistung und die Übernachtungskosten sind Teil des Entgelts (MWSTG 24 Abs. 1, «Ersatz aller Kosten»), auch wenn diese separat fakturiert werden. Sie sind zum Normalsatz steuerbar. Die Steuer beträgt somit CHF 257.38.

B] Internetkurs:

- Das Lehrbuch ist eine Nebenleistung zum Kurs. Die Kurskosten können somit pauschal mit CHF 300 fakturiert werden und sind von der Steuer ausgenommen (MWSTG 24 Abs. 2 Ziff. 11). Bei Schulungsleistungen besteht auch die Möglichkeit, das Lehrmittel separat zu fakturieren. Dadurch handelt es sich beim Lehrmittel um eine selbstständig steuerbare Leistung und es besteht ein Anspruch auf Vorsteuerabzug auf dem Einkauf des Lehrmittels.
- Es besteht auch die Möglichkeit, den gesamten Internetkurs der MWST zu unterstellen, d. h., freiwillig zu versteuern (MWSTG 22). Das macht aber keinen Sinn, da der Internetkurs für Privatpersonen erbracht wird und diese nicht steuerpflichtig sind. Somit wäre die Schulungs AG gegenüber ihren Mitkonkurrenten nicht mehr konkurrenzfähig.

C] Getränkehändler:

- Das Flaschendepot von CHF 3 ist separat in Rechnung zu stellen und gehört daher nicht zum Entgelt (Nichtentgelt gemäss MWSTG 18 Abs. 2 lit. h; Pfandgelder).
- Der Traubensaft (CHF 12) unterliegt dem reduzierten Steuersatz, muss aber separat fakturiert werden.
- Der Sauser und der Wein (CHF 48) sind als Getränke mit mehr als 0.5 Alkoholvolumenprozent zum Normalsatz steuerbar (MWSTG 25 Abs. 2 lit. a Ziff. 2).
- Das Porto und die Verpackung können nach dem wertmässigen Anteil der gelieferten Ware aufgeteilt werden, d. h., CHF 1 unterliegen dem reduzierten Steuersatz, CHF 4 dem Normalsatz.
- Somit beträgt die Steuer CHF 4.05 (2.5% von CHF 13 und 7.7% von CHF 52).
- Aus der Rechnung muss hervorgehen, wie die Steuer aufgeteilt wurde. Vereinfachend können Porto und Verpackung auch zum überwiegenden Steuersatz, d. h. zum Normalsatz, abgerechnet werden. Das ist sinnvoll, da sonst die administrativen Arbeiten für die Aufteilung der Porto- und Verpackungskosten unverhältnismässig sind.

51 Seite 158

A] Bei der Abgabe eines Gutscheins für einen Welcomedrink handelt es sich um eine erweiterte Nebenleistung zur Beherbergung, die innerhalb der Hotelanlage erbracht und durch den Hotelgast genutzt wird (MWSTG 19 Abs. 2). Da der Drink im Preis enthalten ist, gibt es keine steuerlichen Auswirkungen. Diese Leistung wird auch im Zuge der unternehmerischen Tätigkeit des Hotels Sonne erbracht.

B] Bei der Kostenreduktion aufgrund des nicht bezogenen Welcomedrinks handelt es sich für das Hotel Sonne um eine abzugsberechtigte Entgeltsminderung (MWSTG 24 Abs. 1). Es kommt darauf an, welches Arrangement der Gast gebucht hat:

- Bei Übernachtung / Frühstück oder einem Halbpensionsarrangement verringert sich der Preis für die Beherbergung um CHF 10.
- Bei einem Vollpensionsarrangement gebucht und wenn das Hotel Sonne mit der Pauschale (65/35%) abrechnet, verringert sich der Arrangementpreis um CHF 10 und das verbleibende Entgelt ist auf den Sondersatz und auf den Normalsatz aufzuteilen.

52 Seite 158

Das Frühstück ist nur dann zum Sondersatz abzurechnen, wenn es ein Gast erhält, der auch im Hotel übernachtet hat. Bei Gästen eines anderen Hotels handelt es sich um eine zum Normalsatz steuerbare Leistung (MWSTG 25 Abs. 3). Das Hotel Löwen kann aber die entsprechende Steuer als Vorsteuer in Abzug bringen.

Bei der Weiterverrechnung des Frühstücks an die Gäste des Hotels Löwen handelt es sich um eine zum Sondersatz steuerbare Leistung, weil sie Bestandteil der Übernachtung ist (MWSTG 25 Abs. 4).

53 Seite 159

Die Gesamteinnahmen von CHF 17 000 sind zum Normalsatz steuerbar. Als erweiterte Nebenleistung an die eigenen Hotelgäste würden die Parkgebühren dem Sondersatz nur dann unterliegen, wenn sie im Preis für die Beherbergung enthalten wären (MWSTG 19 Abs. 2). Diese steuerbare Leistung kann u. a. auch mit MWSTG 21 Abs. 2 Ziff. 21 lit. c begründet werden.

54 Seite 167

Sofern ein Steuerpflichtiger die bezogenen Leistungen für einen zum Vorsteuerabzug berechtigten Zweck verwendet, kann er gemäss MWSTG 28 folgende Vorsteuern in seiner MWST-Abrechnung mit der ESTV geltend machen:

- Die ihm in Rechnung gestellte Inlandsteuer
- Die von ihm in der gleichen MWST-Abrechnung deklarierte Bezugsteuer
- Die von ihm entrichtete oder zu entrichtende Einfuhrsteuer sowie – bei Verlagerung der Steuerentrichtung – die von ihm für die Einfuhr von Gegenständen deklarierte Steuer
- Die Vorsteuer bei Bezügen von nicht MWST-belasteten Urprodukten bei Urproduzenten
- Die fiktive Vorsteuer bei Bezügen von individualisierbaren beweglichen Gegenständen ohne offene Überwälzung der MWST

55 Seite 167

Wenn eine steuerpflichtige Person einen Abzug fiktiver Vorsteuer nach MWSTG 28a vornehmen will, muss der bezogene Gegenstand individualisierbar und beweglich sein und die MWST darf nicht offen überwälzt werden. Nicht als gebrauchte Gegenstände gelten u.a. Lieferungen von Werken durch deren Urheber (z. B. Maler oder Bildhauer).

Somit kann Antoine Siebenthal nur auf dem Kauf des Busses und des Autos den Abzug fiktiver Vorsteuer vornehmen.

A] Kein Anspruch, da Teppiche bereits mit Einfuhrsteuer belastet (MWSTV 63 Abs. 3 lit. b)

B] Kein Anspruch, da Kunstgegenstand (MWSTV 48a Abs. 1 lit. a)

C] Anspruch gegeben

D] Kein Anspruch, da Büromaterial nicht individualisierbar ist (MWSTG 28a Abs. 1 lit. a)

E] Anspruch gegeben

F] Kein Anspruch, da Sammlerstück (MWSTV 48a Abs. 3 lit. a)

56 Seite 187

A] Der Sportklub Hoppers erbringt dem Sportartikelhersteller eine Dienstleistung in Form einer Werbeleistung. Ob dieser seine Leistung dem Sportklub oder dessen Spielern (Angestellten) erbringt, ist nicht von Bedeutung. Es handelt sich um ein tauschähnliches Geschäft. Der Sportartikelhersteller muss den Wert von CHF 10 000 versteuern (MWSTG 24 Abs. 3).

B] Die Nennung im Festführer gilt nur dann als Werbeleistung, wenn diese nicht in neutraler Form erfolgt, d. h., die Nennung darf weder mit Werbeslogans versehen werden noch darf sie auf die Produkte von Kurt Zuber hinweisen oder zusätzliche Bemerkungen zu seiner Geschäftstätigkeit enthalten (MWSTG 3 lit. i). Die Nennung des politischen Amts als Nationalrat ist jedoch nicht schädlich.

- Bei Variante I liegt kein tauschähnliches Geschäft und somit keine entgeltliche Leistung vor. Kurt Zuber hat jedoch infolge der Entnahme des Fahrrads aus dem Warenlager eine Vorsteuerkorrektur im Eigenverbrauch vorzunehmen (MWSTG 31 Abs. 2 lit. a).
- Bei Variante II wird für das Fahrradgeschäft Werbung gemacht, es handelt sich um ein tauschähnliches Geschäft und somit um eine entgeltliche Leistung (MWSTG 18 Abs. 1). Kurt Zuber muss das Citybike zum Wert wie für einen unabhängigen Dritten versteuern (MWSTG 24 Abs. 2).

57 Seite 188

A] Der Komplementär Fritz Aerni ist eine eng verbundene Person. Es handelt sich somit um eine entgeltliche Leistung, die zum Wert wie für einen unabhängigen Dritten (CHF 800) durch die Beyeler & Co. als Umsatz zu versteuern ist (MWSTG 24 Abs. 2).

B] Die Ehefrau gilt als dem Hauptaktionär nahestehende und somit eng verbundene Person (MWSTG 3 lit. h Ziff. 1). Es handelt sich um eine entgeltliche Leistung, die zum Wert wie für einen unabhängigen Dritten zu versteuern ist (MWSTG 24 Abs. 2). Die Costelli AG muss einen Umsatz von CHF 900 (exkl. MWST) deklarieren.

C] Es handelt sich um eine Leistung an den Kollektivgesellschafter Mike Moser und somit um eine entgeltliche Leistung. Diese ist zum Wert wie für einen unabhängigen Dritten zu versteuern (MWSTG 24 Abs. 2).

D] Das Personal erhält die Leistung unentgeltlich. Da das Geschenk den Betrag von CHF 500 pro Person und Ereignis nicht übersteigt, ist die Leistung auf dem Lohnausweis nicht zu deklarieren. Somit gilt die Leistung als nicht entgeltlich erbracht und zudem wird ein unternehmerischer Grund vermutet (MWSTV 47 Abs. 3).

E] Es handelt sich um eine Leistung, die auf dem Lohnausweis aufzuführen ist. Deshalb liegt hier eine entgeltliche Leistung vor (MWSTV 47 Abs. 2). Die Steuer ist von dem Betrag zu berechnen, der für die direkten Steuern massgebend ist (vgl. dazu Merkblatt N2/2007 der direkten Bundessteuer).

F] Der Rabatt von 10% kann als branchenüblich akzeptiert werden, weshalb er nicht auf dem Lohnausweis deklariert werden muss. Bei den zu bezahlenden Beträgen handelt es sich aber um eine zu versteuernde entgeltliche Leistung (MWSTV 47 Abs. 1). Dass das Entgelt vom Lohn abgezogen und nicht sofort bezahlt wird, ist nicht von Bedeutung.

58 Seite 188

A] Grundsätzlich liegt eine Entnahme für unternehmensfremde Zwecke vor (MWSTG 31 Abs. 2 lit. a). Eigenverbrauch ist nur auf dem Zeitwert der geltend gemachten Vorsteuern geschuldet. In diesem Fall ist deshalb keine Vorsteuerkorrektur Eigenverbrauch vorzunehmen, da die Vorsteuern in diesem Fall bereits nach 5 Jahren abgeschrieben sind (MWSTG 31 Abs. 3).

B] Es handelt sich um eine Entnahme für private Zwecke. Die auf diesen Waren abgezogene Vorsteuer muss korrigiert werden (Vorsteuerkorrektur im Eigenverbrauch gemäss MWSTG 31 Abs. 2 lit. a).

C] Auf selbst erbrachten Dienstleistungen ist kein Eigenverbrauch geschuldet. Es muss aber eine Vorsteuerkorrektur vorgenommen werden auf dem Material, das für die Erbringung der Dienstleistung aufgewendet wird, sowie auf der dafür eingesetzten Verwaltungsinfrastruktur, da es sich um eine Entnahme für unternehmensfremde Zwecke handelt (MWSTG 31 Abs. 2 lit. a). Die Materialkosten dürften in diesem Fall aber minim sein.

59 Seite 188

A] Der Transport von Behinderten ist nur dann von der Steuer ausgenommen, wenn er in dafür besonders eingerichteten Fahrzeugen erfolgt (MWSTG 21 Abs. 2 Ziff. 7). Wenn am Bus keine besonderen Einrichtungen notwendig sind, liegt keine Entnahme für eine von der Steuer ausgenommene Tätigkeit vor bzw. die Fahrten müssen versteuert werden.

B] Bisher lag ein steuerbarer Umsatz vor (Vermietung der Liegenschaft mit Option). Eine Option ist jedoch bei einer Liegenschaft, die ausschliesslich für Wohnzwecke genutzt wird, nicht möglich (MWSTG 22 Abs. 2 lit. b). Somit findet eine steuerbare Entnahme für eine von der Steuer ausgenommene Tätigkeit statt (Nutzungsänderung und somit Vorsteuerkorrektur infolge Eigenverbrauch gemäss MWSTG 31 Abs. 2 lit. b).

60 Seite 188

A] Ein Vorführwagen kann als Warenmuster betrachtet werden. Er wird dem Kunden zur Veranschaulichung, Untersuchung oder Erprobung zwecks Bestellungsaufgabe übergeben. Es liegt somit kein Eigenverbrauch vor (MWSTG 31 Abs. 2 lit. c).

B] Es handelt sich hier um eine Entnahme für eine unentgeltliche Zuwendung. Da der Wert der Zuwendung CHF 500 übersteigt, wird der unternehmerische Grund nicht ohne Weiteres vermutet. In diesem Fall kann jedoch davon ausgegangen werden, dass die unentgeltliche Leistung aufgrund eines unternehmerischen Zwecks abgegeben wurde, und somit ist keine Vorsteuerkorrektur im Eigenverbrauch vorzunehmen (MWSTG 31 Abs. 2 lit. c).

61 Seite 189

A] Auf dem Warenlager ist eine Vorsteuerkorrektur im Eigenverbrauch gemäss MWSTG 31 Abs. 2 lit. d vorzunehmen (voller Zeitwert der Vorsteuer, keine Abschreibung).

B] Beim Einkauf des Schulungsmaterials durfte keine Vorsteuer abgezogen werden. Deshalb ist bei der Beendigung der Steuerpflicht auch kein Eigenverbrauch geschuldet (MWSTG 31 Abs. 1).

C] Auf diesen Betriebsmitteln ist Eigenverbrauch gemäss MWSTG 31 Abs. 2 lit. d geschuldet (Berechnung des Zeitwerts ist zu beachten).

D] Beim Einkauf der Betriebsmittel durfte keine Vorsteuer abgezogen werden. Deshalb ist bei der Beendigung der Steuerpflicht auch kein Eigenverbrauch geschuldet (MWSTG 31 Abs. 1).

E] Auf dem Einkauf dieser Betriebsmittel wurde ein teilweiser Vorsteuerabzug (für den Warenhandel) geltend gemacht. Deshalb ist bei der Beendigung der Steuerpflicht eine Vorsteuerkorrektur infolge Eigenverbrauchs gemäss MWSTG 31 Abs. 2 lit. d auf dem Zeitwert der damals abgezogenen Vorsteuern vorzunehmen.

62 Seite 189

Es handelt sich um eine Entnahme für eine von der Steuer ausgenommene Tätigkeit. Auf eine Option für die Versteuerung der Liegenschaftsmiete wird verzichtet. Somit ist Eigenverbrauch geschuldet. Die Vorsteuerkorrektur ist wie folgt zu berechnen:

Datum	Kosten	Vorsteuer CHF	Abschreibung (5% pro Jahr)	Zeitwert CHF
31.01.2006	Fassadenrenovation (Grossrenovation)	5320	12 Jahre = 60%	2128
30.04.2007	Klimaanlage (wertvermehrende Aufwendung)	3040	11 Jahre = 55%	1368
30.06.2013	Flachdachsanierung (Grossrenovation)	6400	5 Jahre = 25%	4800
Total Zeitwert auf Vorsteuern				8296

Die Heizungsreparatur sowie die Malerarbeiten im Treppenhaus sind nicht relevant. Dabei handelt es sich weder um eine Grossrenovation (MWSTV 71) noch um wertvermehrende Aufwendungen (MWSTV 70).

63 Seite 189

A] Es handelt sich hier um eine Gratisleistung an das Personal. Da der Wert des Geschenks unter CHF 500 pro Ereignis liegt, muss dies auf dem Lohnausweis nicht deklariert werden. Die Leistung gilt somit als nicht entgeltlich erbracht und es wird ein unternehmerischer Grund vermutet (MWSTV 47 Abs. 3).

B] Es handelt sich um einen Entnahmetatbestand für private Zwecke (MWSTG 31 Abs. 2 lit. a). Korrigiert wird der Zeitwert der seinerzeit abgezogenen Vorsteuern, wobei für jedes abgelaufene Jahr linear 20% abgeschrieben werden können (MWSTG 31 Abs. 3). Somit ist auf dem Fahrzeug kein Eigenverbrauch (Vorsteuerkorrektur) mehr zu entrichten, obwohl der Eurotaxwert noch CHF 18000 beträgt und die Entnahme aus der Sicht der direkten Steuern verbucht werden muss.

C] Es handelt sich hier um eine entgeltliche Leistung an das Personal. Zunächst ist die Steuer auf dem tatsächlich bezahlten Entgelt zu berechnen (MWSTV 47 Abs. 1). Zusätzlich ist der Wert zu berücksichtigen, der im Lohnausweis aufzuführen ist (MWSTV 47 Abs. 2). Der aufgeführte Wert versteht sich inkl. MWST und somit ist eine Umsatzsteuer von CHF 71.50 (7.7% von CHF 1 000) geschuldet.

64 Seite 190

Die Kummer GmbH verwendet Gegenstände, die sie im Meldeverfahren übernommen hat, für nicht der Steuer unterliegende Zwecke. Da die Kummer GmbH aufgrund der Aufgabenstellung ausser der Rechnung keine Unterlagen hat, kann sie nicht eindeutig belegen, in welchem Umfang Arno Berni zum Vorsteuerabzug berechtigt war.

Es wird deshalb vermutet, dass der Veräusserer die im Meldeverfahren übertragenen Vermögenswerte vollumfänglich für zum Vorsteuerabzug berechtigende Tätigkeiten verwendet hat (MWSTV 105). Auf den beiden Lastwagen B und D ist deshalb eine Vorsteuerkorrektur im Eigenverbrauch vorzunehmen. Diese berechnet sich mit 7.7% vom Bezugspreis von total CHF 80000, d.h. CHF 6160. Auch auf dem übrigen Betriebsinventar, das für die von der Steuer ausgenommene Tätigkeit verwendet wird, ist anteilsmässig eine Vorsteuerkorrektur im Eigenverbrauch vorzunehmen.

65 Seite 190

Grundsätzlich ist auf den geltend gemachten Vorsteuern von CHF 2400 für die Übernahme der Kunden eine Korrektur infolge Eigenverbrauchs vorzunehmen (MWSTG 31 Abs. 2 lit. d). Katja Gross kann auf den Vorsteuern pro abgelaufenes Jahr eine lineare Abschreibung von 20% vornehmen, d.h. für 3 Jahre (per 31.12.; somit volle Abschreibung) total 60% (MWSTG 31 Abs. 3). Es verbleibt ein Zeitwert der Vorsteuern von CHF 960. Die Vorsteuerkorrektur im Eigenverbrauch ist aber nur vorzunehmen, sofern die gekaufte Dienstleistung noch vorhanden und nutzbar ist, was in diesem Fall aber zu bezweifeln ist (MWSTG 69 Abs. 2).

Da das EDV-Programm nicht von Dritten mit Vorsteuerbelastung bezogen wurde, ist auf diesem keine Vorsteuerkorrektur im Eigenverbrauch per 31.12.2017 vorzunehmen. Zusätzlich ist aber die Vorsteuerkorrektur auf den allenfalls noch vorhandenen Betriebsmitteln vorzunehmen (MWSTG 31 Abs. 2 lit. d).

66 Seite 190

A] Schreinerei Heinrich Müller (Einzelunternehmen):

1. Pauschalregelung: 0.8% auf CHF 30 000 pro Monat, d. h. 12 Monate à CHF 240 = CHF 2 880 (107.7%), davon Vorsteuerkorrektur 7.7% = CHF 205.90.
2. Die Verwendung für geschäftliche Zwecke beträgt weniger als 50%. Somit kann die Pauschalregelung nicht angewendet werden.

Berechnung Eigenverbrauchswert	CHF
Vorsteuern auf Kaufpreis	2 310
Vorsteuern auf Betriebskosten	154
Totalkosten der massgebenden Vorsteuern	2 464
Davon Privatanteil 60%	1 478

Wenn das Fahrzeug im Folgejahr in einem anderen Umfang für private Zwecke verwendet wird, ist auf dem Restwert der Vorsteuern auf dem Kaufpreis eine Vorsteuerkorrektur (Eigenverbrauch oder Einlageentsteuerung) vorzunehmen (s. Kap. 13, S. 210).

3. Eine Eigenverbrauchsbesteuerung entfällt, da es sich um ein Einzelunternehmen handelt, das mit der Saldosteuersatzmethode abrechnet (MWSTV 92).

B] Zimmerbau AG:

1. Die Leistung ist im Lohnausweis aufzuführen; somit handelt es sich um eine entgeltliche Leistung (MWSTV 47 Abs. 2). Die Steuer (zum Saldosteuersatz) ist auf dem Betrag zu berechnen, der auch für die direkten Steuern massgebend ist; CHF 2 880 (brutto).
2. Frau Ziegler ist keine Lohnausweisempfängerin. Somit ist eine Lieferungssteuer auf dem Mietwert geschuldet (MWSTG 24 Abs. 2).

Berechnung Mietwert und Lieferungssteuer	CHF
Abschreibungen (CHF 30 000 : 10 Jahre)	3 000.00
Betriebskosten mit MWST	2 000.00
Betriebskosten ohne MWST	1 000.00
Zwischentotal	6 000.00
Gemeinkosten- und Gewinnzuschlag (10%)	600.00
Totalkosten (Mietwert)	6 600.00
davon Privatanteil 80%	5 280.00
davon Lieferungssteuer 7.7% (von 100%)	406.55

3. Die Verwendung für geschäftliche Zwecke beträgt weniger als 50%, somit kann die Pauschalregelung nicht angewandt werden. Da Frau Ziegler eine Lohnausweisempfängerin ist, sind die privat gefahrenen Kilometer zum aktuellen Referenzsatz von CHF 0.70/km im Lohnausweis auszuweisen und der Betrag ist zu versteuern (MWSTV 47 Abs. 2).

Berechnung Lieferungssteuer	CHF
Lohnausweis Frau Ziegler: 8 000 km (80% von 10 000 km) à CHF 0.70	5 600.00
davon Lieferungssteuer 7.7% (von 107.7%)	400.35

67 Seite 209

Als sinnvolle Schlüsselgrössen könnten verwendet werden:

A] Gefahrene Kilometer

B] CPU-Time / Betriebsstunden

C] Quadrat-/Kubikmeter

D] Umsatz

E] Kubikmeter

F] Stundenrapporte

68 Seite 209

Verwendet ein Steuerpflichtiger Gegenstände (auch Teile davon) oder Dienstleistungen sowohl für Zwecke, die zum Vorsteuerabzug berechtigen, als auch für andere Zwecke, spricht man von der gemischten Verwendung. In solchen Fällen ist der Vorsteuerabzug nach dem Verhältnis der Verwendung zu korrigieren (MWSTG 30 Abs. 1).

Bei beweglichen Gegenständen und Dienstleistungen, die zu einem überwiegenden Teil (d. h. zu mehr als 50%) für zum Vorsteuerabzug berechtigende Zwecke verwendet werden, kann der Steuerpflichtige die Vorsteuer ohne Korrektur abziehen und den Eigenverbrauch als Vorsteuerkorrektur jährlich einmal deklarieren (MWSTG 30 Abs. 2).

Zu beachten ist ferner, dass bei Schwankungen der Umsatzzusammensetzung eine Nutzungsänderung vorliegen kann. Das kann eine Vorsteuerkorrektur im Eigenverbrauch oder als Einlageentsteuerung zur Folge haben.

69 Seite 209

A] Der Bürostuhl wird sowohl für steuerbare Zwecke (Autohandel / Reparaturarbeiten) als auch für die von der Steuer ausgenommene Fahrschule verwendet. Aufgrund der vorliegenden Angaben muss die Aufteilung nach dem Umsatzschlüssel vorgenommen werden (MWSTG 30 Abs. 1). Somit kann die Garage Meisterhans AG in der Abrechnung zwei Drittel der angefallenen Vorsteuer (CHF 51.35) als Vorsteuer in Abzug bringen.

B] Das Fahrzeug wird ausschliesslich für die Fahrschule verwendet, d. h. für einen von der Steuer ausgenommenen Zweck. Es besteht kein Vorsteuerabzugsrecht (MWSTG 29 Abs. 1).

C] Das Gebäude wird gemischt verwendet. Die Aufteilung wird bei Immobilien grundsätzlich aufgrund der verwendeten Quadratmeter vorgenommen (MWSTG 30 Abs. 1). Die allgemeinen, gemischt verwendeten Gebäudeteile sind anteilsmässig gleich wie die einzelnen Verwendungszwecke aufzuteilen. Somit ergibt sich folgender Vorsteuerabzug:

Berechnung	Fläche	Anteil	Vorsteuer CHF
Verwendung für steuerbare Zwecke	300 m^2		
Allgemeine Nutzung (Anteil für steuerbare Zwecke)	75 m^2		
Total für steuerbare Zwecke	375 m^2	75%	
Verwendung für von der Steuer ausgenommene Zwecke	100 m^2		
Allgemeine Nutzung (Anteil für ausgenommene Zwecke)	25 m^2		
Total für von der Steuer ausgenommene Zwecke	125 m^2	25%	
Vorsteuerabzug: 75% von CHF 3 080 Vorsteuern			2 310

70 Seite 209

A] Pauschalmethode «Teilzuordnung der Vorsteuer»

Berechnung	Vorsteuer CHF	Steuer CHF
Umsatzsteuer (1 Mio. · 7.7%)		77 000
Direkt zuordenbare Vorsteuer (Warenaufwand)		– 7 200
Übrige Vorsteuern	100 000	
Korrektur im Verhältnis des Gesamtumsatzes: (9 Mio. = 90% und 1 Mio. = 10%, somit um 90%)	– 90 000	– 10 000
Steuerforderung (Steuerschuld)		59 800

B] Pauschalmethode «Einheit der Leistung»

Berechnung	Vorsteuer CHF	Steuer CHF
Umsatzsteuer (1 Mio. · 7.7%)		77 000
Direkt zuordenbare Vorsteuer (Warenaufwand)		– 7 200
Übrige Vorsteuern	100 000	
Korrektur im Verhältnis des Bruttogewinns: (9 Mio. = 92.67% ÷ 712 000 = 7.33%), somit um 92.67%	– 92 670	– 7 330
Steuerforderung (Steuerschuld)		62 470

C] Pauschalmethode «Umsatzschlüssel»

Berechnung	Vorsteuer CHF	Steuer CHF
Umsatzsteuer (1 Mio. · 7.7%)		77 000
Vorsteuer auf Warenaufwand	7 200	
Übrige Vorsteuern	100 000	
Total Vorsteuern	107 200	
Korrektur im Verhältnis des Gesamtumsatzes: 9 Mio. = 90% und 1 Mio. = 10%, somit um 90%)	– 96 480	– 10 720
Steuerforderung (Steuerschuld)		66 280

71 Seite 219

Der Zeitwert der Vorsteuern für die Einlageentsteuerung bemisst sich wie folgt:

Berechnung	Ansatz	CHF
Vorsteuer auf dem Kaufpreis des Patents		1 600
Abschreibungen im Jahr 2016	20% des Vorsteuerbetrags	–320
Abschreibungen im Jahr 2017	20% des Vorsteuerbetrags	–320
Abschreibungen im Jahr 2018	Keine Abschreibung	0
Zeitwert der Vorsteuer für die Einlageentsteuerung		960

Hans Schaffner kann somit in seiner ersten MWST-Abrechnung im Jahr 2018 mit der ESTV (Ziff. 410) eine Einlageentsteuerung von CHF 960 geltend machen.

72 Seite 219

A] Bei beweglichen, in Gebrauch genommenen Gegenständen ist eine Abschreibung von 20% pro abgelaufenes Kalenderjahr (Steuerperiode) zu berücksichtigen (MWSTG 32 Abs. 2). Im Jahr 2018 kann deshalb keine Einlageentsteuerung auf dem Personenwagen geltend gemacht werden (2013–2017 = 5 Jahre).

B] Bei der Ermittlung des massgebenden Werts für eine Einlageentsteuerung ist bei Dienstleistungen eine Abschreibung zu berücksichtigen (MWSTG 32 Abs. 2). Diese beträgt 20% pro Steuerperiode. Somit kann eine Einlageentsteuerung von 20% vorgenommen werden, d. h. CHF 8 000 (8% MWST von CHF 100 000) abzüglich 80% (4 Jahre à 20%) also CHF 6 400 = CHF 1 600.

C] Beim Neuanstrich einer Liegenschaft handelt es sich um eine werterhaltende Aufwendung, für die im Gegensatz zu den wertvermehrenden Aufwendungen keine Einlageentsteuerung vorgenommen werden kann (MWSTV 73).

D] Bei Werbeleistungen handelt es sich um Dienstleistungen, die beim Bezug als verbraucht gelten, weshalb keine Einlageentsteuerung möglich ist (MWSTV 72 Abs. 2).

73 Seite 219

Es handelt sich um eine vorübergehende Verwendung eines beweglichen Gegenstands für von der Steuer ausgenommene Zwecke. Die wirtschaftliche Lebensdauer des Gegenstands beträgt 5 Jahre (Abschreibungssatz direkte Bundessteuern; 40% bzw. linear 20%).

Die Jahreskosten betragen somit CHF 300 (die laufenden Aufwendungen können vernachlässigt werden). Zu den Jahreskosten sind die nicht direkt zuordenbaren Aufwendungen und der Gewinn hinzuzurechnen, mit z. B. 10%, somit CHF 30.

Total Jahreskosten somit CHF 330, für 3 Monate = CHF 82.50, Steuer davon 7.7% = CHF 6.35 als Vorsteuerkorrektur Eigenverbrauch zu deklarieren (gestützt auf MWSTG 31 Abs. 4).

74 Seite 232

Die Umsatzlimite (MWSTG 37 Abs. 1) ist in dieser Aufgabe nicht zu beachten, da alle Umsätze der Jahre n3–n8 unter der Limite von CHF 5.005 Mio. sind.

Im Jahr n3 wird die Steuerschuldlimite (CHF 116 550) überschritten, jedoch um weniger als 50%. Beat Burgmüller kann wählen, ob er ab dem Jahr n4 effektiv oder weiterhin mit Saldosteuersatz abrechnen will. Wir gehen davon aus, dass Beat Burgmüller weiterhin mit Saldosteuersatz abrechnet. Im Jahr n4 wird keine Limite überschritten.

Im Jahr n5 wird die Steuerschuldlimite (CHF 114 700) wieder um weniger als 50% überschritten. Beat Burgmüller hat daher wieder die Wahlmöglichkeit. Nachdem im Jahr n6 keine Limite überschritten wurde, wird im Jahr n7 aufgrund der massiven Umsatzsteigerung die Steuerschuldlimite überschritten (CHF 166 500), und zwar um mehr als 50%.

Somit muss Beat Burgmüller ab Beginn des Jahres n8 effektiv abrechnen (MWSTV 81 Abs. 3).

75 Seite 232

Gemäss MWSTV 91 muss Nora Holland beide Dienstleistungen, die der Bezugsteuer unterliegen, in der jeweiligen semesterweisen MWST-Abrechnung (Ziff. 381) wie folgt deklarieren:

Zeitraum	Berechnungsgrundlage	Steuer CHF
1. Semester 2018	CHF 8 000 · 7.7%	616
2. Semester 2018	CHF 4 000 · 7.7%	308
Total 2018		924

76 Seite 232

Berechnung Steuerforderung für das 1. Semester 2018:

	CHF	Einzutragen
Total Umsatz	350 000	Ziff. 200
Davon Auslandsleistungen[1]	– 100 000	Ziff. 220
Zu 4.3% steuerbare Leistungen	250 000	Ziff. 321
Geschuldete Steuer	10 750	

[1] Bei Personenbeförderungen im Ausland darf das Formular Nr. 1050 nicht angewandt werden, das nur für Warenexporte gilt (MWSTV 90 Abs. 1).
Dieser Umsatz muss deshalb direkt in der MWST-Abrechnung abgezogen werden. Es ist somit nur diese Variante möglich.

77 Seite 232

Die Alex Diethelm AG hat zuerst alle Einnahmen unter Ziff. 200 der MWST-Abrechnung zu deklarieren.

- Die Einnahmen aus den Positionen A] und B] sind zu dem für sie massgebenden SSS zu versteuern (Ziff. 321).
- Bei C] handelt es sich um Dienstleistungen im Ausland, die nicht der schweizerischen MWST (Inlandsteuer) unterliegen (Ziff. 221).
- Bei D] liegt eine von der Steuer ausgenommene Tätigkeit vor (Ziff. 230).

78 Seite 233

A] CHF 1.5 Mio. (inkl. 7.7% MWST) · 5.9% = CHF 88 500.

B] Schulungstätigkeiten sind von der Steuer ausgenommene Leistungen (MWSTG 21 Abs. 2 Ziff. 11 lit. a und / oder lit. b). Die SSS-Methode ist in MWSTG 37 abgehandelt. Gemäss MWSTV 77 Abs. 3 ist eine mögliche Option von Umsätzen, die von der Steuer ausgenommen sind, nur für die Ziffern 26 und 28 von MWSTG 21 Abs. 2 möglich, somit ist eine Option in diesem Fall nicht möglich.

C] Gemäss MWSTV 86 Abs. 1 lit. b müssen mindestens zwei Tätigkeiten einen Anteil von je mehr als 10% am Gesamtumsatz haben, damit ein zweiter SSS bewilligt wird. Die Berechnung der 10%-Grenze wird in MWSTV 86 Abs. 2 behandelt. Somit müsste der Bücherumsatz im Jahr 2018 rund CHF 150 000 betragen, damit ein zweiter SSS bewilligt wird.

D] Gemäss MWSTV 91 i. V. mit MWSTG 45–49 müssen steuerpflichtige Personen, die Leistungen von Unternehmen mit Sitz im Ausland beziehen, die Bezugsteuer mit dem gesetzlichen Steuersatz (in der Regel zum Normalsatz) entrichten. Berechnung der Bezugsteuer: CHF 50 000 · 7.7% = CHF 3 850 geschuldete Steuer. Diese CHF 50 000 und der MWST-Betrag sind unter der Ziff. 381 der MWST-Abrechnung zu deklarieren.

E]

1. Ein Wechsel auf die effektive Abrechnungsmethode ist auf den 01.01.2019 gem. MWSTG 37 Abs. 4 i. V. mit MWSTV 81 möglich (Frist von 1 Jahr).
2. Ein Wechsel auf die Saldosteuersatzmethode ist auf den 01.01.2021 gem. MWSTG 37 Abs. 4 i. V. mit MWSTV 79 möglich (Frist von 3 Jahren).

F] In den Jahren 2020 und 2021 wird die Limite der Steuer von CHF 103 000 überschritten und somit muss Markus Künzler voraussichtlich per 01.01.2022 zwingend auf die effektive Abrechnungsmethode wechseln, gem. MWSTV 81 Abs. 2 i. V. mit MWSTG 37 Abs. 1. Mit der Umstellung auf die effektive Abrechnungsmethode muss auch das Buchhaltungsprogramm auf die effektive Abrechnungsmethode und mögliche Arbeitsabläufe umgestellt werden.

79 Seite 240

Das Meldeverfahren kommt nur bei der Übertragung von steuerbaren Leistungen zur Anwendung. Bei der Übertragung von Leistungen zwischen Mitgliedern einer MWST-Gruppe handelt es sich jedoch um Innenumsätze, die nicht steuerbar sind.

Somit kann in diesem Fall das Meldeverfahren nicht angewandt werden.

80 Seite 240

A] Es handelt sich um den Verkauf eines Teilvermögens, bei dem das Meldeverfahren obligatorisch anzuwenden ist, sofern die MWST auf dem Veräusserungspreis CHF 10 000 übersteigt (MWSTG 38 Abs. 1 lit. b und MWSTV 101).

B] Weil das Meldeverfahren die Steuerdeklaration beim Veräusserer und den Vorsteuerabzug beim Erwerber ersetzt, kann der Verkauf des Taxigeschäfts steuerneutral abgewickelt werden. Verwendet der erwerbende Hauptkonkurrent die Taxis aber nicht (vollumfänglich) für steuerbare Zwecke, muss er eine Vorsteuerkorrektur Eigenverbrauch vornehmen.

81 Seite 246

Kevin Mosimann hat diesen Umsatz in seiner MWST-Abrechnung für das 1. Quartal zu deklarieren (MWSTG 40 Abs. 1 lit. a). Diese muss bis spätestens 30. Mai bei der ESTV eingegangen sein. Zum selben Zeitpunkt muss die Steuer bezahlt sein; andernfalls ist ein Verzugszins geschuldet.

82 Seite 246

Die MWST auf der Teilzahlung wird mit der Rechnungsstellung fällig, hier also im 3. Quartal, und muss in der MWST-Abrechnung als Umsatz deklariert werden (MWSTG 40 Abs. 1 lit. b).

83 Seite 246

Die Entgeltsminderung tritt effektiv am 12. Februar ein (MWSTG 41).

Die Miranda AG kann ihren steuerbaren Umsatz des 1. Quartals um die bezahlte Kaufpreisminderung reduzieren. Andri Wipfli hat seinerseits den Vorsteuerabzug in derselben Abrechnungsperiode zu korrigieren.

84 Seite 255

Formelle Anforderungen gemäss MWSTG 26 Abs. 2:

- Name und Ort des Leistungserbringers
- Name und Ort des Leistungsempfängers
- MWST-Nr., unter der der Leistungserbringer im Register der steuerpflichtigen Personen eingetragen ist (im UID-Format)
- Datum oder Zeitraum der Leistungserbringung
- Art, Gegenstand und Umfang der Leistung
- Entgelt
- Steuerbetrag und Steuersatz; falls die Steuer im Rechnungstotal inbegriffen ist genügt die Angabe des Steuersatzes

85 Seite 255

Grundsätzlich muss sich der steuerpflichtige Leistungserbringer bei der Rechnungsstellung an keinerlei Formvorschriften halten. Er ist allerdings gehalten, auf Verlangen seines Leistungsempfängers eine Rechnung auszustellen, die den formellen Anforderungen von MWSTG 26 entspricht. Vorbehältlich MWSTG 26 Abs. 3 i. V. mit MWSTV 57 für Kassenzettel.

86 Seite 255

Die Vorsteuern im Zusammenhang mit den direkten Kosten (Materialaufwand, Dienstleistungen) müssen getrennt von den Vorsteuern auf Investitionen und vom übrigen Betriebsaufwand verbucht werden. Der Grund für diese Trennung ist, dass die ESTV auf diese Weise eine erste Plausibilitätsprüfung der MWST-Abrechnung durchführen kann.

Diese Trennung ist auch für Unternehmen mit gemischter Verwendung notwendig als Grundlage für die Berechnung der Vorsteuerkorrektur bei gewissen Verteilschlüsseln.

Für Vorsteuerkorrekturen Eigenverbrauch oder Einlageentsteuerung und allenfalls für Vorsteuerkürzungen müssten noch weitere Vorsteuerkonten geführt werden.

87 Seite 259

In der Regel führt der Chauffeur des beauftragten Spediteurs die Versteuerung an der Grenze durch und der Spediteur stellt die Zoll- und MWST-Abgaben (Einfuhrsteuer) seinem Auftraggeber in Rechnung.

88 Seite 259

A] Der Vorteil der Verlagerung der Steuerentrichtung besteht vor allem darin, dass die Einfuhrsteuer durch den Steuerpflichtigen nicht vorfinanziert werden muss.

B] Voraussetzungen für die Bewilligung eines Antrags auf Verlagerung der Steuerentrichtung sind (MWSTV 118):

- Der Steuerpflichtige wendet die effektive Abrechnungsmethode zur Ermittlung der Vorsteuer an (keine Saldosteuersätze).
- Die Import- und Exportleistungen sind Teil der normalen Tätigkeit des Unternehmens.
- Das Unternehmen führt eine detaillierte Einfuhr-, Lager- und Ausfuhrkontrolle.
- Die Vorsteuerüberschüsse aus Ein- und Ausfuhren betragen regelmässig mindestens CHF 10 000 pro Jahr.
- Der Steuerpflichtige bietet Gewähr für einen ordnungsgemässen Ablauf des Verfahrens.

89 Seite 265

A] Die MWST-Abrechnungen müssen im Normalfall quartalsweise ausgefüllt und eingereicht werden (MWSTG 35 Abs. 1 lit. a).

B] Steuerpflichtige mit regelmässigen Vorsteuerüberschüssen können die monatliche MWST-Abrechnung beantragen (MWSTG 35 Abs. 1 lit. c).

C] Steuerpflichtige, die mit Saldosteuersätzen abrechnen, müssen nur jedes Semester eine MWST-Abrechnung einreichen (MWSTG 35 Abs. 1 lit. b). Steuerpflichtige, die mit Pauschalsteuersätzen abrechnen, müssen die MWST-Abrechnungen jedoch quartalsweise einreichen.

90 Seite 265

Bei folgenden Tatbeständen liegt eine Steuerhinterziehung vor:

- Wenn in einer Steuerperiode nicht sämtliche Einnahmen, zu hohe Einnahmen aus von der Steuer befreiten Leistungen, nicht sämtliche der Bezugsteuer unterliegenden Ausgaben oder zu hohe Vorsteuerabzüge deklariert werden.
- Wenn eine unrechtmässige Rückforderung erwirkt wird.
- Wenn ein ungerechtfertigter Steuererlass erwirkt wird.
- Wenn die für die Steuerfestsetzung relevanten Faktoren zwar wahrheitsgetreu deklariert, aber steuerlich falsch qualifiziert werden.
- Wenn bei der Einfuhr Waren nicht oder unrichtig angemeldet oder verheimlicht werden.
- Wenn im Rahmen einer behördlichen Kontrolle oder eines Verwaltungsverfahrens, das auf die Festsetzung der Steuerforderung oder den Steuererlass gerichtet ist, auf entsprechende Nachfrage hin keine, unwahre oder unvollständige Angaben gemacht werden.

MWST-Formulare

Sie finden die Formulare unter folgenden Links:

Online abrufbare Formulare:

https://www.estv.admin.ch/estv/de/home/mehrwertsteuer/dienstleistungen/formulare-online.html

Als Acrobat-PDF abrufbare Formulare:

https://www.estv.admin.ch/estv/de/home/mehrwertsteuer/dienstleistungen/formulare-pdf.html

Abrechnung effektive Methode

Abrechnungsperiode:
Einreichedatum und Zahlungsfrist:
Valuta (Verzugszins ab):
MWST-Nr:
Ref-Nr:

B

massgebende umsatz.

I. UMSATZ (zitierte Artikel beziehen sich auf das Mehrwertsteuergesetz vom 12.06.2009)	Ziffer	Umsatz CHF	Umsatz CHF	
Total der vereinbarten bzw. vereinnahmten Entgelte, inkl. optierte Leistungen, Entgelte aus Übertragungen im Meldeverfahren sowie aus Leistungen im Ausland (weltweiter Umsatz)	200			
In Ziffer 200 enthaltene Entgelte aus von der Steuer ausgenommenen Leistungen (Art. 21), für welche nach Art. 22 optiert wird	205			
Abzüge: Von der Steuer befreite Leistungen (u.a. Exporte, Art. 23), von der Steuer befreite Leistungen an begünstigte Einrichtungen und Personen (Art. 107 Abs. 1 Bst. a)	220			
Leistungen im Ausland (Ort der Leistung im Ausland)	221 +			
Übertragung im Meldeverfahren (Art. 38, bitte zusätzlich Form. 764 einreichen)	225 +			
Von der Steuer ausgenommene Inlandleistungen (Art. 21), für die nicht nach Art. 22 optiert wird	230 +			
Entgeltsminderungen wie Skonti, Rabatte usw.	235 +		Total Ziff. 220 bis 280	
Diverses (z.B. Wert des Bodens, Ankaufspreise Margenbesteuerung)	280 +		= –	289
Steuerbarer Gesamtumsatz (Ziff. 200 abzüglich Ziff. 289)	299		=	

II. STEUERBERECHNUNG

Satz		Leistungen CHF ab 01.01.2018		Steuer CHF / Rp. ab 01.01.2018			Leistungen CHF bis 31.12.2017		Steuer CHF / Rp. bis 31.12.2017	
Normal	302		+		7,7%	301		+		8,0%
Reduziert	312		+		2,5%	311		+		2,5%
Beherbergung	342		+		3,7%	341		+		3,8%
Bezugsteuer	382		+			381		+		

		Steuer CHF / Rp.		
Total geschuldete Steuer (Ziff. 301 bis 382)			=	399
Vorsteuer auf Material- und Dienstleistungsaufwand	400			
Vorsteuer auf Investitionen und übrigem Betriebsaufwand	405 +			
Einlageentsteuerung (Art. 32, bitte detaillierte Aufstellung beilegen)	410 +			
Vorsteuerkorrekturen: gemischte Verwendung (Art. 30), Eigenverbrauch (Art. 31)	415 –		Total Ziff. 400 bis 420	
Vorsteuerkürzungen: Nicht-Entgelte wie Subventionen, Tourismusabgaben (Art. 33 Abs. 2)	420 –		= –	479
Zu bezahlender Betrag	500		=	
Guthaben der steuerpflichtigen Person	510 =			

III. ANDERE MITTELFLÜSSE (Art. 18 Abs. 2)

Subventionen, durch Kurvereine eingenommene Tourismusabgaben, Entsorgungs- und Wasserwerkbeiträge (Bst. a-c) — 900

Spenden, Dividenden, Schadenersatz usw. (Bst. d-l) — 910

Der/die Unterzeichnende bestätigt die Richtigkeit seiner/ihrer Angaben:
Datum: Rechtsverbindliche Unterschrift Kontaktperson: Name, Tel.-Nr.

Korrekturabrechnung effektive Methode

Korrekturabrechnung (effektive Methode)

Diese Abrechnung ersetzt die bereits eingereichte Abrechnung

Herrn, Frau, Firma

MWST-Nr:

Ref.-Nr.:

Abrechnungsperiode:

von/bis: /

deklarierter Steuerbetrag: CHF

I. UMSATZ (zitierte Artikel beziehen sich auf das Mehrwertsteuergesetz vom 12.06.2009)

	Ziffer	Umsatz CHF	Umsatz CHF	
Total der vereinbarten bzw. vereinnahmten Entgelte, inkl. optierte Leistungen, Entgelte aus Übertragungen im Meldeverfahren sowie aus Leistungen im Ausland (weltweiter Umsatz)	200			
In Ziffer 200 enthaltene Entgelte aus von der Steuer ausgenommenen Leistungen (Art. 21), für welche nach Art. 22 optiert wird	205			
Abzüge: Von der Steuer befreite Leistungen (u.a. Exporte, Art. 23), von der Steuer befreite Leistungen an begünstigte Einrichtungen und Personen (Art. 107 Abs. 1 Bst. a)	220			
Leistungen im Ausland (Ort der Leistung im Ausland)	221 +			
Übertragung im Meldeverfahren (Art. 38, bitte zusätzlich Form. 764 einreichen)	225 +			
Von der Steuer ausgenommene Inlandleistungen (Art. 21), für die nicht nach Art. 22 optiert wird	230 +			
Entgeltsminderungen wie Skonti, Rabatte usw.	235 +		Total Ziff. 220 bis 280	
Diverses (z.B. Wert des Bodens, Ankaufspreise Margenbesteuerung)	280 +	=	–	289
Steuerbarer Gesamtumsatz (Ziff. 200 abzüglich Ziff. 289)	299		=	

II. STEUERBERECHNUNG

Satz		Leistungen CHF ab 01.01.2018	Steuer CHF / Rp. ab 01.01.2018			Leistungen CHF bis 31.12.2017	Steuer CHF / Rp. bis 31.12.2017	
Normal	302		+	7,7%	301		+	8,0%
Reduziert	312		+	2,5%	311		+	2,5%
Beherbergung	342		+	3,7%	341		+	3,8%
Bezugsteuer	382		+		381		+	

	Ziffer	Steuer CHF / Rp.		
Total geschuldete Steuer (Ziff. 301 bis 382)			=	399
Vorsteuer auf Material- und Dienstleistungsaufwand	400			
Vorsteuer auf Investitionen und übrigem Betriebsaufwand	405 +			
Einlageentsteuerung (Art. 32, bitte detaillierte Aufstellung beilegen)	410 +			
Vorsteuerkorrekturen: gemischte Verwendung (Art. 30), Eigenverbrauch (Art. 31)	415 –		Total Ziff. 400 bis 420	
Vorsteuerkürzungen: Nicht-Entgelte wie Subventionen, Tourismusabgaben (Art. 33 Abs. 2)	420 –	=	–	479
Zu bezahlender Betrag	500		=	
Guthaben der steuerpflichtigen Person	510 =			

III. ANDERE MITTELFLÜSSE (Art. 18 Abs. 2)

	Ziffer	
Subventionen, durch Kurvereine eingenommene Tourismusabgaben, Entsorgungs- und Wasserwerkbeiträge (Bst. a-c)	900	
Spenden, Dividenden, Schadenersatz usw. (Bst. d-l)	910	

Der/die Unterzeichnende bestätigt die Richtigkeit seiner/ihrer Angaben:

Datum: Rechtsverbindliche Unterschrift Kontaktperson: Name, Tel.-Nr.

DM_0535_02 / 01.18

Jahresabstimmung effektive Methode

Jahresabstimmung (Berichtigungsabrechnung nach Art. 72 MWSTG, effektive Methode)
In dieser Abrechnung sind nur die Differenzen zu den bisher eingereichten Abrechnungen zu deklarieren.

Herrn, Frau, Firma

MWST-Nr:

Ref-Nr.:

Steuerperiode von/bis: 01.01.20 bis 31.12.20

Wir bitten Sie bei einer Differenz zugunsten der ESTV den Betrag auf das Konto IBAN CH60 0900 0000 3000 0037 5 zu überweisen sowie unter „Mitteilung" die MWST-Nummer und den Zahlungsgrund (z.B. J2018 für das Jahr 2018) anzugeben

I. UMSATZ (zitierte Artikel beziehen sich auf das Mehrwertsteuergesetz vom 12.06.2009)

	Ziffer	Umsatz CHF		Umsatz CHF	
Total der vereinbarten bzw. vereinnahmten Entgelte, inkl. optierte Leistungen, Entgelte aus Übertragungen im Meldeverfahren sowie aus Leistungen im Ausland (weltweiter Umsatz)	200				
In Ziffer 200 enthaltene Entgelte aus von der Steuer ausgenommenen Leistungen (Art. 21), für welche nach Art. 22 optiert wird	205				
Abzüge: Von der Steuer befreite Leistungen (u.a. Exporte, Art. 23), von der Steuer befreite Leistungen an begünstigte Einrichtungen und Personen (Art. 107 Abs. 1 Bst. a)	220				
Leistungen im Ausland (Ort der Leistung im Ausland)	221 +				
Übertragung im Meldeverfahren (Art. 38, bitte zusätzlich Form. 764 einreichen)	225 +				
Von der Steuer ausgenommene Inlandleistungen (Art. 21), für die nicht nach Art. 22 optiert wird	230 +				
Entgeltsminderungen wie Skonti, Rabatte usw.	235 +			Total Ziff. 220 bis 280	
Diverses (z.B. Wert des Bodens, Ankaufspreise Margenbesteuerung)	280 +		=	–	289
Steuerbarer Gesamtumsatz (Ziff. 200 abzüglich Ziff. 289)	299			=	

II. STEUERBERECHNUNG

Satz		Leistungen CHF ab 01.01.2018		Steuer CHF / Rp. ab 01.01.2018			Leistungen CHF bis 31.12.2017		Steuer CHF / Rp. bis 31.12.2017	
Normal	302		+		7,7%	301		+		8,0%
Reduziert	312		+		2,5%	311		+		2,5%
Beherbergung	342		+		3,7%	341		+		3,8%
Bezugsteuer	382		+			381		+		

	Ziffer	Steuer CHF / Rp.			
Total geschuldete Steuer (Ziff. 301 bis 382)				=	399
Vorsteuer auf Material- und Dienstleistungsaufwand	400				
Vorsteuer auf Investitionen und übrigem Betriebsaufwand	405 +				
Einlageentsteuerung (Art. 32, bitte detaillierte Aufstellung beilegen)	410 +				
Vorsteuerkorrekturen: gemischte Verwendung (Art. 30), Eigenverbrauch (Art. 31)	415 –			Total Ziff. 400 bis 420	
Vorsteuerkürzungen: Nicht-Entgelte wie Subventionen, Tourismusabgaben (Art. 33 Abs. 2)	420 –		=	–	479
Zu bezahlender Betrag	500			=	
Guthaben der steuerpflichtigen Person	510 =				

III. ANDERE MITTELFLÜSSE (Art. 18 Abs. 2)

Subventionen, durch Kurvereine eingenommene Tourismusabgaben, Entsorgungs- und Wasserwerkbeiträge (Bst. a-c)	900	
Spenden, Dividenden, Schadenersatz usw. (Bst. d-l)	910	

Der/die Unterzeichnende bestätigt die Richtigkeit seiner/ihrer Angaben:
Datum: Rechtsverbindliche Unterschrift Kontaktperson: Name, Tel.-Nr.

DM_0550 / 01.18

Unterstellungserklärung Saldosteuersatzmethode

Schweizerische Eidgenossenschaft
Confédération suisse
Confederazione Svizzera
Confederaziun svizra

Eidgenössisches Finanzdepartement EFD
Eidgenössische Steuerverwaltung ESTV
Hauptabteilung Mehrwertsteuer

Barcode enthält Stammdaten – bitte Formular nicht kopieren

Ihre Anschrift bitte in Blockschrift ausfüllen

MWST-Nr. ____________________

Ref.-Nr. ____________________

Unterstellungserklärung Saldosteuersatzmethode

Die unterzeichnende steuerpflichtige Person ist tätig als (bitte jede einzelne Tätigkeit angeben):	Anteil am steuerbaren Gesamtumsatz
____________________	______ %
____________________	______ %
____________________	______ %

Erbringen Sie ausschliesslich oder teilweise Lohnarbeiten, Akkordarbeiten, Anschlägerarbeiten, Montagearbeiten oder reine Bearbeitungen von Gegenständen? ☐ Ja Anteil am steuerbaren Gesamtumsatz: ca. ______ % ☐ Nein	*Lohnarbeiten, Akkordarbeiten, Anschlägerarbeiten, Montagearbeiten und reine Bearbeitungen von Gegenständen liegen vor, wenn Ihnen der Kunde das benötigte Material zur Verfügung stellt. Dies gilt auch dann, wenn Sie das Klein- oder Hilfsmaterial wie beispielsweise Schrauben, Dübel oder Plattenleim selbst einkaufen.*
Stellen Sie anderen Unternehmen oder Privatpersonen Arbeitskräfte zur Verfügung?	☐ Ja Anteil am steuerbaren Gesamtumsatz: ca. ______ % ☐ Nein

Der/die Antragsteller(in) verpflichtet sich, die in den Artikeln 35 Absatz 1 Buchstabe b und 37 Absätze 1 - 4 MWSTG, in den Artikeln 77 - 96, 107 und 127 MWSTV sowie in der MWST-Info 12 Saldosteuersätze enthaltenen Vorschriften zu befolgen. Er/Sie nimmt insbesondere Kenntnis davon, dass **nicht** für die Versteuerung von Leistungen nach Artikel 21 Absatz 2 Ziffern 1 - 24, 27, 29 und 30 MWSTG optiert werden kann. Er/Sie erklärt, im ersten Jahr der Steuerpflicht bzw. im Jahr vor dem Wechsel zur Saldosteuersatzmethode die nachstehend aufgeführten Jahresumsätze (Zutreffendes bitte ankreuzen) sowie die daraus resultierende Steuerschuld nicht zu überschreiten (Total Umsatz, CHF 5,005 Mio. und Total Steuer CHF 103'000):

1/2

D_MWST Nr. 1198_02 / 01.18

- ❑ bei anzuwendendem Saldosteuersatz von 0,1 %, 0,6 %,1,2 %, 2,0 % bis max. CHF 5,005 Mio.
- ❑ bei anzuwendendem Saldosteuersatz von 2,8 % bis max. CHF 3,68 Mio.
- ❑ bei anzuwendendem Saldosteuersatz von 3,5 % bis max. CHF 2,95 Mio.
- ❑ bei anzuwendendem Saldosteuersatz von 4,3 % bis max. CHF 2,40 Mio.
- ❑ bei anzuwendendem Saldosteuersatz von 5,1 % bis max. CHF 2,02 Mio.
- ❑ bei anzuwendendem Saldosteuersatz von 5,9 % bis max. CHF 1,75 Mio.
- ❑ bei anzuwendendem Saldosteuersatz von 6,5 % bis max. CHF 1,59 Mio.
- ❑ bei Anwendung von 2 Saldosteuersätzen beträgt der Gesamtumsatz nicht mehr als CHF 5,005 Mio. und die Steuerschuld nicht mehr als CHF 103'000, nämlich:

Umsatz	CHF	zum	Saldosteuersatz	% =	Steuer	CHF
Umsatz	CHF	zum	Saldosteuersatz	% =	Steuer	CHF
Total Umsatz	CHF ________				Total Steuer	CHF ________

Zuteilung Saldosteuersätze (SSS):

Branche/Tätigkeit und Saldosteuersatz gemäss Anhängen I und II der MWST-Info Nr. 12 Saldosteuersätze — SSS

1. ______________________________ ________ %

2. ______________________________ ________ %

Sollten sich Ihre Tätigkeiten in den kommenden Jahren so ändern, dass eine Neuzuteilung der SSS notwendig wird, müssen Sie sich mit der ESTV in Verbindung setzen (s. Ziff. 17 der MWST-Info 12 Saldosteuersätze). Stellt die ESTV nachträglich fest, dass Sie dies nicht gemeldet haben, nimmt sie die entsprechenden Korrekturen rückwirkend vor.

Die unterzeichnende steuerpflichtige Person unterstellt sich dieser Regelung mit Wirkung ab: ________

Datum: Rechtsgültige Unterschrift:

________________________ ________________________

Einreichungsfristen:

- Für neu steuerpflichtige Personen: spätestens **60 Tage** nach Zustellung der MWST-Nummer
- Bei Wechsel von der effektiven Methode: spätestens **60 Tage** nach Beginn der Steuerperiode

Bewilligung

Die Anwendung des/der oben aufgeführten Saldosteuersatzes/-sätze wird bewilligt.

Bern, Hauptabteilung Mehrwertsteuer

2/2

D_MWST Nr. 1198_02 / 01.18

Abrechnung Saldosteuersatz

Abrechnungsperiode:
Einreichedatum und Zahlungsfrist:
Valuta (Verzugszins ab):
MWST-Nr:
Ref-Nr:

B

I. UMSATZ (zitierte Artikel beziehen sich auf das Mehrwertsteuergesetz vom 12.06.2009)	Ziffer	Umsatz CHF		Umsatz CHF	
Total der vereinbarten bzw. vereinnahmten Entgelte, inkl. Entgelte aus Übertragungen im Meldeverfahren sowie aus Leistungen im Ausland (weltweiter Umsatz)	200				
		[redacted]			
Abzüge: Von der Steuer befreite Leistungen (u.a. Exporte, Art. 23), von der Steuer befreite Leistungen an begünstigte Einrichtungen und Personen (Art. 107 Abs. 1 Bst. a)	220				
Leistungen im Ausland (Ort der Leistung im Ausland)	221 +				
Übertragung im Meldeverfahren (Art. 38, bitte zusätzlich Form. 764 einreichen)	225 +				
Von der Steuer ausgenommene Inlandleistungen (Art. 21), für die nicht nach Art. 22 optiert wird	230 +				
Entgeltsminderungen wie Skonti, Rabatte usw.	235 +			Total Ziff. 220 bis 280	
Diverses (z.B. Wert des Bodens)	280 +		= –		289
Steuerbarer Gesamtumsatz (Ziff. 200 abzüglich Ziff. 289)	299		=		

II. STEUERBERECHNUNG

		Leistungen CHF ab 01.01.2018		Steuer CHF / Rp. ab 01.01.2018		Leistungen CHF bis 31.12.2017		Steuer CHF / Rp. bis 31.12.2017
1. Satz	322		+		321		+	
2. Satz	332		+		331		+	
		[redacted]	+	[redacted]		[redacted]	+	[redacted]
Bezugsteuer	382		+		381		+	

		Steuer CHF / Rp.			
Total geschuldete Steuer (Ziff. 321 bis 382)			=		399
Steueranrechnung gemäss Formular Nr. 1050	470				
Steueranrechnung gemäss Formular Nr. 1055. 1056	471 +				
	+	[redacted]			
	–	[redacted]		Total Ziff. 470 bis 471	
	–	[redacted]	= –		479
Zu bezahlender Betrag	500		=		
Guthaben der steuerpflichtigen Person	510 =				

III. ANDERE MITTELFLÜSSE (Art. 18 Abs. 2)

Subventionen, durch Kurvereine eingenommene Tourismusabgaben, Entsorgungs- und Wasserwerkbeiträge (Bst. a-c)	900	
Spenden, Dividenden, Schadenersatz usw. (Bst. d-l)	910	

Der/die Unterzeichnende bestätigt die Richtigkeit seiner/ihrer Angaben:

Datum: Rechtsverbindliche Unterschrift Kontaktperson: Name, Tel.-Nr.

Korrekturabrechnung Saldosteuersatz

Korrekturabrechnung (Saldosteuersatz/Pauschalsteuersatz)

Diese Abrechnung ersetzt die bereits eingereichte Abrechnung

Herrn, Frau, Firma

MWST-Nr:

Ref.-Nr.:

Abrechnungsperiode:

von/bis: /

deklarierter Steuerbetrag: CHF

I. UMSATZ (zitierte Artikel beziehen sich auf das Mehrwertsteuergesetz vom 12.06.2009)

	Ziffer	Umsatz CHF		Umsatz CHF	
Total der vereinbarten bzw. vereinnahmten Entgelte, inkl. Entgelte aus Übertragungen im Meldeverfahren sowie aus Leistungen im Ausland (weltweiter Umsatz)	200				
		[redacted]			
Abzüge: Von der Steuer befreite Leistungen (u.a. Exporte, Art. 23), von der Steuer befreite Leistungen an begünstigte Einrichtungen und Personen (Art. 107 Abs. 1 Bst. a)	220				
Leistungen im Ausland (Ort der Leistung im Ausland)	221 +				
Übertragung im Meldeverfahren (Art. 38, bitte zusätzlich Form. 764 einreichen)	225 +				
Von der Steuer ausgenommene Inlandleistungen (Art. 21), für die nicht nach Art. 22 optiert wird	230 +				
Entgeltsminderungen wie Skonti, Rabatte usw.	235 +			Total Ziff. 220 bis 280	
Diverses (z.B. Wert des Bodens)	280 +		=	–	289
Steuerbarer Gesamtumsatz (Ziff. 200 abzüglich Ziff. 289)	299			=	

II. STEUERBERECHNUNG

		Leistungen CHF ab 01.01.2018		Steuer CHF / Rp. ab 01.01.2018		Leistungen CHF bis 31.12.2017		Steuer CHF / Rp. bis 31.12.2017
1. Satz	322		+		321		+	
2. Satz	332		+		331		+	
		[redacted]	+	[redacted]		[redacted]	+	[redacted]
Bezugsteuer	382		+		381		+	

	Ziffer	Steuer CHF / Rp.			
Total geschuldete Steuer (Ziff. 321 bis 382)				=	399
Steueranrechnung gemäss Formular Nr. 1050	470				
Steueranrechnung gemäss Formular Nr. 1055, 1056	471 +				
	+	[redacted]			
	–	[redacted]		Total Ziff. 470 bis 471	
	–	[redacted]	=	–	479
Zu bezahlender Betrag	500			=	
Guthaben der steuerpflichtigen Person	510 =				

III. ANDERE MITTELFLÜSSE (Art. 18 Abs. 2)

	Ziffer	
Subventionen, durch Kurvereine eingenommene Tourismusabgaben, Entsorgungs- und Wasserwerkbeiträge (Bst. a-c)	900	
Spenden, Dividenden, Schadenersatz usw. (Bst. d-l)	910	

Der/die Unterzeichnende bestätigt die Richtigkeit seiner/ihrer Angaben:

Datum: Rechtsverbindliche Unterschrift Kontaktperson: Name, Tel.-Nr.

DM_0536_02 / 01.18

Jahresabstimmung Saldosteuersatz

Jahresabstimmung (Berichtigungsabrechnung nach Art. 72 MWSTG, Saldosteuersatz / Pauschalsteuersatz)
In dieser Abrechnung sind nur die Differenzen zu den bisher eingereichten Abrechnungen zu deklarieren.

Herrn, Frau, Firma

MWST-Nr:

Ref-Nr.:

Steuerperiode von/bis: 01.01.20 bis 31.12.20

Wir bitten Sie bei einer Differenz zugunsten der ESTV den Betrag auf das Konto IBAN CH60 0900 0000 3000 0037 5 zu überweisen sowie unter „Mitteilung" die MWST-Nummer und den Zahlungsgrund (z.B. J2018 für das Jahr 2018) anzugeben

I. UMSATZ (zitierte Artikel beziehen sich auf das Mehrwertsteuergesetz vom 12.06.2009)

	Ziffer	Umsatz CHF		Umsatz CHF	
Total der vereinbarten bzw. vereinnahmten Entgelte, inkl. Entgelte aus Übertragungen im Meldeverfahren sowie aus Leistungen im Ausland (weltweiter Umsatz)	200	[redacted]			
Abzüge: Von der Steuer befreite Leistungen (u.a. Exporte, Art. 23), von der Steuer befreite Leistungen an begünstigte Einrichtungen und Personen (Art. 107 Abs. 1 Bst. a)	220				
Leistungen im Ausland (Ort der Leistung im Ausland)	221 +				
Übertragung im Meldeverfahren (Art. 38, bitte zusätzlich Form. 764 einreichen)	225 +				
Von der Steuer ausgenommene Inlandleistungen (Art. 21), für die nicht nach Art. 22 optiert wird	230 +				
Entgeltsminderungen wie Skonti, Rabatte usw.	235 +			Total Ziff. 220 bis 280	
Diverses (z.B. Wert des Bodens)	280 +		=	–	289
Steuerbarer Gesamtumsatz (Ziff. 200 abzüglich Ziff. 289)	299			=	

II. STEUERBERECHNUNG

		Leistungen CHF ab 01.01.2018		Steuer CHF / Rp. ab 01.01.2018		Leistungen CHF bis 31.12.2017		Steuer CHF / Rp. bis 31.12.2017
1. Satz	322		+		321		+	
2. Satz	332		+		331		+	
		[redacted]	+	[redacted]		[redacted]	+	[redacted]
Bezugsteuer	382		+		381		+	

	Ziffer	Steuer CHF / Rp.			
Total geschuldete Steuer (Ziff. 321 bis 382)			=		399
Steueranrechnung gemäss Formular Nr. 1050	470				
Steueranrechnung gemäss Formular Nr. 1055, 1056	471 +				
	+	[redacted]			
	–	[redacted]		Total Ziff. 470 bis 471	
	–	[redacted]	=	–	479
Zu bezahlender Betrag	500		=		
Guthaben der steuerpflichtigen Person	510 =				

III. ANDERE MITTELFLÜSSE (Art. 18 Abs. 2)

	Ziffer	
Subventionen, durch Kurvereine eingenommene Tourismusabgaben, Entsorgungs- und Wasserwerkbeiträge (Bst. a-c)	900	
Spenden, Dividenden, Schadenersatz usw. (Bst. d-l)	910	

Der/die Unterzeichnende bestätigt die Richtigkeit seiner/ihrer Angaben:
Datum: Rechtsverbindliche Unterschrift Kontaktperson: Name, Tel.-Nr.

DM_0553 / 01.18

Meldeverfahren (Formular Nr. 764)

Schweizerische Eidgenossenschaft
Confédération suisse
Confederazione Svizzera
Confederaziun svizra

Eidgenössisches Finanzdepartement EFD
Eidgenössische Steuerverwaltung ESTV
Hauptabteilung Mehrwertsteuer

Formular Nr. 764 zur Meldung nach Artikel 38 MWSTG

1 Allgemeine Angaben zu den am Meldeverfahren Beteiligten

	Veräusserer	**Erwerber**
MWST-Nr.	CHE-	CHE-
Ref.-Nr.		
Wenn keine MWST-Nr. vorhanden: Ist die Anmeldung erfolgt?		☐ Ja ■ Nein[1]
Name / Firma		
Adresse / Sitz		
Rechtsform		
Grund der Vermögensübertragung[2]	☐ Geschäftsaufgabe ☐ Umstrukturierung ☐ Transaktion nach dem Fusionsgesetz und/oder nach ☐ Art. 19 oder 61 des Bundesgesetzes über die direkte Bundessteuer	
Abrechnungsart	☐ vereinnahmt ☐ vereinbart	☐ vereinnahmt ☐ vereinbart
Abrechnungsmethode	☐ Saldo- oder Pauschalsteuersatz ☐ Effektiv	☐ Saldo- oder Pauschalsteuersatz[3] ☐ Effektiv
Wurde bisher für von der Steuer ausgenommene Leistungen optiert?	☐ Ja ☐ Nein	Wird für von der Steuer ausgenommene Leistungen optiert? ☐ Ja[4] ☐ Nein
Weiterhin unternehmerisch tätig?	☐ Ja ☐ Nein	
Wenn ja[5]; weiterhin der MWST unterstellt?	☐ Ja ☐ Nein	
Wenn nein; Löschung per?	....	
Name und Tel. der Kontaktperson		

1) Falls die Anmeldung noch nicht getätigt wurde, ist diese separat über unsere Homepage www.estv.admin.ch vorzunehmen (Anmeldung als steuerpflichtige Person).

2) Erläuterungen dazu entnehmen Sie bitte der MWST-Info Meldeverfahren.

3) Wer sich durch die Vermögensübernahme neu im MWST-Register eintragen lässt, hat innerhalb von 60 Tagen nach Zustellung der MWST-Nr. zu entscheiden, ob er nach der effektiven Methode oder nach der Saldosteuersatz- beziehungsweise der Pauschalsteuersatzmethode abrechnen will.

4) Die nach der effektiven Methode abrechnende steuerpflichtige Person kann durch offenen Ausweis der Steuer die von der Steuer ausgenommenen Leistungen freiwillig (Option gem. Art. 22 MWSTG) versteuern.

5) Wer ein Unternehmen betreibt und von der Steuerpflicht befreit ist (Nichterreichen der Umsatzlimiten), hat das Recht, auf diese Befreiung gegenüber der ESTV ausdrücklich zu verzichten. Weitere Erläuterungen entnehmen Sie bitte der MWST-Info Steuerpflicht.

2 Datum

der Übertragung:	des Vertragsabschlusses:	der Veröffentlichung im Handelsregister:

Schwarztorstrasse 50, 3003 Bern
D_MWST Nr. 0764_01 / 04.12

www.estv.admin.ch
1/3

3 Fragen im Zusammenhang mit Grundstücken (Liegenschaften)

Wurden Grundstücke oder Grundstückteile im Meldeverfahren übertragen? ☐ Ja ☐ Nein

Falls die Frage mit Ja beantwortet wird, wollen Sie bitte zusätzlich die nachfolgende Seite 3 ausfüllen und einreichen (je Grundstück oder Grundstückteil ein separates Blatt ausfüllen)

4 Angaben zum zu veräussernden Vermögen (ohne Wert der Grundstücke oder Grundstückteile davon)

Verkehrswert der zu veräussernden Vermögenswerte CHF ....

(unter Ziff. 200 und 225 der MWST-Abrechnung zu deklarieren)

- davon zur Erbringung steuerbarer (inkl. optierter) Leistungen verwendet (☞ Veräusserungspreis; MWST-Info Meldeverfahren) CHF ....

Bitte folgende Unterlagen einreichen:

(aufgeteilt in steuerbare und nicht steuerbare Vermögenswerte)

- Aufstellung der übertragenen Gegenstände und Dienstleistungen
- Vermögensübertragungsvertrag bei Veräusserung von Teilvermögen
- Bilanz bei Übernahme von Aktiven und Passiven (Übertragungsbilanz)
- Kaufvertrag, Rechnung usw.

4.1 Fragen zur Nutzung des Gesamt- oder Teilvermögens beim Veräusserer beziehungsweise beim Erwerber (Nutzungsänderung)

An den Veräusserer:

Werden Gegenstände und/oder Dienstleistungen (welche für die Erbringung von steuerbaren Leistungen verwendet wurden) zurückbehalten, die ganz oder teilweise **nicht mehr** für eine steuerbare Leistung verwendet werden? ☐ Ja ☐ Nein

Wird diese Frage mit Ja beantwortet, bitte eine separate Auflistung der entsprechenden Gegenstände und/oder Dienstleistungen mit den dazugehörigen Werten beilegen. Bitte beachten Sie, dass es zu einer Vorsteuerkorrektur im Sinne von Eigenverbrauch (Nutzungsänderung) führen kann.

An den Erwerber:

Werden Gegenstände und/oder Dienstleistungen ganz und/oder teilweise **nicht mehr** für eine steuerbare Leistung verwendet (z.B. für den privaten Zweck oder für eine von der Steuer ausgenommene Tätigkeit nach Art. 21 MWSTG)? ☐ Ja ☐ Nein

Wird diese Frage mit Ja beantwortet, bitte eine separate Auflistung der entsprechenden Gegenstände und/oder Dienstleistungen mit den dazugehörigen Werten beilegen. Bitte beachten Sie, dass es zu einer Vorsteuerkorrektur im Sinne von Eigenverbrauch (Nutzungsänderung) führen kann.

Die Unterzeichnenden nehmen zur Kenntnis, dass

- auf den Übertragungsbelegen (z.B. Rechnungen oder Verträge) zu vermerken ist, dass das Meldeverfahren zur Anwendung kommt;
- die Vermögensübertragung als Lieferung und/oder Dienstleistung zu versteuern ist, wenn das Meldeverfahren nicht zur Anwendung kommt;
- eine Änderung des Verwendungszweckes beim Erwerber zu einer Vorsteuerkorrektur (Eigenverbrauch oder Einlageentsteuerung) führen kann;
- unvollständig ausgefüllte Formulare nicht bearbeitet werden können.

Ort und Datum:	**Stempel und rechtsverbindliche Unterschriften aller Beteiligten:** **Veräusserer**	 **Erwerber**

Übertragung eines Grundstücks oder eines Grundstückteils

Ist nur auszufüllen, wenn die Frage 3 mit Ja beantwortet wurde

5 Angaben der Beteiligten

	Veräusserer	Erwerber
MWST-Nr.	CHE-	CHE-
Ref.-Nr.		
Name / Firma		

6 Angaben zum übertragenen Grundstück oder Grundstückteil

Strasse, PLZ und Ort des übertragenen Grundstückes ....

....

Genaue Bezeichnung (ganze Liegenschaft, Stockwerk und dgl.) ....

....

Verkehrswert des übertragenen Grundstückes inkl. Boden CHF ....
(unter Ziff. 200 der MWST-Abrechnung zu deklarieren)

abzüglich anteiliger Wert (Verkehrswert) des Bodens CHF ....
(unter Ziff. 280 der MWST-Abrechnung zu deklarieren)

Verkehrswert ohne Boden CHF ....
(unter Ziff. 225 der MWST-Abrechnung zu deklarieren)

7 Fragen im Zusammenhang mit der Nutzung zum Zeitpunkt der Übertragung

7.1 Nutzung beim **Veräusserer** zum Zeitpunkt der Übertragung?

- ☐ ausschliesslich für unternehmerische Tätigkeiten mit Anrecht auf Vorsteuerabzug (d.h. für steuerbare Leistungen)
- ☐ ausschliesslich für nicht unternehmerische Tätigkeiten oder unternehmerische Tätigkeiten ohne Anrecht auf Vorsteuerabzug
- ☐ bei gemischter Verwendung: Für unternehmerische Tätigkeiten mit Anrecht auf Vorsteuerabzug: ....%
  Nicht unternehmerische Tätigkeiten oder unternehmerische Tätigkeiten ohne Anrecht auf Vorsteuerabzug: ....%

7.2 Nutzung beim **Erwerber** nach der Übertragung?

- ☐ ausschliesslich für unternehmerische Tätigkeiten mit Anrecht auf Vorsteuerabzug (d.h. für steuerbare Leistungen)
- ☐ ausschliesslich für nicht unternehmerische Tätigkeiten oder unternehmerische Tätigkeiten ohne Anrecht aufVorsteuerabzug
- ☐ bei gemischter Verwendung: Für unternehmerische Tätigkeiten mit Anrecht auf Vorsteuerabzug: ....%
  Nicht unternehmerische Tätigkeiten oder unternehmerische Tätigkeiten ohne Anrecht auf Vorsteuerabzug: ....%

Betreffend des Nachweises der Nutzung beachten Sie bitte die Erläuterungen in der MWST-Info Meldeverfahren.

Die Unterzeichnenden nehmen zur Kenntnis, dass eine Änderung des Verwendungszwecks beim Erwerber zu einer Vorsteuerkorrektur (Eigenverbrauch oder Einlageentsteuerung) führen kann.

Ort und Datum:	**Stempel und rechtsverbindliche Unterschriften aller Beteiligten:**	
	Veräusserer	**Erwerber**
______________	______________	______________

Schwarztorstrasse 50, 3003 Bern
D_MWST Nr. 0764_01 / 04.12

www.estv.admin.ch
3/3

Glossar

A

Abrechnung nach vereinbartem Entgelt
Als Regel gilt, dass die auf dem Umsatz geschuldete MWST aufgrund der vereinbarten Entgelte zu entrichten ist. Die Lieferungen und Dienstleistungen sind in jener Abrechnungsperiode zu versteuern, in der dafür Rechnung gestellt wird. Die Vorsteuer ist in der Abrechnungsperiode abzugsberechtigt, in der der Steuerpflichtige die Rechnungen seiner Leistungserbringer erhalten hat.

Abrechnung nach vereinnahmtem Entgelt
Die ESTV bewilligt auf Antrag hin, dass die Abrechnungen aufgrund der vereinnahmten Entgelte erstellt werden. Die Lieferungen und Dienstleistungen sind in jener Abrechnungsperiode zu versteuern, in der das Entgelt vereinnahmt wird. Die Vorsteuer ist in der Abrechnungsperiode abzugsberechtigt, in der die Rechnung bezahlt wird.

Abrechnungsperiode
Normalerweise erfolgt die Abrechnung mit der ESTV quartalsweise. Steuerpflichtige mit grossen Vorsteuerguthaben können aber auch eine monatliche Abrechnungsperiode beantragen. Steuerpflichtige mit Saldosteuersätzen (SSS) rechnen semesterweise ab, Steuerpflichtige mit Pauschalsteuersatzmethode (PSS-Methode) quartalsweise und wird jemand aufgrund der Bezugsteuer steuerpflichtig, erfolgt die Abrechnung jährlich.

Abzug fiktiver Vorsteuer
Ein Abzug fiktiver Vorsteuer ist bei einem individualisierbaren und beweglichen Gegenstand möglich, der ohne offene Steuerüberwälzung bezogen wurde. Das Entgelt für den bezogenen Gegenstand versteht sich inkl. Steuer. Als Abzug fiktiver Vorsteuer wird auch der Vorsteuerabzug auf den Bezügen von Urprodukten bei Urproduzenten bezeichnet.

Aufbewahrungsfrist
Grundsätzlich müssen Unterlagen bis Ablauf der Verjährung (10 Jahre) aufbewahrt werden. Bei gewissen Unterlagen im Zusammenhang mit Liegenschaften gilt eine Aufbewahrungsfrist von 20 bzw. 26 Jahren (inkl. Verjährungsfrist).

Aufteilung der Umsätze
Müssen Barumsätze auf verschiedene Steuersätze aufgeteilt werden, ist dies grundsätzlich nur mittels Scannerkassen oder spezieller Registrierkassen zulässig. Wenn keine solchen Kassen vorhanden sind, muss die Aufteilung aufgrund des zu Detailhandelspreisen berechneten Wareneinkaufs erfolgen.

Ausschluss des Vorsteuerabzugs
Alle Steuerbeträge auf Ausgaben geschäftlich nicht begründeter Aufwendungen sind nicht zum Vorsteuerabzug zulässig. Dies sind insbesondere Leistungen, die vorwiegend der Freude bzw. dem Vergnügen dienen. Ein Ausschluss des Vorsteuerabzugs besteht auch bei von der Steuer ausgenommenen Leistungen, für die nicht optiert wurde.

B

Befreiung von der Steuerpflicht
Bei der Steuerpflicht ist eine Befreiung für bestimmte ausländische Leistungserbringer und aus erhebungswirtschaftlichen Gründen (Unternehmer mit geringen Umsätzen) vorgesehen.

Bemessungsgrundlage
Als Bemessungsgrundlage gilt im Normalfall das Entgelt.

Berichtigungsabrechnung
→ Korrektur von Mängeln in der Abrechnung.

Beschwerde
Einspracheverfügungen der ESTV können innert 30 Tagen nach Eröffnung mit Beschwerde beim Bundesverwaltungsgericht angefochten werden.

Bestimmungsortsprinzip
Nur Dienstleistungen, die im Inland erbracht werden, unterliegen der schweizerischen MWST (Inlandsteuer). Gewisse Dienstleistungen im Bereich der Entwicklungszusammenarbeit gelten an dem Ort als erbracht, für den die Dienstleistung bestimmt ist.

Beteiligungen Das Erwerben, Halten und Veräussern von Beteiligungen ist bei der MWST eine unternehmerische Tätigkeit. Eine Beteiligung (MWSTG 29 Abs. 3) liegt vor, wenn eine (natürliche oder juristische) Person 10% oder mehr am Kapital eines Unternehmens hält.

Betriebsstätte Als Betriebsstätte gilt eine feste Geschäftseinrichtung, in der die Geschäftstätigkeit eines Unternehmens oder eines freien Berufs ganz oder teilweise ausgeübt wird.

Bezugsteuer Bezüge von steuerbaren Leistungen, die durch Unternehmer mit Sitz im Ausland im Inland erbracht werden, müssen vom Bezüger (Empfänger) teilweise versteuert werden.

Bruttomethode Bei der Bruttomethode werden alle gleichartigen Geschäftsfälle (z. B. alle Umsätze zu 7.7% MWST) inkl. des MWST-Betrags auf ein Konto gebucht. Die MWST wird erst am Ende der Abrechnungsperiode auf das MWST-Konto (Passivkonto) umgebucht. Diese Methode bedingt, dass auf demselben Aufwands-, Ertrags- oder Aktivkonto nur Bewegungen erfasst werden, die mit demselben Steuersatz belastet sind. Bei geeigneter Organisation des Rechnungswesens können Brutto- und Nettomethode auch nebeneinander angewandt werden.

Bruttorechnung Die Buchhaltung ist als Bruttorechnung zu führen, d. h. keine Verrechnung von Aktiven und Passiven und getrennte Ertrags- und Aufwandkonten.

D

Dienstleistung Als Dienstleistung gilt jede Leistung, die keine Lieferung eines Gegenstands ist. Nur Dienstleistungen, die im Inland erbracht werden, unterliegen der Steuer.

E

Effektive Methode der Vorsteuerkorrektur Bei gemischter Verwendung ist der Vorsteuerabzug zu korrigieren. Diese Vorsteuerkorrektur kann immer nach der effektiven Methode erfolgen: Für jeden einzelnen Gegenstand und jede einzelne Dienstleistung erfolgt die Korrektur aufgrund betriebswirtschaftlicher, sachgerechter Kriterien möglichst direkt. Wenn keine direkte Korrektur möglich ist, kann die Korrektur mittels eines Schlüssels erfolgen. Anstelle der effektiven Methode können auch Pauschalmethoden bei der Vorsteuerkorrektur angewandt werden.

Eigenverbrauch Es gibt drei Gruppen von Eigenverbrauchstatbeständen: Entnahme-, Herstellungstatbestände und Eigenverbrauch auf Dienstleistungen und Gegenständen, die im Meldeverfahren (ohne Steuer) übernommen und in der Folge für Zwecke verwendet werden, die nicht zum Vorsteuerabzug berechtigen. Bei nachträglichem Wegfall der Voraussetzungen des Vorsteuerabzugs ist dieser zu korrigieren.

Die Besteuerung des Eigenverbrauchs soll verhindern, dass ein Steuerpflichtiger steuerfrei erworbene Gegenstände unbesteuert dem Endkonsum zuführen kann.

Eigenverbrauchspauschalen Grundsätzlich ist der geschuldete Eigenverbrauch effektiv zu ermitteln. Die ESTV hat jedoch für häufig vorkommende Eigenverbrauchstatbestände entsprechende Pauschalen festgelegt. Es handelt sich dabei hauptsächlich um Pauschalen für Naturalbezüge, für Privatanteile oder für die Autobenützung.

Einfuhrsteuer MWST auf der Einfuhr von Gegenständen. Die Erhebung erfolgt durch die Eidgenössische Zollverwaltung (EZV).

Einfuhr von Gegenständen Neben den entgeltlich im Inland ausgeführten Lieferungen und Dienstleistungen ist auch die Einfuhr von Gegenständen ins Inland Steuerobjekt (Einfuhrsteuer).

Einheitlichkeit der Leistung Wenn verschiedene Einzelleistungen wirtschaftlich eine Einheit darstellen und als ein unteilbares Ganzes anzusehen sind, gilt dies als Einheitlichkeit der Leistung. Diese ist zum Normalsatz steuerbar, wenn das MWSTG nichts anderes vorsieht.

Einlageentsteuerung Waren die Voraussetzungen für den Vorsteuerabzug beim Empfang einer Leistung nicht gegeben, treten diese Voraussetzungen aber zu einem späteren Zeitpunkt ein, kann der Vorsteuerabzug im Rahmen der Einlageentsteuerung unter gewissen Voraussetzungen nachgeholt werden.

Einschätzungsmitteilung Bei der MWST deklarieren die Steuerpflichtigen ihre Umsätze und Vorsteuern normalerweise quartalsweise mittels MWST-Abrechnungen. Korrekturen der ESTV anlässlich von Revisionen werden in Form von Einschätzungsmitteilungen (Nachbelastungen und Gutschriften) vorgenommen.

Einsprache Verfügungen der ESTV können innert 30 Tagen nach der Eröffnung mit Einsprache angefochten werden. Adressat der Einsprache ist die ESTV.

Empfängerortsprinzip Gilt für gewisse Dienstleistungen (insbesondere Beratungsleistungen). Der Ort der Dienstleistung befindet sich dort, wo der Empfänger den Sitz seiner wirtschaftlichen Tätigkeit oder eine Betriebsstätte hat.

Eng verbundene Personen Bei Leistungen an eng verbundene Personen gilt grundsätzlich als Entgelt der Wert, der unter unabhängigen Dritten vereinbart würde. Als eng verbundene Personen gelten insbesondere Inhaber von mindestens 20 Prozent des Stamm- oder Grundkapitals eines Unternehmens, Teilhaber von Personengesellschaften oder diesen nahestehende Personen. Aber auch Stiftungen (Vorsorgestiftungen ausgenommen) und Vereine, zu denen eine besonders enge wirtschaftliche oder personelle Beziehung besteht, gelten als eng verbundene Personen.

Entgelt Die Bemessungsgrundlage richtet sich im Normalfall nach dem Entgelt. Zum Entgelt gehört alles, was der Empfänger oder an seiner Stelle ein Dritter als Gegenleistung für die Lieferung oder Dienstleistung aufwendet.

Entgeltsminderung Wenn das vereinbarte Entgelt nachträglich gemindert wird oder Entgelte zurückerstattet werden, sind auch die Steuerbeträge im Verhältnis zu mindern. Das gilt für die Umsatzsteuer auf Leistungsausgängen und auch für die Vorsteuer auf Leistungseingängen.

Entnahmetatbestände Ursachen, die eine Vorsteuerkorrektur Eigenverbrauch auslösen. Eigenverbrauch liegt hier nur dann vor, wenn der Bezug einer Leistung zur Vornahme des Vorsteuerabzugs berechtigt hat und dieser auch effektiv vorgenommen wurde. Der Eigenverbrauch ist geschuldet, wenn der Gegenstand für unternehmensfremde Zwecke, für eine von der Steuer ausgenommene Tätigkeit oder für die Gratisabgabe (ohne Geschenke bis CHF 500) entnommen wird oder wenn sich dieser Gegenstand bei Wegfall der Steuerpflicht noch in der Verfügungsmacht des Steuerpflichtigen befindet.

Erbringerortsprinzip Für gewisse Dienstleistungen (insbesondere gegenüber physisch anwesenden Personen erbrachte Dienstleistungen sowie bei Reisebüros und Organisatoren von Veranstaltungen) kommt das Erbringerortsprinzip zur Anwendung. Der Ort der Dienstleistung befindet sich also dort, wo der Dienstleistungserbringer seinen Sitz hat.

F

Fälligkeit Die geschuldete Steuer ist innert 60 Tagen nach Ablauf des Quartals (bzw. Monats oder Semesters, je nach Abrechnungsmethode) zu bezahlen bzw. fällig.

Finalisierung → Korrektur von Mängeln in der Abrechnung.

G

Gegenstände

Gegenstände können beweglich (z. B. Maschinen oder Fahrzeuge) oder unbeweglich (z. B. Grundstücke oder Liegenschaften) sein. Elektrizität, Gas, Wärme und Kälte werden auch als Gegenstände betrachtet.

Gemeinwesen

Unter das Gemeinwesen fallen Bund, Kantone, Gemeinden sowie die übrigen Einrichtungen des öffentlichen Rechts und die mit öffentlich-rechtlichen Aufgaben betrauten Personen und Organisationen. Die Steuerpflicht im Bereich des Gemeinwesens ist bei der MWST speziell geregelt.

Gemischte Verwendung

Gemischte Verwendung liegt vor, wenn Gegenstände oder Dienstleistungen sowohl für zum Vorsteuerabzug berechtigende Zwecke als auch für andere Zwecke verwendet werden. In diesem Fall ist der Vorsteuerabzug entsprechend zu korrigieren. Für die Korrektur kommen grundsätzlich die effektive Methode der Vorsteuerkorrektur oder Pauschalmethoden bei der Vorsteuerkorrektur infrage.

Gesamtvermögen

Eine Voraussetzung für die Anwendung des Meldeverfahrens ist, dass ein Gesamtvermögen oder ein Teilvermögen vorliegt. Das Gesamtvermögen umfasst sämtliche Aktiven eines Steuerpflichtigen.

Gruppenbesteuerung

Bei der Gruppenbesteuerung werden wirtschaftlich verbundene Unternehmen als Ganzes, d. h. als ein einziges Steuersubjekt, erfasst.

H

Hauptleistung mit Nebenleistungen

Hauptleistungen sind das, was der Leistungserbringer seinen Kunden anbietet und weswegen in der Regel auch der Vertrag entsteht. Nebenleistungen werden steuerrechtlich wie die Hauptleistung behandelt.

Hoheitliche Tätigkeiten

Leistungen aus hoheitlichen Tätigkeiten des Gemeinwesens (z. B. Ausstellen von Reisepässen oder Führerausweisen) unterliegen nicht der MWST. Auf den Aufwendungen zur Erzielung dieser Leistungen darf kein Vorsteuerabzug gemacht werden.

Holdinggesellschaft

Holdinggesellschaften sind Kapitalgesellschaften, deren Zweck zur Hauptsache in der dauernden Verwaltung von Beteiligungen besteht, die in der Schweiz keine Geschäftstätigkeit ausüben und deren Beteiligungen oder die Erträge aus Beteiligungen längerfristig mindestens zwei Drittel der gesamten Aktiven oder Erträge ausmachen. Eine Holding verfügt in den meisten Fällen über das sog. Holdingprivileg, das durch die jeweilige kantonale Steuerverwaltung erteilt wird.

I

Inkassoauftrag

Beim Inkassoauftrag beauftragt ein Leistungserbringer einen Dritten mit dem Inkasso seiner Forderung. Der Dritte rechnet jede einzelne Zahlung des Kunden mit dem Leistungserbringer ab und übernimmt kein Delkredere-Risiko.

Inland

Als Inland gilt grundsätzlich das Gebiet der Schweiz. Es gibt aber Ausnahmen bezüglich Zollfreilager und Zollfreihäfen und der Gebiete Samnaun und Sampuoir. Zum Inland zählen bezüglich MWST auch die deutsche Gemeinde Büsingen und das Fürstentum Liechtenstein und mit gewissen Ausnahmeregelungen auch Campione d'Italia.

K

Kombinationsregel

Werden verschiedene Leistungen kombiniert, die unterschiedlichen Steuersätzen unterliegen, kann im Sinne einer Vereinfachung das Gesamtentgelt steuerlich wie die vorherrschenden Leistungen behandelt werden, wenn diese wertmässig mindestens 70% des Gesamtentgelts ausmachen.

Korrekturabrechnung

Enthalten die Korrekturen von bereits eingereichten Semester-, Quartals- oder Monatsabrechnungen. Diese werden nach der effektiven Abrechnungsmethode bzw. Abrechnung mittels Saldo- oder Pauschalsteuersätzen vorgenommen.

Korrektur von Mängeln in der Abrechnung

Die steuerpflichtige Person hat die MWST-Abrechnungen mit ihrem Jahresabschluss abzugleichen und festgestellte Mängel zu korrigieren. Die Umsatz- und Vorsteuerabstimmung wird auch als Finalisierung bezeichnet.

Für die Korrektur von dabei festgestellten Fehlern ist das Formular Jahresabstimmung / Berichtigungsabrechnung zu verwenden, das die eingereichten Abrechnungen der vergangenen Steuerperiode ergänzt bzw. korrigiert. Wurden beim Abgleich mit dem Jahresabschluss keine Mängel festgestellt, ist keine Berichtigungsabrechnung einzureichen. Ist nach Ablauf von 240 Tagen seit Ende des betreffenden Geschäftsjahres keine Berichtigungsabrechnung eingegangen, geht die ESTV davon aus, dass die von der steuerpflichtigen Person eingereichten MWST-Abrechnungen vollständig und korrekt sind und die Steuerperiode finalisiert ist.

L

Leistungen

Zusammenfassender Begriff für Lieferungen und Dienstleistungen.

Leistungskombinationen

Werden verschiedene Leistungen kombiniert, die steuerlich nicht alle gleich zu behandeln sind, ist in einem ersten Schritt zu prüfen, ob eine Einheitlichkeit der Leistung vorliegt. Wenn dies nicht der Fall ist, muss geprüft werden, ob es sich um eine Hauptleistung mit Nebenleistungen handelt. Allenfalls kann die Kombinationsregel angewandt werden, ansonsten ist jede Leistung separat zu fakturieren.

Lieferung

Als Lieferung gilt nicht nur die Übertragung des Eigentums an Gegenständen, sondern bereits die «Verschaffung der wirtschaftlichen Verfügungsmacht». Auch wenn Arbeiten an Gegenständen durchgeführt werden oder wenn Gegenstände leihweise zur Nutzung überlassen werden, gelten diese Tatbestände als Lieferungen.

M

Meldeverfahren

Unter gewissen Voraussetzungen entfällt beim Leistungserbringer die Entrichtung der MWST und der Leistungsempfänger hat kein Recht auf einen Vorsteuerabzug. In diesem Fall wird die Steuerpflicht durch die Meldung des steuerbaren Umsatzes an die ESTV erfüllt.

Mitgliederbeiträge

Mitgliederbeiträge, z. B. eines Vereins, umfassen Zahlungen von Aktiv- und Passivmitgliedern. Beiträge von Aktivmitgliedern sind von der Steuer ausgenommene Leistungen, die Beiträge von Passivmitgliedern oder auch von Gönnern werden den Spenden (Nichtentgelte) gleichgestellt.

Mithaftung

Mit der steuerpflichtigen Person haften die Teilhaber an einer einfachen Gesellschaft, Kollektiv- oder Kommanditgesellschafter im Rahmen ihrer zivilrechtlichen Haftbarkeit sowie jede an einer Gruppenbesteuerung beteiligte Person für sämtliche von der Gruppe geschuldeten Steuern solidarisch. Eine solidarische Haftung besteht unter gewissen Voraussetzungen auch für Liquidatoren einer Gesellschaft sowie für die geschäftsführenden Organe bei der Sitzverlegung ins Ausland.

MWST
Abkürzung für Mehrwertsteuer. In anderen Sprachen werden die Abkürzungen TVA (französisch), IVA (italienisch) und VAT (englisch) verwendet.

MWST-Kontrollen
Die ESTV kann bei Steuerpflichtigen eine MWST-Kontrolle durchführen. Diese erfolgt am Domizil des Steuerpflichtigen oder am Sitz des Steuervertreters (z. B. Treuhänder oder Revisionsstelle) und schriftlich angekündigt. Der Steuerpflichtige kann auch eine MWST-Kontrolle verlangen. Die Ergebnisse der Kontrolle werden in einer Einschätzungsmitteilung (Nachbelastung oder Gutschrift) festgehalten.

MWST-Nummer
Nummer, unter der die Steuerpflichtigen im MWST-Register eingetragen sind: z. B. CHE-123.456.789 MWST.

N

Nahestehende Personen
Personen wie z. B. Tochtergesellschaften einer Aktiengesellschaft oder Familienangehörige (nicht mitarbeitend) eines Einzelunternehmers sind nahestehend und gelten somit auch als eng verbundene Personen. Leistungen, die untereinander erbracht werden, müssen grundsätzlich zum gleichen Wert wie gegenüber unabhängigen Dritten versteuert werden.

Naturalrabatt
Als Naturalrabatt (oder Bonus / Zugaben) gelten umsatzabhängige Geschenke, die aufgrund einer Vereinbarung abgegeben werden. Naturalrabatte lösen keinen Eigenverbrauch aus und berechtigen grundsätzlich zum Vorsteuerabzug.

Netto-Allphasensteuer
Die MWST ist als Netto-Allphasensteuer mit Vorsteuerabzug ausgestaltet, d. h., die MWST wird auf jedem Umsatz zwischen einem Steuerpflichtigen und dem Leistungsempfänger erhoben. Jeder Steuerpflichtige kann aber grundsätzlich die von ihm an seine Leistungserbringer bezahlte MWST als Vorsteuer von seiner eigenen Umsatzsteuerschuld in Abzug bringen.

Nettomethode
Bei der Nettomethode wird die MWST bei der Erfassung des Umsatzes bzw. des Aufwands sogleich auf die Konten Umsatzsteuer bzw. Vorsteuer gebucht. Bei geeigneter Organisation des Rechnungswesens können Brutto- und Nettomethode auch nebeneinander angewandt werden.

Nichtentgelte
MWSTG 18 Abs. 2 umfasst Beispiele von Mittelflüssen, die mangels Leistung keine Entgelte im mehrwertsteuerlichen Sinne darstellen, d. h., die Mittel werden aufgewendet, ohne dass der Zuwender eine Gegenleistung erwartet. Beispiele von Nichtentgelten: Subventionen, Spenden, Dividenden, Pfandgelder, Schadenersatz usw.

Normalsatz
Für sämtliche steuerbaren Leistungen gilt grundsätzlich der Normalsatz von 7.7%. Allerdings gilt für gewisse Leistungen ein reduzierter Steuersatz von 2.5% und für Beherbergungsleistungen der Sondersatz Beherbergungsleistungen von 3.7%.

Nutzungsänderung
Wenn sich die Verhältnisse der Nutzung, die bei der Vornahme des Vorsteuerabzugs massgebend waren, ändern, spricht man von einer Nutzungsänderung. Eine Nutzungsänderung kann zu einem Eigenverbrauch oder zu einer Einlageentsteuerung führen.

O

Option
Die steuerpflichtige Person kann durch offenen Ausweis der Steuer oder auf andere Weise grundsätzlich für von der Steuer ausgenommene Leistungen optieren (d. h. diese freiwillig versteuern). Es wird unterschieden zwischen einer uneingeschränkten Option zum Normalsatz bzw. zum reduzierten Steuersatz und einer eingeschränkten Option zum Normalsatz. Keine Möglichkeit einer Option besteht für drei von der Steuer ausgenommenen Leistungen und bei Steuerpflichtigen, die mit den Abrechnungsmethoden Saldo- oder Pauschalsteuersätze abrechnen.

Ort der Dienstleistung	Für die Bestimmung des Orts der Dienstleistungen kommen fünf Prinzipien infrage: das Erbringerortsprinzip, das Bestimmungsortsprinzip, der Ort der gelegenen Sache (Ort des Grundstücks), der Ort der Tätigkeit sowie – wenn keines dieser vier Prinzipien zur Anwendung kommt – das Empfängerortsprinzip.
Ort der gelegenen Sache	Gewisse Dienstleistungen im Zusammenhang mit Grundstücken gelten an dem Ort erbracht, wo sich die Liegenschaft befindet.
Ort der Lieferung	Bei Versendungslieferungen gilt als Ort der Lieferung der Ort, an dem die Beförderung beginnt. Bei Abhollieferungen ist jener Ort massgebend, an dem sich der Gegenstand zum Zeitpunkt der Verschaffung der wirtschaftlichen Verfügungsmacht befindet.
Ort der Tätigkeit	Gewisse Dienstleistungen im Bereich der Personenbeförderung sowie künstlerische, sportliche und ähnliche Leistungen gelten an dem Ort erbracht, wo die Tätigkeit erfolgt.

P

Pauschalmethoden bei der Vorsteuerkorrektur	Bei gemischter Verwendung ist der Vorsteuerabzug zu korrigieren. Die Vorsteuerkorrektur kann nach der effektiven Methode oder nach Pauschalmethoden erfolgen.
Pauschalsteuersatzmethode	Gemeinwesen und verwandte Einrichtungen, private Spitäler und Schulen sowie Internate, Vereine und Stiftungen oder Altersheime und Kurhäuser können mit der Pauschalsteuersatzmethode (PSS-Methode) abrechnen. Dafür sind die 10 Saldosteuersätze (SSS) massgebend. Die Abrechnungsperiode für die PSS-Methode ist vierteljährlich und es wird pro Tätigkeit ein Pauschalsteuersatz (PSS) bewilligt, d. h., es können mehr als 2 PSS vorkommen.

R

Rechnung	Eine Rechnung ist ein Dokument, mit dem gegenüber einer Drittperson über das Entgelt für eine Leistung abgerechnet wird (z. B. die Rechnung selbst, Gutschrift, Miet- oder Leasingvertrag.) Damit eine Rechnung den Leistungsempfänger zum Vorsteuerabzug berechtigt, muss sie gewisse Formerfordernisse erfüllen. Diese sind in MWSTG 26 aufgeführt.
Reduzierter Steuersatz	Aus sozialpolitischen Überlegungen heraus gilt für bestimmte Umsätze ein reduzierter Steuersatz von 2.5%.

S

Saldosteuersätze (SSS)	Um das Abrechnungsverfahren für kleinere Unternehmen zu erleichtern, können solche Steuerpflichtige die Abrechnung mit Saldosteuersätzen (SSS-Methode) beantragen. Die Steuerforderung (bzw. Steuerschuld) wird dabei mit einem Prozentsatz (SSS) vom Umsatz berechnet; die Erfassung der Vorsteuer entfällt. Es bestehen 10 SSS.
Sanierung	Von einer Sanierung im Sinne der MWST spricht man, wenn Beiträge oder Forderungsverzichte geleistet werden müssen, um die Gesundung und den Fortbestand des Unternehmens sicherzustellen. Sanierungsbeiträge bewirken keine Vorsteuerkorrektur und stellen Nichtentgelte dar.
Schadenersatz	Beim echten Schadenersatz liegt kein Leistungsaustausch vor. Die Schadenersatzzahlung ist somit kein Entgelt und vom Empfänger daher nicht zu versteuern. Die Zahlung führt auch nicht zu einer Vorsteuerkorrektur. Demgegenüber stellt die Geldzahlung bei einem unechten Schadenersatz ein Entgelt für eine Leistung dar und ist deshalb grundsätzlich zu versteuern.

Schattensteuer Eine Schattensteuer (taxe occulte) entsteht insbesondere bei den von der Steuer ausgenommenen Leistungen. Diese unterliegen zwar nicht der MWST, auf den Aufwendungen ist aber kein Vorsteuerabzug zulässig. Im Endpreis ist somit eine Schattensteuer enthalten.

Selbstveranlagungssteuer Die MWST ist eine Selbstveranlagungssteuer. Die Steuerpflichtigen haben in ihren MWST-Abrechnungen die Umsätze und die Vorsteuern zu deklarieren. Eine Veranlagung durch die ESTV unterbleibt.

Sondersatz Beherbergungsleistungen Für Beherbergungsleistungen gilt ein Sondersatz von 3.7%; dieser ist bis zum 31.12.2027 befristet.

Stellvertretung Der Stellvertreter tritt an die Stelle des Stellvertretenen. Er rechnet die Leistungen in eigenem Namen mit dem Dritten ab. Bei der MWST wird der Leistungsaustausch zwischen dem Dritten und dem Stellvertreter und der Leistungsaustausch zwischen dem Stellvertreter und dem Stellvertretenen erfasst.

Von der Stellvertretung zu unterscheiden ist die Vermittlung (direkte Stellvertretung).

Steuerforderung Die vom Steuerpflichtigen zu bezahlende Steuer auf dem Umsatz, zuzüglich Bezugsteuer, abzüglich der Vorsteuer, ergibt die Steuerforderung (auch als Steuerschuld bezeichnet).

Steuerhinterziehung Wer Steuern hinterzieht, indem er vorsätzlich oder fahrlässig zulasten des Staates die Steuerforderung verkürzt, kann mit einer Busse bis zu CHF 400 000 bestraft werden.

Steuerhoheit Die Steuerhoheit ist die öffentlich-rechtliche Befugnis, Steuern zu erheben. Die Steuerhoheit für die MWST obliegt dem Bund.

Steuernachfolge Als Steuernachfolger gelten die Erben eines verstorbenen Steuerpflichtigen sowie die Unternehmer, die ein Unternehmen mit Aktiven und Passiven übernehmen. Wer die Steuernachfolge antritt, übernimmt die Rechte und Pflichten des Vorgängers.

Steuerobjekt Das Steuerobjekt umschreibt den Gegenstand der Besteuerung, d. h., was oder welche Vorgänge die Steuer auslösen.

Steuerperiode Als Steuerperiode gilt das Kalenderjahr. Die Steuer wird je Steuerperiode erhoben.

Steuerpflicht Steuerpflichtig ist grundsätzlich eine Person, die eine unternehmerische Tätigkeit betreibt, sofern die Tätigkeit beruflich oder gewerblich ausgeübt wird und auf die nachhaltige Erzielung von Einnahmen aus Leistungen ausgerichtet ist.

Steuerrückerstattung Ausländischen Unternehmen wird unter gewissen Bedingungen die Steuer auf im Inland bezogenen Leistungen zurückerstattet.

Steuersätze Im schweizerischen MWST-System gibt es den Normalsatz, den reduzierten Steuersatz und den Sondersatz Beherbergungsleistungen.

Keine Steuersätze, sondern nur Vereinfachungsmöglichkeiten für die Abrechnung sind die Saldosteuersätze (SSS) oder die Pauschalsteuersätze (PSS).

Steuersubjekt Das Steuersubjekt umschreibt, welche Personen der Steuerpflicht unterstellt sind.

Steuervertreter Der Steuervertreter (Fiskalvertreter) kann neben dem Steuerpflichtigen zur Erfüllung der diesem obliegenden Pflichten herangezogen werden. Der Steuervertreter ist jedoch nur bei ausländischen Handelsgesellschaften und ausländischen Personengesamtheiten ohne Rechtsfähigkeit vorgesehen.

T

Taxe occulte

→ Schattensteuer.

Teilvermögen

Eine Voraussetzung für die Anwendung des Meldeverfahrens ist, dass ein Gesamtvermögen oder ein Teilvermögen vorliegt. Als Teilvermögen gilt sinngemäss die Definition des Teilbetriebs der direkten Bundessteuer, also jede kleinste für sich lebensfähige Einheit eines Unternehmens. Spezielle Regelungen gelten bei Fusionen, Spaltungen und Vermögensübertragungen.

U

Umsatzabstimmung

→ Korrektur von Mängeln in der Abrechnung.

Unternehmerische Tätigkeit

Unternehmerisch tätig können sowohl natürliche als auch juristische Personen sein. Unternehmerisch umfasst auch, wenn jemand eine berufliche, gewerbliche und selbstständige Tätigkeit ausübt, die auf nachhaltige Erzielung von Einnahmen ausgerichtet ist. Die Tätigkeit muss auf Dauer ausgerichtet sein und der Unternehmer tritt unter eigenem Namen nach aussen auf. Eine Gewinnabsicht muss aber nicht gegeben sein. Die unternehmerische Tätigkeit umfasst steuerbare Umsätze (inkl. von der Steuer befreiter Leistungen) wie auch von der Steuer ausgenommene Leistungen (Optionsmöglichkeit).

Urprodukte

Als Urprodukte gelten Erzeugnisse der Urproduzenten (z. B. Landwirte, Forstwirte oder Gärtner). Wenn solche Produkte von einem nicht steuerpflichtigen Urproduzenten bezogen werden, darf ein Vorsteuerabzug von 2.5% (Abzug fiktiver Vorsteuer) vorgenommen werden, obwohl auf dem Beleg die MWST-Nummer und der Hinweis auf die MWST fehlen.

V

Verjährung

Fünf Jahre nach Ablauf des Kalenderjahres, in dem die Steuerforderung oder der Anspruch auf Vorsteuerabzug entstanden sind, verjähren diese, sofern der Fristenlauf nicht unterbrochen wurde. Die absolute Verjährungsfrist beträgt zehn Jahre.

Verlagerung der Steuerentrichtung

Steuerpflichtigen, die regelmässig Waren in die Schweiz importieren und in ihren Abrechnungen Vorsteuerüberschüsse ausweisen, kann das Verlagerungsverfahren bewilligt werden. Die Einfuhrsteuer ist erst in der MWST-Abrechnung zu deklarieren und nicht bereits bei der Einfuhr, womit die Vorfinanzierung dieser Steuer durch den Steuerpflichtigen entfällt.

Vermittlung

Bei der Vermittlung (direkte Stellvertretung) wird der Leistungsaustausch zwischen dem Dritten und dem Auftraggeber des Vermittlers steuerlich erfasst. Die Vermittlung selbst gilt als eigenständige Dienstleistung zwischen dem Vermittler und seinem Auftraggeber. Damit Vermittlung geltend gemacht werden kann, müssen strenge Formvorschriften erfüllt sein.

Bei der vereinfachten Vermittlung sind diese Formvorschriften weniger streng. Unter die vereinfachte Vermittlung fallen z. B. der Verkauf von gewissen Billetten und Lotteriescheinen sowie von Autobahnvignetten.

Verzicht auf die Befreiung von der Steuerpflicht

Personen, die unternehmerisch tätig sind und die Umsatzlimite von z. B. CHF 100 000 nicht erreichen, können sich freiwillig der Steuerpflicht unterstellen.

Von der Steuer ausgenommene Leistungen

Gewisse Leistungen sind von der Steuer ausgenommen. Diese sind in MWSTG 21 Abs. 2 abschliessend aufgezählt. Von der Steuer ausgenommen bedeutet, dass zwar keine Steuer auf dem Umsatz abzurechnen ist, dass demgegenüber aber auch kein Anspruch auf Vorsteuerabzug auf den direkten Aufwendungen besteht. Für gewisse von der Steuer ausgenommene Leistungen besteht aber die Möglichkeit der Option.

Von der Steuer befreite Leistungen
Die von der Steuer befreiten Leistungen betreffen vor allem den grenzüberschreitenden Verkehr, insbesondere die Lieferung von Gegenständen ins Ausland (MWSTG 23). Von der Steuer befreit bedeutet, dass keine Steuer auf dem Umsatz abzurechnen ist, dass die Vorsteuer auf den direkten Aufwendungen aber abzugsberechtigt ist.

Vorsteuer
Als Vorsteuer gelten die den Leistungserbringern bezahlte MWST (Inlandsteuer), die in der Abrechnung deklarierte Bezugsteuer auf dem Bezug von Leistungen von Unternehmen mit Sitz im Ausland und die der EZV bezahlte Einfuhrsteuer. Für diese Beträge ist gegebenenfalls ein Vorsteuerabzug zulässig.

Vorsteuerabstimmung
→ Korrektur von Mängeln in der Abrechnung.

Vorsteuerabzug
Werden Gegenstände oder Dienstleistungen für unternehmerische, zum Vorsteuerabzug berechtigende Tätigkeiten verwendet, kann die darauf lastende Vorsteuer grundsätzlich in Abzug gebracht werden.

Vorsteuerkorrektur
Liegt eine gemischte Verwendung vor, ist der Vorsteuerabzug nach dem Verhältnis der Verwendung zu korrigieren.

Vorsteuerkürzung
Subventionen oder andere öffentliche-rechtliche Beiträge, Gelder, die Kur- und Verkehrsvereine erhalten oder andere Mittelflüsse gemäss MWST 18 Abs. 2 lit. a–c können eine verhältnismässige Vorsteuerkürzung zur Folge haben.

Z

ZAZ-Konto
Ein ZAZ-Konto (zentralisiertes Abrechnungsverfahren der Zollverwaltung) entspricht einem Kontokorrent bei der EZV. Zoll und MWST werden beim Import diesem Konto belastet und dem Unternehmen von der EZV in Rechnung gestellt. Dadurch kann die Fälligkeit dieser Beträge um 60 Tage für die MWST bzw. um 10 Tage für die Zollabgaben hinausgeschoben und somit die Zeit zwischen der Zahlung der Steuer und der Vornahme des Vorsteuerabzugs verringert werden.

Stichwortverzeichnis